中青年法学文库

# 刑事审判对象理论

谢进杰　著

中国政法大学出版社

2011·北京

献给我的父母和恩师

# 总　序

中华民族具有悠久的学术文化传统。在我们的古典文化中，经学、史学、文学等学术领域都曾有过极为灿烂的成就，成为全人类文化遗产的重要组成部分。但是，正如其他任何国家的文化传统一样，中国古典学术文化的发展并不均衡，也有其缺陷。最突出的是，虽然我们有着漫长的成文法传统，但以法律现象为研究对象的法学却迟迟得不到发育、成长。清末以降，随着社会结构的变化、外来文化的影响以及法律学校的设立，法学才作为一门学科确立其独立的地位。然而一个世纪以来，中国坎坷曲折的历史始终使法学难以走上坦途，经常在模仿域外法学与注释现行法律之间徘徊。到十年"文革"期间更索性彻底停滞。既先天不足，又后天失调，中国法学真可谓命运多舛、路途艰辛。

20 世纪 70 年代末开始，改革开放国策的确立、法律教育的恢复以及法律制度的渐次发展为我国法学发展提供了前所未有的良好环境。十多年来，我国的法学研究水准已经有了长足的提高，法律出版物的急剧增多也从一个侧面反映了这样的成绩。不过，至今没有一套由本国学者所撰写的理论法学丛书无疑是一个明显的缺憾。我们认为，法学以及法制的健康发展离不开深层次的理论探索。比起自然科学，法学与生活现实固然有更为紧密的联系，但这并不是说它仅仅是社会生活经验的反光镜，或只是国家实在法的回音壁。法学应当有其超越的一面，它必须在价值层面以及理论分析上给实在法以导引。在注重建设性的同时，它需要有一种批判的性格。就中国特定的学术背景而言，它还要在外来学说与固有传统之间寻找合理的平衡，追求适度的超越，从而不仅为中国的法制现代化建设提供蓝图，而且对世界范围内重大法律课题作出创造性回应。这是当代中国法学家的使命，而为这种使命的完成创造条件乃是法律出版者的职责。

　　"中青年法学文库"正是这样一套以法学理论新著为发表范围的丛书。我们希望此文库能够成为高层次理论成果得以稳定而持续成长的一方园地，成为较为集中地展示中国法学界具有原创力学术作品的窗口。我们知道，要使这样的构想化为现实，除了出版社方面的努力外，更重要的是海内外法学界的鼎力相助和严谨扎实的工作。"庙廊之才，非一木之枝"；清泉潺潺，端赖源头活水。区区微衷，尚请贤明鉴之。

中国政法大学出版社

# 多一点问题意识，少一些重复研究（代序）

一

中国当下的学术产出以惊人速度与日激增，巨大的数量呈现繁荣景象，然背后却充满着重复研究的泡沫，暗含问题意识缺失的危机。

以法学领域为例。改革开放以来六个"五年规划"期间[1]，法学研究的产量基本呈倍增趋势，新世纪十年来平均每年数量以万递增，最近五年更是每年保持超出十万的产量。借助中国知网数据库进行的检索和统计[2]："六五"为9772篇；"七五"为17 100篇；"八五"为39 177篇；"九五"为103 934篇；"十五"为275 111篇；"十一五"为569 344篇。其中，2001年37 277篇；2002年47 119篇；2003年57 424篇；2004年60 672篇；2005年72 619篇；2006年105 909篇；2007年127 113篇；2008年118 459篇；2009年107 265篇；2010年110 598篇。尽管只是一项不完全统计——并非全部论文都被录入该数据库，且至少还有大量著作、教材等未计入在内——但足以揭示法学研究产量激增的景象。我们并不否认法学学术取得有目共睹的成就及其整体逐渐成熟的趋向，但在这些庞大的数量背后，极有必要提出引以关注的，是其隐含着不得不令人堪忧的学术泡沫：大量的重复研究。

检索发现，存在着大量重复主题的研究，但绝大多数被引用率极低，甚

---

〔1〕　这里按国民经济和社会发展五年规划（"十一五"之前称"五年计划"）予以统计，其中，"六五"为1980至1985年，"七五"为1986至1990年，"八五"为1991至1995年，"九五"为1996至2000年，"十五"为2001至2005年，"十一五"为2006至2010年。

〔2〕　本项研究对中国知网（http://www.cnki.net）中的"中国学术期刊网络出版总库"、"中国博士学位论文全文数据库"、"中国优秀硕士学位论文全文数据库"、"中国重要会议论文全文数据库"和"中国重要报纸全文数据库"以全部法学学术文献子库（包括法理、法史、宪法、行政法及地方法制、民商法、刑法、经济法、诉讼法与司法制度、国际法等全部法学学科领域）为检索范围进行检索和统计。检索日期均为2011年5月16日。

至发表以后从来没有被关注过。譬如，围绕如下十项论题的论文数量分别是："法律监督"有2605篇；"司法审查"有1630篇；"行政行为"有1787篇；"正当防卫"有758篇；"侵权责任"有2294篇；"劳动合同"有4095篇；"反倾销"有1960篇；"刑事和解"有1463篇；"刑讯逼供"有725篇；"公益诉讼"有2342篇。而这些研究成果被引频次为0的篇数及比例依次高达2220（85.22%）、824（50.55%）、1019（57.02%）、568（74.93%）、1555（67.79%）、3302（80.63%）、1135（57.91%）、977（66.78%）、476（64.41%）、1353（57.77%），取平均数大约是66.30%，就是说，差不多三分之二论文发表以后从未被引用[1]。

　　缘何围绕同一主题，成果数量如此多，被引用率却如此低，难道这些研究分别立足极为不同的问题意识，从多元的命题、立论、视角、方法、材料、观点和结论诸方面进行拓展和挖掘，将理论从各个角度、各个层面大大推进了？然而，事实是，不少重复主题的"学术成果"无论在研究进路还是观点结论上均存在着惊人的相似性。以围绕"侵权责任"的研究为例，其中以"侵权责任与违约责任的竞合"为命题竟然就约有140篇，仅研究生学位论文就有14篇几乎一模一样的题目，一样的题目在最近十年基本每年都被写过，类似的进路与结论被不同的研究者不断地重复着。再如，以"正当防卫的限度"为命题有64篇，46篇从未被引用过，但彼此在方法、视角、思路、观点、结论上却不乏大同小异；以"刑讯逼供的成因与对策"为命题有82篇，大多按照类似的进路展开，得出的结论具有极大相似性，甚至不少具体表述几乎一样。

　　我们有理由相信，"重复研究"已经成为一种不得不提出来引以关注、反思和加以治理、遏止的学术现象。在当下，重复研究并非个别现象，而是正在发展成为普遍现象，该现象不仅存在于学术论文的发表，也存在于著作出

---

　　〔1〕 为了印证这一点，笔者基于同样的检索范围、方法和时间进一步作了检索和统计，这些数据库共有法学文献1 388 030篇，其中被引频次为0的有838 759篇，约占60.43%。还值得一提的是，被引频次仅为1的就有103 254篇，约占7.44%，而被引频次为10及以上的仅有30 556篇，约占2.20%。也就是说，法学论文的整体被引用率极低，超过百分之六十从未被引用过，而那些曾被引用的论文也是大部分被引频次极低。

版、教材编写、课题立项等〔1〕并且，重复研究已不只是研究水平低、成果质量差的问题，而是正在发展成为从学术创作到学术发表乃至学术评价整个学术链条一连串不端的问题。〔2〕重复研究也不只存在法学领域，而是存在于整个学术领域——"缺乏创造性的研究占的比例太大了，有时候就是大量复印的状态，把学术当作生产。"〔3〕面对如此普遍甚至有点泛滥的重复研究，面对学术的"繁荣"，我们却隐约感觉到危机，不得不发自内心深深地思虑：重复研究意味着什么？缘何造成重复研究？重复研究将带来怎样的后果？该如何治理重复研究？

## 二

或许为"重复研究"辩护的理由是，学术自由和学术研究的"自主性"——喜欢研究什么、怎样去研究，是每位研究者的自由和权利，况且，任何命题，都绝非一经有人研究即再无可创新。但是，我们显然并不反对反复研究，甚至提倡不断地对同一命题加以拓展和挖掘，将理论推向纵深发展，但反复研究不等于重复研究。重复研究是针对同一命题，立足于大体上相同或类似的问题意识，无论研究进路还是研究结论上均明显缺乏创新，未能在命题、立论、方法、范式、视角、材料、观点、结论、论证诸层面有所突破，未能得出新的发现或解决新的问题，只是简单的低水平的重复，没有多少学术含量和学术贡献，甚至明显违背学术规范和学术道德。

重复研究的实质是欠缺问题意识。问题意识的缺失，内在地源自研究者本身，不仅是因思想、知识、信息、方法、眼光、视野、品味、能力的局限造成的，也是因学术的信念、理想、使命、志气的欠缺所致。观察存在的大量的重复研究，其背后所表现出来的问题意识的缺失，原因及表征各异，至

---

〔1〕 例如，不少课程都存在大量不同研究者编写的教材，但体例、结构、内容、观点、风格等却大同小异，甚至不乏大段大段"互抄"的情形。关于教材重复的事例及评论，可参见陈健："教材抄袭是大学版的'三鹿事件'"，载《观察与思考》2008年第20期，第9页；陈金钊："问题与对策：对法学教材编写热潮的感言"，载《杭州师范学院学报（社会科学版）》2007年第2期，第87页。

〔2〕 就以"刑讯逼供"的研究为例，不但可以发现不同研究者以同一命题发表在不同刊物但具体内容基本一样的"成果"，如以"刑讯逼供的法律规制"为命题的某些论文；也可以发现同一研究者分别以类似命题先后发表在不同刊物但具体内容基本一样的"成果"，如以"刑讯逼供的证据价值"、"刑讯逼供罪法律特征的重构"为命题的某些论文；有的甚至是先后发表在同一刊物，如以"刑讯逼供者对受害人的损害赔偿责任"、"刑讯逼供罪犯罪对象主体的构成"为命题的某些论文。通过中国知网数据库检索可发现为数不少的类似现象。

〔3〕 转引自李雪林："学术研究要有问题意识"，载《文汇报》2007年3月12日，第006版。

少有若干基本类型：第一种，研究者学识有限，对问题缺乏深入的认识和理解，对学术发展的脉络和研究现状不甚了解，甚至在没有进行必要的文献阅读和基本的学术梳理的情况下，便闭起门来堆砌一些早已成为常识的内容，极草率地炮制出所谓的"成果"，这是因欠缺知识导致问题意识的缺失，是一种"没有知识的重复研究"。第二种，研究者思想有限，对问题缺乏深入的思考和探索，没有独立的观点和见解，跟着别人的思路人云亦云，在此状况下急切炮制出来的"成果"，不过是资料整理甚至只是有失偏颇的观点汇编，很难称作是研究的成果，这是因欠缺思想导致问题意识的缺失，是一种"没有思想的重复研究"。第三种，研究者缺乏对历史、对当下、对社会、对制度的一种学术的信念和担当，没有一点为理论突破、科学发展做出贡献的使命，没有一点为推动社会发展、制度进步的理想，更多的是考虑如何为自己积累多一点"成果"，多发表几篇论文、多出版几本专著、多编写几本教材，不在乎著述的质量与价值，只在乎数量与效益，压根不计较低水平重复研究的危害，这是因欠缺理想导致问题意识的缺失，是一种"没有理想的重复研究"。第四种，研究者功利地追求属于自己的"成果"，故意回避甚至干脆抹杀掉他人先前的研究，对其视而不见，甚至明明绕不过去、借鉴参考了但却为突出自身"研究"的"创新"与"价值"而不惜冒着学术不端的风险对他人的成果"引而不注"，抄袭剽窃出"新成果"，这是因欠缺道德导致问题意识的缺失，是一种"没有道德的重复研究"。至少还有第五种，研究者整体上出于增加"成果"的动机，或者是发自追求"成果"的欲望，或者是迫于拼凑"成果"的外因，有成果的压力却没有创新的能力，在没有办法发掘新命题、应用新方法、提出新观点、得出新结论的情况下，庸俗地将自己先前的成果进行重新包装、重新发表，自我复制出"新成果"，这是因"没有办法"导致问题意识的缺失，姑且称作是一种"无聊的重复研究"。

研究者缺乏问题意识，学术视野狭隘、眼光短浅、思想陈旧、知识肤浅、方法落后，丧失学术信念甚至基本的道德伦理，是重复研究的内在原因。学术钻研永无止境，尤其在当今背景下，时代变迁、社会变革如此显著，科学发展、思想进步如此迅速，有价值的学术命题层出不穷，理论创新的空间无所不在，真正缺乏的不是命题与空间，而是担当负责的学术信念、科学先进的学术方法和潜心钻研的学术精神。许多重复研究者，其实就是因为缺乏勇于担当的学术信念，因为懒、浮躁、怕吃苦、不负责、急功近利，盲目草率去炮制着在其看来所谓的"成果"。"研究问题是极困难的事，……是要费功夫，挖心血，收集材料，征求意见，考察情形，还要冒险吃苦，方才可以得一种解决的意见。又没有成例可援，又没有黄梨洲、柏拉图的话可引，又没有《大英百科全书》可查，全凭研究考察的工夫。"[1] 相比起潜心钻研问题、挖掘问题之实质、揭示问题之根本、探究问题之成因、探索解决之道、寻求论证之理，重复研究的确是要容易得多，借用胡适先生的话说，"是阿狗阿猫都能做的事，是鹦鹉和留声机器都能做的事"[2]，但这种缺乏问题意识的研究是注定难以产生学术贡献的[3]。学术的创新实属不易，从问题意识的萌生到最终取得点滴的成果，确需经历艰辛探索的历程，甚至可能忙活了许久最后却一无所获，但正因为此，如果研究者心中没有一份坚持的学术信念，如果没有学术理想与学术自觉，甚至丧失最为基本的道德规范，就根本无从谈起何以推动科学发展、社会进步了。

重复研究如此普遍，也跟整体学术体制中的一些不正风气不无关系，其背后隐含着一个学术导向的问题，这不得不提及学术评价机制的缺陷和学术发表市场某些角落的泛滥——欠缺问题意识的重复研究仍然可以成为"学术成果"。当下的学术体制及风气不尽如人意，学术产品的创作与发表、学术资格与资源的配置、学术成就与贡献的评价充斥着"行政化"、"商业化"、"官僚化"、"辈序化"、"人情化"、"庸俗化"等非纯粹学术的因素，使重复研究得以有生存空间甚至有利可图。当前有些普遍的现象是，纯粹出于凑成评奖、评职称、评资格、毕业升职等所需成果数量的动机，采用五花八门的技巧对既有的研究成果进行"堆砌"、"重组"、"翻新"，然后各显神通将其付诸发表或者出版[4]，不可思议的是，如此炮制出来的"成果"竟然被大大方方地应用于参与各种考核和评价且丝毫没有一点障碍。而学术评价主要是一种以

---

〔1〕 胡适："多研究些问题，少谈些'主义'"，载《每周评论》1919年7月20日，第三十一号。

〔2〕 胡适："多研究些问题，少谈些'主义'"，载《每周评论》1919年7月20日，第三十一号。

〔3〕 正如有学者对当前法学界那种缺乏基本问题意识却颇为流行的研究模式的批评："无论是法学论文还是学术专著，往往采取了一种类似教科书的学术体例。这种体例的典型模式包括以下基本构成要素：概念、性质和意义；理论基础；历史演变；比较法的考察；中国的现状和问题；解决中国问题的构想和立法对策。……研究者并没有提出作为核心论题的假设，也没有围绕着这一命题的成立进行论证和组织材料；研究者也无法解释究竟哪些是他人提出的概念、范畴和理论，哪些是自己的学术贡献；这种研究带有明显的总结和综述的痕迹，对于推动法学研究的进步和创新，意义甚为有限。"参见陈瑞华："刑事诉讼法学研究范式的反思"，载《政法论坛》2005年第3期，第7~8页。

〔4〕 乃至有位先学谆谆教导说："呆脑筋是行不通的，必须采用全方位的竞争手段，促成论文的诞生。一曰质量取证，根本的正路；二曰人情文章，必要的旁道；三曰交钱发稿，无奈的选择。"转引自黄安余："功利思想制度化催生学术泡沫"，载《社会科学报》2007年3月15日，第005版。

数量为主的量化评价，辅助以某某索引、某某核心刊物、某某级别出版社、某某级别纵向项目、某某级别政府奖励、某某级别领导批示等因素来衡量学术成果的质量与贡献，而不去评估其是否有新的理论创见、是否解决了实践中的新问题，有的甚至根本就没有提出命题，只不过是堆砌了一些"看上去很美"的文字，充其量只是资料整理与观点汇编，根本谈不上是研究，但即便如此，这些靠重复研究炮制出来的"成果"也仍然被当作是成果。当"成果"如此容易就可被炮制出来而且还发挥作用，自然就会有更多的人愿意避难就易，选择一条"更切实际"〔1〕的功利化的"学术"道路。当前，"搞学术"几乎要成为一项"时尚"的行业，越来越多的本无志于学术、无半点学术信念的人出于种种动机或迫于种种需要在炮制着大量的"成果"，而"多整几本书，多搞几篇文章"也成为科研群体中不少人用来彼此鼓励"进步"的一句"贴心话"，学术界弥漫着一种浮躁之风、功利之风、庸俗之风。如此一来，结果就是问题意识越来越淡薄，重复研究越来越盛行，真问题、真学术越来越稀缺，假问题、伪成果越来越繁荣。

　　重复研究的泛滥，问题意识的迷失，除了从研究者身上，也应从学术的制度、环境、条件、风气上寻找原因。一定程度上，还因思想和学术的不够独立、自由、民主、开放、包容、纯粹，导致研究者丧失精神追求和学术担当，谨小慎微、甘于平庸，沦为人云亦云，丧失创造性。观察诸多重复研究，不少不是去针砭时弊、激扬文字，揭示时代、社会和制度真正存在的问题，挖掘问题的根本与实质，以求得改正向善，而是小心谨慎、无病呻吟，堆积一些不痛不痒的文字，重复着一些陈词滥调，跟风、空谈，丧失立场、丧失创见，不知道学术为何，更不知道学术何为！在问题意识缺失的背后，是学术思想、学术理想和学术意义的迷失。这除了因具体研究者的内在因素——特别是欠缺推动科学发展、社会进步的学术担当以外，也跟历史、社会与制度的原因约束了学术的独立性、自主性、开放性、创造性有关，有学者将其概括为"心灵的创造力量"的匮乏："一个多世纪以来，中国社会经历了一系列亘古未有之巨变：古典文明世界的解体，持续不断的革命、战争及其他形式的社会动乱营造了一种极为险恶的生存环境，它严酷异常，难以巨测，在

---

〔1〕 例如有学者从学术体制的深层去揭示："如果某人甘于坐冷板凳，十年磨一剑，那么，就注定了这个人十年中职称晋升的停滞、经济状况的窘迫和学术地位的冷落。……在这种评审机制和分配机制下，怎么能杜绝又快又多的学术论著出笼和整体学术水平的下降呢？"参见祁志祥："学术批评的简单化"，载《中华读书报》2001年6月20日。

这种情形下要想培育出一种健全、富有活力的精神力量几乎成为不可想象。……只有具备了这种力量，才有可能在面对社会现实和历史文献时萌生出独特的问题意识，才能出于对中国自身生活世界的真切体验，孵化出一系列切合中国国情的真问题而不是西方挪移而来的伪问题，才能让学者内在蕴涵的创造力源源不断地释放出来，不断地拓展学术的空间，才能真正建立有效的学术评价体系与机制，才能遏止学术上的不良风气。"[1] 回望历史古今，学术受社会环境与制度因素影响、困扰甚至压制、左右并非没有发生过，特别是政治对思想与学术的控制、权力对多样化观点与不同言论的打压，远有"焚书坑儒"，近有"文化大革命"。记得在改革开放初期解放思想的精神氛围下，学者们在对曾经将无罪推定理论定性为"政治错误"、"反动思想"与"阶级谬论"的那段历史进行反思时，无不表达了开放的政治环境与社会风气对学术自由的意义[2]，郑重地强调政治尊重学术民主的重要性[3]。显然，只有当学术不受包括政治在内的任何社会与制度的因素所左右，社会足以开放包容各种各样多元化思想和尊重表达不同声音、不同见解的权利，学者们可以自由地形成学术思想、表达学术观点、开展学术争鸣、进行学术批评，问题意识不会受到任何形式的压抑，不会受到各种可能的"规训与惩罚"[4]，才得以期望学术真正地推动科学发展与社会进步。必须承认，由于这样那样的原因，仍然在不少研究者心中存在有一个无形的学术的"禁区"——很大程度地成为阻碍其问题意识发生的禁区，以致甘于平庸、甘于空谈、人云亦云，以一种"小心翼翼"但绝对不是对科学、对真理、对时代、对社会负责的态度去经营着"学术"。

---

〔1〕 樊星、王宏图、武新军、陈峻俊："问题意识：让学术惊醒"，载《社会科学报》2003 年 7 月 24 日，第 005 版。

〔2〕 例如当时学者基于对历史的反思强调："学术上的是非问题，只能通过学术界的自由讨论去解决，通过艺术和科学的实践去解决。"参见王秉新："关于'无罪推定'原则的探讨"，载《现代法学》1979 年第 1 期，第 10 页。

〔3〕 诚如当时有学者所评论的："在当今大家一致公认为建国后学术民主最充分的岁月中，为什么仍然把无罪推定看成是不祥之物甚至如洪水猛兽！关键的问题是先要确认对无罪推定发表不同见解，是学术问题，绝非政治问题。"参见许务民："再论无罪推定的可取性"，载《法学》1988 年第 7 期，第 11 页。

〔4〕 这里借用福柯的术语。参见 ［法］ 米歇尔·福柯：《规训与惩罚：监狱的诞生》，刘北诚、杨远缨译，生活·读书·新知三联书店 2007 年版。

## 三

当越来越多的研究者进行着缺乏问题意识的"学术劳作",产出越来越多没有创新性的"研究成果",这是一个非常危险的信号。"科学仅仅从问题开始。"[1] 问题意识是学术研究的立足点、科学发展的生长点,一旦一个领域的学术研究丧失了问题意识,是一件极可怕的事情,因为那必定意味着理论的裹足不前和学科生命力的丧失。正如希尔伯特所言,只要一门科学分支能提出大量问题,它就充满着生命力,而问题缺乏则预示着独立发展的衰亡或终止。[2] 发现未知的研究领域或者在已知研究领域发现尚未解决的命题,立足新的问题意识,是学术创新的第一步。但如果既不能提出新的命题,也不能从新的角度、视野、方法和材料,去开拓新的研究进路或者得出新的观点结论,只是进行着低水平的重复劳作,复制、粘贴、拼凑、剪辑、搅拌、排列加组合,那么,学术研究将难以有创新与突破可言,难以取得真正的理论进展,而学术推动科学发展、社会进步的使命必将落空。

大量的重复研究容易滋生学术生产的"麦当劳化"。当越来越多的学术创作就像"麦当劳"生产汉堡、薯条、冰激凌一样,讲求快速,不断重复,大量生产,如此按照单一的流水生产线所生产出来的产品高度一致、数量庞大、无限重复,却始终只能给人一种"快餐"的感觉,永远也摆脱不了那种"应付了事"的境遇,难以在"顾客"心中永驻。这种状况就像有学者对社会学领域学术研究普遍存在某种倾向的批评那样:"实际上所有研究论文都有一个可预测的形式——文献评价、假设、结果、图表、解析、结论、注脚和参考文献。读典型的这种论文给人以一种吃大汉堡一样的感觉。社会学家知道得很清楚能指望出什么结果,八股文章如何去做,正如食客清楚大汉堡里包括发面面包、肉饼、黄瓜片、调味品和特制酱汁,如果你喜欢把汉堡拆开来吃的话,你就会发现这一切的要素。知道汉堡包里有些什么和知道研究论文有什么货色一样,都给人一种虚假的满足感。……汉堡和研究论文给人的东西一点不少,挺好;给人的又一点不多,太糟!"[3] 重复研究造成的学术生产

---

〔1〕 [英]卡尔·波普尔:《猜想与反驳》,傅季重、纪树立等译,上海译文出版社1986年版,第222页。

〔2〕 [德]大卫·希尔伯特:"数学问题——1900年8月8日在巴黎国际数学家代表大会上的讲演",载《数学史译文集》,上海科学技术出版社1981年版,第60页。

〔3〕 George Ritzer, Explorations in Social Theory: From Metatheorizing to Rationalization, SAGE Publications Ltd. , 2001, pp. 256～271.

的"麦当劳化"，结果必然是在追求高产的过程抹杀了质量、创新和多样化，这种趋向极其危险，研究鲜有创新，学术没有活力——如果说作为快餐的"麦当劳"的大量生产还可以满足非常多的人们填饱肚子，那么，学术上的重复研究充其量只是暂时地满足了研究者私人增添"成果"的欲望，却为人们永远地制造了"垃圾"，毫无意义可言——而当学术界普遍在生产"快餐"的时候，后果不堪设想。

泛滥的重复研究还容易导致学术空间的"劣币驱逐良币效应"。当大量低水平重复研究"成果"被堂而皇之地发表、出版，大大方方地应用于各种考核和评价，甚至还屡屡在评奖中操纵胜出，就会进而在学术空间里造成一种非常不好的效应，结果是高质量的研究成果被淹没在大量低质量研究成果的海洋里，并会导致越来越多的研究者趋向选择快速、高产的重复研究方式，而甘于寂寞、保持清高的研究者立足、生存和发展的空间却越来越狭窄，最终极端的危险是学术世风日下。这种效应，就如市场空间的"格雷欣定律"，当两种实际价值不同而名义相同的货币在市场上同时流通，人们发现成色低、不足值的劣币与成色高、足值的良币一样可以使用，就会将良币储藏起来，把成色低、不足值的劣币赶紧花出去，久而久之，市场上充斥着劣币，结果，劣币把良币驱赶出了市场，市场上流通的货币所代表的实际价值就明显低于它的名义价值。[1] 同样地，当越来越多的重复研究"成果"充斥于学术领域，在学术评价机制不健全的情况下，特别是当量化评价优先于定性评价时，那些追求"少而精"的研究者就很容易因数量没有优势而吃亏、被排挤，最终学术领域"吃香"的都是那些"高产者"[2]。当前学术链条发生一种值得注意的倾向，就是以重复研究为起点，越来越多的研究者不断地炮制出大量平庸的成果，这些成果经过发表、出版，应用于考核与评价，从而帮助研究者获得了晋升，掌握了资源和话语权，并使其得以在新的起点上又继续借助重复研究，推进新一轮的学术生产、学术发表、学术评价和学术资源的分配，如此周而复始，形成恶性循环，造成浮躁的连锁反应，甚至导致兴起功利的"产业链"——但据说"有一种流行的说法：当今的学术论文，有90%可以

---

〔1〕 参见维基百科"Gresham's law"条目，网址：http://en.wikipedia.org/wiki/Gresham%27s_law，访问日期：2011年5月16日。

〔2〕 譬如，据称华东某大学一院长因发表SCI论文数量巨多而成为一名"学术明星"，然而不少影响因子甚低；再如，东北某大学有一对教授夫妻，平均一天就发表一篇SCI论文，因此一年收入过百万元。参见柴会群："学术明星，还是学术泡沫"，载《南方周末》2005年6月9日，第A6版。

直接从杂志社送往废纸回收站"[1]。重复研究的直接结果，就是造成了学术泡沫，制造了学术垃圾，而随之而来更为严重的后果，必将是一连串的贬值：成果贬值、学术贬值、学位贬值、学历贬值、职称贬值、资格贬值、教育贬值、国民素质贬值乃至民族文明的贬值。

重复研究的危害是明显的。它不仅造成学术资源无益的耗费，而且就像是寄生于学术生命体中的表象良性实为恶性的"肿瘤"，正在悄无声息地扩散、威胁着学术的健康、制约着学术创新的活力，终有一日会成为败坏学术的秩序、伦理与风气的祸首。每一项重复研究的行为，对研究者本人来说可能暂时是"有益的"，诸如取得可用于参与某种"评价"的"成果"，但对整体社会和学术而言，却是极度浪费的。如今逛书店、看杂志，常惊叹学术著述产出的速度，但却发现愿意精读的论文、值得收藏的著作越来越少——这不止是我一个人的感叹[2]。我们应该把重复研究的行为放到整个学术的视域加以检讨，而不是简单看作是研究者个人的事情。这不仅关乎学术资源的优化配置与有效利用，而且关乎整个学术秩序、精神、风气的健康发展，关乎每一个研究者心中的学术信念、理想、态度、志气的培植和弘扬。在我们这样一个泱泱大国，与其如此多研究者花费如此多时间和精力去低水平地重复着一些没有创见的劳作，产出大量没有贡献的"学术垃圾"，不如把如此庞大的力量分散去钻研一些新命题，挖掘新的理论增长点，探索如何推动社会进步，哪怕是极其缓慢的推进，始终比原地重复踏步好。何况，重复研究实质上早已超越个别研究者制造泡沫、浪费资源、违反规范的问题，而是正在直接挑战整体学术的道德、伦理、志气和风范。

四

在这样一个"学术大跃进"的背景下，是到了发出"多一点问题意识，

---

〔1〕 有关描述及评论，参见黄湘金："我为什么要制造学术泡沫"，载《社会科学论坛》2005年第5期，第49～53页。

〔2〕 例如，美国某学科学会期刊总编辑曾指出：十多年来，中国论文数量大幅增加，但质量却在降低。转引自王会："透析高校学术泡沫化成因"，载《科技日报》2006年12月5日，第007版。而事实上，据英国一份名为《知识、网络和国家：21世纪的全球科研合作》的报告称，中国科研论文数量已跃居全球第二，不过，引用率增长幅度暂时还没有跟上论文数量的增长幅度。参见"英国报告称中国科研论文数量已跃居全球第二"，登载于新华网，网址：http://news.xinhuanet.com/world/2011-03/29/c_121242764.htm，访问日期：2011年5月16日。更有悲观地指出，中国当前科研人员及论文数量世界第一，但引用率却排在一百位之后。参见"我国论文数量世界第一引用率却排100位之后"，载《广州日报》2011年3月7日，第A4版。

少一些重复研究"的时候了！

重复研究的泛滥已暴露出学术创作、发表、评价及学术的规范、道德和风气上存在的痼疾，并从根本上折射出问题意识缺失的危机和学术的信念、理想、伦理迷失的危险。也许大多数重复研究表象上并不触及抄袭、剽窃等学术规范，只不过是研究者个人"甘于平庸"——"这种学术生产是在规范之内运行的，它不违反规范，却用做快餐的方式，浪费学术资源，生产大量的平庸之作"[1]，因而似乎较难将其作为学术不端加以惩治[2]——治理重复研究更多地依赖于研究者"心灵的自律"以及学术界"风气的倡导"。但当学术界呈现"大多数人的平庸"的时候，就是亟待从心灵、从制度、从风气上去进行认真反思、寻求革新的时候了。重复研究的治理，有赖于学术的规范和道德，有赖于从制度上推动学术创作、发表、评价的健康发展，有赖于整个学术链条上各种参与力量的合力，营造良好的学术环境与氛围。不过，对于治理重复研究，学术的规范、制度是必需的，但绝不是充分的，真正要根治，更有赖于一种真正尊重学术、信仰学术、追求学术的理想、信念和风气。尤为根本者，一是研究者心中的学术信念、自觉和担当；二是尊重学术自主、独立、开放的制度基础和社会氛围。概括起来，就是要坚持"学术无禁区"和"以学术为业"。

一方面，学术无禁区。问题意识的欠缺、学术理想的迷失，除了源自研究者本身因素，也可能跟外在压力有关，如意识压制、思想控制、言论管制等[3]。正如有学者所揭示的，"当学术界从'呼唤人文精神'到'寻求边缘话语'时，隐含的意味就是由独立思想支持的学术被剥夺了权威性。学术不

---

[1] 杨明丽："学术泡沫中沉浮的学术期刊"，载《江西社会科学》2005 年第 2 期，第 221 页。

[2] 教育部近年来开始注重加强学术道德和学风建设，先后印发《关于加强学术道德建设的若干意见》（2002 年）、《高等学校哲学社会科学研究学术规范（试行）》（2004 年）、《关于树立社会主义荣辱观　进一步加强学术道德建设的意见》（2006 年）、《关于严肃处理高等学校学术不端行为的通知》（2009 年）、《高校人文社会科学学术规范指南》（2009 年）等，但对于治理重复研究似乎并不得力。不过，值得注意的是，《高校人文社会科学学术规范指南》提到了"避免低水平重复"并指出"关键在于要确有可能得出新的发现，或确有可能解决实践中的新问题"。参见教育部社会科学委员会学风建设委员会编：《高校人文社会科学学术规范指南》，高等教育出版社 2009 年版，第 15～16 页。

[3] 比如在法学领域，就有学者揭示："20 世纪中国法学的历史命运所揭示的中国法学学术功底不足、常为政策、政治权力、意识形态力量左右，又常为'有用即有目的'的实用理性困扰的事实状态，对于中国法学的进一步发展说来，将是一种根本性的障碍。"参见孙莉："自省与超越——'20世纪中国法学的回顾与前瞻学术研讨会'综述"，载《法律科学》1997 年第 6 期，第 88 页。

甘于丧失对社会和政治的权威影响力,才会有如此的忧虑、失落和痛心疾首。"[1] 学术不应该沦为某种力量的影子,学术研究不应该沦为权力和金钱的附庸。在深化改革开放的社会背景下,不管是学术的制度环境,还是在学者心灵深处,任何学术研究都不应该受到任何形式的压抑,学术思想的形成、学术见解的表达、学术观点的争鸣应当受到高度的尊重、崇尚和维护,唯有如此,才可能促使学者萌发出源源不断的问题意识,才得以期待学术推动思想进步、科学发展和社会进步。开放的社会应当给予学术生长足够自由、民主、独立的空间,包容多元的思想、声音和见解的表达,为其营造健康、成熟的制度文明和社会形态,使学术得以针砭时弊、评论是非、指点江山,为科学发展、社会进步处处着想。正如温家宝总理在《讲真话 察实情》的讲话中所强调的,"一个国家、一个民族,总要有一批心忧天下、勇于担当的人,总要有一批从容淡定、冷静思考的人,总要有一批刚直不阿、敢于直言的人","讲真话,就要有听真话的条件","形成讲诚信、讲责任、讲良心的强大舆论氛围","知者尽言,国家之利"[2],学术不应该有禁区。

　　另一方面,以学术为业。问题意识的觉醒、重复研究的治理,需要树立学者心中的学术信念、理想和使命,需要每一位研究者时刻不忘思考"学术为何"和"学术何为",需要每一位研究者常常警醒自我:"问题意识在哪里、学术贡献在哪里"!学者应当以学术为业,应当有"在科学上没有平坦的大道,只有不畏劳苦沿着陡峭山路攀登的人,才有希望达到光辉的顶点"[3]的精神和志气,应当有"为天地立心,为生民立命,为往圣继绝学,为万世开太平"[4]的自觉和担当。学术不是卖弄知识、玄虚学问,不是随波逐流、媚上媚时,更不是堆积文字、增加"成果",学术应当致力于科学创新——就如韦伯所言,"每一次科学的'完成'都意味着新的问题"[5];应当致力于思想和社会的进步——用费希特的话说,"学者阶层的真正使命:高度注视人类

[1] 吴予敏:"学术问题意识的窘困",载《学术研究》1998年第10期,第119页。

[2] 温家宝总理还强调:"做学问、搞研究是件很辛苦的事情,……值得提倡'千夫诺诺,不如一士谔谔'……深入实际而不浮躁,独立思考而不跟风,敢说真话而不人云亦云"。参见温家宝:"讲真话 察实情——同国务院参事和中央文史研究馆馆员座谈时的讲话",登载于新华网,网址:http://news.xinhuanet.com/politics/2011-04/17/c_121314799.htm,访问日期:2011年5月18日。

[3] [德]卡尔·马克思:"《资本论》法文版序言",载《马克思恩格斯全集》(第23卷),人民出版社1972年版,第26页。

[4] 参见《张载集》,中华书局1978年版,第320页。

[5] [德]马克斯·韦伯:《学术与政治》,冯克利译,生活·新知·读书三联书店2005年版,第27页。

一般的实际进程，并经常促进这种发展进程。"[1] 当下，"一个困惑不安的世界不再能够负担象牙塔里搞研究的奢华。学术的价值不是取决于学术自身的名词术语，而是取决于它对国家和世界的服务。"[2] 学者应当信仰学术，从事学术研究，应当有学术的理想、学术的抱负、学术的信念、学术的志气、学术的品质、学术的自觉、学术的担当，应当有独立的人格、自由的思想、开放的视野、求真的意识、怀疑的精神、批判的态度、建构的使命，应当沉得下来、甘于吃苦、敢于担当、善于钻研、勇于攀登，真正做到以学术为业。

当下我们的学术研究亟需少一些重复研究，多一点问题意识。提倡多一点问题意识，是希望更多的人致力于发现真问题、钻研真学问、创造真学术，更多的学术研究真正致力于为科学、为思想、为社会、为国家、为人类的进步，而不是仅仅致力于积累"成果"，防止"大多数人的平庸"，防止学术的信念、理想和伦理的迷失。面对当下有点泛滥的重复研究，亟需唤醒一种真正的持续不断的"中国问题意识"，以求得建立真正的"中国学术"。在任何时代，真正的学术大师都是凤毛麟角，尤其在"学术大跃进"的当下，如果没有成熟的"中国问题意识"，没有建立"中国学术"的志气，将难以从根本上改变不尽如人意的学术研究面貌。曾几何时乃至今日，不乏有人对我国的学术研究发出如此感叹：当代中国有没有自己的学术命题、有没有自己的学术话语？[3] 问题意识是学术本土化的根本所在，是学术得以不断推动思想进步、科学发展、社会进步的关键。中国当下的学术研究，应当如何为此作出应有的担当？诚如波普尔所言，"我们从问题开始我们的研究。我们总是发现我们处在一定的问题境况中，而且我们选择一个我们希望解决的问题。"[4] 胡适先生当年所批评的"偏向纸上的学说，不去实地考察中国今日的社会需要究竟是什么东西"的倾向，在当前仍然一定程度地存在着。"凡是有价值的思想，都是从这个那个具体的问题下手的。先研究了问题的种种方面的种种事实，看看究竟病在何处，这是思想的第一步工夫。然后根据于一生经验学问，提出种种解决的方法，提出种种医病的丹方，这是思想的第二步工夫。

---

〔1〕 ［德］费希特：《论学者的使命　人的使命》，梁志学、沈真译，商务印书馆1984年版，第23页。

〔2〕 这是奥斯卡·汉德林的观点。转引自［美］欧内斯特·L. 博耶："学术的使命"，载《中国大学教学》2004年第4期，第59页。

〔3〕 参见樊星、王宏图、武新军、陈峻俊："问题意识：让学术惊醒"，载《社会科学报》2003年7月24日，第005版。

〔4〕 ［英］卡尔·波普尔：《无尽的探索》，邱仁宗译，江苏人民出版社2000年版，第90页。

然后用一生的经验学问，加上想象的能力，推想每一种假定的解决法，该有什么样的结果，推想这种效果是否真能解决眼前这个困难问题。推想的结果，拣定一种假定的解决，认为我的主张，这是思想的第三步工夫。凡是有价值的主张，都是先经过这三步工夫来的。不如此，不算舆论家，只可算是抄书手。"[1]

回到法学的领域，面对当下的法学学术，面对琳琅满目的重复研究，值得追问的是：法学学术的问题意识在哪里？当前从事读书写作、治学科研者越来越多，但有多少真正做到了"以学术为业"？又有多少真正将学术作为毕生的理想、真正抱有为推动思想进步、理论发展、社会进步的使命与担当？另一方面，我们的法学学术又是否真的能做到"学术无禁区"了？我们拥有如此庞大的法学队伍、法律人才，如此众多的法学专家、法学教育者、法学研究员、法官、律师、检察官、警察，每年培养出如此大量的法科学生，生产出如此大量的法学成果，但是，我们的法治与司法改革的推进却缓慢、艰难，我们甚至还很难说已经建立了中国的法学。[2] 中国法治的方向在哪里，中国法学的方向又是在哪里？与此相关的命题是，法学学者的理想在哪里？法学研究的贡献又是在哪里？又该何从追寻中国法学学术的问题意识？这当是面对中国当下的法学与法治必须认真追问而不是回避的命题。

问题意识的培植与发生诚然不易，学术的创新与贡献实属难得，正如王国维先生所描述古今成大事业、大学问者必经从"昨夜西风凋碧树，独上高楼，望尽天涯路"到"衣带渐宽终不悔，为伊消得人憔悴"再到"众里寻他千百度，回头蓦见，那人正在灯火阑珊处"三种境界。[3] 然"盖文章，经国之大业，不巧之盛事。年寿有时而尽，荣乐止乎其身，二者必至之常期，未若文章之无穷。是以古之作者，寄身于翰墨，见意于篇籍，不假良史之辞，

---

〔1〕 胡适："多研究些问题，少谈些'主义'"，载《每周评论》1919 年 7 月 20 日，第三十一号。

〔2〕 正如有学者所揭示，"与近些年法学研究资源迅猛增加的态势相比，与中国法治实践的实际需求相比，中国法学对法治实践的贡献却明显趋于弱化，法学对法治实践的影响力也有所衰减。特别是对于在中国这片土壤中如何全面实行法治，中国的法治应当具有什么样的特色这样一些根本问题，法学并未能贡献出应有的智慧。"在此基础上，进一步揭示："中国实行法治的总体方向决定了中国法学应当是有作为、有出息的科学。毫无疑问，任何理论形态与社会实践之间，任何社会现实与学术人所守持的社会理想之间，都会存在一定的距离与差异，但这种距离和差异不应成为学术人回避现实、放弃对现实关注，乃至倾力改变现实的理由。……与中国法治同行，并能够引领中国法治实践。"参见顾培东："也论中国法学向何处去"，载《中国法学》2009 年第 1 期，第 5～17 页。

〔3〕 参见王国维：《人间词话》，上海古籍出版社 2004 年版。

不托飞驰之势，而声名自传于后。"[1] 当下中国的法学学术著述，年均产量数以十万，但繁荣表象背后，我们却不得不发自深处的忧虑，真正经得起流年考验、岁月沉淀的能有几多？文章著作一经刊行，第二天就被丢进了历史的废纸堆，是何等可怕的事情！"文章千古事，得失寸心知。"[2] 人生也许短暂，穷达实也相对，然文章可以跨越时空、指向永恒，为世人所千百年瞻仰、传颂、品嚼、回味无穷。真正的经典，历史不曾遗忘。时下越来越显著的重复研究现象，已经不是可以仅仅从研究者个人所谓学术"自由"角度去理解的问题，而是亟待被放到学术体制、学术伦理、学术信念、学术品质、学术风气的层面上加以对待，唤醒每一位研究者心中学术的信仰、自觉、道德和担当。这让我们又再想起康德墓志铭上刻着，"有两样东西，人们越是经常持久地对之凝神思索，它们就越是使内心充满常新而日增的惊奇和敬畏：我头上的星空和我心中的道德律。"[3]

---

[1] 参见曹丕：《典论·论文》。

[2] 参见杜甫：《偶题》。

[3] 参见［德］康德：《实践理性批判》，邓晓芒译，人民出版社 2003 年版，第 220 页。

# 目　录

## 第二编　制度表达

## 第三编　中国问题

# 导论　命题与方法

## 一、问题

不知不觉地，我们似乎已经对控诉方起诉、法官审判、被告人辩护这样的刑事诉讼图景习以为常，乃至不去思考其背后的问题：控辩双方围绕什么展开对抗，法官针对什么进行审判。然而，这却是任何刑事诉讼都不能回避的：刑事程序是通过什么以及如何将控、辩、审的诉讼活动组织起来的？刑事诉讼的制度上与实践中，存在着这样一类诉讼现象，尚未为我们所充分深刻地认识：控诉方总是基于特定的诉请与主张提起控诉，被告方总是针对控诉来准备辩护和进行防御，控辩双方总是围绕控诉来展开抗辩与对话，法官总是根据控诉来组织审理和作出裁判。这一类诉讼现象进而表现为：控诉方必须明确提出控诉的罪行，法官审判不得及于未经控诉的罪行，控诉方不得任意变更控诉罪行，被告方不必防御未经控诉的罪行，控诉方不得重复提起控诉罪行。笔者将这一类诉讼现象蕴含的诉讼法命题，归结为"刑事审判对象问题"。

或许在人们的概念里面，自刑事审判发生伊始，审判对象就是"不言而喻"的，审判的程序一经启动，审判的对象就是自然而然的"存在"，"刑事审判对象"似乎是一个"伪命题"。然而，当真正被询问到"刑事审判对象是什么"，可能实际上无言以对，就如同我们时常有关于"时间是什么"这样的困惑："没有人问我，我倒清楚，有人问我，我想说明，便茫然不解了。"[1] 这其实说明我们并未真正关注过刑事审判对象和试图去理解它存在的意义。另一方面，这正好表明，在刑事诉讼的日常运作中，审判对象就像日常生活中的时间，重要而不可或缺，以致显得如此自然而然和习以为常，反而难以作为问题引发我们注意，然而，这决不意味着问题的不存在和不重要。

---

〔1〕［古罗马］奥古斯丁：《忏悔录》，周士良译，商务印书馆1963年版，第242页。

拒绝该命题者或许进而提出：不管审判对象是什么，我们的审判程序照常运转无误，也没有因此而导致错判误判乃至无法审判，再者，作为专门的国家权力运作行为，所有的刑事审判同样都在于解决犯罪与刑罚的问题，因而，这其实是一个"不证自明"的问题。然而，正如霍姆斯告诫我们，"没有什么具体的命题是不证自明的，不论我们可能是何等地愿意接受它。"[1] 走进普通人的认知视野，该问题通常可得到如此若干种回答："刑事审判就是审理案件，审判对象即是刑事案件"；"刑事审判就是审理犯人，审判对象即是被告人"；"刑事审判就是审理犯罪，审判对象即是犯罪事实"。当然，到了法律人那里，通常还会得到两种截然不同的解答："刑事审判的任务都是为了解决被告人是否构成犯罪的问题，因而审判对象始终是被告人及其犯罪事实"；"刑事审判要解决的具体问题是不同的，因而审判对象是千变万化无从确定的"。事实上，如此种种的说法，恰好意味着问题的存在：应当如何合理地界定和有效地规范刑事审判对象。长期以来，我们不知不觉地习惯了"控、辩、审"这样一种刑事诉讼的实践，以致没有试图真正理解这个运作过程，而将"审判对象"遗忘在一种视为"天经地义"的惯常运作背后。

人类文明发展的轨迹表明，社会对犯罪的反应不是一种本能的、专断的、盲目的反应，而是经过深思熟虑的、有规则可循的、本质上具有司法裁判性质的反应，在已实行的犯罪与刑罚之间，实际上有一场"诉讼"，这就是刑事诉讼，在其中，刑事审判发挥着不可替代的意义："原则上，犯罪人仅在经司法机关判决有罪时才会受到刑罚，并且只有经过专门为此设置的法院进行审判之后，才会受到有罪判决"[2] 然而，作为社会回应犯罪现象的常规装置，刑事审判绝不意味着由国家专门机关像"自动售货机"一样简单而格式化地就已发生的犯罪配给定量的刑罚，而是需要运行一套控辩对抗与法官判定的程序，这个过程围绕着控诉罪行是否成立的问题而展开。换句话说，刑事审判的运作首先必须存在一个特定的审判对象，它作为诉讼主体活动的基点和诉讼程序运行的轴心，规定着审理的范围与裁判的指向，法庭上控辩双方的举证与辩论和法官的调查与评判都必须围绕该特定的审判对象来进行。诚如有学者所言，"刑事诉讼法当然必须处理'到底整个刑事诉讼程序所针对的对

---

〔1〕 Oliver Wendell Holmes, "The Path of the Law", *Harvard Law Review*, Vol. 10, Issue 8, 1897, p. 466.

〔2〕 ［法］卡斯东·斯特法尼、乔治·勒瓦索、贝尔纳·布洛克：《法国刑事诉讼法精义》，罗结珍译，中国政法大学出版社1999年版，第1页。

象（标的）是什么'，更狭义地说，'到底法院所审判的对象（标的）是什么'的问题。"[1]

显然，刑事审判不能漫无目的，刑事审判亦不能漫无边际。俗语云"巧妇难为无米之炊"，再英明的法官，也无法组织一场没有审判对象的"审判"，审判对象不明确的审判无疑是难以想象的。在诉讼过程中，法官必须知道审理的范围是什么，还应当知道裁判的界限是什么，毕竟，刑事审判的本质是"诉讼"，而不是"治罪"，法官不是无所不理、无所不能理的"皇帝"抑或"上帝"。而且，就整个诉讼流程来看，基于审判对象这一概念及范畴的存在，控辩双方的诉讼行为才可能做到"有的放矢"，控诉方在提起诉讼前便会竭力收集证据，掌握犯罪事实和准确确定控诉范围，在诉讼中便会紧紧围绕审判对象实施指控和证明，同样，被告人也可以高度明确防御的方向，围绕审判对象充分进行有针对性的辩护。因此，审判对象是整个诉讼程序得以展开的基点，它不仅关系法官审判职能的行使，而且关系到控诉方起诉职能和被告人辩护职能的实现。换言之，审判对象的问题是一个控、辩、审的共同问题，而不只是一个关于审判的问题。与此相反，如果没有特定的审判对象，刑事审判就会成为"无的放矢"，审判对象不明确，审判就如一次找不到"箭靶"的"射击"，一切诉讼行为都将迷失方向，丧失重心。有学者就此评论说："只有当标的确定时，有秩序的程序才可想象。"[2] 当然，另一种可能，则是使刑事审判演化为刑事追究与犯罪控制的过场，控诉者可能针对被告人的任何罪行进行指控，法官可能针对被告人的任何罪行进行审判，被告人对于模糊了审判对象的突袭性审判只能是防不胜防，沦为治罪对象。

因而，刑事诉讼中始终面临着审判对象的问题。具体地说，审判对象具有如下诉讼功能：其一，锁定审判的目标和范围，法官不得超越审判对象进行审理和裁判；其二，明确防御的指向和范围，被告人只需要针对审判对象来准备防御和进行辩护；其三，规范控诉方的指控对象和范围，控诉方不得超越审判对象进行突袭指控；其四，确立既判效力与禁止重复追诉的客观范围，经过审判程序形成终局裁判，控诉方便不得再次将同一罪行提示为审判对象，法官亦不得对同一罪行进行重复审判。换言之，在刑事诉讼中，控诉方控诉、法院审判、被告人防御以及既判效力与禁止重复追诉彼此间具有范围的一致性，这种功效正是通过审判对象这一核心范畴来实现的。在这个过

---

[1] 林钰雄：《刑事诉讼法》（上册），中国人民大学出版社 2005 年版，第 211 页。

[2] ［德］奥特马·尧厄尼希：《民事诉讼法》，周翠译，法律出版社 2003 年版，第 197 页。

程中，一方面，刑事诉讼的程序紧紧围绕着审判对象而发生、发展直至终结，控辩对抗与法官判定的活动建立于这个共同标的并以其为中心[1]有序推进；另一方面，正是在此过程，控、辩、审相互关系的合理定位通过紧紧围绕着审判对象的运作获得了展示。因此，审判对象不但组织着刑事诉讼的程序，而且规范着刑事诉讼的结构，成为刑事诉讼合理构造与有效运行的内在依托。实质上，关于"控审分离、控辩平等、审判中立"的经典表述，就蕴含着控诉方提起诉讼以提示审判对象、控辩双方围绕审判对象平等对抗、法官针对审判对象中立审判这样一个刑事诉讼的构造与过程的意味。

更为重要的是，审判对象为控制权力、保护权利提供框架。基于审判对象的存在和发生作用，得以将控诉权及审判权的界限明确化，并将其范围特定化，为被告人防御权利的有效行使创造空间，并为其免受重复追诉和避免陷入防不胜防的境地提供保障。在刑事诉讼中，当控诉方以特定的控诉提起诉讼，进入审判程序以后，便成为控辩双方攻防对抗的基础及法官审判的对象，以此确立了审判权力行使的范围，法官不得擅自确立审判对象，审判不得及于未经控诉的罪行，而控诉方亦不得任意变更控诉来改变审判对象，因此，被告人就可以并且只需要根据提示的审判对象并在其设定的范围内来准备辩护和进行防御，而且，作为审判对象的控诉罪行经由审判程序作出终局裁判之后，通常便不得被重复提起而再次成为审判对象，这样，被告人亦享有了不受重复追诉及重复审判的权利。故而，基于此种明确指向、设定范围的机能，审判对象有助于防范刑事审判的漫无边际与刑事追诉的无休无止，发挥了控制国家权力、保障个人权利的实质意义。

刑事诉讼演进的历史留给今天的一个深刻教训，就是模糊了审判对象的后果必定是以牺牲程序正义与人权保障为代价的。在专制的纠问制诉讼时期，作为裁判者的法官便是积极追究犯罪的追诉者，集中实施侦查、控诉、审判与惩罚犯罪的权力，只要发生了犯罪事件或者存在犯罪嫌疑，便可以主动地发动诉讼，进行犯罪侦查和审讯被告人，以此为基础展开审理并判处刑罚。在这个过程中，被告人被剥夺了辩护与进行防御的任何权利，刑讯逼供合法化，法官自由地决定审判的性质和对象，审判对象通常是不确切的，甚至是不需要明确的，其范围随着法官发现犯罪的情况和惩罚犯罪的具体需要而发

---

〔1〕 脱离这个中心，诉讼过程便难以有序推进，乃至有诉讼法学者誉其为"诉讼的支柱"。参见[日]中村英郎：《新民事诉讼法讲义》，陈刚、林剑锋、郭美松译，法律出版社 2001 年版，第 111 页。

生变化，法官只要根据审讯的结果便可直接定罪和施以刑罚。因此，严格地说，纠问制诉讼并不存在审判对象的概念，即便有也仅仅是作为法官进行犯罪追究的一个借口或者说根据，不可能被用来确立和保障被告人的防御范围，更不可能存在着控诉方提示审判对象以限定法官审判范围这样的程序逻辑。有学者这样评论："在纠问式诉讼中，对人犯的侦查、控告和审判委托给同一个国家代理人，整个审判程序弥漫着秘密和恐怖的气氛，而且缺少言词辩论，被告毫无诉讼权利，只是诉讼的客体。"〔1〕而今，纠问制遭到唾弃，国际社会普遍选择相对合理的"三角结构"来构筑刑事诉讼的制度，采纳控诉制，其中一项最基本的原理就是不告不理，控诉与审判发生了结构上和功能上的分化，未经起诉便不得审判，审判对象由控诉方起诉来提示，审判范围与起诉范围乃至被告人的防御范围具有同一性，如此一来，审判对象就成为一个具有实质意义的概念与范畴。正如有学者强调的，"法院不得任意独断地将调查范围扩张，被告在此需受保护。经此对诉讼标的（客体）的认定，即是要免去昔往在纠问程序时的弊端。"〔2〕由此可见，审判对象对于刑事审判何等重要，它为控诉权与审判权设定界限明确范围，为被告人防御权利保障提供空间，一旦模糊了审判对象，法官不是就控诉罪行是否成立而是泛泛就被告人是否有罪进行审判，那么，这场审判可能已经不是诉讼意义上的"审判"了，而是"治罪"，或者甚至就是"暴力"。

然而，在当今中国，"审判对象"似乎还是一个极为陌生的概念，我们刑事诉讼的学术、立法与实践普遍缺乏一种应有的问题意识，"审判对象问题"及其蕴含的原理尚未为立法者、司法者乃至研究者们所充分关注、理解和应用。例如，现行法规定，第二审法院应当就第一审判决认定的事实和适用法律进行全面审查，不受上诉或抗诉范围所限制；上级法院对下级法院已经发生法律效力的裁判，如果发现确有错误，有权提审或者指令再审。这其实是将确立审判对象的实质权力交给了法官，诉与审的界限变得模糊。又如，诉讼实践中，控辩双方在庭审过程中紧紧围绕起诉书控诉罪名进行举证和辩论，法院却以另一未经指控、未经审理、未经辩护的罪名对被告人作出有罪判决，这种现象在中国极为常见，甚至已经成为一种制度化的做法。实际上，中国当下刑事司法的理念与实践存在诸多困惑是与审判对象问题密切相关的：控诉方应否在起诉书中记载对法官具有约束力的控诉罪名，应否在审判过程中

---

〔1〕　徐友军：《比较刑事程序结构》，现代出版社 1992 年版，第 13 页。

〔2〕　［德］克劳思·罗科信：《刑事诉讼法》，吴丽琪译，法律出版社 2003 年版，第 366 页。

变更控诉事实；法官应否将其在审判过程中发现的罪行纳入审判范围，应否主动变更罪名；法院应否超越上诉与抗诉范围就未生效判决认定的事实和适用法律进行全面审查，应否自主对发现认定事实或适用法律确有错误的生效判决启动再审；被告人应否就未经控诉的罪行进行防御，应否在控诉方撤诉或法院宣告无罪后由于同一罪行再次受到控诉；等等，诸如此类问题的澄清与解决，就有待于对诉讼构造进行合理规范，对审判对象进行合理界定。再如，习惯上将刑事审判通称为"审犯人"以及将审判对象界定为"刑事案件"或者"被告人及其犯罪事实"的主流观点，其实均是有失偏颇的。如果将被告人界定为审判对象，就极易导致被告人地位客体化，导致一切可能针对被告人而实施的非法讯问、暴力取证等侵犯人权的现象，而且，一旦法官将被告人定位为审判对象，就极容易偏离客观中立而带着被告人有罪的偏见，造成任意扩展审理范围、实施庭外调查、变更指控罪名甚至把所有关涉被告人的"犯罪事实"均纳入审判视野进行"犯罪治理"的危险。这种现象，历史上并非没有发生过，众所周知的纠问制诉讼，被告人沦为诉讼客体，是被拷问的对象，后果可想而知；即便在当代，我们的刑事诉讼中仍然存在一种审判对象界定模糊的倾向，将侦查过程确立的整个"刑事案件"界定为审判对象，这样，审判的范围就极其宽泛并有不受限制扩大化的潜在趋向，审判权力较少受到控诉范围的限制和被告人防御利益的牵制，法官为了查明"案件事实"可以讯问被告人、调查证据甚至直接变更罪名作出有罪判决，整个"审案"过程充斥着浓厚的治罪色彩。某种意义上，其深层原因就在于，我们的刑事司法实践至今没有很好地生成关于审判对象的问题意识，我们的刑事诉讼制度至今尚未形成关于审判对象的合理规范并保障程序的有效运转，同样，我们至今亦并未建构起一种真正具有解释力并能够指导实践的刑事审判对象理论。

有鉴于此，本书提出并阐释"审判对象问题"这一蕴含在刑事程序根本层面的基本概念及命题，解读有关刑事诉讼的制度与实践，构建刑事审判对象理论，揭示审判对象的价值构造、生成原理与运行规律，探索审判对象制度建设的基本路径，解释并解决与此有关的中国问题。本书将揭示，"审判对象问题"是极富意蕴的命题，有关理论的建构和学术上的努力、制度的构筑与实践的探索、问题意识的呼吁与价值姿态的确立，将不但有益于充实我们的刑事诉讼法学理论，而且有益于解释和解决我们刑事程序的制度与实践上的问题。通过确立一种学术、立法与实践中的审判对象问题意识，确立审判对象理论在诉讼法理论体系中的应有地位，一定程度上有益于将我们审视刑事审判问题的视角提升到增进整个刑事诉讼的价值、结构与程序合理性的视野，彰显刑事审判在诉讼构造与司法过程的中心地位，推动塑造控、辩、审合理的构造关系并造就良性运转的刑事诉讼秩序。

## 二、概念

审判对象，即审判行为的目标指向与作用范围。这一概念被普遍应用于刑事诉讼的理论与实践，用来解释法院审判的范围，指称控辩双方攻防对抗的标的。例如，学者田口守一在刑事诉讼法学教科书中写道：

> "起诉书中明确记载的特定诉因，即犯罪事实就是法院的审判对象，同时也是被告人防御的对象。……在诉讼进展过程中，如果不变更当初的诉因，那么该诉因就是审判的对象，其他的犯罪事实就不能成为审判的对象。"[1]

在这里，"审判对象"被用来指称法院审判的目标指向，界定审判的范围，以审判对象区分审判范围内与审判范围以外之间的界限。这位日本学者进而阐释：

> "日本现行诉因制度与原则上不承认变更诉因的英美法不同，与不采用诉因制度的大陆法系的公诉事实制度也不同。日本的诉因制度的特色是，在采用诉因制度的同时还保留公诉事实的观念，并且允许变更诉因。这种制度可以说是介于英美法中的诉因制度和大陆法中的公诉事实制度之间的制度。正是因为这种中间性制度，才产生了重视'诉因'和'公诉事实'两种法律解释的对立。这是所谓的审判对象论。"[2]

这表明，"审判对象"作为一个诉讼法概念，有着自身的规定性，其内涵是特定的，指称的意义是约定俗成的，但另一方面，其外延却为各种诉讼制度所规定，在不同制度语境下，其具体内容可能有所不同，例如实行诉因制度的英美法、实行公诉事实制度的大陆法和实行此种"中间性"制度的日本法就分别对审判对象做了截然有别的界定。

在学者们那里，一方面，基于约定俗成的概念，审判对象的问题才得以在不同的认识主体之间展开讨论、形成对话以及寻求共识；另一方面，这一

---

〔1〕　[日] 田口守一：《刑事诉讼法》，刘迪、张凌、穆津译，法律出版社2000年版，第165页。

〔2〕　[日] 田口守一：《刑事诉讼法》，刘迪、张凌、穆津译，法律出版社2000年版，第165～166页。

概念的外延在不同的语境与解释主体那里被加以各种界定，从而呈现多样化的观点，这就为审判对象问题在对话与论争的纷纭众说中不断取得理论进展提供了空间。例如，关于"审判对象是什么"，这一问题在日本就论争得相当激烈。一种观点认为，刑事诉讼的本质结构是当事人主义，所以法院只对起诉书记载的诉因享有审判的权利和义务，法院的审判范围受诉因的制约，被告人也只需要针对诉因进行防御，因此，审判对象是诉因；另一种观点认为，刑事诉讼的本质结构是职权主义，所以法院对诉因背后的整个犯罪事实实际上均拥有审判的权利和义务，也就是说，审判对象是公诉事实；还有一种观点认为，审判对象在范围上应当是包括了作为潜在的审判对象的公诉事实和作为现实的审判对象的诉因。[1] 由此可知，如何合理界定审判对象，正是审判对象的理论与制度必须通过理性论证加以解答的。

在制度实践中，关于审判对象的界定，往往存在两种极端的倾向：一种是对审判对象不加以限定，控诉者可恣意扩张指控范围，法官根据具体需要擅自确立审判对象，导致刑事审判沦为惩罚犯罪的工具，严重损害被告防御的权利，这种治罪主义倾向使得审判对象丧失实质意义；另一种则是过分刻板设定审判对象，完全排斥合理解释和合理变更的空间，控诉方的指控与审判过程证明的事实略有误差便会导致败诉，这种严苛的形式主义倾向显然不利于增进刑事诉讼的有效性、合理性。前者如 16、17 世纪德国的纠问式审判程序，由于控审职能没有严格区分，法院主动追诉并审判犯罪，一切罪行均可能成为审判对象，面对具备绝对权力的法官，被告人显得束手无助。[2] 后者如 17、18 世纪英国为严苛的形式主义所支配的审判程序，虽然采取控审分离、不告不理的做法，但是，控诉方被要求详尽地记载作为审判对象的犯罪事实，只要起诉书记载出现细微的错误或者记载的犯罪事实与用证据证明的事实存在细微差异，就会导致起诉书无效和被告人被宣告无罪。[3] 这两种界定审判对象的极端做法，都不是合理的制度设计，都是当代诉讼程序设置应当警惕的，一套运转良好的诉讼制度，显然应当合理而有效地规范审判对象的问题。

审判对象的界定与制度语境有关。受制于特定的诉讼模式与程序结构，

---

〔1〕 转引自"最高法院"学术研究会编：《刑事诉讼可否采行诉因制度研究讨论会》，普林特印刷有限公司 1994 年版，第 184～185 页。

〔2〕 参见［德］拉德布鲁赫：《法学导论》，米健、朱林译，中国大百科全书出版社 1997 年版，第 121 页。

〔3〕 Charles A. Willard, "The Seventeenth Century Indictment in the Light of Modern Conditions", *Harvard Law Review*, Vol. 24, Issue 4, 1910, p. 290.

审判对象在英美法中通常被界定为诉因，在大陆法中被界定为公诉事实，在日本法中被界定为公诉事实同一性范围内的诉因，在中国法中被界定为起诉的案件事实。需要指出，这若干种界定代表了当前存在的若干典型审判对象制度模型，但更为重要的是，这些做法有着质的同构性，实质上都将审判对象界定为控诉方提起诉讼时所提示的需要在审判过程通过控辩对抗与法官判定来解决的某种特定的主题与范畴。亦即，审判对象被界定在以诉审分离为基调的诉讼构造视野，被表达为设定法官审判范围、确立被告防御目标和规范控诉方指控界限的概念与范畴，而不是那种在诉审合一的诉讼构造下可由法官擅自确立与任意变更的对规制控审权力和保障防御权利丝毫没有意义的范畴。

在中国，"审判对象"的概念同样得到认可和应用，学者们在不同程度上揭示这一概念。例如：

（1）"在诉讼主义的刑事程序中，公诉请求并不意味着单纯地提出诉愿。在合乎规范的情况下，公诉权具有一种法定的诉讼发动力和约束力：对法院审判权的制约。其一，是审判发动，审判被动性决定了无公诉就无审判，即所谓'不告不理'；其二，是审判范围，法院审判对象必须与公诉指向的人和事保持同一，不能审判未起诉的被告和未起诉的犯罪（诉审同一性原则）。"[1]

（2）"刑事审判对象，即刑事审判权指向的被告人及其罪行，它既是刑事审判权运作的范围和界限，同时也是被告人防御权行使的对象和目标，因此，刑事审判对象具有限制国家刑事司法权、保护被告人权利的重要机能。"[2]

（3）"起诉应有其具体的内容，以严格限制审判对象，避免法院滥用审判权。"[3]

（4）"审判对象超出起诉范围，以及法院认定罪名与起诉罪名不一致的情况，司法实践中时有发生。"[4]

同时，中国学界也使用"审判范围"、"审判客体"、"诉讼标的"、"诉讼客体"等提法，但其涵义与"审判对象"基本是相通的。例如：

---

[1] 龙宗智：《相对合理主义》，中国政法大学出版社1999年版，第290页。

[2] 谢佑平、万毅："论刑事审判对象"，载《云南大学学报（法学版）》2001年第1期，第29页。

[3] 姜伟、钱舫、徐鹤喃：《公诉制度教程》，法律出版社2002年版，第148页。

[4] 卞建林：《刑事诉讼的现代化》，中国法制出版社2003年版，第301页。

（1）"无控诉即无审判，审判范围取决于控诉主张。所谓无控诉即无审判，意味着审判程序的开始必须以控诉为前提，若无控诉，法院不得受案审判。法理上称之为'不告不理'。这是现代诉讼制度与传统诉讼制度的重要区别。所谓审判范围取决于控诉主张，是指控、辩、审三方活动的中心均围绕控诉主张的证明与反驳而展开，法官审判活动的重点是通过审理、确认或否定控诉主张的合法性和正确性，并以裁判形式固定下来。这就要求对未起诉之犯罪者或未起诉之犯罪事实，法官不得直接审判，法理上称之为'起诉与审判的同一性'。"[1]

（2）"由于审判规律本身的作用，无论是大陆法系还是英美法系国家，审判的运行都不可避免地存在着审理对象范围即审判客体的确定问题。审判客体不确定，法院就无法进行审理和裁判。"[2]

（3）"审判客体即审判对象，是法院所要解决的纠纷指向的具体事实，是当事人间争议的内容并进而成为诉讼的标的。"[3]

（4）"关于审判之对象究竟为何物之问题，系从审判者之角度观察，讨论法院之职责与权限之范围；若从当事人之角度观之，即讼争之标的、诉讼之客体之问题。"[4]

可见，"审判对象"与"审判范围"、"审判客体"、"诉讼标的"、"诉讼客体"等，实际上是就同一个问题的不同称谓，其内涵都是指称法院审判的目标与范围。只是，比较而言，"审判对象"、"审判范围"、"审判客体"、"审理范围"和"裁判对象"是站在审判者的角度上提出来的，而"诉讼标的"、"诉讼客体"、"诉讼请求"则更偏向于从控辩双方当事人的角度上提出的。中国学者运用"审判对象"等概念所阐释的问题及其观点在相当大程度上具有一致性，普遍认为应当合理界定审判对象，表明了这一课题的重要性。在此，可以得出这样的初步结论：在刑事诉讼中，审判对象并非仅仅规范法官审判权运作的目标与范围，而且规范着控诉方起诉权的运作和被告人的辩护行为。换言之，审判对象实质上是一个用来规范控、辩、审乃至整个刑事诉讼运作的范畴，它有效地界定了刑事诉讼中权力和权利的界限与范围。根

〔1〕 左卫民：《刑事程序问题研究》，中国政法大学出版社 1999 年版，第 153～154 页。

〔2〕 王少南主编：《审判学》，人民法院出版社 2003 年版，第 108 页。

〔3〕 梁玉霞：《论刑事诉讼方式的正当性》，中国法制出版社 2002 年版，第 188 页。

〔4〕 刘秉均："论刑事诉讼之突袭性裁判——以审判对象为中心"，载《罪与刑——林山田教授六十岁生日祝贺论文集》，五南图书出版公司 1998 年版，第 548 页。

据学者们的研究，审判对象具有界定审判范围和确立防御范围的诉讼功能，用以规范调整审判对象问题的是不告不理、诉审同一的诉讼原则，可以说，这一点在学者们那里已获得共识。当然，审判对象除了界定审判范围、规范控诉范围和确立防御范围，还发挥了识别审判管辖、衡量起诉变更、识别重复追诉、衡量既判效力等方面的诉讼功能，充分认识审判对象的功能，有助于准确把握与合理应用这一概念。

当然，通常还可能在另一种意义上运用"审判对象"这一称谓。例如：

（1）"审判对象与法官在审判过程中的关系是矛盾关系，法官总是力图查清客观事实的本来面目；确有罪行的被告人总是设法推脱或者不承认犯罪的事实，妄想逃避法律的制裁。因此，为了实现刑事审判的根本目的，审判人员必须要对审判对象的心理状态进行研究，掌握被告人心理状态的基本情况及其发展变化的规律，并据此确定相应的审判对策。"[1]

（2）"古代定罪重口供轻证据，为了得到口供，则依靠刑讯，犯人被迫招供后为了保证其不会反供，推翻原有供词，都要人犯亲自书写或画押表示服罪，以此证明官吏审判的正确性和权威性，体现了古代司法的虚伪一面。不过，因为主客观条件不同，审判的对象和审判官地位身份差异，而有不同的类型。"[2]

在这样的语境中，"审判对象"被用来指称刑事程序中已经被客体化了的被告人，通常被不规范地称为"犯人"。在这种意义上使用的"审判对象"已经不符合当代刑事诉讼的理念，换言之，刑事审判中不能将被告人当做客体化的对象来对待。因此，本书使用"审判对象"这一概念，主要是从如何在刑事诉讼结构与程序中合理界定审判的指向与范围这一意义上展开的，仅在特定语境中强调不能将被告人作为客体化的"审判对象"。[3] 需要强调的是，关键不在于运用什么样的概念提法，而在于研究什么样的命题，解释什

---

〔1〕 孙花璞：《刑事审判学》，中国检察出版社1992年版，第59~60页。

〔2〕 彭智："'捶楚天下，何求而不得？'——对古代刑讯的几点考察"，载《河南公安高等专科学校学报》1994年第1期，第10页。

〔3〕 由于刑事审判不得不面对特定的被告人作出评价，人们往往容易形成一种将被告人定位为刑事审判的对象的认知倾向，而且，即便在当今的司法实践中，将被告人当做客体化的"审判对象"来对待的现象仍然并不鲜见，这显然不是一种正确的认知与实践。当然，刑事审判对象理论应当回答刑事审判中被告人要素的定位问题，尤其面对中国刑事诉讼被告人主体性张扬不足的背景，明确刑事审判对象理论在这一问题上的应有立场尤为必要。

么样的现象，解决什么样的问题。再者，运用的概念，关键在于对其进行一种功能性的阐释和准确界定语境，而主要并不在于称谓和术语本身。正如学者黄宗智所强调的，我们要到最基本的事实中去寻找最强有力的分析概念，从现象出发，对其实践作深入调查分析，了解其逻辑，逐步推进理论的建构。[1] 本项研究提出并阐释"审判对象问题"这一基本的概念及命题，着意于解释与此有关的诉讼现象，解决与此有关的理论与实践问题，关注并探索这一概念所蕴含的理论与制度，并借以推动确立一种学术、立法和实践中的审判对象问题意识。

**三、学术史**

古罗马法时期流传着法谚"无告诉即无审判"，当中便已蕴含对审判对象问题的初步关涉，奠定了"通过起诉产生审判对象"这一基本诉讼法原理。当然，刑事审判对象的原理远不止于此，刑事审判对象的理论研究亦在不断进步。当代刑事诉讼制度与理论就普遍认识到"不告不理、诉审同一"，例如，《德国刑事诉讼法典》规定"法院的调查与裁判，只能延伸到起诉书中写明的行为和以诉讼指控的人员"。德国学者就此深刻阐释道："从历史上来说，起诉的引进是为了保护公民免受任意定罪——由起诉人提起指控可以避免法官主动受理刑事案件，同时充当控告者和裁判者。起诉的现代功能是另一层面的保护：界定了审判的事实范围。在被告知指控之后，被告人就可以将辩护集中于被指控的事件，而且在审判过程中不受其他指控的突然袭击。"[2] 在此，对刑事审判对象问题学术史作一简要梳理，有助于我们理解有关问题并展开进一步研究。

（一）同一原理，两种范式：大陆法系与英美法系的学术研究

当前关于刑事审判对象的研究，主要从如何合理规范起诉与审判的关系这一宏观视野，探讨了调整审判对象的不告不理、诉审同一的原则，即在诉讼主义的刑事程序中，未经起诉不得审判，审判对象与起诉范围保持同一性。这一原理在国际社会的刑事诉讼理念与制度中已经形成普遍共识，成为当代刑事审判对象理论的核心内容，不管是英美法系，还是大陆法系，都运用了这一项诉讼原理来规范刑事审判对象问题。这除了表明国际社会刑事诉讼理

---

〔1〕 参见黄宗智：《经验与理论：中国社会、经济与法律的实践历史研究》，中国人民大学出版社2007年版，第454页。

〔2〕 参见《德国刑事诉讼法典》第155条第2项以及〔德〕托马斯·魏根特：《德国刑事诉讼程序》，岳礼玲、温小洁译，中国政法大学出版社2004年版，第129页。

论的同质性及其学术研究的互动效应，更为主要的原因还在于，它们都是基于控审分离、审判中立的理念而设计了当今的刑事诉讼制度的。

当然，不同诉讼文化与制度模式的国家关于审判对象问题的理论范式并不全然相同。某种程度上，英美法系的诉讼理论主要是从规范起诉行为与起诉效力的角度来探讨审判对象问题的，大陆法系的诉讼理论则更偏好于站在审判的角度将审判对象问题纳入诉讼客体理论范畴加以探讨，从而形成两种典型的审判对象理论进路。

例如，英美法国家诸多学者对审判对象问题的研究主要是围绕诉因制度展开的。学者们在论著中强调：提起刑事诉讼，应当在用来指控被告人构成犯罪的起诉书中明确记载指控的罪状，以特定诉因作为请求法院进行审判的对象。起诉书的记载应含有被告人被指控的罪行的陈述和对于提供有关指控的性质的合理信息可能是必要的细节。通常，起诉书指控的每一项独立的罪状都包括罪行陈述和罪行细节两部分内容，前者应载明指控罪行的名称，如果该罪行是成文法所确立的，还要记载规定该罪行的具体条文，后者应说明指控罪行的基本要素，包括指控被告人的姓名以及指控罪行发生的时间、地点、过程、结果等构成要素。原则上，关于指控罪状的记载以使被告人明白其面对的案件性质而不妨害被告人行使防御权为必要限度。起诉书记载的罪状具有提出指控并限定审判范围的功能，因此原则上法官不得变更起诉罪名。陪审团就起诉书记载的一项罪状作出裁断时，要么作有罪的裁判，要么作无罪的裁断，不过，在具有罪名包容关系的法定情况下，陪审团可以判定被告人不构成指控的罪名而将其改判为另一更加轻缓的罪名。[1]

总体上，英美学者较为注重研究与审判对象相关的具体制度及实际操作，尤其体现为对起诉规则以及起诉书如何记载诉因之问题的关注。这种研究进路与英美法的对抗制的诉讼制度及法律文化有关，成为英美国家诸多学者研究审判对象问题的一个共同特征。

相比而言，大陆法国家的学者更注重从抽象理论上研究审判对象问题。例如，德国学者罗科信在论著《刑事诉讼法》关于"诉讼标的"的论述中，就审判对象问题如此阐述："刑事诉讼的标的就广义而言，即在处理一问题，

---

〔1〕　有关的论述，可参见 John Sprack, *Emmins on Criminal Procedure*, Blackstone Press Limited, 2000, pp. 203~223; Ronald L. Carlson, *Criminal Justice Procedure*, Anderson Publishing Co., 1991; Yale Kamisar, Wayne R. Lafave, Jerold H. Israel & Nancy King, *Modern Criminal Procedure: Cases, Comments, and Questions*, West Group, 1994, pp. 1059~1104; Ronald Jay Allen, William J. Stuntz, Joseph L. Hoffmann & Debra A. Livingston, *Comprehensive Criminal Procedure*, Aspen Law & Business, 2001. pp. 1373~1404.

即究竟被告是否曾经应负罪责地犯一可罚性之行为，以及对其应处以何种法律效果。而专有名词'诉讼标的'（或'程序标的'）对此有一较狭的意义。此名词的概念只指被提起告诉之人的'被提起告诉之行为'，亦即只指法院诉讼程序之标的。此规定乃为告发原则之结果：即如果法院之调查有赖于告诉之提起时，则该调查之主题亦应受该告诉之拘束。在此诉讼标的之范围内，法院有义务对犯罪行为就其法律或事实层面为广泛之调查。诉讼标的有三项任务：其表明了法律程序之标的，其概述了法院调查时及为判决时之界限，以及其规定了法律效力之范围。其在此三项任务中之范围是一样的。"[1] 在这里，罗科信用以规范审判对象问题的理论工具是诉讼客体（标的）理论，如何界定审判对象的范围是诉讼客体理论要解决的关键问题。当然，这并不意味着，在德国学者那里，就忽略了起诉对审判的效力问题。对此，罗科信同样有相关研究，指出起诉具有五项效力："经由诉讼即建立了在特定法院的系属关系"；"诉讼之主导权即属法院"；"诉讼标的即被固定了，亦即指法院的调查及裁判只得就起诉时所指之犯罪行为及被告而为之"；"起诉时，被告住所所在地之法院即为审判法院"；"经由起诉'被告'即更为被起诉之被告"。[2]

不过，这就进一步表明，这是一种将审判对象问题纳入诉讼客体理论视野的研究进路。值得一提的是，这种研究范式并不只存在于德国学者罗科信那里，而是在大陆法国家的刑事诉讼理论研究中具有一定的普遍性。例如，在法国学者斯特法尼等人那里，"为适用刑罚之公诉"被视为"刑事诉讼的主要标的"，学者们指出"公诉一经发动，就必须进行判决"，进而阐释了刑事审判中的"评议的标的"："对被告人是否有罪进行评议，就是要了解受到追诉的人是否真正参与了他受到指控的行为（事实）及其参加此种行为的准确限度（范围）"。[3] 可见，法国学者同样是将审判对象问题纳入诉讼标的（客体）理论视野加以探讨，这与德国学者的研究范式具有共性。

总体来说，在英美法刑事诉讼理论中，审判对象被界定为起诉书记载的诉因，并且原则上禁止诉因变更，而在大陆法刑事诉讼理论中，审判对象是作为诉讼标的的公诉事实。相对于英美法学者将对审判对象问题的研究视角

---

〔1〕 ［德］克劳思·罗科信：《刑事诉讼法》，吴丽琪译，法律出版社 2003 年版，第 179 页。

〔2〕 ［德］克劳思·罗科信：《刑事诉讼法》，吴丽琪译，法律出版社 2003 年版，第 365～366 页。

〔3〕 ［法］卡斯东·斯特法尼、乔治·勒瓦索、贝尔纳·布洛克：《法国刑事诉讼法精义》，罗结珍译，中国政法大学出版社 1999 年版，第 118、769 页。

主要定位于起诉环节上来说，大陆法学者则主要是将探讨问题的视角定位于审判环节上。这一点，跟彼此诉讼模式的对抗制与职权主义的差别有关。不过，在另一方面，英美法与大陆法关于审判对象问题形成了诸多实质性的共识：没有起诉即没有审判，审判对象由起诉范围予以界定，注重保障被告人的防御权益。因此，尽管在理论范式与制度设计上存有差异，但在根本原理方面，彼此间并没有产生激烈的观点碰撞，更多的还是共识，可谓"同一原理，两种范式"。

（二）立法、学术与实践：日本学界关于审判对象问题的论争

刑事审判对象问题最为充分的讨论发生在日本。这是因为，日本在"二战"后深受美国法影响而建立现行的对抗制刑事诉讼模式，借鉴英美法的诉因制度，通过起诉书记载诉因来限定审判对象的范围，同时又保留原有体现大陆法传统刑事诉讼中"公诉事实"这一观念并允许进行诉因变更。这样，日本刑事诉讼法中界定审判对象的制度，就既有别于原则上不承认诉因变更的英美法诉因制度，又有别于不采用诉因制度的大陆法公诉事实制度。按照日本学者的说法，这种制度可以说是介于英美法中的诉因制度和大陆法的公诉事实制度之间的制度，正是因为这种"中间性制度"，才产生了重视"诉因"和重视"公诉事实"两种法律解释的对立，这是所谓的"审判对象论"。[1] 因此，从20世纪50年代开始，理论界与实务界围绕如何界定审判对象展开激烈讨论，这使得日本关于审判对象的学术研究十分活跃。

日本刑事诉讼理论就审判对象问题形成三种基本观点：平野龙一、田宫裕、驹泽真志、三井诚等学者主张审判对象仅限于起诉书记载的诉因，这是"诉因对象说"；平场安治、高田卓尔、铃木茂嗣、横川敏雄等学者主张审判对象为整个不可分割的公诉事实，这是"公诉事实对象说"；团藤重光、小野清一郎、粟本一夫、横井大三等学者主张审判对象的范围应包括潜在审判对象之公诉事实和现实审判对象之诉因，这是"折中说"。[2]

在这里面，"诉因对象说"与"公诉事实对象说"是基本的对立。前者认为，刑事诉讼的本质结构是当事人主义，所以法院只对检察官提出的起诉书所记载的诉因有审判的权利和义务，法院的审判范围受诉因的制约，即审判的对象是诉因，被告人也只对诉因进行防御，诉因不仅是为了保护被告人

---

〔1〕 ［日］田口守一：《刑事诉讼法》，刘迪、张凌、穆津译，法律出版社2000年版，第165～166页。

〔2〕 铃木茂嗣：《刑事訴訟の基本構造》，成文堂1979年版，第146～156頁。

的技术上的制度，而且是规定审判对象的制度。因此，超过诉因范围认定事实，就是超过了审判对象的范围，构成绝对的上诉理由。后者则认为，刑事诉讼的本质结构是职权主义，所以法院对诉因背后的犯罪事实即公诉事实有审判的权利和义务，也就是说，审判的对象是公诉事实。因此，法院审判哪些事实不受检察官起诉书记载的诉因制约，只有违背了公诉事实同一性原则才可成为相对的上诉理由。另外，两种理论在是否变更诉因的问题上存在差别：前者认为，由于审判的直接和唯一的对象是起诉书记载的诉因，因此如果具体犯罪事实发生了变化，为了确定当事人开展诉讼活动的范围，保障审判公正，就必须通过诉因变更程序改变诉因，法院对刑事案件的审理、判断范围应当以诉因为准；后者则认为，诉因是明确审判中双方当事人的攻防对象，防止错判的刑事程序，因此如果法律程序没有变化，就不必修改诉因，法院对刑事案件的审理、判断范围应以最终法院的认定结果为准。[1]

这种理论研究的状况与日本刑事诉讼法同时吸纳了两大法系的制度因素这一特征有关，尤其在刑事诉讼法开始施行的前二三十年间，司法实践中很多法官、检察官和律师对审判对象相关制度在实际操作上感到疑惑，基于此，学界产生了大批研究审判对象相关问题的学术论文，譬如《"审判对象"之现实的考察》、《诉因与公诉事实》、《诉因与公诉事实的关系》、《诉因论》、《诉因制度的构造》、《争点与诉因》、《审判的对象与裁判的效力》等。[2] 不过，由于诉因变更制度的存在，"诉因对象说"与"公诉对象说"两种理论在实践中形成的差异似乎并不显著。亦即，首先通过诉因来实现限定审判对象范围的作用，在此基础上，可以通过诉因变更来将与公诉事实有同一性的犯罪事实也纳入审判对象之中，正如学者团藤重光所指出的："诉因是现实上的审

---

〔1〕 〔日〕田口守一：《刑事诉讼法》，刘迪、张凌、穆津译，法律出版社2000年版，第167～168页；彭勃：《日本刑事诉讼法通论》，中国政法大学出版社2002年版，第165页。

〔2〕 大久保太郎："「審判の対象」の現実的考察——公訴事実対象説の実情と訴因対象説への疑問"，載《法曹時報》1984年第3号，第1～54页；小林充："訴因と公訴事実"，載《判例タイムズ》1987年11月1日，第4～15页；横川敏雄："訴因と公訴事実との関係——早稲田大学における最終講義"，載《早稲田法学》1984年第1～3号，第9～28页；平良木登規男："訴因と公訴事実"，載《警察学論集》2001年第3号，第152～168页，2001年第4期，第166～183页；安富潔："訴因論"，載《月刊アーティクル》2001年第9号，第36～39页；香城敏麿："訴因制度の構造"，載《判例時報》1987年8月11日，第11～21页，1987年8月21日，第3～17页，1987年9月11日，第3～13页；田口守一："争点と訴因"，載西原春夫〔ほか〕編：《刑事法の理論と実践》，第一法規2002年版，第722～725页；上口裕："審判の対象と裁判の効力"，載《法学セミナー》1999年第12号，第48～52页。

判对象，公诉事实是潜在的审判对象。"[1] 如今，学者们普遍认识到诉因对于规范法官审判范围以及确立被告人防御范围的重要性，并在诉因变更方面充分意识到保障被告人防御利益的必要性，刑事法学界在审判对象诸多问题上渐渐达成共识。同时，随着日本司法实务界操作刑事诉讼制度的日趋成熟，审判对象问题已经不再像过去那样成为学术研究的热点。总的来说，从日本关于审判对象问题的研究，可以看到立法、实践与学术之间的一种互动。

（三）问题意识、理论进路与学术努力：中国学界围绕审判对象问题的探讨

中国著名法律学家沈家本在完成制定《刑事诉讼律草案》之后进呈清廷的奏折中指出，刑事诉讼应采纳"告劾程式"，"以当事人为诉讼主体，凡追诉由当事人行之，所谓不告不理是也"，"审判官超然屹立于原告、被告之外，权衡两至，以听其成，最为得情法之平"，在中国近代较早阐释了与规范审判对象问题的不告不理原则。[2] 民国初期，学者夏勤在《刑事诉讼法要论》中较早论及"公诉之效力"与"审判之范围"，指出："法院不得就未经起诉之案件而为审判，刑事案件，无论由检察官起诉，抑由上级法院发回重审，发交更审，指定管辖，或由其他原因，应予审理者，其审理之范围，直接间接皆以检察官所起诉之范围为限。法院对于起诉之事实，及起诉之被告，负审判之义务，对于未起诉之事实，及未起诉之犯人，无审判之权利，此乃'不告不理'之原则也。"[3] 20 世纪初，刑事诉讼法学作为一门独立法律学科在中国产生，诸如"诉讼客体"、"诉讼标的"此类的概念开始被纳入研究的视野。[4] 学者蔡枢衡在《刑事诉讼法教程》中初步研究了"审判之客体"，指出："每一个案件均有一特定之事实，此特定之事实中所包含之实体法上法律关系，即为审判之客体。……一个客体不得分为二个以上之单位，谓之客体单一不可分，判例称之审判不可分。同一客体不得受二次以上之裁判，即所

---

〔1〕团藤重光：《新刑事訴訟法綱要》，創文社 1972 年版，第 148 頁。

〔2〕（清）沈家本等编：《大清刑事诉讼律草案》，修订法律馆印本。转引自陈瑞华：《刑事诉讼的前沿问题》，中国人民大学出版社 2000 年版，第 8 页。

〔3〕夏勤：《刑事诉讼法要论》，重庆商务印书馆 1944 年版（朝阳大学 1921 年初版），第 168 页。

〔4〕例如，学者熊元翰根据"京师学堂笔记"编写的《刑事诉讼法》（安徽法学社 1911 年版）设有专篇论及"诉讼客体"；学者陈瑾昆在《刑事诉讼法通义》（朝阳大学 1930 年版）中提出了"诉讼标的"的概念。

谓一事不两诉，一事不二判，一事不再理。"[1] 以此可见，审判对象问题在中国较早时期就已有了宏观理论层面的研究及初步成果，这为后来提供了学术上的准备并奠定理论的基调。例如，中国台湾地区学者陈朴生就在论著中探讨起诉效力与审判范围之关系以及诉讼客体的问题，初步形成台湾地区研究审判对象问题的理论进路。[2]

从起诉效力切入探讨审判范围，以及将审判对象问题纳入诉讼客体理论范畴予以探讨，成为中国后来研究审判对象问题的基本进路。例如，学者刁荣华结合法条及实例对涉及审判对象问题的起诉方式、起诉效力、起诉变更等作了探讨；学者张丽卿运用诉讼客体理论来解决审判对象的界定与变更的问题。[3] 学者林钰雄应用并阐释了这一理论进路的缘由及意义："任何诉讼，包括民事、刑事及行政诉讼在内，都必须处理：到底法院审判的事项或标的是什么？此即诉讼标的之问题，也就是一般在刑事诉讼法领域所称的诉讼客体。……基于不告不理之控诉原则，法院虽然掌握使案件终局确定的权限，但亦局限于被动之消极角色，无起诉即无审判。'理'（审判），既以'告'（起诉）为前提，也以'告'为范围，否则不告不理便无意义可言。据此，审判之范围应与起诉之范围相互一致，起诉效力所不及之对象（被告）与标的（犯罪事实），与未经起诉无异，法院基于不告不理，自不得加以审判，否则即属诉外裁判，乃未经请求（起诉）之事项予以判决之当然违背法令；反之，若为起诉效力所及之对象与标的，告即应理，法院自应全部予以审判，若其仅就其中一部犯罪事实予以审判，则属已受请求之事项未予判决之当然违背法令，一般称为漏未判决。由此可见，基于不告不理之控诉原则，实有必要详究起诉效力所及之对象与标的。"[4] 这里可以看到中国审判对象问题的研究受大陆法理论范式的很大影响。

值得注意，中国台湾地区在 20 世纪 90 年代对审判对象问题展开过激烈讨论，其实质就是关于在既有大陆法传统的基础上能否借鉴英美法制度的一场理论探讨。1994 年 6 月，"最高法院"学术研究会、台大法学基金会、"最

---

〔1〕 蔡枢衡：《刑事诉讼法教程》，河北第一监狱 1947 年版，第 44 页。

〔2〕 陈朴生：《刑事诉讼法论》，正中书局 1952 年版，第 175～177 页；陈朴生：《刑事诉讼法实务》，海宇文化事业有限公司 1967 年版，第 91～94 页。

〔3〕 刁荣华：《刑事诉讼法释论》，汉苑出版社 1977 年版，第 393～422 页；张丽卿：《刑事诉讼法：理论与应用》，五南图书出版公司 2001 年版，第 135～175 页。

〔4〕 林钰雄：《刑事诉讼法》，中国人民大学出版社 2005 年版，上册·总论编，第 196 页；下册·各论编，第 105 页。

高法院"联合举办"刑事诉讼可否采行诉因制度之研究讨论会"。学界与实务界专家们充分评价了美国、日本关于规范审判对象问题的诉因制度，并就可否引进诉因制度进行探讨，其学术成果包括蔡墩铭的《诉因与构成要件机能》、黄东熊的《刑事诉讼可否采行诉因制度》、段重民的《美国刑事诉讼的一事不再理与日本诉因制度之比较》、柯庆贤的《诉与诉因制度》等论文[1]。这场以是否引进诉因制度为主题的研讨，将中国台湾地区关于审判对象问题的研究引领到一个新领域，学者们开始关注英美法的理论。例如，此后学者刘秉均的论文《论刑事诉讼之突袭性裁判——以审判对象为中心》，就以审判对象为中心，结合诉因制度，探讨了突袭性裁判防范的问题。[2]

相比而言，中国大陆地区对审判对象问题的研究步伐显得滞后。新中国成立初期基本没有延续清末和民国时期的研究成果，例如在1956年审定的《中华人民共和国刑事诉讼教学大纲》就基本没有论及审判对象问题，刑事诉讼理论研究经历了很长一段时期的停滞，改革开放以后才逐渐建立起当代中国刑事诉讼理论的基本体系，然而，在20世纪80年代乃至90年代初，整个刑事诉讼理论体系中仍然缺乏一种研究审判对象的问题意识，反而存在诸多理论误区。一方面，一定程度上认可了不告不理原则，另一方面，却又否定审判范围不得超过起诉范围的原理，在观点上倾向于将被告人直接定位为审判对象，将审判范围宽泛界定为整个刑事案件事实。例如，当时主流观点认为："法庭调查的范围，是起诉书所指控的被告人的犯罪事实和能够证明被告人有罪或者无罪的各种证据。在调查过程中，如果发现被告人有应予追究的新罪行和其他应予追究刑事责任的同案人，应当一并调查，不得放任不管。……在被告人承认或者基本上同意起诉书指控的犯罪事实时，要通过审问，使被告人把实施犯罪的过程和犯罪的动机、目的，系统、明确地进行供述，特别是对主要犯罪事实、情节，必须审问清楚。在被告人否认有被指控的罪行时，应提出问题让他回答，以充分暴露矛盾，澄清事实。如果被告人拒绝陈述，应向他说明：被告人对审判人员的提问，除与本案无关的以外，应当如实回答。"[3]

这就表明，当时的刑事诉讼理论缺乏一种审判对象问题意识。当然，审

---

〔1〕 参见台湾"最高法院"学术研究会编：《刑事诉讼可否采行诉因制度研究讨论会》，普林特印刷有限公司1994年版，第1～84页及其附录部分。

〔2〕 刘秉均："论刑事诉讼之突袭性裁判——以审判对象为中心"，载刘秉均等：《罪与刑——林山田教授六十岁生日祝贺论文集》，五南图书出版公司1998年版，第517～567页。

〔3〕 王国枢主编：《刑事诉讼法学》，北京大学出版社1989年版，第256～257页。

判对象理论的困惑与当时立法有关。例如，当时《刑事诉讼法》规定：在法庭审判过程中，检察人员发现提起公诉的案件需要补充侦查的，合议庭认为案件证据不充分或者发现新的事实需要退回检察院补充侦查或自行调查的，可以延期审理。由于立法基本把起诉与审判定位为"互相配合"的关系[1]，"保证准确、及时地查明犯罪事实，正确应用法律，惩罚犯罪分子，保障无罪的人不受刑事追究，教育公民自觉遵守法律，积极同犯罪行为作斗争"是控诉机关与审判机关共同的"任务"，受这一主导性的诉讼理念影响，当时的刑事诉讼理论并未真正意识到起诉对于限定审判范围的效力以及合理界定诉审关系的意义。例如，当时学者如此看待起诉的意义："保证了国家对犯罪的主动追究"；"保证了刑事追究的严肃性"；"保证了人民法院对案件的审理有可靠的依据"[2]

当然，注意到当时已经开始有学者论及审判对象问题。例如，有学者就个案引发对法院能否扩大审判范围的思考，提出了"'超出起诉范围的审判'是不合法的"、"起诉书未认定的事实不应判决"、"法院不应自行扩大审判范围"等观点[3] 这些观点显然具有进步意义，表明当时的司法实践已经开始提出了审判对象的问题，提出了相关理论研究的必要性。这一时期，杜建人的论文《刑事诉讼中法庭审理范围的确定》代表着一种普遍认识，可以看出，审判对象的界定在当时仍然是一个在立法、实践及学术中均尚未达成共识的问题。该文指出："虽然，在审判实践中，事先没有一个明确的范围，漫无边际随意审理的情况极为少见，但是，由于现行刑事诉讼法对法庭审理之确定未作专门规定，法庭审理范围究竟怎样确定为好，一直是有争议的问题。在某些特殊场合，由于法院审查公诉案件时，发现被告人有其他犯罪事实未被指控，这时就产生了法庭审理范围是否可以超出起诉范围的问题。关于这一

---

〔1〕 例如，当时《刑事诉讼法》(1979 年) 第 100 条规定："人民检察院认为被告人的犯罪事实已经查清，证据确实、充分，依法应当追究刑事责任的，应当作出起诉决定，按照审判管辖的规定，向人民法院提起公诉。"第 101 条规定："依照刑法规定不需要判处刑罚或者免除刑罚的，人民检察院可以免予起诉。"第 108 条规定："人民法院对提起公诉的案件进行审查后，对于犯罪事实清楚、证据充分的，应当决定开庭审判；对于主要事实不清、证据不足的，可以退回人民检察院补充侦查；对于不需要判刑的，可以要求人民检察院撤回起诉。"

〔2〕 廖俊常主编：《刑事诉讼法学》，四川人民出版社 1990 年版，第 202～203 页。

〔3〕 参见梁书文："'超出起诉范围的审判'是不合法的"，载《法学》1983 年第 2 期，第 49～50 页；安建国："起诉书未认定的事实不应判决"，载《法学杂志》1986 年第 4 期，第 23～24 页；清水："法院不应自行扩大审判范围"，载《北京律师》1986 年第 2 期，第 11 页。

问题，在审判实践中，历来有两种不同的意见。"[1]

总的来说，直至20世纪80年代，刑事审判对象问题的研究仍然相当局限，仅有的讨论只是结合当时立法规定对审判过程发现超出起诉范围的罪行应当如何处理作了思考，并没有从根本上摆脱当时立法与理论存在的误区，未能从刑事诉讼法理的层面来探讨相关的深层次命题。不过，诸如这样的研究，在特定的法学学术背景下，仍然具有很大的理论推动意义。逐渐地，进入90年代，开始有学者强调："如果法院自己调查重要犯罪事实、发现新的犯罪事实和同案犯罪人，自己提出证据或指控而又审判，是不容许的。我国宪法、刑事诉讼法规定的审判权和起诉权的行使，绝不能相互混淆和代替；法院如果调查后提出新的证据、新的犯罪事实和犯罪人并进行审判，将使公诉人丧失支持公诉的作用，也使被告人和辩护人无法行使辩护权。"[2] 刑事诉讼法学教材也开始表达了这样的观点："没有起诉，便没有审判"；"审问被告人的内容，一般应当限于起诉书指控的犯罪事实、情节，不要超越起诉书指控的范围去作无边际的审问"[3] 这显示了审判对象问题意识在刑事诉讼理论中发生的迹象。到90年代中后期，审判对象问题逐渐受到关注，相关的理论观点也渐趋成熟。例如，后来的刑事诉讼法学教材对起诉的效力与意义有了更新的观点："引起审判程序。起诉作为审判的前提，能引起审判程序并从而解决诉讼的实体问题"；"限制法院审判范围。起诉和审判的分离以及不告不理原则的确立，要求审判受起诉的制约，即法院不得审判未经起诉的被告和未经起诉的犯罪，从而保持审判与起诉的同一性"；"禁止再次起诉。为了维护公民的权益及司法的秩序，对检察院已起诉的同一案件不得再行起诉"[4]

而今，中国法学界就审判对象问题渐渐达成了一些共识，学者们普遍从

〔1〕 杜建人："刑事诉讼中法庭审理范围的确定"，载《政治与法律》1987年第5期，第24~25页。该文认为，"法庭审理范围能否超出起诉范围，应当具体情况具体分析，原则性和灵活性相结合地予以解决。""在审判中，有时候由于被告人自己坦白交代或同案被告人之间的互相揭发，会当庭揭示出一些新的事实，表明某被告人可能还犯有其他罪行。遇到这类情况，法院当然不能对此置之不顾，否则，就有可能放纵确实还犯有其他罪行的被告人。然而，也不能不分具体情况，随意当庭扩大审理范围来解决这一问题。而是应根据揭发出来的事实在案件中所占的地位，或是当庭扩大审理范围审理，或是根据《刑事诉讼法》第123条的规定，宣布延期审理，将案件退回人民检察院补充侦查或者自行调查，待调查或侦查后，再确定审理范围来审理。"

〔2〕 张子培：《刑事诉讼法》，人民法院出版社1990年版，第229~230页。

〔3〕 陈光中主编：《刑事诉讼法学》，中国政法大学出版社1990年版，第262、302页。

〔4〕 徐静村主编：《刑事诉讼法学》，法律出版社1997年版，第216~217页。

诉审关系理论视野，宏观上探讨了规范审判对象的原理：不告不理、诉审同一。[1] 近年来，理论界与实务界开始关注某些相关的具体问题，集中就"法官能否变更起诉指控罪名"展开激烈论争。[2] 形成三种主要观点：一种观点认为，法院有权变更起诉指控的罪名。理由是：法院作为刑事诉讼的最终定案机关，处在控辩审结构中的主导地位并享有否定有罪指控的权力，这就决定它有权变更指控罪名，实践中法院判决与指控罪名不一致是必然存在的，变更指控罪名权是法院定罪权的有机组成部分，是法院依法履行审判职能的表现，法院不是"量刑工具"，审判对象是检察机关指控的事实而不是罪名，法院变更指控罪名可以保障实体公正并避免司法资源耗费，而未必违背程序公正和侵犯被告人的辩护权。[3] 另一种观点认为，法院无权变更起诉指控的罪名。理由是：法院直接改变指控罪名，破坏了刑事诉讼中控辩审合理的角色与功能定位，有悖于司法决策的民主性和科学性，法院变更指控罪名就是不诉而审、无辩而判，造成司法专横，庭审沦为过场，以审判职能代替公诉

---

〔1〕 例如，陈瑞华：《刑事审判原理论》，北京大学出版社 1997 年版，第 234～235 页；左卫民：《刑事程序问题研究》，中国政法大学出版社 1999 年版，第 153～154 页；龙宗智：《相对合理主义》，中国政法大学出版社 1999 年版，第 290 页；谢佑平、万毅：《刑事诉讼法原则：程序正义的基石》，法律出版社 2002 年版，第 160～163 页；卞建林：《刑事诉讼的现代化》，中国法制出版社 2003 年版，第 291～303 页；宋英辉：《刑事诉讼原理导读》，法律出版社 2003 年版，第 335～341 页；等等。

〔2〕 这一问题，早在 20 世纪 80 年代中期就有学者开始关注（参见王敏远："刑事审判中的变更控诉问题"，载《法学评论》1986 年第 1 期，第 65～67 页，详见王敏远：《刑事司法理论与实践检讨》，中国政法大学出版社 1999 年版，第 122～151 页；孙飞："第二审法院变更控诉的若干问题"，载《法学与实践》1985 年第 5 期，第 40～42 页）。不过，对该问题的充分研究，主要集中在 1999 年至 2001 年。究其原因，一方面与人们对刑事审判价值预期的提升有着密切联系。诚如陈瑞华教授（参见陈瑞华：《问题与主义之间——刑事诉讼基本问题研究》，中国人民大学出版社 2003 年版，第 248 页）所言，"毕竟，在一个法院逐渐被视为正义守护者的社会里，法院自行变更起诉的罪名，也就意味着将一个未经检察机关起诉、也未受辩护方审查和反驳的罪名，强加给了被告人，这显然导致司法上的非正义。"另一方面，这些讨论也直接起因于一起轰动全国的刑事案件"綦江虹桥案"，以及其后司法实践中出现的一系列相关问题。诚如《人民司法》（1999 年第 9 期）编者所言，"刑事审判中的罪名变更问题，一直是司法实践中一个很有争议的问题。在颇为轰动的重庆綦江'虹桥'案中，被告人之一的赵祥忠被检察院指控犯有玩忽职守罪。经过审理，一审法院以工程重大安全事故罪对其定罪量刑。由此，使原来就有争议的刑事审判中罪名变更问题更成为人们关注的焦点。"

〔3〕 参见罗书华："法院不是'量刑工具'——也谈法院能否改变指控罪名"，载《中国律师》1999 年第 8 期，第 71～72 页；周国均："法院有权变更指控的罪名"，载《人民司法》2000 年第 1 期，第 44～45 页；高崧、王立民："判决可以改变起诉罪名"，载《人民检察》2000 年第 2 期，第 43～44 页；蒋石平："论法院拥有变更指控罪名权——兼评綦江虹桥案法院变更罪名程序"，载《现代法学》2000 年第 3 期，第 29～32 页；程新生："法院可以改变起诉罪名并作出有罪判决"，载《法学杂志》2000 年第 5 期，第 48～49 页。

职能，否定公诉效力，影响判决的客观公正性，必然导致对被告人辩护权有效行使的侵犯，此诉彼判的做法没有任何存在的理论和事实依据，有可能导致公众对通过诉讼途径求得公正的救济手段产生怀疑，加剧当前存在的法律信任危机。[1] 第三种观点认为，法院有限制地变更起诉指控的罪名。理由是：法院判决改变起诉罪名的问题不是简单的可以或不可以所能够概括的，应当区别情况加以判断，从职权主义出发强调实体真实而认为法官可以变更指控罪名以及从当事人主义出发关注程序公正而认为法官不能变更指控罪名，两种观点各有弊端，均不足取，为避免诉讼结构的呆板带来负面效应，应当允许法官在特定情况和严格限制下对罪名作一定的变通，对法官变更指控罪名有条件加以限制，以确保司法公正。[2]

　　经过这一场讨论，学界对审判对象问题的关注逐渐铺开，诸如审判范围、审判对象、诉讼客体、诉讼主张、起诉变更、变更罪名、重复追诉等问题得以研究[3]，特别值得注意的是，关于刑事诉讼立法修改的学者意见开始对审

---

〔1〕　参见左卫民："一位法学教授的意见"，载《南方周末》1999 年 4 月 9 日；张步文、杨加明："不诉而审　无辩而判——'虹桥'案审判中的败笔之作"，载《中国律师》1999 年第 6 期，第 72～73 页；江晓阳："评人民法院变更指控罪名权"，载《人民检察》1999 年第 9 期，第 6～9 页；刘英权："法院判决改变起诉罪名的做法不妥"，载《检察实践》2000 年第 1 期，第 45 页；陈创东："对'判决可以改变起诉罪名'之质疑"，载《法学杂志》2000 年第 4 期，第 40～41 页；潘传平："'此诉彼判'与程序正义"，载《中国司法》2001 年第 8 期，第 35～36 页。

〔2〕　参见王亦农："论对法院变更指控罪名的限制"，载《检察实践》2002 年第 1 期，第 32～33 页；王选京："对法院变更指控罪名的分析与思考"，载《安徽工业大学学报》2002 年第 9 期，第 48～49 页。

〔3〕　例如，周国均："关于法院能否变更指控罪名的探讨"，载《法学研究》2000 年第 4 期，第 116～126 页；卞建林、魏晓娜："起诉效力与审判范围"，载《人民检察》2000 年第 7 期，第 4～9 页；刘田玉："简论公诉案件的审理对象和范围——关于綦江虹桥案的诉讼法理"，载《国家检察官学院学报》2001 年第 1 期，第 88～90 页；谢佑平、万毅："论刑事审判对象"，载《云南大学学报（法学版）》2001 年第 1 期，第 29～34 页；陈瑞华："刑事诉讼中的重复追诉问题"，载《政法论坛》2002 年第 5 期，第 115～132 页；李昌林："诉判同一与变更罪名"，载《现代法学》2003 年第 2 期，第 97～101 页；杨杰辉："刑事审判对象研究"，西南政法大学 2003 年硕士学位论文，第 1～42 页；张小玲："刑事诉讼客体论"，中国政法大学 2004 年博士学位论文，第 1～198 页；龙宗智："论公诉变更"，载《现代法学》2004 年第 6 期，第 31～36 页；白建军："变更罪名实证研究"，载《法学研究》2006 年第 4 期，第 51～62 页，详见白建军：《公正底线——刑事司法公正性实证研究》，北京大学出版社 2008 年版，第 183～207 页；梁玉霞：《刑事诉讼主张及其证明理论》，法律出版社 2007 年版；等等。

判对象问题有所关涉[1]。因此，审判对象问题意识有了提升，学术研究逐渐增多，学者们开始形成一些认识，初步出现运用诉审关系理论和诉讼客体理论探讨审判对象有关问题的尝试。但另一方面，亦不得不承认，当前刑事诉讼的学术、立法与实践对审判对象问题的关注远远不够[2]，诸多认识依然存在误区和分歧，立法几乎没有考虑如何规范审判对象问题，实践中围绕此问

---

  [1] 例如，学者徐静村主编的《〈中华人民共和国刑事诉讼法〉第二修正案（学者建议稿）》中就"起诉书"、"公诉的效力"、"起诉书的移交"等问题予以规定（参见徐静村主编：《21世纪中国刑事程序改革研究——〈中华人民共和国刑事诉讼法〉第二修正案（学者建议稿）》，法律出版社2003年版，第116~117页）；学者陈卫东主编的《模范刑事诉讼法典》中就"起诉书的内容"、"公诉的效力"、"追加、变更起诉"、"起诉的撤回"、"起诉撤回的效力"、"变更起诉书中的法律评价"、"变更法条适用"、"第二审上诉审理范围"、"第三审上诉审理范围"、"再审不重复"等问题予以规定（参见陈卫东主编：《模范刑事诉讼法典》，中国人民大学出版社2005年版，第425~599页）；学者陈光中主编的《中华人民共和国刑事诉讼法再修改专家建议稿与论证》中就"审判范围"、"变更罪名"等问题予以规定（参见陈光中主编：《中华人民共和国刑事诉讼法再修改专家建议稿与论证》，中国法制出版社2006年版，第283~310页）。

  [2] 需要说明的是，自作为本书基础的博士论文形成以来，中国法学界围绕审判对象问题的研究有了明显的增长，主要成果有：谢进杰：《刑事审判对象问题研究》，四川大学2006年博士学位论文，第1~391页；杨杰辉：《刑事审判对象研究》，西南政法大学2006年博士学位论文，第1~130页；任啸雷：《公诉变更制度研究》，苏州大学2009年硕士学位论文，第1~40页；陈一鸣：《刑事程序性裁判对象初探》，四川大学2007年硕士学位论文，第1~43页；井翠翠：《刑事诉因变更制度研究》，复旦大学2008年硕士学位论文，第1~51页；陈春芳：《刑事诉因制度研究》，浙江工商大学2008年硕士学位论文，第1~53页；周春燕：《犯罪构成与诉因理论研究》，复旦大学2009年硕士学位论文，第1~45页；等等。另外，最近几年来，除了笔者发表的一系列阶段性成果，例如，谢进杰："问题·学术史·方法——刑事审判对象理论导论"，载徐静村主编：《刑事诉讼前沿研究》（第6卷），中国检察出版社2007年版，第90~117页；谢进杰："审判对象的运行规律"，载《法学研究》2007年第4期，第96~115页；谢进杰："论审判对象的变更及其控制"，载《中山大学学报（社会科学版）》2007年第3期，第112~118页；谢进杰："审判对象变更机制述评"，载《中国刑事法杂志》2007年第4期，第56~62页；谢进杰："刑事审判对象变更机制实证考察"，载《国家检察官学院学报》2008年第2期，第87~93页；谢进杰："程序差别与审判对象"，载《甘肃政法学院学报》2008年第5期，第88~93页；谢进杰："论审判对象的生成——基于刑事诉讼合理构造的诠释"，载《北方法学》2009年第2期，第92~109页；谢进杰："论审判对象的历史变迁"，载《岭南学刊》2009年第3期，第56~61页；谢进杰："刑事审判对象制度的架构与模式"，载中山大学法学院：《法学之道——中山大学法学院复办30年纪念文集》，法律出版社2009年版，第175~200页；谢进杰："中国刑事审判对象的实践与制度"，载《北大法律评论》（第10卷第2辑），北京大学出版社2009年版，第499~519页；等等。此外还有：崔凯："英美刑事审判对象问题研究——反思诉因制度在我国的适用"，载《甘肃理论学刊》2007年第2期，第90~93页；陈斌、崔凯："刑事审判对象理论比较研究"，载《法制与社会》2007年第7期，第473~476页；杨杰辉："三种刑事审判对象模式之比较研究"，载《现代法学》2009年第3期，第82~91页；杨杰辉："犯罪构成要件视野下的刑事审判对象问题研究"，载《中国刑事法杂志》2009年第5期，第75~81页。

题的做法更是值得反思与检讨。在理论研究与制度建设迅猛推进的今天，在审判对象问题上，我们显然不能满足于既有成果。何况事实上，我们的刑事诉讼理论体系依然没有系统构筑审判对象的理论板块，诸如审判对象与被告人、与诉讼结构、与诉讼程序发生联系的原理，审判对象的价值构造、生成原理、运行规律和发挥作用的机理等一系列基本理论尚待被更深入地展开研究。我们的刑事诉讼制度体系依然没有建构审判对象的制度范畴，关于审判对象如何有效提示、如何合理得到展示、如何发生合理的变更、如何有效发生作用、如何防范被不当重复提起等基本问题，并未得到正面对待与合理解决，未能提供令人满意的制度安排。我们的刑事诉讼实践尚未真正普遍确立一种审判对象问题意识，实践中诸多诉讼现象，诸如起诉书记载脱离特定法律评价的犯罪事实、法院直接变更指控罪名、审判范围不受起诉请求所约束、控诉机关变更起诉的恣意化、重复追诉与重复审判的泛滥、被告人防御利益保障不受重视等，均显示了审判对象问题意识的缺失。我们不得不面对刑事诉讼的理论、制度和实践中审判对象问题意识缺失的现实。学术、立法与实践中亟待确立一种问题意识，认识并把握刑事审判对象问题。提炼蕴含在刑事程序根本层面的审判对象问题这一基本的概念与命题，挖掘审判对象问题蕴含的内在原理，探索围绕审判对象问题进行制度建设的进路，秉持一种科学合理的审判对象理论，借以解释并解决有关的诉讼法问题，用以指导我们的司法实践与改革，有关的学术努力无疑将是有益的。

**四、方法论**

（一）矫正一些传统的狭隘观念

要有效地研究审判对象问题、科学构筑审判对象理论，前提上务必矫正一些传统的狭隘认识。这些偏见主要包括：其一，审判对象是大陆法的而不是英美法的概念；其二，审判对象是与法官审判有关而与控辩无涉的范畴；其三，审判对象是刑事案件抑或被告人与其犯罪事实简单组合的观念。

或许有学者认为，"审判对象"是个大陆法而不是英美法的概念，理由是英美法不采用诸如大陆法的诉讼标的、诉讼客体的诉讼理论。这固然有一定道理，关于审判对象的问题，英美法运用的是诉因理论，大陆法运用的是诉讼客体理论，它们运用不同的诉讼理论来解决同一个问题，在具体制度设置方面存有诸多差别。或许可以认为，这里的"审判对象"更接近于大陆法的"诉讼标的"的概念，但是却不能因此而认为，审判对象是一个专属于大陆法诉讼的概念，英美法不存在审判对象的概念与理论。显然，这是过于狭隘的理解，甚至是一种误解。其实，无论在大陆法还是在英美法中，均存在审判对象的问题，审判对象作为一个刑事诉讼的概念与范畴，在任何刑事诉讼中都存在。只是，就如何规范审判对象的问题，不同模式、不同国家在诉讼理念与制度设计方面会有差别，例如，对抗制诉讼普遍采行诉因制度，而职权主义诉讼通常采用公诉事实制度。审判对象问题是一个刑事诉讼法上的共同问题。首先必须确立这样一种认识，否则，如果仅仅将其作为大陆法诉讼的专有问题来考虑，则有理论视野过于狭隘之嫌。

同样，必须克服那种将审判对象问题作为仅仅关涉审判的问题来审视的局限，要认识到它是一个关系控、辩、审而不只是关于法官审判的刑事诉讼法问题。否则，研究的视野就会停留于审判领域和法官的行为，而忽略了更宽阔的由控、辩、审共同作用的整个刑事诉讼的空间与进程，得出的结论必将是相当狭隘局限甚至是有误的。

此外，有一种颇为流行的观点认为，审判对象就是刑事案件，它由被告人与其犯罪事实两个要素构成。这种观点固然有一定道理，但是仅仅将审判对象定位为刑事案件，就难免过于肤浅并忽略刑事案件这一载体承载的实质内容，容易导致审判对象被泛化为整个案件事实的倾向，而且，将被告人与其犯罪事实两个要素生硬剥离开来，极易滋生将被告人视为客体化的刑事审判的对象的弊病，因而这种观点是欠缺科学合理和不够深刻的，不利于发掘深层次的问题与原理。

整体上，只有矫正这些狭隘甚至错误的观点，将审判对象理论研究确立在"审判对象作为一个诉讼法上的概念与范畴，任何刑事诉讼均存在着并必须解决审判对象的问题"这样一种认识上，才可能探讨对审判对象问题的科学、合理、有效的研究方法。

（二）构筑一种科学的理论范式

要科学地研究审判对象问题，首要地是要合理定位研究的目标与任务，明确研究的语境和立足点，构筑一种尽可能科学的理论范式。研究的目标与任务主要有三项：

1. 鉴于刑事诉讼法学科在审判对象问题上的理论现状，迫切需要建构一套相对系统并且具有一定解释力的刑事审判对象理论，用来解释刑事审判对象问题表现出来的一系列诉讼现象和蕴含的诉讼法理、诉讼规律，有效解读有关刑事诉讼的制度与实践。特别是，诸如审判对象为何被需要、审判对象如何发生作用、审判对象是如何生成的、审判对象是如何运行的以及应当如何合理对待审判对象等问题，诸如审判对象与被告人、审判对象与诉讼结构、审判对象与诉讼程序等范畴，将构成审判对象理论构造的主要内容。有关的研究将有益于探索审判对象的内在原理，着重解决审判对象如何在诉讼理念中确立应有的价值立场、如何在诉讼结构中获得规定、如何在诉讼程序中展示它的运行规律，构筑基于审判对象问题的相对系统的理论构造。

2. 立足于刑事诉讼法学理论与司法实践的紧密联系，刑事审判对象的内在原理应当化约为具体的制度建构，因而，阐释审判对象制度建设的意义，探索审判对象的制度表达，揭示审判对象制度建设的路径，将构成刑事审判对象问题研究的另一个重要目标。特别是，诸如审判对象初始提示、集中展示、发生变更、最终型塑、被重复提起诸基本环节的制度设计，诸如审判对象在不同诉讼文化背景下不同模式不同国家的具体语境中的制度特征及其若干具有代表性的典型的制度模型，将构成审判对象制度表达的主要内容。有关的研究，将有益于实现解决如何将审判对象理论化约为具体的制度建构并应用于指导实践这一重要任务，探索关于审判对象制度建设的有效经验和合理进路。

3. 契合于中国语境，刑事审判对象问题研究应当结合中国实践，解释与此有关的中国现象，解决与此有关的中国问题。特别是，应当实证地考察有关制度建设以及司法实践运行的情况，诸如审判对象被提示、发生变更、被重复提起的情况以及诉讼主体表现出来的审判对象问题意识和司法过程呈现的审判对象功能效果等重要的实际问题，理性地评价中国制度上与实践中在审判对象问题上存在的问题及其发生的原因，科学评估中国进行审判对象制度建设的必要性与可行性，合理探索中国围绕审判对象问题的制度完善与改革的思路和措施。有关的研究，将有益于揭示中国的审判对象问题，探索中国在审判对象问题上制度完善与司法实践的有效途径，一定程度地推动刑事司法的发展。

综上，立足于刑事诉讼法学科与中国语境，围绕刑事审判对象问题，可能并且合理的研究进路就是因循着"理论构造——制度表达——中国问题"这样一种渐进推动的方案，确立一种相对科学有效的理论范式。

在具体构成和方法上，首先，将着重把握刑事诉讼的理念、结构与程序三个层面，从"审判对象与被告人"、"审判对象与诉讼结构"、"审判对象与诉讼程序"这三个基本的维度，分别运用价值分析、结构分析、过程分析的方法，极力探讨审判对象如何在诉讼理念中确立价值立场、如何在诉讼结构中获得规定、如何在诉讼程序中展示运行规律，寻求揭示刑事审判对象的内在原理，构筑刑事审判对象的理论构造。其次，将以审判对象初始提示、发生变更、最终型塑这三种基本形态为参照，着重探讨于此相应的起诉书记载制度、审判对象变更制度及禁止重复追诉制度，在研究方法上，将结合若干法治发达国家的诉讼制度，进行历史分析与比较分析，抽取出一般的、符合当代诉讼文化与理念的制度原理，同时将以美国法、德国法、日本法为基点，考察审判对象制度的三个样本，剖析审判对象问题在对抗制诉讼和职权主义诉讼中的制度面貌以及不同诉讼文化间的制度交融呈现的特征，归纳总结刑事审判对象制度建设的基本进路，揭示刑事审判对象理论的制度表达。最后，将立足中国问题，运用规范分析与实证分析的方法，考察有关制度建设以及实践运行的情况，总结存在的问题并探索成因，提出中国进行审判对象制度建设的必要性，并分析中国是否具备进行审判对象制度建设的基础资源及可行性，继而就制度建设的整体思路与具体措施提出思考，达到真正解释并解决中国的刑事审判对象问题。

（三）"价值·结构·过程"的研究方法

值得强调的是，欲揭示和阐释审判对象的内在原理，科学探索审判对象理论的基本构造，秉持一种"价值·结构·过程"的研究方法，显得十分重要。理由是：

一套设计合理、运行良好的诉讼制度，必定建立在合理的诉讼构造之上并依赖于诉讼程序的有效运转，审判对象在刑事诉讼中如何生成、如何运行，根据什么样的原理而生成、根据什么样的规律在运行，这就需要到刑事诉讼的结构与过程中去探寻答案。

一方面，自古至今，无论是古代弹劾式诉讼抑或纠问制诉讼，还是近现代的对抗制或者职权主义诉讼，无不构筑于一定的诉讼结构之中。游离于诉讼结构之外，审判对象就不可能获得有效的界定，审判对象实质上是一个用来规范和调整控、辩、审构造关系的范畴，它只有契合于特定的诉讼结构并在控、辩、审的构造关系中才获得质的规定。例如，在控审分离与控审合一两种不同诉讼结构中，审判对象的生成原理与实质功能截然有别，前者由控诉方提示并限定法官审判的范围，后者则是由法官擅自确立并任其同时充当追诉者和裁判者。在漫长的历史经验过程中，人们摒弃纠问制的结构原理，最终普遍选择"三角结构"这样一种相对合理的具有稳定性的诉讼构造原理，"控审分离、审判中立、控辩平等"近乎成为当今国际社会设置刑事诉讼制度一致追逐的"完美目标"，那么，刑事审判对象就应当契合于刑事诉讼的结构并在这样一种相对合理的诉讼构造中获得规定，才可能是合理的。当然，即便在今天看来并不合理的控审合一的纠问制诉讼中，审判对象也是镶嵌在该特定的诉讼结构之中的，而不可能脱离特定诉讼结构而存在，只是，审判对象要获得合理的规定，与诉讼结构的合理性有密切关系。无论如何，以诉讼结构为场域，探究审判对象生成的原理，是不可避免的。

另一方面，刑事诉讼是一个动态运行的过程，审判对象在诉讼结构中获得规定，但并不是凝固于静态的诉讼结构，而是呈现为动态的运动过程。因而如果仅满足于从诉讼结构那里获取的答案，显然是欠缺的，这就需要立足于一种运动的过程理念，到刑事诉讼的运行过程中去进一步探索，才可能真正把握刑事审判对象的运行规律。也就是说，刑事审判对象在诉讼结构中获得规定性，但这并不是静止不动的，而是要伴随于刑事诉讼的过程，依赖于诉讼程序，进而展示它的运动原理。脱离了诉讼程序，审判对象就只能是一个静止的范畴，无从展示它在诉讼运作过程调整控、辩、审关系的诉讼功能并实践它存在的意义。不管在何种诉讼模式下，审判对象如何被提示、如何发生作用、如何发生变更、如何获得型塑等这样的问题，都将呈现为一个过程，这一过程，要以一种动态发展的视角，到审判对象赖以存在的诉讼程序中去探索。概言之，只有基于一种结构与过程的分析方法，才得以考察审判对象赖以存在与运作的静态和动态的两个层面，揭示刑事诉讼中审判对象生成与运行的一般原理、一般规律。

当然，需要强调作为前提性因素的是，刑事审判对象理论应当建立于一定的价值立场，基于这样的前提并进而解决有关的具体问题。在刑事审判对象的理论构造中，应当明确标示永远都不应把被告人当做审判的对象这一价值立场，否则，背离于此谈论如何定位诉审关系，如何规范法官审判范围，以及审判对象如何发挥作用，都将难以保证被告人在诉审关系视野的主体性。偏离这一立场，强调法庭调查与起诉变更必须保障充分考虑被告人的防御利益，难免显得理论上的苍白无力。

鉴于此，本书将提出并基于这样的三项立论："永远都不应把被告人当做审判对象"、"审判对象应当在理性的诉讼结构中获得规定"、"审判对象应当在动态的诉讼程序中展示它的运行规律"，据此展开论证，构筑刑事审判对象理论构造的基本框架，这一立论与论证的理论过程，契合于刑事审判对象问题的特性，将运用一种"价值·结构·过程"的研究方法。

**五、理论脉络**

整体来说，本书提出并阐释蕴含在刑事程序根本层面的"刑事审判对象问题"这一基本的概念和命题，用以解读有关刑事诉讼的制度与实践，回答"控辩双方围绕什么展开对抗，法官针对什么进行审判"以及"控、辩、审的刑事程序是如何被组织起来的"这一深层命题，阐述刑事审判对象问题及其蕴含的刑事审判对象理论，揭示刑事审判对象理论的制度表达，解释和解决有关的中国问题。首先，立足刑事诉讼的基础理论，探讨审判对象与被告人、审判对象与诉讼结构、审判对象与诉讼程序的相互关系，揭示审判对象为何被需要、如何生成、如何被规定、如何运行与发生作用的内在原理，阐述审判对象的价值构造、生成原理和运行规律，构筑刑事审判对象的基本理论；其次，立足刑事诉讼的世界视野，探讨审判对象原理的制度表达，揭示审判对象制度的架构、内容、细节和模型，阐述审判对象制度建设的意义及基本路径；最后，立足刑事诉讼的中国问题，探讨审判对象问题的中国图景，揭示立法与实践表达出来的"案件事实制度"，剖析存在的问题及其发生原理，阐述中国围绕审判对象问题的制度变革的可能性、方向和思路，强调确立一种审判对象问题意识。

循着这一研究思路及有关的方法论预设，围绕审判对象问题的理论构造、制度表达和中国问题的讨论，将构成本书的理论脉络。本书结构的具体安排如下："导论：命题与方法"；"第一编：理论构造"；"第二编：制度表达"；"第三编：中国问题"；"结语：问题意识的确立"。

"导论"为"命题与方法"，内容包括："问题"、"概念"、"学术史"、"方法论"、"理论脉络"。本书认为，在刑事诉讼的制度上与实践中，存在着一类诉讼现象尚未为我们所充分认识，这一类诉讼现象所蕴含的诉讼法命题可归结为"刑事审判对象问题"，鉴于审判对象对于刑事诉讼的意义以及立法、实践与学术中问题意识缺失的状况，我们应当系统深刻地研究审判对象问题，解读有关刑事诉讼的制度与实践，揭示审判对象的理论构造及其制度表达，解释和解决有关的中国问题。审判对象是审判行为的目标指向与作用范围，然而，它不仅规范着法官审判行为，而且调整着控诉方起诉权的运作和被告人的辩护行为，实质上发挥明确指向、设定范围的机能并为控制权力、保护权利提供框架，有效地界定了刑事诉讼中权力和权利的界限与范围。审判对象不但组织着刑事诉讼的程序，而且规范着刑事诉讼的结构，成为刑事诉讼合理构造与有效运行的内在依托，关于"控审分离、控辩平等、审判中立"的经典表述，就蕴含着控诉方提起诉讼以提示审判对象、控辩双方围绕审判对象平等对抗、法官针对审判对象中立审判这样一个刑事诉讼的构造与过程的意味。审判对象问题的学术史可归纳为三项特征与趋向："同一原理，两种范式：大陆法系与英美法系的学术研究"；"立法、学术与实践：日本学界关于审判对象问题的论争"；"问题意识、理论范式与学术努力：中国学界对审判对象问题的探讨"。研究审判对象问题，构筑审判对象理论，前提上要矫正一些传统的狭隘认识，进而构筑一种科学的理论范式。立足于刑事诉讼法学科与中国语境，围绕审判对象问题，一种可能且合理的研究进路就是因循着"理论构造——制度表达——中国问题"这样渐进推动的方案。并且，在构筑审判对象的理论构造时，应用一种"价值·结构·过程"的研究方法，是科学可行的。

"第一编"为"理论构造"，内容包括三章："审判对象与被告人"、"审判对象与诉讼结构"、"审判对象与诉讼程序"。本书认为，通过围绕审判对象探索如何在诉讼理念中确立应有的价值立场、如何在诉讼结构中获得规定、如何在诉讼程序中展示其运行规律，可以揭示审判对象的内在原理，相对系统地构筑审判对象的理论构造。具体而言，首先，在诉讼理念上，将触角延展到诉讼运行的真实轨迹，便会发现隐含于刑事审判中的一个"悖论"：被告人徘徊在主体与客体之间的尴尬境地，为此，应当确立"永远都不应把被告人当做审判对象"的价值立场，并且，这个立场与"不得不针对被告人作出评价"的刑事审判技术并行不悖，在"实体与程序"的矛盾范畴中，我们便可以找到消解这一难题的答案。这触及了审判对象理论的基本立场和价值构造。接着，在诉讼结构中，审判对象的生成及功能的发挥，有赖于合理的诉讼结构作为支撑，其内在规定为：其一，没有起诉，就没有审判对象，亦即，审判对象由控诉方提示，形成整个刑事审判活动的标的。其二，审判对象与起诉范围保持同一性，亦即，审判对象的实质是控诉主张，发挥界定法官审判权力范围的功能。其三，辩护范围与审判对象具有同一性，亦即，审判对象经控诉方起诉时提示后在审判中化约为被告人的防御范围。其四，审判对象集中展现于庭审中，却规约着整个诉讼活动，亦即，一方面，审判对象在刑事诉讼的结构中获得规定；另一方面，审判对象在实际营运中反过来结构了刑事诉讼本身。此外，基于当代刑事诉讼法作为控权法、人权法的品质以及刑事诉讼中的司法审查技术，将侦查行为合法性问题纳入审判对象，尤其将法院对侦查机关程序性违法行为的司法审查作为刑事审判中的一项制度性安排，展示了审判对象范畴在趋于理性的诉讼构造中的一种张力。有关的这些讨论及结论将构成了对审判对象生成原理的有益探索。最后，在诉讼程序中，审判对象动态运行的规律，体现于两根程序链中，一是控方起诉→法庭审理→控辩对抗→法官裁判→禁止重复追诉，二是初审→上诉审→再审。随着刑事诉讼各个环节的推进，审判对象的运行经历了提示→展示→变更→固定这样的基本过程。同时，基于审判程序功能及审级差别所带来的程序原理的差异，审判对象在初审、上诉审以及再审程序中的运行既遵循了共同的规律又呈现出各自的特征，这就构成考察审判对象运行原理的两个层面。围绕这两根程序链条和运作层面的探讨，将构成对审判对象的运行规律的有益诠释。

"第二编"为"制度表达"，内容包括五章："审判对象的制度表达"、"起诉书记载制度"、"审判对象变更制度"、"禁止重复追诉制度"、"审判对象制度的模型：三个样本"。本书认为，审判对象制度建设的意旨，在于促成审判对象内在原理在刑事诉讼中的制度化，增进诉讼制度的内在合理性。为此，应当探寻审判对象的制度表达，提炼审判对象制度的有效经验和一般规律，探索审判对象制度建设的基本方向与路径。在刑事诉讼中，起诉书记载、审判对象变更及禁止重复追诉的制度设置，展示了审判对象初始提示、发生变化及最终型塑诸基本环节，共同构筑了审判对象制度的基本架构，可谓为审判对象制度的"三大支柱"。同时，以美国法、德国法和日本法为基点，可以考察审判对象制度的"三个样本"，它们分别代表着对抗制诉讼文化、职权主义诉讼文化有关的制度面貌以及不同诉讼文化间的制度交融呈现的特征，得以获得对审判对象制度建设进路的有益启示。审判对象制度除了遵循某些共同的诉讼规律，还依赖于各个具体的制度环境，但不管在何种诉讼模式下，起诉书记载、审判对象变更、禁止重复追诉均构成审判对象制度的最为主要的支柱性装置，应当成为其制度建设努力的主要方向，同时，审判对象制度建设应当契合于特定的诉讼模式，寻求较为合理、适合和有效的制度设计及运行效果。

"第三编"为"中国问题"，内容包括四章："立法的表述：案件事实制度"、"中国的审判对象制度：实践的表达"、"存在的问题及其发生原理"、"围绕审判对象问题的制度变革"。本书认为，中国现行法关于审判对象问题的规范十分不够，审判对象被界定为控诉事实但不包括控诉罪名，且可能扩展至整个案件事实，审判对象被任意变更或被反复提起通常并不会受到禁止。此外，司法实践中审判对象的问题意识及功能效果并不显著。基本上，中国立法表述与司法实践表达的审判对象制度可被定义为"案件事实制度"。中国当下存在的问题，可以从追诉权力的扩张性、诉讼结构的缺陷、程序正当性的缺失、诉讼制度欠缺完善若干根本层面和主要角度寻找成因。为此，中国进行审判对象制度建设的必要性是显见的。经可行性分析，本书认为，新中国的刑事诉讼制度过去至今正在经历着一种从"革命的刑事诉讼制度"走向"建设的刑事诉讼制度"的演进和发展，当前的刑事诉讼理论与实践正在经历着一场走向开放、反思的建设，尽管碍于传统和体制性的一些束缚，建设的步履显得极为艰难、推进极其缓慢，但是方向和趋势却是可观的，中国当下基本具备进行刑事审判对象制度建设的基础资源。中国进行审判对象制度建设，务须首先致力于三个方面的建设：建构一个以控审分权制衡为基调的诉讼构造、建立一种遵循被告人主体性的诉讼理念、建设一套蕴含审判对象问题意识的程序装置。基本思路应是从修正刑事诉讼结构入手，改革固有的诉审关系，借鉴国际社会审判对象制度建设的成功经验和一般规律，改革现行存在弊病的"案件事实制度"，围绕审判对象问题具体从起诉书制度、法庭审理制度、起诉变更机制与变更罪名机制、重复审判制度等方面予以改革完善。

　　"结语"为"问题意识的确立"，内容包括："没有审判对象的'刑事审判'？"、"假如审判对象可有可无？"、"面对理想与实践间的鸿沟！"、"确立一种审判对象问题意识"。本书认为，为了更充分认识审判对象问题的意蕴，可以提出如下两个设问："没有审判对象的'审判'？"以及"假如审判对象可有可无？"。就前者而言，这显然不是一个真命题，没有审判对象，缘何谈起刑事审判；但这一设问让我们关注审判对象的存在，思考审判对象之于刑事审判的意义，审判对象的存在，是如此自然而然，乃至反而常常被我们所忽略。就后者而言，这显然不是没有可能，只要存在启动审判程序的理由，只要有特定的诉讼主题，审判就可以进行了，至于这个主题如何设定，它在审判中具有何种意义，则是另外一回事。不过，这样的审判将是以另外一种面孔呈现：控诉方提示审判对象仅仅作为对被告人启动审判程序的理由，起诉书记载的控诉事实与罪名仅仅是向法官告发犯罪，法官可以根据发现犯罪的情况和治理犯罪的需要自主决定审判的主题，控诉方可以在审判过程任意变更控诉。这样，尽管存在所谓的"审判对象"，但对法官和控诉方而言，是一个无关紧要的范畴，"审判"只是一个治罪的过场，"审判对象"亦只是一个治罪的借口，只是为犯罪追究提供"合法性"。然而对于被告人防御却丝毫没有帮助，即便其根据起诉书记载的控诉事实与罪名来准备防御，也应付不了审判过程法官和控诉方的恣意变更。由此可见，在刑事诉讼中，审判对象应当发挥控制审判权、规范起诉权、保障辩护权的实质功能，否则将毫无意义。当然，理想上的追求，理论上的设定，未必意味诉讼实践中的完美与实现。我们依然注意到，在今天的刑事诉讼中，审判对象也并不总是以一种发挥实质意义的面相呈现在诉讼程序之中，常常面对着制度的理想与实践间的鸿沟。对于当今中国而言，高度的制度化与有效的实践，均是应予追求的两个重要维度，当务之急，应当确立制度上与实践中的审判对象问题意识。

第一编
# 理论构造

# 第一章　审判对象与被告人

## 一、刑事审判中的"人"

### (一)"犯罪"与"刑罚"的链接机制：刑事审判

一个人何以受到刑罚，可能最合理的诠释便是，因为他/她是犯罪的人。在犯罪与刑罚之间，发生了一种链接。这种链接可解释为以"必要的恶"回应"真正的恶"，也被解释为对破坏规范的一种"维护性的反驳"："刑罚必须被正面地定义：它是规范效果的展示，展示出规范破坏者的代价"，"通过这个反驳，来证明这个被破坏的规范理应被坚持"[1]。德国学者评论说，"刑罚是一种强制，强制乃是作为一个意义的承载者，它所承载的是对犯罪的回应：犯罪，作为一个有理性、具有人格之人所为的犯罪行为，所意味的是对于规范的否认，对于规范效力的攻击；而与此同时，刑罚的意义则在于表明：行为人的主张是不值得赞同的，规范不受影响地持续发挥其效力，社会的形态得以继续维持下去。"[2] 足见，规范越是发达的社会，犯罪与刑罚之间的链接就越显周密、合理。但是，这必然也对二者的链接本身提出了更高的要求。同态复仇盛行的时代，犯罪与刑罚的链接可以如此"随便"，甚至有时让人分不清什么是"必要的恶"，什么是"真正的恶"。但是，在刑事法治趋于发达的时代，犯罪与刑罚间的链接就是一项需要好好规范的事业了，在此中间，刑事审判扮演着极其重要甚至不可替代的角色。

法国学者指出，社会对犯罪的反应是经过深思熟虑的、有规则可循的、本质上具有司法裁判性质的反应，在已实行的犯罪与刑罚之间，实际上有一场"诉讼"，这场诉讼由秩序受到犯罪扰乱的社会针对犯罪行为人提起，目的是要求法院对犯罪人宣告法律规定的刑罚，刑事审判成了"犯罪与刑罚之间

---

〔1〕 周光权：《刑法学的向度》，中国政法大学出版社 2004 年版，第 315 ~ 316 页。

〔2〕 ［德］雅科布斯："市民刑法与敌人刑法"，徐育安译，载许玉秀主编：《刑事法之基础与界限》，台湾学林文化事业有限公司 2003 年版，第 17 ~ 18 页。

一个必不可少的连接号"。[1] "刑事审判"对于"犯罪"与"刑罚"的链接显得如此重要，甚至有德国学者强调："即使有人自愿被处罚，首先还尚须对其进行刑事诉讼程序。"[2] 显然，"刑事审判程序并不是可有可无的。"[3] 在法治语境下，唯有经过审判的程序，才得以宣告犯罪，实行刑罚，故此可断言：没有刑事审判，就没有"犯罪"，没有"刑罚"。直观的事实可能是这样的：他/她实施了犯罪，因而被诉诸刑事审判程序，受到了刑罚。然而，刑事司法运作的逻辑是，刑事审判先于"犯罪"先于"刑罚"而发生。贝卡里亚强调，"在法官判决之前，一个人是不能被称为罪犯的。"[4]《世界人权宣言》宣称，"凡受刑事控告者，在未经获得辩护上所需的一切保证的公开审判而依法证实有罪以前，有权被视为无罪。"[5] 正是表达了这样一种理念，刑事审判必须首先围绕指控犯罪是否成立的问题而展开，在此基础上，才可能解决如何刑罚的问题。按照英国学者的说法，刑事审判的意义远远不止于定罪量刑本身，"刑事审判是一项理性的事业"。[6] 刑事审判所要完成的事业，正是使一个被怀疑犯罪的人实现从"被告人"到"犯罪者"或者"无辜者"的角色定位。它引导人们理性对待受到指控的人，将罪刑问题放置于正当法律程序为依托的司法的过程来评价。在《大宪章》、《权利法案》、《世界人权宣言》那里，"未经正当法律程序，任何人也不能被剥夺生命、财产或自由"已被表述为一项法治定律，"鉴于对人权的无视和侮蔑已发展为野蛮暴行，这些暴行玷污了人类的良心"，"基于对人类家庭所有成员的固有尊严及其平等的和不移的权利的承认"，"有必要使人权受法治的保护"，为此，"人人完全平等地有权由一个独立而无偏倚的法庭进行公正的和公开的审讯，以确定他的

---

〔1〕 ［法］卡斯东·斯特法尼、乔治·勒瓦索、贝尔纳·布洛克：《法国刑事诉讼法精义》，罗结珍译，中国政法大学出版社1999年版，第1~6页。

〔2〕 ［德］克劳思·罗科信：《刑事诉讼法》，吴丽琪译，法律出版社2003年版，第8页。

〔3〕 陈瑞华：《刑事审判原理论》，北京大学出版社1997年版，第113页。

〔4〕 ［意］贝卡里亚：《论犯罪与刑罚》，黄风译，中国大百科全书出版社1993年版，第31页。

〔5〕 联合国大会1948年12月10日第217A（Ⅲ）号决议通过并宣布的《世界人权宣言》（Universal Declaration of Human Rights，简称UDHR）第11条第1项。本书引用的国际性公约与刑事司法文件，参考了程味秋、杨诚、杨宇冠编：《联合国人权公约和刑事司法文献汇编》，中国法制出版社2000年版。

〔6〕 R. A. Duff, *Trial and Punishment*, Cambridge University Press, 1986, pp. 110~114.

权利和义务并判定对他提出的任何刑事指控"。[1]

(二) 徘徊于主体与客体之间的"悖论": 被告人的境遇

在此, 缘何谈论刑事审判中的"人"? 原因是, 历史上被告人曾经在刑事审判中丧失主体性, 成为诉讼客体和审讯的对象。即便在今天, "审犯人"的说法仍然在普通民众的认知领域广为流传, "刑事审判对象就是被告人及其犯罪事实"的观点甚至还是我们当前理论的主流观点。当然, 更为重要的原因还在于, 刑事审判不得不针对特定的被告人作出评价。我们无法否认这样一个事实: 刑事审判不可能脱离特定的被告人, 无论如何调整对待被告人的态度, 法官都必须就其被指控犯罪是否成立的问题展开审理并作出裁判, 而最终的刑罚承受者也只能是被判定有罪的被告人。这就产生一个问题: 被告人真的是刑事审判的对象吗?

如果说被告人是刑事审判的对象, 那么, 这种认知显然与被告人在审判中的处遇及其可能面临刑罚的境遇有关。也许在今天的刑事法理念中, 毋庸论证便可知, 被告人是刑事诉讼主体, 而不是客体。但是, 只要将研究的触角延展到刑事诉讼运行的真实轨迹, 便会发现隐含于刑事审判中的一个"悖论": 被告人徘徊在主体与客体之间的尴尬境地! 设其为"主体", 是发自人本与人权的理念, 因为他/她的本质是人; 置其为"客体", 是因为他/她是一个可能犯罪并将受到刑罚的人, 更是因为刑事审判所要解决的正是关于他/她是否犯罪以及如何受罚的问题。对于这一点, 不管是否过分地站在纯粹程序工具主义的立场, 都无法否认, 被告人终究还是刑事审判中受到评价的对象。即便我们被允许主张刑事审判应当仅仅评价犯罪的行为而非犯罪的人, 但是, 我们仍然无法摆脱这样一个现实: 将会受到刑罚的罪行始终是特定的人实施的罪行。甚至我们可根据存在着的缺席审判制度作为理由, 寻求一种的确不需要被告人在场的刑事审判。但是, 事实上刑事审判依然没有脱离具体的被告人而进行。因此, 刑事审判这项被誉为"理性的事业", 似乎还是无法改变被告人在审判中的境遇, 他/她因为被怀疑犯罪而受到刑事指控, 尽管开始被推定为无罪的人, 尽管未经定罪不得受到刑罚。但是, 他/她仍然不得不面对审判的评价, 不得不接受徘徊于主体与客体之间的尴尬: 一方面被奉为刑事

---

〔1〕　参见英国《大宪章》(The Great Charter, 1215 年 6 月 15 日订立) 第 39 条规定;《美利坚合众国宪法》(Constitution of the United States, 1787 年 9 月 17 日通过, 1789 年 3 月 4 日生效) 第五修正案, 即《权利法案》(United States Bill of Rights, 1791 年 12 月 15 日通过) 第 5 条规定; 联合国《世界人权宣言》序言及第 10 条的规定。

审判中的诉讼主体；另一方面又不得不成为刑事审判中的评价对象。那么，问题的关键就在这里，这是否意味被告人真的成为刑事审判对象了呢？我们究竟要如何对待刑事审判中的被告人？面对这样的"两难"，对于被告人的处遇，我们该如何确立应有的理论立场和寻求消解"悖论"的关节点呢？

## 二、审判对象理论的立场

### （一）未竟的使命：被告人诉讼角色的定位

一位德国学者评论说："在历史上，被告人的诉讼角色经历了从仅仅一种诉讼客体到一种能够积极参与和影响程序进程的刑事诉讼主体的变化。由于拥有了逐渐增多的权利保障，而其中每一项权利的范围又不断扩大，被告人作为诉讼主体的诉讼角色也同时得到了巩固。"[1] 另一位德国学者这样描述那一段把被告人当做刑事审判的对象来摆布的历史："毫无权利的被控人在阴暗的刑讯室里面对着毫无恻隐之心的审讯者，用无力的声音回答着他的法官，后者虽满腹经纶，却只能依据无生命的刑讯和证人记录文件对前者作出判决；他重见天日的时候，也就是被拖出去命丧刀剑之下、受车磔、受火焚或被送上赫然的绞刑架的时候。"[2] 关于被告人沦为客体化的审判对象的劫难，我们还可在美国学者房龙那里获得进一步的认识："在整整五个世纪里，世界各地成千上万与世无争的平民仅由于多嘴的邻居的道听途说而三更半夜被从床上拖起来，在污秽的地牢里关上几个月或几年，眼巴巴地等待既不知姓名又不知身份的法官的审判。没有人告诉他们罪名与指控的内容，也不准许他们知道证人是谁；不许与亲属联系，更不许请律师。如果他们一味坚持自己无罪，就会饱受折磨，四肢都被打断。别的异教徒可以告发他们，但要替他们说好话却是没有人听的，最后他们被处死时连遭到如此厄运的原因都不知道。"[3] 这就表明，被告人曾经被当做刑事审判的对象，"被告人并不是享有辩护权的诉讼主体，作为嫌疑人，一旦处于被追诉的地位，就必须承担证明自己无罪甚至是有罪的责任"，"对被告人实行有罪推定，被告人沦为诉讼客体，是刑讯逼供的对象"[4]。在人权、民主与法治成为主流观念的今天，被

---

〔1〕 这是德国学者奥托·特里夫特勒（Otto Triffterer）的观点。转引自陈瑞华：《刑事审判原理论》，北京大学出版社 1997 年版，第 221 页。

〔2〕 ［德］拉德布鲁赫：《法学总论》，米健、朱林译，中国大百科全书出版社 1997 年版，第122 页。

〔3〕 ［美］亨德里克·房龙：《宽容》，迓卫、靳翠微译，生活·读书·新知三联书店 1985 年版，第 136 页。

〔4〕 汪海燕：《刑事诉讼模式的演进》，中国人民公安大学出版社 2004 年版，第 14 页。

告人作为刑事诉讼主体的理念已是不言而喻，被当做刑事诉讼的金科玉律加以颂扬。但是，被告人主体地位的形成却经历了一个漫长的历史过程，其间被告人地位客体化的史实足以说明，司法实践中存在着将被告人当做刑事审判的对象的可能性，而矫正这种倾向的步伐却是艰难而曲折的。事实上，这一过程甚至至今尚未彻底完成。

在我们今天的刑事诉讼中，将被告人当做客体化的审判对象的倾向仍然存在，其主要表现便是违反人权与程序法则地直接将被告人作为获取有罪证据的手段。例如，刑讯逼供以及庭审中强迫被告人如实陈述所谓犯罪事实的现象。"刑事程序中利用被告人作为对自己定罪的方法"在纠问制诉讼的年代竟是法官审判的一种合法行为："整个刑事程序的目的，曾是为了获得供词：开始是刑讯，刑讯被废除之后则用'谎言处罚'，两者区别在于，前者是提前告知被告人，如果说真话就可免受皮肉之苦，后者则因为被告人说了假话，而通过精神折磨的'纠问技巧'迫使他说真话：包括法官的突袭、智取、疲劳战术。"[1] 而今，纠问制遭到历史的唾弃，刑讯逼供"合法"之名已被抛弃于制度之外，但却时而出现在刑事司法的实践之中，只不过刑讯地点从原来的"公堂"（法庭）更多地转移到秘密的讯问室，刑讯手段从原来的肉体折磨更多地转变为精神折磨。而且，即便刑讯逼供不再合法，要求被告人如实陈述犯罪事实却仍是一种制度安排，基本上，仍然没有杜绝将被告人当做"犯罪的人"和"惩罚的对象"来对待的倾向。例如，在一起"辩护律师通过查实侦查人员严重刑讯逼供事实，从而取得无罪辩护成功的典型案例"中，被告人却曾对"犯罪事实""主动坦白"、"供认不讳"并有"报案笔录"、"现场勘查笔录"等证据佐证，可谓"铁证如山"；在一起"确有诸多疑点、怪事，终获无罪释放"的案例中，被告人却曾"被公诉机关先后三次以故意杀人罪提起公诉，被一审法院两次以故意杀人罪判处死刑"并"在看守所里戴了三年脚镣"[2] 这就表明，即便在今天，将被告人当做审判对象的做法，也是一个需要予以反思和理性对待的重要问题。

（二）理论的支点：作为人的被告人

实际上，厘定被告人在刑事审判中的地位，是刑事诉讼的根本性问题。

---

〔1〕　［德］拉德布鲁赫：《法学总论》，米健、朱林译，中国大百科全书出版社1997年版，第124页。

〔2〕　参见曹炳增：《无罪辩护：十起辩护成功案例及诉讼程序的理性思考》，中国人民公安大学出版社2004年版，第187~191、264~300页。

古代弹劾式诉讼中，被告人虽然作为诉讼主体，但是，落后的诉讼方式常常使被告人作为程序主体的地位无法得到良好保障，尤其当面临疑罪的时候，被告人的诉讼命运就直接取决于"神判"甚至"决斗"，有罪推定的倾向往往使被告人的主体性荡然无存。纠问制诉讼中，被告人直接作为诉讼客体，成为刑事追究和刑讯逼供的对象，被剥夺了辩护和对抗控诉的任何权利，在此种语境下，被告人的主体性理念丝毫没有存在的空间。因此，被告人主体性的确立就成为近现代以来刑事诉讼发展所要解决的重要任务。如今可以说，被告人作为诉讼主体的理念基本确立，保障被告人在刑事诉讼中主体地位的制度也逐渐走向完善。然而，我们依然坚信，以往强调的和做到的尚远远不够，尤其在我国。在这个问题上，我们需要确立的立场是：永远不要将被告人当做刑事审判的对象，其哲学意义在于，真正承认被告人作为"人"的本质，让被告人真正成为刑事审判中的"主人"。

有学者所言甚是，"社会的发展，人类的进步，归根到底是人的发展，是人的主体性的发展。"[1] 人类生活无限延续，社会发展与人类进步永无止境，作为主体的人的问题注定要成为永恒的话题。"主体"，意思是在前面的、作为根本的、作为主导的东西，叔本华说，"如果人们撇开主体，一切客观事物便完全消失。……没有主体，就不能是什么。"[2] 其实，只要我们循着人类自主性思想的轨迹，便会发现，探索人的主体性，揭示人的主体性功能发挥的内在机制，提高人类主体意识的水平，强化人的主体地位，是一股世界性的社会思潮。近现代以来哲学的显著特征，就是客体转向主体，把作为主体的人视为万物的起点和目的，并用主体的意识或心理情感对世界的许多现象作出解释，从而把主体性作为哲学的核心问题提了出来，"人是主体"成为了"最高意义上的哲学真理"。

早在古希腊，智者普罗泰戈拉就提出"人是万物的尺度"这一后来被黑格尔赞为"伟大的命题"[3] 针对其时"存在"为本的哲学取向，这一思想

---

〔1〕 王义军：《从主体性原则到实践哲学》，中国社会科学出版社 2002 年版，第 175 页。

〔2〕 [德] 叔本华：《作为意志和表象的世界》，石冲白译，商务印书馆 1982 年版，第 59～63 页。

〔3〕 普罗泰戈拉（Protagoras）说："人是万物的尺度，是存在者存在的尺度，也是不存在者不存在的尺度。至于神，我既不知道他们是否存在，也不知道他们像什么东西。"参见北京大学哲学系外国哲学史教研室编译：《古希腊罗马哲学》，商务印书馆 1961 年版，第 138 页。对此，黑格尔评论说："人是万物的尺度，——人，因此也就是一般的主体。"参见 [德] 黑格尔：《哲学史讲演录》（第 2 卷），贺麟、王太庆译，商务印书馆 1983 年版，第 27～28 页。

无疑意味着一个新的"主体"向度的引进，由此，"人是评价事物的尺度，以往的一切准则和教义都要在人的审判台前辩明自己存在的合理性和价值性。"[1] 这一标示人文意识觉醒的命题被苏格拉底进而阐释为"思维着的人是万物的尺度"，凭借着一种"自我意识"和"认识你自己"的理论态度，主体性原则在道德哲学中获得了萌芽。当然，当人类精神经历了由朴素的主体意识异化为对象意识的中世纪之后，重新回归到主体意识上来，是从笛卡尔这里开端的，笛氏抱持着一种"要想追求真理，我们必须在一生中尽可能地把所有事物都来怀疑一次"的姿态，找到了"我思故我在"这样一条确实而可靠的"第一原理"，赋予了人本主义的近代理性主义蕴涵[2]。进而，康德提出"人是目的"的论断，如果说，古希腊阿波罗神殿镌刻在门楣上的神谕"认识你自己"提示的是一种关于"人是什么"的认识论意义，那么，康德的"人是目的"则是从根本上回答这一哲学的主题，揭示一种人作为价值主体的具有永恒意义的主体性哲学。在康德看来，在认识经验界时，人为自然立法，在认识人自身并为人的行为确立道德时，人为自身立法，人作为理性的存在者，人是目的。所以，在任何时候，人绝不允许被随意摆布，人必须是受到尊重的对象，每一个理性的人都要服从这一规律："不论是谁在任何时候，都不应把自己和他人仅仅当做工具，而应该永远看做自身就是目的。"[3] 因此，康德确立了人在自然界和社会中的位置，揭示任何人都应当被作为目的来对待，进一步把近代哲学思考的重心真正转移到以人为本的主体性课题上来。随着古希腊以及文艺复兴时期以来人的主体性思想的延续，在费尔巴哈那里，"以人为本"的概念产生了[4]。而后，思想家们普遍主张人是世界的中心和尺度，把人作为理论研究的出发点，作为核心问题甚至最高问题，高度肯定人的价值，张扬人的自由，并以此作为理论的最终价值目标。马克思就强调，"任何一种解放都是把人的世界和人的关系还给人。"[5] 意思是说：主体是人，对世界，对事物，要从人的主体的角度去理解，人是

---

[1] 王蓉拉、姜燕萍："试论'人是万物的尺度'的价值意义"，载《社会科学》2003年第5期，第83页。

[2] ［法］笛卡尔：《哲学原理》，关琪桐译，商务印书馆1958年版，第1页。

[3] ［德］康德：《道德形而上学原理》，苗力田译，上海人民出版社1986年版，第86页。

[4] 费尔巴哈在《哲学原理》一书中这样描述自己的思想发展历程："我的第一个思想是上帝，第二个思想是理性，第三个也是最后一个是人。"参见［德］费尔巴哈：《费尔巴哈哲学著作选集》（上卷），荣震华、李金山等译，商务印书馆1984年版，第247页。

[5] 参见《马克思恩格斯全集》（第1卷），人民出版社1956年版，第443页。

目的，凡是有某种关系存在的地方，这种关系都是为我而存在的。[1] 更为重要的是，尊重人的主体性、确立人的主体地位，关键是要尊重作为主体的"现实的人"，而不仅仅是"抽象的人"。按照马克思主义的观点，"任何人类历史的第一个前提无疑是有生命的个人的存在。"[2] 就是说，在马克思、恩格斯这里，"以人为本"的价值主体被落实到"现实的人"，实现了从费尔巴哈的"抽象的人"到"现实的人"的演变，作为主体的人，不是抽象的人，而是现实的人，是社会的人，是实践着的人。[3] 正由于此，主体性哲学逐步地走向了现实，"以人为本"真正成为了社会行动的一把标尺。

在刑事诉讼场域，控诉方与被告人发生的讼争，实质是发生在国家与个人之间的一场矛盾。[4] 显然，国家是基于抵御犯罪破坏公共秩序的需要而以国家刑罚权为根据针对被告人发起刑事追诉的，按照启蒙思想的解释，这种权力来源于每个个人所捐赠出来的"那份自由"。因而在国家刑罚权的根据与来源那里，我们首先看到，在国家发起的刑事诉讼中，被告人其实也为了"这种需要"而"割让自己的一部分自由"并希望"这种共同的捐赠足以让别人保护自己"，然而他/她此时被怀疑成为这种"公共保护"的敌人而受到刑事追诉。因此，国家没有理由不慎重对待被告人的权利问题，用贝卡里亚的话说，"一切额外的东西都是擅权，而不是公正，是杜撰而不是权利（力量）"[5]。历史上封建专制时期的纠问程序，在国家面前，一个有血有肉的个

---

〔1〕 参见《马克思恩格斯全集》（第3卷），人民出版社1960年版，第34页。

〔2〕 参见《马克思恩格斯全集》（第3卷），人民出版社1960年版，第23页。

〔3〕 诚如《德意志意识形态》中所表达的："我们不是从人们所说的、所设想的、所想象的东西出发，也不是从口头上说的、思考出来的、设想出来的、想象出来的人出发，去理解有血有肉的人。……前提是人，但不是某种处在幻想的与世隔绝、离群索居状态的人，而是处在一定条件下进行的、现实的、可以通过经验观察到的发展过程中的人。"参见《马克思恩格斯全集》（第3卷），人民出版社1960年版，第30页。

〔4〕 当然这里专门针对当惩罚犯罪成为一个国家组织起来的共同问题时公力救济性质的刑事诉讼而论，而不是远古时期私力救济型的刑事诉讼，传统的私人追诉主义向国家追诉主义的演变有其历史必然与合理性。

〔5〕 ［意］贝卡里亚：《论犯罪与刑罚》，黄风译，中国大百科全书出版社1993年版，第8～9页。

体沦为备受压制的对象，个人的权利被牺牲得一干二净。[1] 告别了纠问制，近现代控辩式诉讼极力追求控辩平等，在国家与个人间谈论平等，是因为矛盾发生在"诉讼"中，追求平等是诉讼的本性，倘若没有平等可言，就不是刑事诉讼，而是纠问治罪。显然，为了追求平等，就必须尊重刑事诉讼中的个人。然而，仅仅强调这一点还是不够的，而应该走得更远些，关键要看到，刑事诉讼中需要与国家平等的，不是抽象的人，而是活生生有血有肉的具体的人。历史传承至今，"抽象的人"随处可见，有血有肉的个体极容易被抽象了，成为一个符号。[2] 在刑事诉讼中，在国家面前，一旦个人被抽象化地看待，司法官员头脑里面有无"人"的观念便已经不是最为关键的，并不会妨碍其对罪与刑的判断，在其眼中的"被告人"，只不过是一种可以在其背上贴上一个刑法条文的"活标本"[3]。然而，此种刑事诉讼的实质已是"目中无人"。因为只有看到站立在国家面前的是一个有血有肉的"现实的人"，而不是无关紧要的"抽象的人"，去尊重他/她，才可能更多地避免那种血淋淋的场面，诸如强制羁押、刑讯与酷刑，才可能把他/她当做一个活生生的存在（"具体的人"）来对待，而不是一个在追诉权力面前微不足道的抽象物。

（三）应有的姿态：永远都不应把被告人当做审判的对象

人是主体，人是目的，以人为本，这已经成为万古不变的哲学定律。在刑事法领域，契合于民主法治对人权的尊重，它就是一条最为基本的刑事法哲学原理。在刑事审判中，"被告人"的本质是"人"，而不管他/她将是一个"犯罪者"，还是一个"无辜者"。认识这一点，尤为重要。既然如此，就应当把他/她当做目的，让他/她成为主体，而不是客体化了的"审判对象"，更不是将其参与其中的刑事审判当做一种大肆张扬犯罪控制权力的手段。对

---

〔1〕 根据法国学者的描述，在纠问程序中，个人可以在其本人不知道的情况下受到侦查，个人所面对的证据本人不可能提出异议，直至出庭之时才可能组织所谓的辩护，然而，个人仍然可能受到极其残酷的拷打与刑讯。并且，审判不公开进行，即使承认提出的证据不足，个人仍然处于官方的怀疑之下，并有可能再次受到追诉。参见〔法〕卡斯东·斯特法尼、乔治·勒瓦索、贝尔纳·布洛克：《法国刑事诉讼法精义》（上卷），罗结珍译，中国政法大学出版社1999年版，第82页。

〔2〕 例如罗马法中，第一次构建了"法律人"，使法律上的"人"与生活中的"人"泾渭分明，然而，"人"成为一个符号，"除了一张法律人格面具外，里面什么也没有，'人'丰富多彩的属性几乎被法律掏空了"。在那里，我们看到国家很早就在为一种抽象的、普遍的目的而经营，而个人已经湮灭在人的抽象世界里，具体的个人必须牺牲自己来为一个抽象的存在服务，只能够在普遍的目的下去寻求实现属于个人自己的目的。参见周光权：《刑法学的向度》，中国政法大学出版社2004年版，第32~33页。

〔3〕 〔意〕菲利：《实证派犯罪学》，郭建安译，中国政法大学出版社1987年版，第2页。

于法治，对于司法，应当诉诸理性，理性的一个基本要求便是尊重人，法律与制度的设计是用来确认、加强和保障人的权利的，用黑格尔的话说，"法的命令是：成为一个人，并尊敬他人为人"[1]。马克思评论说，黑格尔不是把罪犯看成是单纯的客体，即司法的奴隶，而是把罪犯提高到一个自由的、自我决定的人的地位[2]。这种对"犯罪的人"的理性的尊重，黑格尔的说法与康德的观点一脉相承，康德说：如果没有人类，整个世界就成为一个单纯的荒野，徒然的，没有最后目的了，人就是这个地球上的创造的最后目的。因此，每个有理性的存在都须服从这样的规律，无论是谁，在任何时候，都不应把自己和他人仅仅当做工具，而应该永远看做自身就是目的。[3] 马克思把这个归结为"绝对命令"："必须推翻那些使人成为被侮辱、被奴役、被遗弃和被蔑视的东西的一切关系"[4]。显然，人是主体而不是客体，人是目的而不是手段，这样的主体性哲学应当被确立为基本法则，用来解决"刑事审判中的人"的问题，被告人不应仅仅是刑事审判中被用来评价犯罪的手段，更不应是刑事审判的客体。因而，在刑事审判中，我们宁愿抱持一种将"被告人"当做"无辜者"的态度，这不仅仅因为他/她同样作为一个人却被怀疑有罪而不得不接受审判，还因为一个人成为"被告人"决不意味着他/她必然就是"犯罪者"。刑事法哲学应当确立这样一个命题，摆脱"被告人"必然是"犯罪者"的认知倾向，永远不要把被告人当做刑事审判的对象。

正如康德写到的，我们的时代是真正的批判的时代，一切事物都必须接受批判，只有那些能够经受得起自由和公开的检验的东西，才能博得理性的真诚的尊重[5]。诚然，我们这个时代的理念已不能满足于使理性与信仰平分秋色，而是不相信任何外来的权威，任何东西都要在理性的法庭面前，在人的独立自主的主体面前加以审判。在刑事审判中，"被告人"因被指控犯罪而面临不公平对待的危险，但是，用康德的话说，他/她作为一个人仍然是神圣的，因为，在全部造物中，人们所想要的和能够支配的一切也都只能作为手段来运用，只有人及连同人在内所有的有理性的造物才是自在的目的本身，因为，他是那本身神圣的道德法则的主体[6]。因此，被告人是主体应当被作

〔1〕 [德] 黑格尔：《法哲学原理》，范扬、张企泰译，商务印书馆1982年版，第46页。
〔2〕 参见《马克思恩格斯全集》（第8卷），人民出版社1961年版，第579页。
〔3〕 杨祖陶、邓晓芒编译：《康德三大批判精粹》，人民出版社2001年版，第90~92页。
〔4〕 参见《马克思恩格斯选集》（第1卷），人民出版社1972年版，第9~10页。
〔5〕 [德] 康德：《纯粹理性批判》，蓝公武译，商务印书馆1960年版，第3页。
〔6〕 杨祖陶、邓晓芒编译：《康德三大批判精粹》，人民出版社2001年版，第352页。

为一项法则在刑事审判中受到遵循，诚如德国学者所言："人性尊严与时间和空间均没有关系，而是应在法律上被实现的东西"[1]。否则，当一个具体的个人被贬抑为权力的对象或者仅仅是国家实现犯罪控制的手段，人的主体性就荡然无存，当如《德国基本法》第 1 条第 1 项所规定的："人性尊严不可侵犯，对人性尊严的尊重与保护是所有国家权力的义务"[2] 被告人的主体性，不是简单地承认被告人的现实存在，而是要真正地把握被告人的现实存在的本质，尊重被告人的现实存在的意义，切切实实地把被告人当做刑事审判中的"主人"而不是"对象"来对待，把尊重被告人的主体性作为刑事审判的目的来运行。在刑事审判中，一切把被告人当做客体化的审判对象的做法，都将要接受批判，要在理性的法庭面前、在神圣的人的主体性面前加以"审判"。

### 三、程序的理想、技术与"悖论"的消解

（一）问题的症结：不得不对被告人作出评价

虽然在价值层面确立了"永远均不要将被告人当做审判对象"的立场，然而，我们依然面对着这样一个"难题"：刑事审判不得不针对特定的被告人作出评价。这是否表明，被告人果真无法逃避成为审判对象的命运，而我们在价值层面上的努力只能是一个"神话"呢？否则，问题的症结何在？

显然，事实并非如此简单。但是，要揭示"不要将被告人当做审判对象"和"不得不针对被告人作出评价"二者是并行不悖的，就要将研究的触角延展到刑事审判运行过程的视野，揭示刑事审判运作的内在原理，进而寻求消解这一"难题"。

永远不要将被告人当做审判对象，是应有的价值立场，而不得不针对被告人作出评价，是一个技术层面的问题。确立应有的价值立场，可为后者在技术层面的展开提供一种价值标准，实行得当的审判技术，则使前者在价值层面的存在显得更为必要。在这里，立足于刑事审判的技术层面，问题的关节点就在于，发生在现实生活中的"罪与刑的问题"，在进入刑事审判这一特殊的"制度空间"之后，被"诉讼"的程序所重新界定、重新结构，转而成为"控与辩的问题"，被放置于刑事审判程序中进行解决，贯穿这一过程，作

---

〔1〕 这是德国学者杜立希（Günter Dürig）的观点。转引自蔡维音："德国基本法第一条'人性尊严'规定之探讨"，载《宪政时代》第 18 卷第 1 期，第 39 页。

〔2〕 参见《德意志联邦共和国基本法》（Grundgesetz für die Bundesrepublik Deutschland，简称 GG，于 1949 年 5 月 23 日通过，1949 年 5 月 24 日生效）。

为实体的处理解决对象和作为程序的处理解决方法始终处于一种相互规定、相互形成的动态之中。亦即，刑事审判的场域交融着实体与程序两种因素，在这种交互作用的过程，完成了刑法对犯罪的评价和刑罚的适用，也实现了刑事诉讼法的内在追求。

（二）承载的实体任务：刑法理念的影响

实际上，只要刑事审判还承担着对"是否构成犯罪和应当如何刑罚"的问题作出裁判的"天职"，[1] 它就不可能回避针对被告人作出评价，它背负着的是实现刑法对犯罪的评价这一实体性的实质问题。也就是说，刑事审判要在程序的空间实现这个实体性问题。姑且抛开刑事审判的程序空间，我们发现，在面对罪刑问题的实体层面上，刑法评价客体曾经甚至今天在犯罪行为与犯罪行为人之间位移。根据刑法学者的研究，刑法上关于犯罪与刑罚的理念演进呈现由"行为主义"到"行为人主义"这一基本轨迹，亦即，刑法评价的重心发生了由犯罪行为到犯罪行为人的转变，当然，后来呈现了调和两种因素的趋向。[2] 显然，这是刑法关于犯罪性质以及刑罚正当根据的理念变迁，属于刑事实体法层面的问题，我们关注的是，这种犯罪与刑罚观的演进在多大程度上以及如何影响刑事审判？毫无疑问，基于刑事审判所要解决的实体任务，实体法层面上的刑法理念势必对程序法层面的刑事审判理念带来影响。但这是否意味着在"行为刑法"的理念环境下刑事审判对象就定位为犯罪行为，而在"行为人刑法"的理念影响下刑事审判对象就相应被定位为犯罪人了呢？

行为刑法理论极力否定国家权力过分干涉个人生活领域、恣意滥用残酷刑罚、限制和剥夺个人权利的封建刑法，追求刑法的谦抑性、法定性、平等

---

〔1〕 学者儒攀基奇引用爱斯梅因关于"刑事诉讼的实质在于裁决之中"的论断指出："即使我们不把刑事诉讼构想为达成刑法确定的目标的单纯手段，对有罪或是无罪的裁决（指公正裁决）仍不失为刑事诉讼的主要功能和基本要求。"参见［斯洛文尼亚］卡思天·M. 儒攀基奇：《刑法理念的批判》，丁后盾译，中国政法大学出版社 2000 年版，第 120 页。

〔2〕 参见张明楷：《刑法的基本立场》，中国法制出版社 2002 年版，第 1～55 页；陈兴良：《刑法哲学》，中国政法大学出版社 1997 年版，第 677～700 页。德国学者罗科信指出：在刑法评价前，必须先确认其评价客体究竟为何。通常刑法规范的评价对象，不外乎二者，其一为导致客观发生事实的行为，或者是实施该行为人的主体。刑法所规范对象不同，则产生之刑法形态，必然也会有所差异，如果刑法将"行为"作为其规范对象，也就是将行为当做其评价的认定基础，则所形成的刑法形态称之为"行为刑法"；反之，如刑法所规定者，系实施行为之人的内在恶性或其人格、素行，即以"行为人"作为评价对象，则所形成的刑法形态，即为"行为人刑法"。转引自柯耀程：《变动中的刑法思想》，中国政法大学出版社 2003 年版，第 4～5 页。

性与人道性，在理念上认为，人的存在就是目的，要尽可能少地限制个人自由，但对国家权力则要尽可能多地限制。正如有学者所评论，"近代刑法自中世纪罪刑擅断主义崩溃，罪刑法定主义确立以后，显然从国家用以剥夺私人法益的工具，一变而为保护被告权利的大宪章。毋庸置疑，此项巨大的转变乃基于法国大革命时代即已倡导的自由主义、个人主义之理念，以及法治国思想而来。故时至今日，国家的刑罚权已受到相当的限制，国家所科处的刑罚必以犯罪行为之存在为条件，倘无犯罪行为，国家自不得滥用其刑罚权，无故加以制裁。"〔1〕后来，李斯特提出"应受处罚的不是行为而是行为人"的著名口号，针对行为刑法理念指出："我们刑法立法的根本错误，不仅仅是未考虑人民的法律意识，而且是造成它在与犯罪斗争中的无能为力，在于过高地估计了行为的外在结果和未顾及行为人的内心思想……在规定刑罚的种类和范围时，在法律和判决中，有必要将重点更多地放在行为人的内心思想上，而不是行为的外在结果上。"〔2〕因此，行为人刑法的理念认为，国家不只是为了保护国民利益，更要保护社会利益，刑罚不能不为防卫法益服务。故而，行为人刑法将行为人的反社会性格或危险性格作为刑事责任根据并采取社会防御论的立场。不可否认，在某种程度上，行为刑法的理念有利于促进刑事审判中对法官滥用刑罚权的限制以及对被告人权利的保护，行为人刑法的理念则有可能导致刑事审判中由于过分地将注意力定位在被告人人身危险性上面而产生不利于保障个人权利的倾向。例如，行为刑法思想代表人物费尔巴哈就强调应当确立刑事审判中的法治国思想，为了避免刑法介入国民生活的各个角落，主张通过各种手段或方法对国家的刑罚权进行限制。首先，通过法律的限制，即要确立"无法律，即无刑罚"以及衍生出来的"无法律，即无犯罪"之概念为基准的罪刑法定原则，其次，通过行为进行限制，即科处刑罚应以行为为标准而不能以行为人为标准，据此保障法的安定性和保障个人的自由。〔3〕与此不同的是，行为人刑法理念的初期代表人物龙勃罗梭提出"天生犯罪人论"，认为犯罪人具有生来就要犯罪的命运，犯罪人具有身体的和精神的特征，据此可将他们与一般人相区别，刑罚的目的是彻底的社会

---

〔1〕　参见蔡墩铭：《现代刑法思潮与刑事立法》，汉林出版社1977年版，第125页。

〔2〕　徐久生："冯·李斯特的'马堡计划'简介"，载《犯罪与改造研究》1999年第8期，第17页。

〔3〕　转引自张明楷：《刑法的基本立场》，中国法制出版社2002年版，第3页。

防卫与犯罪人的改善。[1] 对此，完全有理由担心，在以所谓"犯罪人"的危险性为中心展开研究的行为人刑法理念影响下，刑事审判可能忽略被告人利益甚至带着有罪推定的倾向。

当然，值得注意的是，无论行为刑法，还是行为人刑法，重视犯罪行为抑或重视行为人，都是就刑罚根据而言的。这种刑法基本立场的差异，究竟能够在多大程度上影响刑事审判，需要辩证地看待以及作一番更为深入的考察。尽管某种程度上可认为，行为刑法可能导向一种以犯罪行为为审判对象的刑事审判，行为人刑法则更可能导向一种犯罪行为人为审判对象的刑事审判，但这种推断并不具有充分的必然性与合乎逻辑性。实际上，任何一种理论都没有在强调个人利益或社会利益时走向了极端，而任何一种刑法理念影响的刑事审判都不可能脱离具体的犯罪行为与特定的被告人而进行。其实，行为人刑法并不意味着认定刑事责任时完全排斥对犯罪行为的考虑，即便在李斯特那里，也认为，由于现代的知识水平和能力还不能在犯罪之前判断人的性格，故只有当犯罪人的危险性格征表为犯罪行为，才能科处刑罚，而且只有法律所规定的犯罪行为才能征表行为人的危险性格。[2] 行为人刑法也没有完全忽略个人利益，菲利就明确指出：对于刑事诉讼程序，我们承认不能废除原有制度保障之下的个人自由，但是我们认为恢复一直被许多古典派的夸张说法所打乱的个人和社会权利之间的平衡也是很有必要的，实证学派恰恰因为它旨在寻求个人和社会权利的均衡，所以不满足于支持社会反对个人，它也支持个人反对社会。[3] 后期旧派代表人物康德就反对将刑罚仅仅作为实现某种目的的手段："司法的或法院的惩罚不同于自然的惩罚。在后者，罪即是恶，将受到自身的惩罚，这不在立法者考虑的范围。……惩罚在任何情况下，必须只是由于一个人已经犯下了一种罪行才加刑于他。"[4]

由此可见，无论行为刑法还是行为人刑法，都没有主张脱离具体的犯罪行为对行为人科处刑罚，也没有主张完全割裂行为人与犯罪行为的关系对行

---

〔1〕 参见［意］切萨雷·龙勃罗梭：《犯罪人论》，黄风译，中国法制出版社 2005 年版，第 328 页。

〔2〕 ［德］弗兰茨·冯·李斯特：《德国刑法教科书》，徐久生译，法律出版社 2000 年版，第 342 页。

〔3〕 ［意］恩里科·菲利：《犯罪社会学》，郭建安译，中国人民公安大学出版社 1990 年版，第 103～105 页。

〔4〕 ［德］康德：《法的形而上学原理——权利的科学》，沈叔平译，商务印书馆 1991 年版，第 164 页。

为科处刑罚。诚如有学者所言，"现代刑法多采行为刑法，盖一方面刑法作为人类行为客观的评价标准，其评价必须是对于客观对象为之；另一方面则是避免对于思想钳制的恣意认定，而形成如纳粹刑法的恶果。然而，行为系行为人所为，行为人系行为主体，如果忽略行为人，则评价上显然会有所偏差，盖忽略行为人的行为，不但易造成评价模式的矛盾，更使得犯罪类型产生冲突，故现代刑法评价之行为，要求系行为主体之行为，否则不能成为评价之对象。"[1] 这一点，反映到刑事审判中，便是法官在对控诉罪行作出评价时，不得不针对特定的被告人来进行。实质上，由于行为刑法与行为人刑法的理论所要解决的主要是犯罪性质与刑罚根据的问题，而不是定罪量刑的对象问题，这就使两种理念对刑事审判程序关于审判对象的界定不可能带来有决定性和根本价值取向上的影响。当然，后来的刑法理念还是回归到了行为主义那里，并且也强调了国家对个人的尊重，如黑格尔宣称的"尊敬他是理性的存在"，"如果不从犯人行为中去寻找刑罚的概念和尺度，他就得不到这种尊重。如果单单把犯人看做应使之变成无害的有害动物，或者以儆戒和矫正为刑罚的目的，他就更得不到这种尊重。"[2] 这又显示了刑事实体法与刑事程序法理念在方向上的同一性。其实，无论刑事实体法思想的变迁，还是刑事程序法观念的演进，这种发展都代表着刑事法律在不断寻求国家权力与个人权利之间合理平衡的一种发展方向以及逐渐重视人权保障的总体趋势，二者之间并不矛盾。况且，刑事实体法对刑事程序法并不全然具有决定性的影响，因为，刑事审判程序具有自身内在的独立的价值追求。

（三）刑事程序的追求：作为刑事诉讼法概念的"被告人"

不管刑事实体法思想从行为还是从行为人那里寻求对罪与刑的评价，经过刑事审判，刑罚的真正承受者始终都只能是被判定为"犯罪者"的"被告人"。然而，在"被告人"与"犯罪者"中间，存在着一道距离，需要通过合法而理性的程序才可能"跨越"，在刑事实体法与刑事程序法两个层面之间，存在着"犯罪者"与"被告人"两个截然有别的概念。这就要求，必须在公正而合理的刑事诉讼程序中才可能完成"被告人"向"犯罪者"的转变。也就是说，在刑法评价犯罪的实体性问题有赖于刑事审判的程序空间，而且，这道刑事审判程序具有自身的独立品格。正是这个独立的程序空间，消解了刑事审判理论的难题，所谓刑事审判不得不针对特定的被告人作出评

---

〔1〕　柯耀程：《变动中的刑法思想》，中国政法大学出版社 2003 年版，第 5~6 页。

〔2〕　[德] 黑格尔：《法哲学原理》，范扬、张企泰译，商务印书馆 1982 年版，第 103 页。

价，"被告人"是一个刑事诉讼法的概念，而不是一个刑法的概念。因此，就被告人是否构成犯罪之实体问题的评价并不影响在程序上视其为主体，也不意味着被告人就是客体化的审判对象。在这里，强调永远都不能把人当做审判对象，实质上就是一种程序理念，刑事审判对象理论宣称尊重人的主体性，首要解决的正是如何在诉讼程序中尽可能充分地保障被告人权利的问题。

首要地，被指控犯罪而参与刑事审判程序中的人，应当是被推定为无罪的人。"任何人在其未被宣告为有罪以前应被推定为无罪"，这不仅是一种态度，也应当是一种方法，用以指导刑事审判。心理学家告诉我们，判断的过程很少是从前提出发继而得出结论的，判断的起点恰恰是先形成一个不很确定的结论，然后努力去发现能够导出该结论的前提，法庭的判决像其他判断一样，无疑在多数情况下是从暂时形成的结论倒推出来的。[1] 那么，刑事审判中法官面对被告人是否犯罪的问题作出判断时，秉持什么样一个前提就十分重要了。定罪是国家以权威的方式对个人实施的谴责，它极可能会导致个人的人身自由、财产安全乃至生命被国家通过刑罚予以剥夺，为了防止定罪与量刑的恣意，现代法治国家设置了刑事审判机制来确保它的合理性，而为了防止在审判中国家对待涉嫌犯罪的个人存在偏见，刑事法治的基本原则便是：对任何人（包括被告人）实行无罪推定。该原则提出要求，在拥有法定裁判权的机关按照法定的程序依法作出有罪裁判以前，包括被告人在内的任何人都应当被视为无罪的人，在整个刑事程序的运转过程，一切的行动都应当以其罪行尚未确定的态度和方式来对待嫌疑人、被告人，更不得直接进行有罪推定[2]。就有学者强调，"被告人在他的罪过未经根据法定程序加以确认之前，不得认为是犯罪人。"[3] 更有学者指出：无罪推定的意思和目的，首先是真正保证被告人有广泛的诉讼机会来防御被控诉有罪，在被定罪之前，享有自由的传统权利许可被告人不受阻碍地准备辩护并防止在定罪之前遭受惩罚，除非这一权利得到保障，否则，经过许多年的斗争而确立的无罪推定

---

〔1〕 参见［美］博西格诺等：《法律之门：法律过程导论》，邓子滨译，华夏出版社2002年版，第27页。

〔2〕 虽然说无罪推定并非总是有罪推定的对立面，二者是不同而非对立的概念，虽然说无罪推定主要是针对官员该如何推进程序的指导，而不是对结果的预测，但是，有罪推定则纯粹是对结果的预测，是正当的刑事程序所不能接受的。参见［美］哈伯特·L. 帕克：《刑事制裁的界限》，梁根林等译，法律出版社2008年版，第156~173页。

〔3〕 这是1964年前苏联最高法院全体会议决议的观点。转引自陈光中、丹尼尔·普瑞方廷主编：《联合国刑事司法准则与中国刑事法制》，法律出版社1998年版，第109页。

原则将失去它的意义。[1]

　　进而，为了避免被告人沦为客体化的审判对象，紧接着在刑事审判程序中至少必须确立两点：一是被告人不受强迫自证其罪；二是被告人享有对抗控诉的辩护权利。被告人是程序主体，这不应该只是一个口号，而是应该在程序中真正地尊重他/她作为一个人的主体性，使其参与到审判中来应当享有的实体权利与程序权利都得到切实保障，避免沦为诉讼客体。按照学者儒攀基奇的说法，在刑事审判中，国家作为原告一方，这一社会权力的化身突然之间需要屈尊与作为国家刑事责难对象的个人处于平等的地位，素来强大的权力主体，此时在法律面前与最弱小的刑事被告平起平坐，显然，这是最不自然的事情，因此也是最难以维持的。法律是伟大的平衡器，但是，我们不得不承认，这种人为的大致的平等是何等的脆弱，它又是那么容易屈服于权势。[2] 正因为此，在刑事审判这一程序空间，国家必须保证：不强迫被告人自证其罪，并且，被告人没有证明自己无罪的义务。其实，早在古罗马法中，就有了"不得强迫作出于己不利的事情"的法则以及"任何人无义务控告自己"的格言；17 世纪在英国，被告人约翰·李尔本在法庭上关于"任何人都不得发誓折磨自己的良心，来回答那些将使自己陷入刑事追诉的提问，哪怕是装模作样也不行"的论断，催促了"在任何案件中，不得强迫任何人自证其罪"这一法律规则的确立；[3] 20 世纪，联合国《公民权利和政治权利国际公约》更是将"不被强迫作不利于他自己的证言或强迫承认犯罪"当做一项"人类家庭所有成员的固有尊严及其平等的和不移的权利"加以承认和维护，代表了当今国际社会为受到刑事指控的被告人在审判程序中提供"最低限度保证"的一项共识。[4] 为此，在刑事审判中，任何权力均不得针对被告人使

---

　　[1]　这是美国联邦最高法院大法官罗伯特·杰克逊（Robert H. Jackson）的观点。转引自熊秋红：《刑事辩护论》，法律出版社 1998 年版，第 84～85 页。

　　[2]　[斯洛文尼亚] 卡思天·M. 儒攀基奇：《刑法理念的批判》，丁后盾译，中国政法大学出版社 2000 年版，第 243 页。

　　[3]　1693 年，英国王室特设法庭"星座法院"在审理指控约翰·李尔本印刷出版煽动性书刊的案件中强迫李尔本宣誓作证，李尔本拒绝，在法庭上说："任何人都不得发誓折磨自己的良心，来回答那些将使自己陷入刑事追诉的提问，哪怕是装模作样也不行。"1940 年，李尔本在英国国会呼吁通过法律确立反对强迫自证其罪的规则，得到国会的支持，英国由此在法律上率先确立了反对强迫自证其罪规则。参见王以真主编：《外国刑事诉讼法学参考资料》，北京大学出版社 1995 年版，第 427 页。

　　[4]　参见联合国大会 1966 年 12 月 16 日通过并于 1976 年 3 月 23 日生效的《公民权利和政治权利国际公约》（International Covenant on Civil and Political Rights，简称 ICCPR）第 14 条第 3 款（庚）项的规定。

用各种直接的或间接的身体或心理压力的形式，包括刑讯、敲诈、威胁、欺骗、诱惑的手段或者以强加司法制裁等方式，迫使被告人承认有罪或者证明自己无罪，任何针对被告人肉体上或者精神上施加以强迫的、残忍的、不人道的或者侮辱性待遇的做法，其实质都是把被告人当成了刑事审判的对象，不符合刑事法治的基本精神。

然而，保证了这一点，仍然不够，被告人还应当享有获得公正审判和针对控诉方的指控攻击进行有效防御与辩护的权利。让利益受到判决所影响的人充分参与程序并有效为自己进行辩护，这是"正义的固有原则"[1]。孟德斯鸠早就强调，在政治宽和的国家里，一个人，即使是最卑微的公民的生命也应当受到尊重，他的荣誉和财产，如果没有经过长期的审查，是不得被剥夺的，对公民的荣誉、财富、生命和自由越重视，诉讼程序也就越多。[2] 今天，法国学者卡斯东·斯特法尼等仍然在强调：司法正义的要求是，一切犯罪人始终应当受到惩罚，但同时也强调受到追诉的人享有自我辩护的一切可能（辩护权），刑事诉讼程序，既应当保护社会，也应当保护个人的自由与辩护权利，没有对个人权利的尊重，就不可能有真正公正的制裁。[3] 显然，保障被告人的辩护权，使其能够针对控诉实施防御，是被告人作为诉讼主体应当拥有的基本人权，这也是国家在实现犯罪控制目的方面一条不可逾越的底线。因为，如果就这一点都得不到保证，被告人就只能是消极、被动地接受国家权力进行处置的对象。关于这一点，纠问制诉讼环境下被告人的处遇就是很好的说明：纠问式诉讼所要做的正是要竭力防止由于过分尊重个人权利而不能确保对犯罪人进行追究的情形发生，它所追求的首要是效果，按照这种诉讼程序，结果始终都可以证明使用的手段正确。因此，这种刑事诉讼是国家对被告人提起的诉讼，其程序是书面的和秘密的，被告人没有辩护权，它通常被要求做誓证，拷问是逼供取证的常用方法。[4] 今天，我们难以想象一种"被告人没有辩护权"的刑事审判，但可想象，在这样的审判程序中，

---

〔1〕〔美〕詹姆斯·安修：《美国宪法解释与判例》，黎建飞译，中国政法大学出版社1994年版，第133页。

〔2〕〔法〕孟德斯鸠：《论法的精神》，张雁深译，商务印书馆1978年版，第75~76页。

〔3〕〔法〕卡斯东·斯特法尼、乔治·勒瓦索、贝尔纳·布洛克：《法国刑事诉讼法精义》，罗结珍译，中国政法大学出版社1999年版，第3页。

〔4〕〔法〕卡斯东·斯特法尼、乔治·勒瓦索、贝尔纳·布洛克：《法国刑事诉讼法精义》，罗结珍译，中国政法大学出版社1999年版，第76页；〔美〕约翰·亨利·梅利曼：《大陆法系——西欧拉丁美洲法律制度介绍》，顾培东、禄正平译，知识出版社1984年版，第150页。

被告人的命运和角色只能是被不计较手段地证明有罪的"审判对象"。

（四）消解难题的关节点：实体与程序的交融

行文至此，我们便基本可消解起初的"难题"：永远均不要把被告人当做审判对象，这是应有的姿态，它不仅是一种价值立场，更是一种程序理想，刑事审判在实现刑法对犯罪问题的评价和实现刑罚的过程中，必须将作为人的被告人置为程序的主体予以尊重。虽然，鉴于刑事审判所承载的实体任务，不可能完全割裂行为人与犯罪行为的关系而对控诉罪行作出评价和科处刑罚，因而在刑事审判的技术层面，同样不可能脱离具体的被告人而进行犯罪的评价与刑罚的适用。但同时，在刑事审判这一空间里面，除了实现实体法对罪刑问题的评价和解决这一实体目的，还有着属于程序法自身的内在追求，没有"审判"，就没有"犯罪"没有"刑罚"，没有"审判"，就无法实现由"被告人"到"犯罪者"或者"无辜者"的角色定位，在刑事审判的过程中，"被告人"便是主角和程序的主体，这一点，体现了刑事审判作为程序的品质。在这里，我们看到刑事审判中的实体与程序的交融，看到刑事诉讼法和刑法二者间发生了一种微妙的相互控制，更看到了刑事审判程序的"魅力"[1]：只有让被告人像刑事审判程序一样具有独立而内在的主体性，被告人才不是犯罪人的影子，刑事审判才不仅仅是刑罚犯罪的工具。在今天，一切关于"罪与刑"的实体问题，只有放到刑事审判这个"程序的空间"演化为"控与辩"的诉讼问题予以解决，才可能具有合法性，在这个空间里面，程序是第一性的，实体是第二性的，应该尊重程序的独立性，尊重人的主体性，这就是作为犯罪与刑罚间链接机制的刑事审判的实质要义，是刑事审判中的被告人应有的处遇。

---

　　〔1〕　学者袁红冰发表在《中外法学》1990 年第 6 期的文章《刑事程序的魅力》指出："只有对程序达到具有独立人格的理解，对程序问题的讨论才能有堂堂男儿的自信。……那种将程序看做刑事实体的附庸的观点，没有看到程序是以实效性的权威决定着刑事实体的现实状态；程序不是实体的影子，而是可以使刑事实体美化或丑化的独立的力量。"

# 第二章　审判对象与诉讼结构

## 一、诉讼模式变迁背后的审判对象

### （一）诉讼模式演变轨迹中的审判对象

刑事诉讼的模式发生了从古代弹劾式诉讼到纠问式诉讼，再到近现代以对抗制和职权主义为基本类型的控辩式诉讼的历史演进，这已为学界所共识。这一过程呈现的各种典型诉讼形态无疑可成为我们考察刑事审判对象变迁的一根主线。问题是，如何选择考察审判对象的参量？考虑到审判对象即审判行为的目标指向与作用范围，更考虑到，审判对象是诉讼视野中控、辩、审各种诉讼行为借以共同作用的基本范畴，它是法官组织审理和进行裁判以及控辩双方在攻防对抗中举证与辩论的共同标的，而不只是关系法官的行为。因而，对如下两个问题的回答，将构成我们选择考察审判对象参量的主要考虑：其一，审判对象的表征形式是哪些；其二，影响审判对象的因素有哪些。

通常情况下，首先，刑事审判总是基于特定的控诉而提起的，控诉对象将成为审判对象，决定着审判的范围，而控诉方的起诉方式则显示了提示审判对象的一种姿态。其次，审判对象最为直接地体现在法官组织审理和作出裁判的行为中，显示了法官对审判对象的把握，集中表征为一种审判范围。而且，法官在审判过程所抱持的姿态将会影响对审判对象的实际定位，例如，法官是否强迫被告人自证其罪，是否擅自扩张或改变控诉罪行。再次，控辩双方辩论对抗的主题与范围，同样表征了审判对象的状况，特别不能忽略的是，被告人进行辩护防御的诉讼行为中也在一定程度上说明并影响着审判对象。最后，审判过程的证明对象一定程度上表征着审判对象，并且，关于控诉罪行是否成立的证明方式，也在某种意义上显示了针对审判对象的一种态度。综上，在考察审判对象时，控诉范围、审判范围、辩护范围是最为基本的参量，而证明对象、辩论范围以及起诉方式、证明方式、审判姿态等也是不可忽略的要素，它们或者直接表现审判与控辩行为的目标指向与作用范围，或者显示了在界定审判对象问题上的态度，均具有重要的参考价值，这些参量与要素将构成我们考察诉讼模式变迁轨迹中的审判对象的主要考虑。

刑事审判对象是否发生变迁、如何发生变迁，这有赖于进行一种历史的考证。为此，我们将沿着诉讼模式变迁这一主线，到刑事诉讼发展的历史事实中去探寻审判对象可能发生变迁的轨迹：

1. 古代弹劾式诉讼中审判对象呈现的状况

诉讼文明史上发生的第一种刑事诉讼制度模式为古代弹劾式诉讼，盛行于古罗马共和时期、欧洲日耳曼法前期及英国封建时期，也实行于奴隶制时期的古巴比伦、古希腊、古埃及、古代印度、古代中国等。在古代弹劾式的刑事诉讼中，已初步区分了控诉、辩护、审判三种诉讼职能，控审发生分离，起诉权由每一个公民行使，原告提起诉讼并对这个诉讼负责，法院实行不告不理，只有当原告起诉以后，法院才受理并予以审判，此种做法在古罗马时期称为"没有原告，就没有法官"。换句话说，古代弹劾式诉讼中的审判对象是由诉讼一方当事人主动提出来的，"每一案件，须由原告先向法官提出，就讼争进行陈述，……"[1]

在诉讼过程中，原告和被告的诉讼地位平等，承担同等的诉讼权利与义务，并积极主动地进行诉讼，在法庭上控辩争讼，审理案件的程序通常是由原告提出控诉的理由和证据，再由被告提出反驳理由和证据，法官则以诉讼双方以外中立的裁判者身份，听取当事人双方的陈述和辩论，并以此为基础作出裁判。也就是说，法官不主动追究犯罪和证明犯罪事实，在审理前一般不进行任何侦查或调查，在审理过程中也不传唤证人或强制命令任何一方提出证据。例如法兰克王国的刑事诉讼中，法官不主动传唤被告、传唤证人和收集证据，《萨利克法典》第3条规定："凡传唤别人到法庭去者，应偕同证人，一同到被传唤人家。如本人不在，应使其妻子或其他家属通知他本人，前赴法庭。"因此，古代弹劾式的刑事诉讼中，审判对象通常便是原告提出的控诉，法官抱持较为消极被动的姿态，而不是积极去确立审判对象和扩张审判范围，这体现了诉讼主义的某些特征。

当然，古代弹劾式诉讼中，也存在着影响合理界定审判对象的因素。其一，由于国家没有专门的起诉机关，也没有较为规范化的起诉程序，实行私诉制度，就不可避免地为刑事审判对象的确立带来不确定性和非理性的因素。例如，由于起诉权主要由被害人或其代理人行使并负责传唤被告人到庭，如果被传唤人拒不到庭，传唤人甚至有权采取强制手段使其到庭。古罗马《十

---

[1]　周枏：《罗马法原论》（下册），商务印书馆1994年版，第932页。

二铜表法》第1表第1、2条就规定:"原告传被告出庭,如被告拒绝,原告可邀请第三者作证,强制前往。如被告托辞不去或企图逃避,原告有权拘捕。"由于"传唤的手续,较为粗暴"[1],就很容易侵犯被告人的权利,导致一种倾向将被告人本身作为审判程序的客体。后来,为了追究犯罪,逐渐兴起民众控告制,"根据这种制度,任何市民均可提出控告,在控告中,提出控告的公民是共同体公共利益的代表,……那些以控告者身份出席法庭的人必须提出诉讼请求,即向执法官请求控告权"[2]。尽管在通过控告提出"诉讼请求"作为审判对象这一点值得肯定,但是,这种极力鼓励民众对被告人进行追诉的做法,容易导致审判对象的确立带有非理性倾向,不利于保障被告人权益,也未必能准确确定审判对象。其二,由于刑事证明制度的落后,同样导致在确立审判对象上的非理性化。古代弹劾式诉讼中,控告要站得住脚就要使所控告的罪行得到确认,现场抓获人犯被认为是给其以惩罚的无可争辩的原因,如果不是现场抓获,被告又否认自己有罪,那么被告可以提出反证证明自己无罪。不过,被告往往为证明自己无罪要接受诸如"沸汤审"、"火审"、"冷水审"此类的严峻考验,而如果原告不能证实被告犯罪,则要承担与控告性质相应的法律责任,同时,在案件发生疑难时,采取神判或决斗的方式解决。[3]例如,《汉穆拉比法典》第1~3条规定:"倘自由民宣誓揭发自由民之罪,控其杀人,而不能证实,揭人之罪者应处死。倘自由民控自由民犯巫蛊之罪而不能证实,则被控犯巫蛊之罪者应行至于河而投入之,倘彼为河所占有,则控告者可以占领其房屋;倘河为之洗白而彼仍无恙,则控彼巫蛊者应处死;投河者取得控告者之房屋。自由民在诉讼案件中提供罪证,而所述无从证实,倘案关生命问题,则应处死。"如此一来,古代弹劾式诉讼中审判对象并不是一经起诉以后就一成不变,而是可能随着证明活动的情况而发生改变,并且,由于证明方式的落后,被告人的权利常常得不到保障。

2. 纠问式诉讼中审判对象呈现的状况

随着封建专制的建立及统治权力的集中,反映原始平等思想的弹劾式诉讼逐渐被纠问式诉讼模式所代替。纠问式诉讼盛行于欧洲(英国除外)中世

---

〔1〕 周枏:《罗马法原论》(下册),商务印书馆1994年版,第935页。

〔2〕 〔意〕朱塞佩·格罗索:《罗马法史》,黄风译,中国政法大学出版社1994年版,第270~271页。

〔3〕 〔美〕孟罗·斯密:《欧陆法律发达史》,姚梅镇译,中国政法大学出版社1999年版,第47~48页。

纪君主专制时期，例如 1532 年德国《加洛林纳刑法典》及 1539 年法国《法兰索瓦一世令》所规定的刑事诉讼模式便是典型的纠问制。在纠问式刑事诉讼中，起诉权和审判权是合而为一的，法官具有揭发和惩罚犯罪的权力，只要发生犯罪事件或者存在犯罪嫌疑，法官便可以主动予以追查，发动诉讼，进行审判予以追究。换句话说，没有专门的侦查与起诉机关，审判机关集中行使控诉职能及审判职能，没有实行不告不理的诉讼原则，尽管承认个人告诉，但控告并不是进行审判的前提，即使没有被害人或其他人的控告，法院同样可以主动审判犯罪，只要通过侦查和审讯认为被告人有罪，便可直接判处刑罚，正如梅利曼教授描述的，"法官从公正的仲裁人变为一个积极的审判官，他可以自由地收集证据，决定审判的性质和对象"[1]。因此，纠问式刑事诉讼中，审判对象便是由法官自行确立的。

不仅如此，在诉讼过程中，审判对象的范围往往并不固定，常常随着法官对犯罪侦查的情况而发生变化。在纠问式诉讼中，法官不仅有权进行审判，而且有权进行侦查和追诉，在侦查的初始阶段，法官的任务是决定犯罪行为在实际上是否真的发生以及初步认定嫌疑人是谁，嫌疑人找到了以后，侦查行为就直接针对具体的人，这时嫌疑人被关押起来，并且不能与外界接触，法官要求嫌疑人在宣誓后回答问题。同时，对所有问题的回答都必须记录在案，直到侦查的最后阶段，嫌疑人才被不明确地告知正在进行侦查的犯罪的性质以及控告他有罪的证据，法院在审判前所进行的这种侦查具有十分重要的诉讼意义，不仅牵涉关押被告，而且要形成审判所需的全部材料。所谓法庭审判，仅仅是让被告人对已准备好的控诉材料进行供认和下个判决而已，对案件的判决主要是依据侦查阶段所获得书面材料，而不是根据法庭上对被告人、证人的言词讯问。[2] 因此，在纠问式诉讼过程，审判对象不是显在的和确切的，对于审判对象及其范围的确定与变更仅仅掌握在追诉犯罪的法官手中。

纠问式诉讼对被告人采取有罪推定，被告人一旦受到控诉，被纳入刑事诉讼程序，就被推定为有罪的人，诉讼中无所谓辩论程序，法官主动调查、收集证据，自行确定审判对象及其范围，被告人则几乎没有任何权利可言，只是作为被拷问和审讯的对象。而且，在证明方式上，刑讯逼供合法化，通

---

〔1〕　［美］约翰·亨利·梅利曼：《大陆法系——西欧拉丁美洲法律制度介绍》，顾培东、禄正平译，知识出版社 1984 年版，第 149 页。

〔2〕　徐友军：《比较刑事程序结构》，现代出版社 1992 年版，第 9 页。

过对被告人进行刑讯逼供以获取有罪证据成为一种极普遍的做法，被告人往往直接成了国家审判和证明犯罪的手段。例如，中世纪的希腊、罗马及诸欧洲国家，普遍准许法庭对犯罪嫌疑人使用刑讯，如《加洛林纳刑法典》规定，有一定的证据怀疑被告人犯罪而他不供认时，允许以拷问方式强制其自供。同样，在我国封建时期的刑事诉讼中，为适应刑讯逼供的需要，有种种野蛮、残酷的刑具和施行方法，一旦从被告人口中获得供认，案情就视为查明。[1]可以想象，在这样的审判程序中，被告人实际上已经沦为客体化的审判对象，而不是作为诉讼主体，诉讼权利不受保障。为此，有学者评论说："在纠问式诉讼中，对人犯的侦查、控告和审判委托给同一个国家代理人，整个审判程序弥漫着秘密和恐怖的气氛，而且缺少言词辩论，被告毫无诉讼权利，只是诉讼的客体。"[2]

3. 近现代控辩式诉讼中审判对象呈现的状况

到了近现代，刑事诉讼制度史上发生了深刻的革命，古代弹劾式及纠问式的诉讼制度被彰显自由、平等、人权、民主、正义理念的控辩式诉讼制度所代替。近现代刑事诉讼制度抛弃了原来的私诉和控审合一的做法，并吸收两种典型诉讼模式的优点，普遍建立了控审分离、审判中立并赋予被告人诉讼主体地位的诉讼模式。以1808年法国刑事诉讼法典为开端，近现代刑事诉讼制度逐渐为诸多国家所采行，逐步形成了以法国和德国为代表的职权主义、以英国和美国为代表的对抗制、以日本和意大利为代表的混合型各种诉讼模式。当然，在近现代各种模式的刑事诉讼中，审判对象具有诸多共同特征，也存在一些差异。

在职权主义诉讼中，严格区分了控诉职能与审判职能，实行不告不理的诉讼原则，未经起诉，不得审判，审判对象通过起诉予以确立。例如，《法国刑事诉讼法典》规定，法官对案件的审理必须根据检察机关的起诉；《德国刑事诉讼法典》规定，审判机关对未经提起公诉的案件，不得开始审理。同时，在审判程序中，被告人是诉讼主体，摆脱了纠问式诉讼中被告人充当审判客体的窠臼。相对于纠问制，职权主义诉讼在确立审判对象方面表现出较大的进步意义。当然，由于职权主义模式中当事人对诉讼标的基本上无处分权，采取法定起诉主义和起诉强制主义的做法。因此，控诉方在决定特定犯罪事实是否提示为审判对象的问题上享有较为有限的自由裁量空间，而且在起诉

---

〔1〕 参见谢佑平：《刑事诉讼模式与精神》，成都科技大学出版社1994年版，第55页。

〔2〕 徐友军：《比较刑事程序结构》，现代出版社1992年版，第13页。

之后除因证据不足或经法院许可外，通常不允许撤回起诉。也就是说，审判对象一经起诉予以正式确立，控诉方基本不具备撤销审判对象的决定性权力。而且，由于起诉方式上采取将侦查卷宗及证据全案移送法院的卷宗主义，实际上可能导致将界定审判对象的一部分权力转移给了法院，法院对待犯罪事实的态度在一定程度上对审判对象及其范围具有某种潜在的影响。实际上，职权主义诉讼过程中，法官对于审判对象的界定往往表现出较为积极的姿态。有学者指出，职权主义刑事诉讼注重积极惩罚犯罪，追求实体真实，司法机关享有与犯罪作斗争的强大职权和能动性，特别注重发挥司法机关在刑事诉讼中惩罚犯罪的功能，基于对查清案件真实情况从而有效打击犯罪的需要，对可能采取的侦查、审判手段的限制较少，法官依职权主动调查收集证据，决定案件审讯的范围、方式和证据的取舍，为了查明案件真相，法院可以依职权主动采用足以证明一切事实真相的证据，以及对作出裁判必要的一切证明方法。[1] 例如《法国刑事诉讼法典》第 310 条第 1 款规定："审判长被授有随机应变权，他凭借自己的名誉和良心，可根据此项权力采取他认为有益于发现真相的一切措施。"因此，职权主义诉讼中，审判范围一定程度上也是可能发生变化并超越严格的起诉范围，只是这种变化基本上受制于不告不理原则，通常也考虑了被告人防御权利保障的问题。

　　在对抗制诉讼中，同样采取控审分离、不告不理的制度安排，被告人的诉讼主体地位备受强调，因此，审判对象由控诉方提示，起诉书提出的控诉限定了法官的审判范围，并被借以确立为被告人进行防御的对象。当然，由于对抗制诉讼模式中当事人享有自由处分诉讼标的的较大权利，即便在证据充分时，控诉方仍然可以作出不起诉决定，这就使得并非任何可能构成犯罪的事实都必定会被提示为审判对象。换言之，英美法普遍实行的起诉裁量主义，使得控诉方能够从程序上分流和自由决定予以提示的审判对象及其范围，即便在起诉以后，经被告人同意，控诉方也可能撤回起诉从而撤销审判对象。在起诉方式上，由于接受公正审判被确立为被告人的诉讼权利，英美法尤为注重防止法院直接以侦查机关的侦查成果为基础而进行审判。因此，控诉方起诉时只能将起诉书提交法院，而不得进行证据说明，不得记载足以使法院产生偏见的任何事项。显然，这种诉状主义，有利于减少法官积极确立审判对象的可能性，对增进审判中心主义及被告人权利保护都有好处。与职权主义相比而言，审判对象在对抗制诉讼中不容易发生变更。这是因为，对抗制

---

[1]　谢佑平：《刑事诉讼模式与精神》，成都科技大学出版社 1994 年版，第 61～62 页。

诉讼尤为强调控辩平等对抗以及当事人在诉讼中的主导性，控辩双方掌握了推动诉讼进行的主动权，证据调查采取交叉询问方式，法官在庭审中严守消极中立，审判对象的范围首先体现在控辩双方的庭审对抗活动之中，而不是法官积极调查的活动，相对不易发生法官超越起诉范围进行审判的情况。更由于较为重视被告人的防御权益，审判对象一经确立便被定位为被告人的防御范围，限制了控诉方以及法官对审判对象及其范围的变更。

在混合型诉讼中，审判对象的确立与变更表现出某些特色。以日本法为例。因为采取了控审分离、不告不理、审判中立的诉讼构造原理，审判对象同样是由控诉方起诉时予以提示。不过，由于融合了大陆法与英美法两种诉讼文化，其诉讼制度模式表现出一些独特之处。由于实行起诉便宜主义，控诉方在关于是否将犯罪事实确立为审判对象上具有较大的裁量空间，通常根据犯罪嫌疑人的性格、年龄、前科、履历、习性、生活环境、犯罪动机、犯罪手段、法定刑的轻重、被害人的情况、社会危害性影响、社会情势的变化等具体情况而决定不将某些犯罪事实提起诉讼。[1] 由于实行起诉书一本主义，极力排除了控诉方在提起诉讼时添附可能使法官就案件形成预断的文书及其他证物，严重违反起诉书一本主义便会导致公诉无效，这就意味着在提示审判对象问题上的严格态度，极力防止法官产生偏见而积极扩张审判范围。此外，值得注意的是，日本法在规范审判对象的问题上，借鉴了英美法的诉因制度，但又保留了大陆法的公诉事实概念，并且允许诉因变更。[2] 因此，审判过程中控诉方可以在公诉事实同一性的基础上变更起诉指控的范围。也就是说，审判对象在审判过程可能发生变更，但这种变更被限制在一定的范围之内，而且，审判对象变更必须充分考虑被告人防御利益的程序保障问题。这表现了融合职权主义与对抗制两种诉讼文化的制度特征。

（二）审判对象变迁的规律与特征

有一种颇为流行的观点认为，在刑事诉讼发展的历史上，审判对象并没有发生实质性变化，无论何种诉讼模式下，审判对象都是刑事案件，刑事案件包含两个要素：一个是人的要素，即特定的被告人；一个是事的要素，即具体的犯罪事实，因此，刑事审判对象始终均为"被告人及其犯罪事实"[3]。

---

〔1〕 鈴木茂嗣：《刑事訴訟法》，青林書院 1988 年版，第 90 页。

〔2〕 参见［日］田口守一：《刑事诉讼法》，刘迪、张凌、穆津译，法律出版社 2000 年版，第 166 页。

〔3〕 参见谢佑平、万毅："论刑事审判对象"，载《云南大学学报（法学版）》2001 年第 1 期，第 29 页。

这一说法固然有一定道理，但是，仅仅将审判对象简单界定为刑事案件，理解为被告人与犯罪事实这两个被生硬剥离开来的要素的简单组合，就忽略了刑事案件这一载体所承载的实质内涵，掩盖了审判对象的实质意义，模糊了不同模式刑事诉讼中审判对象的差别，也没有洞悉刑事诉讼历史变迁过程在界定审判对象问题上所发生的实质变化。考察了审判对象发生变迁的轨迹，我们便可发现，那种否认审判对象变迁的观点，显然过于粗浅、值得商榷，未能真正洞察刑事诉讼历史演进过程中审判对象所发生的变迁及其实质。将视角探入到诉讼模式变迁的背后，我们可进而归纳总结其中所蕴含的基本规律如下：

1. 从古代到近现代，在刑事诉讼模式演变的背后，审判对象的问题逐渐突显，制度设计渐趋完善，功能发挥越来越显著。

古代弹劾式诉讼中，实行不告不理，未经起诉的罪行就不可能成为审判对象。但是，这种原始的诉讼模式并没有突显审判对象问题的重要性，审判对象在诉讼中发挥的功能相当有限，未能对审判程序的运作形成有效规范。在纠问式诉讼中，由于法官同时实施控诉与审判，法院可审理未经控告的任何罪行，基本上不存在预先确定审判对象的必要性。即使存在所谓的审判对象，充其量只是被用来作为惩罚犯罪的"合法性"借口，不可能发挥限定审判权力和确立被告人防御空间的实质功效，审判对象随着犯罪追究的需要而确定和变更。[1] 到了近现代控辩式诉讼中，历史上那种不受限制进行追诉和审判的做法受到严厉批判，普遍意识到明确特定的审判对象对于诉讼构造及其程序运行的重要意义，审判对象的问题才越来越受重视。在制度设计方面，古代弹劾式诉讼中，审判对象的提示是通过私诉程序来完成的，不可避免带有不确定性与非理性的特征；在纠问式诉讼中，审判对象开始由国家主动代表被害人来提出，但在界定审判对象的问题上却呈现了有悖诉讼主义的不合理特征；到了近现代，由于合理吸收了弹劾式诉讼的不告不理原则及纠问式诉讼的国家公诉原则，在控审分离、审判中立、控辩平等的诉讼构造中，界定审判对象的制度已相对趋于完善。例如，当代诉讼制度中用以规范审判对象问题的诉因制度和起诉变更制度便是行之有效的制度设计，审判对象在诉

---

〔1〕　在纠问式诉讼模式下，只要发生犯罪事件或者存在犯罪嫌疑，法官便可以主动予以追查，发动诉讼，进行审判予以追究，因此，审判对象是由法官自行确立的。而且，诉讼过程中审判对象的范围往往并不固定，常常随着法官对犯罪侦查的情况而发生变化，对于审判对象的确定与变更的权力仅仅掌握在追诉犯罪的法官手中，对被告人来说，审判对象并不是显在的和确切的。

讼过程逐渐发挥显著功能，被用来限定法官的审判范围、确立被告人的防御空间、规范控诉方的指控行为、识别重复起诉和确定既判力范围，在限制审判与追诉权力和保障防御权利方面具有重要功效。

2. 一定程度上，在刑事诉讼的历史流变过程，审判对象的重心发生由"犯罪嫌疑人"到"犯罪行为"的转变，审判对象的性质呈现在"犯罪嫌疑"和"控诉主张"间的位移。

在纵向层面，可以认为，古代刑事诉讼将审判对象的重心定位于犯罪嫌疑人身上，而近现代刑事审判的重心转移到了犯罪行为上来。在纠问式诉讼中，法官主动追诉犯罪，一旦发现犯罪嫌疑人，便对其展开各种刑事追究行为，犯罪嫌疑人一旦受到追诉，被纳入刑事诉讼程序，便被推定为有罪的人，法官可以通过对犯罪嫌疑人进行刑讯逼供以获取审判所需的有罪证据，"所谓法庭审判不过是将所获得的材料和结果让犯罪嫌疑人供认而已"[1]。因此，这种诉讼程序中，犯罪嫌疑人是被拷问、被追究的对象，纠问式诉讼具有相当强烈地将犯罪嫌疑人当做"审判对象"的意味，诚如学者所评论，"被告成为发现证据和查明事实的工具以及炫耀性国家权力的惩罚对象，沦为诉讼客体，基本上没有任何防御权利可言"[2]。古代弹劾式诉讼中，虽然实行不告不理，审判对象由被害人或其他人的控诉来提示，但由于被害人往往只是将犯罪嫌疑人控告至法庭但并不具有充分确凿的证据，这种提示和确立审判对象的行为带有很大的非理性因素。而且通常由原告采取包括强制押送在内的方法[3]传唤被控告的犯罪嫌疑人到庭，审判过程中当事实不清、证据不明时，便采取神判和决斗等落后的证明方法，通过水审、火审等方法[4]将犯罪嫌疑人人身作为考证的对象来寻求证明。因此，这种审判实质上也采取了推定犯罪嫌疑人有罪并将犯罪嫌疑人作为刑事审判具体对象的做法。相比之下，到了近现代诉讼中，强调对犯罪嫌疑人采取无罪推定，反对强迫自证其罪，

---

〔1〕 徐友军：《比较刑事程序结构》，现代出版社1992年版，第9页。

〔2〕 左卫民等：《简易刑事程序研究》，法律出版社2005年版，第10页。

〔3〕 例如《十二铜表法》第1表第1、2条规定："原告传被告出庭，如被告拒绝，原告可邀请第三者作证，强制前往。如被告托辞不去或企图逃避，原告有权拘捕。"由于"传唤的手续，较为粗暴"，就很容易侵犯被告人的权利，导致一种倾向将被告人本身作为审判程序的客体。参见周枏：《罗马法原论》（下册），商务印书馆1994年版，第935页。

〔4〕 参见［美］孟罗·斯密：《欧陆法律发达史》，姚梅镇译，中国政法大学出版社1999年版，第47～48页。例如《汉穆拉比法典》第2条规定："倘自由民控自由民犯巫蛊之罪而不能证实，则被控犯巫蛊之罪者应行至于河而投入之，倘彼为河所占有，则控告者可以占领其房屋；倘河为之洗白而彼仍无恙，则控彼巫蛊者应处死；投河者取得控告者之房屋。"

未经起诉便不得审判，未经审判便不得确定有罪，并强调将犯罪嫌疑人作为诉讼主体，疑罪予以从无，审判过程被要求严格遵守正当程序，采取民主化、科学化和理性化的诉讼方式，法庭审理不再是针对犯罪嫌疑人（被告人）展开的一场"纠问"，审判过程证据调查与证明、控辩辩论及法官评议的重心被定位在控诉罪行是否成立的问题。故此，一定程度上，由古代到近现代，审判对象的重心可以说是已经发生了从犯罪嫌疑人到犯罪行为的转变。

在横向层面，可以认为，在强调法官积极行使审判职权的诉讼模式中，审判对象的性质是起诉指控的犯罪嫌疑，而在强调法官消极行使审判职权的诉讼模式中，审判对象的性质是起诉指控的诉讼主张。在采行职权进行主义的国家，刑事诉讼尽管已将控审分离，但在审判过程为了发现犯罪事实真相的需要，法院仍然要依照职权积极调查证据。因此，审判对象的性质是控诉方所指控的被告人是否有犯罪构成事实的"嫌疑"，审判的目标在于确定该犯罪嫌疑是否成立。然而，在当事人进行主义的国家，法官通常严守消极中立的立场，不依职权调查证据，因此，审判对象的性质基本上是控诉方要求法院审判事项的"主张"，审判的目标在于确定控诉主张是否应予支持。当然，这只是相对意义上而言的，审判对象的性质为"犯罪嫌疑"抑或"诉讼主张"，产生差异的根源在于法官是否对犯罪事实负有调查举证的责任。相对而言，在古代纠问式诉讼及近现代职权主义诉讼中，即便控诉方未能尽到证明犯罪嫌疑人有罪的证明责任，也并不当然使被告人获得无罪判决，因为可能由于法官依职权调查发现了有罪证据。然而在古代弹劾式诉讼及近现代对抗制诉讼中，控诉方负有完全的证明指控主张成立的证明责任，倘若不能使对证据有判断权的法官形成有罪心证，其控诉主张便可能落空，被告便会因此获得无罪判决。不过，在近现代刑事诉讼中，关于审判对象被定性为"犯罪嫌疑"或者"诉讼主张"，仅是一种诉讼观念的细微差异而已，制度上并不产生实质差异。因为，无论职权主义，还是对抗制诉讼，均同样强调实行无罪推定，强调控、辩、审的三角构造，强调保障被告人权利及程序正义，因此，对于被告人而言，审判对象被界定为"犯罪嫌疑"也好，"诉讼主张"也好，更为重要的，还在于何种制度更能保障被告人辩护权及防御利益有效而充分地发挥。[1] 当然，值得肯定的是，从古代到近现代，刑事诉讼进步的历史，很大意义上，正是审判对象不断趋于理性化、民主化和科学化的一个演进

---

〔1〕 参见刘秉均："论刑事诉讼之突袭性裁判"，载刘秉均等：《罪与刑——林山田教授六十岁生日祝贺论文集》，五南图书出版公司1998年版，第521~526页。

过程。

（三）导源于诉讼结构的实质问题

考察审判对象发生变迁的轨迹与规律，我们便可发现诉讼模式的变化在其中所带来的影响，这种影响甚至具有根本性。我们强烈觉察到，审判对象的变迁蕴含着一个导源于诉讼结构的实质问题。这正是诉讼模式变迁的背后所蕴含的实质命题：审判对象与其所附着的诉讼结构发生了一种内在联系。

伴随由古代弹劾式到纠问式再到近现代的控辩式，刑事诉讼结构逐渐地走向合理，随着刑事司法独立性与审判中立性的强化，随着诉审关系由控审合一到控审分立的调整，随着被告人诉讼主体地位的确立以及对控辩平等的追求，刑事审判对象也随之而逐渐获得了合理的界定。就纠问制诉讼而言，由于诉与审在结构及功能上没有发生分化，法官同时实施控诉职能和审判职能，在这样的诉讼构造中，没有明确地界定审判范围，法官偏离审判中立的立场都是自然而然的事情。在审判过程，审判对象不必事先向被告人提示，法官可以不受限制地予以变更，被告人不可能针对审判对象进行防御及辩护，面对集控诉与审判权力于一身的法官，控辩平等无从谈起，被告人无法逃避沦为诉讼客体的命运，而审判对象必然只是一个毫无意义的范畴。可以说，纠问制的诉讼结构中，只有确立犯罪控制目标的必要，而没有确定审判对象的必要。与此相反，近现代控辩式诉讼由于严格区分了审判职能与控诉职能，审判程序的启动遵循不告不理，法官的审判对象通过控诉方的起诉予以提示，审判程序的运作坚持审判范围与起诉范围的同一性。而且，审判过程中充分注重保障被告人予以防御的权利以维护控辩平等，法官严格恪守客观中立的立场。如此一来，审判对象就成为一个具有实质意义的范畴，法官不得审判未经起诉的犯罪，审判范围不得超越起诉范围，被告人防御的范围只需限定在审判对象的范围之内，控诉方也不得在审判过程任意地变更起诉范围。由于具体明确地界定了审判对象，一切诉讼行为得以有序进行，整个诉讼程序变得更为具有可预见性和可操作性。甚至可如此断言：在三角结构刑事诉讼中，没有确定的审判对象，就没有刑事审判。由此可见，只有在控审分离、审判中立、控辩平等的三角结构中，只有在诉讼主义的环境下，刑事审判对象问题才具有实质意义。

具体地说，在三角结构刑事诉讼中，审判对象具有重要的诉讼功能。诸如，锁定审判的目标与范围，限制法官超越审判对象进行审理和裁判的行为；明确防御的指向与范围，确保被告人只需要针对审判对象来准备防御和进行辩护；规范控诉方的指控对象和范围，限制控诉方超越审判对象进行突袭指控的行为；确立既判效力与禁止重复追诉的客观范围，限制控诉方重复将同一罪行提示为审判对象与法官对同一罪行进行重复审判的行为。此外，审判对象在界定法院管辖、决定诉的合并与分离、确定起诉变更的范围与界限诸方面发挥重要作用。整体上，审判对象成为控辩对抗和法官判定的共同标的，脱离这个中心诉讼过程将难以有序推进，控辩审构造关系的合理定位与有效运作一定意义上正是通过紧紧围绕着审判对象的运作来展示的。审判对象发挥明确指向、设定范围的机能，提供控制权力、保障权利的框架，基于审判对象范畴的存在和发生作用，得以将控与审的权力界限明确化并将范围特定化，并为被告人防御权利的有效行使创造空间。而且，正是在这一规范权力与权利的过程中，基于审判对象这一范畴，创造了刑事诉讼的理性秩序。在这里面，我们便不难理解，为什么控诉方总是以具体的诉讼请求提起控诉，被告人及其辩护律师总是针对控诉来准备辩护和进行防御，控辩双方总是围绕控诉来展开对抗与辩论，法官总是根据控诉来组织审理和作出裁判。同样不难理解，为什么要求控诉方必须明确提出控诉的罪行，法官审判不得及于未经控诉的罪行，控诉方不得任意变更控诉罪行，被告人不必防御未经控诉的罪行，控诉方不得重复提起控诉罪行。我们注意到，在这里面，实质上就蕴含着审判对象与诉讼结构的一种内在联系。这种理性的联系，以及这种价值机理，在纠问制诉讼中显得如此难以想象，然而在三角结构刑事诉讼中彰显得如此显著。

当然，这里绝不是说纠问制诉讼中就没有审判对象，而是认为，审判对象的确立在那种控审合而为一的诉讼结构中已经失去了应有实质意义，它根本没有能够从实际上发挥限定法官审判权力范围和保障被告人防御权益的功能。同样，这里也绝对不是说审判对象问题在近现代诉讼中就已经得到了完美无缺的定位，实际上，在近现代刑事诉讼的具体运作中，法官偏离中立立场积极扩展审判对象范围的现象比比皆是，这样便会使得审判对象由于具体原因而变得模糊，而消减了诉讼程序的合理性程度和损害控辩双方的诉讼利益，也不可避免地丧失一定程度的审判对象的制度价值。何况，关于什么是最为完美的诉讼构造、今天的刑事诉讼结构是否全然合理，还是一个未能过早结论的问题。但是，有一点是可以肯定的，那就是，在越趋于合理的诉讼构造中，就越能彰显审判对象的意义，越可能有效发挥审判对象的功能。在这里，历史给予我们这样的重要启示：审判对象只有在趋于理性的诉讼构造之中才可能获得合理规定并有效发挥功能。

## 二、审判对象在诉讼结构中的规定

### （一）趋于理性的诉讼构造

近现代走向相对合理的刑事诉讼结构，最主要的标志就是控、辩、审三种基本的诉讼要素发生分化并形成制衡。控诉、辩护与审判是三种最为基本的诉讼要素和诉讼职能，它们分别由不同的诉讼主体与角色来承担，作为诉讼结构的三个基本支点，构筑着相对稳定、相对合理的诉讼构造。这是一种相对科学有效的诉讼角色分派体系，由于诉讼职能的背后存在着诉讼主体的利益机制，诉讼职能决定着诉讼主体的法律地位并制约着诉讼主体行为的性质和方向，这种程序一旦开启，就会依照其原已确定的步骤和程式进行运作，诉讼主体各方的行为、身份和角色以及各方相互间的诉讼关系均与外界保持相对的隔绝和封闭，而遵从程序自治的要求，法官、检察官、被告人等在审判过程中均程度不同地失去其社会生活原有的身份和角色，而各自拥有一种与其诉讼职能相关的固定角色，这种角色的分担一直要持续到刑事审判程序终结之时。[1] 正是由于诉讼职能的区分和诉讼角色的定位，诉讼力量得到合理配置，诉讼结构得到合理安排，诉讼各方的目标和地位才走向彼此独立，诉讼行为才可能最大限度地合乎诉讼主义的要求，专司控、辩、审的检察官、被告人和法官才通过实施自主自治的诉讼行为发生基本的法律关系[2]。而且，这才创造出一个相对独立的裁判的"隔音空间"，在这个空间里，"只讨论纷争中的判断问题"，"只考虑与本案有关的事实和法律"，而不管其他任何无关的论题，只有这样，才可能造就一个公正审判所需要的"平等对话、自主判断"的"场所"[3]。

功能的分化与结构的优化，是刑事诉讼构造趋于理性的基础。在刑事诉讼制度史上，古代弹劾式诉讼时期，诉讼职能有着初步的分化，由原告承担控诉职能并负责传唤被告到庭，诉讼过程控辩地位平等，被告承担一定的辩护职能，国家不主动追诉犯罪并实行不告不理，法官居中裁判而不主动收集证据案件存疑时采取神明裁判的证明方式。然而，这种分化的构造带有较大的局限性：控诉职能并未成为一项独立的国家司法职能，没有专门承担控诉的起诉机关，私诉不可避免地带有落后性；辩护职能尚未发达，相当程度上

---

〔1〕 陈瑞华：《刑事审判原理论》，北京大学出版社 1997 年版，第 211～216 页。

〔2〕 有学者将这种法律关系概括为"基于当事人请求及接受审判与法院为审判而生之权利义务关系"。参见林山田：《刑事诉讼法》，汉荣书局有限公司 1981 年版，第 102 页。

〔3〕 季卫东：《法治秩序的建构》，中国政法大学出版社 1999 年版，第 16 页。

还欠缺独立性；审判职能相对弱小，查明案件事实做出准确裁判的功能有限，并且尚未完全摆脱对行政职能的依附关系。在这里，调节控审关系的"不告不理"由于与落后的私诉与其审判制度发生联系而带有很大的局限，这种分化显然还不是"对刑事诉讼规律的一种自觉把握"[1]。不过，审判对象在这种初步分化的诉审关系视野已经开始具有可把握、可预见的属性，审判范围与原告的控诉紧密相关。继而的纠问制诉讼时期，诉讼职能分化的状况发生较大变化，国家开始主动追诉犯罪，控诉职能由国家行使，但是，审判职能与控诉职能的界限变得模糊，"具体说，就是没有侦查和起诉机关，审判机关将控诉职能与审判职能集于一身"[2]，这种诉讼构造并不实行"不告不理"的原则。而且，辩护职能大大萎缩，被告人是诉讼客体，没有诉讼权利，只是被拷问的对象，唯有法院才是诉讼主体，法院在审判前就进行侦查，形成审判所需的全部材料，法庭审判只是让被告人对已准备好的控诉材料进行供认和下个判决而已，"这种审判中是不存在被告人的辩护问题的"[3]。因而，纠问制的诉讼构造下虽然产生了国家追诉犯罪的职能，但诉讼职能分化变得模糊，法官集控诉与审判两项职能于一身的安排不但消减了辩护职能，而且破坏了整个诉讼构造的合理性，而审判对象在这种构造中变得无法明确，其范围决定于国家追诉犯罪的具体需要而具有极大的随意性、可变性。到了近现代控诉制诉讼时期，不管是英美法的对抗制诉讼，还是大陆法的职权主义诉讼，或者是某些混合型诉讼，诉讼结构安排的特征均发生了深刻的变化，普遍呈现为一种相对合理的三角结构。在这种诉讼构造下，法院独立行使审判职能，并且保持在诉讼结构中的中立性，控诉职能与审判职能分离，原则上由专门的国家控诉机关负责提起公诉[4]，并实行严格的不告不理，没有起诉，法院便不能进行审判。与此同时，辩护职能空前发展，一方面，被告人的诉讼主体地位及其诉讼权利备受尊重，另一方面，伴随辩护律师制度的发

---

〔1〕 王敏远主编：《刑事诉讼法》，社会科学文献出版社 2005 年版，第 26 页。

〔2〕 李心鉴：《刑事诉讼构造论》，中国政法大学出版社 1992 年版，第 84 页。

〔3〕 李心鉴：《刑事诉讼构造论》，中国政法大学出版社 1992 年版，第 85 页。

〔4〕 走向国家公诉是近现代以来刑事起诉制度发展的基本趋势，"国家追诉主义"代替"私人追诉主义"成为追诉犯罪的基本形态是近现代国家及其刑事程序制度发展的必然。当然，被害人提起自诉仍然被作为一种辅助形式一定程度地存在着。因此，笔者的研究将主要以公诉为基本语境来展开，适当地顾及自诉的情景。需要提及的是，随着最近数十年来恢复性司法运动的发展，被害人参与国家主导的刑事程序呈现增长的趋向，在这种背景下，被害人要素被以一种有别于传统上私力救济的理念与模式加以考量，参与到程序中来并在一定侧面影响了程序的结构与模式，为此可能给审判对象的生成与运行带来某种程度的影响。当然，比较起来，真正具有结构性意义影响的，无论如何还是国家公诉。

展，控辩平等作为一项重要的诉讼原则得到强调。自此，刑事诉讼的构造逐渐趋向于理性，正如贝卡里亚在《论犯罪与刑罚》引言所说的，"人们只有在对生存和自由来说最重要的问题上成千上万次地走出了迷途之后，只有当他们受尽了极端的苦难而精疲力尽以后，才动手消灭压迫他们的无秩序状态，并且开始理解最显而易见的真理"[1]。刑事诉讼功能分化与结构优化的历史充分印证了这一点，人类正是经过数千年的不断探索才最终找到刑事诉讼相对合理的配置方案，并在此基础上努力建立一种趋于理性的诉讼构造，即控审分离、审判中立、控辩平等的等腰三角诉讼结构。在此种相对合理的"三角结构"中，秉持控审分离的原则，坚持严格的不告不理，审判对象也在这种规范的诉审关系中得到合理界定。没有起诉，便没有审判，未经起诉，便不能成为审判对象，审判范围不得超越起诉范围；并且，审判对象的界定及其变更务须充分考虑被告人辩护权的行使，不得侵害辩护职能的发挥；同时，法官必须始终站在中立的立场来对待审判对象，实现刑事审判的使命。

从符合近现代文明的刑事诉讼发展的基本机理出发，合乎理性的诉讼结构安排原理应当是：控审分离、审判中立、控辩平等。具体地讲，一种追求理性的刑事诉讼构造，一种能够为合理而有效规定审判对象提供资源的诉讼结构，至少应该表现在如下基本维度上的努力：

1. 刑事诉讼中的司法独立与审判中立

《论法的精神》中提出过这样一个问题："在什么政体之下元首可以当裁判官？"答案就是："在专制的国家，君主可以亲自审判案件。"显然，在孟德斯鸠看来，这绝对是一个错误，因为，如果这样的话，政制便将被破坏，附庸的中间权力将消灭，裁判上的一切程序将不再存在，恐怖将笼罩着一切人的心，每个人都将显出惊慌失措的样子，信任、荣誉、友爱、安全和君主政体，全都不复存在了。更甚者，在君主国，君主是原告，控告被告，要被告或被处刑或被免罪，如果他亲自审判的话，那么君主既是审判官，又是诉讼当事人了，这样，就会像普罗哥比乌斯所描述的查士丁尼朝代——"由于法官已无司法的自由，他们的法庭已成为人迹罕至的地方，而君主的宫廷内，前来恳求拜托的诉讼人却是吵吵嚷嚷，声音嘈杂"，谁都知道在这个朝廷里是怎样地可以出卖裁判，甚至可以出卖法律。[2] 在孟德斯鸠那里，我们看到了

---

〔1〕 ［意］贝卡里亚：《论犯罪与刑罚》，黄风译，中国大百科全书出版社1993年版，第5页。
〔2〕 ［法］孟德斯鸠：《论法的精神》（上册），张雁深译，商务印书馆1961年版，第78～81页。

真正的"法的精神",关于刑事审判这件事情,如果司法附庸于行政权力,就没有了审判中立,没有了法律与司法的公正可言。就在孟德斯鸠提出这一问题之后一个世纪,另一位法国人托克维尔来到了"民主的国家",在那里,他发现了"一个外来者最难以理解的"现象:"简直是没有一个政治事件不是求助于法官的权威的。"然而,"司法权存在那里,但可能不被行使"。因为,"他们严格地把司法权局限于有章可循的范围之内",更因为,在他们看来,带着一种惩罚犯罪的面孔去进行刑事审判,那都是应被"视为盗窃"的"虐待和专横"〔1〕可见,在走向民主的国家,在致力于建构法治秩序的社会。在今天,司法独立与审判中立已是一个民主性质的国家意图建构法治秩序所不得不去维护的最为基本的原则。在刑事诉讼中,司法的独立性为中立的审判创造环境,甚至被誉称为"刑事诉讼的'阿基利脚跟'"〔2〕,审判的中立性则是理性的刑事诉讼构造的一项重要特征,刑事审判的天职就是为国家与个人之间关乎是否犯罪与如何刑罚的问题提供"中立的判断"〔3〕。

2. 国家权力中的控审分化与权力制约

人类制度史上,司法权的独立及其结构分化在诉讼文明进程中产生不可估量的意义。如果说,司法独立于行政等外界力量,包括刑事司法获得独立的品格,是诉讼文明的第一次质的飞跃,那么,刑事司法权力内在结构中的控审分立则是刑事诉讼文明实现的又一次质的飞跃。〔4〕拉德布鲁赫说,在刑事程序发展过程中,曾有两个因素起着作用:针对犯罪分子而增强的保护国家的要求,导致中世纪刑事程序向纠问程序转化;针对国家而增加的保护无辜人的要求,促使纠问程序开始向现代刑事程序的转变。〔5〕其实,这一转变

---

〔1〕 [法]托克维尔:《论美国的民主》(上卷),董果良译,商务印书馆1988年版,第109~117页。

〔2〕 左卫民、周长军:《刑事诉讼的理念》,法律出版社1999年版,第212页。

〔3〕 [美]汉密尔顿、杰伊、麦迪逊:《联邦党人文集》,程逢如、在汉、舒逊译,商务印书馆1980年版,第391页。

〔4〕 在笔者看来,人类历史上国家治理犯罪实践刑罚权的刑事程序建设,业已经历两次"革命":第一次是刑事司法权从行政权范畴分离开来获得独立;第二次是刑事审判权与刑事追诉权的分离并形成制衡。该两次"革命"在世界范围内已基本完成,但实践的程度存有差异。在很大程度上,刑事司法独立的程度和控审分权制衡的合理程度,决定了刑事程序建设的完善程度。当然,伴随该两次"革命"的,正是刑事程序中个人主体性提升的进程,更具体地说是嫌疑人、被告人的地位和待遇的改善的过程。国家对待嫌疑人、被告人的态度和方法正是在两次"革命"的进程实现转型的。

〔5〕 [德]拉德布鲁赫:《法学导论》,米健、朱林译,中国大百科全书出版社1997年版,第122页。

中，在制度层面有一个因素发挥了相当重要的作用，那就是独立的国家公诉权力及其程序的发生和有效运作。中世纪的刑事程序建立在受害人自诉的基础上，纠问程序以由法官体现的国家追究犯罪为基础，现代的刑事程序则吸取了纠问程序中国家对犯罪追诉的原则，同时又保留了中世纪的无告诉即无法官的原则，并将这两者相联结，在产生国家公诉人的职位的同时，也发生了控诉与审判这两种国家权力及其职能的分化。"在今天看来，纠问程序的功绩在于使人们认识到追究犯罪并非受害人的私事，而是国家的职责。其严重错误则在于将追究犯罪的任务交给法官，从而使法官与当事人合为一体。如果说此前的控告程序依循的是'没有人告状，就没有法官'，此时根据纠问程序的本质，则允许在没人控告的情况下，由法官'依职权'干预。如果说过去的控告程序是在原告、被告和法官三个主体之间进行，则纠问程序中就只有法官和被控人两方。被控人面对具备法官绝对权力的追诉人，束手无助。"[1] 因此，近现代刑事程序的设计深刻反思了纠问制诉讼中控审合一所带来的弊端，转而寻求一种通过分化控审职能促成司法正义的程序结构原理。控审分离的意旨在于，作为两种功能不同的诉讼职能，控诉职能与审判职能应当由不同的国家机构分别承担，专门的国家控诉机关独立于作为审判机关的法院，公诉人与法官之间角色分化，在结构上实现控审分离，进而在程序运作上，要求诉讼程序启动上坚持不告不理并在程序运作中坚持诉审同一的原则，即未经控诉则不得审判，审判对象与起诉范围保持同一性。

控审分离，是刑事诉讼构造中实现权力制约的重要保障。正是在控与审的权力发生分化之后，才更加端正了法官在刑事审判中的诉讼角色，重新厘定刑事审判的价值立场，而且使刑事审判中控辩平等的理想具有实现的基础。在一种理性构造的刑事诉讼中，审判权并不是主动地去追究犯罪，按照托克维尔的说法，要想使它行动，就得推动它，"向它告发一个犯罪案件，它就惩罚犯罪的人；请它纠正一个非法行为，它就加以纠正；让它审查一项法案，它就予以解释。但是，它不能自己去追捕罪犯、调查非法行为和纠察事实。如果它主动出面以法律的检查者自居，那它就有越权之嫌。"[2] 在角色独立与功能分化的背后，控审分离体现了一种国家权力的构造与运行逻辑。控诉

---

〔1〕［德］拉德布鲁赫：《法学导论》，米健、朱林译，中国大百科全书出版社 1997 年版，第121 页。

〔2〕［法］托克维尔：《论美国的民主》（上卷），董果良译，商务印书馆 1988 年版，第 110～111 页。

权是一种代表社会公共利益进行刑事追究的国家权力，在刑事诉讼中，检察官就是国家利益的代言人，旨在针对涉嫌犯罪的被告人发起刑事责任的追究，而审判权实质上也是一种国家权力，法官代表着国家法律的权威在刑事审判中所要解决的主要问题便是是否应当追究被告人的刑事责任。问题就在这里产生，控诉权与审判权其实都是一种旨在处理犯罪问题的国家权力，它们为何须要分立而各司其职？答案很明确，拉德布鲁赫告诉我们，"控告人如果成为法官，就需要上帝作为律师。"[1] 显然，刑事审判不是上帝的审判，上帝也不可能为被告人提供任何辩护。因为，一切在行动的都将是人，是一群掌握了神圣的国家权力的人，它们手握权力之剑面对着被怀疑犯了罪的被告人。孟德斯鸠早就告诫人们，"一切有权力的人都容易滥用权力，这是万古不易的一条经验。有权力的人们使用权力一直到遇有界限的地方才休止。"在刑事审判中，"如果司法权同行政权合而为一，法官便将掌握有压迫者的力量"，为此，孟德斯鸠特别强调，"从事物的性质来说，要防止滥用权力，就必须以权力约束权力。"[2] 近现代人们对刑事诉讼理性构造的探寻，在国家权力的分权与制衡原理那里找到了落脚点。按照分权原理，分权能够优化国家权力配置，增进国家权力运作理性，分权被当做"永恒的规律"来谈论。控诉权与审判权的分离体现了一种分权的逻辑，这种分权的实质绝不是简单的"权力分工"，更不是为了"权力协作"，而是为了"权力制衡"。因此，如果刑事审判权存在的使命仅仅是为了国家刑罚犯罪的合法化，那就根本没有让刑事审判一直存在着并为之而不断改革的必要了。在刑事诉讼中，如果说，控诉权是"国家利益的代表"，那么，审判权就应当是"权利的庇护者"[3]。

3. 刑事审判中的防御保障与利益平衡

在盛行有罪推定的年代，被告人常常受到质问："你拿什么证据证明你没罪呢"？显然，这个问题，再善于"狡辩"的被告人也只能是无言以对，因为，他/她已经被怀疑犯罪，却还要证明自己无罪。这在逻辑上似乎是"说得过去"的。但是，在道德上却是"无法存在"的，因为，它背离最基本的一个法则：平等。如果无法证明自己无罪，那就是有罪的，这样的治罪逻辑对

---

〔1〕［德］拉德布鲁赫：《法学导论》，米健、朱林译，中国大百科全书出版社1997年版，第121页。

〔2〕［法］孟德斯鸠：《论法的精神》（上册），张雁深译，商务印书馆1961年版，第154～156页。

〔3〕［德］拉德布鲁赫：《法学导论》，米健、朱林译，中国大百科全书出版社1997年版，第100页。

于被告人来说，决无平等可言。平等本是人作为社会行动主体发自内在的一种自然需求，用古希腊人尤里皮迪兹的话说，"平等，它是人类的自然法则。上天注定平等是人的本分，权力和命运由她分配。"[1] 走到近现代，美国人托马斯·杰斐逊仍然呼吁："科学精神的普遍传播，已经使这显而易见的真理广为人知，即人类大众并不是生下来就是当牛做马的，也并没有一小部分人就受到了上帝的恩惠，可以合法地专横跋扈，对他们又是踢又是抽。"[2] 法国人托克维尔同样指出："民主社会对自由可能有一种自然的爱好。而对于平等，他们的热望则是强烈的、无法满足的、没有节制的和压倒一切的。"[3] 然而，在这个"人类最原始、最简单同时也是最切身、最持久的生活方式和价值目标"中，平等却隐含着"不平等"的"悖论"：平等只会是弱者发出的呼唤，被要求平等的主体之间本无平等可言，平等只能依靠一种超越平等主体的权威力量才能求得。[4] 这个"悖论"在刑事诉讼中表现得尤为典型，控诉机关代表着国家进行刑事追诉，拥有雄厚的权力、资源和技术，作为个人的被告人在强大的国家面前显得如此微不足道，这种力量差距就像有学者所描述的，"两位斗士之间的决斗，其中一个头戴盔甲，手握利剑，而另一个则只持渔网和鱼叉"[5]。况且，像达玛什卡所说的，由于当事人之间存在存在实际上的差异，为他们提供同等的诉讼武器并不能确保他们享有有效追求诉讼利益的平等能力。[6] 这让我们有足够的理由相信，如果不增强被告人的防御力量，如果不为控辩平等做些努力，在它们之间展开的刑事审判完全可

---

〔1〕 参见［美］乔治·霍兰·萨拜因：《政治学说史》（上册），盛葵阳、崔妙因译，商务印书馆1986年版，第49页。

〔2〕 转引自［美］亚历克斯·卡利尼克斯：《平等》，徐朝友译，江苏人民出版社2003年版，第25～26页。

〔3〕 参见［美］伯纳德·施瓦茨：《美国法律史》，王军、洪德、杨静辉译，中国政法大学出版社1990年版，第103页。

〔4〕 学者冯亚东教授指出，平等是专属于人类精神状态的一种理念性追求——动物之间只存在"弱肉强食"的自然法则而决无平等可言，对平等的追求在人类的群体性生活中世世代代都成为大多数人梦寐以求的理想和目标。早期的人类自产生精神和理念状态，便在族群的氛围中很自然地会形成平等的要求并很大程度加以实现，这是人类最原始、最简单同时也是最切身、最持久的生活方式和价值目标，但平等观念及实际运作也有其致命的弱点。参见冯亚东：《平等、自由与中西文明》，法律出版社2002年版，第3～10页。

〔5〕 Arpad Erdei, "Introduction: Comparative Comments from the Hungrian Perspective", *Comparative Law Yearbook*, Vol. 9, Martinus Nijhoff Publishers, 1985, pp. 11～12.

〔6〕 ［美］米尔伊安·R. 达玛什卡：《司法和国家权力的多种面孔——比较视野中的法律程序》，郑戈译，中国政法大学出版社2004年版，第159页。

能就像一个打猎过程，在猎手与猎物之间是不可能有平等可言的，而控辩不平等的状态，必然导致刑事诉讼结构的失衡。趋于理性的诉讼构造，不但要寻求在控与审两种国家权力间的制衡，而且要保障国家权力与个人权利间的均衡。放任不平等的"打猎式审判"，显然不是近现代以来追求理性的刑事诉讼构造所能包容的，这不仅表现于学者们关于"刑事诉讼的进化历史可以说是辩护权发展的历史"的论断[1]，更表现为诸如《公民权利和政治权利国际公约》第14条第1款关于"在判定时，对任何人提出的任何刑事指控或确定他在一件诉讼案中的权利、义务时，人人有资格由一个依法设立的、合格的、独立的和无偏无倚的法庭进行公正的和公开的审讯"这样的具体诉讼规则的实践。

（二）审判中心主义

从表象上，审判对象是一个仅与审判有关而与控辩无涉的范畴。然而，它却被放在了整个刑事诉讼结构之中去寻求合理规定。这除了表明，审判对象实质上就是一个关于控、辩、审的共同问题，也与刑事诉讼中的审判中心主义原理有关。在近现代走向相对合理的刑事诉讼制度下，任何人未经审判均不得被认定犯罪和施以刑罚，审判是国家处理罪与刑问题的中心程序，是实现定罪量刑的唯一合法程序，任何针对被告人特定罪行的控诉都要通过审判来判定是否成立，而审判前的侦查、起诉、预审通通不能决定对任何人追究刑事责任。也就是说，刑事诉讼必须坚持审判中心主义，审判对象生成并发挥作用的机理体现了一种"审判中心主义"。

当"司法最终解决原则"被确立于法治社会之时起，"审判中心主义"便作为一项程序法治的原理受到强调。康德说，大自然迫使人类去解决的最大问题，就是建立一个普遍法治的公民社会。[2] 早在亚里士多德的那个时代，人们就开始憧憬一种法治的秩序，而今，法治已被不同程度地确立为国家治理与社会控制的基本原则。法治主义的首要精义，便是法律至上并且得到良好的实践，[3] 为此，不但要求法律成为调整国家运作与社会生活的最主要规范，而且要求通过有效机制将制定良好的法律运行起来，真正实现通过法律的治理。在诸多有效的法律运行机制之中，司法治理机制可谓十分重要的一种，乃至有学者如此说到：如果没有立法，国家还可以按照传统和习惯

---

〔1〕　[日]西园春夫主编：《日本刑事法的形成与特色》，李海东等译，法律出版社、成文堂1997年版，第432页。

〔2〕　[德]康德：《历史理性批判文集》，何兆武译，商务印书馆1997年版，第8页。

〔3〕　[古希腊]亚里士多德：《政治学》，吴寿彭译，商务印书馆1981年版，第167～168页。

法活动，而没有司法，政治体系便不能维持，国家就不能生存，这一点古代如此，现代也是如此。[1] 至少在今天，可以毫无疑义地说，司法已经成为一个法治国家运转不可或缺的机制。早在大法官爱德华·柯克面对国王的那一场著名对话中，就已有了关于"司法至上"的诠释：国王无权审理任何案件，所有案件无论民事或刑事，皆应依照法律和国家惯例交由法院审理，这涉及臣民的生命、财产的案件不是按天赋理性来决断而是按人为理性和法律判决的。法律是一门艺术，它需要经过长期的学习和实践才能掌握，国王不应服从任何人，但应服从上帝和法律。[2] 显然，司法至上不仅仅因为它是一门艺术，还因为它是涉及公民生命和财产的判断，更因为它就是法律至上的应有之义，因此也是法治的应有之义。当然，"司法至上"不在于说明一切的事务和问题都要交由司法机关来解决，而是强调司法在纠纷处理中的最终解决原则，强调司法机制在践行法治主义过程的独特意义。一方面，司法作为维持政治及社会体系的一个基本支点发挥着正统性的再生产功能，社会中发生的几乎任何一种矛盾与争议，尽管经过各种各样的决定仍不能得到解决并蕴含着给政治、社会体系的正统性带来重大冲击的危险时，最终都可以被诉讼与审判所吸收或"中和"，诉讼与审判在任何其他决定都可能成为其审理对象而终审判决却一般不再接受任何审查这一意义上具有终局性。[3] 另一方面，正如德沃金强调的，法治不是靠政府，而是靠独立自治的法院建立起来的，在一个法治国家，法院有权对一切问题作终极的司法审查，法院是法律帝国的首都。[4] 对此，托克维尔在一个多世纪以前对美国法治的考察，就有了"简直是没有一个政治事件不是求助于法官的权威的"之惊人发现。[5] 因此，在这里，我们便不难理解有学者提出"法治的正义理念和价值最终必然体现于司法过程和司法结果"这样的论断[6]，不难理解为什么"司法最终解决原则"的形成会导致"审判中心主义"的确立。在今天，审判中心主义被置于

---

〔1〕 胡伟：《司法政治》，香港三联书店 1994 年版，第 34 页。

〔2〕 ［美］罗斯科·庞德：《普通法的精神》，唐前宏、廖湘文、高雪原译，法律出版社 2001 年版，第 41~42 页。

〔3〕 参见［日］谷口安平：《程序的正义与诉讼》，王亚新、刘荣军译，中国政法大学出版社 2002 年版，第 9 页。

〔4〕 ［美］德沃金：《法律帝国》，李常青译，中国大百科全书出版社 1996 年版，第 361~362 页。

〔5〕 ［法］托克维尔：《论美国的民主》（上卷），董果良译，商务印书馆 1988 年版，第 109 页。

〔6〕 汪习根、朱俊："法治构造论"，载《华中师范大学学报》2001 年第 3 期，第 55 页。

司法在法治秩序中的意义这一层面上加以理解，刑事审判被寄托了实现这个法治时代对于罪与刑问题的司法正义使命。

司法方式或许并不在自力救济盛行的时代占据统治位置，但是，随着社会的发展，犯罪问题成为一个共同的问题，也成为一个法律的问题，私人复仇不再具有合法性，取而代之的正是通过法院的刑事审判机制。在今天，原始的自力救济方式和传统的纠问治罪机制显然已经对处理罪刑问题无能为力，刑事审判则成为决定犯罪与刑罚的唯一正当的方式，未经正当的刑事诉讼程序，不得对特定犯罪嫌疑人进行刑事追究，未经法院依法审判确定有罪，不得对任何人实施刑罚。由于内含着一个"控辩平等对抗，法官居中裁判"的程序构架，刑事诉讼能够为司法正义提供一个可视的图景，这个"诉讼"的结构实质就是一个以审判为中心的结构，任何关于犯罪与刑罚的论争，只有拿到法官面前，才可能有个正当的判断。正是在这样的意义上，我们说，"司法公正是个审判中心主义的命题"："刑事司法欲实现公正，首先应确保审判在整个刑事程序中的中心地位，否则，司法的公正就仅仅是一种可望而不可即的海市蜃楼。"[1] 如果仅仅从结构上看，早期的刑事诉讼形式如弹劾式或纠问式无疑也都是以审判为中心的，舍弃审判程序便无其他。但是，审判中心主义却只有到了近现代的刑事诉讼中才得到了实质性的强调，原因何在？近现代以来刑事诉讼程序的充分发育以及刑事诉讼职能的高度分化，使得侦查、起诉、执行都成为独立的诉讼阶段，刑事审判不再是诉讼的全部流程，审判的中心地位遭遇了诉讼结构上的危机。例如，现实生活中，人们往往对收集证据、进行审判准备活动更为重视，倾向于强化侦查、起诉等审判准备工作，却忽视了审判程序本身的重要意义。[2] 刑事审判的中心地位面临的威胁主要来自刑事侦查程序独立地位的确定，因为控诉方的起诉、被告人的辩护都可以纳入到法院审判的构架中，刑事执行中的减刑、假释等问题同样也要由法院裁定，只有侦查最可能游离于审判的三角结构之外。为此，一旦确立"侦查本位主义"，当侦查不受审判牵制时，审判中心主义也就无法实现，甚至可能导致侦查取得的证据及侦查结论直接成为审判证据与审判结论，法庭审判则成为侦查过程和侦查结论的展示和推演。正是基于这样的背景，强调"审判中心主义"对于现代刑事诉讼的发展就具有显要意义，就是说，在整个刑事诉讼结构与流程中，要突出审判的中心地位，发挥审判程序对于审

---

〔1〕　梁玉霞：《论刑事诉讼方式的正当性》，中国法制出版社 2002 年版，第 43～44 页。

〔2〕　彭勃：《日本刑事诉讼法通论》，中国政法大学出版社 2002 年版，第 184 页。

前、审后程序的统摄与规制作用。

刑事诉讼中的审判中心主义,实质在于强调要在"诉讼"的结构和"司法"的程序中来规范国家刑事追诉权力和保障人权。"在法定的程序以外,政府无权对任何人判处刑罚或者使其承受相当于刑罚的待遇。排除法定程序外定罪判刑的可能性之后,在刑事程序的范围内,由于侦查、起诉权力明显地隶属于政府,要防止政府利用强制权力进行政治迫害或者强行推行违背民意的刑事程序,必须以独立的审判权对侦查、起诉权进行有效的制衡,使法院的审判程序成为保护个人权利的屏障。如果审判权受制于侦查、起诉权,或者法院必须屈从于政府的意志,那么,虽然名义上存在'法定程序',但其实质上不过是政府推行强权统治的工具,甚至成为少数政府领导人推行人治的合法手段(如希特勒统治时期的德国和斯大林统治时期的苏联),这是对个人基本权利和自由的严重威胁,是现代法治国家所极力避免的。"[1] 不容忽视,现代刑事诉讼程序整体构造的一个共同原理及趋势,就是所有涉及个人自由、财产、隐私乃至生命的处置,不论是属于程序性的还是实体性的,都必须由法院通过法庭审判作出最终的裁判,即便是审前的侦查追诉活动,其合法性也要接受司法审查,法官的裁判活动居于刑事诉讼的中心。审判中心主义,就是要把犯罪嫌疑人是否犯罪以及如何刑罚的问题放到审判程序中来解决,审判程序是刑事诉讼程序的核心,而审判程序的核心则是法庭审判,尤其是第一审法庭审判。按照有学者的说法,对立当事人双方到场的情况下公开进行法庭审理,是近现代刑事诉讼法的本质要求,确定刑罚权之有无及其范围的实体判断只有经过审判来决定,强化审判就是要强化法庭审理中当事人之间的进攻与防御,只有在审判过程中才能发现真实事实和充分保障人权。[2]而且这种法庭审判应当具有实质性,而不仅仅是一种可被虚置的仪式,只有法庭审理过程具有产生裁判的结论之能力的情况下审判才具有最低限度的公正性。[3]《世界人权宣言》宣称:人人完全平等地有权由一个独立而无偏倚的法庭进行公正的和公开的审讯,以确定他的权利和义务并判定对他提出的任何刑事指控,凡受刑事控告者,在未经获得辩护上所需的一切保证的公开审判而依法证实有罪以前,有权被视为无罪。《公民权利和政治权利国际公

---

〔1〕 孙长永:"审判中心主义及其对刑事程序的影响",载《现代法学》1999 年第 4 期,第 93 页。

〔2〕 [日]田口守一:《刑事诉讼法》,刘迪、张凌、穆津译,法律出版社 2000 年版,第 158 页。

〔3〕 参见陈瑞华:《刑事诉讼的中国模式》,法律出版社 2008 年版,第 154 页。

约》强调：在判定对任何人提出的任何刑事指控或确定他在一件诉讼案件中的权利和义务时，人人有资格由一个依法设立的合格的、独立的和无偏倚的法庭进行公正的和公开的审讯。《保护所有遭受任何形式拘留或监禁的人的原则》规定：以刑事罪名被拘留的人应有权在合理期间内接受审判或在审判前获释，涉嫌或被控犯有刑事罪行的被拘留人，在获得辩护上一切必要保证的公开审判中依法确定有罪之前应被视为无罪。[1] 所有这些规定，都表明了一个共同的立场：在刑事诉讼中贯彻审判中心主义的原则。为了达到这样的宗旨，就必须确立无罪推定、集中审理、公开审判、审判中立、控辩平等、证据裁判、直接言词原则等等诉讼原理。同时，尤为重要的，刑事审判中必须有确定的审判对象，以确立控辩双方攻击防御的目标，明确审判行为的指向和范围，一切的诉讼活动都将围绕审判对象来推进。某种意义上，合理确立审判对象，是审判中心主义得以有效实践的基础，只有基于明确而具体的审判对象，控辩双方之间才可能在审判程序中展开对抗，审判活动才能有效地进行，审判中心主义才能真正得以实现。审判中心主义，就是要求在审判程序中，基于控诉方提示的审判对象，控辩双方围绕审判对象进行有关的指控与陈述、举证与辩论，法官则在针对审判对象的审理过后做出判定。当然，如果审判对象不是由控诉方通过起诉来提示，而是由法官在审判中根据积极审问与调查发现的情况来确定的话。那么，这种表象上以审判为中心的做法实际上已经是把侦查、追诉犯罪的活动安排到法庭上来进行，偏离了审判中心主义的实质，审判中心主义恰恰是要将围绕罪刑问题而进行的追诉行为纳入到审判的视野中来检验。

（三）审判对象的生成原理

刑事诉讼中始终有一个控辩双方围绕什么进行对抗、法官针对什么进行审判的问题。依常识来想象，该范畴即是刑事审判对象，其内容无非就是已经发生而且需要得到解决的有关犯罪与刑罚的问题，我们通常把它泛称为"刑事案件"。然而，发展达到如此专门化、结构化、程序化的现代刑事诉讼制度中，对此问题的理解绝无可能仅仅停留在如此笼统抽象的程度，刑事审判对象绝非简单以"刑事案件"所能解释。当人类社会发展到近现代，社会对待犯罪已不再抱着极端的复仇的态度，而是秉持着人文的、理性的姿态，

--------

〔1〕 参见《世界人权宣言》第10、11条，《公民权利和政治权利国际公约》第14条以及联合国大会1988年12月9日通过的《保护所有遭受任何形式拘留或监禁的人的原则》（Principles for the Protection of All Persons under Any Form of Detention of Imprisonment）第36、38条的规定。

对罪刑问题不再容许赤裸裸的同态复仇和为所欲为的刑事追究,而是将其纳入法治轨道和刑事审判的制度空间来对待和加以处理。在这里,现实生活中活生生的所谓"除凶惩恶"的事情,就被引导到刑事诉讼的制度空间,最终被作为"法的问题"、化约为"诉讼问题"来解决。在这个过程,随着旨在以法治方法处理罪刑问题的刑事诉讼程序的推进,作为自然事件的犯罪及其处置问题便在进入这一空间后被重新界定、重新结构,转而成为诉讼中的审判对象的问题。按照王亚新教授的说法,"贯穿这一过程,作为实体的处理解决对象和作为程序的处理解决方法始终处于一种相互规定、相互形成的互动之中"。[1] 那么,刑事审判对象是如何在刑事诉讼的结构中被规定的,又是如何与刑事诉讼的结构发生互动的?

为了探索这个问题,考虑到刑事诉讼是按一定顺序继起性地展开发生的现象这一特点,我们不妨把每一程序阶段理解为构成刑事诉讼结构的主要因素,考察这些阶段间的前后照应关系及相互作用的机理,来获取一个关于审判对象在诉讼构造中如何生成的直观印象。从事物发展的规律来看,旨在处理犯罪问题的刑事程序大致呈现为这样一个过程:发生犯罪→侦查犯罪→起诉犯罪→审判犯罪→惩罚犯罪。在其中,"审判犯罪"被规定为一个价值中立的程序环节,包含了控辩双方的攻防对抗及在此基础上的法官判定,并作为整个程序结构的中心。显然,从这个流程的宏观视野,我们便可获得对审判对象形成轨迹的初步认识:审判对象是基于起诉犯罪而在审判犯罪的程序运转过程形成的。因此,起诉具有提示审判对象的功能,审判程序则是展示审判对象的空间。

显然,这种认识合乎逻辑事理,它提供了从完整的刑事诉讼运营流程分析程序的结构进而解决具体问题的方法。不过,这仅仅是一种停留在表层的模糊认识。为此,还需要透过这个层次,深入到更为抽象、根本和深刻的层面,考察刑事诉讼结构各种要素间内在的关系及相互结合相互作用的机理,进而揭示这一过程中审判对象为何被需要以及如何被规定。程序是处理问题所采取的步骤及其逐渐展开的过程,结构则是构成事物本身的各种要素以及这些要素相互结合相互作用的方式。[2] 在刑事诉讼过程,控诉、辩护和审判是最为基本的三种要素,它们体现了诉讼中主体间不同的功能构造和价值指

---

〔1〕 王亚新:《对抗与判定:日本民事诉讼的基本结构》,清华大学出版社 2002 年版,第 78 页。

〔2〕 这里得益于受王亚新教授相关研究的启发。有关论述,参见王亚新:《对抗与判定:日本民事诉讼的基本结构》,清华大学出版社 2002 年版,特别是第 78~82 页。

向，其结构意义不但显现为三者在刑事诉讼的运营程序中发生一种"承继流程"，而且在刑事审判中形成一种"三方组合"的构造关系。法学家查比罗指出，可运用"三方组合"的概念，即发生冲突的两方要求第三方解决争执，作为理解诉讼任务的出发点。[1] 在"三方组合"中，原告和被告形成一定的对抗，法官则是居于其中、踞于其上，以不偏不倚的仲裁者角色在做出判定，由此形成一个正三角结构。近现代诉讼中，控、辩、审作为最基本的诉讼要素及诉讼功能，这些要素彼此间的作用构成诉讼结构的支点，"三方组合"所形成的"三角结构"，就是一种"诉讼"的结构，其中蕴含着诉讼程序的基本法理，体现着程序公正的内在品质。在这个构造中，诉审分离、辩诉平等对抗、中立审判以及审判中心主义等内容构成了刑事诉讼最为基本的特质。[2] 显然，这种三角结构刑事诉讼所蕴含的机理，与我们所憧憬能够为合理而有效界定审判对象提供资源的趋于理性的诉讼构造是相互契合的，使我们得以在这个结构中寻求规定审判对象，使我们能够在一种相对合理的诉讼结构中探索审判对象生成的基本原理。

1. 没有起诉，就没有审判对象

这就是说，审判对象由控诉方通过起诉予以提示，形成整个审判活动的标的。这一原理的根据来自于诉讼结构对审判功能的界定，体现审判权力构造及其运行逻辑的中立性和被动性。刑事审判的这种德性，"要想使它行动，就得推动它"，在托克维尔那里被描述为"一切人所共知的特征"："要使法官进行裁判，就得有提交审理的诉讼案件。因此，只要没有依法提出诉讼的案件，司法权便没有用武之地。司法权存在那里，但可能不被行使。"[3] 因此，审判程序的启动必须经由控诉方提起诉讼，没有起诉，就没有审判；同时，鉴于此种中立而被动的德性，审判对象也不可能由法官主动来决定，而必须由启动审判程序的控诉方来提示，否则，刑事审判就将演化为法官主动的"治罪"。在刑事诉讼中，此种诉与审的关系可以表述为"主动的控诉"与"被动的审判"，这其实蕴含着一个古老的诉讼原理：不告不理。

不告不理源自于古代弹劾式诉讼中的控告原则，强调法院未经控告不能主动启动审判程序，早在古罗马时期就流传有"没有原告就没有法官"、"无

---

〔1〕 转引自［英］罗杰·科特威尔：《法律社会学导论》，潘大松、刘丽君、林燕萍、刘海善译，华夏出版社1989年版，第238页。

〔2〕 参见龙宗智：《相对合理主义》，中国政法大学出版社1999年版，第99～103页。

〔3〕 ［法］托克维尔：《论美国的民主》（上卷），董果良译，商务印书馆1988年版，第110页。

告诉即无审判"的法谚。当然，此时的"不告不理"带有早期诉讼制度的不成熟特征，与私人告诉方式及国家司法权力及其程序的欠缺发达密切相关，表现了其时刑事诉讼制度本身的"无能为力"[1]，尚不是基于一种积极探索诉讼规律的"完美创造"。其功能主要体现为规制诉讼程序的启动，但在进入审判程序以后是否因为起诉而限定了审判范围这一问题，并没有充分显示出来。也许正是初始时期不告不理原理镶入刑事程序欠缺深刻和完善的原因，古代弹劾式诉讼初步蕴含的控告原则并没有在后来的纠问制诉讼中得到延续。伴随国家专制和权力集中，国家司法机器对危害治理秩序犯罪行为的控制日益强化，在封建专制时期，国家积极主动承担起追究犯罪的职责，审判权力极度膨胀，法官集侦查、起诉与审判职能于一身，刑事诉讼程序打破了"不告不理"的界限，不需要被害人或其他人的控告，法官可以直接侦查犯罪、审讯犯罪嫌疑人并定罪量刑。因此，刑事诉讼制度走向了另一个极端，不告不理的原理在纠问制诉讼中沉寂了下来[2]，它引起诉讼结构及其程序理性的缺失以及被追究者主体性的沉陷，更造成了审判对象由法官擅自确立与任意变更的弊病。

---

〔1〕 在奴隶制社会的初期，仍然明显保留着原始社会同态复仇习惯的残余，国家对侵犯私人利益的违法行为通常不直接干预，而是允许被害人直接惩罚加害人或以某种方式与加害人和解，只是为了证明加害人的杀害行为是否出于合法复仇，才需要通过司法程序来解决，因此对刑事案件采取"不告不理"的做法。虽然后来随着国家统治权力的加强和国家司法职能的扩张，不允许当事人"私了"，但是，司法机关对于犯罪行为的追究仍然是在有人告诉时才审理，实行"无告诉即无审判"。由于其时生产力水平低下，国家治理能力十分有限，无法有效控制社会的各个层面，国家权力的分化与发展程度也相当有限，司法机构以及诉讼制度的设置较为简单，对犯罪的追究与惩罚无法完全由国家来承担。因而不得不将控诉犯罪的职能赋予受害人或其他人来行使，国家不行使起诉权，没有私人的告诉，也就没有刑事诉讼的开始，法官作为消极中立的裁判者。因此，古代弹劾式诉讼中"不告不理"的做法受制于特定历史条件的社会政治经济基础，不可避免地带有某些局限性。

〔2〕 当然，英美诉讼史上基本没有采纳过纠问制，法官集控审职能于一身的现象基本上没有发生过。长期以来，英国刑事诉讼一直保持着原始的私人追诉程序的特征：法院只有在受害人提起指控的情况下才开始进行刑事审判，法庭的职责在于对对立的私人双方之间的争端作出消极的仲裁。尽管英国国王们也建立了一种独特的皇家法院体系，但他们从未让它们集中起调查权、控诉权和裁判权，而是把刑事司法权的相当一部分都赋予了非职业的治安法官、大陪审团和审判陪审团，使法官始终脱离刑事追诉职责，而保持其消极中立的仲裁者地位。而且，由小陪审团专门负责对案件事实作出裁断的制度也使法官集权的现象没有机会和可能在审判程序中产生。因此，在英国1986年通过司法改革建立起专门职司控诉职能的检察机关时，控诉与审判职能的分离实际上早已成为刑事审判程序中的一项不可动摇的基石。参见陈瑞华：《刑事审判原理论》，北京大学出版社1997年版，第235～236页。这也表明，在整个人类刑事诉讼制度发展史上，不告不理的刑事诉讼原则并没有因为纠问制诉讼的盛行而彻底消失了。例如，在英国，除了特设的星座法院曾实行过纠问制以外，仍一直延续了古代弹劾式诉讼的不告不理的制度特征。

随着生产力水平、人权观念及制度文明的发展，控审合一的结构受到挑战，人类在近现代建立控辩式诉讼的同时重新确立并发展了不告不理的诉讼机理，控审发生了分离，未经控诉不得审判，审判中立得到强调，审判不得及于控诉以外的犯罪。例如《德国刑事诉讼法典》规定："法院开始调查，以提起公诉为条件"；"法院的调查与裁判，只能延伸到起诉书中写明的行为和以诉讼指控的人员"。[1] 在这里，不告不理绝不意味着对古代弹劾式诉讼"无告诉即无审判"的简单重复，而已经被赋予和充实了新的内涵，追诉犯罪不再是私人的事，而已被导入了理性的司法程序中，国家通过专门的控诉程序来启动审判，同时，控诉与审判的国家权力及其运作程序发生分化并建立了合理的配置关系。不告不理的原理，不再是仅仅强调通过简单地告发犯罪而引起审判程序，而是更为强调通过提出控诉而设定审判范围，不但具有规约诉讼程序启动的形式意义，而且具有了设立审判对象的实质意义。在近现代，国家积极主动侦查犯罪，但只有在合乎理性的情况下才针对特定被告人提起特定构成要件事实的控诉，旨在将追诉犯罪的问题引入到符合诉讼主义的审判程序中来解决。因此，不告不理彰显了审判中心主义在近现代诉讼中的意义，更使得"没有起诉，便没有审判对象"的诉讼原理得到完整的确立。

不告不理内涵的逻辑是"告而理之"，通过起诉而启动审判，起诉所提示的审判对象将成为整个审判程序得以展开的基点，成为控、辩、审活动的标的。与此相应的原理是，无论如何，审判对象均不能由法官擅自确立，这是近现代以来刑事诉讼发展的重要成果，也是趋于理性的诉讼构造所必然要求的。控诉与审判彼此分离，没有起诉，就没有审判，就没有审判对象，法院无论如何不能审判未经起诉的犯罪，纵使在法庭上法官面前发生的犯罪，也必须坚持不告不理。依照基本的结构模式，刑事诉讼可界分为纠问制与控诉制，如果审判对象由法官自行决定，势必导向纠问制，而绝不是一种合乎结构理性的诉讼制度。例如，盛行于欧洲大陆中古时期的纠问式诉讼，程序中仅有作为纠问者的法官与作为被纠问者的被告人构成的两面关系，法官一手包办侦查、逮捕、追诉、查证、审理与判决整个过程。由历史文献可知，当时审判所奉行的，实质是由警察国家精神发展出来的调查手法："不计代价，穷追猛打被告，面对强大但却不公正的纠问法官，被告人几无招架之力，正如其时法谚所云：'那些被追诉者审判的人，只能向上帝求救了'。"[2] 显然，

---

〔1〕　参见《德国刑事诉讼法典》第 151、155 条规定。

〔2〕　林钰雄：《刑事诉讼法》（上册），中国人民大学出版社 2005 年版，第 42～43 页。

如果背离"没有起诉，就没有审判对象"这一原理，审判对象由法官来确立而不是由控诉方提示，那么，控审分离的诉讼结构就会受到挑战，诉审关系变得模糊，辩护职能化为乌有，这种程序走向极端便是纠问制的"治罪式审判"。

2. 审判对象与起诉范围保持同一性

这就是说，审判对象的实质是控诉请求，发挥界定法官审判权力范围的功能。这一原理的根据来自于诉讼结构原理对诉审关系的界定，体现控诉对审判范围的规定。它要求在审判过程，法官的审判对象必须与控诉方起诉指控的对象保持同一性，而不能脱离控诉方指控的对象另行审理和判决，即使在审判过程中发现指控对象有错漏，仍然必须维持这种同一性。诚如有学者所言，"法院通过审判所要判定的是检察机关指控的被告人罪行能否成立，它不得超越起诉书的范围，主动对未被检察官指控的人进行审判，也不得对起诉书未载明的案件事实进行调查。法院审判一旦超越了起诉的范围，就会形成一种事实上的越权。因此，在审判过程中，法庭即使发现了检察官未曾起诉的新的犯罪事实和新的嫌疑人，也不应自行决定扩大审判范围，除非检察官以追加起诉等合法方式扩大了控诉的对象和范围。"[1] 这就是诉审同一性的原理，是不告不理在功能和内涵上发展延伸的必然结果。

显然，控审分离的诉讼结构原理，不仅要求由控诉方起诉来启动审判程序并提示审判对象，而且要求控诉方所提示的审判对象发挥实质功效，将法官权力界定在该范围内，这样，控审分离才是真正的分权制衡机制，而不是停留在表层的"分工负责"，产生控审实质合一的弊端。有学者就指出，"不告不理的当然结果，便是法院审理裁判对象及标的，以检察官起诉之被告及犯罪事实为限，不及于未经起诉之被告或被告未经起诉之其他犯罪事实。否则，如果形式上要求检察官起诉，但是法院实质上审理的对象及标的却不受拘束，控诉原则等于是没有意义可言。"[2] 诉审同一的价值在于：合理规范诉讼中的诉审关系，通过设定审判对象并保障其功能有效发挥，防范审判权力的恣意扩张与法官的突袭裁判，进而明确被告防御的目标及范围。由于审判对象与起诉范围具有同一性，被告人就可以根据控诉方的起诉来确定防御的对象，充分准备辩护。如果审判在范围上不受起诉所约束，审判对象对于诉讼主体而言就不是一个可预见的范畴，控诉方的起诉就丧失实质意义，利益受损最大的则是面临突袭性审判的被告人。

---

〔1〕 陈瑞华：《刑事审判原理论》，北京大学出版社1997年版，第235页。

〔2〕 林钰雄：《刑事诉讼法》（上册），中国人民大学出版社2005年版，第44页。

因此，如果说，未经起诉不得启动审判程序，没有起诉就没有审判对象，是合理的诉审关系形式上的要求，那么，起诉限定审判范围，审判对象与起诉范围保持同一性，就是合理的诉审关系实质上的要求。只有坚持诉审同一的原则，才能真正实践控审分离的诉讼结构原理。古代弹劾式诉讼虽然在审判程序启动上坚持了不告不理，但在程序运作中，诉审同一性并没有得到良好的体现，因此，其诉讼结构是不完善的。后来的纠问式诉讼更无从谈起不告不理、诉审同一，它的诉讼结构只是一种纠问者与被纠问者间的"两面结构"，而不是一种合理的"三角结构"。到了近现代，诉审同一性在相对合理的诉讼结构中备受坚持，无论对抗制还是职权主义诉讼，都将其作为一项重要原则予以实践，尽管它们关于诉审同一的界定存在差别[1]。但有一个最为基本的共识：法官无论如何均不得把未经起诉的罪行作为审判对象，审判对象与起诉范围保持同一性，这是该原则不可突破的底限。

当然，诉审同一原理并不排斥审判过程中适当程度的起诉变更。这是因为，有时候适当地变更控诉，不但可避免诉讼结构过分僵化所带来的弊端，而且对被告人是有益的，并符合诉讼经济和有利于发现真实。对此，对抗制诉讼的理念是，严格限制审判过程的起诉变更，除非这种变更并不损害被告人的实体利益并且属于缩小认定包容性罪行的情形。因为，对抗制诉讼结构坚持严格的诉审关系，十分强调保障被告人的防御权利和限制法官的审判权力，以诉因制度来规范诉审结构，通过控诉方起诉书明确记载特定诉因，而不是泛泛记载脱离特定法律评价的犯罪事实，来提示确切的审判对象和确立被告人的防御范围。因此，法官只能就起诉书记载的诉因进行审判，而不能脱离起诉书指控的罪行另行审判，更不得变更或者追加未经指控的罪名。但另一方面，为避免因诉讼结构的过分僵化带来诉讼机制运转的失灵或低效益，以不妨碍被告人防御权利行使和损害其实体利益为前提，可以允许控诉方在不追加指控另外的或者不同的罪行的情况下对起诉书进行修改，允许法官缩

---

〔1〕　比较而言，对抗制诉讼倾向于把诉审同一性作严格解释，认为诉审同一应当是将起诉指控的事实与罪名作为一个整体的同一性，因而法官的审判范围应当受起诉书指控的犯罪事实及罪名所限制。职权主义诉讼则倾向于把诉审同一性作宽泛解释，认为诉审同一仅仅是犯罪事实方面的同一性，而不包括犯罪事实的法律评价方面的同一性，因此法官审判应当在起诉书指控的犯罪事实范围之内进行，但在此范围内可以不受指控罪名的约束而自由进行法律评价。换句话说，尽管同样地坚持审判对象与起诉范围保持同一性的原理，但是，由于具体诉讼制度与理念的差别，导致这一原理存在两种基本的解释模式，对抗制将审判对象解释为控诉事实与法律评价结合为一体的"诉因"，而职权主义将审判对象仅仅界定为起诉指控的"公诉事实"。

小认定为与控诉罪行具有包容关系的另一项罪名。相比而言，职权主义诉讼结构的理念是，在程序上充分保障被告人的信息知情与防御权利之后，允许在控诉事实同一性的范围内进行起诉变更。同时，法官在控诉事实的范围内可以自主地进行法律评价并变更起诉指控罪名。因为，职权主义诉讼中控诉方就控诉事实的法律评价并不约束法官的审判，或者说，职权主义将审判对象仅仅界定为起诉书记载的"公诉实事"而不包括控诉罪名，因而允许在控诉事实同一性的范围内进行起诉变更。当然，不管如何解释和实践诉审同一的原则，保障被告人防御利益均是衡量这一原则合理限度的基准，因为，这涉及审判对象的另一原理，即被告一方进行防御与辩护的范围与审判对象具有同一性。

3. 辩护范围与审判对象具有同一性

这就是说，审判对象经由控诉方起诉时提示后在审判过程便化约为被告人的防御范围。这一原理的根据来自于刑事诉讼结构原理对控辩平等的强调，体现审判程序对被告人主体性的尊重以及对其防御利益的保障。确保控辩双方攻防对抗的平等，是诉讼结构均衡、合理的要求，让被控诉者参与到程序中来，享有辩护的权利，充分陈述自己的观点并为自己的利益进行防御，是自然正义及正当程序的基本法则[1]。如果剥夺了被告人的防御权利，就无异于直接将被怀疑犯罪的人带到法庭上走个过场然后送进监狱或者处死。这种做法并非没有发生过，然而，它是走向合理的刑事诉讼构造所不能容忍的。有控诉，就应当有辩护，未经辩护，就不得审判，这是刑事程序所以为"诉讼"的内在特质，而且，控诉方指控什么，法官就审判什么，被告人就辩护什么，这是控审分离、控辩平等、审判中立的刑事诉讼结构原理的内在要求。确立辩护范围与审判对象具有同一性的原理，其意旨就在于，让审判对象经由控诉方起诉时提示并在审判中固定下来的范围，成为一种对被告人防御利益的保护。这样，本来是针对被告人发起刑事追诉而确立的审判对象，却反过来为被告人提供了一种防御上的保护，提供了辩护的方向和空间，这正是审判对象在一个合乎理性的诉讼结构中所昭示的功能，也是近现代刑事程序彰显权力制约与人权保障的结果。坚持辩护范围与审判对象同一性，就潜在

---

〔1〕 "自然正义"的思想系谱可追溯到1215年的《英国大宪章》，在司法程序问题上，普拉特法官在1723年"国王诉剑桥大学案"中最早使用了"自然正义"概念。"自然正义"包含两项基本原则：其一，任何人都不得在与自己有关的案件中担任法官；其二，必须给予诉讼当事人各方充分的机会来陈述其本方的理由。参见〔英〕彼得·斯坦、约翰·香德：《西方社会的法律价值》，王献平译，中国人民公安大学出版社1990年版，第97页。

地意味着控诉方在起诉时提示了审判对象之后，就不允许任意地变更控诉范围，同样也不允许法官任意确立超越于此的审判范围，而被告人就只需要在控诉方向法院起诉时提示的审判对象确立的范围内进行辩护，避免面对不确定的追诉与审判而不得不进行漫无目的与无休无止的防御。

辩护范围与审判对象同一性的原理，显示了审判对象确立防御空间和确保辩护可行性的功能，体现为一种通过限制权力保障人权的刑事法哲学。倘若在刑事诉讼中仅仅强调被告人防御范围与审判对象的同构性，而缺乏一种权力制约与权利保障的哲学支撑，还是远远不够的，因为，这同样可能发生审判对象的功能异化。例如纠问制诉讼中，法官自由地收集证据并决定审判的性质和对象，而原来控诉制度下两造当事人平等地在公正仲裁人面前相互辩论的特征已经变化为一场发生在被告个人和国家间的对抗，尽管理论上被告仍然可能按照法官确立的审判对象实行防御，但是，诉讼权力（利）的不对等，极易导致专制暴虐，损害被告权利。[1] 由此可断言，在刑事诉讼中，没有权力制约，就没有权利保障，审判对象确立防御空间的功能只有建立这样的刑事法哲学基础，才不会受到扭曲。换句话说，如果仅仅在形式上强调辩护范围与审判对象的同一性，而忽略了这一原理的实质，审判对象不被用来规约控诉方与法官权力的恣意行为，那么，所谓的审判对象实际上就只发挥一种决定被告人辩护范围的单向作用，在这个角度上，所谓的辩护范围对于被告人权利保护丝毫没有意义。因为，这个范围不但由控诉方主动提示而且控诉方可任意变更，同样可由法官擅自确立与扩张。为此，不得不强调，辩护范围与审判对象同一性原理的实质要义在于：通过控诉方起诉时提示的审判对象对辩护范围的确立和固定，反过来制约控诉方恣意变更控诉的滥权行为，并制约法官擅自扩张审判范围的越权行为。换句话说，控诉方提示的审判对象与被告人的辩护范围间是一种双向的制衡关系，而不是一种单向的控诉权力作用关系。

有学者强调："除非崇尚专制擅权的绝对主义，否则，在赋予国家追诉与刑罚权的同时，设定界限以防范任何滥用与擅断的危险，殆属必要。"[2] 显然，相对合理的诉讼结构要求合理配置权力与权利的关系，在国家的控诉与被告人的防御之间设定合理规则。否则，无法保障最为基本的控辩平等，就

---

〔1〕 参见［美］约翰·亨利·梅利曼：《大陆法系——西欧拉丁美洲法律制度介绍》，顾培东、禄正平译，知识出版社 1984 年版，第 149～150 页。

〔2〕 林钰雄：《刑事诉讼法》（上册），中国人民大学出版社 2005 年版，第 8 页。

毫无诉讼主义可言。为此，"辩护范围"或者说"防御空间"应当被赋予实质功效，作为一个极为重要的诉讼法概念来对待，这个概念以"通过制约权力保障人权"以及"维护控辩平等对话与对抗"这样的刑事法哲学作为理念支撑。亦即，"辩护范围"与"防御空间"应当至少具备两项诉讼功能：其一为设定追诉界限，其二为防范突袭审判。于诉讼构造中，控诉方与法官掌握国家权力，被告享有个人权利。然而，国家权力对于个人权利犹如双刃剑，它可以为个人权利提供强有力保护亦可能对个人权利带来最为危险的侵害，一旦国家权力不受限制，它便显示出无限扩张与膨胀的本性，无论是控诉方的国家追诉权力，还是法官的国家审判权力，只要没有遇到为之设定的边界，均可能危及被告人权利。因此，为了诉讼结构的合理性，就必须将诉讼中的国家权力控制在合理的范围内。由权力与权利的矛盾关系为主线推演而成的诉讼结构中，这个权力的边界与范围的设定，显然应当是通过保障个人权利来完成的。故而"辩护范围"及"防御空间"便是承载这一使命的范畴。国家权力存在的唯一合法性就在于为个人权利提供保护，而不能任意侵犯个人权利，无拘无束的刑事追诉与为所欲为的刑事审判，均不具有合法性，它们侵犯了被告人的防御权利，因此应予警惕和防范。强调审判对象的明确化、特定化，就是为了防范控诉方行使追诉权力的无限扩张，为了警惕法官行使审判权力的无所顾忌，从而为被告人有针对地行使辩护权利提供保障。在此意义上，我们说，辩护范围与审判对象具有同一性。

4. 审判对象集中展现于庭审，却规约着整个诉讼活动过程

这就是说，一方面，审判对象在诉讼结构中获得规定，另一方面，审判对象在实际营运中反过来结构了诉讼过程本身。作为一范畴与概念，审判对象解决了控辩双方围绕什么而对抗、法官针对什么而判定的问题，它集中展现于法庭审判过程，构成控辩对抗与法官判定的标的。然而，由于审判中心主义的确立，审判对象对整个诉讼程序的进行产生了一种潜在或显在的规约作用。例如，在审前，控诉方便会围绕潜在的审判对象有针对性地收集证据，进入审判程序后则会紧紧围绕着已经提出来的显在的审判对象进行指控和证明；再如，辩护方在审判前常有一种获知被以涉嫌什么罪行受到追诉的强烈要求，其动力就在于尽早掌握审判对象的内容，便于有针对性地准备防御和于庭审中富有成效地进行辩护；同样，在审判过程，法官组织庭审活动和进行评议判决，最为基本的前提便是要准确把握审判对象，否则审判任务便不可能完成。在这里面，控辩对抗与法官判定的过程，即是审判对象在发生作用的过程。当然，要更为深刻理解审判对象与诉讼结构这种相互规定性，还

需要从存在于诉讼程序最为根本的层次上并直接或间接地规定了诉讼结构性质的两个要素"对抗"与"判定"这里切入。[1]

　　包涵"平等竞技"与"中立裁判"的"对抗·判定"的结构方式，体现了人们对合理的诉讼构造的追求，"对抗"与"判定"这两个要素相互结合相互规定，构成了诉讼程序的基本架构。当然，制度上期待控辩双方在刑事诉讼中进行的对抗是一种理性而有序的论争，是"对事不对人"而紧紧围绕诉讼命题而展开的攻击防御活动。在这一过程，控辩双方被放置在尽量趋于平等的位置上根据诉讼规则和程序进行对抗，而审判对象作为这一场对抗的起点及双方论争的主题。在一个更为深刻的层面，这种结构还蕴含了为中立的法官做出公正判定设定行为基准和质量保障的原理，即法官既不能漫无目的也不能为所欲为地进行审判，审判行为所指向的目标及审判裁量范围被界定于特定的范畴，并且这个范畴一直发挥作用至体现于最终的裁判，发挥这一功能的正是审判对象。在这里，审判对象被用来设定控辩对抗的起点与主题、规定法官判定的指向与范围，正是审判对象，规约了对抗与判定的诉讼构造及其运作过程。

---

　　[1]　诉讼法学研究的成果表明，"对抗"是指诉讼当事人的双方被放置于相互对立、相互抗争的地位上，在他们之间展开的攻防活动构成了诉讼程序的主体部分；"判定"则意味着由法官作为严守中立的第三者，对通过当事人双方的攻击防御而呈现出来的案件争议事实作出最终裁断，且这个裁断具有一经确定即不许再轻易更动的强烈的终局性。这两个要素相互结合相互规定，就构成了诉讼程序的深层的基本结构本身。一方面，当事人之间在诉讼内的对立抗争被纳入一整套以达到或获得终局性判断为目标的制度性程序框架，该目标制约规定了从一开始提示并确立有关纠纷的命题，一直到围绕这些命题进行证明等所有攻防活动的内容和实施方式；另一方面，法官的终局性判断受到直接来自于当事人活动本身的种种约束和限制，且在原理上作为当事人双方攻击防御的结果而由当事人自身对此承担责任。在这个意义上，可以说互为前提的两个要素中，"判定"的存在为当事人的对立抗争提供了驱动力和调整装置，而"对抗"的展开则是终局性判断形成的基础并在很大程度上直接决定了其内容。

　　王亚新教授以日本民事诉讼程序为视角，挖掘了存在于诉讼程序最根本的层次上并直接或间接地规定了整个程序结构性质的两个基本要素："对抗"与"判定"，并精辟论述了对抗与判定的诉讼结构原理。这种"对抗·判定"结构原理不仅适合于日本民事诉讼，同样在很大范围内适合于现代诉讼程序，对我们认识刑事诉讼程序的构造原理同样具有深刻的启发和借鉴意义。事实上，近现代以来的刑事诉讼，无论英美法的对抗制诉讼，还是大陆法的职权主义诉讼，抑或混合模式的诉讼，均没有回避控辩对抗以及法官判定这样的设计原理，虽然在对抗程度以及判定的中立姿态上可能存在差异。但是"对抗·判定"的结构设计基本成为绝大多数刑事诉讼程序的共同原理，并被视为一种趋于合理的诉讼构造方式。

　　需要说明的是，这里分析的展开得益于受王亚新教授研究的启发并部分借鉴了王亚新教授关于"对抗·判定"诉讼结构及审判对象的形成的有关分析。有关论述，参见王亚新：《对抗与判定：日本民事诉讼的基本结构》，清华大学出版社 2002 年版，第 56～116 页。

与此同时，在另一方面，我们看到，在这一构造中：首先，起诉是审判对象生成的动力机制，正是控诉方提起诉讼提示了即将启动的审判程序的作用对象。从诉讼程序推进的角度，审判对象是基于侦查发现犯罪进而通过审查起诉确立具体控诉内容予以起诉而初步形成的。其次，控辩对抗推动了审判对象的进一步形成。控诉方启动审判程序后便对被告人发动指控，辩护方则根据控诉进行辩护，双方攻防对抗活动的标的正是审判对象。在这里面，被告人防御对于审判对象产生了一种规定性，因为依照起诉初步设定了对应的防御范围以后，就直接限制了控诉方任意变更扩展审判对象的行为。当然，这里并不排除控诉方正当变更起诉范围，也不排除被告人在庭审中将侦查追诉机关违反程序侵犯权利的行为提出来论争的可能。但这就表明，审判对象实际上在控辩对抗中获得了进一步的规定。最后，由于法官判定作为一种自由心证与裁量的行为，决定了它具有对审判对象产生较大影响的可能性，更由于判定作为一种终极裁判，审判对象实质上是在法官的判定行为中最终得到型塑的。审判对象这种从控诉方起诉中初始提示，到控辩对抗中进一步形成，再到法官判定中最终型塑的发展演进规律，显然是符合事理逻辑的。

不过，在这里面，似乎就存在了一个值得注意的"逻辑悖论"：一方面，审判对象由控诉方起诉时提出并在审判过程成为控辩对抗与法官判定的标的；另一方面，审判对象经历了由控诉方初始提示到控辩对抗中进一步形成再到法官判定最终型塑的过程。那么，审判对象既然在对抗与判定中形成又如何作为对抗与判定的标的呢？

实质上，问题的关键就在这里。对这一问题的解释要从审判对象的功能说起。在诉讼过程，为了使控辩双方以及法官组合起来运作的诉讼程序更加具有合理性和有序性，避免诉讼主体行为目的性与可预见性的缺失，特别是为了避免控诉方对被告人任意变更控诉和法官审判的漫无目的或者为所欲为，就必须预先地存在一个运行审判程序的原因或者说存在一个使控、辩、审三方共同行动的主题。尽管不同主体在诉讼中各有各的目的与使命，但是，它们却在围绕着同一个问题而进行各自的诉讼行为。这样，整个诉讼的程序才可能被合理地构造起来并有序地展开。这个"原因"或者说"主题"，就是审判对象。故而，审判对象具有明确控诉范围、设定审判范围、确立防御范围、确定既判范围等功能。当然，在审判程序开始运转以前，审判对象仍然是一个并未获得实在形态的诉讼概念，可谓为"潜在的审判对象"，它只有真正到了审判程序中才获得了实在形态，成为一个实实在在的范畴，即"显在的审判对象"，展示在控辩对抗与法官判定的诉讼行为过程。然而，这决不意味着审判对象纯粹是审判程序中控辩对抗与法官判定的产物，对控辩双方以及法官的诉讼行为丝毫没有发生作用和意义。显然，在一套结构合理的诉讼中，控诉方根据案情与侦查效果决定提起诉讼的特定主张和内容，就可避免广泛撒网的徒劳，保证追诉的正当性与有效性。同样，法官根据控诉来确定审判的范围，就可避免不着边际的审理，保证审判的公正性与经济性，被告人针对控诉来准备辩护，就可避免漫无目的的防御，确保辩护的有效性与合理性。在这个过程，自始至终有一个概念或者说范畴在影响和规范着诉讼主体的活动，这个"范畴"在不同的诉讼阶段和诉讼主体那里分别表现为"控诉范围"、"审判范围"、"辩护范围"。然而，该三个"范围"基于一个概念被统一了起来，这个概念就是"审判对象"。而如果该三个"范围"发生隔阂，偏离了同一性的原理，"审判对象"便会丧失存在的实质意义，成为一个虚无的概念。在这里，我们看到了审判对象作为一个实质性概念或者说作为一种诉讼理念的意义，它规约着诉讼主体的对抗与判定的行为，并在实质上充当了控辩对抗与法官判定的共同标的。然而，在另一方面，由于这是一种追求合理和完美的诉讼结构设计的理想，也是一种排除任何其他因素影响下的制度预期，在实际运行着的刑事诉讼中，却无法完全避免偏差的发生。例如，控诉方起诉时所提示的"审判对象"是否就一定被法官及辩护方所准确地理解、把握并运用了呢？诉讼运行过程是否可能因为客观情况的变化而使诉讼中的特定要素不得不发生变更呢？控诉方和法官在审判过程是否严格而自觉地将指控与审判的范围界定为初始提示的"审判对象"呢？诸如此类问题的存在表明，审判对象并非总是一成不变的，也并非全然拒绝变更的，经由控诉方初始提示的审判对象仍然可能在对抗与判定的过程发生变化。为此，对抗与判定的过程其实也是审判对象从初始提示走向形成与最终型塑的过程。这样，审判对象在诉讼构造中发生作用的过程，正好也是审判对象在诉讼构造中生成的过程，而这一过程，正好体现了审判对象对于诉讼结构的影响与被影响。

应当说，所以为"审判对象"，就是因为它集中展现于庭审过程，成为控辩双方攻击防御的主题和法官审理与裁判的标的，故而审判对象表征为一个关于审判的概念及范畴。然而，问题在于，这一对抗与判定的主题或者说标的是如何被提出来的，提出来以后是如何被论争的，又是如何获得最终的定论的？从刑事诉讼的运行规律考察，作为制度性的一般规定，诉讼的主题由控诉方决定并提出，并通过控辩双方的对抗与论争得以形成确立，这种决定和确立的过程在实质上指向的是获得一定内容的判定，并在法官的判定中获得最终定论。这个过程，紧紧围绕着审判对象而展开。首先由控诉方通过提示作为审判对象的诉讼主题，以启动审判的程序。对此，法官和被告人必须给予回应，法官显然不得撇开这一主题而就另外的诉讼主题进行审理，被告人当然也必须针对这一主题进行防御，而控诉方在进入审判程序以后反过来又受到该主题的约束，不得任意更改诉讼的主题。结果，控辩双方围绕着该主题展开对抗与辩论，法官则围绕该主题组织庭审并就该主题作为权威的判定。可见，"审判对象"作为一个范畴，其实在形态经历了由初始提示到集中展示再到最终型塑的演进过程。但同时，"审判对象"作为一个抽象概念始终影响和规约着这个对抗与判定的过程。亦即，审判对象在诉讼结构中获得规定的同时，反过来"结构"了诉讼过程本身。

于审判对象初始提示到最终型塑的过程，存在两个尤为重要的作用因素：一个是控诉，一个是判定。控诉方希求启动审判程序，就要预先提示审判对象，提出将在审判过程作为控辩对抗与法官判定的主题。由于诉讼结构中诉审分化的原理，法官无权自行确定这个诉讼的主题，控诉方则无权直接就该主题作出权威判断，否则，就成为法官或控诉方的"亦诉亦审"，有悖于诉讼法理。故而，这一主题只有经过审理由法官来做出最终判定，当然，法官的判定亦只能针对控诉方提示并在控辩对抗中展示的诉讼主题。这样，整个过程实际上就被规范在"审判对象"设定的框架中进行，控诉方有权提示诉讼主题，但却无权做出权威判断，法官有权做出权威判断，但却无权提示诉讼主题。[1] 在这里面，就蕴含了一种分权制衡的诉讼构造原理。而这正是为什么审判对象要交由控诉方来提示，进而展示于控辩对抗的庭审，最终交由法官判定来完成最终型塑。同时也是为什么审判对象在对抗与判定中形成却作

---

〔1〕 刑事审判的中立性、应答性、技术性和独立性，要求法官必须回避直接对控辩双方进入诉讼前发生的"犯罪事件"作伦理判断，也必须回避超越控辩对抗的主题而就整个所谓的"犯罪事件"作泛泛的审判，而是必须将审判的指向与范围严格限定在控辩对抗的主题之上。但另一方面，法官就被告人刑事责任问题作出的判定，建立在经过审理所认定的案件事实与实体法规范的运用的基础上，而不受控辩双方尤其控诉主张与意见所干扰，独立作出控诉罪行是否成立以及如何刑罚的权威的司法判断。这样，一个似乎矛盾但却不可避免的难题就在刑事审判中发生了：法官最终的权威判定受控诉方提示的主题所约束但又必须摆脱控诉方提示主题的主张所干扰。其实，这个"难题"蕴含的正是审判对象与诉讼结构之间十分微妙的内在联系。就此，不同时期、不同模式、不同国家的刑事诉讼制度秉持的态度有所差别。例如，在纠问模式的诉讼中，法官可以自行确定与任意变更诉讼的主题并就该主题作出判定，然而，在控诉模式的诉讼中，法官不能擅自确定与变更诉讼主题，只能就控诉方提示的诉讼主题作出判定。当然，这就表明，只有当控诉与审判之间关系得到合理定位，刑事审判对象与刑事诉讼结构才可能发生一种内在的并且是合理的联系。

为对抗与判定的标的。如此一来，审判对象与诉讼结构就发生了一种二律背反式的相互规定相互作用，其逻辑结构呈现十分精巧的"悖论"。然而正是此种"悖论式"的原理，演绎着审判对象与诉讼构造的内在联系，这一过程，揭示了审判对象为何被需要，解释了审判对象如何被规定、演绎了审判对象的生成原理。

### 三、诉讼构造发展与审判对象的张力

#### （一）寻求认识一种反思性的刑事诉讼

一个相对合理的诉讼构造中，审判对象由控诉方提示，这是数千年来经验证成的诉讼定律，只有因循这一点，才可能是一场"诉讼"，而不是"纠问"与"治罪"，因而它规定了审判对象生成最为基本的机理。这已是不言而喻，然而当中的问题似乎尚未引起深刻思考：由代表国家利益的控诉机关积极主动提出旨在追究被告人刑事责任的审判对象，这是否已经达到完美、合理和完全符合人类对司法制度的价值追求了呢？我们注意到，这是审判对象的一种单向性的运动，这种以犯罪追诉权力为驱动的审判对象发生机理，至少无助于国家与个人间的平等及诉讼结构的均衡。实质上，这个古老的审判对象生成机理依然没有错，但是，决不应为此忽略刑事诉讼发展所提出来的"新"问题：在国家与个人间，在权力与权利间，刑事追诉权力如何合法化？这本不是什么新问题，然而在此尤为值得探讨，这里试图提出：趋于理性的诉讼构造中，侦查权力的合法性问题应当自然被纳入为审判对象而接受司法的审查，这对于刑事诉讼运作具有实质意义。为此，我们需要重新理解刑事诉讼的性质与使命，阐释诉讼构造发展的方向。

背负着人类认真对待犯罪与刑罚问题的理想，刑事诉讼从远古走到了现在，在这个历程，它曾经呈现人类社会解决纠纷的单纯面孔，也一度戴上通过国家审判实现刑罚犯罪的权力面相，也曾经披着通过刑事程序实现人权保障的神圣面纱。或许在犯罪仅仅被视为一种私利冲突的时代，刑事诉讼只不过是用来解决纠纷的一种独特方式，它要求原告将被告诉诸裁判面前，在这种三角构造中寻求对纷争的一个了结，即便最终为求得所以然采取决斗而两败俱伤，结果对他们来说也是公平的[1]。因此，在个人与个人之间，国家提

---

　　[1]　显然，在早期的刑事诉讼中，已经不是暴力，而是规则，在发挥着解决利益冲突的作用。诚如意大利学者所说的，诉讼的起点产生于各行其是，产生于强力行为和随后导致的斗争，在最初阶段，权利享有者正是通过这种方式来实现自己的权利，这种斗争受到限制，执法官把私人行动引导到和平方式解决问题的道理上来。参见 [意] 朱塞佩·格罗索：《罗马法史》，黄风译，中国政法大学出版社1994年版，第122页。

供一个聆听与见证的平台，让争论在公平竞技中有一个所以然，这便是早期刑事诉讼的本质。然而，随着犯罪成为一个"共同问题"[1]，原本发生于个人与个人间的纷争实质上已经演化为国家与个人的利益矛盾，刑事诉讼便成为国家用来捍卫公共安全、实现社会正义的一种重要方式。到了今天，人们依然坚信这样一个目标，即在程序内惩罚有罪的人和保护无辜者，是刑事诉讼实现正义的最完美的追求，"如果无辜者受到惩罚而有罪者逍遥法外，程序就落空了"[2]。显然，这种完美追求一点也没有错，但是，也许是在这种追求背后压抑不住惩罚犯罪的冲动，实际运行中刑事诉讼却往往难以摆脱作为犯罪控制工具的命运。我们不得不承认，不管国家抱持着一种何等公正的姿态在操控刑事诉讼的运行，基于国家利益的驱动和实体正义的偏好，在国家那里，具有实在意义的首先总是发现犯罪与实现刑罚的问题，而不是什么个人权利保障的问题。所谓的个人权利保障或许只不过是国家为了保证准确惩罚犯罪的一种附属产品。甚至可以夸张地说，只要刑罚了犯罪、保障了秩序，受刑罚者是谁并不重要，对国家而言，只要恢复了犯罪所破坏的秩序，树立了国家权力的权威，这场刑事诉讼就已经发挥了功效。因此，在这场由国家组织起来的程序中，具体的个人常常是显得微不足道的。可以说，相当长一段时期里，刑事诉讼扮演的就是这么一种角色，不管它如何地去发现事实真相，追求刑罚正义，不管它如何去尊重被告人的程序权利，防止错误追究，它总是笼罩着犯罪控制的阴影，无法摆脱神圣背后的乏力。这是因为，刑事诉讼从一诞生，便与犯罪与刑罚结缘，更是与国家权力紧密联系，它由国家组织起来并支持运作。然而，它却用来解决国家与个人之间的冲突，这使其天然地隐含了一个自身无法解脱的不平等的悖论。今天我们不乏对控辩平等、保护人权的呼吁，然而极少反思这一场刑事诉讼的深层矛盾，真正理解刑事诉讼的性质及其当代使命。然而，要合理界定审判对象，探索合理的审判对象生成原理，就不能仅仅满足于由代表国家行使追诉权力的控诉方提示审判对象这一点，而应该寻求认识一种反思性的刑事诉讼，探索诉讼构造不断走向合理的方向，进而获取更深一层的结论。这样一种反思性的刑事诉讼及其

---

〔1〕 根据学者的考证，在古罗马，公犯和私犯之间的区别在发展中不断加深，这意味着后一类犯罪趋向于萎缩，而前一类犯罪则有了相应的发展，因为侵犯城邦利益的现象相对于直接侵犯私人利益的行为不断扩大，这是复合社会向前发展的自然结果，在这个社会中，犯罪变成一个共同问题。参见 ［意］朱塞佩·格罗索：《罗马法史》，黄风译，中国政法大学出版社1994年版，第141页。

〔2〕 ［美］伟恩·R·拉费弗、杰罗德·H·伊斯雷尔、南西·J·金：《刑事诉讼法》（上册），卞建林、沙丽金等译，中国政法大学出版社2003年版，第30页。

不断趋于理性的诉讼构造，至少应当包含如下五项维度的内涵，它们标示了反思性刑事诉讼的基本特征和诉讼构造发展的主要方向：

1. 在国家与个人之间：一个有血有肉的个体

在刑事诉讼场域，控诉方与被告人发生的讼争，实质是发生在国家与个人间的一场矛盾[1]。显然，国家是基于抵御犯罪破坏公共秩序的需要而以国家刑罚权为根据针对被告人发起刑事追诉的，按照启蒙思想的解释，这种权力来源于每个个人所捐赠出来的"那份自由"。因而在国家刑罚权的根据与来源那里，我们首先看到，在国家发起的刑事诉讼中，被告人其实也为了"这种需要"而"割让自己的一部分自由"并希望"这种共同的捐赠足以让别人保护自己"，然而他/她此时被怀疑成为这种"公共保护"的敌人而受到刑事追诉。因此，国家没有理由不慎重对待被告人的权利问题，用贝卡里亚的话说，"一切额外的东西都是擅权，而不是公正，是杜撰而不是权利（力量）"[2]。历史上封建专制时期的纠问程序，在国家面前，一个有血有肉的个体沦为备受压制的对象，个人的权利被牺牲得一干二净[3]。告别了纠问制，近现代辩式诉讼极力追求控辩平等，在国家与个人之间谈论平等，是因为矛盾发生在"诉讼"中，追求平等是诉讼的本性[4]，倘若没有平等可言，就不是刑事诉讼，而是纠问治罪。显然，为了追求平等，就必须尊重刑事诉讼中的个人。然而，仅仅强调这一点还是不够的，而应该走得更远些，关键要看到，刑事诉讼中需要与国家平等的，不是抽象的个人，而是活生生有血有肉的具体的人。历史传承至今，"抽象的人"随处可见，有血有肉的个体极易

---

[1] 当然这里专门针对当惩罚犯罪成为一个国家组织起来的共同问题时公力救济性质的刑事诉讼而论，而不是远古时期私力救济型的刑事诉讼，传统的私人追诉主义向国家追诉主义的演变有其历史必然与合理性。

[2] 参见［意］贝卡里亚：《论犯罪与刑罚》，黄风译，中国大百科全书出版社1993年版，第8～9页。

[3] 根据法国学者的描述，在纠问程序中，个人可以在其本人不知道的情况下受到侦查，个人所面对的证据本人不可能提出异议，直至出庭之时才可能组织所谓的辩护。然而，个人仍然可能受到极其残酷的拷打与刑讯。并且，审判不公开进行，即使承认提出的证据不足，个人仍然处于官方的怀疑之下，并有可能再次受到追诉。参见［法］卡斯东·斯特法尼、乔治·勒瓦索、贝尔纳·布洛克：《法国刑事诉讼法精义》（上卷），罗结珍译，中国政法大学出版社1999年版，第82页。

[4] 这是人类社会千百年来经验证成的一种认知，"平等对抗"、"公正审判"这样的诉讼形象已经深深植根于人们的理想和概念之中。例如，有一种司法精神即"司法竞技主义"，即蕴含着这样一种追求平等对抗与公正审判的理念。参见张建伟：《司法竞技主义：英美诉讼传统与中国庭审方式》，北京大学出版社2005年版，第8～9页。

被抽象化，成为一个符号。[1] 我们看到，国家很早就在为一种抽象的、普遍的目的而经营，而个人已经湮灭在人的抽象世界里，具体的个人必须牺牲自己来为一个抽象的存在服务，只能够在普遍的目的下去寻求实现属于个人自己的目的。[2] 黑格尔这样评论：历史的兴趣和个人脱离关系，"普遍"克服了个人，各个人必须把他们自己的利益归并在"普遍"之中，在这样一种"普遍性"里，它们的具体形式被磨灭了，成为群众，而被归并在群众的"普遍性"之内成为融合无间的一体。[3] 在刑事诉讼中，在国家面前，一旦个人被抽象化地看待，司法官员头脑里面有无"人"的观念便已经不是最为关键的，并不会妨碍其对罪与刑的判断，在其眼中的"被告人"，只不过是一种可以在其背上贴上一个刑法条文的"活标本"。[4] 然而，此种刑事诉讼的实质已是"目中无人"。[5] 因为只有看到站立在国家面前的是一个有血有肉的个体，而不是无关紧要的抽象的人，[6] 去尊重他/她，才可能更多地避免那种血淋淋的场面，诸如强制羁押、刑讯与酷刑，才可能把他/她当做一个活生生的存在来对待，而不是一个在追诉权力面前微不足道的抽象物。

2. 在权力与权利之间：一种界定权力的权利

刑事诉讼中的国家权力与个人权利始终是一对摩擦着的矛盾。这不仅因为每一个社会中的个人都不得不以限制权利为代价赋予国家权力以有效打击犯罪，还因为，国家发起的刑事追诉就是以限制特定个人权利为手段和目标的权力行为。这里面，始终有个国家权力触角探入个人权利领域的合理限度的实质问题。在实践中，我们几乎无法找到一种对个人权利完全没有施加任何限制的刑事诉讼样板，甚至似乎可做这样一个判断：个人权利的保护与国

---

〔1〕 例如罗马法中，第一次构建了"法律人"，使法律上的"人"与生活中的"人"泾渭分明，然而，"人"成为一个符号，"除了一张法律人格面具外，里面什么也没有，'人'丰富多彩的属性几乎被法律掏空了"。参见［意］彼德罗·彭梵得：《罗马法教科书》，黄风译，中国政法大学出版社1992年版，第29页；周光权：《刑法学的向度》，中国政法大学出版社2004年版，第32页。

〔2〕 参见周光权：《刑法学的向度》，中国政法大学出版社2004年版，第32～33页。

〔3〕 ［德］黑格尔：《历史哲学》，王造时译，上海书店出版社1999年版，第114页。

〔4〕 ［意］菲利：《实证派犯罪学》，郭建安译，中国政法大学出版社1987年版，第2页。

〔5〕 康德深刻地认识到，没有人，全部的创造都将只是一片荒蛮、毫无用处、没有终结的目的，只有在人之中，在道德律能够适用的个体的人之中，我们才能发现关于目的的无条件的立法。参见赵敦华编著：《西方哲学简史》，北京大学出版社2001年版，第284页。因而，假若"目中无人"，刑事诉讼也将"只是一片荒蛮、毫无用处、没有终结的目的"。

〔6〕 诚如马克思所强调的，"我们不是从人们所说的、所设想的、所想象的东西出发，也不是从口头上说的、思考出来的、设想出来的、想象出来的人出发，去理解有血有肉的人。"参见《马克思恩格斯全集》（第3卷），人民出版社1960年版，第30页。

家权力的运用形成反比关系。[1] 国家权力不得不在限制个人权利的条件下发挥作用，正如刑罚对于犯罪而言是一种"必要的恶"，国家追诉权力同样被视为"必要的恶"，否则，便无法发现犯罪事实无法惩治犯罪。然而，这决不意味着只要是基于查明真相控制犯罪的需要就可以限制权利，也不意味着国家权力只要控制在"不得不为"就必然具有合法性，而是意味着治理犯罪的国家权力运作必须将可能限制个人权利的程度降到最低点。换言之，要将保障个人权利作为国家权力运作的最高目标。因此，理解刑事诉讼的性质，就是要认识到，个人权利规约国家权力。在更深刻的一个层面，就是个人权利为国家权力设定边界。如果说，在传统的"警察国家"，国家权力是不可能有边界的，[2] 个人权利只能作为国家权力的一种施舍，那么，"宪政国家"的觉醒，则已让刑事诉讼中的国家权力从沉醉中惊醒，宪政的精义就是要控制国家权力、保障个人权利。契合于此种权力（利）理念，反思性的刑事诉讼法，本质上已经不是集中规范如何控制犯罪的规则，而是一部规范如何防止国家追诉权力侵犯个人权利的控权法、人权法。我们庆幸看到诸如无罪推定、程序法定、反对强迫自证其罪、非法证据排除、禁止重复追诉此类规则的建立，显示了控权与人权保障的姿态，然而也要看到，今天在规制国家权力方面的成就，很大程度上仅仅是出于发现真实与减少错误归罪的考虑的一个"副产品"，国家权力规制还很难成为我们刑事诉讼的核心主题，诸多刑事诉讼规则在尊重个人权利方面的调整只是一种妥协式和施舍性质的"改良"，而不是一种自觉自发的"革命"。刑事诉讼要完成从"控制犯罪的程序"向"规约国家权力的程序"的"脱胎换骨"，这只是一个开端。但这个方向应当继续坚持：个人权利为国家权力界定。在这里，与其将国家权力与个人权利看作一种"此消彼长"，不如将国家为了保障个人权利而在权力行使方面的自我约束作为一种最大的"善"，并将二者统一在这种反思性的刑事诉讼中。

　　3. 在犯罪与刑罚之间：一道不可逾越的诉讼

　　溯源至古罗马，诉讼的缘起与国家为避免发生冲突时各行其是的暴力斗

---

　　〔1〕　左卫民教授就提出这样一个问题："国家权力能否在不限制、剥夺个人权利的基础上有效运作"，进而推论：一般而言对个人权利的限制越多，国家权力更能有效运转，反之，对个人权利的限制越少，国家权力的运作效率就会越低，因而，在不限制个人权利的假定条件下，国家权力的运作效率必然很低甚至完全为零。参见左卫民：《价值与结构：刑事程序的双重分析》，法律出版社 2003 年版，第 24~25 页。

　　〔2〕　［德］拉德布鲁赫：《法学导论》，米健、朱林译，中国大百科全书出版社 1997 年版，第 37 页。

争而建立秩序有关,〔1〕 如果说,早期同态复仇盛行的背景下有"犯罪"就有赤裸裸的"刑罚"〔2〕,罪与刑间几乎没有任何规范可言,那么,被"引导到和平方式解决问题的道路上来"了以后,在犯罪与刑罚之间,"诉讼"便是不可或缺的。当然,"国家在最早时代通过其法院而进行干涉,很少是由于国家受到了损害这个观念"〔3〕,但是,当犯罪"变成一个共同问题"〔4〕甚至被定位为"孤立的个人反对统治关系的斗争"〔5〕时起,国家便真正地介入对罪刑问题的解决,在犯罪与刑罚间架起了一道国家权力的"桥梁"——刑事诉讼,追诉犯罪成为国家实现刑罚的需要,追诉与惩罚成为国家赢得权威的一种方式,就如斯达勒所言,"刑罚公正性在于国家以消灭反抗国家之人或使反抗者痛苦来确立国家的威严"〔6〕。然而,带着惩罚犯罪的面孔,国家集中了追诉至刑罚的各种权力,置被告人为诉讼客体与和合法化刑讯的对象,刑事诉讼实质上成为国家实现刑罚权的工具。但尽管如此,在犯罪与刑罚间的这场"诉讼"仍然虚伪地存在并且是必需的。在此,我们要求重新理解刑事诉讼,不是为了抛弃刑事诉讼,更不是要回到这条老路,而是为了张扬刑事诉讼,要发现刑事诉讼成为必需的真正意义,回归刑事诉讼应有的本质精神。在犯罪与刑罚之间,它就像一道不可逾越的"墙",因为,它主导了从犯罪走向刑罚的"诉讼主义"的道路,所有围绕罪刑问题而展开的国家追诉行动,均要放在这个空间进行审阅,一切未经正当程序而对个人权利的限制与剥夺和对犯罪的认定与处置,都将因越"诉讼"之轨而丧失合法性。"诉讼主义"意味着将国家与个人的刑事利益冲突置于相对合理的三角结构中来审视,意味要在正当程序空间处理权力与权利的矛盾,意味着一个既为被害人遭受犯罪

---

〔1〕 参见 [意] 朱塞佩·格罗索:《罗马法史》,黄风译,中国政法大学出版社 1994 年版,第 121~123 页。当然,此时"暴力"并未完全游离于刑事诉讼之外。例如根据古罗马《十二铜表法》第 1 条,原告负责传唤被告出庭,对拒不服从的被告,原告可以使用武力进行强制传唤的制裁。实质上,在国家强制力的背后,刑事程序内含了国家集中的"有组织暴力",只是,这些行为已经被组织起来并被程序所合法化了。

〔2〕 极端典型者甚至表现为复仇。按照刑法学者的分析,"复仇是利己的,因为其系由感到受了伤害并希望报复的任何人野蛮地(通过自己的权威)所采取的。复仇既不受既有规则所限定,也不与被报仇的伤害相适应。受报仇的甚至不必是犯罪……"参见邱兴隆:《关于惩罚的哲学——刑罚根据论》,法律出版社 2000 年版,第 13 页。

〔3〕 [英] 梅因:《古代法》,沈景一译,商务印书馆 1996 年版,第 211 页。

〔4〕 [意] 朱塞佩·格罗索:《罗马法史》,黄风译,中国政法大学出版社 1994 年版,第 141 页。

〔5〕 参见《马克思恩格斯全集》(第 3 卷),人民出版社 1960 年版,第 379 页。

〔6〕 转引自 [德] 拉德布鲁赫:《法学导论》,米健、朱林译,中国大百科全书出版社 1997 年版,第 86 页。

侵害提供公力救济也为被告人遭遇国家追诉权力侵犯提供司法救济的动作过程，在此意义上我们才说，犯罪与刑罚间是一道不可逾越的"诉讼"。

4. 在实体与程序之间：通过程序引导正义

庞德曾指出，法律程序作为在诉讼中实现实体法的手段。[1] 无疑，建立一套推动实体法实施的刑事程序，在其中，完成侦查、逮捕、起诉、审判和科处刑罚，这种需要具有普遍性，它不仅基于国家有效控制犯罪的需求，也基于刑事诉讼与生俱来的程序特质。没有实体目的，程序就会空洞无物、迷失方向，惩罚犯罪和保护无辜同样是刑事诉讼所要实现的目标。有学者这样表述："所有的刑事司法制度都面临着两难境地：它们同时要尽力保护可能无辜者和惩罚可能有罪者。"[2] 强调这一点丝毫没有错，刑事诉讼过程的诸多要素正是旨在推进实体真实的发现，诸如侦查程序、证据开示程序、交叉询问程序、再审程序。然而，问题在于，无论如何去发现真实，刑事诉讼所要评价的都是一种发生在过去的"事实"，只有让残存的"历史碎片"来说明，因此，这种对实体真实的终极追求注定永远只能是一种无限的接近，而不是回归于事实本身。这样，发现事实真相的刑事诉讼追求就面临着一种尴尬：不择手段、不惜代价还是有所节制、有所顾忌地去发现真实？前者显示对实体正义的无限忠诚，后者则将对正义的追求诉诸程序理性。传统刑事诉讼怀着对实体正义的无限忠诚，却付出了巨大代价，这种追求走到了极端，便是"宁可冤枉一千个无辜，也不放纵一个罪犯"。此种代价不但由被告人承担，例如遭受刑讯和精神压迫，而且由刑事诉讼制度乃至整个法律制度承担，因为它"毁坏了法律"、"污染了水源"[3]。再者，经验表明，无论国家如何对实体正义的追求表现忠诚，也不可能获得尽善尽美的事实与裁判，无辜者受到惩罚而有罪者逍遥法外的情形仍然可能发生。因此，反思刑事诉讼，就是要走出了这个"伪正义的圈套"，不再放纵对牺牲个人权利毫不计较的刑事追诉，让程序为正义引路。趋于理性的刑事诉讼，不但应当是善于发现事实真

---

〔1〕 转引自［美］伟恩·R. 拉费弗、杰罗德·H. 伊斯雷尔、南西·J. 金：《刑事诉讼法》（上册），卞建林、沙丽金等译，中国政法大学出版社 2003 年版，第 30 页。

〔2〕 ［意］戴维·奈尔肯编：《比较刑事司法论》，张明楷等译，清华大学出版社 2004 年版，第 101 页。

〔3〕 按照培根的说法，"我们应当懂得，一次不公正的裁判，其恶果甚至超过十次犯罪。因为犯罪虽是无视法律——好比污染了水流，而不公正的审判则毁坏了法律——好比污染了水源。所以所罗门曾说：谁若使善恶是非颠倒，其罪恶犹如在庐井和饮泉中下毒。"参见 ［英］弗兰西斯·培根：《培根人生论》，何新译，陕西师范大学出版社 2002 年版，第 216～220 页。

相的，还应当能够为发现事实提供正确的姿态和提供容纳误差的空间。罗尔斯说，即便法律被仔细地遵循，过程被公正恰当地引导，还是有可能达到错误的结果。[1] 在这个程序空间，理应保持一种宽容，何况，不惜牺牲个人权利为代价的刑事追诉，无论结果如何，已经是一种错误，自然应当受到程序的"惩罚"。"犯罪"本是一种"恶"，然而，在刑事诉讼中，国家为了以恶治恶而放任追诉权力对个人权利的不法侵犯，则是另一种更大的"恶"。通往正义的道路上，这种侵犯个人权利的国家权力行为就应当受到程序的规约，刑事诉讼不能为了某种实体追求而牺牲了程序正义，否则，便会导致一种像达玛什卡所揭示的"程序法的陪衬性"[2]。其实，刑事诉讼的独立自治的程序特质，早在古罗马时期《十二铜表法》那里就隐约呈现，用意大利学者的话说，"（《十二铜表法》）规定诉讼程序这一事实本身就是在对擅断加以限制"[3]，而今这个以权力制约与人权保障为主题的程序法治时代，更应该彰显这一特质。

5. 在目的与手段之间：通过控权保障人权

如果只是为了惩罚犯罪，实际上国家根本不需要刑事诉讼法，甚至根本不需要刑法。毕竟，在国家强制力面前，"反对统治关系"的"孤立的个人"显得如此渺小，有学者就说，刑事案件的调查者查明真相根本不需要任何程序上的设置，没有程序上的障碍，他更便宜行事，也更富实效。[4] 因此，刑事诉讼法实质并不是为了方便国家惩罚犯罪而存在的。法治国家秉持罪刑法定与无罪推定的原理，没有刑法，就没有"犯罪"，没有刑事诉讼法，就没有"刑罚"，背离于此，国家惩罚犯罪的权力行为就不具有合法性。当然，这绝不是说，刑法与刑事诉讼法存在的目的就是为了给国家刑罚犯罪提供合法性，而是要将国家惩罚犯罪权力运作框定在合法的制度空间。因此，摆脱规范罪

---

〔1〕［美］约翰·罗尔斯：《正义论》，何怀宏、何包钢、廖申白译，中国社会科学出版社 1988 年版，第 86 页。

〔2〕按照达玛什卡的描述："程序法像影子一样忠实地追随着相关的实体法"，"如果有罪被告已经被定罪并且判处了恰当的刑罚，这项判决不会因为事后发现定罪的根据乃是非法取得的口供而自动被推翻"，"偶尔浮现出来的导致实体性正确结果之获得受阻的附带价值就像是一条汹涌澎湃的河流中的漩涡：它们无法阻止程序之流朝着实体性正确结果的方向奔涌而去"。参见［美］米尔伊安·R. 达玛什卡：《司法和国家权力的多种面孔——比较视野中的法律程序》，郑戈译，中国政法大学出版社 2004 年版，第 220～222 页。

〔3〕［意］朱塞佩·格罗索：《罗马法史》，黄风译，中国政法大学出版社 1994 年版，第 83 页。

〔4〕参见［斯洛文尼亚］卡思天·M. 儒攀基奇：《刑法理念的批判》，丁后盾译，中国政法大学出版社 2000 年版，第 121 页。

刑问题的刑事法律，国家实际上照样能够控制犯罪，甚至更为随心所欲、得心应手。故此可以断言，刑事法律的存在，绝不是手段，而是目的。实质上，自从有刑法存在，国家就承担着双重责任，不仅要面对犯罪人保护国家，也要面对国家保护犯罪人，刑法的目的不仅在于设立国家刑罚权，同时也要限制这一权力，它不只是可罚性的源由，也是它的界限，而成为公民反对司法专横和错误的"大宪章"[1]。这才是刑法的本质，只有当真正昭示规范与限制国家刑罚权力的品格，刑法才有了真正存在的必要[2]。同样，只有当刑事诉讼法彰显控制国家追诉权力的品格，它才成为一种真正的必要。否则，不但对个人生活没有一点好处，对国家来说也是一种奢侈品。诚如陈瑞华教授所强调的，"刑法是'犯罪人的大宪章'，刑事诉讼法则是'被告人的大宪章'"[3]。刑事诉讼法的存在，就是为了规范国家权力与个人权利间在罪刑问题上矛盾的解决，"一旦国家为了发现刑事案件的真相应禁止实施哪些行为，这一问题被提出，刑事诉讼法就作为一种建议之上的事物应运而生了。"[4]更进一步地说，刑事诉讼法存在的真正实质，就是为了限制国家权力、保障个人权利。如果不是这样，如果被告人必须自证其罪或者有义务证明自己无罪，如果对被告人的刑讯逼供可用来证明被告人有罪，如果对被告人的同一行为可进行重复追诉，那么，在这背后，国家暴力与治罪才是实质，刑事诉讼只是虚伪的"幌子"，因为，治罪与国家暴力实质上根本就可以不需要刑事诉讼。马里旦说，权力总倾向于增加权力，它喜欢自己是一个目的而不是手

---

〔1〕　[德] 拉德布鲁赫：《法学导论》，米健、朱林译，中国大百科全书出版社 1997 年版，第 96 页。

〔2〕　实际上，只有到了贝卡里亚那里，刑法才有了真正存在的必要："只有法律才能为犯罪规定刑罚，……超越法律限度的刑罚就不再是一种正义的刑罚。"参见 [意] 贝卡里亚：《论犯罪与刑罚》，黄风译，中国大百科全书出版社 1993 年版，第 11 页。因为，此时，刑法才真正昭示规范和限制国家刑罚权力的本色。而此前的封建刑法除了为专制主义控制犯罪的需要提供些许虚伪的"合法性"，便是累赘，它让专制的国家成为个人生活的唯一场所，除了怂恿权力的恣意、专制和残忍，对于人们的生活、社会的运转一文不值。例如，有刑法学者就这样阐释封建刑法的特点：一是干涉性，即刑法干涉到个人生活的所有领域，包括干涉个人的私生活；二是恣意性，即对何种行为处以何种刑罚，事前并无法律的明文规定，通常由一定的人恣意裁量；三是身份性，即同样的行为由于行为人、被害人的身份不同，而导致处罚的有无与轻重；四是残酷性，即刑罚方法大部分是死刑与身体刑。参见张明楷：《刑法的基本立场》，中国法制出版社 2002 年版，第 1 页。

〔3〕　陈瑞华：《程序性制裁理论》，中国法制出版社 2005 年版，第 15 页。

〔4〕　[斯洛文尼亚] 卡思天·M. 儒攀基奇：《刑法理念的批判》，丁后盾译，中国政法大学出版社 2000 年版，第 122 页。

段;[1] 阿克顿说,权力导致腐败,绝对权力导致绝对腐败。[2] 为此,我们不能让权力成为目的。卢梭说道,人是生而自由的,但却无往不在枷锁之中;[3] 阿克顿说道,围绕着集权还是限权和分权所展开的斗争是人类历史发展的动力,这是现代社会一种伟大的律动,正是从这个意义上讲,在对暴力的坚持不懈的抵抗中,自由发挥了战斗的威力,自由获得了拯救并得到了发展。[4] 为此,我们必须控权,以捍卫一种作为人最本质的自由。在人类较早时期开始,就一直承续着一种天赋人权的观念[5]。这种观念被化约为一种人权保障的终极目的和具体实践,并在控制国家权力的关系视野中备受强调,并且被不断地尝试走向实践、成为现实。《世界人权宣言》宣称,鉴于对人权的无视和侮蔑已发展为野蛮暴行,这些暴行玷污了人类的良心,鉴于为使人类不致迫不得已铤而走险对暴政和压迫进行反叛,有必要使人权受法治的保护,为此,人人有权享有生命、自由和人身安全,任何人不得加以任意逮捕、拘禁或放逐,凡受刑事控告者,在未经获得辩护上所需的一切保证的公开审判而依法证实有罪以前,有权被视为无罪。[6] 这都为了表明,人权作为一种目的,控权是手段,为了权利,就必须控制权力,通过控权来保障人权,正是反思性刑事诉讼所要秉持的立场。

在这里,不惜笔墨寻求认识和阐释一种反思性的刑事诉讼,探索诉讼构造发展的方向,就是要真正理解刑事诉讼的实质及其当代使命,将刑事诉讼定位为通过规约国家追诉权力保障个人权利的制度装置,而不是传统的实现国家刑罚权力的程序。强大的国家与具体的个人发生了一场"诉讼",国家对犯罪的追究被纳入了法治轨道,在犯罪与刑罚间被设置了程序的空间。刑事诉讼的运作,就是要限制国家追诉权力的恣意和保障被追诉者的权利,在权

---

〔1〕 [法]马里旦:《人和国家》,霍宗彦译,商务印书馆1964年版,第10页。

〔2〕 [英]阿克顿:《自由与权力:阿克顿勋爵论说文集》,侯健、范亚峰译,商务印书馆2001年版,第342页。

〔3〕 [法]卢梭:《社会契约论》,何兆武译,商务印书馆1982年版,第4页。

〔4〕 [英]阿克顿:《自由与权力:阿克顿勋爵论说文集》,侯健、范亚峰译,商务印书馆2001年版,第344页。

〔5〕 例如,在斯宾诺莎、卢梭、康德、黑格尔、密尔、格林等思想家那里,就充分揭示着天赋人权的终极意义:每个人都有天赋的自然权利,人人平等而自由,个人有反抗奴役的权利,国家有尊重天赋人权的义务,人是目的而绝不可以仅仅当做手段来使用,天赋的人权是我们与生俱来的自由,要捍卫自由就必须为权力划定其应当受到的限制。有关的学说,参见黄枬森、沈宗灵主编:《西方人权学说》,四川人民出版社1994年版,第55~425页。

〔6〕 参见《世界人权宣言》序言、第3、11条的规定。

力与权利之间，在目的与手段之间，由个人权利为国家权力设定边界，通过控权实现人权保障。不断走向合理的刑事诉讼构造，自然要对此做出回应，而将侦查行为合法性问题自然地纳入为审判对象，不是不可能的。

（二）作为技术支撑的司法审查

控制国家权力、保障个人权利，是法治国家理论的核心主题，是近现代刑事诉讼发展用以调整国家与个人关系的价值原理。历史上著名的大法官爱德华·柯克与国王的论战，关于"国王无权审理任何案件，所有案件无论民事或刑事，皆应依照法律和国家惯例交由法院审理"的论断，即是提出"法律至上"及其蕴含的"司法至上"的原则。[1] 随着法治的发展，对个人权利的司法救济和对国家权力的司法审查，已成为司法至上的精义："如果说司法权是一种由司法机构所行使的裁断权的话，那么这种司法裁断权的存在则主要为了给那些受到威胁、限制、剥夺的权利提供一种法律上的救济，同时还给国家权力机构所行使的公权力施加一种法律上的限制和约束。……司法权范围的确定必须紧紧围绕是否有个人基本权益需要司法救济和司法保障，以及是否有某种国家权力（尤其行政权力）需要司法审查和控制这两项标准来进行。离开对权利的司法救济和对权力的司法审查这两点，司法权的介入就可能在很大程度上是奢侈和多余的。反过来，在某种基本权利受到限制、剥夺的场合，在某种国家权力（尤其是行政权）可能出现扩张、滥用的关口，如果没有司法权的介入和控制，就可能导致权利受到任意的侵害而无处获得救济，权力出现恣意的行使而不受制衡。在此情况下，自由、权利将被秩序、安全所湮没，正义将不复存在。"[2] 这一点，在刑事诉讼领域表现尤为显著。刑事诉讼以解决国家追诉与个人权利的矛盾为使命，集中展示着个人权利与国家权力的紧张冲突与衡平关系。刑事追诉机关代表国家实施强大的犯罪追诉职能，追诉机关行使侦查权与控诉权时往往伴随着一定的强制性，从而对嫌疑人、被告人的个人权利构成威胁。虽然基于保障法秩序的需要，允许刑事追诉机关对公民采取强制性侦控手段。但为了防止侦控机关滥用强制权非法侵犯公民权利，必须给予嫌疑人、被告人向法院请求审查的权利，由法院来对刑事追诉机关权力行使的合法性进行审查，刑事追诉机关对公民的重大

---

〔1〕〔美〕罗斯科·庞德：《普通法的精神》，唐前宏、廖湘文、高雪原译，法律出版社 2001 年版，第 41 页。

〔2〕陈瑞华：《问题与主义之间——刑事诉讼基本问题研究》，中国人民大学出版社 2003 年版，第 11～12 页。

权益进行强制性处分，必须由法院经过正当的法律程序加以审查后才能作出，未经法院的审查，不得对任何人剥夺生命、自由或者科处其他刑罚，也不得对公民实施逮捕、羁押等强制措施以及其他强制性侦查措施，从而以这种方式使公民在国家的强制权面前得到有效的法律保护，这便是刑事司法审查原则。[1]

实行刑事诉讼中的司法审查是刑事法治的实质要求。一方面，随着控审结构分化与审判功能的理性发展，刑事审判被赋予通过制衡追诉权力来保障人权的神圣使命。近现代趋于理性的诉讼模式的缔造者们将实施刑事追究的国家权力分化为控诉权与审判权，高度强调审判的独立性与中立性，并希望通过建立在控审分离构造基础上的司法审查机制来防止国家滥用追诉权力践踏人权。另一方面，随着刑事司法价值理念的发展，刑事司法的价值指向已不再仅仅停留于惩罚犯罪的层面，而是越来越注重保障人权。而且，不是简单地强调保障无辜者不受刑事追究，而是越来越关注被追诉者乃至任何个人是否可能受到刑事追诉权力的非正当侵犯这一问题。国家尊重和保障人权，不但要保障个人权利受到侵犯时能够获得救济，而且要最大限度地防止个人权利可能受到来自国家权力的侵犯，在国家追诉权力与被告个人权利之间，通过中立性的司法审查机制来确保国家追诉权力的合法性以及保障被告人权利，显然具有重要意义。有学者评论说：面对强大的国家权力的侵害或可能的侵害，在平衡权力与权利的关系、制约权力与保障权利方面，司法审查是迄今为止最为可行的基准程序。[2] 当今刑事诉讼发展的一个重要趋势，就是强化司法审查，例如《公民权利和政治权利国际公约》规定：任何因逮捕或拘禁被剥夺自由的人，有资格请求法庭不拖延地决定拘禁他是否合法以及如果拘禁不合法时命令予以释放。[3] 国际社会普遍强调："影响被告人基本权利的任何政府措施，包括警察所采取的措施，必须有法官授权，并且可受司法审查。"[4] 显然，刑事诉讼中的司法审查，是对国家追诉权力合法性的一

---

[1] 谢佑平：《刑事司法程序的一般理论》，复旦大学出版社 2003 年版，第 151～152 页。

[2] 周伟："司法审查：尊重和保障人权的基准程序"，载《政治与法律》2005 年第 1 期，第 2 页。

[3] 参见《公民权利和政治权利国际公约》第 6 条的规定。

[4] 参见《世界刑法学协会第十五届代表大会关于刑事诉讼法中的人权问题的决议》第 8 条的规定。再如，《德国基本法》第 19 条第 4 款就规定："其权利受到公共权力侵犯的任何人，都可以要求法院对侵权进行审查。"美国学者评论说，"司法审查的机会是一种宪法性权利，没有这种机会，受其影响的当事人将在未经正当法律程序的情况下遭受丧失权利的危险。"参见 [美] 杰弗里·C. 哈泽德、米歇尔·塔鲁伊：《美国民事诉讼法导论》，张茂译，中国政法大学出版社 1999 年版，第 60 页。

种带有公正司法性质的检验，更是一种对受该权力侵犯的个人权利的救济和保障。司法审查已经成为一项刑事诉讼的内在原理，国家追诉机关的权力行为，尤其侦查行为的合法性自然必须接受法院的此种司法审查。

因而，在这里提出刑事诉讼中的司法审查，意义在于，司法审查作为国际社会普遍认可并内在于刑事诉讼制度的一项基本原理，意味存在着将侦查行为的合法性问题纳入审判对象的可能性。对侦查行为的合法性问题进行司法审查，这是刑事诉讼发展的一个基本趋势。当然，从当前多数国家的立法例来看，主要还是一种审判前对侦查行为合法性的司法控制。但是，这已经在很大程度上意味着侦查行为的合法性问题被纳入审判过程的司法控制视野而成为审判对象的合理性和可行性。更进一步说，审判过程应该为审判前侦查行为的合法性受到破坏而导致的被告人权利侵害提供一种积极的司法救济，这不是没有可能的。

（三）侦查行为合法性问题纳入为审判对象

在刑事诉讼过程，将侦查行为合法性问题自然地纳入为审判对象，这一命题，显然已经远远超越前面关于"不告不理，诉审同一"的讨论。它改造了传统诉讼构造下审判对象只能由控诉方单向提示的格局，确立起一种真正体现被告人与控诉方平等对抗的审判对象双向提示格局，使被告人亦可能针对控诉方将审前个人权利受到国家追诉权力不法侵犯的情况提示为审判对象。而且，它矫正了传统刑事诉讼中审判对象只是由追诉被告人刑事责任为单一内容的构造，确立了一种体现控权与人权保障使命的审判对象的自觉发生机制。因而，充实并完善了审判对象的生成机理。将国家为向被告人发起刑事追诉而侦查犯罪过程权力行为的合法性问题纳入为审判对象，意味着一切违反正当程序侵犯权利的侦查行为都将自然要受到法院的审查并在刑事审判中受到否定的评价。它修正了传统将刑事诉讼作为实现国家刑罚权力手段的观点，确立刑事诉讼作为权力控制与人权救济机制的观点，修正传统的侦查本位主义的刑事程序模式，确立审判中心主义的诉讼构造模式，使刑事审判真正成为规约权力与保障权利的机制。毋庸置疑，我们对刑事诉讼性质与使命的反思与重构，探索了一种使刑事诉讼构造走向更加合理的方向，对于刑事诉讼作为制约国家追诉权力保障个人权利之制度装置的定位，使得将侦查行为合法性纳入为审判对象的原理获得一种根本理念的支撑，揭示了在不断走向合理的刑事诉讼构造中将侦查行为合法性问题自然地纳入为审判对象的合法性，揭示了超越传统的以追诉权力为主导和以被告人刑事责任为单一内容的单向度的审判对象生成机制、确立一种真正体现控辩平等对抗、彰显控权与人权保障使命的审判对象的自觉发生机制的可能性。在这里面，就显示了审判对象范畴在不断趋于理性的刑事诉讼构造中所表现出来的一种张力。

当然，在这背后，有一个问题需要得到合理解释，即侦查行为合法性问题未经起诉而成为审判对象，这是否已经对神圣的不告不理提出了挑战，意味着法院擅自扩张审判范围，而破坏了刑事诉讼的合理构造与程序原理呢？为此，还需从不告不理的实质及其对于诉讼构造的意义说起。伴随诉讼文明的发展，刑事诉讼的结构安排实质就是如何配置权力与权利的问题，国家与犯罪嫌疑人之间的矛盾被安排在刑事诉讼的制度空间进行解决，以确保国家刑事追究的正当性，保障个人权利不受非法侵犯。随着刑事诉讼的结构安排逐渐趋向于合理，在这个解决国家与被告间矛盾的程序空间，国家权力被分化为控诉权力与审判权力并相互制衡，不告不理实质就是为了维系一种合理的诉讼构造，避免由于控审合力而伤害被告人的权利。归结到这个根本点上，不告不理与"审判对象范畴的张力"可谓异曲同工、殊途同归，二者在走向合理的刑事诉讼构造中可谓相互契合、并行不悖。在刑事诉讼中，将侦查行为合法性问题纳入审判对象范畴，并不会违背不告不理的精神，刑事诉讼中的不告不理原则正是为了防止国家滥用刑事追究权力对被告人造成的侵害，二者在主题精神是一致的，都为了限制国家追诉权力、保障个人权利。其实，现代法治国家也被称为"司法国家"或"裁判国家"，历史上随着国家积极担负惩罚犯罪保护国民利益的义务，普遍建立起国家对犯罪进行侦查、控诉和审判的刑事诉讼机制，犯罪问题便逐渐地被以一种和平方式加以解决。然而，国家因此而拥有愈来愈强的刑罚权和刑事追究的能力，在保护公共利益的同时却可能对犯罪嫌疑人甚至任何个人的权利和自由带来极大的危险。因此，为了维护刑事诉讼机制的合理性，在赋予国家侦查犯罪权力的同时，就必需设定侦查权力的范围与限度，设置用以制衡侦查权力滥用的机制，通过司法审查机制来对国家强制权的合法性进行审查，以保障个人的权益，防止国家强制权的违法侵害。德国学者在运用法治国家理论剖析这一问题时指出：国家侦查权对于人民权利侵害的许可范围应是，使无罪者不会受到不法的调查及过当的被侵害自由，而即使是对有罪者，亦应顾及其所有的辩护权益，对这些侦查权之限制概称为司法程序之格式性，程序法的任务不只是在保护国民不受犯罪者之侵害，同时也在保护着被告不受侦查机关之不法侵害后，才能了然。[1] 其实，一旦我们将刑事诉讼的目的提升至实践法治国家理

---

[1] [德] 克劳思·罗科信：《刑事诉讼法》，吴丽琪译，法律出版社 2003 年版，第 4~6 页。

念的高度，便会毫无疑义地承认将侦查行为合法性问题纳入审判对象范畴的必要性与正当性。现代法治国家的一项基本原理，就是要对国家权力进行严格规范和合理控制，确保基本人权不受来自国家权力的恣意侵犯。近现代以来诉讼文明发展的结果，之所以将国家侦查犯罪的行为纳入刑事诉讼的轨道，就是要确保国家侦查权力的正当性，运用刑事诉讼的机制来规制国家滥用侦查权力侵犯人权的情形，刑事法治的理念必然要求对侦查行为进行司法控制。把侦查行为合法性问题纳为审判对象，是运用刑事审判机制对国家侦查犯罪过程中的合法性问题的一种检验，是寻求刑事司法正义的一种努力，将这一原理加以制度化，有助于在刑事诉讼中真正贯彻权力控制与人权保障的法治理念。

趋于理性的刑事诉讼构造，必定有两种因素备受强调：一是，作为价值目标的人权保障理念；二是，作为技术理性的权力分化制衡原理。前者强调以人权保障作为刑事诉讼的本质属性和终极价值追求，国家追究犯罪的终极目标在于保障人权。而且，国家追究犯罪的过程也必须以是否有利于人权保障为标准来衡量它的正当性，一切超越人权保障界限的刑事追究行为都不具有合法性。因此，独立而中立的刑事审判必须发挥审查国家刑事追究机关权力行为合法性和保障被告人权利的职责，通过刑事审判实现人权保障的使命。后者强调国家刑事追究职能应当进行合理分化，履行不同诉讼职能的国家机关在机构和功能上分立，并通过彼此间有效的制衡达到整体结构的均衡与合理。为此，除了通过不告不理来实现追诉权对审判权的制约，还要求基于中立性的司法审查来实现审判权对追诉权的制约。历史经验表明，刑事诉讼合理构造的实质，就是要得当解决权力与权利的配置，只有存在必要的分权与有效的制衡，只有当控权得到实现而人权得到保障，刑事诉讼才可能是构造合理而运行有效的。因此，将侦查行为合法性问题自然纳入为审判对象的制度设计，与不告不理一样，均显示了刑事诉讼构造不断走向合理的一种努力。[1]

当然，强调将侦查行为合法性问题纳入审判对象范畴，并不意味着将侦

---

〔1〕 当然，在这里可能也涉及一种实践中发生的情形，即当被告人及其辩护律师提出对涉及侦查行为合法性的具体问题进行审查的具体诉求时，法院基于此将其纳入为审判对象，则不会存在像上述提到的"法院擅自扩展审判范围"的解释难题。针对这种情形，有力的解释应当是被告人诉求与主张作为一种诉权。即在刑事诉讼中，虽然基于不告不理的原理而启动审判程序设定审判对象，但是基于控辩平等的基本理由，被告人仍然应当有权提出针对控诉的这种诉求，这种原理有点类似于民事诉讼中被告针对原告提出反诉的诉讼法原理。

查行为的方方面面都纳入为审判对象，而是主要将侦查行为的程序合法性问题纳入为审判对象。它着意于通过司法审查来规约侦查权力行为违背程序正义侵犯被告人权利的情形，从而更加有效地规范刑事诉讼中国家与个人的关系，达致刑事诉讼的结构合理性。如果说，不告不理原则强调法院不能未经控诉而进行审判，解决的是为确定被告人刑事责任问题而进行实体性裁判的正当性问题，那么，法院将侦查行为合法性问题纳入审判对象范畴则是一种具有独立品格的程序性裁判，它表现为法院在审判程序中就控诉机关指控犯罪是否成立的实体性问题进行审判的同时也对侦查机关的程序性违法情况进行司法的审查与控制。尽管法院在审判过程对侦查行为合法性问题的司法审查可以视为法院为解决被告人刑事责任问题所举行的实体性裁判的派生程序，但它具有自身存在的独立性[1]。它基于刑事诉讼旨在制约国家追诉权力保障人权的价值机制以及刑事诉讼中司法审查的技术原理，将法院对侦查机关程序性违法行为的司法审查作为刑事审判过程的一项制度性安排，展示出刑事审判对象范畴的一种张力，更显示着一种趋于理性的刑事诉讼构造。

---

〔1〕 诚如陈瑞华教授所说，程序性制裁要通过一种独立的司法审查程序加以实施，这种司法审查程序相对于那种为确定被告人刑事责任问题而进行的实体性裁判而言，构成了一种独立的程序性裁判。英国学者通常将非法证据排除规则的裁判程序称为"审判之中的审判"，将其视为一种"诉中诉"和"案中案"，这非常形象地指出了程序性裁判与实体性裁判的关系。参见陈瑞华：《程序性制裁理论》，中国法制出版社 2005 年版，第 192～193 页。

# 第三章　审判对象与诉讼程序

## 一、审判对象的运行规律

（一）审判对象的运动特性

我们所断言的，审判对象是控辩对抗与法官判定的标的，这其实不仅是一种构造，更是一种过程。我们知道，审判对象是在控辩审的诉讼结构中获得规定的，其内涵体现为"没有起诉，就没有审判对象"、"审判对象与起诉范围保持同一性"、"辩护范围与审判对象具有同一性"、"审判对象集中展现于庭审，却规约着整个诉讼活动过程"诸原理，这些原理宣示了审判对象在诉讼构造中存在和发生作用的规律，但其实，这正好就是审判对象在诉讼程序视野运行的过程。[1] 实际上，审判对象只有依托于特定的诉讼构造，契合于渐进推动的诉讼过程，才可能实现合理的界定，发挥有效的功能，诸如设定审判界限、规范指控范围、确立防御方向、固定既判力范围、确立禁止重复追诉界限等功能及其所蕴含的控制权力、保障权利的价值，必然要呈现于动态的诉讼过程并表现为审判对象的运行规律。况且，审判对象是在控、辩、审诸力量因素共同作用的诉讼构造中得到规定的，这种"规定"本身就是表现为一种力量互动的过程。再者，在诉讼过程，审判对象并非一经控诉方起诉时提示便静止不动和一成不变，而是可能发生合理的变更，即便不发生变更，它对控、辩、审的诉讼活动发生作用的过程，即已不可避免地要呈现其动态与运动的属性。

---

〔1〕 系统的审判对象理论，除了明确基本的价值立场以外，至少应当包括两个重要的理论板块：一是揭示审判对象如何在理性的诉讼结构中获得规定；二是揭示审判对象如何在动态的诉讼程序中进行运作。但这实质上是在同一个过程实现的两个层面：一方面，审判对象在控辩对抗与法官判定的诉讼结构中得到界定；另一方面，审判对象又作为控辩对抗与法官判定的标的规范着诉讼活动。这种发生在审判对象与诉讼构造之间相互规定相互作用的"悖论式"原理，正好精妙地诠释了审判对象的生成原理与运行规律。当然，对于审判对象生成原理的解释，主要站在结构分析的立场，而对于审判对象运行规律的考察，则要采用过程分析的视角。

通常而言,审判对象作为审判行为的目标指向与作用范围,集中展示于法庭审判,表现为法官组织审理和作出裁判以及控辩双方在法庭上辩论对抗的标的,严格来说,只有在审判过程,才存在所谓的审判对象。然而,由于实行不告不理、诉审同一和控辩平等对抗的原则,法官不得擅自将未经控诉的任何罪行确立为审判对象,审判与起诉甚至防御彼此间具有范围上的同一性,控诉方起诉时通过起诉书明确提出的控诉罪行实际上就是提示了审判对象。当控诉方基于特定的控诉启动审判程序以后,该项控诉便成为控辩双方攻击防御的标的,成为法庭审理与法官裁判的对象,审判对象便在法庭上控、辩、审的活动中得到了集中而充分的展示。当然,可能由于起诉变更或者变更罪名等做法而造成实际运行中的审判对象与控诉方起诉时提示的有别,这种变更将促使被告人相应地调整防御角度。但不管如何,经过法庭审理作出最终的裁判,审判对象就在法官的判决书中被固定了下来。在这个过程中,审判对象经历了控诉方起诉时的提示到审理过程的展示乃至变更再到法官判决时的固定这样一个动态推进的过程。同时,审判对象在表现形态上相应经历了起诉时体现于起诉书中的初始形态,到审理过程体现于法庭审理中的实在形态乃至变更形态,再到判决时体现于判决书中的型塑形态这样一个演变过程。当然,在通常情况下,除非发生合理的变更,审判对象从起诉时的初始提示到判决时的最终型塑在内容与范围上是始终如一的。尽管由于诉讼程序的推动它的表现形态不断地发生变化,诸如初始形态、实在形态与型塑形态,并且在不同主体的诉讼行为中表征为不同的外在范畴,诸如起诉范围、审判范围与防御范围,但是,这些所谓的形态与范畴实际上具有同构性,它们实际上已被审判对象这一概念及范畴所统一组织起来并随着程序的推进而运行,这正好是审判对象存在与发生作用的表现和结果。因而,审判对象的运行显然是一个依托于诉讼程序而不断演进的过程,不管是否在审判过程发生变更,审判对象都将经历起诉时被初步提示直到判决时被最终型塑的过程,表现其显著的运动特性。不管如何,从起诉书到判决书,审判对象的运行特性都将得到充分的展示,这个过程将展示出审判对象的内在原理,展示出审判对象的运行规律。

(二)动态地理解审判对象

审判对象的运行依托于刑事诉讼的程序。程序意味着一个渐进的运行过程,而且该过程被安排于特定的制度性空间,"通过排除各种偏见、不必要的社会影响和不着边际的连环关系的重荷,来营造一个平等对话、自主判断的场所"[1]。在某种意义上，刑事诉讼的程序正是要致力于营造这样的"理想世界"，在其中，法官、控诉方、被告人、证人和辩护律师只需要紧紧围绕审判对象来进行平等的对抗和自主的判断，而不用去管隐藏在身份背后的国家或者个人，更不用去管与此无关的那些事实或者法律问题，伴随于程序的推进，一幅基于审判对象的控辩对抗与法官判定的诉讼图景得以有序地展现。在这个过程中，所有围绕审判对象而展开的论争与判断都被有序地引导，被规范于程序的框架，借用罗尔斯的话说，这是一个"正当过程"[2]。由于刑事诉讼程序推进的过程始终交融着各种各样的来自程序内与程序外、主观的或客观的作用因素，这些因素的综合作用使刑事审判呈现一种动态的过程性，这就使得审判对象始终处在一种动态的运行环境之中。因而，我们根本不可能亦不应该基于一种静止的观点来理解审判对象的运行规律。

再者，尽管程序作为一种角色分派的体系，进行角色规范，消除角色紧张，使程序参与者各就其位，各司其职，大大地压缩了恣意的余地。然而，程序排斥恣意却并不排斥选择，它进行角色分派实现功能自治但仍然呈现为制度化的交涉过程，刑事诉讼的程序并不是一套静止而凝固的仪式，它包含了角色之间的相互影响，控、辩、审诸角色始终发生着一种相互作用，审判对象正是在这种互动的过程得以展示的。此种属性，按照季卫东的说法，就是"通过程序来实现一种静中有动的状态"[3]。因而，审判对象在程序中展

---

〔1〕 季卫东：《法治秩序的建构》，中国政法大学出版社1999年版，第16页。

〔2〕 ［美］约翰·罗尔斯：《正义论》，何怀宏、何包钢、廖申白译，中国社会科学出版社1988年版，第80页。

〔3〕 季卫东：《法治秩序的建构》，中国政法大学出版社1999年版，第20页。在社会生活中，为了形成一定的结果或状态，人们伴随着一段时间经过的活动过程是必要的（参见［日］谷口安平：《程序的正义与诉讼》，王亚新、刘荣军译，中国政法大学出版社2002年版，第1页），况且，变易不居、犬牙交错的多义的社会现实中，任何法律决定都会受到来自各个方面的压力，完全开放的决策过程非常容易为事实上存在的力量对比关系所左右。因此，需要用法律规范来创造一个相对独立于外部环境的决策的"隔音空间"（参见季卫东：《法治秩序的建构》，中国政法大学出版社1999年版，第16页）。这个"过程"，这个"空间"，便是程序。在法治的视野，程序对于法律的运作至关重要，犹如法律对于社会生活（霍姆斯说，没有法律，生活将孤独、贫困、卑污、残忍而短寿；卢梭宣称，一旦法律丧失了力量，一切就都告绝望了。参见［英］霍布斯：《利维坦》，黎思复、黎廷弼译，商务印书馆1985年版，第95页；以及［法］卢梭：《社会契约论》，何兆武译，商务印书馆1982年版，第168页），其必要性与意义长久以来人们深信不疑，有学者评论道，"正是程序决定了法治与恣意的人治之间的基本区别"（这是威廉·道格拉斯 William O. Douglas 的观点，转引自季卫东：《法治秩序的建构》，中国政法大学出版社1999年版，第3页），更有学者强调，"程序是法律的中心"（这是莫里斯·阿莫斯 Maurice S. Amos 的观点，转引自［美］P. 诺内特、P. 塞尔兹尼克：《转变中的法律与社会：迈向回应型法》，张志铭译，中国政法大学出版社2004年版，第73页）。

示的过程，必定是动态的过程，甚至充满着发生变更的契机。诸如罗科信指出，作为法院诉讼程序之标的的行为，就其一致性而言，并不会因为起诉而静止地被固定下来，相反，其在一定范围内是可以更改的。[1] 学者棚濑孝雄提示我们，要关注实际的审判过程，从制度分析走向过程分析。因为，无论怎样精心设计的审判制度，在其中总是存在着委诸个人自由选择的行为领域，现实中使审判制度运作的都是活生生的个人，倘若完全把视线集中在规范上而无视与审判过程发生关系的个人在实际上进行行为选择的可能性，便不能真正究明审判的机制。[2] 就控诉方起诉时提示的审判对象而言，完全有可能在审判过程发生正当的变更，甚至有可能发生不符合正当程序原理的变更因而在实际运行中背离它的运行规则。但无论如何，鉴于审判对象发生变更的可能性，更由于审判对象契合于诉讼程序而动态运行的属性，我们不但要关注审判对象如何被提示，更要关注审判对象如何被变更，不但要关注审判对象如何得到展示，更要关注审判对象如何给审判程序带来影响，不但要关注审判对象如何生成，更要关注审判对象如何发生作用。

理解审判对象的运行规律，就是要极力解决这样的问题：审判对象是如何被提示的？审判对象是如何给审判程序带来影响以及如何规范控、辩、审诸诉讼行为的？审判对象是否以及如何在实际运行中发生变更，它将对审判程序产生什么样的影响？审判对象在审判程序内发挥它的功能之后，是否以及如何发生其在审判程序外的功效？从初审到上诉审乃至再审的运营流程，审判对象将会呈现什么样的运动轨迹？更进一步地说，审判对象为何要控诉方起诉时来提示，进而如何规范法官的审判行为，反过来如何规范控诉方的行为？控诉方提示的审判对象如何影响被告人的防御行为，又如何在控辩对抗过程中受到影响？审判对象在控诉方起诉时被提示，然而，在程序的实际运行中却只有到法官判决时才被最终型塑，这个从起诉到判决的过程审判对象是如何被展示的，这种展示甚至如何延伸至审判程序完成之后？……对这些问题的思考与解决，就需要坚持一种动态的审判对象过程理论，考察和探索审判对象运行的轨迹与原理。

审判对象动态运行的规律，体现于两根程序链条，一是控诉方起诉→法

---

〔1〕［德］克劳思·罗科信：《刑事诉讼法》，吴丽琪译，法律出版社 2003 年版，第 179～180 页。

〔2〕［日］棚濑孝雄：《纠纷的解决与审判制度》，王亚新译，中国政法大学出版社 2004 年版，第 6 页。

庭审理（控辩对抗）→法官裁判→禁止重复追诉，二是初审→上诉审（→）再审，随着诉讼程序各个环节的推进，审判对象的运行经历了提示→展示（→变更）→固定这样的基本过程。同时，基于审判程序功能与审级差别所带来的程序原理的差异，审判对象在初审、上诉审与再审程序中的运行既遵循了共同的规律又呈现各自的特征，这就构成考察审判对象运行规律的两个层面。我们显然不能将注意力排他地集中在某一特定环节与平面。例如，将审判对象凝固于控诉方起诉时提示的状态而无视审判过程可能发生和实际发生的变化；或者仅仅从法官的审判行为那里去寻找对审判对象的定位而忽视了控辩对抗可能给它带来的影响；或者用一种初审程序的思维定势去理解审判对象在上诉审与再审程序的样态而抹杀了可能存在的差异；等等。一旦形成一种凝固的逻辑，习惯于一种思维定势，获得的理论便可能是片面的、静止的、表象的。同样，我们不能简单满足于"法官审判的范围"和停留在"不告不理、诉审同一"这样的理论层面而裹足不前，而应该将理论视角投入到诉讼程序的动态过程，深入去探索审判对象的运动规则，应该秉持一种动态地理解审判对象的问题意识与理论姿态，走进刑事诉讼的程序视野，科学地揭示审判对象的运行规律。

**二、审判对象的提示**

（一）审判对象被提示的语境

依照基本的性质和结构模式，刑事程序可界分为纠问制与控诉制，前者实行诉审合一，裁判者充当追诉者，而后者实行诉审分离，未经控诉便不得审判，二者构成了审判对象提示的两种截然不同的语境。在纠问制下，起诉权和审判权合而为一，法官同时实施控诉与审判两种职能，只要发生犯罪事件或者存在犯罪嫌疑，法官便可主动予以追查和追究，发动诉讼并给予定罪量刑，审判的进行并不需要以提起控诉为前提，法官只要通过侦查和审讯确定被告人有罪，便可直接判处刑罚。正如梅利曼教授所言，"法官从公正的仲裁人变为一个积极的审判官，他可以自由地收集证据，决定审判的性质和对象。"[1] 因此，纠问制诉讼中的审判对象是由法官擅自确立的。与此不同，在控诉制下，起诉权和审判权发生分化并相互制衡。法官审判实行不告不理，审判程序通过起诉来启动，未经控诉便不得进行审判，审判不得超越控诉的范围，按照有学者的说法，"即使是在法庭上发生的犯罪行为，如伤害、杀

---

〔1〕〔美〕约翰·亨利·梅利曼：《大陆法系——西欧拉丁美洲法律制度介绍》，顾培东、禄正平译，知识出版社1984年版，第149页。

人、伪证、诬告等，虽为法官所目睹，但也必须经由检察官提出公诉，法院才能进行审理并作出裁判。"[1] 因此，法官审判行为的指向与范围根据起诉来确定，审判对象由控诉方来提示。

审判对象由法官自行确立抑或由控诉方来提示，二者有着重要的实质差别。在纠问制下，由于审判对象由法官擅自确立，法官拥有了追诉与惩罚任何罪行的权力，审判的范围不受限制并可任意变更，审判对象不需要事先明示并可根据发现犯罪的情况和惩治犯罪的需要而进行变更。因此，对于被告人来说，审判对象并不是显在的、特定的，所谓的审判对象，只不过是法官用来治理犯罪的一个说法与借口，而不可能被用来作为准备防御和进行辩护的根据。况且，在这种程序中，"被告成为发现证据和查明事实的工具以及炫耀性国家权力的惩罚对象，沦为诉讼客体，基本上没有任何防御权利可言。"[2] 因此，纠问程序中存在所谓的"审判对象"，与其说是界定了法官的审判范围，不如说是直接指向了被告人本身，这种审判范围模糊而被告直接成为审判客体的结果，必定是以牺牲程序正义与人权保障为代价的。这一点，已有史为鉴："整个审判程序弥漫着秘密和恐怖的气氛"[3]。然而，到了控诉制的环境下，由于审判对象是由控诉方来提示的，"审判对象"便成为一个极为重要的概念与范畴。当控诉方以特定的控诉提起诉讼，进入审判程序以后，便成为控辩双方攻防对抗的基础及法官审判的对象，以此确立了审判权力行使的范围，法官不得擅自变更审判对象，审判不得及于未经控诉的罪行，而控诉方亦不得任意变更控诉来改变审判对象。因此，被告人就可以并只需要根据控诉方起诉时预先提示的审判对象并在其设定的范围内来准备辩护和进行防御。而且，作为审判对象的控诉罪行经由审判程序作出终局裁判之后，通常便不得被重复提起而再次成为审判对象。这样，被告人亦享有了不受重复追诉及重复审判的权利。因此，基于审判对象的存在和发生作用，得以将控诉权及审判权的界限明确化并将其范围特定化，为被告人防御权利的有效行使创造空间，并为其避免受到重复追诉和陷入防不胜防的境地提供了保障。在实质上，审判对象便发挥了明确指向、设定范围的机能，提供了控制权力、保护权利的框架。

古代弹劾式诉讼实行"无原告即无法官"，然而，由于国家公诉尚未萌

---

[1] 林山田：《刑事诉讼法》，汉荣书局有限公司 1981 年版，第 18 页。
[2] 左卫民等：《简易刑事程序研究》，法律出版社 2005 年版，第 10 页。
[3] 徐友军：《比较刑事程序结构》，现代出版社 1992 年版，第 13 页。

生，通过"私诉"所实现的控诉功能较为局限。后来的纠问式诉讼中，国家开始主动追诉犯罪，但由于裁判者即是追诉者，法官集中囊括了侦查、逮捕、控诉、查证与判决的绝对权力。因此，纠问制虽然发挥了强大的国家追诉功能，但却严重丧失了合理的控诉原则，其弊病与当时的集权专制一样显见。历史的经验证明，理想的刑事程序应当是"结合了国家对犯罪追诉的优点及告发、公诉程序的优点"，按照罗科信的描述，"此理想只有当国家同时拥有原告及法官的权利，并把该二种权利分派给两个不同的国家机关来行使时，才可能实现，——亦即分派给提起公诉的机关及法院"[1]，这便在实质上提出要求，确立刑事诉讼中蕴涵分权制衡的控诉原则，实行控诉制。在控诉制下，刑事程序的构造走向了相对合理的"三角结构"，坚持控审分离、追求控辩平等、维护审判中立，这构成了近现代以来刑事诉讼的发展方向，伴随于此，审判对象在此种诉讼主义的环境下逐渐得到合理的界定并有效发挥功能。控诉原则的精神是使起诉权与审判权发生分化并形成制衡，实行不告不理、诉审同一的原理，不但要求审判程序通过起诉来启动，而且要求审判范围与起诉范围保持同一性，任何罪行未经控诉便不得成为审判对象，因而，审判对象并非由法官自行确立，而是通过控诉方起诉来提示。如果说，在纠问制的诉讼构造中，只有确立犯罪控制目标的必要，而没有明确审判对象的必要，那么，控诉制的诉讼构造赋予审判对象的意义与此就完全不同了，在此种语境下，甚至可如此断言：没有确定的审判对象，便没有刑事审判。故而，"审判对象的提示"，只有在控诉制的语境下，才真正具有了实质意义。

（二）初始提示于起诉书的审判对象

控诉制的发展与完备，催发了起诉书功能的演化变迁。无论在古代弹劾式诉讼时期，还是在纠问式诉讼时期，合理的控诉原则均无法存在，它们同样不可能造就发达的起诉书制度，原始的"私诉"暂且不说，在实行国家追诉的纠问制下面，起诉书充其量只是形同虚设。这是因为，侦查、起诉与审判由同一主体流水式地予以实施，"法院在审判前所进行的侦查，具有十分重要的诉讼意义，不仅牵涉关押被告人，而且要形成审判所需的全部材料"，"所谓法庭审判，仅仅是让被告人对已经准备好的控诉材料进行供认和下个判决而已"[2]。然而，由于实行了控诉制，刑事诉讼采纳了控审分离的结构安排与不告不理的运作原理，审判程序的启动和运行要求独立的控诉程序作为

---

〔1〕 ［德］克劳思·罗科信：《刑事诉讼法》，吴丽琪译，法律出版社2003年版，第98页。

〔2〕 李心鉴：《刑事诉讼构造论》，中国政法大学出版社1992年版，第84～85页。

支撑，无起诉即无审判，审判对象由控诉来提示。这样，控诉便成为侦查与审判真正必不可少的联结，它的状态规定着整个刑事程序的构造，根据控诉原则，没有控诉，就没有审判，侦查再完备再详尽也不可能直接实现刑事责任追究。因此，近现代刑事诉讼的发展，控诉作为一项专门性的诉讼活动逐渐走向了完善，伴随于此，承载着控诉功能的起诉书也越来越显得重要。毋庸置疑，一旦起诉成为由国家组织起来的一项独立而专门化的诉讼活动，关于起诉什么、如何起诉的问题就自然而然地被组织起来，而起诉书的发展与完善也就是极其自然的了，这里面尽管也归功于自诉方式的技术革新——从口头告诉到书面控告乃至书面起诉方式的日益改进，但具有实质性推动作用的还在于国家公诉的日趋成熟。有学者强调，"提起诉讼行为采用书面主义"[1]，这其实已经成为世界各国刑事诉讼一致的主要做法，一定程度上，起诉书在刑事诉讼中的地位是伴随着控诉制的发展与完善而不断彰显的。当然，在这里面，有一个起诉书功能变迁的过程。

在当代，起诉书已经具备十分丰富的功能内涵。美国联邦最高法院就经常强调，按照现代的诉状理论，起诉书应当受到一些基本作用的检验，其所要完成的已经不再仅仅是有关技术方面的要求了，一份起诉书是否符合要求最终应当取决于是否能够满足那些基本功能。例如在"哈姆林诉合众国判例"中，最高法院就基于此种"功能性方法"建立了"基本的分析框架"："一份起诉状必须满足两个条件才能被认为是合格的：其一，它包括了被指控犯罪的构成要件并告知了被告人他需要辩护的指控；其二，能够使被告人在保证不会在将来因为同样的罪名受到指控的情况下做有罪或无罪的供述"，以此来衡量和评价起诉书的功能。[2] 现代刑事诉讼中的起诉书至少应当具备告发、申请、主张等基本功能要素，通过起诉书提出控诉，提请启动审判程序，表明控诉请求，表达诉讼主张，从而传递控诉信息并提示审判对象。

然而，在历史上，起诉书并非一开始就以功能完备的面貌出现。据考察，刑事起诉书最初只是发挥了告发犯罪的功能。正如最初发展起来的时候那样，刑事起诉书曾经是一种非常简单的文件，只要在起诉书中声称"甲偷了一头

---

〔1〕 ［日］田口守一：《刑事诉讼法》，刘迪、张凌、穆津译，法律出版社 2000 年版，第 135 页。事实上，通过文字表达意图和传递信息，这已深深植根于人们的行为习惯之中，正如培根所说，"通过文字的媒介来表达"。参见 ［英］雷蒙·威廉斯：《关键词：文化与社会的词汇》，刘建基译，生活·读书·新知三联书店 2005 年版，第 299 页。

〔2〕 参见 ［美］伟恩·R. 拉费弗、杰罗德·H. 伊斯雷尔、南西·J. 金：《刑事诉讼法》（下册），卞建林、沙丽金等译，中国政法大学出版社 2003 年版，第 960 页。

牛，乙偷偷进入了别人的家，或者是丙杀了一个人"就足够了。[1] 例如，在英美法中，12 世纪中期，起诉的技术问题常常使控诉者难以赢得诉讼，司法制度出现的裂痕常常使犯罪者逍遥法外，为了寻求一种更能有效维护法律秩序的制度，国王亨利二世颁布克拉伦登诏令，明确地设立大陪审团制度，起诉书开始由大陪审团提交法院。但作为一个告发罪犯的机构，最初大陪审团的目的只是列出犯罪嫌疑人的名字，将其提交到法官面前，只要存在嫌疑就足以实施逮捕，而不需要用证据证明其告发是否基于合理的怀疑。[2] 因此，起初的大陪审团并不是用来保护被告人，而是用来促进国王的刑事司法，只要大陪审团向法官告发犯罪嫌疑人的名字，警察就可以逮捕这些被列名者并将他们羁押候审，而起诉书最初的作用也不过是作为告发以便引起法院的注意从而启动刑事审判而已。[3] 然而，随着刑事诉讼制度的演进，大陪审团告发犯罪的做法不断演变，到了后来，大陪审团被允许根据嫌疑的基础是否可信来决定是否将嫌疑人提交审判，而起诉书才逐渐具有了提出诉请的功能。据考察，如果后来没有证明被指控者有罪的足够证据，嫌疑人就被释放，只有那些确实被怀疑犯重罪的嫌疑人才被提交审判，这样，大陪审团作为指控机构的职能就被建立起来，发展成为一个当被指控者犯罪的证据不充分时保护公民免受诉讼的机构。[4] 故而，大陪审团起诉时就必须充分审查将要提起的控诉是否有足够的有罪证据，并充分考虑起诉书中所要提出控诉的范围，提交到法院的起诉书不仅要列出嫌疑人的名字，而且要运用犯罪嫌疑所依据的可信事实加以说明，表明明确的控诉主张。在这里，我们可看到起诉书功能正在发生转变，看到控诉的功效开始由"促进国王的刑事司法"走向"保护被告人"。事实表明，在后来的发展中，起诉书逐渐注重了对指控主张和控诉范围的考虑，这一点与刑事诉讼对被告人辩护权益保障的强调密切相关。据考证，后来被告人被允许使用律师来对指控发起挑战，法庭便开始要求在

---

〔1〕 〔美〕伟恩·R. 拉费弗、杰罗德·H. 伊斯雷尔、南西·J. 金:《刑事诉讼法》（下册），卞建林、沙丽金等译，中国政法大学出版社 2003 年版，第 955 页。

〔2〕 〔美〕爱伦·豪切斯泰勒·斯黛丽、南希·弗兰克:《美国刑事法院诉讼程序》，陈卫东、徐美君译，中国人民大学出版社 2002 年版，第 99～100 页。

〔3〕 平野龍一:《訴因と証拠》，有斐閣 1981 年版，第 70 頁。

〔4〕 〔美〕爱伦·豪切斯泰勒·斯黛丽、南希·弗兰克:《美国刑事法院诉讼程序》，陈卫东、徐美君译，中国人民大学出版社 2002 年版，第 100 页。

起诉书中包含与指控有关的事实和法学理论方面的充分说明。[1]

由此,起诉书渐渐被要求明确提出诉请,确切提示审判对象,以适应法院审判和被告人防御的需要。显然,当起诉书仅仅发挥告发犯罪的功能时,起诉只不过是"用来促进国王的刑事司法",在相当长一段时期,被告人在审判前没有权利获得起诉书副本,不被允许看到起诉书,只是在审判程序开始的时候才能听到对起诉书的宣读。然而,起诉书中使用的法律术语往往使被告人难以理解其面对的指控,因此,在这种情况下,被告人几乎无法对控诉进行防御。[2] 但是,随着起诉书具备了提出诉请的功能,向被告人明示控诉的主张和内容,起诉就成为保障被告人的一个重要环节。因为它让被告人充分地掌握受到指控的信息,为其有针对性地进行防御提供了空间。此时,被告人享有被预先告知犯罪性质和被起诉原因的权利,起诉书不再是仅仅记载犯罪嫌疑人和模糊记载犯罪嫌疑,而是必须明确详细地记载犯罪事实以及所要提出的控诉主张。诚如美国联邦最高法院反复强调的,"一份大陪审团起诉状或者检察官起诉书,不但必须包含指控犯罪的所有要件,而且也必须向被指控者提供其已实施的犯罪行为的充分描述,以使其能够充分地为自己辩护。"[3] 从更为广阔的视野审视,起诉书具有了提出诉请的功能以后,就具备了为刑事诉讼的全过程提示目标和设定范围的作用,它实质上提示了审判对象,设定了法官的审判范围和被告人的防御目标,控辩对抗与法官判定只需要紧紧围绕起诉书提示的审判对象来展开。这是因为,对于法院审判而言,起诉书提出明确的诉请,就不仅为法院启动审判提供了正式的依据,而且确立了法院进行审判的主题与范围,有如日本学者所言:"作为诉讼中最初的声请,起诉书必须记载特定的事项,以便法院判断对该案件是否有管辖权并对该犯罪事实进行裁判。"[4] 同时,对于被告人防御而言,起诉书提示了明确的控诉,控诉方在审判过程的指控范围受到规范,被告人就可以有针对性、有目的性地进行防御,更为重要的是,它使得被告人免受重复追诉的保障变得切实可行。因为,起诉书被要求对构成被指控罪行的基本事实进行明确的陈述,法官、被告人以及普通民众只要通过比较两份犯罪构成要件事实明确、

〔1〕 [美] 伟恩·R. 拉费弗、杰罗德·H. 伊斯雷尔、南西·J. 金:《刑事诉讼法》(下册),卞建林、沙丽金等译,中国政法大学出版社 2003 年版,第 955 页。

〔2〕 平野龍一:《訴因と証拠》,有斐閣 1981 年版,第 70 页。

〔3〕 [美] 伟恩·R. 拉费弗、杰罗德·H. 伊斯雷尔、南西·J. 金:《刑事诉讼法》(下册),卞建林、沙丽金等译,中国政法大学出版社 2003 年版,第 969～970 页。

〔4〕 平野龍一:《訴因と証拠》,有斐閣 1981 年版,第 70 页。

控诉主张特定的起诉书，就可以确定前后两份起诉书是否控诉了同一罪行。如美国学者所强调的，"告知和保护被告人不受双重归罪的危险被普遍认为是诉状所要实现的目标，一般也是在评估诉状被声称不符合要求时所要考虑的因素"。[1]

从起诉书功能变迁的图景，我们便可看到了起诉书承载着审判对象这一实质问题。起诉书承载审判对象的功能，是伴随于起诉书功能变迁的结果，更是刑事诉讼构造以及诉讼技术不断走向合理的必然结果。换言之，审判对象通过起诉书予以提示，这不仅是历史发展的结果，而且体现了诉讼结构与程序的内在需求。以德国刑事诉讼为例，从历史上说，起诉的引进是为了保护公民免受任意定罪，由起诉人提起控诉可避免法官主动受理刑事案件，同时充当控告者和裁判者，而起诉的现代功能提供了另一层面的保护。即界定了审判的范围，在被告知指控之后，被告人就可将辩护集中于被指控的事件，而且在审判过程中不受其他指控的突然袭击。故而其现行法典规定，法院开始调查，以提起公诉为条件，法院的调查与裁判，只能延伸到起诉书中写明的行为和被指控的人员。[2] 可见，起诉书承载审判对象的机能被内在化于起诉对于审判的意义之中。一方面，起诉具有启动审判程序的意义，起诉书自然应当表达请求审判的申请；另一方面，起诉具有设定审判范围的意义，起诉书应当明确记载指控的事项与控诉主张。这种关系表现为：经过起诉进入审判程序，起诉书指控的犯罪嫌疑人就成为审判中的被告人，起诉书指控的罪行就成为法院的审判对象，法院因此而产生了审判的权利和义务，在业已明确的审判对象范围之内行使审判权，形成审判程序中的诉讼关系。田口守一将其形象地表述为："因提起公诉，案件与法院发生关系。"[3] 提起诉讼即以向法院提交起诉书开始，在审判过程，审判对象正是根据起诉书记载的事项来确定的，起诉书所提出控诉的主题与范围决定了审判的指向与范围，借用平野龙一的话说，"作为诉讼中最初的声请，起诉书必须记载特定的事项，以便法院判断对该案件是否有管辖权并对该犯罪事实进行裁判，……起诉书自始至终均有限定审判范围的功能。"[4] 由此可见，当提起诉讼之时，起诉

---

〔1〕 ［美］伟恩·R. 拉费弗、杰罗德·H. 伊斯雷尔、南西·J. 金：《刑事诉讼法》（下册），卞建林、沙丽金等译，中国政法大学出版社 2003 年版，第 960 页。

〔2〕 参见《德国刑事诉讼法典》第 151、155 条的规定以及 ［德］托马斯·魏根特：《德国刑事诉讼程序》，岳礼玲、温小洁译，中国政法大学出版社 2004 年版，第 129 页。

〔3〕 ［日］田口守一：《刑事诉讼法》，刘迪、张凌、穆津译，法律出版社 2000 年版，第 134 页。

〔4〕 平野龍一：《诉因と证拠》，有斐阁 1981 年版，第 70～71 页。

书实质上就已提示了审判对象。

（三）审判对象提示的基本理路

起诉书欲有效提示审判对象，实现承载审判对象的功能，有赖于起诉书对控诉罪行的合理记载。这是因为，依照不告不理的控诉原则，未经控诉的罪行便无法成为审判的对象，法官不得擅自确立审判对象，正如托克维尔所言，"它不能自己去追捕犯罪、调查非法行为和纠察事实，如果它主动出面以法律的检查者自居，那它就有越权之嫌"[1]。因此，起诉必须针对特定案件，起诉书应当明确记载特定的控诉，否则，法官便无法根据起诉书的提示来确定审判的目标与范围。在刑事审判中，作为审判对象的犯罪事实已经不是作为自然事实的犯罪事件本身，而是经控诉方起诉时予以提示而呈现于审判程序中的"控诉罪行"。同样，控诉方起诉时并不是将现实生活中的犯罪事件原封原样地呈示给法院，而是依照实体法规范和程序框架进行了合乎法律意义的"加工"，使其成为符合诉讼要求的控诉罪行。这就对起诉书记载提出了较高的要求，控诉方起诉时必须先期考虑到罪刑法定原则与证据裁判原则对于控诉可能带来的约束，它不可能漫无边际将所有涉犯罪事件的细枝末节都记载为控诉事实，起诉书记载的应当是围绕控诉事实构成犯罪的主客观方面以及主客体适格性的"叙事"，即特定的构成要件事实，尽量使提示出来的"审判对象"符合法律规范和程序要求并最终能够成为法院判决所认定的罪行。诚如学者拉伦茨所言，"在无限多姿多彩、始终变动不居的事件之流中，……作为陈述的案件事实并非自始'既存地'显现给判断者，毋宁必须一方面考量已知的事实，另一方面考虑个别事实在法律上的重要性，以此二者为基础，才能形成案件事实。"[2] 因此，作为自然事实的犯罪事件可能错综复杂。但是，控诉方必须结合实体法规范和证据信息进行组织整理，形成特定的控诉事实记载于起诉书，伴以确切的控诉主张向法院提起诉讼，进入审判程序以后，起诉书提出控诉的事实和主张就成为控辩对抗与法官判定的标的。这样，控诉方就通过起诉书记载并向法官提示了审判对象。

当然，为了使提示的审判对象显得特定和明确，起诉书的记载必须满足一定的要求。通常来说，起诉书应当记载必要的事项与足够的细节，明确表述控诉的事实和主张，要求能够使法官确切掌握控诉方指控的性质与内容并准确确定审判的目标及范围，并能够对被告人提供有关指控的充分告知和提

---

〔1〕［法］托克维尔：《论美国的民主》，董果良译，商务印书馆1988年版，第110~111页。
〔2〕［德］拉伦茨：《法学方法论》，陈爱娥译，商务印书馆2003年版，第160~161页。

供避免重复追诉的保护。关于起诉书的记载，往往存在两种极端的不合理做法。一种是过分琐碎详尽记载控诉事实，但脱离特定的构成要件要素，将整个犯罪事件泛泛提示为审判对象；另一种是过于简略记载控诉事实，记载犯罪构成的必备要件不够充分，未能有效提示审判对象，使法官和被告人无法据此组织审判和实施防御。另外，关于起诉书记载，应当杜绝一种严苛的形式主义倾向。例如在17世纪的英国，起诉书记载被极为严苛的形式主义所支配，被要求极详细地记载控诉事实，即便只是有一点点记载错误，便会导致起诉无效，只要起诉书记载的事实与用证据证明的事实存在细微差异，便会引起无罪判决，结果给司法实践带来了诸多弊病。[1] 譬如，要记载"西部"某某地方这样一个地名，如果省略记载为"W."，就会被视为场所之明示有欠缺，导致起诉书无效；再如，起诉书关于"在某时某地行凶、抢夺"这样的记载也会因为没有说明行凶和抢夺是否在同一时间和同一地点而无效，要使起诉书有效就必须这样记载："在某时某地行凶，并在当时当地实施抢夺"。[2] 起诉书记载中这种严格的形式主义倾向直到19世纪中期在美国仍然盛行，起诉书显得繁杂冗长，经常因为某些细微的记载错误便被认定为无效。譬如，在北卡罗来纳州的一项裁决推翻了一起谋杀的有罪判决，原因就是起诉书"没有说明致死伤口的长度和深度"；又如，发生在特拉华州的一个案例，则是因为起诉书中记载窃取"一双鞋"的诉因，而证据证明实际上是窃取"两只右脚的鞋"的情形，便不得不推翻有罪的判决。[3] 显然，起诉书的记载，并不是越详细越好，也不是越简略越好，主要是要有效提示审判对象，起诉书记载的合理要求，不在于要控诉方按照严格的形式主义来记载，也不意味着可任由控诉方泛泛记载模糊的控诉事实，关键在于提示明确的、特定的审判对象。起诉书应当是一份关于被控诉罪行基本构成要件事实方面的清楚、简洁而准确的书面陈述。在现行控诉制下，审判对象提示存在两种典型的理路，表现为起诉书记载的两种典型方法，即英美法的诉因记载和大陆法的公诉事实记载。

（四）起诉书移送方式可能带来的影响

值得注意的是，起诉书移送方式可能对审判对象提示带来影响。这是因

---

〔1〕 Charles A. Willard, "The Seventeenth Century Indictment in the Light of Modern Conditions", *Harvard Law Review*, Vol. 24, Issue 4, 1910, p. 290.

〔2〕 平野龍一：《訴因と証拠》，有斐閣1981年版，第69页。

〔3〕 参见［美］伟恩·R. 拉费弗、杰罗德·H. 伊斯雷尔、南西·J. 金：《刑事诉讼法》（下册），卞建林、沙丽金等译，中国政法大学出版社2003年版，第955～956页。

为，提交法院的起诉书及其附着资料所包含的信息内容，虽然未必决定但仍足以影响法官对控诉方所要提示的审判对象的判断，不能完全排除起诉材料所包含的信息给法官对控诉罪行的理解带来影响的可能。

当前存在两种典型的起诉书移送方式，即"诉状主义"与"卷宗主义"，前者是控诉方向法院起诉时仅仅提交起诉书而不移交卷宗与证据资料，后者则是控诉方向法院起诉时，不但提交起诉书，而且将侦查、审查起诉的案卷材料与证据一并移交法院。起诉书移送方式的不同，体现了诉讼理念的差异，前者基于对抗制诉讼的理念，认为证据的调查与诉讼的进行是控辩双方当事人的职责，法官的责任仅限于主持诉讼并根据控辩对抗的结果就控诉罪行是否成立作出判定，为了保证审判程序的公正性，就必须积极防范法官在庭前形成预断或者偏见。因此，起诉书不得添附可能使法官对案件产生预断或偏见的内容和材料。后者则基于职权主义诉讼的理念，认为案件既经合法起诉，有关证据的调查与诉讼的进行属于法院的职责，为了方便法院指挥诉讼和依职权发现真实，必须使法院在审判前对案件有充分的了解。为此，要求控诉方在提起诉讼时，不仅要在起诉书中记载控诉事实及控诉证据，还应将卷宗与证据材料连同起诉书一并提交有管辖权的法院。应当说，不管采取诉状主义还是卷宗主义，移送的起诉书均发挥了提起审判程序和提示审判对象的功能。但是，不能完全排除这样一种可能的情况：诉状主义的起诉方式较之卷宗主义更为有利于把法官的审判范围严格限定在起诉书记载的控诉范围之内，采取卷宗主义，相对而言容易将法官的视野引导至整个刑事案件，而不是严格局限于起诉书记载的特定控诉范围。一旦如此，起诉书提示审判对象的功能效果就受到削弱，卷宗主义的全案移送方式，或多或少可能影响法官把握审判对象的态度。如果法官依掌握的全案信息擅自确立超越起诉范围的审判对象，那么，起诉书发挥的主要就是告发犯罪的功能，而不是提示审判对象的功能了。

当然，这并不是说，卷宗主义的起诉书移送方式必然弱化起诉书提示审判对象的功能，而是相对而言，它更容易导致法官在审判对象的确定方面受到起诉书记载以外的信息所影响。譬如，起诉书记载了被告人某一罪行的控诉事实，但法官通过控诉方移送来的卷宗和证据材料发现实际是另一罪行。此时，法官是秉持消极中立还是按照事实审判呢，他是否会严格按照不告不理、诉审同一的原则组织审理并判定指控犯罪不能成立，抑或对如何确定审判对象甚感迷惑和犹豫不决呢？应该说，这种影响并不具有必然性，但也不能排除可能性。有鉴于此，基于有效发挥起诉书提示审判对象的功能这一考虑，就不但要求起诉书明确记载将作为审判对象的控诉罪行，而且要求起诉书的移送应当尽量避免造成审判对象变得不确定的影响发生。[1]

### 三、审判对象的展示

#### （一）起诉审查与审判对象的发生

基于控诉原则，审判对象通过起诉来提示。然而，这并不意味着起诉就一定导致审判对象的生成。原因是，普遍存在的起诉审查机制控制着启动审判程序的必要性与可能性，控诉方起诉并非总是意味着启动审判。起诉审查成为案件从起诉进入审判的一道门槛，未能符合法定起诉条件或者缺乏起诉必要的案件将被拒于审判的门外，实际上控制着起诉书提示的控诉罪行能否真正成为审判对象，影响着审判对象生成的可能性。例如，职权主义诉讼通常采取一种"审判过滤型"的起诉审查机制，由法院对已经提起公诉的案件审查其是否有必要交付实体审理，经审查如果认为不符合交付审判条件便裁定驳回起诉；对抗制诉讼则基本实行一种"公诉审查型"的起诉审查机制，由中立的第三方如预审法官或审判法院的职业法官等从证据方面对控诉方追诉行为是否合法进行审查，经审查如果认为公诉没有达到法定的证据标准则撤销指控。[2]

虽然说，由于它将法官权限扩张至对检察官固有的起诉权限的审查，势必面对是否违反控诉原则的质疑，甚至成为诉审关系的试金石，稍一不慎，便可能引发法院与检察院的尖锐对立。同时，即便在法官认可起诉的情形，至少从外界或被告的观感来看，难免引发法官已经和检察官站在同一阵线的疑虑。[3] 毕竟，"法院如果在审判程序之前对起诉书上之非难罪行认为有可能属实时，则其事实上在某种程度上也认同了起诉书上之主张。……因为就实质内容而言，对起诉之准许均以法院肯定有充分之犯罪嫌疑为要件。"[4]

---

〔1〕　当然，起诉书移送方式是与特定的诉讼制度模式密切关联的，我们显然无法直接断言诉状主义和卷宗主义哪种方式更优越。但是，在这个问题上，应当警惕全案移送可能对法官判断带来的影响，其原理与禁止在起诉书中进行"余事记载"相类似，都有助于防范控诉方提示可能影响法官预断与偏见的信息进而导致控诉范围扩大化的危险。例如，日本的刑事诉讼就禁止起诉书中的"余事记载"，起诉书不得在记载法定事项以外记载被告人的前科、经历、性格、曾受过起诉犹豫处分、犯罪动机等其他事项，也不允许在起诉书的末尾附记"除上述犯罪事实外，可以推认尚有其他没有发现的犯罪"等词句。参见孙长永："日本起诉状一本主义研究"，载《中国法学》1994 年第 1 期，第 103 页。

〔2〕　孙长永主编：《刑事诉讼证据与程序》，中国检察出版社 2003 年版，第 120～130 页。

〔3〕　林钰雄：《刑事诉讼法》（上册），中国人民大学出版社 2005 年版，第 97～102 页。

〔4〕　［德］克劳思·罗科信：《刑事诉讼法》，吴丽琪译，法律出版社 2003 年版，第 378 页。

不过，起诉审查制在保护被告人免受不当追诉以及避免司法资源无谓耗费方面的意义是无可厚非的。起诉审查制的目的并不在于替代无罪判决，而是要对明显违背法定原则的起诉实行控制，它对保护被告人免受不当追诉以及避免司法资源无谓耗费是有益的。由于起诉对被告人是重大的不利益处分，审判也将可能对被告人产生歧视效应，如果起诉审查制设计得当，不但可给被告人多一次机会来对抗不当追诉，而且可合理把握审判程序的启动，控制审判对象的生成，免除无端讼累和资源耗费。例如有学者就将起诉审查的价值归结为"防止草率、恶意、不顾后果、显然不公的指控"、"避免被告人和社会双方因公开审判而造成的耗费"以及"避免被告人因卷入公诉而造成的羞辱和焦虑"。[1] 有学者主张一种"公诉权滥用论"与"诉讼条件说"，认为对于不当起诉，受诉法院应当不待实体审理，而以滥用公诉权为由，直接宣告驳回公诉。换言之，对具体的事件在具备诉讼条件时，检察官有权提起并实施公诉，请求法院作实体性裁判，而法院则有义务进行这种实体审理和裁判。相应地，应当根据公诉权行使的诉讼条件是否具备而不是法院是否作出有罪裁决为标准来判断公诉机关是否滥用公诉权。[2] 所谓"公诉权滥用论"与"诉讼条件说"，其意旨就在于通过一种起诉审查的程序，来决定是否就控诉方提示的审判对象进行实体审判。应当说，起诉审查机制的正当性与有效性，在近现代诉讼理念与制度中是得到肯定的，起诉审查意味着一场将要围绕控诉方初步提示的审判对象的实体审判必须在这一机制中获取开启程序的密码，经起诉审查未能进入实体审判的控诉罪行，就只能作为一种萌芽状态的"审判对象"徘徊于审判门外，它在特定程度上决定起诉书提示的审判对象能否真正在审判过程得到展示。

（二）集中展示于庭审中的审判对象

"对簿公堂"的法庭审判体现着最为完整的诉讼形态，只有在法庭审判中，"三方组合"的诉讼构造才切实得以体现，严格意义上的诉讼活动才真正展开，这个在特定时空按照特定程序展开的过程，不仅提供了对真实和人权的制度保障，而且依靠庭审机制来确定案件事实、决定案件实体处理、评判追诉的有效性和最终决定诉讼的命运，符合诉讼理性。[3] 因而，法庭审理是

---

〔1〕 参见［美］伟恩·R. 拉费弗、杰罗德·H. 伊斯雷尔、南西·J. 金：《刑事诉讼法》（上册），卞建林、沙丽金等译，中国政法大学出版社 2003 年版，第 778 页。

〔2〕 龙宗智：《相对合理主义》，中国政法大学出版社 1999 年版，第 297~299 页。

〔3〕 龙宗智：《相对合理主义》，中国政法大学出版社 1999 年版，第 99 页。

审判程序正当性的要求，未经过法庭审理的程序环节，任何罪行都不能被认定。而且，法庭审理不是要求法官积极主动调查犯罪，而是要求法官根据诉请组织庭审和主持审理，合理确定审判范围，把握控辩双方攻击防御的主题，并且，只有经过法庭审理中控辩双方质证与辩论的过程，才能形成关于控诉罪行是否成立的最终判断。故此，我们说，法庭审理是刑事审判不可回避的实践，是审判对象集中展示的场域。法庭审理中，控辩双方在法官的组织和主持下基于起诉书提出的控诉进行攻防对抗，这样的基础上法官作出该控诉罪行是否成立的判定。在这一过程，起诉书提示的诉请才真正体现为审判对象，而在庭审前，控诉方提示的所谓"审判对象"实质只是基于不告不理的控诉原则而预设的范畴，它只有到法庭审理中才演化为实在形态，规范着审判的范围并作为控辩对抗的标的，得到真正的展示。

发现真实是刑事审判的内在要求，蕴含正反两方面含义：对于无辜的被告，只当裁判确认并开释无辜时，反之，对于真正的犯人，只当裁判确认其犯罪事实并依照刑法施加处罚时，才是实体真实与正确。因而它的完整意义是"毋枉毋纵，开释无辜，惩罚犯罪"，而不能片面理解为"有罪必罚"，"此种力求发掘犯罪事实真相，既不容罪及无辜，亦不许犯人逍遥法外的想法，导源于正义的观念，因此也称为正义原则"[1] 当我们翻阅刑法教科书中的案例，我们便会像全知全能的上帝，对犯罪事实了如指掌，只需要关注如何对那些犯罪事实进行刑法评价的问题，其实，在进行刑法评价之前，我们已经自觉不自觉地预设了"犯罪事实清楚"的重要前提。但是，犯罪事实的真相何从得知，这却是刑事审判必须处理的根本难题。有学者就指出：惩罚犯罪，保护无辜，这只能在发现事实真相的前提下完成；[2] 更有学者强调，发现真实要求有一个可靠的、既能够对有罪的被告人定罪，又能够给予被错误指控的人昭雪的审判程序。[3] 可知，刑事审判中，关键尚且不在于是否发现真实，而首先在于如何合理发现真实。在纠问制度模式下，存在近乎不受限制的法庭审理范围，法官可以采取各种必要的刑讯手段从被告人口中逼出"事实真相"，然而，近现代以来，这种不择手段、不问是非、不计代价发现真实的审判方式已经遭到唾弃，法庭审理范围在控诉制度模式中就成为

---

〔1〕　林钰雄：《刑事诉讼法》（上册），中国人民大学出版社 2005 年版，第 7 页。

〔2〕　左卫民：《刑事程序问题研究》，中国政法大学出版社 1999 年版，第 3 页。

〔3〕　［美］伟恩·R. 拉费弗、杰罗德·H. 伊斯雷尔、南西·J. 金：《刑事诉讼法》（上册），卞建林、沙丽金等译，中国政法大学出版社 2003 年版，第 32 页。

一个具有实质意义的问题。发现真实并不意味着可以牺牲审判中立价值，法官显然不能作为积极调查犯罪的追诉者，法庭审理不得及于未经起诉的犯罪。换言之，刑事审判不可以没有限制地发现真实，不可以进行漫无边际的法庭调查，这里其实就是一个控诉事实如何在庭审中成为审判对象的问题，或者说，初始提示的审判对象如何在庭审中获得集中展示的问题。

审判对象的展示，意味着起诉书记载的控诉罪行成为了法庭审理中控、辩、审诉讼行为的标的，控辩双方得以围绕于此展开攻击防御，法官审判被设定于该范围内，控诉方严格按照起诉书提出的指控来进行举证和控诉，辩护方则根据起诉书的指控来进行防御和辩论。这样，整个庭审活动就被以起诉书提示的审判对象为聚焦点组织了起来，庭审过程紧紧围绕审判对象为主题而推动。此时，审判程序的运转展示了不告不理、诉审同一的构造原理与控辩平等对抗的运作特征，审判对象在这里面发挥了界定法官审判范围、确立被告人防御目标、规范控诉方指控界限的机能。可以说，法庭审理程序是使审判对象得到最直接的展示的"舞台"，或者说，在法庭审理中，审判对象得到了真正的确立。因为，正是在这个时候，我们最为直观地感受到存在着这样一个"范畴"，它作为诸诉讼主体共同行动的主题，成为控辩对抗与法官判定的共同标的。正是在这个过程，我们清晰地看到起诉书提示审判对象的功能是如何被实现的，看到审判对象得到展示并对审判程序带来的影响。这种审判对象展示的原理，解释了法庭审理过程的一系列诉讼现象，诸如为什么审理程序开始时控诉方要明确宣读起诉书的指控；为什么审理过程法官要打住控诉方针对被告人与本案无关的讯问；为什么禁止法官直接对审理过程发现的其他罪行进行审判；为什么禁止控诉方在审理过程恣意变更起诉进行突袭指控；为什么禁止法官损害被告人的防御利益直接变更罪名；等等。

（三）法庭调查与积极辩护可能带来的影响

当然，这只是问题的一个方面。虽然审判对象作为控辩对抗与法官判定的标的这一点并无疑义，但由于实际上它是一个展示于法庭审判过程的范畴，控诉方启动审判程序时提示的"审判对象"只有当诉讼主体严格按照诉审同一性的原理来行动时才能真正得到体现。如果诸主体背离该原则来行动，便可能使真正展示出来的审判对象偏离了起诉书提示的初始样态，而法庭审理程序恰恰是控、辩、审诸主体共同行为的空间，审判对象恰恰体现为控、辩、审诸行为的标的。故而，实际运行的审判对象是什么，就有待于观察这一法官组织下的控辩对抗的过程，我们不能忽略该过程诸诉讼行为所带来的影响。这种影响除了表现为控诉方通过正当的起诉变更而造成实际运行的审判对象与起诉书提示有别，通常还体现在法官组织法庭调查和辩护方积极对抗控诉的行为中。这些行为将造成真正展示于法庭审判过程的审判对象与起诉书提示有别，但实际上已构成审判对象展示原理的应有内容。

1. 在法庭审理中，有一个法官组织法庭调查的问题。法官是审判的主持者和案件的裁判者，必须对法庭审理过程进行组织和控制，并且必须在这一过程形成判定的内容[1]，其职责是中立地"听证"与"裁决"，但并不意味在法庭审判过程完全消极[2]。通常来说，法官组织起来的法庭调查，必须严格控制于起诉书提示的诉请范围内，体现诉审同一性，但是，实践中法官的行为可能引导法庭调查偏离控诉方起诉时设定的范围，使得实际运行的审判对象与起诉书提示有别。拉德布鲁赫说，"法不只是评价性的规范，它也将是有实效的力量。而从理念王国进入现实王国的门径，则是谙熟世俗生活关系

---

　　[1]　法官的诉讼指挥内含着一种诉讼经济和秩序理性的程序逻辑，其实也发挥了矫正正当程序原理内在局限的功能。通常而言，法庭审理程序基于保障参与诉讼的控辩双方受到平等的对待和享有充分的机会来提出证据材料并表达自己的观点和要求的正当性需求，首先通过控诉方提示作为诉讼主题的审判对象，以此设定法官审判的范围和控辩对抗的标的，进而提供控辩双方围绕审判对象平等对抗的机会和空间，在制度上以控辩对抗作为基本结构，控辩双方的攻击防御构成程序的实质性内容，法官则充当消极的裁判者角色，以此来实现通过正当程序的公正审判。然而，这种主要依赖于控辩双方各自拥有资源的诉讼结构，其实预设着一个未经证明的理论前提：控辩双方之间的"诉讼武器"是完全对等的。近现代以来着意追求正义的刑事审判程序几乎都是建立在国家与个人平等对抗这样的理论预设之上，尽管在制度设计方面对保障被告人权利给予了各种努力的考虑，但是，国家与个人间的力量对比关系所形成的不对等状况始终是事实。在这个时候，中立的法官通过履行作为程序性权力的诉讼指挥权，根据案件审理的情况对庭审进行一定的指挥和控制，一定意义上能够消减控辩不平等的程度及其影响效果。换言之，通过法官的诉讼指挥能够在特定程度消解正当程序自身无法克服的矛盾。作为实施诉讼指挥的一种典型情形，法官调查同样能够在一定程度上矫正通过正当程序却得不出公正结果的危险，由于无论如何完善设计程序并保障程序的运行，刑事审判都不可能在任何情况下获得一种十全十美的实体正义，这个时候，如果法官调查得当，就能够较好地弥补正当程序结果与实体真实之间的偏差。当然，法官调查应当区分程序性调查与实体性调查两种情况。学者黄松有教授从民事程序的角度，深入剖析了民事诉讼中法官诉讼指挥权制度建构的正当性基础，指出："如果说控制和管理诉讼时间从而保障诉讼程序的经济性是诉讼指挥权在程序方面的内容（程序性诉讼指挥权），那么，通过弥补正当程序原理的缺陷而确保实体正义的实现则构成诉讼指挥权的实体内容（实体性诉讼指挥权）。"参见黄松有："诉讼指挥权正当性基础与制度建构"，载《中国社会科学》2003年第6期，第108～112页。

　　[2]　裁决是法官的权力，也是法官的义务，对于具备裁决条件的控诉，法官不能拒绝裁决。为此，他必须保持一种中立的地位和客观的心态进行听证。但是，这并不意味着法官在审判中的完全消极。有学者就指出，法官在听证之时，为维护公正和有效的举证，防止偏听、无证可听甚至蒙蔽听证，应当进行诉讼指挥。此外，"听"之不足的情况下，也不排除主动地"查"证。参见龙宗智：《刑事庭审制度研究》，中国政法大学出版社2001年版，第361页。

的法官。正是在法官那里，法才道成肉身。"[1] 龙宗智教授指出，"法庭审判，是一个具有法的范式和象征意义的法的空间。在这个空间中，有法律程序的展开，控辩活动的推进，以及不同诉讼角色的扮演，而其围绕的中心，是法官对案件实体的心证形成。"[2] 其实，从实证的角度观察，我们就会发现，从实证的角度观察，审判对象的展示与法官的行为密切有关，有时候法官甚至实施着决定审判对象的实际权力，法庭调查超越起诉书提示的范围的现象绝非罕见。虽然说起诉书提示的审判对象具有限制法庭调查范围的效应，但是，这种效应究竟在多大程度得到体现，则因实际运行的情况而有别，主要表现为三个方面：法官组织的法庭调查范围被严格限定为控诉事实还是被扩展至具有同一性的犯罪事实？法官审判是否受控诉罪名所约束？法官能否进行庭外调查？这些行为都存在超越起诉书提示的审判对象的可能，但不同诉讼模式对问题的评判有差别。例如，根据对抗制诉讼理念与模式，法官超越起诉书提示的事实与罪名进行审判通常都被视为违背诉审同一原则。然而，根据职权主义诉讼理念与模式，法院的调查与裁判只能延伸到起诉书记载的控诉事实，但在此范围内，法院有权力和义务自主行动，对控诉事实自主进行法律评价而不受起诉书提示的罪名所约束，并且，如果符合特定情况，法庭调查的事实范围还可能扩展至与控诉事实具有同一性的犯罪事实。至于法官庭外调查的问题，对抗制诉讼认为法官庭外调查有悖于审判中立性，职权主义则认为法官有职责运用职权查明案件实体真实，甚至进行认为必要的庭外调查。应该说，发现真实是肯定法官庭外调查的最重要理由，理论上或许存在这种可能，但这并不具有必然性。其实，"控辩平等对抗、法官居中裁判"的构造原理才是法官判明事实的最根本保证："控诉方对'真实'情况，是从右边致以亮光，而辩护方则从左边致以亮光，使审判官看清了'真实'情况。"[3] 因而，法官应当通过法庭审理程序组织控辩双方平等举证和辩论进而根据证据法则和程序规则做出判定，如果走下审判席走出法庭积极主动地去调查事实，反而极易挫伤居中裁判的优势价值，使法官成为查证意向强烈且查证方向基本明确的调查官员，甚至使审判最终演变为法官的自我取证自我指控自我评判，造成实际上的审判对象已经超越起诉书所初始提示的。

---

〔1〕 [德] 古斯塔夫·拉德布鲁赫：《法律智慧警句集》，舒国滢译，中国法制出版社2001年版，第8页。

〔2〕 龙宗智：《刑事庭审制度研究》，中国政法大学出版社2001年版，第1页。

〔3〕 [日] 河合弘之：《律师职业》，康树华译，法律出版社1987年版，第77页。

2. 在法庭审理中，有一个积极辩护对抗控诉的问题。任何一个有理性的人面对指控时，都会有一种本能的防御并付诸辩护的行为[1]。在法庭审理过程，基于三方组合的诉讼形态与中立裁判者的存在，被告人只需要在起诉书提示的审判对象设定的范围内准备防御，紧紧针对控诉来进行辩护，控诉与辩护本质上是对抗的，基于对立的利益驱动和诉讼立场，辩护几乎总是针对控诉而发生[2]。正是这种控诉和针对控诉的辩护形成的攻防对抗，显示了审判对象的存在和发生作用，控诉方基于明确的控诉提请审判，辩护方则针对于此进行防御，法庭审理程序为此种控辩对抗提供空间，我们说，起诉书提示了作为控辩对抗标的的审判对象。显然，辩护不可能脱离控诉而存在，更不可能先于控诉而进行，辩护只能围绕控诉事项来展开，否则就没有意义，控诉方起诉时明确提示特定控诉，辩方则针对控诉来进行辩护，法庭审判为控辩双方基于预先明确的攻防目标与对抗范围进行平等对抗提供程序保障。故而控辩对抗被设定在控诉范围，控诉范围即是防御范围，控诉方提示的审判对象直接成为控辩对抗的标的，法庭审判就是控辩双方围绕控诉方提示的审判对象展开攻击防御的过程。换一个角度来看，正是有了控诉方起诉时提示的审判对象，被告人才可能实施有针对性、有目的性的辩护，避免防御上的无的放矢、徒劳无益，被告人也只需要围绕于此来进行防御，而无需顾及控诉方提示的审判对象范围之外的控诉，这样，审判对象就在控辩对抗中得到了展示。然而，值得注意的是，辩护的防御性并不能排除积极辩护对审判对象带来影响的可能。在法庭审理中，辩护方可能通过提供新的事实的方式来进行"积极辩护"[3]。例如，"避开控诉主张，采用另外提供控诉方没有提供的材料或信息的方式，动摇控诉主张的唯一性，使司法人员不仅仅考虑控诉主张，同时还接受辩护意见，并据此作出裁判或决定"[4]。这种积极辩护就有可能导致控诉方提示的审判对象在控辩对抗中发生变化。审判的格局并不是控诉者单方面作用的结果，旨在抗衡控诉的辩护，同样可能对法庭审理程序产生重要的影响，有的学者就说，"被告所行使之防御权，不失为诉讼程

---

〔1〕　陈瑞华：《程序性制裁理论》，中国法制出版社 2005 年版，第 369 页。

〔2〕　诚如学者熊秋红所指出的，"辩护权针对控诉权而存在，没有控诉，就没有辩护。控诉权具有攻击性，辩护权则具有防御性，辩护权的行使旨在对抗控诉方的指控、抵销其控诉效果，辩护权是被指控人进行自我保护的一种手段。"参见熊秋红：《刑事辩护论》，法律出版社 1998 年版，第 7 页。

〔3〕　*Black's Law Dictionary*, West Publishing Company, 1979, p. 377.

〔4〕　梁玉霞：《论刑事诉讼方式的正当性》，中国法制出版社 2002 年版，第 75 ~ 76 页。

序推进之原动力，与检察官所行使之公诉权同。"[1] 因而，辩护行为，即便是防御性的辩护，在法庭审理过程可能带来的影响远远不止于表现为对控诉的消极回应，它对控诉产生一种制衡作用，完全有可能由于积极辩护而使得实际的审判对象超越起诉书所提示。通常有两种典型的情形：一种是辩护方提出了控诉方起诉时没有提示的重要事实或者情节，使得法庭审理的触角发生延伸；另一种是辩护方提出被告人在审前程序合法权利受到侵害的情况，实际上将侦控机关的违法行为亦纳入为审判对象。在这里，应特别注意"程序性辩护"的现象，即辩护方在对指控犯罪事实加以防御的过程，采取一种带有攻击性的策略，不是消极性地宣称"指控不具备刑法所确立的犯罪构成要件"或者"指控不具备法定的证据和事实基础"，而是积极地"指控"侦控人员存在违反法律程序的行为并要求法庭予以审查和确认。[2] 此种程序性辩护实质上是将侦控人员置于被控告和受审判的诉讼境地，使得他们所实施的违反法定诉讼程序，特别是侵犯被告人宪法性权利的行为处于不得不接受审查和裁判的位置。[3] 因而，将追诉行为的程序性违法问题纳进审判视野，不但扩展了起诉书提示的审判对象，甚至可能改变审判对象的基本构造，使审判对象本来指向被告人的单向度结构变革为控辩之间互为指向的双向度的结构，我们决不可忽略审判对象基于辩护的此种影响及其对诉讼制度可能带来的变革。[4]

---

〔1〕 蔡墩铭：《刑事诉讼法论》，五南图书出版公司 1993 年版，第 82 页。

〔2〕 陈瑞华：《程序性制裁理论》，中国法制出版社 2005 年版，第 380~381 页。

〔3〕 ［美］艾伦·德肖微茨：《最好的辩护》，唐东交译，法律出版社 1994 年版，第 49 页。

〔4〕 其实，在刑事诉讼中，辩护权的行使或者显著或者并不太显著地给诉讼中的各方及其活动带来影响，这种影响甚至表现为它实际上参与了审判对象的确立。例如，被告人及其辩护律师在辩护活动中提出了控诉方起诉时没有提示的重要事实或者情节，甚至针对控诉方提出被告人在审前程序合法权利受到违法侦查行为所侵害的情况，这就将导致控诉方起诉时提示的审判对象发生变化。或者更进一步说，这表明实际运行中的审判对象并非仅仅由控诉方在提示。那么，这是否意味着前面归纳的审判对象通过控诉方起诉来提示这一原理存在内在缺陷了呢？当然，未必这么严重，毕竟刑事诉讼最基本或者说主导的方式仍然是由控诉方针对被告人特定罪行提起控诉来引起刑事审判的，被告人及其辩护律师行使辩护权的活动只是在此之后并且针对于此而发生的。因而，审判对象是由控诉方提起来提示这一原理仍然不错。但是，这就正好说明，我们不能忽视辩护活动对审判对象所带来的影响乃至给整个刑事诉讼可能带来的变革。这一点，还有两个很重要的例证：一是体现在被告人主动提起的上诉审程序中，二是基于被告人利益而提起的再审程序中，该程序中审判对象的提示与确立就相当显著地带有被告人辩护活动的影响的征象。或许，可以将被告人及其辩护律师行使辩护权行为视为一种实质上的诉权行为，既然是诉权行为，其原理类似于控诉方针对被告人提起控诉的行为。那么，其参与提示审判对象的现象便是可以得到合理解释的。

### 四、审判对象的变更

（一）审判对象变更的理路

审判对象变更，是建立在诉审分离为基础的诉讼主义语境下的概念与命题。近现代相对合理的刑事诉讼，鄙弃了诉审合一的纠问制程序下法官擅自确立审判对象的做法，实行不告不理、诉审同一的原则，起诉与审判发生了结构与功能上的分化，未经起诉不得启动审判。审判范围与起诉范围保持同一性，审判不得及于未经控诉的任何罪行，起诉不但具有启动审判程序的意义，而且具有设定审判对象的功效。因而，尽管审判对象作为法官审判权力的目标指向与作用范围，展现于审判过程，但是，它实质上是由控诉方在起诉时予以提示的。因而，所谓审判对象的变更，应该是指在此种三角结构诉讼构造中，控诉方起诉时提示的审判对象在审判过程发生的变更。我们对审判对象变更及其控制的探讨，只有建立在这个界定上，才是有意义的。毕竟，在法官集控诉与审判权力于一身的程序环境下，对于任何犯罪，法官均有权力主动追查，发动诉讼，自主确立审判对象，进行审判予以追究，无所谓审判对象变更的问题，更不可能存在审判对象变更的控制这一逻辑。然而，强调诉审分离的三角结构诉讼构造下，审判对象蕴含一种控制权力、保障权利的逻辑，不管是法官，或者是控诉方，其权力均被设定了合理的界限与范围，体现一种分权制衡的机理，并显示一种对被告人防御权利的保障的理路。法官不得擅自确立审判对象，更不得变更起诉书提示的审判对象，控诉方也不得任意变更起诉时提示的审判对象，除非这种变更被控制为一种正当的变更。

审判对象变更，意味着实际运行中的审判对象与起诉书提示的有别，因而要受到严格控制。或者说，需要存在一种控制审判对象变更的合理机制。抛开法官滥用权力自行确立与起诉书提示有别的审判对象这一情形不说，审判对象发生合理的变更，主要有两种理路：其一，是基于起诉变更主义，控诉方在审判过程进行起诉变更，使得起诉书提示的审判对象发生变更；其二，是基于法官职权主义，主张法官行使审判权力的范围受控诉事实所约束但有权自主作出法律评价或者有权对被控诉罪行所包容的罪行作出认定，即法官直接变更了控诉罪名。

通过起诉来启动审判程序并设定审判对象，这一基础原理意味着一旦起诉的内容与范围发生变化，必将相应引起审判对象的变更，并决定了审判对象发生变更只能基于起诉变更，而不能是法官主动改变控诉方提示的审判对象。因而，审判对象的变更，以一种起诉变更主义作为支撑。作为一种犯罪追诉的国家权力行为，刑事起诉天然具有一种主动的品性，它倾向于最大限度地追诉犯罪，然而，作为一种司法请求的诉权行为，决定了这种主动性将在启动审判程序后面临一种制约。国家公诉运行既为国家刑罚权的实现提供现实可能性，又为国家刑罚权的实现提供合理性的保障，国家公诉应当与刑事审判在结构与功能上形成一种合理的配置，没有起诉就没有审判，未经审判就不能刑罚。而审判对象正是在这个意义上获得界定，经控诉机关提起公诉时提示审判对象并由法院审判来决定控诉是否成立，以此实现诉审运作的正当性，避免由于国家刑事追究权力的滥用而毁誉司法正义并使作为被告的个人演化为诉讼客体和国家强制力的猎物。通常，控诉方起诉时完全有权决定控诉的内容与范围，但启动审判程序以后，该项控诉就被固定了下来，由此设定法官审判的范围和控辩对抗的标的，控诉方不得任意改变原初的控诉。然而，随着近现代诉讼的发展，特别是起诉权裁量性以及复合性公诉权理论的推动，起诉变更主义逐渐得到承认。即考虑到审判过程控诉发生变更的现实可能性，在符合正当程序原则和不妨害被告人防御利益的前提下，一定程度地承认控诉方变更起诉的权力的合法性。在近现代，起诉法定主义逐渐被起诉裁量主义所补充，逐渐认为控诉机关应当综合考量起诉的必要性，对犯罪的轻重及情节、犯罪人的性格、年龄及境遇以及刑罚的社会效益、现实效果等因素综合考量后认为没有必要追诉的，可决定不予起诉。同时，对于已经提起的公诉，也允许撤回、追加或者变更，亦即，起诉权应当有一个必要的回旋空间，在控制犯罪的社会需要与刑事司法程序承载能力之间保持适当的协调性[1]，应当肯定起诉变更主义的合法性。随着起诉裁量主义得到肯定并得以推行开去，控诉变更逐渐获得一种合理性的诠释。同时，近现代以来的起诉理论认为，国家公诉权本身是一种复合性权力，它是公诉提起、公诉支持、公诉变更、上诉与抗诉等公诉权力要素的集合体，这些权能的存在和结合互补，使公诉权制度成为一个完整而具有形式合理性的司法请求和犯罪追诉制度[2]。为此，起诉变更权是起诉权不可分割的组成部分，控诉方在发

---

〔1〕 起诉裁量主义强调综合考量犯罪的轻重及情节、犯罪人的性格、年龄及境遇以及社会效益等因素，强调刑罚的现实效果和国家控制犯罪资源的优化配置。诚如有学者所评论："根据犯罪嫌疑人的个人特点与所犯罪行的严重程度看，如果不起诉能够防止再犯，能更好地帮助犯罪嫌疑人做善良公民，又何必劳民伤财地去将他/她投入被有人称之为'犯罪大染缸'的监狱中呢？""资源的合理利用和有效配置也是应该考虑的，如果社会中的犯罪行为已经大大超过了刑事司法系统的承受能力，那么把某些犯罪案件截留在系统之外就是不可避免的。"参见梁玉霞：《论刑事诉讼方式的正当性》，中国法制出版社 2002 年版，第 282～283 页。

〔2〕 龙宗智：《相对合理主义》，中国政法大学出版社 1999 年版，第 295～296 页。

现起诉书指控有错漏时享有斟酌是否对控诉予以变更的权力。当然，起诉变更主义体现了一种追求客观真实和诉讼效率的诉讼观，考虑到如果起诉书指控的错漏没有修正的余地，很可能放任犯罪者逍遥法外甚至不得不导致审判程序无法推进。基于诉讼程序有效运转的需要以及控诉方的客观真实义务，控诉方实施特定程度的起诉变更被认为是合理的，恰当地变更起诉，不仅有利于追求客观真实，增进司法资源优化配置与利用，而且可能有益于及时保障被告人权利。

基于不告不理的原理，法官不得主动确立审判对象，控诉方起诉时提示的审判对象可能发生变更，按道理除了起诉变更外便别无途径。然而，实践中仍然存在一种诉讼现象，即法官主动变更罪名，使控诉方起诉时提示的罪名发生了变更，这种做法的存在有其合理根据，实质即是在审判过程秉持一种"审判对象狭义论"。具体地说，法官有权力将审判对象仅仅界定为控诉方起诉时提出的控诉事实，但不包括其对控诉事实的法律评价，即控诉罪名。同时，即便法官要受起诉书提示的控诉罪名所约束，但仍然有权将审判对象缩小界定为被包容于该控诉罪名的其他罪名。因而，法官主动变更罪名并不违背不告不理的原则。此种审判对象狭义论便构成了实际运行的审判对象与起诉书提示有别的另一种理路，它实质上体现了一种法官职权主义。审判对象狭义论的发生，实质上源自于对诉审同一性的不同理解。诉审同一的价值机理在于：作为不告不理在功能和内涵上的发展延伸，合理规范诉审关系，通过设定审判对象并保障其功能有效发挥，防范审判权力的恣意扩张与法官的突袭裁判，进而明确被告防御的目标与范围，寻求一种分权制衡与人权保障的功效。因而，在近现代，诉审同一性在相对合理的诉讼构造中备受强调，不管对抗制或者是职权主义，都将其作为一项重要原则予以实践。但同时，为避免因诉讼结构过分僵化带来诉讼机制运转的失灵或低效益，适用诉审同一原则时保留了合理的弹性。诸如职权主义诉讼将其解释为犯罪事实的同一而不包括法律评价的同一，法官在控诉事实设定的范围内有权自主进行法律评价而不受控诉罪名所约束。再如，对抗制诉讼虽然将其解释为起诉书提示的事实与罪名的同一，但亦保留了法官直接认定被包容于控诉罪行的其他罪行的权力。故而，尽管诉审同一性存在着两种基本的解释模式，或者说，审判对象被对抗制与职权主义分别界定为"诉因"与"公诉事实"，但是，二者均为法官主动变更罪名保留了一定的合法性空间。当然，法官变更罪名权力的依据，亦来自于对审判权力的解释，审判权包含定罪权与量刑权，法官享有确定被告人是否有罪、该当何罪的权力，变更罪名权被视为定罪权的有机部分。在审判过程，起诉书对被告人罪责的设定并不能产生实质上有罪的效果，只有裁判者才有权最终确定该构成何罪，法官变更罪名做出符合实体真实的判决，并不违背不告不理，而且符合诉讼经济原则。

（二）发生变更的审判对象

控诉方在审判过程的起诉变更，或者法官正当地变更罪名，必然导致初始提示于起诉书的审判对象发生变更，这显示了审判对象运行的动态特征。如果说，法官积极扩展审判的犯罪事实范围使实际的审判对象超越控诉方所提示的，是有悖于审判对象运行规律的现象。那么，控诉方主动变更控诉或者法官适当地变更罪名而引起审判对象发生变化，则未必违背审判对象的运行原理。因为，它并没有破坏控审分离的结构，也没有违反不告不理、诉审同一的原则。当然，它必须满足一定的前提，即变更控诉的行为遵循了正当程序的原则并充分考虑了保障被告人防御利益的问题。尽管如此，这种变更还必须是合理的变更，而不能是不受限制的变更。否则，如果控诉方在起诉后可以为所欲为地起诉变更，或者法官可以为所欲为地变更罪名，审判对象的功能就丧失殆尽。那么，在刑事诉讼中，审判对象的变更是如何表现的呢？基于审判对象合理变更的理路，审判过程中起诉书提示的审判对象发生变更，主要基于起诉变更机制和罪名变更机制，并主要表现为如下情况：

1. 就变更内容而言，审判对象发生变更主要存在三种类型。其一，是控诉事实的变更。因为，随着诉讼的推进，控诉方起诉时所指控的犯罪事实可能发生认识上的变化，包括对犯罪事实、量刑情节及其他对定罪量刑有意义的案件事实的变更。其二，是法律评价的变更。法律评价的变更是审判对象发生变化最为常见但往往容易引起争议的问题，主要是法律评价的变化是否属于审判对象变更的范畴这一问题存在观点上的争议。通常，法律评价的变更包括控诉罪名的变更和适用法律的改变。其三，是被告人要素的变更。被告人要素的变更势必引起指控内容的变化，通常包括三种情形：①对被告人身份特征如名称、年龄等事项的变更；②因追捕到案或者因新的证据或新的事实认定等原因而追加被告人；③审理过程中因发现共同被告人中有的不应追究刑事责任而撤销对该部分被告人的指控。

2. 就变更性质而言，审判对象发生变更同样存在三种类型。其一，有利于被告人的变更。这主要指重罪事实与罪名变更为轻罪事实与罪名以及直接撤销对被告人的控诉，当然，也包括在量刑情节上对某些严重情节如主犯、手段恶劣等的撤销以及对某些从轻情节如自首、正当防卫等的追加等等。其二，不利于被告人的变更。这主要体现为由轻罪名变更为重罪名、追加犯罪事实、补充重刑情节等情形,这种变更显然对被告人不利。其三,对被告人没有实质影响的变更。例如,对同一刑度的罪名的改换[1]。

3. 就变更方式而言,审判对象发生变更同样主要表现为三种类型。其一,审判对象的撤销。控诉方提起控诉后,于审判中发现本不应当起诉或者不必要起诉的情形,从而部分或全部地撤回已经提出的指控,其结果将导致对起诉范围的压缩甚至撤销,这种起诉变更自然也导致审判对象的撤销或者范围上的压缩。其二,审判对象的追加。控诉方提起控诉后,于审判中发现遗漏了应予起诉的被告人或者罪行,从而追加起诉,扩充原先起诉的范围,这必将导致扩张审判对象。其三,审判对象的改变。控诉方提起控诉后,于审判中发现原初指控的被告人或罪行与事实真实情况不符,从而进行变更,使起诉时提示的审判对象随着发生变化。

(三) 变更的控制与突袭性审判的防范

当然,审判对象变更的驱动主要是基于起诉权的主动性、审判权的独立性与发现真实的需要。然而,刑事审判的内在品格不允许控诉方无休止地变更起诉,亦不允许法官无限制地变更罪名,审判对象变更需要被控制在正当的基础上与合理的限度内。我们不能以一种极端追求实体真实的姿态去理解刑事审判,它始终有个确定的起点和终点,诉讼活动被规范在这个特定的时空条件与范围内进行,不可能任由控诉方漫无边际地变换控诉角度。同样不可能任凭法官随心所欲变更罪名,而视对被告人的无尽追诉与突袭审判于不顾。若审判对象变更缺乏合理控制,对被告人来说是一种损害。而且,对国家刑事司法而言也是一种糟蹋,因为它势必破坏刑事诉讼运行的内在规律和秩序。为此,审判对象变更主要来自于两方面的限制:一是,必须充分保障被告人的防御权利;二是,必须确保诉讼程序运行的正当性。具体而言,一方面,要对审判对象变更进行实体方面的限制。审判对象变更始终不能改变起诉的事实基础,而只能被控制在控诉事实同一性的范围内,否则便无异于另行起诉,甚至更严格来说,审判对象变更不得针对被告人追加或者指控另外的罪行。另一方面,要对审判对象变更进行程序方面的控制。控诉方起诉变更与法官变更罪名均要符合正当程序,要履行合法的变更程序,只有在充分考虑了被告人防御保障并充分保障程序运作合理性的前提下,才可能实现审判对象的变更。

_____

[1] 譬如,将贪污罪改为受贿罪,将伪造公文罪改为伪造证件罪。龙宗智主编:《徘徊于传统与现代之间——中国刑事诉讼法再修改研究》,法律出版社 2005 年版,第 252 页。

　　审判对象发生变更，利益受到影响最大者是被告人，突如其来的起诉变更或者罪名变更，可能使被告人防不胜防、茫然失措、束手无策。在控、辩、审三方权力（利）的交错互动中，任何一方权力或权利的不适当扩张，都可能引起其他两方权能的收缩或者变异，而此种权能的不当扩充往往就表现为一种突袭性的诉讼行为。在理论上，突袭性诉讼现象的动因，可能在于被告人滥用诉讼权利，但更可能是控诉方滥用控诉权力和法官对审判权力的不当运用。在审判过程，审判对象不当变更，对被告人来说，就是一种突袭性的诉讼行为，使被告人本来针对起诉书提示的审判对象准备的防御努力归于无效，进而被迫陷入防不胜防的困境。这种突袭性诉讼行为，主要是控诉方任意变更起诉所导致，或者由于法官突然直接变更罪名，甚至是法官不当脱离控诉方起诉时提示的审判对象进行审判，这种审判便是一种"突袭性审判"。为此，就要建立一种符合正当性的审判对象变更机制，来对突袭性审判进行防范。现代刑事诉讼的运作原理，已深深植根于正当程序的法治理念之中，审判对象的变更同样不能例外地要接受正当程序原理的检验。在刑事审判中，不管是控诉方变更控诉，还是法官变更罪名，都应当考量两个重要因素，一是变更程序自身的正当性，二是被告防御利益保障的有效性，进而实施一种具有正当性的审判对象变更机制。

　　要理解审判对象变更机制的实质，就要回答诸如"为什么需要审判对象变更机制"、"什么情况可变更、什么情况可不变更"此类的问题。根本上说，审判对象变更机制存在的意旨，显然不是为两种主体针对被告人提供随时改变诉讼攻击策略的空间，更不是为超越审判对象的恣意审判提供余地。而是在于，基于审判对象发生作用的内在机理，通过审判对象变更机制的存在，控制审判对象发生变更的可能性与正当性，有效防范审判对象任意变更带来的弊端，保障被告人的防御利益。换一种角度说，审判对象变更作为一种程序机制，它的启动与运行，对于被告人利益及审判程序本身而言，不是一种侵害，而是提供一种保护。正是通过合理设定审判对象变更程序的必要性与可行性，来规制违背制度和规律但实质上造成审判对象变更的做法与现象。正由于此，对于何种情况下可变更、何种情况下可不变更这一问题的设定，就具有实质意义。显然，倘若不顾及正当程序利益，放任控诉方不当地实施起诉变更，整个刑事审判将可能在错误的和无序的基础上推演。同样，放纵法官在审判过程未经审判对象变更程序便直接认定超越起诉书记载的罪行，势必对审判程序正当性及被告人防御利益带来损害。但是，有审判对象变更机制的存在，就具备一种保障，因为基于一切超越起诉时提示的审判对象的认定都要经过正当的审判对象变更程序的前提设定，法官未经合法的变更的突袭性审判行为都将被杜绝。例如在日本，按照诉讼学理，如果审判过程事实发生变化，原则上需要变更诉因，但是，像变更全部事实那样适用诉因变更程序则太烦琐并且不现实，因而普遍认为，在某些重要的事实发生变化时才有必要变更诉因。对此，就要站在考虑被告人防御利益是否受损害的立场上来衡量是否需要适用变更程序。[1] 由此可知，审判对象变更机制存在的实质，在于保护被告人的防御利益和为审判公正提供程序保障，它合理设定变更程序并由此规范变更的条件和限度，以有效控制审判对象变更及其引起的突袭性审判。

**五、审判对象的型塑**

（一）法官裁判与审判对象的型塑

经过法庭审判过程，审判对象最终在判决书中被固定了下来。这是因为，判决书一经形成，围绕审判对象所进行的控辩对抗与法官判定的活动即告终结。严格来说，只有到这一环节，审判对象的样态才真正显得确定。尽管此前它一直发生作用并展示在控辩对抗的庭审活动中，但由于审判程序是一个不断推进的动态过程，审判对象的展示必然也是渐进的，甚至可能发生变更。因此，以一种动态地理解审判对象的视角，审判对象是在标示审判程序终结的法官裁判中获得最终型塑的。当然，这一点，与审判对象的提示和展示的原理并不相悖。原因是，这个提示、展示乃至变更直到固定的过程，发生变化的是审判对象的表现形态，控诉方提出的指控对象、法庭上展示的审理对象与判决书中所体现的裁判对象彼此间始终具有同一性，这其实蕴含着审判对象在审判过程发生作用的内在原理。

当然，要解释为什么起诉书提示的审判对象最终要在法官裁判中得到型塑，就要从蕴含于审判过程两种权力要素的关系切入。于审判对象初始提示到最终型塑的过程，存在两个尤为重要的作用因素，即控诉和判定，二者分别在审判过程行使着起诉权力与审判权力。控诉方希求启动审判程序，就要预先提示审判对象，提出将在审判过程作为控辩对抗与法官判定的主题。由于诉讼结构中诉审分化的原理，法官无权自行确定这个诉讼的主题，控诉方则无权直接就该主题作出权威判断。否则，就成为法官或控诉方的"亦诉亦审"，有悖于诉讼法理。故而，这一主题只有经过审理由法官来做出最终判

---

[1] [日] 田口守一：《刑事诉讼法》，刘迪、张凌、穆津译，法律出版社 2000 年版，第 170～171 页。

定，当然，法官的判定亦只能针对控诉方提示并在控辩对抗中展示的诉讼主题。这样，整个过程实际上就被规范在"审判对象"设定的框架中进行，控诉方有权提示诉讼主题，但却无权做出权威判断，法官有权做出权威判断，但却无权提示诉讼主题。在这里面，就蕴含了一种分权制衡的诉讼构造原理。如此一来，在这个审判对象赖以运行的诉讼构造中，诉与审二者就发生了一种二律背反式的相互规定相互作用，其逻辑结构呈现十分精巧的"悖论"。然而，这正是为什么审判对象要交由控诉方来提示，进而展示于控辩对抗的庭审，最终交由法官判定来完成最终型塑，同时也是为什么审判对象作为对抗与判定的标的却在对抗与判定的运行过程得到型塑。正是此种"悖论式"的原理，演绎着审判对象在诉讼构造中发生作用的规律。这一过程，揭示了审判对象为何被需要，解释了审判对象如何运行。当然，这一点，也充分地表明，审判对象的生成与运行，二者其实是同一过程的两个层面，我们所探索的审判对象的生成原理与运行规律，发生着一种十分本质的联系。

（二）最终型塑于判决书的审判对象

判决书是记载审判过程围绕审判对象而展开的控辩对抗以及法官判定而形成的具有实体性内容并能够就此终结审理程序的权威结论。学者王亚新说，思想或实体其实很大程度上是由言语所决定的，表达本身就创造着被表达的内容，完全可以认为如果没有判决书这样的表达形式，就很难形成作为表达内容的法的体系。因此，作为终结审判程序的权威判定，判决书绝不是一种偶然的或者可有可无的形式，判决书蕴含了法官判定的正当化命题，表征着审判过程控辩对抗的特质与内涵。在以双方当事人之间的攻击防御活动作为程序主体部分的诉讼中，法官为了始终保持对于双方不偏不倚的中立性，原则上应该采取一种主要是倾听的被动姿态。为此一般都认为法官不宜在审理过程中过早或随时地向当事人表明自己就案件事实而得到的印象或在内心形成的见解或态度。从结构的要求来看，诉讼过程中有关案件实体内容的信息大体上总是通过当事人之间的对抗流向法官，而法官则主要是在程序的终结阶段才以最终判断来对获得的信息进行一次性的回应或反馈。于是，作为法官向当事人表明自己如何形成判断的主要渠道以及说服当事人接受这种判断的说理及论证手段，判决书就成为对抗性的诉讼结构所能允许并要求法官表达自身判断的基本形式。[1] 故而，判决书对控辩对抗的事项作出权威判断，

---

[1] 王亚新：《对抗与判定：日本民事诉讼的基本结构》，清华大学出版社 2002 年版，第 276～284 页。

必定表达了在审判程序中作为审判对象的内容。换句话说，审判对象在终结审判程序的判决书中得到了最终的体现。判决书中最为核心的记载就是法官关于审判对象在经过控辩双方基于事实证据和法律规范的论争对抗之后得出的最终判定，其中心指向便是审判对象。

　　实际上，只要我们把握裁判事实的形成过程，就不难理解"判决书中的审判对象"这个命题。在起诉书中，控诉方记载了提示为审判对象的控诉事实，经过审判程序，到了判决书中，作为控辩对抗主题的审判对象就在法官记载的裁判事实中得到结论。虽然，发生在社会生活空间的涉嫌犯罪事实，经过控诉方借助于语言再现功能的勾画以及结合法律规范的指控评价，而作为控诉事实，成为审判中诉讼主体认识的对象。然而，控诉方对所谓"犯罪事实"的陈述"也许与事实相符，也许不相符"[1]，控诉未必成立，因而，这就有赖于经过审判程序去形成权威裁判。在审判过程，控诉事实就成为控辩对抗的中心主题，也成为法官审理和判决的事项，控诉事实设定了审判的范围和对抗的标的。经过审判程序，形成了支持或否定控诉主张的权威的裁判事实，它构成判决书的主题内容，显示了审判对象的最终形态，业经形成法律权威的裁判事实，意味着起初的控诉事实在这场审判程序中便不再为控辩双方所对抗论争。因此，如果说控诉方起诉书中提示的是一种初始形态的审判对象，那么，经过控辩对抗为主题的审理过程，法官在判决书中则是将审判对象的形态固定了下来。这便意味着围绕审判对象而进行的控辩对抗与法官判定的诉讼活动已告一段落，它在这个程序中不再为诉讼主体所论争与评判，为此，我们说，审判对象的样态被凝固于判决书中，或者说，审判对象在判决书中获得最终的型塑。

　　在刑事诉讼程序中，最终型塑于判决书的审判对象，在功能上将发生一种终结诉讼与禁止重复提起的诉讼法效果。这主要表现为，控诉方起诉时明确提示作为审判对象的控诉罪行，经过法院审判形成终局裁判之后，控诉方就不得将其重复提起，而使其再次成为法院的审判对象。同样，法院也不得对该审判对象进行重复审判。当然，表现出来的这种诉讼功能并不意味着全然拒绝任何重新提起审判对象的可能，而是通常合理地保留着两种制度性的例外：其一，基于审级制度原理发起上诉审进而将初审中的审判对象重复提起，其二，基于适当的再审制度原理发起再审进而将原审中的审判对象重复

---

〔1〕　〔英〕卡尔·波普尔：《通过知识获得解放》，范景中、李本正译，中国美术学院出版社1996年版，第22页。

提起，它们均是合乎诉讼法理与诉讼规律的安排。除此以外的任何将型塑于判决书的审判对象重复提起的做法，均构成审判对象被不当重复提起，因而悖离诉讼法理与审判对象运行规律。

## 六、审判对象的重复提起

### （一）上诉审的审判对象

当然，强调防范审判对象被不当重复提起，并不意味着毫无余地拒绝一切针对被告人同一罪行的重新审判，合理且现实的做法是将其控制于适当限度内和正当空间，某种程度上承认审判对象被再次提起的合法性。诸如通常的上诉审以及某些情况尤其有利于被告人的再审。这实际上显示了审判对象由初审程序链条进度到上诉审与再审程序链条的运行轨迹。在上诉审与再审程序中，同样要遵行控诉原则、诉审同一性、合理变更、法官裁判等运作原理，审判对象同样要经历被提示于起诉书、法庭上的展示乃至变更直到被凝固于判决书的运行过程。只是，由于上诉审和再审与初审在程序功能与原理上存在的差别，审判对象运行的规律呈现一些有别于初审的特征。

上诉审是初审中控辩任何一方因不服初审裁判而向高审级法院提起的审判程序。上诉审程序具有两个宏观方面的功能，一个是增进审判机制的合理性，一个是提供权利救济。首先，由于客观事物本身的复杂性以及认知主体能力与认知条件的有限性，很难实现每一个案件都在初审程序中均得到尽善尽美的解决。为此，上诉审被设计为维护司法公正的坚实屏障。在初审与上诉审的审级制度设计中，蕴含一种刑事审判自我完善的机理，级别式的审判程序设置，使国家审判权力分化而由不同审判机关行使的相互制约的格局，既能够尽量防范审判上的集权而导致的司法独裁，又能够提供一个逐级检验的审判机制从而促成刑事审判最大限度地接近正义。其次，作为一种救济性的审判程序，上诉审是否定之否定规律在刑事审判活动中的表现，是控辩矛盾作用的必然结果，当初审裁判结果不能满足控辩任何一方的期望时，他们便会通过上诉继续寻求救济。有学者如此描述刑事审判：如果把审判活动比做一个国家用来衡量是非曲直、真假善恶的一架巨大的天平，那么，在每一次刑事诉讼中，放在天平盘上的则是人的自由、财产、名誉甚至生命，法院确定刑事诉讼结果的裁判，不仅体现了国家的重要利益，而且与诉讼当事人有着重大的切身利害关系。[1] 显然，如果在每一个刑事案件中，经过法院初

---

〔1〕 宋英辉、李忠诚主编：《刑事程序法功能研究》，中国人民公安大学出版社 2004 年版，第 407 页。

审之后被告人便再也没有任何寻求救济的机会，后果将不堪设想。诚如孟德斯鸠所说，对公民的荣誉、财富、生命和自由越重视，诉讼程序也就越多，[1] 上诉审程序的存在，更主要是为了给在初审中的被告人继续寻求权利救济提供程序空间。总的来说，上诉审的基本功能是救济功能，根据初审裁判的正当性程度提供不同程度的救济，就救济的内容而言，可能涉及初审中的事实认定问题，更可能涉及初审中的法律适用问题。

　　如何定位上诉审的审判对象，与我们对上诉审功能与任务的定位有关。有学者就指出，"诉讼任务的完成有赖于诉讼中审判机关审理对象的明确化和具体化。具体到第二审程序来说，衡量该程序承载的诉讼任务是否完成的一个直接尺度，即是其审理对象是否在依据第二审程序进行的审判活动中得到了正确和充分的解释和说明。"[2] 对此，存在两种观点：一种观点认为，解决被告人刑事责任问题是刑事审判的直接任务，上诉法院审判只能指向刑事案件，上诉审审判对象与初审不应有别；另一种观点认为，解决初审裁判是否应当得到支持的问题才是上诉审的直接任务，上诉法院审判指向初审裁判，上诉审审判对象有别于初审。前种主张指出，普遍认为上诉审审判对象是初审裁判，因为上诉审的任务以及上诉审裁判就是对初审裁判的维持、撤销或变更，这种认识似乎很有道理，然而，细究起来则是站不住脚的。根据诉讼裁判原理，法院的审理活动只能是围绕控辩双方争论的问题而展开，审判对象只能是控辩双方争议的事项，上诉审法院只有通过审理活动正确认识案件真实情况，才能确定初审裁判的正误，进而维持正确裁判，纠正错误裁判，初审裁判只是上诉审法院在已经形成了对刑事案件的结论性认识后的审查对象，而非其审理对象。如果把初审裁判作为上诉审审判对象，势必得出这样一个结论：作出初审裁判的法院在上诉审程序中要以被告身份为其初审裁判的正确性进行辩护。显然，这违背诉讼基本原理，也不符合实际，若将审判对象定位为初审裁判，必然导致上诉审法院忽略与初审裁判内容没有直接联系的重要因素。实践亦表明，上诉审法院如果不通过对案件进行全面审查，势必直接影响到上诉审救济功能的发挥。[3] 然而，后种主张指出，初审程序中的控诉方追求的是对犯罪的打击、控制或惩罚，这种追求若向整个刑事程

　　〔1〕　［法］孟德斯鸠：《论法的精神》，张雁深译，商务印书馆1978年版，第75～76页。

　　〔2〕　宋英辉、李忠诚主编：《刑事程序法功能研究》，中国人民公安大学出版社2004年版，第414页。

　　〔3〕　宋英辉、李忠诚主编：《刑事程序法功能研究》，中国人民公安大学出版社2004年版，第415～417页。

序放射，就会形成一个国家刑事诉讼在打击犯罪上的价值偏好。但在审判救济程序中，由于原告的利益基点不同，其价值追求不再是打击、惩罚犯罪，而是寻求对错误判决、裁定的纠正，若忽略这一点——尽管这一点在整个刑事诉讼中不占主流因而常被遗忘，仍像过去那样笼统地将控诉方的价值追求归为打击、惩罚犯罪。那么，我们就不可能跳出这样一个荒诞的逻辑怪圈：初审被告人提起上诉，追求的竟然也是打击、惩罚犯罪！[1]

显然，在上诉审审判对象定位的问题上，我们没有必要去面对"作出初审裁判的法院在上诉审程序中要以被告身份为其初审裁判的正确性进行辩护"的"悖论"，也没有必要去陷入"初审被告人提起上诉，追求的竟然也是打击、惩罚犯罪"的"怪圈"。在这里，我们需要强调一些重要的诉讼原理，借以规范上诉审的审判对象问题。特别是，上诉审同样必须遵循不告不理与诉审同一的原理。上诉审是刑事诉讼机制的重要一环，但并不意味着任何案件都会进入上诉审程序，它有赖于初审中控辩一方的提起，上诉审本质上也是一种审判程序，同样必须满足控审分离、控辩平等、审判中立的要求。因而，没有上诉，就没有上诉审，上诉审的审判对象受上诉审程序发动主体提出来的上诉请求所限定，法院不得主动进行上诉审判，这样的原理自然应当坚持。当然，需要强调的是，在上诉审中，存在若干重要因素使其审判对象的生成、构造与运行发生了有别于初审的变化：

其一，初审程序总是由控诉方提起并提示审判对象，而上诉审程序既可能由初审中的控诉方提起，也可能由初审中的被告人提起，因而，上诉审审判对象可能由初审控诉方提示，也可能由初审被告人提示。其二，初审程序的动因总是针对被告人罪行提出控诉，控诉目的在于追究被告人刑事责任，而上诉审程序的动因主要在于提起上诉请求的当事人不服初审裁判而请求予以矫正和救济，上诉目的在于修正甚至推翻初审裁判。因而，上诉审审判对象的构造和运行与初审有所区别，它与特定的上诉请求密切相关，而不局限于诸如初审中的控诉罪行是否成立的问题，往往涉及初审认定事实与适用法律是否正确以及程序是否合法的问题。其三，值得注意的是，上诉审应当被定位为救济程序，这种救济主要是为不服初审裁判而提起上诉请求的主体提供的救济，而不是为了再一次发现事实真实以便确定被告人刑事责任而进行的救济。因而，上诉审程序所承载的诉讼任务在于有针对性地为提出上诉请求的主体提供救济，其审判对象在范围上受上诉请求所限制，而不应是不受

―――――――

〔1〕 梁玉霞：《论刑事诉讼方式的正当性》，中国法制出版社 2002 年版，第 255 页。

限制地扩展。其四，鉴于权力控制与权利保护的刑事诉讼救济原理，上诉审主要表征为对初审裁判形成过程与结果的违法性问题的审查，而不是要通过上诉审来发现犯罪事实和追究被告人刑事责任，上诉审程序以初审程序为前提和基础，没有初审，便没有上诉审。然而，上诉审程序并不是自然而然发生，而是有赖于特定的上诉请求，上诉审的审判对象也不是对于初审的简单重复。

在这里，特别要警惕一种对上诉审的审判对象不予限制的倾向。在上诉审中，如果抛开特定的上诉请求，不受上诉范围所限制，一律实行全面审查的原则，势必严重背离刑事诉讼的基本原理，不利于权利保障与权利救济，甚至违背诉讼经济的原则。诚然，从实事求是与纠错的角度，"全面审查"或许得到合理的解释。毕竟，站在发现真实的立场上，上诉审法院当然要进行全面的审查，并对其在事实上和法律上所存在的"错误"进行纠正。但是，对于初审法院所作的判决，如果被告人只对其中部分内容提出上诉，控诉方只对部分内容提出上诉，上诉审法院却非要对全案事实与法律问题进行审查，这未免有"不告而理"之嫌并且歪曲上诉审的功能定位，使其实际上沦为国家单方面进行旨在继续发现真实以便有效控制犯罪的方式。强调上诉审法院应当不受上诉请求的限制而一律进行全面审查，在实质上这是认可上诉审法院主动发动审判，背弃诉审分化、不告不理的诉讼机理，而不顾被告人面临双重追究的危险，不顾背离上诉审的合理的设计原理，更不去考虑司法资源的无谓的浪费。更为重要的是，不加限制的全面审查原则已经意味着审判对象在上诉审中成为一个没有多少实质意义的概念与范畴，因为，很大程度上它已经丧失了限制法官审判范围的功能并失去其在审判过程限制权力与保障权利的价值。

（二）可能的再审的审判对象

再审是基于纠正原审错误而发起的审判程序。通常，法院裁判一经生效，基于法安定性的考虑，即不再允许争执，这正是既判力机制的功能所在。然而，由于刑事案件的复杂性、诉讼认识能力的局限性以及其他因素的影响，即使是确定裁判，也可能存在错误，因而不符合实体公正和程序公正的要求，如果这种错误是不能忍受的，就应当予以纠正。再审程序发生的基本理由是承认"不当判决"的存在以及既判力的相对性。通过审判程序处理问题，实质是将社会生活空间中的问题纳入到"法的空间"来评价。然而，由于法的空间总是以一种非黑即白的二元对立而存在，而现实的生活空间则至少存在着黑白灰，甚至更多的层次，那么同样一个事物，法的空间中的黑白之间是界限分明的，而这一界限在现实的生活空间却不一定是分明的，可能存在诸多"灰色区域"。这正是法的空间与现实的生活空间最容易发生矛盾的地方，而"不当判决"问题就可以理解为法的空间与社会生活空间发生不一致的一种表现。坚持既判力，意味着坚持法的空间优先于现实的生活空间。然而，当二者间的不一致达到严重的程度，即明显存在"不当判决"时，从客观事实出发，就必须承认法的空间的优先性有一个合理限度，否则就是黑白颠倒、是非不分。启动再审程序，正是意味着承认现实的生活空间在某些情况下优先于法的空间，再审可以说是从相反的方向划定了既判力作用的边界。[1] 在本质上，再审程序的存在，不是为了否定审判的既判力，而是为了提供一种纠正错误的可能性，提供一种在不当判决中获得救济的空间，保证刑事审判的良好的反思性。刑事审判是对被告人刑事责任问题作出权威判定，直接关系被告人的荣誉、财富、自由与生命，也关系国家控制犯罪与保护人权的正当性、有效性。当生效审判严重颠倒黑白或者偏离正当轨道时，就有赖于通过再审程序的矫正，存在必要的纠错机制，是刑事诉讼制度合理性的必然要求，再审程序是刑事诉讼错误矫正机制的核心部分。

当然，再审程序不应当被无限制地发动。理由很简单，如果再审程序可以随意发动和不断运行，就会毫无审判权威可言。反复的再审必然使被告人蒙受重复追诉，使司法资源浪费，使刑事诉讼机制丧失合理性。随着近现代以来的刑事诉讼发展，人权保障与程序正义理念的突显，再审程序的存在，主要不是为了满足国家追究犯罪而不断发现实体真实的需要，而是为了给被告人提供一种从审判错误中获得救济的机会。正如陈瑞华教授所强调的，国家刑事追诉权必须受到适度限制，使得针对同一被告人的同一行为的刑事追诉活动，不仅在时间上受到限制，而且要受到次数的约束。[2] 亦即，再审不应该是国家为了继续追诉犯罪而发起的重新审判。再审可能有利于被告人，也可能不利于被告人，然而，不利于被告人的再审应当受到严格限制，再审程序的属性主要是一种有利于被告人的特别救济程序。

在再审程序中，审判对象的生成与运行同样要遵循不告不理与诉审同一的原理，未经提起再审之诉，法院不得进行再审。在这里，应当警惕一种误

〔1〕 王亚新：《对抗与判定：日本民事诉讼的基本结构》，清华大学出版社 2002 年版，第 347 ~ 355 页。

〔2〕 陈瑞华：《问题与主义之间——刑事诉讼基本问题研究》，中国人民大学出版社 2003 年版，第 364 页。

解，即认为再审程序作为一种纠错机制，意味着再审中法官必须千方百计发现原审中的错误，再审的启动和再审的范围可以不受限制。其实，再审程序本质是一种审判程序，审判对象的生成原理与运行规律对它同样适用。当然，在再审程序中，审判对象的内容构成已经发生了有别于原审的某些变化。这主要表现在：一方面，原审在事实认定与法律适用上的错误被纳入再审范围；另一方面，原审中的程序性违法问题构成了再审审判对象的重要部分，特别是原审法官在审判过程贪污受贿、徇私舞弊、枉法裁判的行为将被纳入再审的视野；另外，一旦将再审性质主要界定为有利于被告人的特别救济，其与原审程序开启的动因就截然不同，这将导致再审中纳入审判视野更多的是原审程序的权力运作违法问题，而不是被告人的刑事责任问题，尽管其不可避免地要对原审控诉罪行进行评价。

（三）审判对象被不当重复提起的防范

虽然说审判对象在法官裁判中被固定下来，但是，从整个诉讼视野考察，审判对象发生作用并没有止步于审判程序终结之时，而是继续发生着进一步的影响。这种影响体现为禁止重复追诉与重复审判，这一点，充分体现了审判对象动态运行的特征，构成审判对象运行规律的重要部分。审判的程序始于起诉终于判决，审判对象被初步提示于起诉书而被最终型塑于判决书，经过控辩双方围绕审判对象攻防对抗的过程，法院针对审判对象形成的最终裁判具有一种确定力。它对控辩审诸主体的行为产生一种约束效果，控诉方不得再将该项审判对象向法院提请进行审判，法院亦不得再将该项审判对象进行重新审判，亦即，避免既有的审判对象重复成为审判对象。审判对象的此种"既决效应"，起源于"诉权消耗"和"既判效力"的诉讼法理，体现禁止重复追诉与重复审判的精神，在英美法中被表达为"禁止双重危险"，在大陆法中被表达为"一事不再理"。[1] 要对"一事"设定"不再理"的障碍，要将"双重危险"界定在"禁止"的范围，这里面蕴含着既有的审判对象不得再成为审判对象的法理，或者说防范审判对象被不当重复提起的原理。当一项针对被告人的刑事追诉从国家控诉机关的工作日程里铺开，追诉行为所围绕的被告人特定行为是否构成犯罪的问题便成为潜在的审判对象，当该问题被提起而进入审判程序时，便转化为显在的审判对象，作为控辩对抗与法官判定的标的，并将以特定形态固定于发生终局确定效力的判决中。这个过

─────────

〔1〕 据考证，英美法的"禁止双重危险"和大陆法的"一事不再理"均源自于古罗马法。参见田宫裕：《一事不再理の原則》，有斐閣1978年版，第1頁。

程，针对审判对象的诉讼问题自始至终存在着，针对被告人的刑事追究的威胁一样始终存在着。然而，当诉讼程序终结时，不管以意味着追诉成功抑或失败的方式，都将从此结束对被告人的刑事追诉，不管站在维护国家犯罪治理秩序或者是保障个人权利的角度，或者从尊重诉讼规律的层面考虑，该审判对象均不应再成为另一场追诉的标的而再次成为法院的审判对象。

强调对审判对象被不当重复提起的防范，主要价值指向在于将国家追诉权力和国家审判权威控制于适度与合理的空间，保障公民免受重复追诉与重复审判的正当权利。这是因为，拥有一切资源和力量的国家，不应当就一项受指控的罪行对个人进行反复定罪，使其历经困窘、苦难、耗资巨大且备受煎熬，使其生活在永无休止的焦虑和缺乏安全感的状态之中，或增加无辜者被错判有罪的可能性。[1] 审判对象被不当重复提起的防范，实质就是要禁止重复追诉，避免不当的重复审判，确定这一原则的表层理由是国家对犯罪的刑罚权已经适用殆尽，不得重复适用，深层的考虑则是要保护被追究者的合法权益，防止国家权力滥用。国家追诉权力天然具有一种试图使被怀疑或者受指控实施了犯罪的个人最终被定罪的倾向，如果不受限制，国家追诉机关将会反复把个人置于被追诉的境地，直至实现其预期的目标。然而，这势必使个人陷入无限的危险，毫无权利保障可言。更为重要的，国家既然基于控制犯罪的正当理由针对特定嫌疑人发动了追诉，但未能证实该个人实施了犯罪而实现刑罚，就应该承担起这种错误或过时的责任。显然，国家有权控制犯罪，但无权为了控制犯罪而一而再再而三对个人反复发动追诉，甚至不对其追诉犯罪行为的错误承担责任，国家针对个人的追诉权力是有合理限度的。按照启蒙思想的解释，国家针对被告人发起刑事追诉的权力来源于每个个人为了保障公共秩序所捐赠出来的"那份自由"，因而被告人其实也为了"这种需要"而"割让自己的一部分自由"并希望"这种共同的捐赠足以让别人保护自己"。然而该个人此时被怀疑成为这种"公共保护"的敌人而受到追诉，因此，国家没有理由不慎重对待该个人的权利问题，用贝卡里亚的话说，"一切额外的东西都是擅权，而不是公正，是杜撰而不是权利（力量）"。[2] 再者，诚如学者保罗·罗伯特所言："既然关于此罪你已经迫使我经历了一次司

---

〔1〕 这是美国联邦最高法院大法官布莱克在格林诉合众国案判例中的阐释。*See* Green v. United States, 355 U. S. 184, 78 S. Ct. 221, 2 L. Ed. 2d 199 (1957).

〔2〕 参见［意］贝卡里亚：《论犯罪与刑罚》，黄风译，中国大百科全书出版社1993年版，第8~9页。

法程序，既然我已经被判决无罪或有罪并被处以刑罚，你把我的行为交付刑事诉讼之审查的政治和伦理上的管辖权已经穷尽，本人之公民义务已经尽到，现已在你的掌握之外。"[1] 不管立足于禁止双重危险，或者是站在一事不再理的立场，均表达了这样的精神，即规范与控制国家追诉权力，保障个人权利与诉讼正义。显然，每一个公民均有可能成为潜在的嫌疑人、被告人，如果容忍国家对个人没完没了地发动追诉，公民将会缺乏最基本的安全感并对正义丧失信心，用学者德瓦伯勒斯的话说，"在民众心里，至少在拥有自由传统的国度里，对尊重个人权利的关注要比对刑事追诉有效性的关注更大一些"[2]。为了使国家追诉权力得到合理规范，使被告人权利得到有效保障，使诉讼正义得到正确表达，使每一个公民在民主自由的国度里能够真正享有安全感和对正义满怀信心，就要禁止重复追诉，禁止一切不正当的重新审判，有效地防范审判对象被不当重复提起。

---

[1]　参见陈光中主编：《刑事再审程序与人权保障》，北京大学出版社 2005 年版，第 237～238 页。

[2]　Jay A. Sigler, *Double Jeopardy: The Development of a Legal and Social Policy*, Cornell University Press, 1969, p. 139.

# 第二编
# 制度表达

# 第四章　审判对象的制度表达

## 一、审判对象制度建设的意义

审判对象的原理应当化约为具体的制度建构，用以指导诉讼实践。如果没有具体可循的制度安排作为保障，一切的诉讼原理都将是灰色的，只是一种理想，一项口号。审判对象的价值构造、生成原理与运行规律，展示了一幅控辩双方围绕审判对象平等对抗、法官针对审判对象公正判定的理想诉讼图景。然而，如果仅仅停留在理论上的假设，而不能走向实践，不能够指导实践和接受实践的检验，其意义就会大打折扣，其合理性也将受质疑。审判对象原理的发生，依托于具体的制度空间与运行环境，它只有真正植根于诉讼制度及其实践，才能得到真正的展现。因而，如果不去探讨审判对象的制度表达，进行审判对象制度的建设，所谓的审判对象理论就只能是浪漫的"乌托邦"，不能在实践中获得生命。

或许有一种观点认为，"审判对象"是个理论命题，但不是个制度命题，它只能被诉讼理论所研究，却难以落实到具体的制度建构，故而对"审判对象的制度建设"提出质疑。表象上，"审判对象"似乎只是诉讼理论上的概念，与具体制度无关，诉讼实践中控辩审诸主体真正关心的是如何有效控诉与辩护和公正审判，至于"审判对象是什么"，似乎与他们并不相干。然而，事实上，如果控诉方的控诉对于法官的审判可有可无，如果被告人无法根据控诉来进行辩护，如果控诉方在起诉后可任意变更控诉，如果控诉方在审判后可重复提起控诉，那么，诉讼程序就会充满障碍和矛盾。因为，这样的诉讼过程就缺乏一个能够把控、辩、审的诉讼行为合理组织起来的范畴，它其实就是"审判对象"。难以设想在审判对象的问题上没有具体的规则可循、没有合理的制度设置，刑事审判能够合理有序地进行。刑事诉讼制度发展的历史经验已经表明，只有当审判对象在诉讼过程有效发挥功能，这样的诉讼模式才可能是合理的，否则就如纠问程序视野审判对象形同虚设一样，刑事诉讼亦将可能演化为纯粹的治罪工具。为此，应当在审判对象运行以及发生作用的各个程序环节上进行有效的制度建设。实际上，要使控辩对抗与法官判定有效进行，就必须设计体现审判对象原理的制度，设置审判对象被合理提示与有效展示其功能的规则，设置审判对象发生变更和被不当重复提起时的制度规范。

进行审判对象制度建设，主要意旨就在于促成审判对象原理在诉讼过程的制度化，为审判对象有效发挥功能提供制度空间。我们知道，在刑事诉讼中，审判对象的功能在于设定控辩对抗标的，明确控诉与审判的范围和辩护的方向，它对于审判权和控诉权的规范与控制、防御权利的保护、起诉变更与重复追诉的限制，以及审判程序的有序进行，具有重要意义。然而，这些功能和意义要得到真正发挥，就必须依托在刑事诉讼制度环境之中并有赖于进行有关方面的制度建设，围绕审判对象问题来建构相关的规则和程序。建构完善的审判对象的制度范畴，正是包含着对诸如审判对象如何被提示、如何得到集中展示、如何发生变更、如何被固定下来、如何发挥作用等重要原理的制度规范问题的解决。更重要的是，进行审判对象制度建设，实质上就是一种增进诉讼构造与过程整体合理性的努力，而且这是健全整个诉讼制度的必然要求并构成诉讼制度的重要部分。毕竟，一套设计合理并且运作效果良好的诉讼制度，无论如何都不可能回避对审判对象问题进行有效的规范，如果审判对象制度设计不合理、不完善，难以想象围绕审判对象而展开的控辩审的整个诉讼过程会是运转良好的。

**二、审判对象制度的框架结构**

或许有观点认为，审判对象的制度建设，无非就是要在刑事诉讼法典规定"审判不得及于未经控诉的任何罪行"。诚然，不告不理、诉审同一是规范审判对象的基本原则，然而，该问题所蕴含的原理远不止于此，一套设计合理并有效保障审判对象运行的诉讼制度，决不能满足于简单设定这一原则，而需要着实规范一系列问题：其一，审判对象是如何被提示的，更具体地说，控诉方如何通过起诉书记载来提出将作为审判对象的特定的诉请；其二，审判对象如何得到展示，法庭上控辩对抗的标的与法庭审理的范围如何被设定和影响诸主体的行为；其三，审判对象是否以及如何发生变更，这种变更将对诸主体和程序带来什么影响；其四，审判对象最终是如何被型塑的，法官裁判的行为是否以及如何影响审判对象；其五，最终型塑于法官裁判中的审判对象是否可被重复提起，对其被重复提起的可能性与限度如何界定。

显然，务必设计足够合理的制度规范，来保障审判对象运行的合理性、有效性，契合于审判对象制度建设所要解决的主要问题，通过合理规范诸如起诉书记载、法庭调查、控辩对抗、起诉变更、变更罪名、法官裁判、上诉审与再审、禁止重复追诉等体现审判对象运行的各个程序环节，来有效表达审判对象的相应原理。换句话说，审判对象被提示于起诉书，进而集中展示于法庭调查过程，并可能在审判过程发生变更，最终在法官裁判中得到型塑，支撑这一过程的制度基础主要有起诉书记载制度、法庭审理制度、审判对象变更制度、法官裁判制度、上诉审与再审制度、禁止重复追诉制度等。这些制度装置分别规范着审判对象初始提示、集中展示、发生变化乃至最终型塑诸主要环节，成为对最典型体现审判对象运行轨迹的程序环节的规范，构成审判对象制度范畴的主要内容并共同构筑该制度的基本架构。特别是，关系审判对象初始提示、发生变更与最终型塑这三个最为基本链接环节的制度装置，即起诉书记载制度、审判对象变更制度、禁止重复追诉制度，这三项制度设计直接影响并决定着审判对象生成与运行的基本状况，有效地表达着审判对象的生成原理与运行规律，可谓为审判对象的最为基本、最为主要的三项支柱性制度装置。尽管审判对象制度除了遵循某些共同的诉讼规律之外，还依赖于各个具体的制度环境，不同诉讼制度在这三个基本环节上的制度设计可能会有所差别，但不管在何种诉讼模式下，起诉书记载、审判对象变更和禁止重复追诉都是其审判对象制度的三项支柱性装置，共同构筑了审判对象制度的框架结构，成为其制度建设努力的主要方向。

# 第五章　起诉书记载制度

## 一、起诉书记载的范例

控诉方提起诉讼，提示审判对象，往往正是通过向法院提交记载特定内容的起诉书来实现的。起诉书记载成为审判对象提示制度不得不予以规范的最为基本的环节。在归纳起诉书记载的内容、方法与规则之前，不妨先考察英国、德国和日本这三种具有典型意义的起诉书记载的范例。

（一）英国的起诉书记载

在英国，刑事起诉书是用来控诉被告人构成犯罪的正式法律文件，关于起诉书记载的问题，《起诉书法》（1915 年）和《起诉书规则》（1971 年）有相关规定。起诉书的结构由"导言"和"罪状"（count）构成，导言记载负责审判的法院、被告人的姓名等内容，罪状的记载构成起诉书的主体部分，包括"罪名陈述"和"罪行细节"两部分内容。根据《起诉书法》第 3 条第 1 款，起诉书应当包含有被告人被指控罪行的陈述和对于提供有关指控的性质的合理信息可能是必要的细节。罪名陈述必须载明指控罪行的名称，如果该罪行属于成文法确立的犯罪，还应援引相关法律具体条文。罪行细节必须说明指控罪行的基本要素，以使被告人明白其受到指控的性质，具体包括指控被告人的姓名、指控罪行发生的日期、行为的地点、实施情况、结果等构成犯罪的事实要素。如下是一份英国刑事起诉书的实例[1]，较为直观地表现出其起诉书的基本结构与特征：

### 起诉书

皇家刑事法院在伯明翰的开庭地

---

〔1〕 转引自陈瑞华：《问题与主义之间——刑事诉讼基本问题研究》，中国人民大学出版社 2003 年版，第 274～275 页。

女王诉 Wilson，Burton 和 Gteen

Wilson，Burton 和 Gteen 受到如下指控：

罪状 1

罪行陈述：根据 1861 年伤害人身罪法第 47 条，构成攻击引起实际身体伤害罪。

罪行细节：Wilson 和 Burton，于 1997 年 1 月 1 日，对 Johnson 发动攻击，因而导致他的身体受到伤害。

罪状 2

罪行陈述：根据 1861 年伤害人身罪法第 20 条，构成伤害罪。

罪行细节：Gteen 于 1997 年 1 月 1 日，对 Johnson 实施了蓄意伤害行为。

（二）德国的起诉书记载

在德国，刑事起诉书应当提出要求开始审判程序的申请，并将案卷连同申请一并提交法院，《德国刑事诉讼法典》第 200 条明确规定起诉书的记载问题。起诉书通常要记载如下事项：被起诉之被告的姓名、被起诉的犯罪行为、该犯罪行为的法律要件、所适用的刑法条文、证据、进行审判程序的法院、辩护人的姓名、侦查的重要结果。其中，关于被起诉人、被指控的犯罪行为及法定特征、适用法条的内容，为"罪状"（Anklagesatz）部分，必须充分具体化和明确予以记载，例如，该部分应当写明被起诉人实施犯罪行为的时间、地点，罪状部分记载如果未能将犯罪行为加以充分具体化，便可能成立诉讼障碍。如下是一份德国刑事起诉书的实例[1]，呈现出其起诉书记载的基本特征：

Göttingen 地方法院检察署　　　　　Göttingen，1995 年 2 月 2 日

—9 Js 34/95—

寄给 Herzberg am Harz 的区法院——参审法庭——

### 起诉书

看护 K. -B. N-，出生于 1965 年 3 月 25 日，Oyterdam 人，Verden 区，住所

---

〔1〕 转引自［德］克劳思·罗科信：《刑事诉讼法》，吴丽琪译，法律出版社 2003 年版，第 367～369 页。

于 Bremen-Osterholz，Wiesenstr. 5，德国人，已婚，

——辩护人：Dr. K 律师，Göttingen——

其被告（被起诉）于 1995 年 1 月 3 日，约 18：25 的时候，在 Herzberg am Harz 地方为以下之行为：

a）严重违反交通法规，未遵行优先行驶权，故而过失造成他人生命及身体之危害，

b）过失造成三人的身体受伤，

亦即当其驶向 Göttinger 街时，促使有优先行驶权的巴士驾驶员 I，必须紧急刹车，也因此造成在巴士后面续行的驾驶员 L，将其驾驶的卡车冲撞该前面的巴士，导致巴士乘客三人受伤。

——其违反刑法第 315c 条第 1 项第 2a 款、第 3 项第 2 款；及刑法第 230 条，第 52 条，第 69 条——。

对此项过失伤害的调查（刑法第 230 条）存在一特别的公共利益关系（刑法第 232 条第 1 项）。

证据：Ⅰ. 证人：(1) Siegfried I. ，住所……

(2) Werner G. ，住所……

(3) Gerda K. ，住所……

(4) Horst-Helmut K. ，住所……

(5) Ella St. ，住所……

Ⅱ. 1. 交通事故现场图绘，第 3 页 d. A. 侦查之重要结果。

Wesentliches Ergebnis der Ermittlungen

被告为 Bremen 市立医院的看护，每月收入净额 2400 马克。无犯罪前科。

在发生交通事故的那段时间，其正行驶于 Herzberg 的 Heidestraβ 街上，当其左转弯驶入 Göttinger 街时，对方来车有优先行驶权。由于在该街十字路口有一栋屋子，因此其不易看清路况。纵然如此，其依第 1 位证人之证言所示，仍以高速驶向十字路口，并且未视对方来车的优先行驶权，马上转向 Göttinger 街，并未停下或减速慢行。证人 I. 尚说，其因被告之行为被迫将其驾驶之巴士紧急刹车，以避免与被告车辆相撞。

此证言虽为被告所驳斥，但证人 G. 则对此加以证实。证人 G 是从其屋子的窗外看到该事故的发生，其非该事故的参与人，其就被告的车速所持的证言与证人 I. 所言完全相符。

经由 I. 所驾巴士的紧急刹车，使得尾随巴士行进的由 L 所驾的卡车冲撞巴士。由于这项冲撞造成 I 的巴士中的乘客证人 K. ，G. K. 及 E. St. 受伤。证

人 G. K. 唇部、肩部受伤及胫骨内伤，证人 ST. 及 K. 则同样受到胫骨内伤。

为此声请，

于 Herzberg am Harz 的区法院之参审法庭开启审判程序。

（Müller）

检察官

（三）日本的起诉书记载

根据日本法，提起公诉应当提出起诉书，《日本刑事诉讼法》第 256 条和《日本刑事诉讼规则》第 164 条明确地规范起诉书记载的问题。在日本，起诉书应当记载的内容包括：被告人的姓名或其他足以特定为被告人的事项、公诉事实、罪名。通常而言，首先，为了确定被告人的基本情况，应当记载被告人姓名、年龄、职业、住居地和籍贯；其次，起诉书必须明确记录需要审理的公诉事实，公诉事实应当明示诉因并予以记载，为了明示诉因，应当尽可能地以日时、场所及方法，特别指明足以构成犯罪的事实；最后，罪名应当示知应予适用的处罚条文并予以记载，不过，处罚条文记载错误，只要不存在对被告人的防御产生实质性不利的危险，就不影响提起公诉的效力。当然，起诉书不得添附可能使法官对案件产生预断的文书及其他物品或者引用该文书等的内容。如下是一份日本刑事起诉书的实例〔1〕，直观地显示其起诉书记载的具体特征：

**起诉书**

就下述被告案件提起公诉。

平成 3 年 5 月 5 日

横滨地方检察厅

检察官 检事 民尾护

横滨地方法院 敬启

原籍：神奈川县足柄郡山奥村字

住所：神奈川县赖光市赤富山町 2 丁目 3 番 4 号

职业：公司职员

---

〔1〕 转引自 [日] 松尾浩也：《日本刑事诉讼法》（上卷），丁相顺、张凌译，中国人民大学出版社 2005 年版，第 184 页。

（已被逮捕）

足柄山　金太郎

昭和 42 年 6 月 29 日

公诉事实：被告人于平成 3 年 4 月 19 日下午 8 时 20 分前后，在位于神奈川县赖光市坂田町 3 丁目 4 号的广场，殴打了熊屋猿之介面部，进而用力将其胳膊上拧，造成了受害人需修养三周的跌打伤，以及骨折的伤害。

罪名及其罚条：伤害，刑法第 204 条。

综上以英、德、日诸国的刑事起诉书为范例，可以考察不同诉讼制度模式在起诉书记载问题上的共性与差异。基本上，被告人基本情况、指控犯罪事实及指控罪名是起诉书记载共同的必要事项，而是否记载证据、对记载罪名与罚条的要求以及如何记载犯罪事实，则是不同国家起诉书记载主要存在差异之处。

### 二、起诉书记载的内容

（一）记载被告人信息

由于审判不及于未经控诉的人，这就要求控诉方必须针对特定的被告人提起控诉，起诉书必须明确记载被指控者的基本信息，将被告人特定化，或者说，起诉书的记载事项必须足以确定具体的被告人。例如英美法要求起诉书明确记载被告人[1]，大陆法同样强调起诉书的内容应当含有特定受到指控的人[2]。通常，为了使指控的被告人具有特定性，避免审判过程因被告人不明确可能带来的麻烦，普遍强调，应当通过详细记载姓名、性别、年龄、籍贯、职业、住所等基本事项的方式来使被告人可资识别。例如，在意大利，提交审判的要求应当包含被告人的一般情况或其他足以辨别该人的人身情况的具体内容；[3] 在中国澳门地区，起诉书须记载认别嫌犯身份资料的内容，否则无效；[4] 在日本，起诉书应当记载足以特定为被告人的事项，为了达到特定化被告人的目的，当被告人的姓名不明时，可以记载足以确定该被告人的相貌、体格或其他足以识别被告人的事项，如果被告人的年龄、职业、住

---

[1] 欧阳寿、周叶谦、肖贤富、陈中天：《英美刑法刑事诉讼法概论》，中国社会科学出版社 1984 年版，第 217、250 页。

[2] 参见《德国刑事诉讼法典》第 200 条第 1 款以及《法国刑事诉讼法典》第 215 条第 1 款。

[3] 参见《意大利刑事诉讼法典》第 417 条第 1 款第 1 项。

[4] 参见《澳门刑事诉讼法典》第 265 条第 3 款第 1 项。

所、籍贯等事项不明，也应当尽量记载其意旨。[1]

　　起诉书必须包含特定被告人的必要信息，这一点，几乎每一诉讼制度均秉持同样的态度，而且，被告人姓名是起诉书记载被告人信息最为基本的事项。当然，起诉书记载被告人，主要目的是为了使指控具有特定性。毕竟，指控罪行必然是特定被告人所实施的被指控构成犯罪的行为，被告人信息被作为刑事审判认识活动的一项要素，而不意味着将被告人作为审判客体来对待。因此，被告人基本情况的记载，形式上不应过分刻板，被告人姓名记载错误通常也不会导致起诉无效的诉讼效果。例如，在英格兰刑事诉讼中，起诉书关于罪行细节的记载以诉因指控的被告人姓名开头，当被告人姓名记载错误时，如果以合理的准确性识别了姓名记载错误的人，并且当事人未被误导，那么，姓名记载错误并不影响程序的有效性。[2] 美国学者结合诉讼实践指出，只有当被告人是否是事实上被指控的人有疑惑时，被告人姓名的错误拼写或使用错误的中间名字才提出困难。[3] 在日本，学者认为，关键是要能够使被告人具有特定性，当被告人姓名无法查明的情形，可以通过记载足以确定被告人面貌、体格、指纹以及其他特征事项；[4] 根据判例，如 A 被逮捕，检察官已经起诉 A，尽管存在被告人 B 的记载，但实际审判的被告人仍然是 A，因此，起诉书中被告人 B 的错误记载可以修订为 A。[5] 可见，起诉书关于被告人的记载，其目的在于特定化事实上应当参与到刑事诉讼程序中来享有公正审判权利的被告人，而起诉书记载被告人的姓名并不是问题的实质所在，作为审判对象的，不是被告人本身，而是指控罪行。用法国学者的话说，"与具体说明受到追诉的是哪些事实相比，明确受到追诉的人的身份是次要的，因为，实际上，追诉所针对的是事实，而不是针对人身。"[6]

---

　　〔1〕　参见《日本刑事诉讼法典》第 64 条第 2 款和第 256 条第 2 款第 1 项以及《日本刑事诉讼规则》第 164 条第 1 款第 1 项和第 2 款。

　　〔2〕　李昌林："英格兰刑事诉讼中的诉因制度"，载陈兴良编：《公法》（第 5 卷），法律出版社 2004 年版，第 126 页。

　　〔3〕　[美] 伟恩·R. 拉费弗、杰罗德·H. 伊斯雷尔、南西·J. 金：《刑事诉讼法》（下册），卞建林、沙丽金等译，中国政法大学出版社 2003 年版，第 973 页。

　　〔4〕　[日] 田口守一：《刑事诉讼法》，刘迪、张凌、穆津译，法律出版社 2000 年版，第 135～137 页。

　　〔5〕　日本最高裁判所决定昭和 60 年（1985 年）11 月 9 日，《最高裁判所刑事判例集》第 39 卷第 7 号，532 页。

　　〔6〕　[法] 卡斯东·斯特法尼、乔治·勒瓦索、贝尔纳·布洛克：《法国刑事诉讼法精义》，罗结珍译，中国政法大学出版社 1999 年版，第 521 页。

（二）记载指控犯罪事实

一项有效的起诉，必须具有明确的控诉内容，提出所要提交审判的特定的指控犯罪事实，否则，审判对象就无法确定，审判将无从进行。有学者就强调，"起诉书必须记载公诉事实。通过公诉事实可以确定被起诉的犯罪事实，双方可以围绕犯罪事实展开攻防。"[1] 无论在英美法国家，还是在大陆法国家，甚至在任何国家与地区的刑事诉讼制度中，犯罪事实都是起诉书记载的必要事项，而且往往构成起诉书最为核心的内容。正如英国《起诉书规则》第5条第1款确立的规则，每一份起诉书在指控的性质方面，必须有犯罪细节予以证实。在美国，大陪审团起诉书或检察官起诉书应当是关于构成所指控罪行的基本事实的清楚、简要和明确的书面陈述；在加拿大，公诉书中的每条罪状应当包含有关被控的罪行的足够的详细情况，以便向被告人提供关于业经证明反对他的行为或失职方面合理的资讯，和确定有关的事情。[2] 同样，在德国，起诉书应当写明对被告人指控的行为、实施行为的时间与地点、犯罪行为的法定特征；在意大利，提交审判的要求应当包含叙述事实、各种加重情节和可能导致适用保安处分的情节这样的基本内容。[3] 中国澳门地区的刑事诉讼法典更是详尽规定：控诉书须叙述或扼要叙述能作为对嫌犯科处刑罚或保安处分之依据之事实，尽可能载明犯罪实施之地方、时间及动机，行为人对事实之参与程度，以及任何对确定应科处行为人之制裁属重要之情节。[4]

起诉书中对犯罪事实的记载，具有对审判对象的规定性。应当说，整个刑事审判就是围绕着起诉书所指控的特定犯罪构成要件事实的成立与否而展开的。因此，在起诉书记载犯罪事实的具体问题上，包括起诉书记载犯罪事实的繁简程度、范围宽严、记载方式、记载规则等等，将直接影响刑事审判中法官及其他诉讼主体对审判对象范围的把握及其态度。起诉书如何记载犯罪事实，这在不同模式的刑事诉讼制度中有着不尽相同的做法，其最为显著表现在于，对抗制诉讼通过记载"诉因"来记载指控犯罪事实，而职权主义诉讼则采取详细记载公诉事实并列明证据的做法。然而，通过对不同国家与

---

〔1〕 ［日］田口守一：《刑事诉讼法》，刘迪、张凌、穆津译，法律出版社2000年版，第135页。

〔2〕 参见《美国联邦刑事诉讼规则》第7条（c）款；《加拿大刑事法典》第581条第1款和第3款。

〔3〕 参见《德国刑事诉讼法典》第200条第1款；《意大利刑事诉讼法典》第417条第2项。

〔4〕 参见中国澳门《刑事诉讼法典》（1929年2月15日通过，1931年1月24日生效，后经废止，重新颁布的法典于1997年4月1日生效）第265条第3款第2项。

地区刑事起诉书记载制度的考察，可以形成这样一个初步的看法：起诉书必须明确记载指控犯罪事实，并且应当尽量地通过记载时间、场所、手段、后果等对刑事案件有意义的事实情节，而使所指控犯罪在事实要素上具有特定性和明确化的特征。例如《俄罗斯联邦刑事诉讼法典》规定："起诉书中应当指出指控的实质：实施犯罪的地点、时间、手段、动机、目的、后果和其他对刑事案件有意义的情节。"[1] 再如，韩国和日本刑事诉讼均要求起诉书应当记载公诉事实，根据韩国法，"公诉事实应当载明犯罪的时日、场所和方法，以特定犯罪事实"，根据日本法，"公诉事实，应当明示诉因并予以记载。为明示诉因，应当尽可能地以日时、场所及方法，特别指明足于构成犯罪的事实"[2] 日本学者指出，起诉书应当记载公诉事实，指明足以构成犯罪的事实，公诉事实是起诉书记载的"特别重要的内容"。理由是，所有的审判程序都是以"公诉事实"为轴心展开的，在检察官看来，那是"提起公诉的对象"，在法院看来，就是"审理判决对象的犯罪事实"，在被告人看来，理所当然就是"加以防御的对象"。[3]

（三）记载指控罪名及罚条

起诉书必须记载指控罪名，以明确指控的性质，同时，为了指明有关指控罪行的充分信息，通常也记载应予适用的刑法处罚条文，这其实也是诸多国家与地区刑事诉讼制度中借以提示特定化审判对象的一种做法。例如，在德国，起诉书关于"罪状"的描述中，就必须写明犯罪行为的法定特征和适用的处罚规定，在意大利，提交审判的要求应当叙述指控犯罪事实并列举有关的法律条文[4] 这一点，大陆法刑事诉讼制度如此，英美法刑事诉讼制度也如此，在美国，大陪审团起诉书或检察官起诉书应当就指控的每条罪状说明该行为违反的法律、法规、条例或其他法律规定，援引有关法律条文；在加拿大，"出于确定罪状是否充分的目的，应当考虑作这样的参考"："公诉书中的每条罪状的陈述可以以足以使被告人了解他被指控的罪名的语言，一条罪状可以参考规定被控罪行法律的任何条、款、项或目"[5] 起诉书记载指

---

〔1〕　参见《俄罗斯联邦刑事诉讼法典》第 220 条第 1 款第 3 项和第 225 条第 1 款第 4 项。

〔2〕　参见《韩国刑事诉讼法》第 254 条第 3 款第 3 项和第 4 款；《日本刑事诉讼法》第 256 条第 2 款第 2 项和第 3 款。

〔3〕　［日］松尾浩也：《日本刑事诉讼法》（上卷），丁相顺、张凌译，中国人民大学出版社 2005 年版，第 186 页。

〔4〕　参见《德国刑事诉讼法典》第 200 条第 1 款；《意大利刑事诉讼法典》第 417 条第 2 项。

〔5〕　参见《美国联邦刑事诉讼规则》第 7 条（c）款；《加拿大刑事法典》第 581 条第 1、5 款。

控罪名，意义在于明确指控的性质，援引相关罚条，则是为了使控诉更加具有特定性。

如果未能提出特定的指控罪名，实质上就是未能明确提示审判对象，这是因为，一项完整的指控，不但要有具体的指控事实，还要有特定的关于指控事实的法律评价。根据日本学者的说法，在起诉书中，必须记载罪名，因为公诉事实是构成犯罪的事实，所以，通常从公诉事实的记载本身就可以判断出构成了何种犯罪，但是，因为公诉事实的记载其重点在于对事实的描述。因此，记载罪名以明示对该事实作出的评价，对于揭示检察官提起公诉行为的整体状况具有重要意义。[1] 严格来说，只有当起诉书记载的指控犯罪事实与罪名相互结合起来，才真正实现提示审判对象的功能。诚如有学者所举例说明的："控诉书包括所指控的罪名以及规定此罪名的法例，如：非法侵入住宅，违反香港法例第 210 章《盗窃罪条例》第 11 条第（1）款（a）项。它也必须包括足够的细节，以便能使被告人知道他为何被控，例如：（被告人×××）于 1995 年 12 月 25 日闯入香港九龙塘达之路 84 号的一幢住宅盗窃 5 万港元。"[2] 当然，关于法官判定是否受控诉方指控罪名约束，英美法与大陆法存在不同观点，不过，起诉书记载指控罪名仍是绝大多数国家与地区刑事诉讼制度的共通之处。

关于罚条的记载，基本上均有所要求，如《俄罗斯联邦刑事诉讼法典》规定：起诉书中应叙述提出的指控并指出俄罗斯联邦刑法典中规定该犯罪行为责任的条、款、项。[3] 同样，按照日本学者的分析，罪名虽然也有条文本身加以规定的场合，但一般是惯用的称呼，代之以罪名，可记载应该适用的罚条，罪名可以直观地表明案件的性质，在实务中经常与罚条一起记载罪名，处罚条款的意义也是给被告人研究适用处罚条款的机会。当然，与指控犯罪事实与罪名比较起来，记载罚条是次要性的，处罚条款记载的意义是第二位的。因此，即使处罚条款的记载有误，但只要在实质上对被告人的防御没有产生不利影响，起诉书就有效，只有当罚条记载的错误导致被告人误解诉因

---

〔1〕 ［日］松尾浩也：《日本刑事诉讼法》（上卷），丁相顺、张凌译，中国人民大学出版社 2005 年版，第 190 页。

〔2〕 赵秉志主编：《香港刑事诉讼程序法》，北京大学出版社 1996 年版，第 98 页。

〔3〕 参见《俄罗斯联邦刑事诉讼法典》第 220 条第 1 款第 4 项和第 225 条第 1 款第 5 项。

的意思等，从而带来实质性不利的时候，提起公诉才为无效。[1]

（四）记载证据等其他事项

综上可见，起诉书记载被告人情况、指控犯罪事实、指控罪名与罚条，构成了法官判断审判对象的基本信息，这些方面的内容成为起诉书记载的必要事项。例如《法国刑事诉讼法典》强调，起诉裁定的内容应当包括所控事实及其法律性质以及起诉的对象，否则无效。[2] 除此之外，在有的国家或地区，起诉书还记载了其他的事项，例如证据信息、量刑情节、前科问题、被害人情况等，这些信息也在一定程度上影响对审判对象的判断。就记载证据信息而言，对抗制诉讼通常禁止起诉书记载可能影响法官预断的证据内容，职权主义诉讼制度则普遍要求起诉书载明证据。例如，在意大利，提交审判的要求应当指出已获取的证据材料；在俄罗斯，起诉书应列举证实指控的证据。[3] 就记载量刑情节而言，在有的国家与地区，如俄罗斯、意大利，起诉书应指出减轻和加重刑罚的情节，再如在中国澳门地区，"起诉书须尽可能载明任何对确定应科处行为人之制裁属重要之情节"。[4] 就前科问题而言，在某些国家，起诉书要求记载被告人的前科问题，如在中国的刑事诉讼实践中，起诉书的主要内容就应当包括有被告人是否受过刑事处罚的信息。[5] 不过，通常情况下，被告人的前科与控诉方指控犯罪是否成立并不具有必然联系，前科问题更多是作为强调特殊预防的犯罪理论考虑的因素，而在刑事诉讼中此种考虑恰恰是公正的刑事审判所必须予以回避的，起诉书记载前科问题容易使法官形成偏见，也可能影响法官对控诉方提示审判对象内容的界定，因此起诉书记载前科问题并不受普遍支持。例如，日本判例认为，如果被告人的前科或经历构成了犯罪要件或属于犯罪事实的一部分，为明确诉因可以在起诉书中写明，但是，如果不属于这种情况而可能造成法官预断的，则不得

---

[1]　参见［日］田口守一:《刑事诉讼法》，刘迪、张凌、穆津译，法律出版社2000年版，第174页；［日］松尾浩也:《日本刑事诉讼法》（上卷），丁相顺、张凌译，中国人民大学出版社2005年版，第190页。

[2]　参见《法国刑事诉讼法典》第215条。

[3]　参见《意大利刑事诉讼法典》第417条第3项；《俄罗斯联邦刑事诉讼法典》第220条第1款第5项和第225条第1款第6项。

[4]　参见《俄罗斯联邦刑事诉讼法典》第220条第1款第7项和第225条第1款第7项；《意大利刑事诉讼法典》第417条第2项；中国澳门《刑事诉讼法典》第265条第3款第2项。

[5]　参见《人民检察院刑事诉讼规则》第281条第2款第1项。

记载。[1] 就被害人情况而言,《俄罗斯联邦刑事诉讼法典》要求起诉书中应当指出关于被害人的情况、犯罪对他所造成的损害的性质和大小,《加拿大刑事法典》则强调不能仅仅因为起诉书中没有描述被害人姓名等事项而认为起诉书中的罪状不充分。[2] 不过,应当指出,这些方面的记载基本不对审判对象的内容带来决定性的影响,这些信息更多的可能影响到法官在审判对象问题的评价上的态度,因而,它们往往不是起诉书记载的必要事项。

总体而言,为了向法院明确提示特定的审判对象,控诉方提起诉讼时必须通过起诉书记载指控犯罪事实及其法律评价,以表明控诉内容与性质,这样,被告人就可以根据起诉书记载的控诉来有针对性地准备辩护,而法官可以根据起诉书指控来确定审判的范围。其他事项的记载,某种程度上可以使提示的审判对象变得更加具体、明确,当然,也可能影响诉讼主体的判断,但基本不是控诉方提示审判对象所必备的要素。在这方面,对抗制诉讼与职权主义诉讼的基本差别,就是前者将指控犯罪事实与罪名融为一体,通过诉因界定审判对象,而后者尽管也记载指控犯罪事实和罪名,但到了审判中,控诉方对指控犯罪事实的法律评价不能约束法官的审判,两者可能发生脱离。因此,职权主义诉讼中控诉方通过起诉书提示的更为重要的是公诉事实,而不是指控罪名,而且,公诉事实往往结合着证据资料加以记载。这里面除了涉及起诉书记载内容的问题,其实还涉及到控诉方提示审判对象的方法和规则。

### 三、起诉书记载的方法

#### (一) 对抗制的诉因记载

在对抗制诉讼中,"诉因"是控诉方记载于起诉书中的控诉主张和理由,表达提起控诉的性质与内容,通常包括对指控罪行的事实性要素和法律性要素的陈述。例如,在英格兰和威尔士,诉因由罪行陈述和罪行细节两部分组成,前者指明指控罪行构成的罪名以及该罪行违反的法律条文,后者指明指控罪行的基本细节。[3] 诉因在刑事诉讼中通常承载着三种基本功能:一是,表达控诉的功能,控诉方通过起诉书记载诉因来提起控诉,由于确定了诉因,

---

〔1〕 日本最高裁判所判决昭和 25 年 (1951 年) 12 月 18 日,《最高裁判所刑事判例集》第 5 卷第 13 号,第 2527 页。

〔2〕 参见《俄罗斯联邦刑事诉讼法典》第 220 条第 1 款第 8 项和第 225 条第 1 款第 8 项;《加拿大刑事法典》第 583 条第 1 款。

〔3〕 参见李昌林:"英格兰刑事诉讼中的诉因制度",载陈兴良编:《公法》(第 5 卷),法律出版社 2004 年版,第 125~126 页。

便可以诉因为标准判定是否存在诉讼条件、控诉行为是否成立、是否构成重复追诉等问题，从而在实现提起控诉的同时也实现了对其正当性、有效性的控制；二是，确定审判对象的功能，由于起诉书记载的诉因能够借以区分诉因以内与诉因以外的犯罪事实，诉因的记载在确立审判对象的同时也限定了审判范围，法院审判权力的行使只能限定在起诉书记载的诉因范围内；三是，确定被告人防御范围的功能，由于诉因表现了控诉的内容，限定了审判的范围，被告人便没有必要防御诉因没有记载的涉嫌犯罪事实，只需要针对诉因进行防御。从比较法的角度，诉因是英美法刑事诉讼中一个相当重要的概念与范畴，英美法国家普遍通过立法与判例确立一系列相关的制度与规则。在其中，起诉书如何记载诉因，就成为通过诉因实现控诉和确立审判范围与辩护方向的前提问题，有英国学者称："在起草起诉书时如果有一个实质性错误，就有可能导致败诉。"[1] 事实上，应当说诉因制度是对抗制诉讼的一个重要特征，不仅在英美法国家，而且在采制对抗制诉讼的韩国、日本等国家，控诉方提示审判对象，主要都是通过起诉书记载诉因的方式来实现的。

对抗制诉讼的机理，就在于强调控辩双方平等对抗并主导程序的进行，法官则保持消极、中立，法官不能脱离控诉方起诉指控的事实与罪名进行审判。控诉方提起诉讼时，应当在起诉书中记载犯罪构成要件事实，提示诉讼请求的原因，即表明特定的诉因，以此来设定审判对象。按照日本学者的阐释，"诉因"这一用语即已揭示了"当事人设定审判对象"的含义，"换句话来说，将法院审理、判决的权限以及责任义务限定为'诉因'。"[2] 为了真正实现控诉目的，控诉方不可能提示脱离特定犯罪事实的罪名，也不可能提示脱离特定法律评价的犯罪事实，诉因既非单纯的犯罪事实，也不仅仅是罪名，而是所指控犯罪的事实性要素与法律性要素构成的事实与罪名的结合形式，用日本学者的话说，"诉因是记载应当构成犯罪的特定事实，这种事实当然包含了法律所评价的犯罪事实"[3]。"根据英美当事人主义诉讼的诉因观，诉因才是刑事审判对象，因此，法官在事实审理和罪名认定两方面均受到检察官起诉指控的约束，法官只能就起诉书中写明的诉因进行审理、裁判，而不能

〔1〕 〔英〕斯蒂芬·索利："诉务律师的作用"，载麦高伟、杰弗里·威尔逊主编：《英国刑事司法程序》，姚永吉、陈霞等译，法律出版社2003年版，第290页。

〔2〕 〔日〕松尾浩也：《日本刑事诉讼法》（上卷），丁相顺、张凌译，中国人民大学出版社2005年版，第186~187页。

〔3〕 〔日〕田口守一：《刑事诉讼法》，刘迪、张凌、穆津译，法律出版社2000年版，第172页。

脱离起诉指控的事实和罪名而另审事实、另审罪名。"〔1〕 因此，英美法中的诉因制度，要求控诉方提示审判对象时，必须通过一定的方法来记载诉因。

基于起诉书的合理记载能够有效地确立审判对象及防御范围的考虑，现代刑事诉讼制度十分强调起诉书记载的问题，极力在记载的充分性与必要性之间寻求合理结合，过分详尽和极端简单地记载指控犯罪事实都不利于有关诉讼主体准确把握审判对象。在这方面，对抗制诉讼中起诉书采取诉因记载的方法，以诉因为单位，一个诉因只能提示一个指控罪行。不过，在一份起诉书中，可以对数个诉因进行预备性或者选择性的记载，也可以进行合并记载。在起诉实践中，诉因的预备性与选择性记载和合并记载的方法的恰当运用，显得十分有效，颇具一番考察的必要。

诉因的预备记载，是在起诉书中排列顺序地记载本位诉因和预备诉因，对于本位诉因要求有罪判决，考虑到本位诉因的请求可能被否定，同时请求对下位性的预备诉因也做有罪追诉。诉因的选择记载，是在起诉书中不分主次顺序地记载两种诉因，请求法院在甲诉因和乙诉因之间选择其一做有罪判决。诉因的预备记载与选择记载针对的都只是一个罪行，不同于针对若干罪行的诉因复合记载，因此并不违反"禁止复合记载"的原则，法院也只能对这些诉因当中的一个定罪。〔2〕 例如，日本和韩国的刑事诉讼法典均规定："数个诉因和处罚条文，可以预备地或者择一地予以记载。"〔3〕 当然，两种方法所记载的诉因，在具体审判中操作起来是有区别的，在对预备记载的诉因进行审判时，法院有义务按照诉因记载的顺序进行审判，预备诉因只有在本位诉因不能成立时，法院才能对它进行审判，故预备诉因实际上是潜在的审判对象，而当诉因是选择记载时，法院就可以有选择性地对诉因进行审判，陪审团审判时法官会指示陪审团只有对其中某一特定诉因达成一致时才能做有罪判决。当然，不论预备记载诉因还是择一记载诉因，法院针对其中一诉因做出有罪判决，就意味着其他诉因已被排除在审判对象之外，无需另行对其他诉因判决无罪或解释排除理由。〔4〕

诉因的合并记载，是将指控不同罪行的几个诉因合并记载于同一起诉书

〔1〕 万毅：《变革社会的程序正义——语境中的中国刑事司法改革》，中国方正出版社 2004 年版，第 235 页。

〔2〕 参见杨杰辉："英美法中诉因记载的法定要求及其借鉴意义"，载《西南政法大学学报》2004 年第 6 期，第 90～91 页。

〔3〕 参见《日本刑事诉讼法》第 256 条第 5 款；《韩国刑事诉讼法》第 254 条第 5 款。

〔4〕 彭勃：《日本刑事诉讼法通论》，中国政法大学出版社 2002 年版，第 160 页。

中，合并记载的诉因之间是一种并列关系，而非预备或选择的关系。诉因的合并记载针对的是几个不同的罪行，在审判中，对同一起诉书中的不同诉因，每一个诉因就是一个独立的诉讼请求，一个诉因无效并不影响另一诉因的有效性。[1] 例如英国《起诉书规则》第9条规定：对任何罪行的指控，如果是基于同一事实，或者构成具有同一性质或者类似性质的一系列犯罪或是该系列犯罪的组成部分的一部分，就可以结合在同一起诉书中。通过诉因的合并记载，可以避免多次审判造成的诉讼资源浪费和不公正结果。当然，某些情况下，合并审理也可能给被告人防御和公正审判带来妨碍，为此，普遍赋予了法官对合并记载的诉因决定分开审理的裁量权，例如英国《起诉书法》第5条就规定：如果法庭在审判前或者审判的任何阶段认为，被告人的辩护会因为在同一起诉书中被指控犯有数罪而受到影响或者妨害，或者基于其他理由认为有必要就被告人被同一起诉书指控的一罪或者数罪进行分别审理，法庭可以裁定对该起诉书中的一个或者多个诉因进行分别审理。在美国，如果被指控的罪行，不管是重罪还是轻罪，或既有重罪又有轻罪，属于同一性质或类似性质，或者基于同一行为或同一交易，或者虽是两个或两个以上的行为或交易，但相互联系或构成一共同计划中的组成部分，那么在一份大陪审团起诉书或检察官起诉书中，可以对两个或两个以上的罪行逐项提出指控。同时，在一份大陪审团起诉书或检察官起诉书中，可以对两个或两个以上的被告提出指控，如果他们被指控参加同一行为或者同一交易，或者参加构成一项犯罪或数项犯罪的一系列行为或交易。这样的被告可以在一条或数条罪状中共同或分别被指控，不需要在每份罪状中对所有被告都提出指控。[2] 诉因的合并记载，通常包括犯罪事实的合并记载和被告人的合并记载两种情况，不过，应当将诉因的合并记载与诉因的复合记载区分开来。诉因合并记载是将不同罪行记载为不同的诉因，再将这些不同的诉因并列记载于同一起诉书中，这与通常受到禁止的在同一诉因中记载几个罪行的诉因复合记载是有区别的。诚如日本学者所说的，"在对两个以上的犯罪同时提起公诉的时候，可以将全部犯罪记载在一个起诉书中，但是必须对各罪分别明示诉因，用一个诉因概括全部犯罪是不恰当的。"[3]

---

〔1〕　参见杨杰辉："英美法中诉因记载的法定要求及其借鉴意义"，载《西南政法大学学报》2004年第6期，第91~92页。

〔2〕　参见《美国联邦刑事诉讼规则》第8条。

〔3〕　[日] 松尾浩也：《日本刑事诉讼法》（上卷），丁相顺、张凌译，中国人民大学出版社2005年版，第195页。

（二）职权主义的公诉事实记载

与英美法国家相比，大陆法国家刑事诉讼法典对起诉书记载的规定较为简单，从条文上来看，似乎可以认为，起诉书记载问题在大陆法刑事诉讼中并没有在英美法刑事诉讼中的地位和意义那么显要和受到重视，尤其是，并没有形成太多关于起诉书记载的基本规则。大陆法中起诉书记载的显著特征在于：详细记载指控犯罪事实并且记载证据信息，记载相当广泛的与指控犯罪相关的事项。例如，在意大利，提交审判的要求应当包含被告人的一般情况或其他足以辨别该人的人身情况以及犯罪被害人的一般情况，叙述事实、各种加重情节和可能导致适用保安处分的情节，列举有关的法律条文，指出已获取的证据材料，表明要求法官发布审判令的请求。[1] 这种详尽记载指控犯罪事实尤其有罪证据信息的起诉书记载方式，同样能够发挥控诉功能，并在特定程度上发挥提示审判对象的功能。但是，与英美法中诉因记载方式不同，它在界定审判范围的问题上，显得缺乏足够的特定性和精确性，可能产生将整个与犯罪有关的事实都当做实质的审判对象之嫌，此种起诉书记载方法可区别于"诉因记载"而称为"公诉事实记载"，起诉书结合证据信息全面记载将要控诉的犯罪事实。

某种程度上，大陆法起诉书关于公诉事实的记载反映了职权主义诉讼的某些属性，诸如侦查与审判的关联色彩、刑事审判的职权性征等。根据学者徐友军的分析，大陆法认为，调查证据本属法官的职权，假使起诉时未就被告的犯罪嫌疑所凭的证据加以说明，法院就很难本其职权对证据加以调查，所以，起诉时不仅应记载证据，而且应将有关案卷证物送交法院。[2] 受大陆法刑事诉讼制度文化影响的国家与地区，它们的起诉书记载同样显示了这种特征。例如，带有浓厚职权主义传统的俄罗斯，尽管在很多方面借鉴英美当事人主义的制度进行改革，但其起诉书记载仍然呈现了详细记载犯罪事实及证据的特征，起诉书必须记载指控的实质，叙述实施犯罪的时间、地点、方式、动机、目的、后果和其他对该刑事案件有意义的情节，叙述提出的指控并列举证实指控的证据。[3] 职权主义诉讼中，起诉书记载证据，以详细载明犯罪事实，这一点与对抗制诉讼有很大不同，是否在起诉书中载明证据，是两种诉讼模式在起诉书记载问题上的重要区别。以日本法为例。日本原先的

---

〔1〕 参见《意大利刑事诉讼法典》第417条。

〔2〕 徐友军：《比较刑事程序结构》，现代出版社1992年版，第25～26页。

〔3〕 参见《俄罗斯联邦刑事诉讼法典》第220、225条。

刑事诉讼制度体现大陆法传统的特征，在旧刑事诉讼法中，起诉书只要求写明"犯罪事实"，没有严格规定记载形式，旧法中法院不受起诉书记载的犯罪事实约束，可以广泛审判犯人犯下的罪行。而改革之后的现行刑事诉讼法引进了英美法刑事诉讼的做法，修改了旧法中"犯罪事实"的记载方式，采用了诉因制度，通过记载"诉因"的方式记载指控犯罪事实，区分了诉因与诉因以外的事实，以诉因限定审判对象，被告人的防御对象也仅限于诉因，诉因与旧法的起诉书中"犯罪事实"记载根本不同，起诉书中原则上也不得记载任何可能使法官对案件产生预断的证据内容。[1]

当然，更重要的是，由于职权主义诉讼中控诉方指控罪名不能约束法官的审判，因此，控诉方提示的审判对象主要指的是公诉事实。这使得大陆法起诉书中的"公诉事实"有一种脱离指控罪名的倾向。也就是说，大陆法起诉书中"公诉事实记载"的方法与职权主义诉讼中的公诉事实制度紧密相关。职权主义诉讼突出法官的职权作用，由法官主导审判的进行，"在历来的大陆法系的刑事诉讼中，公诉紧紧是把一个案件移交给法院，而该案件的审判则取决于法院的职权。"[2] 诉审关系被具体界定为，一方面法院在审判范围上受起诉书中记载的犯罪事实的限制，另一方面法院有权进行自主的法律评价。例如《德国刑事诉讼法典》规定"法院的调查与裁判，只能延伸到起诉书中写明的行为和以诉讼指控的人员；在此界限范围内，法院有权和有义务自主行动，尤其是在刑法的适用上，法院不受提出的申请之约束。"[3] 因此，所谓的审判对象，就被定位为控诉方起诉指控的犯罪事实，即"公诉事实"，而起诉书提示的控诉罪名并不构成对法院审判的约束。"审判法院应当对其有效系属的所有犯罪事实作出审理裁判，但是审判法院仅应对这些事实作出裁决。……审判法院不得以受理案件的文书中并未指出的犯罪事实替代其已经系属的犯罪事实，也不得在其已经系属的犯罪事实中增加受理案件的文书中并未指出的那些事实。"[4] 但是，在公诉事实的范围之内，法院有权和有义务自主行动，亦即指控罪名未能用以限制法官的审判权力，未能发挥限定审判范围的功能，正如法国学者指出的，"法院可以并且应当以任何可能的罪名

〔1〕　〔日〕田口守一：《刑事诉讼法》，刘迪、张凌、穆津译，法律出版社2000年版，第138页。

〔2〕　〔日〕小野清一郎：《犯罪构成要件理论》，王泰译，中国人民公安大学出版社2004年版，第226~227页。

〔3〕　参见《德国刑事诉讼法典》第155条。

〔4〕　〔法〕卡斯东·斯特法尼、乔治·勒瓦索、贝尔纳·布洛克：《法国刑事诉讼法精义》，罗结珍译，中国政法大学出版社1999年版，第737~738页。

对这些犯罪事实进行审查，而且可以对这些事实构成的所有犯罪做出认定"[1] 可见，职权主义诉讼将审判对象界定为公诉事实，基于这种公诉事实制度，控诉方在提起诉讼时，起诉书的记载自然就十分注重关于"公诉事实"的描述，如德国学者就此指出："被起诉之犯罪行为，即事实叙述（作为或不作为），如此才能得知，其何以受到非难。而此所叙述之犯罪过程，即全部的事实经过，此即决定了诉讼标的！……如果在罪状的部分未能将犯罪行为的非难状况加以充分具体化时，亦即无法达到其'划清界限范围之功能'时，此可成立诉讼障碍。"[2]

由此可知，大陆法与英美法在起诉书记载的方法方面差别很大，而起诉书记载指控犯罪事实的方式，将直接影响提示审判对象的效果，相比而言，诉因记载更加有利于确立审判对象和限定审判范围，详尽记载包括证据信息在内的公诉事实，则容易导致审判范围过于宽泛和审判对象的不够确定。当然，值得注意的是，起诉书记载的制度在很大程度上依赖于特定诉讼制度，而不是独立存在的，英美法与大陆法在起诉书记载方面的差异，与"诉因制度"和"公诉事实制度"的区别紧密相关，并由对抗制诉讼模式与职权主义诉讼模式之间的实质差别所决定的。

### 四、起诉书记载的规则

#### （一）记载的特定性及其限度

在对抗制诉讼中，为了尽可能特定地提示审判对象，起诉书中诉因记载的特定化程度备受强调。亦即，起诉书应记载特定犯罪的构成要件事实，符合诉因记载的特定性。诉因特定性记载的目的，在于通过固定控诉方的控诉主张，防止其在审判中变换追诉角度及范围而损害被告人的防御以及审判对象的确定性，为法院审判的有效进行和控辩双方的平等对抗提供事实基础。[3] 为此，英国《起诉书法》第 3 条规定：每一诉因应当包含被指控犯罪的特定的构成要件，为了达到特定诉因的目的，起诉书应该含有被告人被指控的罪行的陈述和对于提供有关指控的性质的合理信息可能是必要的细节。《美国联邦刑事诉讼规则》第 7 条规定：大陪审团起诉书或检察官起诉书应当是关于构成所指控罪行的清楚、简要和明确的陈述。根据《加拿大刑事法

---

〔1〕 ［法］卡斯东·斯特法尼、乔治·勒瓦索、贝尔纳·布洛克：《法国刑事诉讼法精义》，罗结珍译，中国政法大学出版社 1999 年版，第 737~738 页。

〔2〕 ［德］克劳思·罗科信：《刑事诉讼法》，吴丽琪译，法律出版社 2003 年版，第 367 页。

〔3〕 参见杨杰辉："英美法中诉因记载的法定要求及其借鉴意义"，载《西南政法大学学报》2004 年第 6 期，第 88 页。

典》，公诉书中的每条罪状其内容应当包含指控被告人实施某项特定可诉罪行的陈述，应当包含有关被控罪行的足够的详细情况，以便向被告人提供关于业经证明的反对他的行为或失职方面合理的资讯，和确定有关的事情，出于确定罪状是否充分的目的，还应当考虑参考规定被控罪行法律的任何条、款、项或目；尤其是，除非在公诉书中明确被指控犯有严重叛国罪或者一级谋杀罪，否则任何人不能被认定犯有这些罪行。[1] 可见，对抗制诉讼较为重视起诉书记载的特定性，这一点，甚至体现在带有职权主义诉讼传统但引进英美诉因制度的日本，根据日本法，公诉事实应当明示诉因并予以记载，为明示诉因，应当尽可能地以日时、场所及方法，特别指明足以构成犯罪的事实。[2]

通常而言，为了提示特定化的审判对象，就必须记载具有特定性的诉因，就必须充分记载指控犯罪的事实性要素与法律性要素，一定程度上，详细记载诉因有利于明确审判对象和被告人的防御。但是，如果过分要求详尽记载诉因，则又可能导致像17、18世纪英国起诉书记载那种严格形式主义的荒谬做法，让被告人的防御找不到头绪，甚至可能会带来由于要求提交过度精密的起诉书而侦查时间过长、带来法官先入为主的偏见和法庭审理的僵化等各种危害。[3] 因此，必须认识到，并不是诉因记载越充分就越好，而必须承认某种程度的宽泛诉因记载。也就是说，详尽记载诉因的要求也是有限度的，应当存在一个诉因明示的程度。例如，《加拿大刑事法典》第583条规定，公诉书中的任何罪状，当符合一般性的要求时，不能仅因法院看来不够详细而认为不充分，也不能仅因下列原因而认为公诉书中的罪状不充分：没有被害人，或者被意图、企图伤害的人的姓名；没有罪状中所涉及的财产的所有人，或者对此财产具有特定的财产或利益的人的姓名；指控企图诈骗，但没有提供其企图诈骗的人的姓名或进行描述，没有说明与指控有关的文件；当言词被称用作实施指控的罪行时没有说明这些言词；没有详细说明实施被控罪行的方法；对人员、地点或事物没有准确地提供名称或描述；当对某项罪行提起诉讼前需要有关个人、官方或机构的同意时，没有表明已经获得同意……。可见，为了提示特定的审判对象，就必须详细记载诉因，如果过分简略记载诉因，势必造成审判对象的难以确定，但是，过分详尽记载诉因，同样可能

---

〔1〕 参见《加拿大刑事法典》第581、582条。

〔2〕 参见《日本刑事诉讼法》第256条第3款。

〔3〕 平野龍一：《訴因と証拠》，有斐閣1981年版，第66~68页；[日]松尾浩也：《日本刑事诉讼法》（上卷），丁相顺、张凌译，中国人民大学出版社2005年版，第188页。

造成审判对象的含混不清。那么，应当如何确定诉因特定性记载的限度呢？

美国学者指出，作为普通法诉状的基本目标，诉状必须声明被诉犯罪的每一个必备要素的要求已经自然而然地被列明"构成被诉犯罪的必备事实"的现代诉状标准取代。从控检方的观点来看，列明必备犯罪要件要求显然是诉状最为关键的要求，包含了遗漏的要件的详情诉状或者任何使被告人知晓政府本应列明的犯罪要件的程序或情境，都不能挽救没有声明基本要素的缺陷。然而，尽管一个诉状必须包括构成犯罪的"基本事实"，但对事实细节的要求一般产生于事实特定性的起诉要求中，而不是存在于必备要件中。正如美国联邦最高法院反复强调的："一份大陪审团起诉状或检察官起诉书不但必须要包含指控犯罪的所有要件，而且也必须向被指控者提供指控其已实施的犯罪行为的充分描述，以使其能够充分地为自己辩护。"[1] 因此，必要的基本事实的描述，不但是有效控诉的要求，而且，通过获取需要的信息以便能够充分地准备辩护，也对此提出了要求。然而，无所不包的犯罪信息的陈述则也可能导致无所不包的犯罪追诉，这显然也不为理性的刑事诉讼制度所允许。在究竟需要何种程度的事实细节能令人满意的问题上，足以让被告人准备适当的辩护便成为衡量问题的基本标准。

对此，日本学者结合日本法提出了同样的思考："检察官通过特定'构成犯罪的事实'来明示诉因，这对于法院来讲，具有明确其审判对象的意义；同时，对被告人来讲，则具有提示防卫目标的意义。但诉因毕竟是以语言进行的对主观的表述，而客观事实则具有无穷的具体性。因此，与这种客观现实相比，诉因总是抽象的。但这并不妨碍我们在承认这一点的前提下，仍可以探讨具体性的'程序'。""问题是，应该在何种程度上确定诉因事实？法律规定为'尽量'，这应被解释为'尽所知道'还是解释为'尽可能正确地'？"[2] 按照英美法的普遍做法，是否有利于保障被告人的防御权，是衡量诉因记载合理与否、必要与否以及有效与否的重要标准。例如，在英格兰和威尔士，根据《起诉书规则》规定的精神，罪行细节以使被告人明白其面对的案件性质为已足，如果罪行细节不足以使被告明白案件性质，这就可以成为上诉理由。但是，诉因对罪行细节记载的错误只要不妨害被告人时，它就

---

〔1〕 ［美］伟恩·R. 拉费弗、杰罗德·H. 伊斯雷尔、南西·J. 金：《刑事诉讼法》（下册），卞建林、沙丽金等译，中国政法大学出版社 2003 年版，第 967～970 页。

〔2〕 ［日］松尾浩也：《日本刑事诉讼法》（上卷），丁相顺、张凌译，中国人民大学出版社 2005 年版，第 188～189 页；［日］田口守一：《刑事诉讼法》，刘迪、张凌、穆津译，法律出版社 2000 年版，第 139～140 页。

不是致命的，不能据以推翻定罪。比如，当诉因所指控的罪行是制定法上的犯罪时，诉因中罪行细节部分就必须披露犯罪的必要要件，但是，在不披露不会妨害或者影响被告人的辩护时，也可不予披露。事实上，由于控诉方提交案件的方式和他们意图提交的证据最终会充分地从交付审判文件中显露出来，诉因的简短并不会妨害辩护。因此，在英格兰和威尔士的刑事司法实践中，对罪行细节的记载十分简短。不过，被告人有权要求提供更多的细节。[1] 可见，对被告人防御权的保障是英美法中判定诉因记载是否充分以及诉因记载是否过于宽泛的最主要基准。日本刑事诉讼法典要求起诉书应当记载罪名并示知应予适用的处罚条文，但如果处罚条文记载错误，只要不存在对被告人的防御产生实质性不利的危险就不影响提起公诉的效力，这足见也是以被告人防御利益作为衡量问题的基点。在这个问题上，英美学者有着深刻的认识，"一般都认为，问题不在于是否以更多的确定事实描述了指控的犯罪，而在于是否有'足够的细节'使被告人能够'准备适当的辩护'。"[2] 可见，在对抗制诉讼中，诉因记载的特定性，其意旨在于提示特定的审判对象，以便被告人有效防御，而衡量诉因记载特定性的程度，也是用被告人防御利益作为基准的。

在职权主义诉讼中，起诉书对指控犯罪事实的特定性记载同样有所要求，即必须记载与指控犯罪有关的特定构成犯罪的事实细节。依照不告不理之控诉原则，起诉必须针对特定案件为之。因此，起诉书自应包含特定被告及其所犯特定犯罪事实之描述，否则，法院无从确定审理之对象与范围。据此，即便在职权主义诉讼中，起诉书一样要求特定性的记载。例如，在德国，刑事诉讼法典要求起诉书详尽叙述罪状，以便特定化刑事审判对象，如果在罪状的部分未能将犯罪行为的非难状况加以充分具体化时，亦即无法达到其划清界限范围之功能时，可成立诉讼障碍。[3] 有学者指出，"为了达到特定审判标的之目的，检察官于起诉书除记明构成要件该当之事实外，必须尽其可能以时间、地点、态样及其他可资特定的方法加以描述犯罪事实；这种'尽量特定'的要求，对于雷同或相似的犯罪事实复数的案件，尤其重要，例如，被告甲曾以相同手法，分别数次强盗不同之被害人，若是起诉书所载犯罪事

---

〔1〕 参见李昌林："英格兰刑事诉讼中的诉因制度"，载陈兴良编：《公法》（第5卷），法律出版社2004年版，第126页。

〔2〕 ［美］伟恩·R. 拉费弗、杰罗德·H. 伊斯雷尔、南西·J. 金：《刑事诉讼法》（下册），卞建林、沙丽金等译，中国政法大学出版社2003年版，第970页。

〔3〕 ［德］克劳思·罗科信：《刑事诉讼法》，吴丽琪译，法律出版社2003年版，第367页。

实不清不楚，也就难以断定检察官究竟就何一犯罪事实提起公诉。由此可知，'尽量特定'之要求，绝非诉因制度的专利，至于起诉书描述之犯罪事实，若是断简残篇，法院应该如何处理？则是另一个问题，不可混为一谈。"[1]

然而，特定化记载往往可能导致过于详尽记载的倾向，诸如德国刑事诉讼制度要求起诉书记载被起诉之犯罪行为时，强调为了使被告人明确其何以受到非难，应当尽量叙述全部的事实经过。[2] 显然，对此，如果不赋予必要的限度，则可能反过来削弱起诉书提示特定化审判对象的功能，容易导致将所有与指控犯罪有关的事实都纳入审判范围的倾向，这与其说是在提示特定化的审判对象，不如说是在滋生审判对象泛化的可能性。在起诉书记载的特定化程度方面，职权主义诉讼的公诉事实制度相对要比对抗制诉讼的诉因制度逊色一些，相当部分原因就在于它们对审判对象性质的理解有差别。在当事人进行主义的国家，法院通常严守审判中立之立场，不依职权调查证据，其审判对象之性质，基本上是检察官要求法院审判事项之"主张"，审判之目标，在于确立此项"主张"是否存在；然而，在采行职权进行主义的国家，刑事诉讼虽已将审检分离，但在审理中，为发现真实的需要，法院仍应依职权调查证据，因而审判对象之性质，是检察官所指控被告有犯罪构成事实之"嫌疑"，审判之目标，在于确立或否定嫌疑是否成立。[3] 由于将审判对象之性质界定为"犯罪嫌疑"而不是"诉讼主张"，就埋伏了审判范围扩展的内在动力，实质上，"嫌疑"本身就已意味着某种不确定性。尽管大陆法发展了一套完整的诉讼标的理论，起诉意味着诉讼标的即被固定，法院不得任意独断地将调查范围扩张，被告在此需受保护，然而，关于诉讼标的中行为的一致性，被理解为"在起诉书上向法院所陈述案件的'历史性的经过'，而此项经过依常理观之，有其一体性者。……并不会因为起诉而静止地被固定下来，相反地，其在一定范围内是可以更改的"。[4] 由此便不难探知，基于独特的职权主义本质以及诉讼标的理念，起诉书记载的特定性要求在大陆法刑事诉讼中显得没有诉因记载如此严格和显著。尽管大陆法也十分强调起诉对规范审判对象的效力以及被告人防御利益的保障，但是，在它们的刑事诉讼制度

---

〔1〕 林钰雄：《刑事诉讼法》（下册），中国人民大学出版社 2005 年版，第 90 页。

〔2〕 ［德］克劳思·罗科信：《刑事诉讼法》，吴丽琪译，法律出版社 2003 年版，第 367 页。

〔3〕 刘秉均等：《罪与刑——林山田教授六十岁生日祝贺论文集》，五南图书出版公司 1998 年版，第 525～526 页。

〔4〕 ［德］克劳思·罗科信：《刑事诉讼法》，吴丽琪译，法律出版社 2003 年版，第 179～180、365～366 页。

与理论中，却很难发展出一套严密而完善的起诉书记载规则，这便是不足为奇的。

（二）记载的单一性及其识别

在对抗制诉讼中，起诉书记载的另一个显著特征，便是强调诉因记载的单一性，一个诉因只能记载一个罪行，称为"一诉因一罪"或"禁止复合记载"的原则。诉因记载的单一性，是为了防止诉因复合记载可能带来的弊端，尤其对公正审判和有效防御的负面影响。[1] 因为如果一个诉因同时指控若干罪行，便会难以将不同罪行的特定构成要件事实明确表示出来，造成审判对象无法明确，它使法官无法决定每个独立的罪行是有罪还是无罪，被告人也难以区分各个罪行并进行有针对性的防御。同时，假如允许诉因的复合记载，法院在对复合诉因进行审理的过程中，就可能因为同一证据对不同罪行认定上的混乱而造成对被告的不公正审判，而一旦法院对复合诉因作出有罪或者无罪的判决，也会无法确定判决所针对的是诉因中记载的一罪还是所有的罪行，会对进而的量刑、上诉救济、禁止双重危险等问题上带来不利因素。[2] 因此，诉因记载的单一性，确保了控诉方提示的审判对象具有特定性，而且便于被告人根据诉因指控的罪行来进行有针对性的防御。

按照英美法刑事诉讼中的做法，诉因是否违反禁止复合记载的原则，是一个形式问题而不是证据问题，要根据诉因的措辞来决定，而不用参考交付审判的资料披露的控诉方证据。一个诉因只能指控一个罪行，这在表面上看似简单，实际上并非如此，关键的问题在于什么是一罪。在实践中，经常会遇到行为人有数个举动、犯罪行为在数个日期实行、行为涉及数项财产或者数个被害人的情形，如果数个举动构成一个行为，那么就可以用一个诉因对这数个举动提出单一的指控。同样，如果一个或者多个被告人实行的一系列性质类似的行为彼此因时间、地点或者共同目的而联系起来，因而可以恰当地把它们看作同一行为的组成部分，那么，就可以在起诉书的单一诉因中起诉。当然，究竟是一个罪行还是数个罪行，最终还是要取决于每个具体案件的事实。[3]

---

〔1〕 参见杨杰辉："英美法中诉因记载的法定要求及其借鉴意义"，载《西南政法大学学报》2004 年第 6 期，第 89～90 页。

〔2〕 ［美］伟恩·R. 拉费弗、杰罗德·H. 伊斯雷尔、南西·J. 金：《刑事诉讼法》（下册），卞建林、沙丽金等译，中国政法大学出版社 2003 年版，第 972 页。

〔3〕 李昌林："英格兰刑事诉讼中的诉因制度"，载陈兴良编：《公法》（第 5 卷），法律出版社2004 年版，第 128 页。

在职权主义诉讼的制度与理念中，诉讼标的理论的一个基点，便是诉讼标的单一性，即就某个特定的程序时点，从横切层面或者说从空间关系上观察一部犯罪事实与他部犯罪事实彼此是否单一，来处理一部与他部犯罪事实之间的可分不可分问题，尤其是起诉范围与审判范围之可分与否的问题。[1]本来，诉讼标的单一性的理论可能在一定程度上推动起诉书记载的单一性要求。"单一性之作用，应从无诉即无裁判之控诉原则加以理解。由于法院受控诉原则之拘束，未经起诉不得审判（不告不理），已经起诉必须审判（告即应理）；简之，审判之范围必须与起诉之范围一致，因此，必须先确定本案起诉之范围，才有可能确定本案审判之范围，以免'超过'（审判范围大于起诉范围）或'不及'（审判范围小于起诉范围）；必须确定本案审判之范围（先诉），才有可能于再诉（后诉）之时进而判断，后诉与先诉是否为同一案件，若是，则后诉因为同一案件重复起诉或曾经判决确定而不合法。"[2] 然而，与对抗制诉讼以"诉因"为审判对象的单位不同，职权主义诉讼中审判对象以"案件"或"诉"为基本单位，[3] 单一案件，在实体法为一个刑罚权，在诉讼法为一个诉讼客体，具有不可分之性质，认定案件是否具有单一性，在诉讼法上的实益就是"不可分之效果"，体现为"起诉不可分原则"。[4] 如此一来，起诉书中提示的审判对象实际上就发生了一种潜在的扩张性，因为，在控诉原则之下，审判范围必须与起诉范围一致，而单一案件在起诉上不可分的效力，结果必定也意味着审判的不可分，势必造成审判范围泛及于整个不可分的起诉事实，即"公诉事实"为基础的同一性案件事实。例如，在德国，诉讼标的原则上是不可分割的，此原则指出，诉讼程序中可对该犯罪行为作各方面的调查。换言之，就事实观点而言，此所指之犯罪行为包含全部

---

[1] 陈朴生：《刑事诉讼法实务》，海宇文化事业有限公司 1999 年再订版，第 91 页。

[2] 林钰雄：《刑事诉讼法》（上册），中国人民大学出版社 2005 年版，第 198 页。

[3] 根据中国台湾地区学者的理解，"刑事诉讼上具有两种关系，一为'国家'与个人间之具体的刑罚权之关系，即处罚者与被处罚者的关系，称之为诉讼之实体，或称诉讼客体，亦称案件；一为确定具体刑罚权而进行之诉讼的关系，即裁判者与被裁判者的关系，称之为诉。故诉之目的，在请求法院对被告之特定事实，以裁判确定其具体的刑罚权之有无及其范围。"参见陈朴生：《刑事诉讼法实务》，海宇文化事业有限公司 1999 年再订版，第 91 页。

[4] 以中国台湾地区刑事诉讼为例，检察官就犯罪事实之一部起诉者，其效力及于全部，即根据传统上的见解，将一部起诉之犯罪事实，称为显在性事实，将因一部起诉而效力所及之他部犯罪事实，称为潜在性事实，将显在性事实扩张至潜在性事实的现象，称之为显在性事实之扩张，例如，甲偷乙物部分之犯罪事实经检察官提起公诉者，产生扩张性，效力及于甲偷丙物部分之犯罪事实。参见林钰雄：《刑事诉讼法》（上册），中国人民大学出版社 2005 年版，第 198～201 页。

的准备行为、附属行为及事后行为，就法律观点而言，诉讼程序需对犯罪行为就每一法律观点均加调查，审理法院也不受在决定是否开启审判程序之裁定中对犯罪行为所为之法律判断之拘束。[1]

大陆法刑事诉讼中的起诉不可分割的观念与其在实体法上的罪数观念有关。国家之刑罚权因为行为人实施了犯罪行为而发生，本于一罪不两罚的原则，凡在实体法上被认为一罪的行为，英美法以禁止双重危险为由，大陆法以既判力为由，均产生一事不再理的效果，即通过起诉书所记载的指控犯罪事实不会再次成为审判对象。然而，由于大陆法系刑事实体法上罪数观念与英美法迥异，关于诉之效力，在诉讼法上即产生不同的效果。申言之，大陆法系因有实质上一罪与裁判上一罪之观念，凡是在实体法上一罪的情形，国家的刑罚权即属单一。因此，为了避免刑罚权实施落空，建立诉讼法上单一性的观念，规定就犯罪事实一部起诉者，效力及于全部。详言之，即使检察官仅就实体法上一罪之部分犯罪事实起诉，如果被告之其他犯罪事实与经起诉部分，在实体法上有实质上或裁判上一罪之关系，该未经起诉部分也视为业经起诉，属于已受检察官请求审判之事项，法院自应加以审判，此即一般所称"公诉不可分"效力的主要内容。[2] 因此可见，在职权主义诉讼中，由于起诉不可分效力的存在，起诉书记载的单一性原则难以产生遏制审判对象扩张的显著意义，根据日本学者的说法，起诉效力与实体法上的罪数论紧密相关，在这一点上，一诉因一罪的原则与公诉不可分原则具有类似性。但是，公诉不可分原则是将提起公诉的效力扩大到一罪的范围，而一诉因一罪的原则是限定于一罪的范围，所以，二者具有的意义是不同的。[3]

---

〔1〕 ［德］克劳思·罗科信：《刑事诉讼法》，吴丽琪译，法律出版社 2003 年版，第 183～184 页。

〔2〕 刘秉均等：《罪与刑——林山田教授六十岁生日祝贺论文集》，五南图书出版公司 1998 年版，第 538 页。

〔3〕 ［日］松尾浩也：《日本刑事诉讼法》（上卷），丁相顺、张凌译，中国人民大学出版社 2005 年版，第 196 页。

# 第六章　审判对象变更制度

## 一、起诉变更中的权力关系

针对一个公民的刑事控诉意味着国家刑罚权的诉讼发动，由此引发控辩审三方诉讼主体围绕控诉方提示的审判对象而展开的审判过程，然而，起诉变更将造成控诉方起诉时提示的审判对象发生变更，会对诉讼进程与结果产生重要影响。因此，起诉变更机制应当具有技术上的合理性，符合刑事诉讼制度理性的要求。虽然说起诉变更实质是控诉方的行为，但为避免变更行为的恣意，就要合理配置变更过程的权力关系，因而其过程往往交错着控诉权力与司法控制两种因素，而不可能是任何一方权力主体单方面的行为。否则，审判对象发生作用的原理及其功能效果将会受到扭曲，审判过程的权力（利）秩序就会变得杂乱无章。正鉴于此，普遍较为重视起诉变更中的权力关系配置，以此构筑合理的起诉变更机制，当前，根据起诉变更权力的安排可将起诉变更机制界分为两种典型模式：控诉主导型与司法控制型。

（一）控诉主导型变更机制

控诉主导型的起诉变更机制，从当事人主义的对抗制诉讼法理出发，承认控诉方变更起诉的某种权力，法官则不享有强行变更控诉的权力，尽管起诉变更机制中司法控制权力与控诉方权力交错运营，但显著特征在于控诉权力主导起诉变更。

例如，在日本，检察官有权自由裁量是否提起公诉，并有权对提起的公诉在法院第一审判决前进行撤回，而且，在审判过程当检察官在公诉事实同一性范围内提出请求时，法院应当准许追加、撤回或变更记载于起诉书中的诉因或者罚条。[1] 按照主流理论的阐释，现行法采用的起诉裁量主义和起诉变更主义，是以当事人主义的诉讼结构为基础的，如何设定诉因是检察官的特有权利，因为检察官作为原告有权决定诉因，所以诉因的变更一般也由检

---

[1] 参见《日本刑事诉讼法》第 248、257 条及第 312 条第 1 款。

察官负责，尽管法院对检察官的诉因变更拥有许可权，但这并不意味着法院有权决定诉因变更的妥当性，在符合诉因变更条件时，法院必须允许检察官对诉因作出变更。[1] 例如有判例强调，对起诉书记载的诉因可能判有罪，但如果请求变更诉因，只要不损害公诉事实的同一性就应当允许。[2] 因此，起诉变更在日本刑事诉讼中是由控诉权力主导的，亦即，检察官不仅在提起诉讼时拥有提示审判对象的权力，而且在审判过程仍然享有特定程度的变更审判对象的权力。当然，根据现行法典，在审理过程，法院认为适当时，可命令检察官追加或变更诉因或者罚条。[3] 这一点，构成其起诉变更机制的另一内容，显示了起诉变更过程司法控制权力与控诉权力间的交错运营。不过，按照诉讼理念与实践，对于法院的起诉变更命令，检察官并没有绝对服从的强制义务，主流理论认为，如果承认诉因变更命令的约束力，就可能导致法院自己设定审判对象，这是与当事人主义的诉讼结构不相协调的。[4] 判例同样指出，变更诉因是检察官的权限，如果承认法院拥有设定直接诉因的权限，将违反当事人主义的诉讼结构，破坏控辩双方的力量平衡，影响诉讼结果的公正性，显然是不适当的行为，法院原则上没有作出诉因变更命令的义务。[5] 因而，虽然在起诉变更机制的权力关系中，存在特定的司法控制因素，但发挥主导作用的还是控诉权力。

总体而言，日本的起诉变更机制代表着一种典型，即"控诉主导型"的起诉变更制度，它立足于对抗制诉讼法理，承认检察官变更控诉的某种权力，法官则不享有强行变更控诉的权力。这种机制体现了控诉主体在刑事诉讼中提示和变更审判对象的特定权限，与对抗制诉讼特质和起诉便宜主义相联系，不过，控诉方变更起诉的权力通常被严格限制在特定框架中，以防止控诉方通过起诉变更实施为所欲为的刑事追诉，而且，法官往往享有基于程序正义而实施特定司法控制的权力。这种起诉变更机制同样一定程度地存在于诸如

---

〔1〕［日］田口守一：《刑事诉讼法》，刘迪、张凌、穆津译，法律出版社 2000 年版，第 187 ~ 188 页。

〔2〕日本最高裁判所判决昭和 42 年（1967 年）8 月 31 日，《最高裁判所刑事判例集》第 21 卷第 7 号，第 879 页。

〔3〕参见《日本刑事诉讼法》第 312 条第 2 款。

〔4〕参见［日］田口守一：《刑事诉讼法》，刘迪、张凌、穆津译，法律出版社 2000 年版，第 190 页。

〔5〕参见日本最高裁判所昭和 40 年（1965 年）4 月 28 日判决，《最高裁判所刑事判例集》第 19 卷第 3 号，第 270 页。

美国等同类诉讼模式的制度视野。例如，在美国，起诉变更由控诉方主导，诸多情况下控诉方可能提议修改起诉书，在定罪和裁决前，只要不追加指控另外的或不同的罪行和不损害被告人实体权利，法庭便可允许对起诉书进行修改。[1] 因而，其审判过程的起诉变更是控诉方主导的诉讼行为，"多种情况可能导致公诉方提议修改指控文件"；"公诉方可能在起诉书中发现一个技术错误，利用修改进行纠正，即使这一错误尚未导致诉状致命的缺陷"；"公诉方可以主动作出决定，指控未能包括一项必备要件或缺少必需的细节，以寻求修改诉状改正重大缺陷"；"或者在审前或者在审判中，公诉方都可以在诉状的指控中发现证据发生变化，这为被告的异议提供了基础，公诉方试图通过使得起诉符合那些证据的纠正而阻止这些异议的提出"；"证据也许存在变化时与没有辩护异议的诉状一起被提出，公诉人可以提议修改以使诉状与证据相符"；"公诉方的证据也许不能支持诉状的某些方面，公诉方就可能提出删除部分指控，只将剩余部分提交陪审团"；等等。[2] 当然，这些修改能否达到目标，取决于提出的修改内容的性质和支配用于特定权限的修改的标准，即不追加指控另外的或不同的罪行并且不损害被告人实体权利，在这里面，其实也表明控诉方积极主动变更起诉可能受到来自法庭的某种司法性质的控制。

（二）司法控制型变更机制

司法控制型的起诉变更机制，则主要基于职权主义的诉讼法理，对起诉变更实行较大程度的司法控制。例如，在德国，刑事诉讼坚持控诉机关在控诉方面的职权原则，当存在足够的事实根据，控诉方负有对所有的可予以追究的犯罪行为作出行动的义务，仅在刑事追究利益不大而优先考虑程序经济性或者存在特定法律政治利益与刑事追究相抵触的时候实行一定程度的起诉便宜主义。然而，控诉方在起诉书中初步提示审判对象、记载指控犯罪事实与证据内容以及提出要求开始审判程序的诉请之后，必须经由法院根据侦查程序结果判断被诉人是否存在足够的犯罪行为嫌疑来裁定是否开启审判程序，即存在着一个链接起诉与审判的"中间程序"，在这个环节，法院的司法权力占据主导地位，对是否启动审判程序乃至对审判对象能够产生实质影响。根据德国法，起诉与审判间存在中间程序，裁定法院在裁定是否开始审判程序

---

〔1〕 参见《美国联邦刑事诉讼规则》第7条（e）款。

〔2〕 〔美〕伟恩·R. 拉费弗、杰罗德·H. 伊斯雷尔、南西·J. 金：《刑事诉讼法》（下册），卞建林、沙丽金等译，中国政法大学出版社2003年版，第977页。

时，不受检察院申请的约束，可明确准予就起诉进行审判，也可针对控诉作出某些变更，包括对数个控诉罪行中的个别行为拒绝开始审判程序、对行为作出不同于起诉书的法律认定、依法将追诉范围限制在可分割的行为部分或者扩展至该可分割的行为部分、依法将追诉范围限制在同一犯罪行为实施数个违法情况的个别情况或者将这类个别情况纳入程序。[1] 这表明，在控诉方提出起诉后，法院对其初始提示的审判对象的变更拥有相当的司法控制权力，不但可变更其控诉事实的范围，而且可变更其法律评价的认定，当然，由法院主导的此种起诉变更更主要是一种压缩审判对象范围的变更。当然，针对裁定法院裁定变更起诉，检察院仍然被允许表达不同意见和立即抗告，不过，在审理过程，如果裁定法院变更起诉内容后检察院据此制作新起诉书，检察官在法庭上宣读罪状时应当以新起诉书为基础，如果裁定法院作出不同于检察院起诉书的法律认定，检察官在法庭上还应宣读法院开启审判程序的裁定中的法律评价，但同时允许检察官提出与法院的法律评断有歧义的法律见解。另外，当裁定法院直接作出拒绝开始审判程序的裁定时，检察院同样有权立即提出抗告，但是，一旦该裁定没有被撤销而发生确定力，检察院便只有依据新的事实及证据才能再行起诉，而且，控诉方在审判程序开启后便不能对公诉予以撤回。[2] 这表明在审判过程中控诉方以主动撤销审判对象的方式进行起诉变更的禁止，而在中间程序中裁定法院则掌握着控制审判对象能否发生的权力。这些表明，起诉变更机制中司法权力与控诉权力始终处在互动博弈，但在这一对权力关系的较量之间，司法控制占据了特定的优势。

显然，德国的制度安排代表着另一种典型的起诉变更机制："司法控制型"的起诉变更制度。在那里，起诉变更由司法官来主导，对控诉方通过起诉初始提示的审判对象的变更施加了浓烈的司法控制的色彩，而控诉方尽管也拥有些许影响起诉变更的权力。但由于秉持原则上的起诉法定主义，控诉权力自身在提出起诉以后在审判对象变更的问题上受到较大限制，总体上表现了其诉讼制度所蕴含的法官职权主义的本质属性。当然，需要强调的是，在德国的司法控制型起诉变更机制中，法官的主导作用基本上发生在介于起诉与审判之间的"中间程序"，并且，在审判程序中，法官的控制权力主要表现在对指控事实的法律评价方面，就指控事实而言法官无权自主变更，这样，

---

〔1〕 参见《德国刑事诉讼法典》第 207 条。
〔2〕 参见〔德〕克劳思·罗科信：《刑事诉讼法》，吴丽琪译，法律出版社 2003 年版，第 379～383 页。

确保了司法控制型起诉变更机制不至于走向控审界限含混和偏离起诉变更的正当性基础。

需要强调，这种起诉变更机制同样一定程度地存在于诸如法国等同类诉讼模式的制度视野。例如，在法国，检察官的起诉需要提交法院预审，对重罪案件，上诉法院预审审查庭的起诉裁定才是起诉的决定性文件，这种起诉裁定本身就包含对检察官起诉申请书的认否和变更，因而，司法控制对起诉变更起着决定作用。[1] 根据法国现行法典，在重罪法庭刑事审判过程的法庭辩论中，如果审理中发现某项或若干项加重情节在移诉裁定中并没有提到，审判长应提出一个或若干个特殊问题，同样，如果审理中发现案件事实的法律评价与移诉裁定所列不一，审判长应提出一个或若干个辅助问题，[2] 就此可以看出法官的一种主导性的诉讼职权。总体而言，司法控制型起诉变更机制的显著特征在于，控诉方在起诉变更中的权限受到很大程度的司法控制，在预审性质的中间程序中法官享有主导性权力，而在审判程序中法官就指控事实的法律评价方面享有自主权。

不过，值得注意的是，其一，司法控制型起诉变更机制并不意味着强调司法权力作用的绝对性而完全排斥其中的控诉权力因素，实质上，司法控制特质得以彰显，正是由于起诉变更过程控诉权力因素的存在并与其发生相互联系和较量的结果。其二，司法控制型起诉变更机制与职权主义诉讼制度之间并不总是具有必然性联系，申言之，仍然难以得出所有职权主义诉讼制度都采行司法控制型起诉变更机制的论断。例如在意大利，《意大利刑事诉讼法典》第423条就初步庭审中变更控告的问题规定"如果查明被告人应对未列入审判要求中的新犯罪负责且对于该犯罪应提起公诉，当公诉人提出要求并且被告人表示同意时，法官批准通知该指控"，显示了司法控制的特征。然而，该法典第516条就审判过程变更指控的问题规定"如果在法庭调查过程中发现事实不同于审判令中描述的事实并且该事实不属于上级法官管辖的范围，公诉人对指控加以修改，并进行有关的通知"，这又表明审判过程的起诉变更中控诉方享有较大的能动性。其三，起诉变更机制的司法控制型与控诉主导型是建立在特定起诉变更权力关系视野的一种分化，但两种起诉变更机制发生作用的程序空间存在重大差异，前者发生在审判过程，后者主要发生

---

〔1〕 参见龙宗智主编：《徘徊于传统与现代之间——中国刑事诉讼法再修改研究》，法律出版社2005年版，第249页。

〔2〕 参见《法国刑事诉讼法典》第350、351条。

在起诉与审判间具有预审性质的中间程序。究其原因，起诉变更实质是控诉权力延伸的行为，诉审分离原则决定中立的法官不可能在审判过程主动进行变更起诉，特别针对指控犯罪事实的变更，因而，该特定程序空间可确保司法控制型起诉变更机制不至于偏离正当基础。

（三）权力关系视野的被告人权利

实质上，起诉变更机制的"司法控制型"与"控诉主导型"，体现的是起诉变更权力关系的两种基本模式，在任何一种刑事诉讼制度中，在这个问题上，都不可能是其中某一种权力单方面任性的"独舞"，现行不同国家与地区的起诉变更制度几乎一致地表现为控诉权力与法官权力两种因素的交错互动作用，从而体现为一种权力关系。同时，起诉变更制度还表明，起诉变更决不能纯粹是控审权力间博弈和彼此分配利益的行动，作为参与到审判过程的诉讼主体，被告人一样不可缺场，换言之，对被告人权利的考虑也作为起诉变更机制中的一项重要因素。这一点，既体现在司法控制型也体现在控诉主导型的起诉变更机制当中，只是在具体的制度配置方式上可能有所差异。起诉变更权力关系视野的被告人权利，最为核心的是获得知情与准备辩护的权利，被告人应当被迅速告知起诉变更的情况并享有充足的时间与机会来准备防御和进行辩护。

在德国，如果先前未曾特别对被告人告知法律观点已经变更并给予他辩护的机会，对被告人不允许根据不同于裁定法院准予的起诉所依据的刑法作判决，这一规定同样适用于在审理过程中才表明存在着刑法特别规定的可以提高可罚性或者科处矫正及保安处分的情节的情况。可见，审判对象发生变更，就应当给予被告人充分地针对新的控诉准备辩护的机会和时间。例如，根据德国现行法典，审理过程新表明的情节准许对被告人适用比法院准予的公诉所依据的刑法更重的刑法或者是出现刑法特别规定的可以提高可罚性的情节的时候，如果被告人声称未能足够地进行辩护准备而对这些情节提起争辩的，依他的申请应当对审判延期。此外，在因为案情发生变化，认为对于做好充分的辩护准备而延期审判是适当的时候，法院也应当依声情或者依职权对审判延期。同样，当控诉方在审判中将公诉延伸到被告人的其他犯罪行为之上而追加起诉时，审判长要给予被告人辩护机会，如果审判长认为有此必要，或者被告人对此申请并且他的申请显然是并非轻率或仅仅是为了拖延程序的时候，甚至可以中断审判。[1] 可见，在起诉变更机制中，诉讼程序着

---

[1]　参见《德国刑事诉讼法典》第265、266条。

重考虑了被告人防御权利的保障问题。

在日本，法院在已经追加、撤回或者变更诉因或罚条时，应当迅速将追加、撤回或者变更的部分通知被告人，法院认为由于追加或者变更诉因或罚条可能对被告人的防御产生实质性的不利时，依据被告人或者辩护人的请求，应当裁定在被告人进行充分的防御准备所必要的期间内，停止公审程序[1]考察其判例，就可以看到，被告人防御利益几乎成为其衡量起诉变更必要性和合理性的核心因素，不仅起诉变更时应当保障被告人充分的防御权利，而且，很大程度上是否促进被告人防御利益反过来成为考量起诉变更必要性的基准。例如，在指控事实变更的问题上，判例认为，即使是被告人自己承认的事实，法院为了认定该事实也必须通过变更诉因，以充分捍卫被告人防御利益，诸如犯罪行为的形态发生了变化、过失的形态发生了变化、被害的程度增大等等，都必须通过变更诉因以后才能认定，真正地确保被告人的防御权利，而当犯罪的时间、地点、犯罪的行为形态或被害的内容等发生的变化与犯罪成立或被告人防御没有直接关系时，则不需要变更诉因。同样，当缩小认定包容关系的事实时，由于不会对被告人防御利益产生明显影响，因而也不需要变更诉因。再如，在法律评价变更的问题上，判例认为，法律评价发生变化时必须通过变更诉因程序，否则法院不能径自认定而危害被告人的防御利益，不需要变更诉因程序的前提是，法律评价存在包容关系，或者对被告人的防御权没有实质性的影响。同样，在处罚条款变更的问题上，尽管根据刑事诉讼法规定的精神，只要对被告人防御不发生实质性的影响，法院就不必适用处罚条款变更的程序，而可以直接适用与起诉书记载的处罚条款不同的处罚条款，这样并不构成对刑事诉讼正当程序的违反。但是，日本新近颇具影响的一种判例观点依然强调，处罚条款的意义是给被告人研究适用处罚条款的机会，所以，适用与起诉书记载不同的处罚条款时，必须经过罚条变更程序，以此充分保障被告人的防御权利[2] 这些立法与实践，足见被告人防御利益这一因素在起诉变更机制中的影响与意义。

这种对起诉变更中被告人权利的强调，不仅在德国、日本，同样在美国、意大利等刑事诉讼制度中都有所体现。例如，在美国，被告人利益始终是衡

---

[1] 参见《日本刑事诉讼法》第312条第3、4款。

[2] 参见［日］田口守一：《刑事诉讼法》，刘迪、张凌、穆津译，法律出版社2000年版，第173~174页。

量起诉变更正当性的一项基本标准。[1] 在意大利，对被告人进行"新的指控通知"成为其审判过程起诉变更机制中的必要程序，并且，被告人享有一个为自己充分准备辩护的期限的权利，根据其现行法典，当法庭调查过程中发现事实不同而审判令中描述的事实，或者发现审判令中未提及的其他牵连犯罪或加重情节，或者发现审判令中未列入的应由被告人承担责任的新事实的时候，公诉人对指控加以修改并进行有关通知，法庭应当告知被告人可以要求获得一个期限，以便为自己准备辩护，更甚者，因为起诉变更时缺乏对被告人的指控通知，甚至可以导致诉讼行为无效乃至判决无效。[2] 事实上，任何一种起诉变更机制，如果抛开对被告人防御权利的考虑，均不可能是一种合理的起诉变更权力配置模式。究其原因，根本在于起诉变更必然导致审判对象的变更，而审判对象本来就是一个用来保障被告人防御利益的范畴，只有这种制度安排，才真正遵循并体现审判对象生成的原理与运行的规律。

**二、变更罪名的机制模式**

变更罪名同样意味着审判对象的变更，势必对控辩对抗和审判过程带来甚至是实质性的影响。由于刑事审判中结构性的控审分离以及功能意义上诉审同一的原理，要求审判对象与起诉对象保持质和量方面的同一性，法官审判不得超越起诉范围更不得径自改变审判对象。然而，一旦起诉书初始提示的罪名发生变更，审判对象便会在性质上和范围上发生调整，进而冲击整个审判程序的进行。因而，变更罪名对于刑事审判而言，近乎具有一种"牵一发而动全身"的效应，诸多国家与地区的刑事诉讼制度均对此问题予以严格规范和合理设计。当前，普遍运用不告不理、诉审同一的基本原则来调整诉审关系和规范罪名变更问题，但是，在对诉审同一性的把握方面，标准有所不同。有学者强调，法律原则的普适性是相对的，它只意味着原则的普适性而非具体规范的普适性，作为基本准则，应当是一个具有包容性的、且有一定弹性以适用不同制度背景并应付不同挑战的方向性、指导性规范，即使有时被称为"最低限度"标准，也仍然具有执行的上限和下限，只要不背离和脱离其基本的质的规定性，在化为具体规则和规范时，可能采取不同的样式。[3] 诉审同一原则在不同刑事诉讼制度环境中一样地表现出质的规定性和

〔1〕 〔美〕伟恩·R. 拉费弗、杰罗德·H. 伊斯雷尔、南西·J. 金：《刑事诉讼法》（下册），卞建林、沙丽金等译，中国政法大学出版社 2003 年版，第 977 页。

〔2〕 参见《意大利刑事诉讼法典》第 516～522 条。

〔3〕 龙宗智：《相对合理主义》，中国政法大学出版社 1999 年版，第 5～8 页。

具体规范样式上的某些差异。具体说来，审判范围不得超越指控犯罪事实，这是诉审同一原则不可突破的底限，但是，就犯罪事实的法律评价是否以及如何要求的问题，则在不同刑事诉讼制度中存在着不同的认识和规定。例如，对抗制诉讼将诉审同一视为包含特定法律评价的指控犯罪事实的同一，而职权主义诉讼基本将诉审同一仅仅规范为指控犯罪事实而非指控罪名的同一，这就导致在规范审判对象变更的问题上出现有所区别的制度设置模式。变更罪名造成实际运行的审判对象与控诉方起诉时提示有别，为避免变更罪名给诉讼活动带来负面影响，就要对法官变更罪名的行为实行合理控制。当前，基于对诉审同一的不同理解，或者说对审判对象的不同界定，普遍从不同层面不同程度来规范变更罪名的诉讼行为。其中，分别着重从实体和程序的维度来规范变更罪名问题的制度模式分野显得特别典型，据此将变更罪名机制区分为实体限制模式和程序规制模式具有相当程度的类型化意义。

（一）实体限制模式

"变更罪名的实体限制模式"主要为对抗制诉讼所采制。这种变更罪名机制基于对抗制诉讼的当事人主义，严格限制法官变更控诉方起诉时提示的罪名，除非此种变更属于缩小认定包容性犯罪，不会对被告人防御带来实质不利影响，因而该机制的显著特征在于设置法官变更罪名的实体规范。例如，在美国，被告人可被确定犯有包容于被控罪行的某项罪行，或者被确定意图实施被控罪行或者实施必然包容在被控罪行的某项罪行。[1] 按照学者的分析，对抗制诉讼实行当事人进行主义，严格坚持诉审同一原则并限制法官超越控诉方提示的事实与罪名进行审判，但同时，为避免诉讼结构过分僵化带来诉讼机制运转的失灵或低效益，对于存在包容关系的两个诉因，由于防御方法上的包容性，法官对被包容于原初大诉因之中的小诉因做出认定并不会对被告人进行防御带来实质性不利，因而法官基于此种实体限制直接变更控诉罪名并不会造成突袭性审判。[2]

这种实体限制型的变更罪名机制与对抗制诉讼及其实行的诉因制度有关系。对抗制诉讼实行当事人进行主义，十分注重程序公正，强调控辩双方主导程序和法官的消极中立，较为尊重控诉方处分权和保障被告人防御权，它从较严格的意义上界定审判对象的范畴，从较宽泛的意义上来理解诉审同一原则，认为审判对象不但包含指控犯罪事实要素而且包含特定法律评价要素，

---

〔1〕 参见《美国联邦刑事诉讼规则》第31条（c）款。

〔2〕 参见谢佑平：《刑事司法程序的一般理论》，复旦大学出版社2003年版，第356页。

因而审判过程所必须坚持的诉审同一性就是这种将事实与罪名融为一体的诉因的同一性，法官审判应受控诉方通过起诉书记载的诉因的限制。这是因为，对抗制诉讼实行诉因制度，审判对象被界定为诉因，诉因即诉讼请求的主张与理由，包含作为事实性要素的指控事实和作为法律性要素的指控罪名，根据田口守一的说法，"诉因是记载应当构成犯罪的特定事实，这种事实当然包含了法律所评价的犯罪事实。"[1] 控诉方通过起诉书明确记载诉因，来提示特定的审判对象，以诉因设定控辩双方攻防标的和限定法官审判范围，并以诉因为标准来衡量审判对象变更中的相关问题。因此，超越诉因提示的事实与罪名的审判在对抗制诉讼中原则上受到严格限制。但同时，对抗制诉讼并没有在这个问题上陷入僵硬刻板的弊端，并对诉因制度作出了一定的曲张和变通，在不妨碍被告人防御权行使的前提下，允许法官脱离起诉指控的诉因而以另外的诉因认定被告人有罪。[2] 当然，对抗制诉讼中法官脱离起诉指控的诉因而以另外的诉因认定被告人人有罪是有限制条件的，这种条件来源于对保障被告人防御利益的解释，通常只能是在缩小认定包容性犯罪的情况下进行，换言之，保证诉因变更不会对被告人实体权利带来损害。

其实，在英国，自 19 世纪中叶以来，关于罪名及事实的变更便设有制定法，如 1851 年制定法规定"以重罪或轻罪既遂起诉者，得以未遂处罚"，在普通法上，同样允许以某重罪起诉而以较轻的轻罪处罚或以某轻罪起诉而以同性质的轻罪处罚，也就是说，基本是在缩小认定具有包容性犯罪的情况下才允许变更诉因。同样，在美国，早在 1851 年制定法中就规定："起诉状记载之事实，虽与依证据所认定之事实互有龃龉；如于其事件之实体上并无重要性，且于被告实体之防御上亦无不致蒙其不利益时，赋予法院有在审理程序过程中命令订正起诉状之权。"美国法本认为，法院审判过程中，依据证据足以认定其相当于较原起诉之罪为轻级之犯罪或包括于起诉犯罪中之犯罪时，可以不经控诉方变更诉因而直接判决。例如，以既遂罪起诉的可以未遂罪处罚，以高阶段的犯罪起诉的可以低阶段的犯罪处罚，但是，以低阶段的犯罪起诉的则不得处以高阶段的犯罪。[3] 关于这一点，同样体现于美国联邦刑事诉讼规则，根据规定，在定罪或裁决前，如果不追加指控另外的或不同的罪行，不损害被告人实体权利，法庭可以允许对检察官起诉书进行修改。同时，

---

〔1〕 ［日］田口守一：《刑事诉讼法》，刘迪、张凌、穆津译，法律出版社 2000 年版，第 172 页。

〔2〕 谢佑平：《刑事司法程序的一般理论》，复旦大学出版社 2003 年版，第 356 页。

〔3〕 参见陈朴生：《刑事证据法》，三民书局 1979 年版，第 34～36 页。

如果意图构成犯罪的话，被告人可以被确定犯有包容于被控罪行之中的某项罪行，或者被确定意图实施被控罪行或者实施必然包容在被控罪行之中的某项罪行。[1] 英美法的做法表明，对抗制诉讼允许法官直接变更罪名，但在变更罪名的种类和范围上受到严格限制，只能缩小认定包容性罪名，即法官可以实施一种包含轻罪的定罪。理由是，在对抗制诉讼主义看来，存在包容性关系的两个诉因，在防御方法上也是互相包容甚至基本相同的，当控诉方以一个大诉因起诉而法官以包容于该大诉因之中的小诉因进行防御时，通常并不会对被告人针对包容于原初大诉因之中的小诉因进行充分防御带来实质性影响，而法官在审判中实施的此种在实体内容和范围上已经受到严格限制的诉因变更并不会造成突袭性审判的后果。

这在日本刑事诉讼中同样有所体现，其理论和判例均主张，当法律评价存在包容关系，对被告人的防御利益没有实质性影响时，法官可以缩小认定包容性犯罪，从而对起诉指控的诉因予以变更。详言之，按照一般"大兼小"的原则，对于小诉因指控事实的防御，本已包含在对大诉因的防御之中，得以充分行使。故而，当两罪的构成要件具有重叠性，其中一罪的构成要件完全包括于另一罪的构成要件之中时，法官可以不用经过诉因的变更而直接缩小认定包容性犯罪。此外，当一罪的构成要件是由两个自然事实结合而成的，由全部认定其中一部，也属于缩小认定包容性犯罪，例如，以抢劫罪的诉因认定恐吓罪、以杀人罪的诉因认定同意杀人罪、以杀人未遂的诉因认定暴行罪，均不需要变更诉因。[2] 因此，在对抗制诉讼中，以不损害被告人实质性防御利益为前提，对罪名变更的控制主要采取一种实体性的标准，即以缩小认定包容性犯罪来限制法官变更罪名的权力，倘若超越此种限制，法官径自认定犯罪便会违背审判对象原理。

（二）程序规制模式

"变更罪名的程序规模式"主要为职权主义诉讼所采纳。这种变更罪名机制基于职权主义的诉讼法理，严格限制法官超越控诉事实进行审判，但认为针对控诉事实自主作出法律评价是法官的职责，法官有权变更罪名并且没有

---

〔1〕 参见《美国联邦刑事诉讼规则》第 7 条（c）款、第 31 条（c）款。

〔2〕 日本最高裁判所决定昭和 26 年（1951 年）6 月 15 日，《最高裁判所刑事判例集》第 7 卷第 11 号，第 2275 页；日本最高裁判所决定昭和 28 年（1953 年）12 月 17 日，《最高裁判所刑事判例集》第 7 卷第 9 号，第 1868 页；日本最高裁判所决定昭和 30 年（1955 年）10 月 19 日，《最高裁判所刑事判例集》第 9 卷第 11 号，第 2268 页。参见〔日〕田口守一：《刑事诉讼法》，刘迪、张凌、穆津译，法律出版社 2000 年版，第 171～172 页。

种类与范围等实体限制。但为避免罪名变更给被告人防御带来不利影响，就要在程序上确保法官变更罪名的正当性，因而该机制的显著特征在于设置法官变更罪名的正当程序保障。例如，在德国，法院的调查与裁判只能延伸到起诉书中写明的行为，但在此范围内，法院有权和有义务自主行动，在刑法的适用上不受提出的申请所约束。但是，如果审判法庭先前未曾特别对被告人告知法律观点已经变更并给予辩护的机会，则对被告人不允许根据不同于预审法庭准予的起诉依据的刑法作出判决。再者，当新表明的情节准许对被告人适用更重的刑法或者是新表明的存在着刑法特别规定的可提高可罚性的情节时，如果被告人声称未能足够地进行辩护准备而对这些情节提起争辩，则应对审判延期以对其准备辩护提供充分保障。[1]

职权主义诉讼相对强调审判过程法院对发现实体真实的主导性职权作用，而控诉职能在与这种积极能动的审判职能的对比之中显得"消极化"，从学者小野清一郎关于"在历来的大陆法系的刑事诉讼中，公诉仅仅是把一个案件移交给法院，而该案件的审判则取决于法院职权"的论断中[2]，便不难理解，职权主义审判中控诉方积极指控事实、法官自主适用法律的基本特征。譬如，在德国刑事诉讼制度中，法院的调查与裁判只能延伸到起诉书中写明的行为和以诉讼指控的人员，但在此界限范围内，法院有权和有义务自主行动，尤其是在刑法的适用上，法院不受提出的申请之约束。法院作判决的事项，是在公诉中写明的、依据审理结果所表明的行为，但法院不受开始审判程序的裁定所依据的对行为的评断之约束。[3] 事实上，职权主义诉讼对诉审同一原则的理解并没有停留在英美对抗制诉讼那种严格要求的层面上，而是从较为宽松的意义上认为，诉审同一仅仅指的是审判对象和起诉对象在事实方面的同一性，而不包括对事实的法律评价，根据其占主导地位的理念，法律评价与法律适用是法官的职权与责任，控诉方仅需要提出指控将犯罪事实起诉至法院并以此界定法院审判对象的范围，而控诉方所提出的指控罪名并不能用以从根本上规约法官的审判权力。在符合法律程序的条件下，法院有权直接变更指控罪名，并且此种罪名变更不受种类及范围等实体上的限制，而没有违背职权主义诉讼关于诉审同一的理念。按照法国学者的分析，也许

---

〔1〕　参见《德国刑事诉讼法典》第155、265条。

〔2〕　［日］小野清一郎：《犯罪构成要件理论》，王泰译，中国人民公安大学出版社2004年版，第226~227页。

〔3〕　参见《德国刑事诉讼法典》第155、264条。

由于罪刑法定原则，刑事立法者对各种犯罪都作出了定义并确定了它们的构成要件，刑事法官并无确定罪名的专断权力。但是，刑事法官应当通过对其受理的犯罪事实的分析，归结出它们的性质，并且寻找在这些犯罪事实中是否具备法律所规定的构成某种犯罪的要件。根据法国刑事诉讼制度，关于法院事物管辖权所有规则的适用，都意味着首先要确定刑事法院系属的犯罪事实的违法性质，并且具体明确其构成何种犯罪，同时要具体指明规定并惩处这种犯罪的法律条文，即认定犯罪事实在刑法上的罪名的刑事定性问题。但是，这并不影响任何刑事法院对提交其审判的犯罪事实所认定的性质即罪名认定进行审查，如果法院认为所认定的罪名不准确，则有权进行变更，如果经过变更对犯罪事实原有的认定罪名，被认定新罪名的犯罪仍然属于受诉法院管辖权限，那么，该法院则应当对本案作出审理裁判。例如，在轻罪法院以诈骗罪罪名对某一个人提起追诉时，但法庭经审理认定该犯罪事实并不构成诈骗罪而构成滥用他人信任罪，那么，轻罪法院仍然应当对这一滥用他人信任罪作出裁判。[1] 可见，职权主义诉讼制度赋予法官在控诉事实的法律评价方面较大的裁量权力，为法官变更罪名设置了较大空间。

不过，这决不意味着职权主义诉讼放任罪名变更对被告人可能带来防御利益的损害，或意味着职权主义诉讼无视罪名变更中的程序正当性要求。事实上，职权主义同对抗制一样，十分注重诉讼过程的人权保障以及对正当法律程序的遵循，同样强调对变更罪名可能带来危害的防范。只是，与英美法的"实体限制"的控制模式不同，大陆法着重采取一种程序规制的做法，以此来规范变更罪名制度。具体而言，职权主义诉讼制度普遍通过设置特定的"告知——防御"程序来保障罪名变更中的被告人防御利益。换言之，法院在变更罪名之前，应当将罪名变更的相关内容和事由通知被告人，给予被告人进行防御的机会，并且从时间上保障被告人充分准备防御的可能性。例如在德国，如果审判法庭先前未曾特别对被告人告知法律观点已经变更，并且给予他辩护的机会的，对被告人不允许根据不同于预审法庭准予的起诉所依据

---

〔1〕［法］卡斯东·斯特法尼、乔治·勒瓦索、贝尔纳·布洛克：《法国刑事诉讼法精义》，罗结珍译，中国政法大学出版社 1999 年版，第 449～451 页。值得注意的是，在法国刑事诉讼制度中，由于对刑事案件存在关于重罪、轻罪和违警罪的管辖权上的严格区分，如果审判法庭经过变更犯罪事实原有的认定罪名而新认定罪名的犯罪不再属于受诉法院的管辖权限，当新认定的犯罪性质较原定罪名更重时，则错误地受理了案件并对本案犯罪事实作出新的定性的法院，应当宣告其无管辖权而不得再对其受理的案件进行审理裁判。由于此，在法国，审判法庭基本上也只能在较之原来认定较轻的犯罪性质的情形下，才得以变更其对受理的犯罪事实所认定的罪名。

的刑法作判决，而且，新表明的情节准许对被告人适用比预审法院准予的公诉所依据的刑法更重的刑法或者是新表明的存在着刑法特别规定的可以提高可罚性或科处矫正及治安处分的情节的时候，如果被告人声称未能足够地进行辩护准备而对这些情节提起争辩的，依他的申请应当对审判延期。[1] 同样，根据《法国刑事诉讼法典》第 351 条，如果审理中发现案件事实的法律评价与移诉裁定所列不一，审判长应提出一个或若干个辅助问题。对此，法国刑事诉讼学理上的解释是：如果法庭庭长认为，庭审辩论已经表明，经认定应当由被告人承担责任的事实构成的犯罪与起诉书中原来认定罪名不同，对此前认定的犯罪已作出否定回答的事实，庭长应当就变更罪名提出一个辅助的问题，但条件是所涉及的事实确实是相同的事实，甚至可以承认，不等到庭审辩论结束，法庭庭长便可以提出这一辅助问题，这样做并不损害辩护方的权利，而是相反，为了方便辩护方行使辩护权，并允许当事人提出其解释与说明。[2] 在这里，法庭就变更罪名向被告人提出一个辅助问题，实质上就是将法院准备变更的罪名预先告知被告人，给予被告人就此罪名进行辩护的权利，从程序上保障罪名变更的正当性。

大陆法职权主义诉讼中关于变更罪名的"告知"与"防御"的程序设置，本质上是一种从程序上规制罪名变更权力行为的制度，相对应于英美对抗制诉讼中变更罪名的实体限制模式，可称为变更罪名的程序规制模式。此种模式界分具有一定程度的类型化意义。在意大利，刑事诉讼法典专门设置了"新的指控通知"的罪名变更的程序，法官在判决时可以对事实作出不同于指控中定性的法律认定，只要所认定的犯罪未超出其管辖权。但是，如果法庭调查过程中发现不同于审判令中描述的事实或者审判令中未描述的牵连犯罪、加重情节或新犯罪事实而公诉人试图对指控加以修改的时候，应当针对被告人进行有关的通知，并且，法庭应当告知被告人可以要求获得一个期限，以便为自己准备辩护。[3] 显然，这也是一种强调从程序上保障变更罪名中对被告人的及时告知与提供防御机会的制度设置，此种对变更罪名的程序规制模式，其意义就在于，鉴于职权主义诉讼从实体上对诉审同一的宽泛理解，为了保证由此引起的审判对象变更的合乎正当的严谨性，就尤为需要从

---

〔1〕　参见《德国刑事诉讼法典》第 265 条。

〔2〕　［法］卡斯东·斯特法尼、乔治·勒瓦索、贝尔纳·布洛克：《法国刑事诉讼法精义》，罗结珍译，中国政法大学出版社 1999 年版，第 763～764 页。

〔3〕　参见《意大利刑事诉讼法典》第 516～521 条。

程序的维度加以控制，通过保障被告人享有针对变更罪名的及时的知情权和充分的防御权利，赋予以机会和时间的保证，来寻求罪名变更机制的公正性与合理性。当然，值得注意的是，即便在英美对抗制诉讼中，同样十分注意从正当程序的角度来维护罪名变更中的被告人防御利益，同样存在诸如告知信息和给予防御上所需要的时间与机会的制度设置。同样地，大陆职权主义诉讼也在特定程度上从实体层面来规范变更罪名行为，诸如根据刑事案件性质严格界分法院的管辖范围这一角度发挥实质上限定由轻罪流向重罪的罪名变更的可行性。只是，从制度类型化意义上考察，分别存在着对抗制通过实体限制而职权主义通过程序规制的特征趋向。因而，在变更罪名机制中界分"实体限制模式"与"程序规制模式"，具有相对意义，这表明，在模式分野背后，存在着不同类型机制所共同遵行的制度规律。

### 三、模式分野背后的制度规律

起诉变更和变更罪名构成审判对象变更的两种常规机制，在这里面，存在着控诉主导型与司法控制型以及实体限制型与程序规制型的模式分野。但是，这主要是就对审判对象变更实行控制的特定维度而发生制度类型化区分的结果。视角的特定性往往有助于窥测差异但同时容易妨碍考察共性，审判对象变更机制得以在不同模式与法域的制度视野普遍存在，在模式分野的背后必定蕴含着一些共同的制度规律。尽管细微层面和具体操作不免有差异，但共同的制度规律从根本上和宏观方面规范着各个审判对象变更机制，呈现一种本质趋同的规律性，这种规律源自刑事诉讼内在的原理，支撑着审判对象变更机制的常规运行。因此，共性与差异共存，这是不同诉讼制度在审判对象变更这一问题上所表现的特质，而对其制度规律的探索也唯有在这种求同存异方法指导下实现。归纳起来，审判对象变更机制存在若干规律：

（一）区分两种主体的变更

不管对抗制诉讼，还是职权主义诉讼，或者其他诉讼模式，审判对象变更机制的设置均明确区分控诉方与法官两种不同主体。这种做法的意义在于，区别对待控诉方与法官影响审判对象变更的情形，从实体内容上和程序保障方面分别给予有效的规范和控制。显然，二者影响审判对象变更的意义和效果不可同日而语，前者意味着起诉裁量主义在审判场域的某种延伸并受到该程序空间的规制，后者表征着法官职权主义的某种特性，然而不加控制将可能构成对诉审关系原则的悖离。因而，两种主体主导的审判对象变更均有存在的可能并存在着合理控制的需要，明确区分该二者，对于审判对象变更机制的合理设置与运行具有重要意义。

例如，根据美国法，一方面，检察官可对起诉书进行修改，但应是在定罪或裁决前并且不得追加指控另外的或者不同的罪行和不得损害被告人的实体权利；另一方面，法官可变更罪名，但前提是针对被包容于控诉罪行范围内的某项罪行。[1] 亦即，审判对象变更可能导源于检察官或者法官的行为，对于前者，明确禁止通过起诉变更而变相地追加起诉或者另行起诉，并将起诉变更严格控制在对被告人实体权利无损害的框架内，对于后者，变更罪名被限定为有限变更并被界定在缩小认定包容性犯罪的情形。再如，根据俄罗斯法，一方面，如果在法庭审理过程中公诉人确信已经提交的证据不支持对受审人提出的指控，则他应该完全或部分地放弃指控并向法庭叙述放弃的理由。而且，公诉人直到法庭退入评议室做出判决之前均可以通过法定方式减轻指控，包括从行为的法律定罪中排出加重刑罚的要件、从指控中排出对刑法典某一规范的援引、依照刑法典规定更轻刑罚的规范对行为重新定罪等方式。另一方面，法官在一定条件下可以变更罪名，即法庭审理仅针对被告人并且仅就对他提出的指控进行，但法官有权认定该行为是否构成犯罪和刑法典什么条款对它作了规定以及是否存在减轻或加重刑罚的情节等问题，当然，这不得因此而恶化受审人的状况，也不得因此侵害他的辩护权。此外，如果在法庭审理中查明依照刑事诉讼法典规定特定情形时，法院应当在审判庭终止刑事案件，这则是一种以撤销方式进行的变更。[2] 因而，在俄罗斯联邦刑事诉讼中，公诉人与法官均可能变更审判对象，但也分别受不同实体规范和程序规则的控制。例如公诉人的起诉变更往往只能是一种放弃指控或减轻指控的方式，而法官在审判过程的变更行为主要被限定在法律评价方面或者表现为一种终止刑事案件的做法，以此保障不因审判对象变更而恶化被告人的状况和对其辩护权利带来损害的宗旨。再如，根据德国法，一方面，检察官可变更起诉，但要根据裁定法院在中间程序的裁定来修改起诉书；另一方面，法官有权自主变更罪名，但前提是进行法律评价所针对的事实仅能为起诉书中写明的行为。[3] 因而，在德国，审判对象变更同样可能表现为检察官或者法官的行为，尽管其行为机理有别于美国的做法，但是，这种变更同样被规范于特定框架，前者依托于中间程序的司法控制，后者则被界定在控诉事实

---

〔1〕　参见《美国联邦刑事诉讼规则》第 7 条（e）款和第 31 条（c）款。

〔2〕　参见《俄罗斯联邦刑事诉讼法典》第 246 条第 7 款及第 8 款、第 252 条、第 254 条、第 299 条第 1 款第 3、6 项。

〔3〕　参见《德国刑事诉讼法典》第 155 条及第 207 条第 3 项。

范围内。

总体上，区分两种主体的变更，尽管在不同国家存在具体做法上的些许差异，甚至存在司法控制型与控诉主导型的类型差别。但其共性是显见的，通过这种区分，有效规范审判对象的变更行为，普遍将控诉方主导的变更行为控制在不得另行起诉与有限追加起诉的实体规范内，同时控制在不损害被告人防御利益的程序框架中，并且，将法官影响的变更行为控制在法律评价方面或者界定为缩小认定包容性犯罪的情形。不同国家在这方面的共性，显示审判对象变更机制一些规律性的法则，譬如，严禁控诉方另行指控乃至追加指控；严格限制法官变更指控事实乃至变更罪名；允许控诉方部分地或完全地放弃控诉；允许法官为特定无损诉讼公正的诉讼变更；以被告防御利益为基准衡量变更的合理限度；等等。

（二）区分两种对象的变更

审判对象变更机制的另一项共性是明确区分两种对象，即犯罪事实与法律评价，两种对象的变更在机理和规则上存在差别，通过区分可使变更机制更具有严谨的合理性。原因是，在犯罪事实方面与在法律评价方面的变更完全可能带来截然不同的影响和效果。犯罪事实的变更，意味着对起诉基础的调整，这种调整可能表现为范围的缩小，可能表现为范围的扩展，也可能表现为整个事实基础的置换，将对程序主体带来不同的影响，就被告人而言，它或者减轻了被告人的防御压力，或者扩张了被告人的防御范围，甚至可能使被告人陷入防不胜防的困境。因而，设定犯罪事实变更的界限，就成为不同诉讼制度共同面对的问题，对此，普遍进行合理限制甚至严格禁止。法律评价的变更，同样意味着对起诉内容的某种调整并将给程序主体带来影响，只是，相对于犯罪事实变更而言，它与法官自主适用法律的联系更为紧密，往往可认为，法官无论如何不能擅自变更犯罪事实，但可自主地根据对事实的认识进行法律上的评价，然而一旦法官任意变更罪名却极易为被告人防御制造障碍。因而，法律评价变更的必要性与合理控制同样成为共同面对的问题。当然，由于一项指控通常包含了特定犯罪事实与法律评价两方面要素，区分两种对象的变更，实际上是对起诉内容的一种分解，具有一定的合理性，无论对抗制还是职权主义，均存在这一认识，不过，二者区分两种对象的程度存在较大差异，职权主义诉讼在这方面要表现得显著一些。

例如，在意大利，审判对象变更被区分为事实性要素的变更和法律性要素的变更，二者在程序规范与法律效果上有显著差别。前者主要表现为：在庭审过程中，当发现应属本级法院管辖的不同于审判令中描述的事实、发现审判令中未提及的法定的牵连犯罪或加重情节、发现审判令中未列入的应由被告承担责任的新事实，就可通过起诉变更的行为而引起审判对象变更。当然，公诉人必须针对被告人进行有关新指控的通知，法庭有义务告知权利并在被告人提出要求时提供准备辩护所需的期限。同时，如果法庭查明事实不同于审判令中的描述或公诉人重新通知的指控，法官可裁定将文书移送给公诉人，但不可超越该指控事实而径直进行认定。值得注意的是，如果法官在针对某一新事实、竞合事实或加重情节宣告有罪判决时，没有遵守积极告知与保障防御的规定，就会产生相关部分判决无效的效果。与此不同，法律性要素的变更通常体现为法官对事实直接作出不同于指控中定性的法律认定，在规范与程序要求方面并没有过多限制，只要所认定的犯罪未超出管辖权范围，法官便可直接变更法律评价。[1] 再如，在日本，根据刑事诉讼法典，法院在检察官提出请求时，以不妨碍公诉事实的同一性为限，应当准许追加、撤回或变更记载于起诉书的诉因或者罚条。[2] 这表明，其审判过程同样存在着犯罪事实与法律评价变更的空间，法理上存在"事实记载说"与"法律构成说"两种观点，分别认为当法律构成和犯罪事实发生变化时就应当变更诉因；实务中同样区分事实要素与法律要素两种变更，判例认为，对犯罪行为的形态发生变化、被害的程度增大等情形应当启动变更程序，但对某些并不会为被告人防御利益带来实质影响的情况则可不需进行变更程序。例如犯罪时间、地点、行为形态、被害内容等发生的变化与犯罪成立没有直接关系或者属于缩小认定具有包容性关系的事实等情形。同样，对法律评价的变更，通常均要启动变更程序，只有在法律评价存在包容关系或者对被告防御没有实质影响的情况下才可存在例外。[3] 可见，日本对事实要素变更与法律要素变更的规制程度不同，对前者的控制更为严谨，这一点与意大利做法相同，不过，它对两种变更的区分明显没有意大利显著。这其实体现了职权主义与对抗制界定审判对象的差异。对抗制诉讼通常将审判对象界定为"诉因"，受到指控的罪行在事实要素与法律要素上具有一体化和不可分离的特征，法院通常只在起诉书对被告人的行为所认定的事实和法律评价同时得到证明时才

---

〔1〕　参见《意大利刑事诉讼法典》第516～522条。

〔2〕　参见《日本刑事诉讼法》第312条第1款。

〔3〕　参见〔日〕田口守一：《刑事诉讼法》，刘迪、张凌、穆津译，法律出版社2000年版，第169～174页。

会作出有罪判决，[1] 因而不可能发生大陆法中那种法院法律评价不受起诉罪名所约束的情况。然而，职权主义诉讼将审判对象界定为"公诉事实"，起诉书记载的法律评价并不能对审判带来实质性限制，法官在起诉事实范围内可自主变更罪名，而且，基于诉讼客体不可分割的原理，起诉效力及于犯罪行为的全部[2]，法院可对诉讼客体同一性范围内的事实进行审判，故而明显地区分事实与罪名两种对象的变更。

（三）区分两种形态的变更

在职权主义与对抗制诉讼的制度上与实践中，审判对象变更通常存在两种形态，一种为隐性的变更，一种为显性的变更，两者均发生变更审判对象的诉讼效果。然而表现形式及规制程序存在重要差别。隐性的变更通常不依赖于特定的变更程序，而根据有关实体法规则或者程序法规则，直接围绕指控实施一定的事实认定或者法律评价，实质上发生了审判对象变更的效果，极为典型者如法官基于同一控诉事实为基础认定起诉书没有明确记载的其他相关犯罪事实或者根据指控事实直接判定与指控罪名不同的罪名。与此不同，显性的变更依托于专门的变更程序，在设定了条件与程式的程序空间实行变更的诉讼行为，通常表现为控诉方在审判过程撤回、调整或者追加指控。显然，不管是隐性或者显性，均发生审判对象变更的效果，然而，二者发生的机理和运行的机制迥然有别。充分考量两种形态的变更分别可能给审判程序带来的影响，有针对性地设定合理规范，设计完善的审判对象变更机制，这一点，对抗制诉讼与职权主义诉讼是存在共识的，尽管具体制度设计方面可能有所差异。

例如，在加拿大，当被指控完整实施的犯罪不能证明，但证据能够确立有实施该罪的意图时，可对被告人作出关于犯罪意图的裁决。然而，当被指控意图实施某项犯罪，但证据能够确立实施了完整的犯罪时，则不得直接定罪，而只能作出关于犯罪意图的裁决。这显然是一种隐性的审判对象变更，其规制原则是可进行缩小范围的定性，但不能进行扩展范围的认定。依照现行法典，尽管被控的整个罪行未得到证明，但被告人可被定以业经证明的包含于被控犯罪的罪行，也可被定以意图实施包含于被控犯罪的罪行，缩小认

---

〔1〕 参见陈瑞华：《问题与主义之间——刑事诉讼基本问题研究》，中国人民大学出版社 2003 年版，第 275 页。

〔2〕 参见［德］克劳思·罗科信：《刑事诉讼法》，吴丽琪译，法律出版社 2003 年版，第 183 页。

定包容性犯罪或者认定犯罪意图，是其隐性的审判对象变更机制赖以运行的基准。相对而言，显性的变更通常不被允许或者要被控制在相当局限的范围，较常见的情形是在被告答辩程序中，当被告对被指控罪行作无罪答辩，但对因同一行为引起的其他罪行答辩有罪时，不管这些罪行是否包容于指控罪行内，法庭均可接受该有罪答辩，这是一种显性的审判对象变更，但前提是被告人愿意做有罪答辩并且这种变更经过控诉方同意，同时还需要满足宣告原有指控罪行不成立的实体条件。[1] 又如，在意大利，隐性的审判对象变更主要表现在法官直接变更罪名方面，根据刑事诉讼法典，法官在判决时可对事实作出不同于指控的法律评价，只要所认定的犯罪未超出其管辖权，法官的这种做法实际上造成审判对象变更的效果。另一方面，当在法庭调查过程中发现事实不同于审判令中描述的事实，或发现审判令未提及的牵连犯罪或加重情节，或发现审判令中未列入的应由被告人承担责任的新事实时，公诉人均可对指控加以修改，这便是显性的审判对象变更。但为了保证变更行为的正当性，法庭应当履行针对被告人进行新的指控的通知程序并告知有关权利，同时满足该项新指控不属于上级法院管辖的实体条件，而且应当在被告人提出要求时为其提供准备辩护所需要的期限，否则，便会导致变更行为无效甚至该项新指控部分判决无效的效果。[2] 再如，在日本，起诉变更的基本形态是显性的，法院在检察官提出请求时，以不妨碍公诉事实同一性为限，应当准许追加、撤回或变更记载于起诉书的诉因或者罚条、对此，法院必须迅速通知被告人并且在认为可能对被告防御产生实质性不利时依据请求裁定在被告人进行充分的防御准备所必要的期间内停止公审程序。[3] 此外，日本诉讼实践中也存在一种隐性的变更，即可以不经过专门的诉因变更程序，就事实性要素的变更而言，当犯罪的时间、地点、犯罪的行为形态、被害的内容等发生的变化与犯罪成立或被告人的防御没有直接关系或者属于认定"大包容小"关系的事实时，就法律性要素的变更而言，当法律评价存在包容关系或者对被告人的防御权没有实质性影响时，就可不需要实施变更程序，但实质上实现变更的效果。[4]

　　综上可见，两种形态的变更对于审判程序及诉讼主体的影响效果截然不

---

〔1〕　参见《加拿大刑事法典》第 606 条第 4 款、第 660 条、第 661 条及第 662 条第 1 款。

〔2〕　参见《意大利刑事诉讼法典》第 516、522 条。

〔3〕　参见《日本刑事诉讼法》第 312 条。

〔4〕　参见［日］田口守一：《刑事诉讼法》，刘迪、张凌、穆津译，法律出版社 2000 年版，第 171 ~ 173 页。

同，通过此种区分，有针对性地进行合理规制，有益于更深刻地把握审判对象变更制度。两种形态的变更对于审判程序以及诉讼主体的影响效果截然不同，通过此种区分可以更深刻来把握审判对象变更制度。当然，在区分的基础之上，不同国家刑事诉讼制度中的表现也存在差异，例如，加拿大主要采取一种隐性的变更，日本基本实行一种显性的变更，而意大利则隐性与显性两种变更均相当显著。同时，可以认为，隐性的变更往往是由法官主导的一种诉讼行为，通常表现为缩小认定包容性罪行或者针对指控事实自主进行法律评价，与此不同，显性的变更往往是由检察官主导的一种诉讼行为，通常需要在程序上满足被告知情和准备防御的基本要求。

（四）区分若干方式的变更

无论职权主义还是对抗制诉讼，均明确界分了审判对象变更的若干方式，包括追加、撤回、狭义的变更乃至变相的另行起诉等，目的在于针对不同变更方式可能带来的影响而实行有效的制度规范。这是因为，不同方式的变更可能引起的诉讼效果和对被告人与审判程序带来的影响有很大差别，例如，追加起诉较之撤回起诉更会增加被告的防御压力和挑战刑事审判承受不当程序的限度；作为一种极端的变更行为，变相的另行起诉将会导致被告在防御上无所适从，并可能使运行中的审判程序变得毫无意义；撤回起诉虽然有利于减轻被告防御压力，却可能剥夺被告接受公正审判结果的机会和使司法资源无端耗费，而且，全部撤回起诉与部分撤回起诉两种情况的效果及影响有较大差别；狭义的变更虽然普遍存在于诉讼制度中，但具体表现与规范方式同样会有差别。鉴于此，在诸多国家与地区，审判对象变更的制度设计均考虑了此种区分，给予不同的规范。

例如，在美国，严格区别对待若干种变更方式，追加起诉和另行起诉均受到禁止，如果检察官起诉书进行的修改属于"追加指控另外的或不同的罪行"，法庭将不予允许，就是说，它将审判对象变更主要界定为狭义上的变更，并对其设定了不得损害被告人实体权利的前提。[1] 又如，在韩国，同样存在追加、变更、撤回等变更方式，控诉方有权撤销起诉，只要此种变更在第一审判决宣告前作出，同时，控诉方有权对起诉书记载的诉因与罚条进行追加、撤回或者变更，但前提是在不危害起诉事实同一性的限度内并且法庭要迅速告知被告人并决定必要期间内停止公审程序。[2] 再如，在俄罗斯，审

---

〔1〕 参见《美国联邦刑事诉讼规则》第7条（e）款。
〔2〕 参见《韩国刑事诉讼法》第255、298条。

判对象变更存在撤回、变更等方式，通常允许在法庭审理中变更指控，但前提是不得恶化受审人的状况和不得侵害其辩护权，同时，根据现行法典，在审理过程中公诉人确信已提交的证据不支持对受审人提出的指控时，应当完全或部分地放弃指控并向法庭叙述放弃的理由。[1] 总的来说，虽然不同国家对不同变更方式的规范存在差异，譬如，美国严格禁止追加起诉而韩国允许追加起诉，德国法中审判程序开始后便不得撤回起诉而韩国法中判决宣告前均可撤回起诉、但是，这些国家设置审判对象变更机制时，均明确区别对待该若干种变更方式，使整个变更机制更具有合理性。

（五）理解审判对象变更制度的实质

要理解审判对象变更机制的实质，就要回答诸如"为什么需要审判对象变更机制"及"什么情况可变更、什么情况可不变更"此类的问题。根本上说，审判对象变更机制存在的意旨，显然不是为两种主体针对被告人提供随时改变诉讼攻击策略的空间，更不是为超越审判对象的恣意审判提供余地。而是在于，基于审判对象发生作用的内在机理，通过审判对象变更机制的存在，控制审判对象发生变更的可能性与正当性，有效防范审判对象任意变更带来的弊端，保障被告人的防御利益。换一种角度说，审判对象变更作为一种程序机制，它的启动与运行，对于被告人利益及审判程序本身而言，不是一种侵害，而是提供一种保护。正是通过合理设定审判对象变更程序的必要性与可行性，来规制违背制度和规律但实质上造成审判对象变更的做法与现象。正由于此，对于何种情况下可变更、何种情况下可不变更这一问题的设定，就具有实质意义。显然，放纵法官在审判过程未经审判对象变更程序便直接认定超越起诉书记载的罪行，势必对审判程序正当性及被告人防御利益带来损害。但是，有审判对象变更机制的存在，就构成了一种保护，因为基于一切超越起诉时提示的审判对象的认定都要经过正当的审判对象变更程序的前提设定，法官的这些做法只要未经合法的变更都将被杜绝。例如在日本，按照诉讼学理，如果审判过程事实发生变化，原则上需要变更诉因，但是，像变更全部事实那样适用诉因变更程序则太烦琐并且不现实，因而普遍认为，在某些重要的事实发生变化时才有必要变更诉因，对此，就要站在考虑被告人防御利益是否受损害的立场上来衡量是否需要适用变更程序。[2] 由此可

---

〔1〕　参见《俄罗斯联邦刑事诉讼法典》第 246 条第 7 款及第 252 条。

〔2〕　[日] 田口守一：《刑事诉讼法》，刘迪、张凌、穆津译，法律出版社 2000 年版，第 170～171 页。

知，审判对象变更机制存在的实质，在于保护被告人的防御利益和为审判公正提供程序保障，它合理设定变更程序并由此规范变更的条件和限度，来控制任意变更审判对象及其对被告人造成突袭审判的现象。

宏观上讲，审判对象变更机制的设计原理，是确立未经正当变更则不得超越审判对象进行审判这一前提，进而从实体规范与程序规则上控制审判对象变更的可能性。例如，在美国，审判对象变更通常不被允许，无论是法官的行为还是控诉方的行为。但是，如果不扩展审判对象，不损害被告人实体权利，检察官可对起诉书进行修改，法官可对被告人确定犯有包容于被控罪行之中的某项罪行或犯罪意图，超越此种设定范围的一切变更都将不具合法性。再如，在德国，审判对象变更被设定了特定的前提条件，法官不得超越控诉事实进行审判，当法官变更控诉罪名时，也必须满足告知被告人并为其提供辩护机会的程序要求。同样，检察官在审判中要将公诉延伸到被告人的其他犯罪行为，前提是法院对该案件有管辖权并准予起诉，同时给予被告人辩护机会并在必要时中断审判程序便于其准备防御。从美国法和德国法那里，我们看到两种变更机制的具体范例，它们在审判对象变更程序启动和运作的条件、限度、方式等具体做法上存有差别。但是，它们存在一个共同的设定，即审判对象运行机理对审判对象变更行为的规制，只是对于此种规制的具体解释存在差别而已。

审判对象变更机制运行的目标，可归结为两个重要维度：保障被告人利益和维护审判程序利益。首要地，审判对象变更机制运作的一项重要功能是保障被告人利益，既考虑了被告人的实体利益，也考虑到被告人的程序权利，主要表现为设定缩小认定包容性犯罪的实体规范和设定告知—防御的程序机制。现行不同国家的审判对象变更机制几乎一致地表现为控诉权力与法官权力两种因素的交错互动，进而体现为一种权力关系。但同时也表明，审判对象变更决不纯粹是控审权力间博弈和彼此分配利益的行动，作为参与审判过程的诉讼主体，被告人一样不可缺场，对被告人权利的考虑构成了审判对象变更机制的重要因素。例如，在英国，基于不给被告人防御带来实质不利的考虑，陪审团直接判定的罪行不得超越起诉指控罪行，其变更行为只能表现为一种包含轻罪的定罪。比如说，如果被告人被指控构成谋杀罪，那么，陪审团可以裁断被告人犯有过失杀人罪、故意致人伤害罪、弃婴罪、残害儿童罪或者意图实施其中任何一项犯罪；如果起诉书指控被告人构成了某一既遂犯罪，那么，陪审团可以裁断被告人构成意图实施该项罪行或者构成意图实施其他根据该项罪状可以判处的罪行，如夜盗罪不能成立，陪审团可以判定被告人犯有意图夜盗罪或者构成意图盗窃罪；如果被告人被指控犯有一项可捕罪，而陪审团认定指控的罪行为被告人以外的其他人所为，那么，陪审团可以判定被告人构成帮助犯；如果起诉书指控被告人犯有危险驾驶罪或者犯有危险驾驶致人死亡罪，那么，陪审团可以判定其构成疏忽驾驶罪。[1] 再如，在韩国，追加、变更或撤回诉因或者适用法条时，法院应当迅速告知被告人，法院认为该变更有给被告人增加不利可能时，要依职权或根据申请决定必要期间内停止公审程序，便于被告人作必要的防御准备。[2] 同时，审判对象变更机制运行的另一项重要功能是维护审判程序利益，譬如，将审判对象变更限定于控诉事实同一性的基础上来保障审判程序的基本秩序和经济性，通过程序上考虑被告人的防御权利来保障审判程序的平等性与公正性，通过禁止无限制地变更罪名或者实质上另行起诉的起诉变更来保障审判程序的安定性。例如，在日本，检察官请求变更起诉，要以不妨碍公诉事实的同一性为限，否则，法院将不允许此种变更发生，如果法院认为由于追加或变更诉因或者罚条可能对被告人的防御产生实质性的不利时，依据被告人的请求，应当裁定在被告人进行充分的防御准备所必要的期间内停止公审程序。[3] 再如，在意大利，公诉人虽然可在法庭调查过程中发现事实不同于审判令中描述的事实时对指控进行修改，但是，如果该项事实应属于上级法院管辖的范围，或者该项修改并未对被告人进行有关的通知，则变更行为将是无效的，涉及该项新指控的判决也无效，同样，法官虽然可直接变更罪名，但若该项犯罪超出其管辖权，则是违背审判程序规范的。[4]

**四、变更的程序机制**

对审判对象变更行为的规范与控制，最为重要的路径便是设定变更程序，将变更行为置于特定的程序框架，在其中规制变更权力，保障被告人权益，维护审判程序的安定性，从程序控制的维度来保证它的合理性。无论司法控制型还是控诉主导型的起诉变更机制，无论实体限制模式还是程序规制模式的变更罪名机制，也不管如何区分审判对象变更的主体、对象、形态与方式，通过设定合理的程序机制来对审判对象变更行为的控制，几乎是各个刑事诉讼制度中的共同特征，它们普遍从时机、事由、主体、程式诸多层面来设定

---

〔1〕　John Sprack, *Emmins on Criminal Procedure*, London: Blackstone Press Limited, 2000, pp. 203 ~ 223, 304 ~ 306.

〔2〕　参见《韩国刑事诉讼法》第 298 条第 3、4 款。

〔3〕　参见《日本刑事诉讼法》第 312 条第 1、4 款。

〔4〕　参见《意大利刑事诉讼法典》第 516 条、第 521 条第 1 款及第 522 条。

程序。当然，在不同诉讼制度模式和环境下，也可能存在具体程序设计方面的差异。

（一）变更的时机

考察各个审判对象变更制度，普遍对审判对象变更的时间界限予以了限定。在英国，缩小认定具有包容关系罪名所表现的审判对象变更通常发生在被告人有罪答辩程序过程或者陪审团裁断程序的过程中。在美国，检察官修改起诉书必须是在定罪或裁决之前才可能被允许，当然，法官缩小认定包容性罪名时实质上发生的审判对象变更则是在裁决之中完成的。在德国，审判对象变更的一种可能性发生在中间程序的过程，即"裁定法院"在开始审判程序的裁定中通过拒绝或者变更起诉范围的方式来实现，另一种可能是发生在审判中检察官依照特定程序将公诉延伸到被告人的其他行为之上，当然，还有一种可能就是法官裁决中直接认定不同于起诉指控的罪名。在意大利，审判对象变更可能发生在初步庭审的程序过程，也可能发生在法庭调查过程中，另外，法官在判决时可能对事实作出不同于指控中定性的法律认定。在日本，检察官追加、撤回或者变更起诉，在审判过程作出，并且，日本刑事诉讼法明确规定了公诉的撤回必须在第一审判决前作出。在中国台湾地区，检察官变更起诉甚至只能在第一审辩论终结前提起。由此，审判对象变更的时间限定大体上有四种主要的做法：在辩论终结前；在预审过程中；在审判过程中，通常是法庭调查阶段；在法官判决时。

（二）变更的事由

各个刑事诉讼制度基本均明确设定了审判对象变更的法定事由。在日本，检察官追加或变更起诉必须以不妨碍公诉事实同一性为限。在美国，审判对象变更的事由被排除在追加指控另外的或不同的罪行之外，亦即，控诉机关变更起诉必须符合"不追加指控另外的或不同的罪行，不损害被告人实体权利"的基本条件。在德国，检察官只能针对同一被告人遗漏的犯罪事实进行追加起诉，如果检察院在起诉时遗漏了同案被告人，则不能追加起诉而只能另案起诉，德国法还列举规定了轻微案件、国外行为、出于政治原因、以行动自责时、不重要的附加刑等可以成为检察官撤回起诉的事由。中国台湾地区刑事诉讼法典则规定，撤回起诉以发现有应不起诉或以不起诉为适当之情形者为限，具体而言，包括曾经判决确定的、时效已完成的、曾经大赦的、犯罪之后法律已废止其刑罚的、告诉或请求乃论罪的而其告诉或请求已经撤回或已逾期的、被告人死亡的、法院对于被告无审判权的、行为不罚者、法律应免除其刑的、犯罪嫌疑不足的、微罪不检举的、于执行无重大关系的案件等情形；同时，追加起诉的事由为与本案相牵连的犯罪或本罪的诬告罪，具体包括四种情形，即一人犯数罪的、数人共犯一罪或数罪的、数人同时在同一处所个别犯罪的、犯与本罪有关系的隐匿人犯、湮灭证据、伪证、赃物各罪的。[1]

（三）变更的程式

由于审判对象变更对审判程序及被告人权利影响甚大，诸多刑事诉讼制度纷纷设立特定的程式，来规范审判对象变更行为。例如，在日本，撤销公诉必须提交说明理由的书面材料，同时，诉因或者罚条的追加、撤回或变更，均应当以书面提出。在中国台湾地区刑事诉讼中，撤回起诉，应当提出撤回书叙述理由。在德国法中，尽管追加起诉时可以用口头方式起诉，但是，口头追加起诉的内容必须遵照刑事诉讼法典关于起诉书内容的规定，应当说明被诉人、对他指控的行为、实施行为的时间与地点、犯罪行为的法定特征和适用的处罚规定等，而且，对于追加起诉必须载入法庭笔录。[2] 可见，审判对象变更必须符合特定的程式要求，否则，就违背了刑事诉讼的正当程序原则。

（四）变更的"告知—防御"机制

由于审判对象变更意味着审判对象的变化，势必给被告人的防御带来影响，为此，各个审判对象变更制度普遍考虑了审判对象变更中被告人防御的程序保障问题。例如，在日本刑事诉讼中，法院在已经追加、撤回或者变更诉因或者罚条时，应当迅速将追加、撤回或者变更的部分通知被告人，同时，法院认为由于追加或者变更诉因或者罚条可能对被告人的防御产生实质性的不利时，依据被告人或者辩护人的请求，应当裁定在被告人充分的防御准备所必要的期间内，停止公审程序。[3] 显然，在审判对象变更中，基于被告人防御利益的考虑，这是一种典型的"告知—防御"的程序机制，告知其审判对象变更信息并保障其有充分时间准备防御，为被告人防御提供了有效的程序保障。这种做法，在德国、意大利、中国澳门地区等刑事诉讼中同样得到

---

〔1〕　参见《日本刑事诉讼法》第 312 条第 1 款；《美国联邦刑事诉讼规则》第 7 条（e）款；《德国刑事诉讼法典》第 153、154、266 条；中国台湾地区"刑事诉讼法典"（1928 年 7 月 28 日公布，后经数十次修订，最近一次经 2009 年 7 月 8 日修订，2009 年 9 月 1 日起施行）第 7 条、第 252 条、第 269 条第 1 款。

〔2〕　参见《日本刑事诉讼规则》第 168、209 条；中国台湾地区"刑事诉讼法典"第 269 条第 2 款；《德国刑事诉讼法典》第 266 条第 2 项。

〔3〕　参见《日本刑事诉讼法》第 312 条第 3、4 款。

体现。在德国，如果先前未曾特别对被告人告知法律观点已经变更，并且给予他辩护的机会的，对被告人不允许根据不同于法院准予的起诉所依据的刑法作判决；同样地，在刑事审判中，新表明的情节准许对被告人适用比法院准予的公诉所依据的刑法更重的刑法或者刑法特别规定的可以提高可罚性或科处矫正及保安处分的情节的时候，如果被告人声称未能足够地进行辩护准备而对这些情节提出争辩的，依照被告人的申请应当对审判延期；此外，在因为案情变化，认为对于作好充分公诉、辩护准备而延期审判是适当的时候，法院也应当依声请或者依照职权对审判延期。[1] 可见，"告知—防御"程序不但为了对被告人提供防御上充分的程序保障，也是为了审判程序正义的基本需要，只有这样，才能真正确保刑事审判的公正性。因此，在意大利，刑事诉讼法典专门设置了"新的指控通知"的程序，其意旨也就在于此，根据规定，如果在法庭调查过程中发现事实不同于审判令中描述的事实并且该事实不属于上级法官管辖的范围，公诉人对指控加以修改，并进行有关的通知，而且，庭长应当告知被告人可以要求获得一个期限，以便为自己准备辩护，否则，将导致诉讼行为无效。[2] 当然，在美国、英国、加拿大等国家的刑事诉讼中，尽管没有明显地设置"告知—防御"的程序机制，但是，仍然十分重视在审判对象变更程序中保障被告人的防御利益。例如，《美国联邦刑事诉讼规则》第7条中关于"在定罪或裁决前，如果不追加指控另外的或不同的罪行，不损害被告人实体权利，法庭可以允许对检察官起诉书进行修改"的规定，实际上已经隐含了对被告人防御利益提供程序保障的意义。

---

〔1〕 参见《德国刑事诉讼法典》第265条。
〔2〕 参见《意大利刑事诉讼法典》第516条、第519条第1款、第522条第1款。

# 第七章　禁止重复追诉制度

## 一、禁止重复追诉的理路

禁止重复追诉，即禁止针对被告人某项受指控罪行重复地发动诉讼，使其不止一次地陷入可能受到定罪与追究的境地。在古罗马法中，存在着一种"诉权消耗"的法理，古罗马人基于朴素的物理的世界观，将诉权看做是物质的，认为诉权的行使同样会导致诉权消耗，并且所有诉权都会因诉讼系属而消耗，对同一诉权不允许二次诉讼系属。因而，当案件尚在诉讼系属中时，被告可以针对原告的双重起诉实施"诉讼系属的抗辩"，使原告的诉讼请求不及于诉讼系属，当案件的诉讼系属已经判决确定而消灭时，被告可以针对原告的再次起诉实施"既决案件的抗辩"，使原告针对被告的重复起诉请求不能系属于法院。[1] 显然，这是用来规范和限制重复起诉与重复审判的诉讼法理，在近现代诉讼中承续了下来，旨在维护法秩序的安定性和防范国家针对个人无休止的追诉。这种法理，在英美法与大陆法那里均备受强调[2]，表现为两种典型的理路："禁止双重危险"与"一事不再理"。

### （一）禁止双重危险

禁止双重危险（prohibition against double jeopardy），意思是说，拥有一切资源和力量的国家，不应当就一项受指控的罪行反复作出试图使个人得到定罪的努力，使其历经困窘、苦难、耗资巨大且备受煎熬，迫使其生活在永无休止的焦虑和缺乏安全感的状态，或增加无辜者被错判有罪的可能性[3] 它的理论基础存在于对抗制诉讼哲学中，体现了英美法规制重复追诉的理路。

---

〔1〕 参见谢佑平、万毅：《刑事诉讼法原则：程序正义的基石》，法律出版社 2002 年版，第 392~393 页。

〔2〕 据考证，"禁止双重危险"与"一事不再理"均源自于古罗马法。参见田宫裕：《一事不再理の原则》，有斐阁 1978 年版，第 1 页。

〔3〕 这是美国联邦最高法院大法官布莱克在格林诉合众国案判例中关于禁止双重危险原则的精义的阐释。参见 ［美］伟恩·R. 拉费弗、杰罗德·H. 伊斯雷尔、南西·J. 金：《刑事诉讼法》（下册），卞建林、沙丽金等译，中国政法大学出版社 2003 年版，第 1275 页。

通常认为，12世纪亨利二世与托马斯·贝克特关于《克拉灵顿宪章》的规定违背"任何人均不应因其同一项犯罪而被惩罚两次"的论争是这一概念在普通法中起点的标志，而到17、18世纪时，英国普通法上基本已形成完整的前经定罪、前经开释、前经赦免的抗辩。[1] 禁止重复追诉原则在英国法中逐渐得到确立，受免受双重危险思想影响显著，例如，柯克常告诫法律界人士，在法庭上，前已作出无罪判决的抗辩理由是基于一个具有普遍意义的箴言，即是任何人都不应因同一犯罪行为而不止一次地被置于使其生命遭受危险的境地；布莱克斯通强调，前已作出有罪判决的抗辩与前已作出无罪判决的抗辩具有共同的普通法基础，那就是任何人都不得因为同一罪行而受到两次以上的生命危险，禁止双重危险中的第一重危险指的是国家起诉的情形，禁止双重危险概念的宗旨在于减少政府滥用权力的可能性。[2]

在美国，"任何人均不得因同一犯罪而被迫两次遭受生命或身体上的危险"[3] 被确立为宪法原则并在判例的不断推动下得到应用和发展，例如，在北卡罗来纳州诉皮尔斯案，该原则被归结为"三项独立的宪法性保护"："保障无罪判决之后不得就同一罪行进行第二次追诉；保障在有罪判决之后不得就同一罪行进行第二次追诉；保障不得就同一罪行施以多次惩罚"；[4] 再如，在本顿诉马里兰州案，美国联邦最高法院通过宪法正当法律程序条款正式将该原则适用到各州的司法程序。[5] 在今天，禁止双重危险成为英美法禁止重复追诉的重要原理，用大法官布莱克的话说，这一观念起码在盎格鲁—美利坚法学体系中根深蒂固，[6] 该原则常被援引来抵御国家针对个人重复发动追诉的做法，法官们常常强调，禁止双重危险并不只是简单地给既判力披上灰色囚衣，避免过多的诉讼成本和缓解成堆的案件负担，它更多的是关注保护被告人免受控诉的压制，国家通过重复追诉而将被告置于困窘、耗资和煎熬，不管对一个罪犯或者是一个无辜者而言，都是额外的负担与不公的待遇。[7]

---

〔1〕 参见张毅：《刑事诉讼中的禁止双重危险规则论》，中国人民公安大学出版社2004年版，第40~41页。

〔2〕 Ronald L. Carlson, *Criminal Justice Procedure*, Anderson Publishing Co., 1991, pp. 316~318.

〔3〕 参见美国宪法修正案《权利法案》第5条。

〔4〕 North Carolina v. Pearce, 395 U. S. 711, 89 S. Ct. 2072, 23 L. Ed. 2d 656 (1969).

〔5〕 Benton v. Maryland, 395 U. S. 784, 89 S. Ct. 2056, 23 L. Ed. 2d 707 (1969).

〔6〕 Green v. United States, 355 U. S. 184, 78 S. Ct. 221, 2 L. Ed. 2d 199 (1957).

〔7〕 United States v. DiFrancesco, 499 U. S. 117, 101 S. Ct. 426, 66 L. Ed. 2d 328 (1980).

## （二）一事不再理

一事不再理（non bis in idem），意思是说，法院就某一罪行作出业已生效的终局裁判产生一种既判力，不得再重复进行审判，控诉机关亦不得对业已起诉并有生效裁判的罪行再次进行控诉，被告人则由于公诉权耗尽和既判力的发生而享有不受重复起诉与审判的权利。这集中体现在职权主义的诉讼理念中，显示了大陆法禁止重复追诉的理路。

例如在法国，基于法律格言"同一罪行不受两次审判"所表达的既判力原则，现行法典强调"旨在适用刑罚的公诉因案件业已审结而终止"[1]，判例同样强调"新的追诉将遇到属于公共秩序性质的既判事由之抗辩"[2]。这种一事不再理的理念，基于既判事由而禁止对同一罪行的重复追诉与重复审判。按照法国学者的说法，当各种上诉途径均不再有可能时，法院对案件所作的裁判即告取得既判力，由此产生的效果首先是，对已经受到法院判决的同一人，不得以已经受到判决的相同犯罪事实继续进行追诉，既决事由使公诉消灭，因此否定后来针对同一被告人同一犯罪行为的重复指控与再次审判，这一原则是肯定无疑的。[3]

再如德国，一事不再理在现行基本法中被确立下来："任何人不得因同一行为而受到一次以上的惩罚。"[4] 在德国学者看来，基本法不但禁止就同一罪行同时进行两次审判程序，而且禁止对被告人就同一罪行发布两次羁押命令，实质上保证已被处罚过的或者法律判决效力已确定的被宣告无罪的行为人不再因同一行为而受到第二次的追诉或刑罚。[5] 德国法将裁判效力区分为形式的和实质的法律确定力，前者是指一个裁判在同一诉讼程序中不得再上诉，即"终结效力"，后者则使已确定裁判的案件不得再成为另一诉讼程序的标的，即"封锁效力"。形式的法律确定力确定了裁判的意思表示内容，使其不能轻易更改，并使案件在程序上已经没有争议，诉讼关系随之消灭，因而成为实质的法律确定力发生的要件。实质的法律确定力的意义在于：与实质

---

〔1〕 参见《法国刑事诉讼法典》第 6 条第 1 款。

〔2〕 参见［法］卡斯东·斯特法尼、乔治·勒瓦索、贝尔纳·布洛克：《法国刑事诉讼法精义》，罗结珍译，中国政法大学出版社 1999 年版，第 878 页。

〔3〕 参见［法］卡斯东·斯特法尼、乔治·勒瓦索、贝尔纳·布洛克：《法国刑事诉讼法精义》，罗结珍译，中国政法大学出版社 1999 年版，第 875～878 页。

〔4〕 参见《德意志联邦共和国基本法》第 103 条第 3 项。

〔5〕 ［德］克劳思·罗科信：《刑事诉讼法》，吴丽琪译，法律出版社 2003 年版，第 476～477 页。

的法律效力确定同时被开始使用的刑事告诉权有其大范围的阻碍诉讼之影响力，即不得再为一新的诉讼程序，也不可能再为一新的实体判决，所谓对同一案件不得进行两次的起诉与审判。同时，实质的法律效力确定就是为了保护被告人，使一项已不能上诉的实质裁判在裁判公布后即告终结，并也以此惩戒犯罪追诉机关对事实要谨慎调查并对犯罪行为进行正确的法律评价。[1] 显然，这种做法显示了一种基于裁判的法律确定力或者说既判力而强调一事不再理进而禁止重复追诉的理路。

**二、禁止重复追诉的限度**

无论立足于"免受双重危险"，还是着眼于"一事不再理"，实质上均发生了禁止重复追诉的效果，为控诉方以及法官针对被告人该项受指控罪行的重复控诉与审判设置了障碍。当然，禁止重复追诉并不意味着毫无余地拒绝一切针对被告人同一罪行的重新审判，合理且现实的做法是将其控制在适当的限度内，最好的说明便是"再审"的存在，再审意味着既判力原则发生例外，意味着禁止重复追诉的例外。当然，再审需要得到合理规制，否则将使得禁止重复追诉的原理沦为虚设。必要的再审，为提供权利救济和伸张司法正义创造了可能性，恰当的再审可能形成对既有刑事诉讼的修正，超越正当限度的再审则会构成对被告人的重复追诉，损伤刑事诉讼中的既判利益，即再审是作为一种例外性、补充性的救济机制而存在的。为此，区分两种性质的再审尤为重要，基于为被告人提供权利救济而再审，通常并不会构成重复追究的危险。与此不同，国家为控制犯罪积极启动再审的情形则往往可能威胁着禁止重复追诉原则，使被告人遭受重复审判的危险。在立意于规制国家追诉权力和保障基本人权的禁止重复追诉制度的框架之内，具有实质意义的问题是如何规制控诉方启动再审程序的权力。由于遵行了有所区别的理路，英美法和大陆法在控制禁止重复追诉的范围与界限上同样呈现了些许差异。

（一）英美法视野的再审

在英美法，针对同一罪行的重复追诉受到严格禁止，早期甚至没有设立上诉制度，后来随着被告人提起上诉寻求权利救济这一理念的形成，虽然建立了上诉程序，但控诉方并不享有普遍的提请再次审理的权力。其主要理由在于，由此可能引起不当的重复追诉继而给被告人带来双重危险与额外负担，因而要严格限制控诉方对法院生效裁判重新启动诉讼程序的权力。

---

〔1〕 参见 ［德］克劳思·罗科信：《刑事诉讼法》，吴丽琪译，法律出版社 2003 年版，第 475 ~ 477 页。

在英国，并没有关于生效裁判的再审的独立概念与程序，只要是再次进行的审判，都被视为"再审"，既可指对尚未生效裁判的重新审理，也可指对已经生效裁判的重新审理，有关这方面问题被作为上诉程序的一部分来讨论和规定，上诉程序被定性为救济程序。[1] 英国设立上诉程序的目的主要在于确保对被告人的审判是公正的，同时保证在审判活动中没有不规范的行为，整体上是为了被告人的利益，而不是方便控诉方再次追诉被告人。对于尚未生效的有罪裁判，控诉方通常只能就法律问题提出上诉，而对于无罪裁判，通常一经作出立即生效，控诉方不得上诉与重新追诉。[2] 当然，近些年来，英国建立了一些新的程序，使控诉方在特定情况下可就无罪裁判提出质疑，甚至可要求进行实体再审，例如依照《1972 年刑事审判法》，在按正式起诉程序审理并作无罪裁判的案件中，检察长可向上诉法院提出他们对于本案任何一个法律上的问题所持的意见；[3] 再如依照《1996 年刑事程序和侦查法》，如果原裁判是一项有瑕疵的无罪裁判，则原被作出无罪裁判的被告人可能被重新审判。[4] 另外，对于已经生效的有罪裁判，英国建立了专门由刑事案件审查委员会提交法院重新审理的程序，英国学者称其为"上诉后审查"程序，

---

〔1〕 Andrew Sanders & Richard Young, *Criminal Justice*, Butterworths, 2000, pp. 612 ~ 663.

〔2〕 [英] 罗斯玛丽·帕藤登："刑事上诉——刑事上诉的目的"，载麦高伟、杰弗里·威尔逊主编：《英国刑事司法程序》，姚永吉、陈霞等译，法律出版社 2003 年版，第 454 页。

〔3〕 这种程序是基于控诉方对无罪判决不能在实体上提出上诉的制度现实以及检测法院裁判正确性的需要而建立的，英国立法者相信，由于可为控诉方援用的上诉程序的缺乏，不能排除这样一种可能，即一位不正当地偏向被告人的法官作出的不正确的决定被合法地接受下来，以致被错误地认为它就是法律的代表。为避免此种情况，《1972 年刑事审判法》第 36 条设定了这一程序，根据规定，上诉法院在就检察长提及的法律问题发表意见之前，必须组织一次听辩会，听取检察长或其代表发表的意见，在听辩会上，被作出无罪判决的被告人有权委托其律师出席并发表意见。当然，在诉讼效力上，这一程序在实体上对被告人不会构成危险，因为不管上诉法院最终发表什么意见，即使认为原审法官犯有错误或认定事实不准确而被告人本应被作有罪裁判，也不会对已经作出的无罪裁判带来实质性影响。但是，通过该程序，检察长就有可能从上诉法院那里得到一种可用以在将来支持针对其他犯罪嫌疑人的起诉的法律上的有益裁断。参见陈光中主编：《刑事再审程序与人权保障》，北京大学出版社 2005 年版，第 46 页。

〔4〕 根据《1996 年刑事程序和侦查法》第 54、55 条，对于一个人已经被裁判宣告无罪，但该无罪裁判的作出是由于干扰或者胁迫陪审员或证人导致的，从事这种干扰或胁迫行为的人已经被判定为犯妨害司法罪的情形，如果高等法院经审查认为①若非因为妨碍司法的犯罪行为，原被判决无罪的被告人将很可能不会被判决无罪；②不会因为时间流逝或者其他原因，重新进行对被判无罪的人的追诉程序即违背正义的利益；③原被判决无罪的人已经被给予了向本法院提出书面抗辩的合理机会；④妨碍司法管理罪的判定将会成立时，那么，高等法院可以裁定撤销原无罪裁判，在此情况下，对原被判决无罪的被告人可以进行重新审判。

当然，通过该程序引起再审通常是基于被告人的利益而发动的。[1] 总体而言，英国法中禁止重复追诉的原则得到较为严格的遵行，作为例外或者补充的再审受到较为严格的控制。

在美国，"再审"同样意味着对尚未生效或者业已生效的法院裁判的重新审理，刑事裁判被区分为无罪裁判与有罪裁判，无罪裁判一经作出立即生效，有罪裁判在穷尽上诉途径后生效。对于生效的无罪裁判，原则上不允许任何重新审判的要求，控诉方无论如何都不得对无罪裁判再行追诉，而对于有罪裁判，上诉主要是被告人诉请权利救济的方式，检察官只能在特定条件下行使极为有限的上诉权。根据美国法，控诉方可对法院有罪裁判提起上诉，但此种重新审判的启动被严格限定在当被告人也提出上诉的前提下，而且不能是仅仅因为原审法院作出裁判时证据不足的原因，这一情形被联邦最高法院视为"宪法禁止对已宣判的罪行重新起诉的一个例外"。[2] 足见美国法中基于同一罪行针对被告人的重复追诉是罕见、例外和受到严格控制的。这一特点，特别表现在对待无罪裁判上，美国学者常指出，禁止双重危险最本质的是保护被告人在无罪裁判作出之后不会遭受重新追诉。而在"萨纳布里亚诉合众国"一案中，美国联邦最高法院就鲜明地强调："一个无罪判决，无论多么不正确，都将禁止重复追诉所带来的双重危险。"[3] 具体而言，禁止提起再审的规则适用于由陪审团或者专业法官作出的任何无罪裁判，不论是严格

---

〔1〕 根据《1995 年刑事上诉法》，英国在伯明翰正式建立了"刑事案件审查委员会"(The Criminal Cases Review Commission)，专门负责对当事人的申诉进行受理和审查，该委员会于 1997 年开始工作，它可以在原判决生效后的任何时间，将案件提交有关法院进行再审。它不仅可以将那些涉及定罪错误的案件提交法院，也可以将那些量刑畸重的案件提起再审，不仅可以向上诉法院提交需要再审的可诉罪案件，也可以向刑事法院交付需要再审的简易审案件，不仅可以自行发现误判案件从而主动向法院提起再审，也可以接受被定罪者的申请并予以审查之后提交法院再审，无论是上诉法院还是刑事法院，在接受刑事案件审查委员会的案件之后，将像对待上诉案件那样进行再审程序。参见王以真主编：《外国刑事诉讼法学》，北京大学出版社 2004 年版，第 120～121 页。

〔2〕 [美] 伟恩·R. 拉费弗、杰罗德·H. 伊斯雷尔、南西·J. 金：《刑事诉讼法》（下册），卞建林、沙丽金等译，中国政法大学出版社 2003 年版，第 1304 页。

〔3〕 Sanabria v. United States, 437 U. S. 54, 98 S. Ct. 2170, 57 L. Ed. 2d 43 (1978).

意义的无罪裁判，还是"隐含式无罪裁判"。[1] 这一点，甚至适用于以下特殊情形：即使无罪裁判的作出是基于一个十分错误的根据，比如，法官超越职权在检察官尚未放弃支持指控有罪的努力之前就过早地作出无罪裁判；或者，即使无罪裁判的作出是基于错误地解释法律，比如，法官针对一过失犯罪的指控已经宣告被告人无罪但该裁判的作出是由于法官对"过失"在法律上的理解有误；或者，即使无罪裁判的作出是基于法官对起诉一方有力的证据予以错误排除的结果；等等。对此，联邦最高法院在"合众国诉斯科特案"中强调："无罪裁判可能是由于证据规则错误适用而导致，或者是由于对法律指导原则的错误理解而导致，虽然这一事实影响到裁判的准确性，但是，它并不能改变裁判的基本性质。"[2] 当然，禁止重复追诉在美国刑事诉讼中也表现出一定限度，当重新起诉是由不同司法管辖区如分别由州和联邦或不同州提起时，或者当第一次审判是以符合明显必要性标准或者征得被告人同意的无效审判告终时，或者当控诉方就量刑问题而非定罪问题提起上诉时，通常也不会发生禁止双重危险的问题。[3]

---

〔1〕　所谓"隐含式无罪裁判"（implied acquittal），比如，被告人被指控犯有一级谋杀罪，而陪审团却裁判其犯有二级谋杀罪，这样，二级谋杀罪的裁判就暗含着对被告人犯有一级谋杀罪指控的否定，仅就原被指控的一级谋杀罪而言，陪审团的裁判即是一种间接的"无罪裁判"，故而称之为"隐含式无罪裁判"，以相对应于严格意义上的无罪裁判。对于"隐含式无罪裁判"，在被告人针对陪审团减轻认定的犯罪提出上诉的情况下，检察官只能就该轻罪（比如二级谋杀罪）而不能针对已经以隐含的方式作出无罪裁判的原被指控的重罪（比如一级谋杀罪）提出上诉。这种所谓的"隐含式无罪裁判"的存在，其刑事诉讼法理基础源自于法官缩小认定包容性罪名的权力，根据《美国联邦刑事诉讼规则》第31条（c）项关于"减轻罪行的定罪裁决"之规定："被告人可以被确定犯有包容于被控罪行之中的某项罪行，或者被确定意图实施被控罪行或者实施必然包容在被控罪行之中的某项罪行，如果意图构成犯罪的话。"美国学者针对格林诉合众国案（Green v. United States）指出，其指导意义在于：在一些情况下，对某一罪行作出有罪判决，从禁止双重危险的角度来看，必须被视为对另一罪行作出无罪判决，因为，在该案中，被告人格林被指控犯有一级谋杀罪，陪审团被告知他们可能证实格林要么犯有该罪，要么犯有较轻的二级谋杀罪，陪审团对后一指控宣告了有罪判决，但对一级谋杀罪不置一词。对此，联邦最高法院解释道：格林在第一次审判中，直接面临的是被判处一级谋杀罪的危险，他由于一级谋杀罪的指控而曾经被迫置于危险之中，但陪审团却拒绝给他定罪，允许陪审团选择要么定一级谋杀，要么定二级谋杀时，陪审团选择了后者，在这种情况下该州绝大多数案件中都将陪审团这一选择视为间接地宣告一级谋杀罪不成立，根据已确立的前一个危险原则，当陪审团解散后，格林被判处一级谋杀罪的危险显然就结束了，因此他不应因该罪行而再次受审。参见〔美〕伟恩·R. 拉费弗、杰罗德·H. 伊斯雷尔、南西·J. 金：《刑事诉讼法》（下册），卞建林、沙丽金等译，中国政法大学出版社2003年版，第1308～1309页。

〔2〕　United States v. Scott, 437 U. S. 82, 98 S. Ct. 2187, 57 L. Ed. 2d 65 (1978).

〔3〕　参见〔美〕伟恩·R. 拉费弗、杰罗德·H. 伊斯雷尔、南西·J. 金：《刑事诉讼法》（下册），卞建林、沙丽金等译，中国政法大学出版社2003年版，第1287～1288页。

（二）大陆法视野的再审

在大陆法，传统上明显区分了上诉审与再审的概念，基于既判力原则，对于尚未生效的裁判，控辩双方均拥有可普遍利用的上诉程序，穷尽常规的上诉途径之后对生效裁判的重新审判才被视为"再审"，因而只有到再审程序视野才能考察其禁止重复追诉的限度。

在法国，重复追诉的概念与既判力观念有紧密联系，在裁判并未取得既判力之前，控诉方普遍享有通过提起上诉而引起重新审判的权力，当常规的上诉途径不再有可能时，控诉方仍然享有非常上诉途径，即可"因法律上的错误"而向最高法院提出"撤销之诉"并可"因事实上的错误"而向最高法院提出"再审之诉"，这些均是控诉方所能利用的"不与既判力并存的途径"，即在其裁判发生法律的确定力之后仍可借以提起重新审判而并不视为重复追诉的做法而受到禁止。[1] 当然，根据法国法，再审基本上是从考虑被告人利益出发的，按照法国学者的说法，尽管两级审理并且有提出上诉的制度，可以纠正刑事法院可能发生的法律上的错误，但是，司法裁判决定，即使已经具有既判力，仍有可能存在事实上的错误。因此，如果事实上的错误已经导致有罪的人被宣告无罪释放，裁判决定一经取得既决事由的权威效力，便构成一种绝对障碍，阻止对错误地宣告无罪释放的决定进行任何变更。但是，与此相反，如果因为发生事实上的错误，某一无辜的人被不公正地判处刑罚，在此情况下，尽管判刑判决已经产生既判力，仍有可能对这种司法错误进行

---

〔1〕 参见《法国刑事诉讼法典》第三卷"非常上诉的途径"（第567～626条），尤其第620～622条。具体而言，首先，为法律之利益向最高法院提出的撤销之诉，是针对已经具有既判力的裁判提出的，目的是对基层法官所作裁判中发生的法律上的错误进行审查与纠正，以保证法院裁判的统一性和法律的尊严。这种能够引起"再审"的非常上诉途径，通常发生在两种情况下：一种是由检察长主动提出的"上诉"。对此，最高法院刑事庭可以作出撤销原裁判的判决，不过，这是一种纯理论上的撤销原判，并不将案件发回重新审理，也不会给当事人的命运带来任何改变，不得影响已经获得无罪释放的重罪被告人的利益。另一种是由检察长依据掌玺官的命令提出的"撤销申请"。基于此，对司法机关所发生的法律上的错误立即进行审查监督，它具有一种纪律制裁性质的特征，可能给当事人利益带来影响。不过，它不得损害被判刑人的利益，但可以有利于被判刑人，而且，经过宣告无罪的被告人的地位不因无罪判决被取消而发生任何改变。其次，向最高法院提出的"再审之诉"，其目的是要改正如于维持即产生不公正结果的司法错误。因此，它作为一种受最高法院刑事庭管辖的非常上诉途径，直接损及既判事由的权威效力，法律规定了申请再审必须具备相当严格的条件才能得到受理。参见［法］卡斯东·斯特法尼、乔治·勒瓦索、贝尔纳·布洛克：《法国刑事诉讼法精义》，罗结珍译，中国政法大学出版社1999年版，第836～874页。

纠正。[1]

在德国，刑事诉讼法典同样明确界分上诉审与再审，前者是一般的法律救济程序，通过抗告、上告、上诉均可引起常规性的重新审判，后者作为特别的法律救济程序，真正表现了禁止重复追诉原则的例外。德国法认为，如果一项判决成为终审判决，则只有在例外情况下为了防止明显误判，案件才能重新审理，再审在于对已确定判决排除司法错误。一般说来，当判决被发现受到偏见或者伪造证据的影响或者出现重要的新证据时，再审就可能发生。这是因为，在对待判决实质法律效力的问题上，只有将法的安定性原则与公平原则此互相冲突的二者做一仔细权衡，才能维持法的和平，再审即是为达到实质正确的裁判时能中断法律效力的最重要的例子。其基本思想是，当事后才被发现的新事实对该判决而言，出现了在公平性上实在无可忍受的显然错误时，则法律效力确定必须让步。[2] 为此，必要限度和符合条件的再审，在德国法中被视为具有正当性的诉讼活动，并不属于禁止重复追诉的范围。因而，德国设置了有利于被告人的再审和不利于被告人的再审，根据德国法，允许控诉方可基于不利于被告人的利益而提起再审[3]，如果再审申请的理由成立并有适当证据，通常即可引起新的审判程序，此项审判程序完全独立，与先前的审判程序无关，并不违背一事不再理和构成所禁止的重复追诉。[4]

### 三、禁止重复追诉制度的再审视

#### （一）围绕审判对象的制度构造机理

美国宪法宣称"任何人均不得因为同一犯罪而被迫两次遭受生命或身体上的危险"，德国基本法宣称"任何人不得因同一行为而受到一次以上的惩

---

〔1〕 ［法］卡斯东·斯特法尼、乔治·勒瓦索、贝尔纳·布洛克：《法国刑事诉讼法精义》，罗结珍译，中国政法大学出版社 1999 年版，第 866 页。

〔2〕 参见 ［德］托马斯·魏根特：《德国刑事诉讼程序》，岳礼玲、温小洁译，中国政法大学出版社 2004 年版，第 230 页；［德］克劳思·罗科信：《刑事诉讼法》，吴丽琪译，法律出版社 2003 年版，第 541 页。

〔3〕 根据《德国刑事诉讼法典》第 362 条，发生下述任何一种情形时，准许对受有罪判决人不利地重新开始已经发生法律效力的判决结束的程序：审判时作为真实证书对受有罪判决人有利地出示的证书，是伪造或者变造的；证人、鉴定人犯有故意或者过失违反宣誓义务，或者故意作出违背誓言的虚假陈述之罪，作出对受有罪判决人有利的证词、鉴定；参与了判决的法官、陪审员，在与案件有关的问题上犯有应处罚的违反其职务义务的罪行；被宣告无罪人在法庭上、法庭外作了值得相信的犯罪行为自白。

〔4〕 参见 ［德］克劳思·罗科信：《刑事诉讼法》，吴丽琪译，法律出版社 2003 年版，第 547 页。

罚"，国际公约宣称"任何人已依一国的法律及刑事程序被最后定罪或宣告无罪者，不得就同一罪名再予审判或惩罚"，[1] 实际上，它们在不同的制度环境下提出了一个共同的刑事诉讼命题：禁止重复追诉。更进一层来说，它们共同强调的，正是防范审判对象被不当重复提起这样的基础原理。当一项针对被告人的刑事追诉从国家控诉机关的工作日程里铺开，追诉行为所围绕的被告人特定行为是否构成犯罪的问题便成为潜在的审判对象，当该问题被提起而进入审判程序时，便转化为显在的审判对象，作为控辩对抗与法官判定的标的，并将以特定形态固定于发生终局确定效力的判决中。在这个过程中，针对审判对象的诉讼问题自始至终存在着，针对被告人的刑事追究的威胁一样始终存在着。然而，当诉讼程序终结时，不管以意味着追诉成功抑或失败的方式，都将从此结束对被告人的刑事追诉，不管站在维护国家犯罪治理秩序或者是保障个人权利的角度，或者从尊重诉讼规律的层面考虑，该审判对象均不应再成为另一场追诉的标的而再次成为法院的审判对象。

不可否认，禁止双重危险与一事不再理两种制度构造的理路存在些许差异，然而，二者不乏共性，甚至具有质方面的同一性。由于历史传统的原因，英美法和大陆法对于所要指称的对象采用了不同的用语，而且在具体制度上"一事不再理"侧重于强调法院针对某一犯罪所作生效裁判一般不得加以推翻并对被告人重新进行审判，而"禁止双重危险"侧重于强调不得对同一犯罪进行两次追诉程序从而使被告人两次被置于危险之中。但是，"如果我们能够再超脱一些，思维再抽象一些，更多地从概念或称谓的意义上来看待禁止双重危险与一事不再理的关系，那么，可以说二者只是同一事物的不同表达而已，可以相互通用。"[2] 实质上，二者的主题精神是一致的，均表达了国家应当充分顾及刑事诉讼过程可能给被告人带来的尴尬、焦虑、危险、物质消耗和精神折磨，从人道主义与诉讼理性出发确保被告人不因被指控的同一犯罪而陷入遭受没完没了的刑事追诉和随时可能被定罪的境地，无论宣称禁止双重危险，还是强调一事不再理，其意旨都在于防范针对被告人同一罪行进行重复的追诉与审判。

当然，这种主题精神的一致性，呈现在防范审判对象被不当重复提起这

---

〔1〕 参见美国宪法修正案《权利法案》第5条；《德国基本法》第103条第3项；联合国《公民权利和政治权利国际公约》第14条第7款。

〔2〕 张毅：《刑事诉讼中的禁止双重危险规则论》，中国人民公安大学出版社2004年版，第20～24页。

一问题上，这是因为，它们有着最为基本的诉讼原理作为共同的制度支撑，即不告不理、诉审同一。诉讼制度构造与运行最为基础的要求便是坚持不告不理、诉审同一，控诉与审判发生结构与功能上的分化，未经起诉不得审判，审判对象由控诉方通过起诉来提示，审判与起诉保持范围上的同一性，法官不得擅自确立审判对象，审判不得及于未经控诉的任何罪行。在此种强调诉审分离的三角结构诉讼构造下，审判对象具有十分重要的诉讼功能：一方面，锁定了审判的目标和范围，法官不得超越审判对象进行审理和裁判，明确了防御的指向及范围，被告人只需要针对审判对象来准备防御和进行辩护，而且规范了控诉方的指控对象与范围，控诉方不得超越审判对象进行突袭指控；另一方面，尤为重要的是，它确立了既判效力与禁止重复追诉的客观范围，经审判程序形成终局裁判，控诉方便不得再次将同一罪行提示为审判对象，法官亦不得对同一罪行进行重复审判。换一种说法，在刑事诉讼中，控诉方的控诉范围、法院的审判范围、被告人的防御范围与既判效力及禁止重复追诉的范围彼此间具有一致性，这种功效正是通过审判对象这一核心范畴来实现的。审判对象作为法官审判权力的目标指向与作用范围，并成为控辩对抗与法官判定的共同标的，集中展示于审判过程。然而，它实际上是由控诉方起诉时提示出来的，并在法官作出终局裁判时被固定下来，但是这一被固定下来的审判对象继续对刑事程序产生影响，它与裁判的既判力一样产生一种"既决效应"，不得被控诉方重新提示而再次成为法官的审判对象。强调禁止双重危险也好，强调一事不再理也好，它们所要规范的重复追诉问题实际上都与这一原理有关，禁止控诉方和法官针对同一罪行进行重复追诉和重复审判，实质上是同一问题的两个方面，体现了禁止重复追诉的构造机理，即防范审判对象被不当重复提起，既有的审判对象不得重新成为审判对象。

　　显然，在"一事不再理"与"禁止双重危险"中，有一个何谓"一事"、何谓"双重危险"的问题，这里面实质上蕴含着既有的审判对象不能重新成为审判对象的原理，在这个关节上，"审判对象"发挥了作用，它确立了一事不再理与禁止双重危险的客观范围。审判对象被不当重复提起的防范，实质就是要禁止重复追诉，避免不当的重复审判，确定这一原则的表层理由是国家对犯罪的刑罚权已经适用殆尽，不得重复适用，深层的考虑则是要保护被追究者的合法权益，防止国家权力滥用。强调防范审判对象被不当重复提起，主要锋芒指向的是国家追诉权力，目的是要合理控制国家追诉的限度，有效保障个人权利和诉讼程序的安定性。拥有一切资源和力量的国家，有能力针对个人反复发动追诉，而且有理由为了治理犯罪而发动追诉，然而，这并不意味着国家同样有理由针对个人进行重复追诉。国家追诉权力天然具有一种试图使被怀疑或者受指控实施了犯罪的个人最终被定罪的倾向，如果不受限制，国家追诉机关将会反复把个人置于被追诉的境地，直至实现其预期的目标，然而，这势必使个人陷入无限的危险，毫无权利保障可言。更为重要的是，国家既然基于控制犯罪的正当理由针对特定嫌疑人发动了追诉，但未能证实该个人实施了犯罪而实现刑罚，就应该承担起这种错误或过失的责任。显然，国家有权控制犯罪，但无权为了控制犯罪而一而再再而三地对个人反复发动追诉，甚至不对其追诉犯罪行为的错误承担责任，国家针对个人的追诉权力是有合理限度的。显然，国家是基于抵御犯罪破坏公共秩序的需要而以国家刑罚权为根据针对被告人发起刑事追诉的，按照启蒙思想的解释，这种权力来源于每个个人所捐赠出来的"那份自由"，因而在该权力的根据与来源那里，我们首先看到，在国家发动的刑事诉讼中，被告人其实也为了"这种需要"而"割让自己的一部分自由"并希望"这种共同的捐赠足以让别人保护自己"，然而该个人此时被怀疑成为这种"公共保护"的敌人而受到追诉，因此，国家没有理由不慎重对待该个人的权利问题，用贝卡里亚的话说，"一切额外的东西都是擅权，而不是公正，是杜撰而不是权利（力量）"[1]。再者，诚如学者保罗·罗伯特所言："既然关于此罪你已经迫使我经历了一次司法程序，既然我已经被判决无罪或有罪并被处以刑罚，你把我的行为交付刑事诉讼之审查的政治和伦理上的管辖权已经穷尽，本人之公民义务已经尽到，现已在你的掌握之外。"[2] 不管立足于禁止双重危险，或者是站在一事不再理的立场，均表达了这样的精神，即规范与控制国家追诉权力，保障个人权利与诉讼正义，为了使国家追诉权力得到合理规范，使被告人权利得到有效保障，使诉讼正义得到正确表达，使每一个公民在民主自由的国度里能够真正享有安全感和对正义满怀信心[3]，就要禁止重复追诉，防范审判对象

---

〔1〕 参见［意］贝卡里亚：《论犯罪与刑罚》，黄风译，中国大百科全书出版社1993年版，第8～9页。

〔2〕 参见陈光中主编：《刑事再审程序与人权保障》，北京大学出版社2005年版，第237～238页。

〔3〕 显然，每一个公民均有可能成为潜在的嫌疑人、被告人，如果容忍国家对个人没完没了地发动追诉，公民将会缺乏最基本的安全感并对正义丧失信心，用法国学者德瓦伯勒斯的话说，"在民众心里，至少在拥有自由传统的国度里，对尊重个人权利的关注要比对刑事追诉有效性的关注更大一些。" See Jay A. Sigler, *Double Jeopardy: The Development of a Legal and Social Policy*, Ithaca, Cornell University Press, 1969, p. 139.

被不当重复提起。

（二）确立重复追诉界限的模式分化

禁止重复追诉的理论基点是诉权消耗的法理，当案件处在诉讼系属中时，被告可以针对原告的双重起诉实施诉讼系属的抗辩，当案件的诉讼系属已经判决确定而消灭时，被告可以针对原告的再次起诉实施既决案件的抗辩。诉权消耗理论为禁止重复追诉提供了基本法理的支持。这一点，源自于古罗马法的"禁止双重危险"与"一事不再理"均有所体现，应当说，英美法与大陆法所坚持的原则均与其有关。不过，当诉权消耗到何种程度便会阻却重复追诉，这却是一个存在着讨论空间的问题。一定意义上，正是对此问题的不同理解，导致了禁止双重危险与一事不再理的模式分化。

禁止双重危险的理论认为，一旦国家针对被告人采取追诉行动，被告人便开始被置于危险之中，国家追诉犯罪的诉权即开始处于消耗的状态，基于此，并为了保障被告人的实体权益不因同一罪行而不止一次被置于危险境地，就必须禁止国家针对被告人同一罪行再次启动追诉程序。与此有别，一事不再理的理论认为，当法院针对被告人受到指控的罪行作出发生法律效力的实体裁判时，国家基于追诉犯罪针对个人的诉权随之而消耗。基于此，并为了捍卫既判权威与法的安定性，应当禁止针对被告人同一罪行重新启动追诉从而对既决案件进行重复审判。鉴于不告不理的基本诉讼原理，禁止双重危险与一事不再理在制度营运上均集中表现为禁止国家重复启动追诉程序，但是，二者在确立重复追诉界限的问题上存在差异，"双重危险"与"再理"被赋予了略有差别的解释。

重复追诉的界限通常被确立在法院就被告人特定受指控罪行作出终局裁判时。例如，《公民权利和政治权利国际公约》第 14 条第 7 款规定，任何已依一国的法律及刑事程序被最后定罪或宣告无罪者，不得就同一罪名再予审判或惩罚；《美洲人权公约》规定，经一项未上诉的判决而宣判无罪的被告人不因相同的原因而受到新的审判；《欧洲人权公约》规定，在同一国家的管辖之下，任何已依该国的法律及刑事程序被最后宣告无罪或有罪者，不得就同一犯罪再予审判或惩罚。[1] 可见该三者基本上均采取了以某一犯罪被最后宣

---

[1]　参见美洲国家间人权特别会议 1969 年 11 月 22 日通过并于 1978 年 7 月 18 日生效的《美洲人权公约》（American Convention on Human Rights，简称 ACHR）第 8 条第 4 款；欧洲委员会 1950 年 11 月 4 日开放签署并于 1953 年 9 月 3 日生效的《欧洲人权公约》（European Convention on Human Rights，简称 ECHR，全称为 Convention for the Protection of Human Rights and Fundamental Freedoms，即《欧洲保障人权和基本自由公约》），其第 7 号议定书第 4 条第 1 款的规定。

告有罪或者无罪为基准来控制重复追诉的界限。再如，在英国，根据普通法的传统，长期奉行"前经开释"与"前经定罪"的标准，被告人可以据此对国家的再次追诉提出抗辩，即法院先前已就其受到指控的同一罪行作出生效的无罪或者有罪的裁判，因而禁止重复追诉；在法国，一直遵循生效裁判的既判力基准，被告人可凭借既决事由的权威效力对国家的再次追诉提出抗辩，即对其已经受到发生既判力的裁判的同一罪行不得继续进行追诉，法院不得对其进行重复审判。可见该二者在基准方面具有宏观上统一性。不过，应当注意，由于彼此在界定生效裁判的标准上存在差别，因此使得它们在禁止重复追诉问题的把握上呈现些许不同。这一点，充分体现出英美法与大陆法有所区别的特征：首先，在英美法，无罪裁判一经作出通常便立即生效，禁止控诉方以提出上诉的方式来实现进一步的追诉；在有罪裁判中，控诉方的上诉权力也受到严格限制，即便在极为例外的情况下控诉方可能就无罪裁判提起上诉，但是，这种上诉也只能针对法律问题并且不会导致无罪裁判的撤销而将被告人重新予以定罪。然而，在大陆法，上诉基本被设置成可以为控诉方所利用的常规救济途径，控诉方可以通过上诉引起重新审判的程序，甚至在某些国家可能就事实问题在上诉审判中改变对被告人的定罪。因此，比较而言，关于法院裁判生效的时间即禁止重复追诉发生作用的时间点，在大陆法中往往要较之英美法中推迟和延后。其次，尽管在英美法和大陆法中均存在着某种具有再审性质的制度设置，作为禁止重复追诉的例外，但是，相比而言，大陆法的再审基本上被设计成旨在纠正原审裁判错误的重新审判程序，原审业已生效裁判可能由于事实认定或法律适用的错误而导致既判力的中断，在德国甚至可以提起不利于被告人的再审，从而较大程度地限制了禁止重复追诉原则的适用范围。然而，在英美法，再审的提起受到较为严格的控制，基本上对原审案件的重新审理被限定为纠正误判和为被告人利益提供非常救济的措施，实质上并不会导致被告人因为同一罪行而使其生命、财产和自由面临新的危险。由此，禁止双重危险与一事不再理相比呈现给人一种更为强调保障被告人权利的印象，例如有学者指出，"英美法所强调的避免使被告人受到'双重危险'的观念，在大陆法中基本上并不存在。至于大陆法国家的再审程序，也更多地强调纠正原审生效判决中存在的事实和法律错误，而不仅仅是为被告人提供挑战法院所作的有罪判决的非常机会。归结起来，既判力所维护的是法院的司法权威和法的安定性，它在案件的实体真实面临危险时才会中断；而免受双重危险原则则确保被告人不因同一行为而承受生命、自由、财产等被剥夺的双重危险，它所限制的是来自检控诉方的刑事追诉权，并因被告人提出非常救济的申请而发生例外。"[1] 不过，无论是禁止双重危险，还是一事不再理，均发挥了维护司法权威与法秩序的安定性以及限制国家追诉权力、保障被告人利益的作用。只是，二者发生的原理存在某些差别，即"双重危险"与"既决案件"导致其禁止重复追诉的功效有差异。

　　以"双重危险"与以"既决案件"作为衡量禁止重复追诉的标准，可能产生较大的差别，前者总体上要较之后者适用范围更广，对双重追诉的控制显得更为严厉。因为，它不仅仅适用于法院作出发生既判效力的判决之时，还可能适用于刑事判决形成的过程甚至更为前面的诉讼环节之中。在这方面，美国法显得十分突出。美国刑事诉讼将理解"危险的附着"作为适用"禁止双重危险"的一个关键。"'危险'产生的时间点对于禁止双重危险原则的所有理论来讲是至关重要的"[2]，因为，根据双重危险法则，当针对被告人同一罪行的刑事追诉已经使其置于危险之中，禁止双重危险的效力便开始发生，而在危险附着之前，进一步的追诉行动并不会构成重复追诉。据考证，早期美国法同样采取前经裁判来评价危险的附着问题，但19世纪30年代以后，在联邦法院系统以及越来越多的州法院系统，关于判断危险附着的传统标准逐渐被打破，新的概念逐步形成，禁止双重危险并不必定以业已裁判作为条件。[3] 依照美国现行判例法，在陪审团审判中当陪审团被选定并为履行审判职责宣誓之时，或者在没有陪审团的审判中当第一位证人宣誓之时或法庭开始听证之时，或者在以有罪答辩方式结案的案件中当法庭无条件地接受被告人的有罪答辩之时，危险即开始附着于被告人，禁止双重危险的规则便已开始发生作用。[4] 因此，通常在不存在危险附着问题的开庭审判之前，控诉方对于庭审前因故撤销的指控仍然可以重新提起追诉，但是，往往到了审判过程乃至更后的诉讼阶段，便会因为危险已经开始附着于被告人而使得刑事追

---

〔1〕　陈瑞华："刑事诉讼中的重复追诉问题"，载《政法论坛》2002年第5期，第120页。

〔2〕　Crist v. Bretz, 437 U. S. 28, 98 S. Ct. 2156, 57 L. Ed. 2d 24 (1978).

〔3〕　Jay A. Sigler, *Double Jeopardy*: *The Development of a Legal and Social Policy*, Cornell University Press, 1969, pp. 41~42.

〔4〕　参见〔美〕伟恩·R. 拉费弗、杰罗德·H. 伊斯雷尔、南西·J. 金：《刑事诉讼法》（下册），卞建林、沙丽金等译，中国政法大学出版社2003年版，第1282~1284页。

诉不允许重新进行。[1] 可见，在这一问题上，美国法要比德国法乃至英国法走得更远一些。另一个重要例子体现在关于法院缺乏司法管辖权的场合，根据英国普通法的规定，事实审法院在缺乏司法管辖权的情形下，前经定罪和宣告无罪答辩就存在例外，其理由是在这些法院受审的被告人并未身处危险当中。然而，美国联邦最高法院曾在"合众国诉鲍尔案"中拒绝适用这一规定，认为控诉方关于被告人未曾处于危险之中的观点是错误的。[2] 总体上，美国法关于"危险的附着"的概念显示了较之"前经定罪"与"前经开释"的标准更为严格禁止重复追诉的特征。

总体而言，无论在构成重复追诉的标准上面，还是在作为例外或者说被排除在禁止重复追诉范围之外的相关制度设置方面，禁止重复追诉的"门槛"在英美法中要较之大陆法低。或者说，"双重危险"要比"既决案件"的标准相对更容易满足，与此相应，禁止双重危险在阻却重复追诉方面要比一事不再理来得显著。这一点也充分体现在有关重新审判的程序设置上，英美法中控诉方通过上诉或申诉寻求对被告人同一罪行再次审理的权力受到严格限制，然而在大陆法中，上诉审乃至再审发生的空间较大，针对同一案件不止一次的审判往往是极为平常的诉讼现象。也就是说，关于禁止重复追诉究竟是在启动或终结一次审判程序之后便开始发生作用，还是在启动或终结二次乃至三次审判程序之后才发生作用，英美法和大陆法对如何定位这一点存在差别。

（三）确立重复追诉标的的模式分化

禁止重复追诉的基本根据是同一罪行不应被重复追诉，从而反复成为审

---

　　[1] 当然，美国法的禁止双重危险理论中，除了"危险的附着"（attachment of jeopardy）这一基本概念，也存在着"危险的持续"（continuing jeopardy）与"危险的终止"（termination of jeopardy）的概念，它们同样被用来把握"双重危险"。在"凯普纳诉合众国案"（Kepner v. United States）中，霍姆斯大法官论证道，危险一旦产生，它就将从最初的指控开始一直持续下去，它从案件开始一直持续到案件结束。在"理查德诉合众国案"（Richardson v. United States）中，联邦最高法院认为，一场审判未就被告人是否有罪还是无辜作出裁判而告终，如同宣告无效审判一样，属于持续危险的范围，而并不意味着终止危险。这样，控诉机关通过上诉引起法院重新审理最初的指控以及在法院宣告无效审判之后的重新起诉就不会受到禁止，显示了禁止双重危险原则同样关注对终局裁决的保护，或者说注重对被告人接受审判直至得到公正判决的权利的保护。不过，联邦最高法院在诸多判例中强调，当法官宣告无效审判缺乏"明显之必要"时，或者当被告人同意无效审判可归因于"控诉方或法官的过火行为"时，那么，无效审判的宣告便会导致危险的终止，从而禁止双重危险。参见 [美] 伟恩·R. 拉费弗、杰罗德·H. 伊斯雷尔、南西·J. 金：《刑事诉讼法》（下册），卞建林、沙丽金等译，中国政法大学出版社 2003 年版，第 1285～1298 页。

　　[2] United States v. Ball, 163 U. S. 662, 16 S. Ct. 1192, 41 L. Ed. 300 (1896).

判对象。不管是在禁止重复危险还是一事不再理的语境中，都禁止控诉方将业已提示为审判对象的同一罪行不当地重复提起，使其再次成为追诉标的与审判的对象。当然，在遵循基本前提的框架内，仍然允许对这一问题存在着不同程度的把握。事实上，二者关于如何确立重复追诉标的存有差别。原因是，普遍使用的"同一犯罪"这一概念在外延上包括了"同一行为"和"同一罪名"两种基本的解释，而且在具体用语上还有"同一罪行"、"同一原因"等诸多表达，而对此不同的解释将直接影响禁止重复追诉的具体范围及程度。因而，如何界定重复追诉标的，就成为把握禁止重复追诉的另一关键，而所确立重复追诉标的的不同，将使得禁止重复追诉一定程度地分化为不同模式。

　　例如，根据法国法，其对重复追诉标的的衡量采取了一种诉讼标的、诉讼当事人与诉讼原因完全同一的界定方法。任何一项生效裁判要取得既判力进而阻止重复追诉，必须同时符合三方面的条件：首先，是诉讼标的的同一性，当然，由于在刑事案件中诉讼标的始终都是请求对受到追诉的人适用刑罚，因而没有必要区分这一追诉是由检察院发动而那一追诉是由受害人发动。其次，再度提起的诉讼与已经终局裁判的诉讼在当事人方面要具有同一性，当然，只有在第一次进行的诉讼中受到追诉的人在再度提起的诉讼中以完全相同的身份又受到追诉时，始能成立两次诉讼中的当事人同一性，因而这丝毫不妨碍就相同事实对因该事实已经受到无罪宣告或有罪判决的人之外的其他人提起追诉，例如，法国判例就不准许共犯为利于自己而援用对主犯已经产生的既决事由的权威效力。最后，要从第一次追诉那里取得既判力权威来阻止再次追诉，还要满足追诉原因的同一性，即通常所指的"违法事实同一"，依照现行法典关于"任何在法律上无罪释放的人，不得再因同一事实而重新被拘押或起诉，即使是以其他罪名系案"的明确规定，[1] 法国主要以"事实上的行为"来寻求界定追诉标的的同一性，

---

　　[1]　参见《法国刑事诉讼法典》第368条。在相当长一段时间里，法国理论界与实务界对"相同事实"出现了"同一事实上的行为"与"同一法律上的行为"两种观点的分歧。理论界认为，为使法院作出的裁判具有既判力，要求具备的"诉讼原因同一"是指"事实上的行为同一"，任何一个法院就某一特定的事实上的行为作出宣告之前，都对这一事实上的行为"从各种可能的罪名的角度"进行过考虑。对此，司法实务界的观点曾发生过反复变化，法国最高法院判例起初主张以"罪名同一"来界定重复追诉标的，不过，法国最高法院刑事庭1956年3月20日的一项判例开始表明了以"事实上的行为同一"为标准的立场，据此，就不会产生原来那样的情形：对已经按照某一罪名受到追诉并作出判决的"事实上的行为"仍然准许"以另一罪名"再度提起追诉。

即不管前后两次追诉分别以什么样的罪名实施，只要这些事实已经受到过终局判决，便不得再度受到追诉，禁止基于同一追诉事实基础以前后不同的罪名进行重复追诉。[1]

再如，在英国法中，关于"同一犯罪"较具影响的判定标准源自1964年上诉议员德夫林在审理康奈利一案中提出的"康奈利原则"，在该案中，德氏认为，禁止双重危险原则仅在前后指控系针对同一犯罪的情况下才适用，这里的"罪"一词包含构成犯罪的事实和使该犯罪成为某种犯罪的法律性质两个方面，为适用该原则，必须在事实和法律两方面都可判定为同一罪。然而，德氏进一步阐释："所谓前后指控所依据的事实相同，不一定强调完全相同，而是'实质相同'即可；但对于法律上的相同而言，所谓法律性质，则是一个很确切的字眼，要么相同，要么不同。"据此，"康奈利原则"确认了是一项较为狭窄的标准，强调前后指控所针对的犯罪必须是相同的罪名才构成双重危险的禁止。在"康奈利原则"提出之后的几十年里，该原则曾受到扩大解释的困扰，但是，1998年英国刑事法院和上诉法院在比迪一案中，再次确认了遵循同一罪名标准的原则。这样，由于遵循"同一罪名"的标准，势必使"前经判决"的范围大大减小，同一犯罪行为再度成为审判对象的可能性则大大增加，使被告人面对双重危险时的保护受到局限。[2]

考察法国法与英国法，可以发现，关于"同一犯罪"无论在理论上还是

---

〔1〕 参见［法］卡斯东·斯特法尼、乔治·勒瓦索、贝尔纳·布洛克：《法国刑事诉讼法精义》，罗结珍译，中国政法大学出版社1999年版，第882~885页。值得注意的是，由于现行《法国刑事诉讼法典》第351条规定"如经法庭审理认定犯罪事实应当确定的法定罪名与移送裁决书所认定的罪名不同，庭长应当提出一个或数个补充问题"，这实际上赋予重罪法庭必须"从各种可能的罪名的角度"来考虑其审理的犯罪事实的义务，同时，虽说轻罪法院与违警罪法院不能从各种可能的罪名的角度对其受理的事实上的行为作出审判，但却始终可以在其管辖权限范围内对其受理案件的文书中提及的罪名进行变更。这样，就为法国诉讼实践中将既判力发生作用的一个条件"追诉原因同一"界定为"同一事实上的行为"而不是"同一法律上的行为"提供了极大可能和制度支持的空间。

〔2〕 当然，英国判例法在"同一罪名"与"前经判决"的概念之外，发展了"滥用司法程序规则"的新概念，这一概念同样来自康奈利案，在该案中，上议院指出，除了严格的"前已有判规则"的限制以外，禁止双重危险的保护还可以通过援用"滥用司法程序规则"得以实现。根据英国现行判例法，所谓"滥用司法程序规则"主要包括两类情况：一是被告人在新的诉讼程序中不可能得到公正审判；二是虽然没有理由认为被告人不会得到公正审判，但是，把被告人置于审判本身即是不公正的。德夫林上诉议员就"滥用司法程序规则"指出，作为一个总的规则，如果法官认为，眼前的起诉书中所指控的犯罪与先前使被告人遭受审判的起诉书中所指控的犯罪所基于的事实相同，或者眼前起诉书中所指控的犯罪全部或部分与先前起诉书中所指控的犯罪具有相同或相似的性质，他应当搁置这一起诉书。参见张毅：《刑事诉讼中的禁止双重危险规则论》，中国人民公安大学出版社2004年版，第215~222页。

实践操作中均可能存在"同一行为"与"同一罪名"两种截然不同的解释，而二者对禁止重复追诉问题带来的影响和效果也有着很大差别，由于在确立重复追诉标的的标准上发生分化，导致禁止重复追诉在不同的环境与空间存在着不同的执行模式。

值得一提的是，关于重复追诉标的的确立，美国法与日本法表现出显著特征。在美国法中，传统上运用"布洛克伯格规则"来判定"同一犯罪"的标准：如果一个法条所要求证明的事实之中有一个事实是另一个法条所不要求证明的，那么，这两个不同法条所规定的犯罪即是两个不同的犯罪。[1] 布洛克伯格一案虽然没有就"同一犯罪"给予直接表达，但却实际上蕴含了这样一个标准，即如果根据相关法条，两个犯罪包含相同的构成要件，或者两个犯罪存在着包容关系，那么，这两个犯罪便是同一犯罪。当然，关于同一犯罪的界定标准在后来的判例中还要显得更加开放，例如后来的阿什诉斯文森一案，联邦最高法院不但细化了布洛克伯格规则，而且强调应当以"同案情"而非"同证据"来界定"同一犯罪"；[2] 再如后来的"伊利诺伊州诉瓦伊塔尔"一案，不仅涉及到不同法律对不同罪名的界定问题，而且涉及到基本轻罪与延伸重罪间的关系，联邦最高法院通过该判例再次确认了布洛克伯格规则的地位，并且强调对二罪名中任何一罪的判决，无论是对基本轻罪还是延伸重罪的判决，都将因此禁止对另一罪名的再行追诉和审判。[3] 在日本法中，由于在保留大陆法传统的"公诉事实"概念的基础上引进英美法的

---

〔1〕　Blockburger v. United States, 284 U. S. 299, 52 S. Ct. 180, 76 L. Ed. 306 (1932).

〔2〕　Ashe v. Swenson, 397 U. S. 436, 90 S. Ct. 1189, 25 L. Ed. 2d 469 (1970)．在该案中，大法官布伦南论证道：禁止双重危险原则保证了不因同一犯罪而不止一次被起诉，虽然"同一犯罪"的用语经常出现，但是在 18 世纪以前根本无人思考它的准确含义，即使在《权利法案》颁布以后，它也未能得到正式的界定。当普通法最终给出一个界定时，它却借用了"同证据"这一衡量标准，即如果两次使用的证据或事实状态不同，那么便可以对被开释者进行第二次起诉。但这一界定对数次起诉起不到任何的抑制作用，一经应用，漏洞百出。例如，当某案件涉及几个被害人时，根据同证据标准，将使数个起诉成为可能，即依据不同被害人所产生的不同证据可以进行数次起诉；即使是一个一对一的案件，根据适用法律的角度和时间段不同，也可被分为几个分立的案件，这样数次被起诉的机会之多将使被告人坐立不安。"同证据"标准中所蕴含的数次起诉以及可能的权力滥用将是令人难以忍受的。因此，应当以"同案情"标准来代替"同证据"标准，同案情标准要求控诉机关必须将数项指控罪名一并起诉，这些罪状是出自同一犯罪行为、事件或是片断、情节，该标准不仅可以避免有违人权的数次起诉，满足禁止双重危险原则，而且可以确保司法公正、有效、便捷。对于刑事诉讼过程中追诉权力滥用的问题，仅仅依靠"前经判决"规则是不够的，需要突显"禁止双重危险"的作用，为此，就必须运用"同案情"标准来衡量是否构成"同一犯罪"。

〔3〕　Illinois v. Vitale, 447 U. S. 410, 100 S. Ct. 2260, 65 L. Ed. 2d 228 (1980)．

"诉因"概念，因而在确立重复追诉标的的问题上也表现出独特性。其主流观点认为，一事不再理效力涉及公诉事实的同一性范围，其根据不仅是因为在公诉事实同一性的范围内进行审判，而且是因为被告人在公诉事实同一性的范围内处于危险之中。因此，即使是不可能同时追诉或不能诉因变更，一旦对某种诉因作出判决，就不允许在接受追诉和裁判的诉因和与公诉事实有同一性的事实的范围内再次起诉和重复审判。[1] 由此可见，由于"公诉事实"概念的存在与发生作用，由于在判决确定之前有可能通过变更诉因来扩大追诉范围，审判对象的范围并不仅仅局限于起诉书记载的诉因的严格范围之内，而是扩展至与公诉事实具有同一性的可能在诉因以外的事实。因此认为，虽然判决是宣告适用刑罚的活动，但一事不再理的效力应当是侧重于事实而不应受适用法规的影响。换言之，在日本法中，构成重复追诉的标的的"同一犯罪"基本是以"同一行为"而非"同一罪名"为标准来衡量的，更为具体的表述应当是"与公诉事实具有同一性的事实"。这是因为，尽管诉因以外具有公诉事实同一性的事实并非全都存在被判有罪的危险，但是通过诉因变更可能扩展被判有罪的事实以及被告人面临的危险。亦即，日本法上的"危险"除了现实意义上的危险以外还包括可能发生的以诉因变更为媒介的间接、抽象的危险。[2]

基本而言，英美法将重复追诉标的的标准主要确立为"同一罪名"，而大陆法基本确立为"同一行为"，当然，在某些国家也呈现了罪名标准与行为标准的结合。比较之，行为标准要比罪名标准通常更加扩展禁止重复追诉的范围，不过，在英美法中，由于"包容性罪名"等概念的存在，实际上也扩展了保护被告人免受重复追诉的权利。在这里，需要强调，从刑事诉讼程序整体的视野观察，禁止重复追诉的范围往往是与起诉范围、防御范围、审判范围以及起诉变更范围等相关联的，在它们之间存在一种相互关系。通常而言，起诉范围决定了审判范围和防御范围，起诉变更范围影响了审判范围和防御范围，而审判范围制约着禁止重复追诉的范围，前者呈现同向正比关系，后者呈现反比关系，这样一种基本关系镶嵌在"起诉→审判（控辩对抗）→起诉变更→判决→禁止重复追诉"这一程序链条中，表现出相互影响相互牵制

---

〔1〕 平野龍一：《刑事訴訟法》，有斐閣1958年版，第282页。

〔2〕 田宫裕：《刑事訴訟法》，有斐閣1996年版，第455页。当然，日本法中一事不再理原则也考虑了数罪并罚关系中的数罪问题以及没有被起诉但仍被作为量刑考虑因素的余罪问题，在这些问题上，一事不再理仍然发生效力。亦即，罪名标准亦可能在特定情况下成为其确立重复追诉标的之标准所考虑的一个因素。

的彼此关系。站在这一角度，可以认为，由于禁止重复追诉范围与审判范围的联系，禁止重复追诉范围的宽广，意味着在审判过程中审判对象范围的狭小，反过来，前者范围的狭小则可能正是因为后者范围的宽广。因此，就总体衡量，大致可认为，整个刑事诉讼过程基于审判对象在审判中以及审判后对被告人提供的权利保护总量基本守恒。可以发现，如何确立起诉范围以及如何界定审判范围，直接影响到禁止重复追诉的范围。对被告人来说，一方面，起诉事实同一性的范围扩大，在起诉书指控的事实范围内被告人被定罪的风险便增大，被告人的辩护权因方向不明确而难以有效地行使，这一点对被告人不利；另一方面，起诉效力涵盖的事实范围越大，既判力的范围也越广，受制于禁止重复追诉原则，对被告人再行追诉的可能性便越小，因而有可能使被告人在不受双重处罚中获利。对于检察官来说，一方面，起诉事实同一性的范围越宽，检察官受诉讼程序发展的影响便越小，他可以继续以原来的事实基础维持追诉，也可以基于同一事实不断变换追诉角度，实现被告人被定罪的预期结果；另一方面，如果起诉事实同一性的范围窄小，则既判力的范围相应也受到限制，尽管检察官可能在此次起诉中败诉，但仍可能对同一自然性事实变换角度再行起诉。[1] 不过，值得注意，尽管审判对象与禁止重复追诉之间的范围问题在诉讼程序整体上对被告人提供的权利保护趋于等量守恒，但是，二者保护方式产生的效果却是有区别的，这是因为，通过严格控制审判对象的范围来保护被告人利益，其效果集中发生在审判过程，而通过合理控制禁止重复追诉范围来保护被告人利益，其效果则是发生在审判过后，带有事后救济或者说"第二层救济"的性质，实质上是在极力弥补审判过程留下的"遗憾"，因此其意义可能不如在审判过程中积极保护来得及时和到位。可以想象，如果在审判过程中被告人面临着无穷庞大防不胜防的追诉和随时随处可能被意料不到地定罪的威胁，那么，即便在审判过后如何用心地规范限制重复追诉的范围，也将会无济于事。因为，毕竟，审判过后的重复追诉只是一种可能性，而审判过程的无限追诉却已经成为现实。理解这一点，对于我们辩证地分析重复追诉标的乃至理解禁止重复追诉的机理显

---

〔1〕　关于审判范围与起诉事实同一性的关系，大致存在两种观点：一是"自然性事实同一说"，认为只要审判中的事实与起诉事实属于同一个自然的或社会的事实，那么无论最后的审判结果定为何罪，都不算超出了起诉的事实效力范围；二是"法律性事实同一说"，认为审判中认定的罪名或者审判事实的构成要件与起诉事实具有同质性或相似性，才能维持同一性，如果对事实适用了不同的刑法规范，就不足以维持其同一性。参见卞建林：《刑事诉讼的现代化》，中国法制出版社2003年版，第293～294页。

然是有益的。

(四) 重复追诉的两面：控制与例外

禁止重复追诉作为一项原则，同样有其适用范围的界限或者说适用条件的界定，不可避免地存在着例外，再审程序便是禁止重复追诉之例外的制度化设计。进而言之，即便不存在制度化的再审程序，几乎任何一个刑事诉讼制度中禁止重复追诉的运行也需要依托特定的环境或满足一定的条件，在这个意义上，禁止重复追诉总是存在着它的另一面。无论基于禁止双重危险，还是秉持一事不再理，其意旨都在于阻止对前经开释、前经定罪或者业已承受刑事追诉的被告人就同一犯罪再次启动控诉与审判的程序，从而使其重新面临定罪的危险或者对其作出不利的变更，使其不止一次地遭受刑事追诉的危险与负担。当然，它意味着国家对错误定罪或者放纵犯罪的容忍，意味着国家在某种程度上放弃部分追究犯罪的利益或者说对被告人抱持一种保护的开放性态度，体现了国家追诉权力的自我节制。但实质上，在此背后包含的国家与个人之间、刑事追诉与禁止重复追诉之间矛盾的调节，似乎并没有任何一种绝对性可言，既不可能有绝对的刑事追诉，也很难有绝对的禁止重复追诉，禁止重复追诉尽管作为一项原则但往往不可避免地要面对它的另一面。其中，那种不利于被告人的再审实际已完全构成对被告人的第二重危险，将被告人重新置于刑事追究的危险之中，并使其再次承受刑事诉讼程序所带来的痛苦与煎熬。

例如，《欧洲人权公约》第 7 号议定书第 4 条规定：在同一国家的管辖之下，任何已依该国的法律及刑事程序被最后宣告无罪或有罪者，不得就同一犯罪再予审判或惩罚；如果有表明新的或新发现的事实的证据，或者如果在原诉讼程序中有根本性的瑕疵，有可能影响案件的结果，前款规定不应妨碍根据有关国家的法律和刑事程序对同一案件的重新开启。据此，禁止重复追诉的原则存在两项例外："新证据例外"和"根本性程序瑕疵例外"。再如，根据《俄罗斯联邦刑事诉讼法典》，"因新的情况或新发现的情况，可以撤销已经发生法律效力的法院刑事判决、裁定或裁决，而刑事案件的诉讼可以恢复"，在这里，禁止重复追诉的例外被表述为"新的情况"和"新发现的情况"。〔1〕当然，就是否设立制度化的再审作为禁止重复追诉的例外，诸多国家显示了一种严格态度，普遍严格禁止对生效无罪裁判提起不利于被告人的实体再审，并设定了对生效有罪裁判启动再审程序的有利于被告人的原则。不过，在某些国家，如德国、俄罗斯、英国等，仍然允许对生效无罪裁判提起实体再审，并允许在生效有罪裁判的基础上作出对被告人不利的变更。这表明，禁止重复追诉并没有走向绝对化。

在这方面，英国较典型地表现了从绝对走向相对的姿态。众所周知，英国是禁止双重危险原则最早具备现代形态的摇篮，该原则的核心是禁止根据新的证据和事实而对原被判无罪的人进行新的追诉和审判，关于这一原则，英国长期奉行一种绝对主义的做法，不允许对之有任何例外，然而，近年来，英国表现出一种走向相对主义的改革动向。1999年10月，英国法律委员会发表了关于改革禁止双重危险原则的商榷文件，指出，鉴于现代科学技术的发展，现代刑事司法对证据的审查和采信能力大为提高，加之刑事案件各种可能的情况，长期以来奉行的禁止因为新的证据对可诉罪案件中的任何无罪裁判进行重新审判的规则，太过绝对，保障人权固然是刑事程序的一个目的，但任由严重犯罪分子利用法律的绝对规定逍遥法外，同样不符合正义的利益。〔2〕2002年7月，英国大法官、总检察长和内政大臣共同签署发表政府白皮书《所有人的正义》，该份改革报告指出，在将被告人无罪释放之后，一些有说服力的新的证据呈现出来，这一规则会对被害人和整个社区造成极大的不公正，因而，"如果出现引人注目的新证据的话，就取消重罪中的双重危险

---

〔1〕　参见《俄罗斯联邦刑事诉讼法典》第413条。所谓"新发现的情况"，即在刑事判决或法院其他决定发生法律效力前已经存在，但不为法院所知悉的情况：其一，已经发生法律效力的法院刑事判决确认，被害人或证人故意作虚假陈述、鉴定人故意提供虚假鉴定结论，以及伪造的物证、侦查行为、审判行为笔录和其他文件，或者翻译人员故意作不正确的翻译，导致作出了不合法的、没有根据的或不公正的刑事判决，或者不合法的或没有根据的裁定或裁决；其二，已经发生法律效力的法院刑事判决确认，调查人员、侦查员或检察长的犯罪行为导致做出了不合法的、没有根据的或不公正的刑事判决，导致作出了不合法的或没有根据的裁定或裁决；其三，已经发生法律效力的法院刑事判决确认，法院在审理该刑事案件时实施了犯罪行为。所谓"新的情况"，即在法院作出决定前不知悉的排除行为有罪性质和应受刑罚性质的情况：其一，俄罗斯联邦宪法法院认定法院在该刑事案件中适用的法律不符合《俄罗斯联邦宪法》；其二，欧洲人权法院认定俄罗斯联邦法院在审理刑事案件时适用了不符合《保护人权与基本自由欧洲公约》规定的俄罗斯联邦法律或者有其他违反公约的行为；其三，其他新的情况，如检察长、侦查员、调查人员关于因时效期届满、大赦或特赦、刑事被告人死亡或未达到刑事责任年龄而终止刑事案件的决定构成上述性质的违反。

〔2〕　参见陈光中主编：《刑事再审程序与人权保障》，北京大学出版社2005年版，第47～49页。

原则"，"尽管我们并不希望这些程序被经常采用，但是它们的存在会有利于公正的实现"。[1] 2003 年 11 月，英国通过《2003 年刑事审判法》，该法对禁止双重危险原则进行了改革，在坚持禁止重复追诉的基本原则的同时，允许一定的例外，根据该法，对于先前曾被判决无罪的严重犯罪案件，如果发现新的和令人信服的证据证明原先无罪判决确实存在错误，起诉人可以申请法院对原被判决无罪的人进行重新审判。[2] 从英国法那里，一定程度上可以看到禁止重复追诉相关规则变迁的一个走向，即在坚持基本人权保障原则的基础之上允许例外的适当存在。

当然，禁止重复追诉之例外同样有个限度。理由很简单，如果放任再审的无限发生，那么，禁止重复追诉便会形同虚设。特别是，不利于被告人的再审势必会给被告人的自由与权利带来极大威胁和压制，即便是有利于被告人的再审，也会给国家司法资源带来过度耗费的危险。因此，诚如有学者所言，"如果既要体现禁止双重危险的精神，又要为惩罚犯罪保留一定的可能，那么，基本的方针只能是，有所为有所不为，而不可能是任由所为。"[3] 这方面，诸多国家的做法同样考虑这一点，例如，在英国法中，旨在撤销无罪裁判的不利被告人的再审仅限于原来诉讼程序存在瑕疵的情形并只适用于可诉罪案件，尚不可因为新的证据和事实而重新启动对原来被判无罪的被告人的追诉程序；又如，俄罗斯法将不利于被告人的再审提起的时限限定为 1 年；再如，在德国法中，如果属于事后发现了一些为原审法院所未发现的新证据和新事实，表明对被告人原来作出的无罪判决或较轻的量刑是错误的，那么，法院也只能维持原判，而不得开启对被告人不利的再审。

〔1〕 参见最高人民检察院法律政策研究室编译：《所有人的正义——英国司法改革报告》，中国检察出版社 2003 年版，第 3、67、86 页。

〔2〕 参见孙长永等译：《英国 2003 年〈刑事审判法〉及其释义》，法律出版社 2005 年版，第 75 ~ 83 页。

〔3〕 张毅：《刑事诉讼中的禁止双重危险规则论》，中国人民公安大学出版社 2004 年版，第 327 ~ 328 页。

# 第八章　审判对象制度的模型：三个样本

审判对象的原理体现于诉讼过程，集中展现于起诉书记载、法庭调查、起诉变更、变更罪名、法官裁判、禁止重复追诉等这些支柱性制度装置，不同模式诉讼制度遵循了共同的诉讼规律，但同时，审判对象制度的设计与运行依赖于具体的诉讼构造和制度环境，呈现一些不同的运行特征。近现代以来，审判对象制度的建设契合于具体诉讼模式，努力寻求较为合理的制度设计及运行效果，最为典型者，当属美国法、德国法和日本法，它们分别代表着对抗制诉讼文化、职权主义诉讼文化有关的制度面貌以及不同诉讼文化间制度交融呈现的特征[1]，分别将审判对象界定为诉因、公诉事实和公诉事实同一性范围内的诉因并相应采取有效的制度规范，堪称审判对象制度的三个样本。

## 一、美国法的诉因制度：以对抗制诉讼文化为背景

美国法的审判对象制度植根于它的对抗制诉讼文化，为此，必要在考察美国对抗制诉讼程序的基础上来分析其审判对象制度的概貌。美国联邦刑事诉讼的基本流程大致可被描述为：首先是使可能存在的犯罪行为引起警察的关注，警察展开逮捕前的侦查，一旦掌握足以逮捕某一嫌疑人的信息，便可

---

〔1〕　关于刑事诉讼程序的比较法考察、描述和分析，可参见 Raneta Lawson Mack, *Comparative Criminal Procedure*: *History*, *Processes and Case Studies*, W. S. Hein, 2008; John Jackson, Máximo Langer & Peter Tillers (eds.), *Crime*, *Procedure and Evidence in a Comparative and International Context*: *Essays in Honour of Professor Mirjan Damaška*, Hart Pub., 2008.; Michael Bohlander (ed.), *International Criminal Justice*: *A Critical Analysis of Institutions and Procedures*, Cameron May, 2007; Richard Vogler, *A World View of Criminal Justice*, Ashgate, 2005; Peter J. van Koppen and Steven D. Penrod (eds.), *Adversarial Versus Inquisitorial Justice*: *Psychological Perspectives on Criminal Justice Systems*, Kluwer Academic/Plenum Publishers, 2003; Stephen C. Thaman, *Comparative Criminal Procedure*: *A Casebook Approach*, Carolina Academic Press, 2002; Erika Fairchild & Harry R. Dammer, *Comparative Criminal Justice Systems*, Wadsworth/Thomson Learning, 2001; Craig M. Bradley (ed.), *Criminal Procedure*: *A Worldwide Study*, Carolina Academic Press, 1999; John Hatchard, Barbara Huber & Richard Vogler (eds.), *Comparative Criminal Procedure*, B. I. I. C. L., 1996; Obi N. Ignatius Ebbe (ed.), *Comparative and International Criminal Justice Systems*: *Policing*, *Judiciary and Corrections*, Butterworth-Heinemann, 1996; Erika S. Fairchild, *Comparative Criminal Justice Systems*, Wadsworth, 1993.

能实施逮捕并对其相关信息进行登记，继而展开逮捕后的侦查，经过指控前筛选程序决定指控之后，侦查人员将向治安法官提出针对被逮捕人的控告，案件到了治安法官面前，治安法官将对羁押被逮捕人是否有合理根据进行审查，被控告者也将初步到庭并被告知相关诉讼权利。此时，如果指控是轻罪，被控告者将被要求对指控作出答辩，如果指控是重罪，将进入预审程序，以审查是否存在合理根据以支持对被告人提出的指控从而确定是否交付审判。预审听证以对抗式程序展开，控辩双方均应到庭，证人出庭作证并接受交叉询问，治安法官如果经审查认为出示的证据已经能够证明合理理由的存在，案件将被移交到大陪审团手中，经大陪审团审查后签发起诉书将案件移送普通审判法院，或者在不要求大陪审团审查或被告人放弃该项权利的案件中，将由检察官作出起诉书移交普通审判法庭。当大陪审团起诉书或检察官起诉书提交法院后，法院便会安排传讯，被告人将被要求出庭并被告知指控内容及相关诉讼权利，接着要求被告人对指控作出有罪答辩、无罪答辩或者某些情况下不辩护也不认罪的答辩，如果控诉机关未撤诉且被告人作无罪答辩，案件将进入审判程序。在审理过程中，采取对抗式程序，通常首先要选定陪审团，审理开始阶段由控辩双方向法庭进行开场陈述，接着由起诉方举证，起诉方可以出示物证和传唤证人出庭作证，证人要在法庭上接受控辩双方的交叉询问，在控诉方结束举证之后，辩方进行辩护并可以提供支持辩护主张的证据，举证结束后，应由控辩双方展开辩论，终结辩论后由主持庭审的法官对陪审团作总结指示，然后陪审团退庭评议，并对被告人是否有罪作出裁决，如果是有罪裁决，案件将进入法官量刑的程序。法官量刑之前，应当给被告人及其辩护律师以机会提出请求减轻刑罚的事实和意见，量刑时应当允许被告人到庭并获得律师帮助，量刑后还应当告知被告人有权就法官适用法律问题或者以证据采纳问题上的错误为由提出上诉。此外，当上诉程序穷尽之后，被监禁的被告人还可能会使用定罪后的救济，以有限的理由对定罪提出抗辩。[1] 结合美国诉讼流程可以考察审判对象的运行规律及特征：

在侦查阶段，审判对象尚处于一种极为朦胧和不确定的形态，当可能存在的犯罪行为引起警察的关注而开始展开侦查的时候，"犯罪"往往只是一个不大明确甚至不太确定的概念，对于将什么样以及何种范围的"犯罪"带入审判程序，暂时还是个未知数。不过，侦查的效果将会影响后来可能发生的审判对象的具体内容，如果经侦查后否定了犯罪存在的可能性，审判对象自然便无从发生，同时，侦查所能触及犯罪事实的范围和深度也会初步地限制了后来可能成为审判对象的具体范围。

在审前程序侦查人员将案件向治安法庭提出指控的时候，审判对象开始表现出发生的可能性，其具体内容和范围也显现一定的可预见性。因为，向治安法庭的控告往往是经过了指控前筛选程序而决定提出指控的，其指控的理由和目标已经较为明确，作为指控文件的刑事控告书将简明提出主张，指称被告人在特定时间和地点实施了违反特定刑事法律的具体行为。对于可在治安法庭审理的轻罪案件，刑事控告书便会直接发挥着贯穿程序的指控文件的功能，亦即，它的审判对象已经在向治安法庭提出指控时被提示了。当然，对于重罪案件而言，刑事控告书只能发挥将指控提交治安法庭的功能，当案件进入普通审判法庭后，检察官起诉书或者大陪审团起诉书就会取代刑事控告书成为指控文件，由于重罪指控将在后来的预审听证或大陪审团审查程序中接受进一步的正式审查以确定指控是否证据充分足以提交审判。因此，它的审判对象依然呈现一种不确定的特征，无论是否发生审判对象，还是审判对象可能包含的具体内容，都是一个有待进一步确定的问题。

经过正式审查，有一部分重罪指控可能被减格为轻罪指控或者被拒绝交付审判，从而可能改变审判对象的具体内容或者阻却审判对象的发生，否则，

---

[1]　参见［美］爱伦·豪切斯泰勒·斯黛丽、南希·弗兰克：《美国刑事法院诉讼程序》，陈卫东、徐美君译，中国人民大学出版社2002年版，第42~53页；王兆鹏：《美国刑事诉讼法》，北京大学出版社2005年版，第1~22页。有关对抗制及美国刑事诉讼程序的概貌及历史，另可参见［美］约书亚·德雷斯勒、艾伦·C. 迈克尔斯：《美国刑事诉讼法精解》（第一卷·刑事侦查），吴宏耀译，北京大学出版社2009年版；［美］约书亚·德雷斯勒、艾伦·C. 迈克尔斯：《美国刑事诉讼法精解》（第二卷·刑事审判），魏晓娜译，北京大学出版社2009年版；Madeleine J. Wilken & Nicholas Triffin (eds.), *Drafting History of the Federal Rules of Criminal Procedure*, W. S. Hein, 1991; Erwin Chemerinsky & Laurie L. Levenson, *Criminal Procedure*, Aspen Publishers, 2008; Stephan Landsman, *The Adversary System: A Description and Defense*, American Enterprise Institute for Public Policy Research, 1984; John H. Langbein, *The Origins of Adversary Criminal Trial*, Oxford University Press, 2003; David J. A. Cairns, *Advocacy and the Making of the Adversarial Criminal Trial, 1800~1865*, Clarendon Press, Oxford University Press, 1998.

审判对象就会在决定交付审判的大陪审团起诉书或检察官起诉书中得到明确提示。起诉书是关于构成所指控罪行的基本事实的清楚、简要和明确的书面陈述，并就指控的每条罪状援引有关法律条文说明该行为违反的法律、法规、条例或其他法律规定，因此向普通审判法院提示了具体而特定的审判对象。当然，在定罪或裁决之前，只要不追加指控另外的或不同的罪行，不损害被告人实体权利，法庭还可以允许对检察官起诉书进行修改，不过，这种修改通常并不会对已经提示的审判对象产生实质性影响。

起诉意味着对被告人的正式指控，当大陪审团起诉书或检察官起诉书提交法院后，法院便应及时地在公开法庭传讯被告人，向被告人宣读大陪审团起诉书或检察官起诉书，向被告人说明指控性质，以让被告人对起诉书提示的审判对象有一个确切了解之后针对指控进行答辩。实践中相当一部分案件被告人可能与控诉方达成以撤销部分指控、减格控诉或者建议法官从轻判刑等许诺换取被告人作认罪答辩的协议，控辩之间的答辩协议应当在法庭传讯时告知法官，如果法庭予以接受，法官便会通知被告人准备按照协议内容处理案件，通常也不再经过法庭审判而直接定罪量刑。因而，伴随着被告人的有罪答辩，起诉书初始提示的审判对象可能在有罪答辩程序中发生了变更。如果被告人作无罪答辩或者拒绝答辩，案件便会进入开庭审判的环节，而起诉书提示的审判对象在范围上也不可能发生任何变化。当然，在准备审判的过程中，法官关于合并审理或分开审理的决定可能会引起审判对象的变化。根据美国法，如果数种罪行或数名被告人可以合并在一分大陪审团起诉书或检察官起诉书中，法官便可以命令将二份获二份以上的大陪审团起诉书或检察官起诉书合并审理，或者将大陪审团起诉书与检察官起诉书合并审理。这样，实际上会扩展了原先承载于一份起诉书中的审判对象，不过，美国法在这个问题上表现得尤为谨慎，严格控制因此而可能对审判公正和被告人利益带来的不利影响。如果显示在一份大陪审团起诉书或检察官起诉书中对数种罪行或数名被告人一并指控或合并审理可能对被告人或政府方产生不公正影响，法庭可以命令从数种罪行中进行选择或者分开进行审理，同意将共同被告人分开或者提供其他救济性的司法命令，这样，同样可能影响到原先提示的审判对象的具体内容。不过，进入审判程序后，审判对象便显现出来，具有相当程度的确定性，成为控辩对抗和法官判定的共同标的，明确了法庭审判的范围，也规范着控辩之间攻击防御的范围，保护被告人免受来自审判对象范围以外的攻击。

在法庭审判过程，围绕着审判对象，各方程序主体展开一系列的庭审活动。在选定陪审团的环节上，审判对象的影响主要表现为控辩双方对陪审员提出无因回避的程序问题，如果审判对象所包含的指控罪行是最高可以判处死刑的，那么，控辩双方有权提出 20 次无因回避，如果审判对象所包含的指控罪行可以判处一年以上徒刑，那么，控诉方有权提出 6 次无因回避，被告一方则有权提出 10 次无因回避，如果审判对象所包含的指控罪行应判一年以下徒刑或者单处或并处罚金，控辩双方均有权进行 3 次无因挑选。在开场陈述的环节上，审判对象成为控辩双方陈述的中心指向，通常首先由控诉方向陪审团说明审判对象所包含的指控的性质，并简单描述支持指控的证据，目的是使陪审团在听审中更好地了解案情，更确切地把握审判对象，当然，辩护方也有权围绕控诉方指控进行开场陈述。在控辩双方举证辩论的环节上，一切的提供证据的行为将会围绕审判对象所包含的指控罪行是否成立而展开，相关的直接询问、交叉询问和法庭辩论也会以此为中心主题而进行。起诉方必须向法庭提供足够充分的证据以支持控诉，也就是说，控诉方通过起诉书提示审判对象，负有证立的责任，否则，起诉指控将会面临败诉的危险。当然，辩护方在起诉方举证后有权针对审判对象所包含的指控进行辩护，并可以提供支持辩护主张的证据，而陪审团将根据双方的举证和辩论就审判对象判定指控罪行是否成立。在陪审团评议和裁决的环节上，一切的评判都不得脱离审判对象而进行，必须围绕着审判对象作出指控罪行是否成立的裁决。当然，被告人可以被确定犯有包容于被控罪行之中的某项罪行，或者被确定意图实施被控罪行或实施必然包容在被控罪行之中的某项罪行。根据美国法，此种做法并不会构成脱离审判对象而裁判的危险，不过，它在实际上已经导致了对原先提示的审判对象某种程度变更。另外，如果陪审团经过长时间评议后仍不能围绕审判对象问题得出一致结论，那么，法官将会宣布解散"悬案陪审团"同时宣告无效审判，并需要另行组成陪审团针对原来的审判对象展开重新审理。

　　经作出有罪或者无罪的宣判之后，审判对象的形态便基本被固定下来，而后的量刑环节通常不会对审判对象产生影响。在美国法中，初审程序终结后案件还可能因上诉的提起而重新进入审判程序，此时，原审中的审判对象将被带入到上诉审程序中来，不过，由于上诉不得对陪审团关于事实问题的裁决提出异议，只能就法官对实体法或程序法方面的适用法律错误提出异议。因此，在上诉审判程序中，尽管审判对象面临着再次接受审判，但其主要体现在与法律适用有关的问题，并且原审过程的程序错误问题将成为上诉审审判对象的基本内容。如果上诉法院发现原审法院犯了程序错误，就决定这种错误是否可能影响案件的结果，如果认为这种错误为无害错误并不会影响案件的结果，上诉法院就不推翻有罪判决，当上诉法院认为触犯了被告人的基本权利或存在错误可能影响案件公正结果时，便会撤销原来的有罪判决。在美国法中，上诉程序中的审判对象着重于程序公正问题而并非被告人是否有罪的问题，体现了对抗制诉讼文化的特征。

在美国法中，基于对抗制诉讼原理，将规范审判对象的着眼点首要地放在起诉环节上，而不是放在审判环节上，特别是通过规范诉状记载、划定起诉范围和控制重复追诉，来规范审判对象问题。美国法实行对抗制诉讼模式，在审判对象问题上采行一种诉因制度，通过"诉因"这一概念来指称审判对象，发挥确立控辩对抗标的和界定审判范围的功能。诉因是诉讼的原因，即控诉方希望通过起诉要求法院进行审判的具体的诉讼请求，表现为起诉书所记载的指控的罪状，它由控诉方提示，进入审判程序后即是审判对象，规定着法官审判范围和控辩对抗标的。由于对抗制诉讼严格界定诉审关系，强调诉审的分离与制约，未经起诉不得审判，审判范围与起诉范围严格保持同一性，美国法将审判对象制度设置的着眼点主要放在规范起诉环节上，通过规范起诉书记载、设定起诉范围、控制重复追诉等来实现对审判对象的规范。具体来说，美国诉因制度包括如下内容和特征：

1. 根据美国法，"大陪审团起诉书或检察官起诉书应当是关于构成所指控罪行的基本事实的清楚、简要和明确的书面陈述，……应当就指控的每条罪状说明该行为违反的法律、法规、条例或其他法律规定，援引有关法律条文"[1]。亦即，起诉书应当记载特定诉因明确提示审判对象。起诉书记载的基本宗旨就是确切提示审判对象，确立法官审判范围，并让被告人能够有针对性地准备适当的辩护，并且能够使被告人不会在将来因为同样的罪行受到重复指控。为此，起诉书被要求明确记载构成指控罪行的必备事实与法律要素，其衡量标准主要在于是否有利于保障被告人防御利益。例如，一项单独的罪状分别指控若干罪行或者多项罪状同时指控一种罪行，都是不被允许的，理由是"多项指控"或者"重复指控"违背起诉书特定性记载诉因的原则，它会使陪审团难以就被告人是否有罪作出确切决定，也可能使被告人遭受难以防御和多重指控的损害。[2] 再如，针对起诉书记载不能充分满足被告人防

---

〔1〕 参见《美国联邦刑事诉讼规则》第 7 条（c）第（1）款。

〔2〕 参见［美］伟恩·R. 拉费弗、杰罗德·H. 伊斯雷尔、南西·J. 金：《刑事诉讼法》（下册），卞建林、沙丽金等译，中国政法大学出版社 2003 年版，第 972 页。

御的弊端，被告人被赋予"为了准备辩护和避免引起偏见的突袭"而提出"详情诉状"之动议的权利，以要求控诉方提供起诉书指控罪行的详细情况，但如果起诉书遗漏重要的要件事实而缺乏充分的明确性，则将被视为不能对犯罪进行指控，而不是通过详情诉状所能进行弥补的。[1] 当然，起诉书记载特定诉因的要求并不是要坚持严苛的形式主义，起诉书记载的瑕疵并非总是导致起诉书无效。例如，当起诉书援引法律条文时有错误或遗漏，如果未因此使被告人正当权利受到侵害，则不会成为撤销起诉书或者推翻定罪的理由，而且，通常只要不对被告人实体利益带来损害和追加指控不同罪行，就可能被允许对起诉书进行修正。[2]

2. 美国法除规范起诉书记载特定诉因外，设置了关于合并起诉、合并审理、分离诉讼的制度，合理规范起诉范围，运用合理规则来设定审判范围。美国法对罪行进行合并起诉、合并审理或者分离诉讼，基本考虑是节约司法资源耗费但不对被告权利和司法利益带来侵害。合并起诉，可能是对犯罪要素的合并，也可能是对被告人要素的合并，前者主要发生在牵连犯罪或者相似特征的犯罪之间："如果被指控的罪行，不管是重罪还是轻罪，或既有重罪又有轻罪，属于同一性质或类似性质，或者基于同一行为或同一交易，或者虽是两个或两个以上的行为或交易，但相互联系或构成一共同计划中的组成部分，那么，在一份大陪审团起诉书或检察官起诉书中，可以对两个或两个以上的罪行逐项分别提出指控"；后者通常发生在针对不同被告人的指控间存在极为紧密关联时："在一份大陪审团起诉书或检察官起诉书中，可以对两个或两个以上的被告人提出指控，如果他们被指控参加同一行为或者同一交易，或者参加构成一项犯罪或数项犯罪的一系列行为或交易，这样的被告人可以在一条或数条罪状中共同或分别被指控，不需要在每份罪状中对所有被告都提出指控"。[3] 美国法关于起诉范围的此种规范，实质上发挥了规范起诉书记载诉因的作用，使得起诉书承载的审判对象在范围上更趋于明确。合并审理，是美国法赋予法官的权力，根据规定，"如果数种罪行或数名被告人可以合并在一分大陪审团起诉书或检察官起诉书中，法官可以命令将两份或两份以上的大陪审团起诉书或检察官起诉书合并审理，或者将大陪审团起诉书与

---

〔1〕　参见［美］伟恩·R. 拉费弗、杰罗德·H. 伊斯雷尔、南西·J. 金：《刑事诉讼法》（下册），卞建林、沙丽金等译，中国政法大学出版社2003年版，第974～975页。

〔2〕　参见《美国联邦刑事诉讼规则》第7条（c）第（3）款以及第7条（e）。

〔3〕　参见《美国联邦刑事诉讼规则》第8条。

检察官起诉书合并审理，审理程序将和对一份大陪审团起诉书或检察官起诉书的审理一样。"[1] 这样，实际上就会扩展了原先承载于一份起诉书中的审判对象，某种程度上调整了审判对象的具体内容，不过，美国法在这个问题上表现得尤为谨慎，严格控制因此而可能对审判公正和被告人利益带来的不利影响。这一点，体现在美国法关于分离诉讼的制度设置上："如果显示在一份大陪审团起诉书或检察官起诉书中对数种罪行或数名被告人一并指控或合并审理可能对被告人或政府方产生不公正影响，法庭可以命令从数种罪行中进行选择或者分开进行审理，同意将共同被告人分开或者提供其他救济性的司法命令。"[2]

3. 根据美国法，法官行使审判权力的范围不得超越起诉范围，原则上严格按照起诉书记载的诉因来进行审判，不得超越指控的事实与罪名甚至其他诉请事项。例如，根据规定，"如果大陪审团起诉书或检察官起诉书未指控一项罪行，或者法院对指控罪行无管辖权，根据被告人申请，法庭应当阻止判决"；再如，"除非大陪审团起诉书或检察官起诉书明确提出请求没收的利益或财产的范围，否则不能作出没说的判决。"[3] 当然，法官通常在两种情况下可影响审判对象的变更：其一，当检察官在定罪或裁决前意图修改起诉书时，法庭有权力将其变更起诉的行为控制在不损害被告人实体权利和不追加指控另外的或不同的罪行的框架内，否则拒绝其变更行为；其二，法庭有权作出减轻罪行的定罪裁决，即如果意图构成犯罪的话，被告人可以被确定犯有包容于被控罪行之中的某项罪行，或者被确定意图实施被控罪行或者实施必然包容在被控罪行之中的某项罪行。[4]

4. 根据美国法，"任何人均不得因为同一犯罪而被迫两次遭受生命或身体上的危险"[5]，也就是说，严格控制重复追诉，审判对象不应被不当重复提起。美国法秉持对抗制的理念，强调拥有一切资源和力量的国家不应当就一项受指控的罪行对个人进行反复定罪，千方百计增加无辜者被定罪的可能性，控诉方无论如何都不得对无罪裁判再行追诉，而对于有罪裁判，上诉主要是被告人诉请权利救济的方式，检察官只能在特定条件下行使极为有限的上诉权。禁止重复追诉是一项宪法性原则，对该原则的遵行，有赖于准确把

---

〔1〕 参见《美国联邦刑事诉讼规则》第 13 条。
〔2〕 参见《美国联邦刑事诉讼规则》第 14 条。
〔3〕 参见《美国联邦刑事诉讼规则》第 34 条及第 7 条（c）第（2）款。
〔4〕 参见《美国联邦刑事诉讼规则》第 7 条（c）款及第 31 条（c）款。
〔5〕 参见美国宪法修正案《权利法案》第 5 条。

据原初诉讼程序中的审判对象，亦即确定何谓"同一犯罪"。传统上判例确立了"布洛克伯格规则"：如果一个法条所要求证明的事实之中有一个事实是另一个法条所不要求证明的，那么，这两个不同法条所规定的犯罪即是两个不同的犯罪。[1] 布洛克伯格一案虽然没有就"同一犯罪"给予直接表达，但却实际上蕴含了这样一个标准，即如果根据相关法条，两个犯罪包含相同的构成要件，或者两个犯罪存在着包容关系，那么，这两个犯罪便是同一犯罪。当然，关于同一犯罪的界定标准在后来的判例中还要显得更加开放，后来阿什诉斯文森一案的判例不但细化了布洛克伯格规则，而且强调应当以"同案情"而非"同证据"来界定"同一犯罪"[2]。再后来的伊利诺伊州诉瓦伊塔尔一案，不仅涉及到不同法律对不同罪名的界定问题，而且涉及到基本轻罪与延伸重罪间的关系，法院通过该判例再次确认了布洛克伯格规则的地位，并且强调对二罪名中任何一罪的判决，无论是对基本轻罪还是延伸重罪的判决，都将因此禁止对另一罪名的再行追诉和审判。[3]

**二、德国法的公诉事实制度：以职权主义诉讼文化为背景**

德国刑事诉讼以职权主义诉讼文化为背景，侦查程序、中间程序、审判程序、法律救济程序构成它的基本流程。侦查机关在获悉犯罪、接受告发或追诉申请之后便会展开侦查，当案件已被调查清楚、检察官已可决定是否起诉时，侦查程序即告终结。此时，检察官会对侦查结果显示有充分理由的案件提起公诉，向有管辖权的法院提交起诉书及卷宗，案件将进入中间程序，由一独立的法官或由法官们组成的委员会以不公开的审理方式决定对案件再行侦查的合法性及必要性，并且尽量避免使得被告人受到不平等的审判程序。如果法院经中间程序认为证据充分可以进入审判阶段，便会裁定开始审理案件，必要时可以在检察院提出的事实的基础上变更其法律判断。进入审判程序，在必要的审判准备之后开庭审判，在检察官宣读罪状之后，被告人可以对公诉作答辩，在庭审中，审判长负责指挥审判、讯问被告人和调查证据，审判长结束对被告人的讯问之后可以允许陪席法官、检察官、辩护人向被告人发问。并且，为了调查事实真相，法院应当依职权将证据调查延伸到所有的对于裁判具有意义的事实和证据上，证据调查终结后，由检察官和被告人顺次发言，在总结陈述之后将休庭由法庭进行秘密评议，而后宣告判决。针

---

〔1〕 Blockburger v. United States, 284 U. S. 299, 52 S. Ct. 180, 76 L. Ed. 306 (1932).

〔2〕 Ashe v. Swenson, 397 U. S. 436, 90 S. Ct. 1189, 25 L. Ed. 2d 469 (1970).

〔3〕 Illinois v. Vitale, 447 U. S. 410, 100 S. Ct. 2260, 65 L. Ed. 2d 228 (1980).

对法院的裁判，允许提起上告以及对法律错误提起上诉，并且，在法院裁判终审生效之后，如果判决被发现受到了偏见或者伪造证据的影响，或者出现了重要的新证据，还可以发生再审。[1] 在德国刑事诉讼流程中，审判对象运行的情况大致可描述为：

当刑事侦查刚刚开始时，往往只是依照经验有理由相信有违法需要追诉的犯罪行为存在，"犯罪事实"还停留在一种所谓"简单的初期的怀疑"的状态，暂且难以看到将来的审判对象的雏形，是否可能在此基础上发生审判对象，还不确定。当侦查结果显示充分理由在审判程序中有可能被判有罪时，检察官便会决定提起公诉，此时，审判对象开始表现出一种发生的可能性，而如果检察官作出中止程序的裁决，则会暂时阻却了审判对象的发生。根据德国法，除非是依据起诉便宜原则作出不起诉处分，检察机关中止程序的裁决通常并无确定之法律效力，随时可以继续侦查从而再次引起特定罪行成为审判对象的可能性。如果检察官向有管辖权的法院提起公诉，提请启动刑事审判程序，就会提示特定的审判对象。经由起诉即开始建立了在特定法院的诉讼系属关系，此时，诉讼的主导权转移至法院，而诉讼标的也开始被固定下来，亦即法院的调查及裁判只能就起诉时所指出的犯罪行为及被告人而进行。这样，检察机关起诉时提示的审判对象就开始发挥约束法官审判范围的作用。

不过，在提起公诉之后案件并没有直接进入审判程序，通常必须经过中间程序，由对案件审判有管辖权的法院裁判是否开始审判程序或者暂时停止程序。为此，检察机关的起诉书必须向法院提出要求开始审判程序的申请，写明被指控的被告人、指控的行为、实施行为的时间与地点、犯罪行为的法定特征和适用的处罚条文等内容，通常还应明主要侦查结果和证据并将卷宗

---

〔1〕 参见［德］克劳思·罗科信：《刑事诉讼法》，吴丽琪译，法律出版社 2003 年版，第 28～32 页；［德］托马斯·魏根特：《德国刑事诉讼程序》，岳礼玲、温小洁译，中国政法大学出版社 2004 年版，第 17～21 页。有关职权主义及德国刑事诉讼程序的概貌及历史，另可参见 John H. Langbein, *Comparative Criminal Procedure： Germany*, West Pub. co. , 1977; Mireille Delmas-Marty & J. R. Spencer (eds. ), *European Criminal Procedures*, translation supervised by J. R. Spencer, Cambridge University Press, 2002; Sarah J. Summers, *Fair Trials： The European Criminal Procedural Tradition and the European Court of Human Rights*, Hart Pub. , 2007; Erwin J. Urch, *The Evolution of the Inquisitorial Procedure in Roman Law*, Ares, 1980; A. Esmein, *A History of Continental Criminal Procedure： With Special Reference To France*, John Simpson (Trans. ), The Lawbook Exchange, Ltd. , 2000 (Originally published： Little, Brown and Company, 1913); Abraham Goldstein &Martin Marcus, "The Myth of Judicial Supervision in Three 'inquisitorial' Systems： France, Italy, and Germany", 87 *Yale Law Journal* 240, 1977.

材料一并提交法院。根据德国法，检察官起诉书中罪状描述如果未能将犯罪行为的非难状况加以充分具体化，无法达到通过其"划清界限范围"之功能时，便可成立诉讼障碍。因此可见，起诉书在很大程度上发挥了界定审判对象的基本功能。不过，由于德国起诉书详细记载犯罪事实及其全案卷宗移送的方式，以及中间程序的作用，审判对象实质上并不是由检察官起诉时就完全确定了。在中间程序，法院应当将起诉书通知被告人，同时要求他在规定期限内作出声明，以表明在法院裁判起诉书之前他是否要申请调取一定证据或者是否要对开始审判程序提出异议。这样，实际上被告人也具有了提出申请影响审判对象发生的权利，尽管被告人的申请或异议由法院自主裁定是否支持，但是，这毕竟有了一种可能性。如果法院裁定拒绝开始审判程序，便意味着检察机关在提起公诉时初步提示的审判对象遭到阻却，无法进入刑事审判程序成为现实。当然，对于不服拒绝开始审判程序的裁定，检察机关有权立即抗告而使审判对象可能发生。但如果抗告仍然被拒绝，那么，就只有依据新的事实和证据才能再行起诉。如果根据侦查程序结果认为被告人有足够的犯罪行为嫌疑，法院则会裁定开始审判程序，检察机关起诉时初步提示的审判对象便得到准予而将规范着审判法院的审判范围。不过，根据德国法，在裁定是否开始开始审判程序之前，为了使案情更臻明了，法院可以命令收集一定证据，法院在作出裁定时不受检察院申请的约束，并且在必要时，法院会在开始审判程序的裁定中对检察官的起诉范围和具体内容作一定变更，该项变更对检察院具有约束力。也就是说，检察官起诉时初步提示的审判对象在范围和具体内容上可能在中间程序中被进行了变更之后才进入审判程序的。从这个角度来看，裁定是否准予交付审判的中间程序的法官实际上也可能发挥了设定审判对象的功能。只是，相对而言，审判对象的基本事实框架还是由检察官确立的，而裁定法官通常是在该公诉事实基础之上有限地变更指控事实的范围及其法律评价。总之，即将体现在审判程序中的审判对象就在开始审判程序的裁定中被确定了下来。

开始审判程序的裁定会确定负责审判的法庭，审判法院在开庭审判之前，必须向被告人送达开始审判程序的裁定，从而将确定下来的审判对象及相关信息告知被告人，以使被告人可能有目的地准备防御。根据德国法，在开始审判之前，如果法院认为更高级别法院对案件有管辖权，可以通过检察院将卷宗提交该更高级别的法院，不过，这种管辖权的转移除了更改审判对象可能系属的审判法院之外，并没有对已经设定的审判对象带来实质影响。当然，在法院受理的数刑事案件之间互有牵连关系时，为了同时审理的目的，法院可以决定将案件合并审理，这种情形，则会拓展初始提示的审判对象的范围及内容。在刑事审判程序中，审判对象便成为控辩双方之间攻击防御以及法官判定的共同标的，法官的审判范围受到界定，这种界定作用具体表现为：法院的调查与裁判只能延伸到起诉书中写明的行为和以诉讼指控的人员，在此界限范围内，法院有权和有义务自主行动，尤其是在刑法的适用上，法院不受提出的申请之约束。因此，检察官起诉书或者说开始审判程序的裁定所提出来的审判对象只能界定法官审判的事实基础与范围，但不能规范法官审判中的法律评价活动。刑事审判以宣布案件而开始，在检察官宣读罪状，向法庭展示审判对象的内容之后，被告人可以针对于此展开答辩，当然，检察官在宣读罪状时应当以开始审判程序的裁定为准，顾及到法院准予就起诉进行审判时所作的变更。在法庭审理中，为了调查事实真相，法院应当依职权将证据调查延伸到所有的对于裁判具有意义的事实和证据上面。这一点，尽管很难就此断定法庭调查范围超越审判对象的可能性，但却可以显示了法官在审判过程对于审判对象采取了一种较为积极的行动姿态。当然，一切的政据调查和法庭辩论，都将围绕着审判对象所提出来的犯罪指控而展开，作为法院判决的事项，应当是在公诉中写明的并根据审理结果所表明的行为。不过，法院不受开始审判程序的裁定所依据的对行为的评断之约束，并且，法院可以在满足一定程序性要求的基础之上进行法律观点的变更。这样，在德国法中并不会构成对审判对象的背离和超越。同时，在审判过程中，德国法还允许检察官将公诉延伸到被告人的其他犯罪行为之上，这就使得初始提示的审判对象在范围上已经被扩张性地变更了。在法院的判决中，如果是有罪判决，判决理由便会写明已经查明的具有犯罪行为法定特征的事实以及适用的刑法和对量刑起了决定性作用的情节，如果是无罪判决，判决理由则会明确是否被告人没有实施被指控的罪行或者是否以及因何原因认为已经查明的行为并不构成犯罪的事实。由此，审判对象便在判决书中被初步凝固了下来。

由于德国法设置了上告、上诉和再审的制度，初审案件仍然可能在后来的程序中再次受到审理，这样，原有的审判对象便可能在重新审理中再次被提出来。在德国法中，上告作为一种通常的救济途径，它的提起并没有太多限制，及时的上告即阻却原审判决的生效，一方当事人对上告可以限制在一定的上告事项上，如果没有予以限制或者根本没有说明上告理由，则视为原判决的全部内容均被要求撤销或者变更。因此，在提起上告审理程序时，原有的审判对象实际上可能被重新界定了，而且，由上告审理的性质所决定，原审中的错误也被列入上告审理过程的调查范围。在上告审判中，初审法院的判决只能作为对新的审判的相关事实的介绍，审判长宣读初审判决和与上告相关的内容也将替代初审中检察官对起诉书的宣读，这一点，反映了审判对象在上告审理中有别于初审审理的特征。不过，总的来说，上告审理中的审判对象仍然是由上告提起时确定的，上告法院只能对原判决的被要求撤销或变更的那部分进行审查，法院判决通常也只能在认为上告正当的范围内撤销原判。此外，在德国法中，一方当事人可以对原审判决中的法律错误问题提起上诉，因此，上诉审判中的审判对象在性质上受到了限定，上诉人应当说明他在何种范围内对原判决不服，在何范围内申请撤销、变更原判决，上诉法院只根据所提出的上诉申请进行审查，如果上诉是依据程序上的错误时，只审查提出上诉申请时所说明的事实，并在认为上诉正当的范围内撤销被声明不服的原判决。这就表明，在上诉审判程序中，审判对象仍然发挥了作用，只是，它在范围和内容上已经有别于原审程序了。根据德国法，历经初审、上告审和上诉审之后，审判对象仍然可能在后来的再审程序中被提出来。一般说来，当判决被发现受到了偏见或者伪造证据的影响，或者出现了重要的新证据，再审就可能发生，而引起再审的这些法定事由将构成再审程序中审判对象的重要组成。在再审程序中，审判对象仍然发挥其既有的明确诉讼标的和界定审判范围之功能，当然，与基于原审法律错误问题而提起的上诉审有别，再审往往更是基于新事实或新证据而进行重新的审判。

　　德国法的审判对象制度植根于它的职权主义诉讼文化，将审判对象界定为"公诉事实"。德国刑事诉讼实行职权主义模式，法官积极行使职权并主导审判的进行，控诉方提起诉讼并提示公诉事实作为审判的事实基础，规范着法官权力行为的界限，但在这一界限范围内，法官审判职权拥有较大的自主性，有权力并且有义务对公诉事实自主进行法律评价，而不受控诉方法律观点的约束。公诉事实观契合于诉讼标的的理论，将"法院诉讼程序之标的"界定为"被提起告诉之行为"，并坚持诉讼标的的同一性和不可分割性，"在此诉讼标的之范围内，法院有义务对犯罪行为就其法律或事实层面为广泛性之调查"。[1] 这种公诉事实制度将制约法官权力的审判对象仅仅界定为控诉方起诉指控的事实而不包括罪名，体现职权主义突出法官职权作用的特质，用学者的话说，"在历来的大陆法系的刑事诉讼中，公诉紧紧是把一个案件移交给

---

〔1〕　［德］克劳思·罗科信：《刑事诉讼法》，吴丽琪译，法律出版社 2003 年版，第 179 页。

法院，而该案件的审判则取决于法院的职权"[1]。因而，德国法规范审判对象制度的着眼点主要放在审判环节，基于诉讼标的来规范审判范围，确保审判对象的有效运行。

1. 根据德国法，法院开始调查以提起公诉为条件，未经起诉不得审判，法官的审判范围只能延伸到起诉指控的罪行，这是审判对象制度规范的基点；但另一方面，法官不受起诉指控的罪名所约束，有职责对公诉事实自主进行法律评价，这构成该审判对象制度的显著特点。德国法在规范法官审判范围方面的制度设置十分显著，主要表现在：其一，关于"调查范围"的规定："法院的调查与裁判，只能延伸到起诉书中写明的行为和以诉讼指控的人员。在此界限范围内，法院有权和有义务自主行动；尤其是在刑法的适用上，法院不受提出的申请之约束"；其二，关于"判决事项"的规定："作判决的事项，是在公诉中写明的、根据审理结果所表明的行为；法院不受开始审判程序的裁定所依据的对行为的评断之约束"[2]。这就表明，起诉主要是规定法官审判的事实基础，但并不限制法官的法律评价，审判的范围被界定在公诉事实范围内。这一点，与德国法以公诉事实为基础的诉讼标的理论密切相关：控诉方提起诉讼时，起诉书应当明确记载"公诉事实"，写明被起诉之犯罪行为，叙述全部的事实经过，此即决定了诉讼标的，法院受此标的之拘束，法官原则上只能审理被起诉之犯罪行为，在诉讼过程，应坚持诉讼标同一性的原则。但该行为就其一致性而言，并不会因为起诉而禁止地被固定下来，相反地，其在一定范围内是可以更改的，法院不仅可对之有另外的看法，甚至只要所持之不同看法仍具被起诉的事件经过的基本性质，则法院在诉讼标的范围内对后来才辨识出来的与起诉书上所载之事实出入，亦可有自己之决定。同时，诉讼标的原则上是不可分割的，诉讼程序可对该犯罪行为作各方面的调查，包括全部的准备行为、附属行为及事后行为，而且，诉讼程序需对犯罪行为就每一法律观点均加调查。[3]

2. 德国法允许通过变更起诉、合并审理、变更法律观点等方式来变更原初的起诉范围。根据现行法典，这主要表现为：其一，检察院或者法院经检察院申请或同意，可基于轻微案件、国外行为、政治原因、行动自责、轻罪、

---

[1] [日] 小野清一郎：《犯罪构成要件理论》，王泰译，中国人民公安大学出版社 2004 年版，第 226～227 页。

[2] 参见《德国刑事诉讼法典》第 155、264 条。

[3] 参见 [德] 克劳思·罗科信：《刑事诉讼法》，吴丽琪译，法律出版社 2003 年版，第 179～367 页。

免予刑罚、不重要的附加刑等原因，撤回业已提出的起诉。[1]　其二，对于行为可以分割的个别部分或者以行为所实施的数个违法情况中的个别情况，如果可能给予的刑罚处分并非十分重要的时候，对追诉可以限制在行为的其余部分或者其余的违法情况上，受到起诉书后，经检察院同意法院可以在程序的任何阶段对追诉范围加以限制，也可以在程序的任何阶段将已经排除的部分行为、违法情况部分重新纳入程序。[2]　其三，在中间程序中，法院可以对检察官起诉书进行某种变更，包括：对整个检察官起诉拒绝开始审判程序；因为数个行为提起了公诉，对其中的个别行为拒绝开始审判程序；将追诉范围限制在可分割的行为部分或者以同一犯罪行为实施的数个违法情况之个别情况上；变更起诉书对行为的法律认定。[3]　其四，当某人被指控犯有数个犯罪行为，或者在一犯罪行为中数人被指控是主犯、共犯或者犯有庇护、藏匿犯人或赃物罪时，法院可以在审判程序开始后依申请或依职权裁定将互有关联的刑事案件分离或者合并；同时，在法院受理的数刑事案件之间互有牵连的时候，尽管此种牵连并不属于法定的关联关系，但为了同时审理的目的，法院也可以决定将案件合并。[4]　其五，审理过程中，如果先前对被告人履行告知并且给予他辩护机会的，法官可对被告人根据不同于法院准予的起诉所依据的刑法作出判决；同样，在审理过程才表明存在着刑法特别规定的可以提高可罚性或者科处矫正及保安处分的情节的情况下，法官在考虑被告人防御权益程序保障的基础上可以变更法律观点。[5]　其六，检察官在审判中将公诉延伸到被告人的其他犯罪行为之上，法院如果对案件有权管辖并准予起诉，并且给予了被告人准备辩护的机会，可以裁定将这些其他行为纳入程序。[6]

　　3. 根据德国法，"任何人不得因同一行为而受到一次以上的惩罚"[7]，这一点，与美国法一样，强调防范审判对象被不当重复提起，但是，在具体进路上有别于美国法。基于既判力原则，对于尚未生效的裁判，控辩双方均拥有可普遍利用的上诉程序，例如通过抗告、上告、上诉等方式，穷尽常规的上诉途径之后对生效裁判的重新审判才被视为"再审"，再审作为特别的法律

〔1〕　参见《德国刑事诉讼法典》第 153 条。

〔2〕　参见《德国刑事诉讼法典》第 154 条。

〔3〕　参见《德国刑事诉讼法典》第 207 条第 2 项。

〔4〕　参见《德国刑事诉讼法典》第 4、237 条。

〔5〕　参见《德国刑事诉讼法典》第 265 条。

〔6〕　参见《德国刑事诉讼法典》第 266 条。

〔7〕　参见《德意志联邦共和国基本法》第 103 条第 3 项。

救济程序，表现了禁止重复追诉原则的例外。德国法设置了有利于被告人的再审和不利于被告人的再审，如果再审申请的理由成立并有适当证据，通常即可引起新的审判程序，此项审判程序完全独立，与先前的审判程序无关，并不违背一事不再理和构成所禁止的重复追诉。[1] 根据德国法，发生下述任何一种情形时，允许控诉方基于不利于被告人的利益而提起再审：审判时作为真实证书对受有罪判决人有利地出示的证书，是伪造或者变造的；证人、鉴定人犯有故意或者过失违反宣誓义务，或者故意作出违背誓言的虚假陈述之罪，作出对受有罪判决人有利的证词、鉴定；参与了判决的法官、陪审员，在与案件有关的问题上犯有应处罚的违反其职务义务的罪行；被宣告无罪人在法庭上、法庭外作了值得相信的犯罪行为自白。[2]

### 三、日本法的审判对象制度：不同诉讼文化间的制度融合

日本刑事诉讼制度是在原来的大陆法职权主义诉讼传统的基础上，引入了体现英美法特征的对抗制因素而形成的，它的审判对象制度就充分体现了这种特征。换言之，日本法中的审判对象制度植根于一种混合了不同制度模式特征的诉讼文化基础之上，日本法关于审判对象制度的建设，显示了一种不同诉讼文化间制度借鉴的可能性，并在某种程度上可以为我们提供一个制度建设的样板。日本刑事诉讼的基本流程大致可描述为：当侦查机构怀疑发生犯罪时，就会开始侦查，收集相关证据，确定犯罪嫌疑人，案件处理到一定程度时便将移交检察机关，检察官在斟酌考虑侦查结果的同时可能进行必要的补充侦查，并决定是否向法院提起公诉。受理公诉的法院确定审判日期，开庭进行审判，庭审从开头程序开始，然后进行证据调查，到最终辩论，从而结束审理并作出有罪或者无罪的判决。如果没有对初审判决提起任何上诉，判决就会发生效力，如果提出上诉，案件将进入控诉审程序或者上告审程序，经上诉审理判决将发生法律效力。当然，对于生效判决，还允许通过再审及

〔1〕 参见［德］克劳思·罗科信：《刑事诉讼法》，吴丽琪译，法律出版社2003年版，第547页。

〔2〕 参见《德国刑事诉讼法典》第362条。

特别上告这样的非常救济程序引起重新审判。[1] 结合刑事诉讼的基本流程，可以考察日本法中审判对象制度的基本运行特征：

在侦查初始阶段，侦查机关知悉或者认为发生犯罪时，便开始实施侦查，和英美法及大陆法一样，这个时候，审判对象充其量只是一种极为朦胧和不确定的形态，即便是针对正在实施犯罪或刚实施完犯罪的现行犯或准现行犯的侦查，甚至当有相当的理由足以怀疑犯罪嫌疑人已经犯罪而实施逮捕时，也是如此。总之，审判对象只有到了侦查终结后检察机关决定提起公诉的时候才开始显示出一种相对确定的形态。

日本法采取国家追诉主义和起诉便宜主义，通常检察官在认为具备确实的理由怀疑犯罪嫌疑人犯罪时便会提起公诉，请求法院对特定指控罪行进行审判，同时，检察官可能根据犯罪嫌疑人的性格、年龄、境遇、犯罪情节和犯罪后的情况认为没有必要追诉而不提起公诉，这样，检察机关拥有了是否提请启动审判程序并决定性地影响审判对象发生的权力。检察官提起公诉时，应当提出起诉书，起诉书应当记载足以特定为被告人的基本事项、公诉事实和指控罪名，公诉事实应当明示诉因并予以记载，尽可能地以日时、场所、方法等特别指明足以构成犯罪的事实，罪名应当示知应予适用的处罚条文并予以记载，处罚条文的记载错误不得导致存在对被告人的防御产生实质性不利的危险，这样，审判对象就在检察机关提起公诉时被提示了出来，这种提示审判对象的做法既显示了英美法以记载特定诉因的特征，又体现了大陆法陈述公诉事实的传统。根据日本法，公诉对检察官指定的被告人以外的人不发生效力，也就是说，法官审判不得及于未经起诉指控的特定被告人之外的人，这一点，表现了起诉在规定审判对象方面的功能。当然，和英美法及大陆法一致，审判对象经起诉提示而进入审判程序以后，便显现出界定法官审判范围、设定控辩对抗标的的效果，尽管审判对象实际上是由控诉方提起诉讼时提出来的。但是，一经进入审判程序，却成为一个用以限制控诉方攻击范围并保障被告人防御利益的范畴，这一特征，在美国法、德国法和日本法

---

〔1〕　参见［日］松尾浩也：《日本刑事诉讼法》（上卷），丁相顺、张凌译，中国人民大学出版社 2005 年版，第 24～25 页；彭勃：《日本刑事诉讼法通论》，中国政法大学出版社 2002 年版，第 9～15 页。有关日本刑事诉讼程序的概貌及历史，另可参见渥美东洋：《刑事訴訟法》，有斐閣 2009 年版；渡辺直行：《刑事訴訟法》，成文堂 2010 年版；渡辺咲子：《判例講義刑事訴訟法》，不磨書房 2009 年版；中村義孝編訳：《ナポレオン刑事法典史料集成》，法律文化社 2006 年版；Malcolm M. Feeley & Setsuo Miyazawa（eds.），*The Japanese Adversary System in Context：Controversies and Comparisons*，Palgrave Macmillan，2002.

中基本是一致的。

当然，日本法对检察官的起诉独占主义采取了某些修正。一方面是由检察审查委员会审查检察官的不起诉处分是否适当并作出评决，对此，检察官必须重新考虑对案件的处理但无义务必须提起公诉，不过，这也是可能影响审判对象发生的情况。另一方面是对滥用职权犯罪进行控告或检举的人在检察官不予起诉时可以向法院请求将案件交付审判，这种"准起诉程序"可能引起法院对案件事实的调查和将案件移送有管辖权法院的审理，因此，也是一种可能引起审判对象发生的情况。在提起公诉之后，除非检察机关在第一审判决之前撤回公诉，否则，起诉时设定的审判对象便会发生并开始发挥作用。法院会在收到提起的公诉之后及时向被告人送达起诉书，以便被告人掌握审判对象的相关信息，充分准备防御。确定了审判对象，法院还会及时确定审判日期，进行开庭审判，在法庭审判中，首先由检察官朗读起诉书，以让法庭明确起诉指控内容，把握审判对象。对此，被告人可以保持沉默或者进行陈述，并且可以对起诉书记载的诉因作出有罪意旨的陈述，如果被告人作有罪意旨的陈述，法院在听取各方诉讼主体的意见后可以以被告人陈述的有罪部分为限作出依照简易公审程序进行审判的裁定，这一点，初步显示了审判对象在庭审中的作用。然后，法庭审理将围绕审判对象展开证据调查，证据调查完毕后检察官应当对事实及法律的适用陈述意见，被告人和辩护人也将围绕于此进行辩论，法庭审理程序终结后法院将作出评议判决，无论是有罪判决还是无罪判决，均应当不超越审判对象的事项范围而作出。

在审理过程，初始提示的审判对象范围可能发生变化。在日本法中，法院在检察官提出请求时，以不妨碍公诉事实的同一性为限，应当准许追加、撤回或者变更记载于起诉书的诉因或者罚条，并且，法院鉴于审理的过程认为适当时，可以命令追加或者变更诉因或罚条。同时，检察官在法院作出裁判之前可以撤回公诉，法院也可以经过审查作出公诉不受理的裁定。这样，审判对象就会发生变更甚至被撤销。对于起诉变更的情况，法院应当及时通知被告人，并在可能对被告人防御产生实质性不利影响时依照请求裁定停止公审程序，以让被告人针对变更过后的审判对象进行充分的防御准备；对于公诉撤回的情况，检察机关可以在撤回公诉后对犯罪事实重新发现重要证据时就同一案件再次提起公诉，从而使审判对象再次发生。在这个方面，日本法表现了有别于英美法和大陆法的特征来，例如，在德国法中，公诉一经进入审判程序便不得撤回，在英美法中，严格禁止追加公诉。

值得注意，在案件管辖权问题上的处理，同样可能发生对审判对象的影响。一方面，管辖权错误可能导致案件的移送，这样尽管并没有对审判对象的范围和内容带来任何影响，但却改变了审判对象系属的具体法院。另一方面，对于牵连案件的审判管辖，可能由于合并审判或者分立审判的做法而对审判对象带来某些影响。根据日本法，级别管辖不同的数个案件相牵连时，上级法院可以将案件合并管辖，属于高等法院特别权限内的案件和其他案件相牵连时，高等法院可以将案件合并管辖，对此种可以合并管辖的情形就可能导致对数个牵连案件的合并审判或者分离审判，势必对审判对象的具体内容带来影响；另外，地区管辖不同的数个案件相牵连时，对其中一个案件有管辖权的法院可以合并管辖其他案件，对此，同样可能导致对案件的合并审判或者分离审判，从而对既有的审判对象带来影响。因此，在牵连案件的问题上，即一人犯数罪、数人共犯同一罪或者不同罪、数人同谋而分别实施犯罪、藏匿犯人罪、湮灭证据罪、伪证罪、虚假鉴定和翻译罪、赃物罪等情形，往往容易为审判对象的确定和变更带来影响，这种影响或者体现在提起公诉之时，或者体现在受理公诉进入审判程序以后。这方面的情况，日本法与英美法、大陆法均会存在，只是在具体表现上会有差别。

经过初审法院的裁判，检察官或者被告人可以提起上诉，因此，原来的审判对象就会在上诉审理程序中被再次提出来。当然，上诉可以仅仅针对原审裁判的一部分提起，如果没有限定一部分而上诉时，则被视为对裁判的全部提出的上诉，也就是说，上诉审判程序中并非总是对原审审判对象的全部重复，上诉审的审判对象是由一方当事人在提起上诉时予以提示和具体界定的，当然，如果未明确界定则视为对原审裁判的全部提起，这就表现了上诉审与初审之间既有区别又有联系。根据日本法，除了对判处死刑、无期徒刑的判决的上诉，通常在上诉提起之后，当事人可以放弃或者撤回上诉，一经放弃或者撤回，则不得对该案件再行上诉；而对于由于不可归责于己的事由没能在法定上诉期限内提起上的，当事人可以向法院请求恢复上诉权并提出上诉请求。这些关于提起上诉的规范，直接制约着审判对象在上诉审中发生的可能性。在日本法中，上诉被区分为控诉和上告，如果是针对初审审判决则提出控诉，案件进入控诉审程序，如果是针对控诉审判决则提出上告，案件进入上告审程序。控诉可以以原审诉讼程序违法、适用法律错误、错误认定事实、量刑不当等事由提出，控诉法院将围绕控诉旨趣书记载的事项进行调查。上告则只能以初审或上告审的判决违反宪法或错误解释宪法、或者作出与最高法院或大审院判例相反的判断为事由提起，向上告法院提出上告旨趣书，上告法院经过审理将会对具有上告事由而受到影响的原审判决予以撤销，并且，对于出现有足以影响判决的违反法令的事项、量刑甚为不当、有错误认定足以影响判决的重大事实、具有相当于可以提出再审请求的事由、判决后刑罚已经废止或变更或已经大赦等情形而认为如果不撤销原判决显然违反正义的时候，也可以撤销原判。从这里可以看出，上诉审中的审判对象仍然坚持不告不理和诉审同一的基本原则，只是，在具体内容上主要指向了原审裁判本身，不过，上诉审中法官的审判范围不能超越审判对象。

法院判决生效之后，仍然可能通过非常救济程序而再次提出审判对象。在日本法中，已经受到生效有罪判决的被告人可以依据特定再审事由提请再审，检察总长还可以对违反法令的生效判决提起非常上告，两种情形均可能引起重新审理。再审的提起，基于有罪判决所采纳的证据和事实真实性值得怀疑、因诬告而被判有罪、作为原判决的证据的裁判已经被变更、一经发现足以推翻有罪判决的新证据、原审法官涉嫌职务犯罪而造成被告人被判有罪等事由，针对已经生效的有罪判决而提起，再审请求经裁定受理之后往往引起重新审判，这样，原审中的审判对象便可能再次发生，并且，在再审过程中，与再审事由相关的事项将被纳为审判对象的重要内容。非常上告由总检察长在判决确定后发现案件的审判违反法令时向最高法院提起，提起时应当提出记载其理由的申请书，最高法院将以申请书记载的事项为限进行调查，经过审查，如果原判决违反法令，则撤销该违法的部分，如果诉讼程序违反法令，则撤销该违法的程序，非常上告的判决效力不及于被告人。不过，如果原判决违反法令不利于被告人时，则应当撤销原判决并就被告案件重新作出判决。由此可见，在非常上告审理程序中，法官的审判范围仍然受非常上告请求的范围所约束，而在发现原判决存在不利于被告人的违反法令的情形时，原来的审判对象便会再次发生并成为最高法院重新作出判决的标的。

总的来说，日本法在传统的职权主义诉讼文化的基础上，借鉴体现对抗制诉讼文化的诉因制度，同时保留原有的公诉事实的观念，因而造就其现行既不同于英美法也不同于大陆法的审判对象制度，审判对象基本被界定为公诉事实同一性范围内的诉因。按照日本学者的描述，它与原则上不承认诉因变更的英美法不同，与不采用诉因制度的大陆法系的公诉事实制度也不同，这种制度可以说是介于英美法中的诉因制度和大陆法中的公诉事实制度之间的一种"中间性制度"。[1] 日本法主要通过两项极为重要的制度来规范审判

---

〔1〕 〔日〕田口守一：《刑事诉讼法》，刘迪、张凌、穆津译，法律出版社 2000 年版，第 165～166 页。

对象：一是，起诉书记载制度；二是，起诉变更制度。它们共同解决了如何确定法院审判范围的问题。也就是说，审判对象必须以起诉书记载的特定诉因为基础，审判范围不得超越起诉范围，但同时，在公诉事实同一性的界限以内，允许在审判过程变更起诉范围，从而适当地变更起诉初始提示的审判对象，只要从程序上保障此种变更不对被告人防御利益带来实质性的不利影响。这种制度设置，包含英美法制度和大陆法制度的混合因素，体现不同诉讼文化之间制度交融之后的特征。因而，日本法的审判对象制度植根于一种混合了不同制度模式特征的诉讼文化基础之上，其关于审判对象制度的建设，显示了一种不同诉讼文化间制度借鉴的可能性，其实践的成功可能为不同诉讼文化间的制度借鉴提供一种参考，并在某种程度上提供一个制度建设的样板。

1. 根据日本法，检察官提起公诉时，应当提出起诉书，起诉书应当记载足以特定为被告人的基本事项、公诉事实和指控罪名，公诉事实应当明示诉因并予以记载，尽可能地以日时、场所、方法等特别指明足以构成犯罪的事实，罪名应当示知应予适用的处罚条文并予以记载，处罚条文的记载错误不得导致存在对被告人的防御产生实质性不利的危险，而且，起诉书不得添附可能使法官对案件产生预断的文书及其他物品或者引用该文书等的内容。[1]这样，审判对象就在检察机关提起公诉时被提示，这种起诉书提示审判对象的做法既显示了英美法以记载特定诉因的特征，又体现了大陆法陈述公诉事实的传统。值得注意的是，日本法起诉书对诉因的记载允许采取预备性或择一性记载的方法[2]，诉因的预备性记载，是指在起诉书中排列顺序地记载本位诉因和预备诉因，对于本位诉因要求有罪判决，但考虑到本位诉因的请求可能被否定，同时请求对下位性的预备诉因也做有罪追诉；诉因的选择性记载，则是在起诉书中不分主次顺序地记载两种诉因，请求法院选择其一作有罪判决。[3]

2. 根据日本法，法院在检察官提出请求时，以不妨碍公诉事实的同一性为限，应当准许追加、撤回或者变更记载于起诉书的诉因或者罚条，并且，法院鉴于审理的过程认为适当时，可以命令追加或者变更诉因或罚条。同时，

---

〔1〕　参见《日本刑事诉讼法》第256条。

〔2〕　参见《日本刑事诉讼法》第256条第5款。

〔3〕　参见［日］田口守一：《刑事诉讼法》，刘迪、张凌、穆津译，法律出版社2000年版，第136页。

检察官在法院作出裁判之前可以撤回公诉，法院也可以经过审查作出公诉不受理的裁定。这样，审判对象就会发生变更甚至被撤销。对于起诉变更的情况，法院应当及时通知被告人，并在可能对被告人防御产生实质性不利影响时依照请求裁定停止公审程序，以让被告人针对变更过后的审判对象进行充分的防御准备；对于公诉撤回的情况，检察机关可以在撤回公诉后对犯罪事实重新发现重要证据时就同一案件再次提起公诉，从而使审判对象再次发生。[1] 在这个方面，日本法表现了有别于英美法和大陆法的特征，例如，德国法中公诉一经进入审判程序便不得撤回，美国法则严格禁止追加公诉。需要强调的是，日本诉讼实践中，被告人防御利益成为衡量诉因变更必要性与合理性的最主要标准，不仅诉因变更时要保障被告人充分的防御权利，而且被告人防御利益反过来成为考量是否必要进行诉因变更的基准。例如，在指控事实变更的问题上，判例认为，即使是被告人自己承认的事实，法院为了认定该事实也必须通过变更诉因，以充分捍卫被告人防御利益，但如果是缩小认定包容关系的事实，由于不会对被告人防御利益产生明显影响，则不需要变更诉因；同样，在法律评价变更的问题上，判例认为，法律评价发生变化时必须通过变更诉因程序，否则法院径自认定会危害被告人的防御利益，可不需要变更诉因程序的前提是法律评价存在包容关系或者对被告人防御权益没有实质性影响。[2]

---

〔1〕 参见《日本刑事诉讼法》第 312 条。

〔2〕 参见［日］田口守一：《刑事诉讼法》，刘迪、张凌、穆津译，法律出版社 2000 年版，第 173～174 页。

# 第三编
# 中国问题

# 第九章　立法的表述：案件事实制度

## 一、刑诉法典的立场

在中国，契合于现行诉讼模式，审判对象实质上被界定为"案件事实"，现行刑事诉讼法典[1]规范审判对象的制度可被定义为"案件事实制度"，审判对象的运行及其制度环境呈现如下特点：

1. 实行不告不理，审判对象由控诉方起诉来提示，但也存在例外。根据现行法，检察院负责提起公诉，而审判由法院负责，法院与检察院应当分工负责、互相配合、互相制约，保证准确有效地执行法律，检察院经过审查认为犯罪嫌疑人的犯罪事实已经查清，证据确凿、充分，依法应当追究刑事责任的，应当作出起诉决定并按照审判管辖的规定向法院提起公诉，法院对提起公诉的案件进行审查后，对于起诉书中有明确的指控犯罪事实并且附有证据目录、证人名单和主要证据复印件或者照片的，应当决定开庭审判。亦即，在审判程序启动方面，实行了不告不理，没有起诉，便没有审判对象，某种程度上，审判对象正是由检察院提起公诉时通过起诉书记载明确的指控犯罪事实来提示的。然而，这种不告不理的原则也存在例外，特别是体现在审判监督程序中。根据现行法，各级法院院长对本院已生效的裁判，如果发现在认定事实或者适用法律上确有错误，必须提交审判委员会处理；同样，最高人民法院对各级法院以及上级法院对下级法院的生效裁判，如果发现确有错

---

[1] 这里结合刑事诉讼法典展开分析，《中华人民共和国刑事诉讼法》（全国人民代表大会 1979 年 7 月 1 日通过，1980 年 1 月 1 日起施行，后经 1996 年 3 月 17 日修正，1997 年 1 月 1 日起施行，以下将 1997 年起施行的现行法简称《刑诉法》或者"现行刑诉法典"）。有关新中国早期至改革这一段时期的刑事诉讼程序的概貌及历史的分析，另可参见强世功：《法制与治理：国家转型中的法律》，中国政法大学出版社 2003 年版；强世功：《惩罚与法治：当代法治的兴起（1976～1981）》，法律出版社 2009 年版；Jerome Alan Cohen, *The Criminal Process in the People's Republic of China, 1949～1963; An Introduction*, Harvard University Press, 1968; Shao-chuan Leng & Hungdah Chiu, *Criminal Justice in Post-Mao China: Analysis and Documents*, State University of New York Press, 1985.

误，有权提审或者指令再审。[1] 这种法院自主决定启动再审的做法，显然有悖于不告不理，审判对象实质上已经不是由控诉方提示，而是由法院根据启动再审的动因来自主确立。因而，在中国，虽然审判对象通常由检察院提起公诉予以提示，但也不能排除由法院自行确立审判对象的可能。

2. 实行诉审同一，审判对象受起诉范围所限制，但也存在例外。根据现行法，法院对提起公诉的案件审查后决定开庭审判的，应当将检察院的起诉书副本送达被告人，法院审判公诉案件，检察院应当派员出席法庭支持公诉，公诉人在法庭上宣读起诉书后，被告人可以就起诉书指控的犯罪进行陈述，经过法庭审理，在被告人最后陈述后，合议庭进行评议，根据已经查明的事实、证据和有关的法律规定，分别作出有罪判决、无罪判决或者证据不足、指控的犯罪不能成立的无罪判决。因而，某种程度上坚持诉审同一的原则，审判范围受到起诉范围所限制。但这一原则在现行法典中体现并不显著，审判范围并不是总受制于起诉范围。例如，法庭审理过程中合议庭对证据有疑问的可以宣布休庭并对证据进行调查核实，这就可能导致实际的审判范围超越起诉范围，更甚者，第二审法院应当就第一审判决认定的事实和适用法律进行全面审查，而不受上诉或者抗诉范围所限制，共同犯罪的案件只有部分被告人上诉的，法院应当对全案进行审查，一并处理。[2] 因而，在中国，由于对诉审同一原则贯彻的不力，控诉方起诉时提示的审判对象所能实现的限定法官审判范围的功能较为局限。

3. 审判对象基本被界定为控诉事实，但可能扩展至整个案件事实，而控诉罪名则不被纳入审判对象范畴，审判对象变更存在较大空间。现行法典并没有明确对审判对象予以规定，但通过考察若干较为间接涉及的条文，就可以有所发现。如果仅仅从法典规定的"提起公诉的条件"[3]，它意味着起诉对象具备"犯罪事实已经查清，证据确实、充分，依法应当追究刑事责任"的特征，这似乎可能使审判对象被界定为检察院提起公诉时指控的构成犯罪的要件事实，即包含特定罪名的控诉事实。然而，法典关于"对公诉案件审

---

〔1〕 参见《刑诉法》第205条。

〔2〕 参见《刑诉法》第158、186条。

〔3〕 《刑诉法》第141条："人民检察院认为犯罪嫌疑人的犯罪事实已经查清，证据确实、充分，依法应当追究刑事责任的，应当作出起诉决定，按照审判管辖的规定，向人民法院提起公诉。"

查"和"宣读起诉书"的规定[1]，则表明了审判对象是起诉书指控的犯罪事实，而法典关于"延期审理"[2]的规定还显露出将整个案件事实作为审判对象的可能性。不过，最具有说服力的还是法典关于"判决"的规定[3]，根据该条，法院应当"根据已经查明的事实、证据和有关的法律规定"作出判决，当"案件事实清楚，证据确实、充分"时，"依据法律认定被告人有罪的，应当作出有罪判决；依据法律认定被告人无罪的，应当作出无罪判决"，这基本可表明，审判对象是指控犯罪事实，法庭调查的犯罪事实范围不得超出案件事实，但法官承担根据法律就查明的事实是否构成犯罪作出认定的职责，亦即，法官拥有就控诉事实自主进行法律评价的权力，审判不受控诉罪名所约束。其实，根据该条，法院作出"证据不足、指控的犯罪不能成立的无罪判决"的前提是"证据不足，不能认定被告人有罪"，这就充分体现了法官审判着重针对控诉事实而非控诉罪名的特征。而且，这一规定在一定程度上显示，审判对象可能被泛化为被告人是否有罪的问题，而不是特定控诉罪行是否成立的问题。因而，从现行刑事诉讼法典的有关表述来看，可将审判对象理解为：起诉书记载的控诉事实是显在的审判对象，整个案件事实是潜在的审判对象。显然，对审判对象的这种界定为法官直接变更罪名甚至扩张审判范围以及为控诉方恣意变更与追加起诉的行为提供了较大空间。

4. 现行法典对审判对象被不当重复提起的防范明显不足。根据现行法，存在着多种途径，可以对原来审判程序中的审判对象重复提起，使其再次成为审判对象。这不仅体现在常规性的第二审程序中，而且体现在独特的审判监督程序中，还体现在其他的诉讼环节中，例如，第二审法院发回原审法院重新审判、高级法院不同意中级法院判处死刑而提审。更甚者，就特定的审判对象进行的审判，即便法院已经形成生效的无罪判决，或者是检察院在审判过程中撤诉，但是，原来的审判对象仍然可以被检察院相应地通过提出抗

---

〔1〕《刑诉法》第150条："人民法院对提起公诉的案件进行审查后，对于起诉书中有明确的指控犯罪事实并且附有证据目录、证人名单和主要证据复印件或者照片的，应当决定开庭审判。"第155条："公诉人在法庭上宣读起诉书后，被告人、被害人可以就起诉书指控的犯罪进行陈述，公诉人可以讯问被告人。……审判人员可以讯问被告人。"

〔2〕《刑诉法》第165条："在法庭审判过程中，遇有下列情形之一，影响审判进行的，可以延期审理：……②检察人员发现提起公诉的案件需要补充侦查，提出建议的。"

〔3〕《刑诉法》第162条："在被告人最后陈述后，审判长宣布休庭，合议庭进行评议，根据已经查明的事实、证据和有关的法律规定，分别作出以下判决：①案件事实清楚，证据确实、充分，依据法律认定被告人有罪的，应当作出有罪判决；②依据法律认定被告人无罪的，应当作出无罪判决；③证据不足，不能认定被告人有罪的，应当作出证据不足、指控的犯罪不能成立的无罪判决。"

诉或者重新提起公诉的方式而再次成为审判对象。中国刑事司法实践中普遍存在一种"重新审判"的诉讼现象，它给被告人在诉讼程序内外以及给诉讼程序本身造成极大的负面影响，这种将审判对象重复提起的做法在现行制度下有着特定的合法空间与表现形式，依其动因与方式可归纳为上诉、抗诉型、发回重审型、提审型、再审型、重新起诉型等，这些做法虽有现行法依据，但诸多有悖于诉讼规律与法理，实质上构成了重复追诉与不当的重复审判。

5. 更为重要的是，现行立法确立的控诉格局存在一些弊病，其对审判对象运行提供合理保障的空间较为局限。根据现行法典，刑事诉讼中存在着一种"分工负责"的"检法关系"，检察院负责提起公诉，法院负责审判，法院与检察院的关系被界定为"分工负责、互相配合、互相制约，以保证准确有效地执行法律"[1]。虽然一定程度地坚持不告不理、诉审同一的原则，审判对象通常由控诉方起诉来提示，但是，这种旨在"保证准确有效地执行法律"并以"互相配合"为基调的"检法关系"，实质上并不是一种分权制衡的合理的"诉审关系"，由此确立起来的控诉格局带有内在缺陷。在该控诉格局下，发生法官擅自确立审判对象和审判范围并不受制于起诉范围的情况，以及缺乏一种将国家追诉权力对被告人权利的不法侵犯提示为审判对象的自觉机制，实属自然而然。

6. 值得一提的是，现行法典在规范诉讼活动时采取了一种"案件单位原则"，诉讼客体被界定为"案件"，这不但体现于侦查阶段和审查起诉阶段，而且体现于审判阶段。根据现行法，侦查机关获悉犯罪事实或者犯罪嫌疑人，便应当立案并进行侦查，侦查终结的"案件"应当做到犯罪事实清楚，证据确实、充分，写出起诉意见书连同案卷材料与证据一并移送检察院审查决定；检察院对"案件"审查时必须查明犯罪事实是否清楚、证据是否充分、罪名认定是否正确、有无遗漏罪行和嫌疑人等事项，并可要求侦查机关对"案件"进行补充侦查，认为犯罪事实已经查清，证据确实、充分，依法应当追究刑事责任时，便应当作出起诉决定向法院提起诉讼；法院对于提起公诉的"案件"进行审查，对于起诉书中有明确的指控犯罪事实并附有证据目录、证人名单和主要证据复印件或者照片的，便应当决定开庭，法院审判公诉"案件"的过程，合议庭对证据有疑问时可宣布休庭并对证据进行调查，公诉人发现提起公诉的"案件"需要补充侦查时可要求延期审理进行补充侦查，发现犯罪事实与起诉书记载不符或者遗漏罪行时可进行起诉变更，经过审理，当

---

〔1〕 参见《刑诉法》第7条。

"案件"事实清楚，证据确实、充分，依据法律认定被告人有罪时，法院应当作出有罪判决。[1] 这样，就审判对象的界定而言，这种"案件单位原则"可能带来两项影响：一是，将审判的对象定位为"案件"，进而导致将整个案件事实而不仅仅是起诉书明确记载的控诉事实作为审判对象的倾向；二是，使得侦查、起诉和审判诸诉讼阶段基于共同面对的作为诉讼客体的"案件"而形成一种承继关系并使审判沦为这项"流水作业"的一道"工序"，如此一来，审判对象倾向于整个案件事实的泛化理解就是"自然而然"的。

综上，在笔者看来，中国现行审判对象制度是一种迥异于英美法诉因制度，趋近于大陆法公诉事实制度的"案件事实制度"，它植根于一种以强职权主义为基调的刑事程序构造中。但是，比起大陆法，它更加强调控审配合，强调犯罪治理过程的职权特质，并相对忽略审判对象运作的程序正当性，忽略对被告人防御权益的保障，它在审判对象的提示、展示、变更、型塑与重复提起诸基本环节上表现出一种以案件事实为单位的特征。譬如，起诉书并不是严格记载指控的特定犯罪构成要件事实，而是脱离法律评价叙述案件事实；审判范围并没有被严格限定在起诉范围内，而是存在诸多可能将整个案件事实纳为审判对象；法官有权直接变更罪名，检察官有权变更甚至追加起诉，审判对象可基于一种起诉变更主义和法官职权主义而根据案件事实发生变更，而被告人的防御利益常常得不到保障；审判对象可基于诸多可能而被重复提起，基于犯罪控制的案件事实查明机制备受强调，而保护被告人的禁止重复追诉原则则尚未被建构起来。基于此种"案件事实制度"，起诉的意义主要是将案件提交法院审判并提示审判的案件事实基础，起诉书记载的指控罪名并不约束法院的审判，法官有权并且有义务根据查明的案件事实进行定罪，检察官发现起诉书的记载与案件事实不符时有权进行起诉变更，法官审判的实际范围主要被控制在案件事实同一性的范围内，审判的基本职责不是严谨判定起诉书指控罪行是否成立，而是全面判定起诉书指控的被告人是否有罪。基本上，现行的"案件事实制度"设定审判对象的功能特点并不明显，审判对象运行过程中所能够发挥的限制审判权力、规约控诉权力和保障防御权利的空间较为局限。

---

〔1〕 参见《刑诉法》，特别是第 83、129、137、140、141、150、158、162、165 条等规定。值得强调的是，"案件单位原则"甚至延伸到第二审乃至再审，贯穿整个刑事诉讼过程。例如，按照该法第 186、206 条，第二审法院和再审法院同样应当对"全案"进行审查，而不受制于上诉或抗诉的范围，而且不区分是否有利于被告的再审。

### 二、司法解释的拓展

由于中国当前刑事诉讼制度对审判对象问题关注甚为缺乏，整部刑事诉讼法典基本没有专门规范审判对象问题的条文。在审判对象的提示、展示、变更、型塑、重复提起诸问题上，制度建设极不健全，甚至呈现空白；而且，某些相关问题的规定，诸如第二审不受限制全面审查、法院自主决定启动再审，恰恰与审判对象原理相悖而行。整体上，现行法典关于审判对象问题的规范十分不够。不过，需要指出，中国存在诸多司法解释[1]，主要用来指导司法实践，它们对审判对象问题有所规范，对立法的表述有所拓展，尽管这些规范未必合理，但实际上构成审判对象制度的组成部分。这些规范大致体现在：

1. 关于起诉书记载问题。《刑诉法》仅在第44、150条间接提及起诉书"必须忠实于事实真相"和"有明确的指控犯罪事实"，但没有专门规范与提示审判对象紧密相关的起诉书记载问题。《规则》第281条对起诉书的主要内容与有关制作问题进行规范，指出起诉书的主要内容应包括被告人的基本情况、案由和案件来源、案件事实、起诉的根据和理由，并规定起诉书叙述的指控犯罪事实的必备要素应当明晰、准确，被告人被控有多项犯罪事实的，应当逐一列举，对于犯罪手段相同的同一犯罪可以概括叙写。

2. 关于起诉变更问题。《刑诉法》除了第171、172条涉及自诉案件中法院按撤诉处理和自诉人撤诉的规定以外，对与审判对象变更紧密相关的起诉变更问题没有任何规范。《解释》和《规则》对某些具体问题作了规范[2]，主要包括：在法院宣告判决前，检察院发现被告人的真实身份或者犯罪事实与起诉书中叙述的身份或者指控犯罪事实不符的，可以要求变更起诉，发现遗漏的同案犯罪嫌疑人或者罪行可以一并起诉和审理的，可以要求追加起诉，发现犯罪事实不存在、犯罪事实并非被告人所为或者不应当追究被告人刑事

---

〔1〕 根据《刑诉法》，有关立法、司法与执法机关围绕刑事诉讼法的实施制定了相关解释和规定，主要包括：最高人民法院、最高人民检察院、公安部、国家安全部、司法部、全国人大常委会法制工作委员会《关于刑事诉讼法实施中若干问题的规定》（1998年1月19日通过，以下简称《规定》）；最高人民法院《关于执行〈中华人民共和国刑事诉讼法〉若干问题的解释》（1998年9月2日发布，以下简称《解释》）；最高人民检察院《人民检察院刑事诉讼规则》（1999年1月18日发布，1999年9月21日修改，以下简称《规则》）；公安部《公安机关办理刑事案件程序规定》（1998年5月14日发布，2007年10月25日修正，以下简称《规程》）。

〔2〕 参见《解释》第157、166、168、177、178、188、197、198、238、239、241、243、257条等；《规则》第348、349、351~354条等。

责任的，可以要求撤回起诉；法庭审理过程中，发现遗漏罪行或遗漏同案犯罪嫌疑人，需要提出追加或者变更起诉的，公诉人应当要求法庭延期审理，法庭宣布延期审理后，检察院在补充侦查的期限内没有提请法院恢复法庭审理的，法院应当决定按检察院撤诉处理；在宣告判决前，检察院要求撤回起诉的，法院应当审查检察院撤回起诉的理由，并作出是否准许的裁定；法院在审理中发现新的事实，可能影响定罪的，应当建议检察院补充或者变更起诉，检察院不同意的，法院应当就起诉指控的犯罪事实，依法作出裁判。

3. 关于法庭调查范围问题。《刑诉法》并没有直接规范法庭调查范围问题，仅在第 155～165 条关于法庭审判的规定中较为间接地显示了法庭调查的姿态，如合议庭对证据有疑问可以休庭并对证据进行调查核实，检察人员发现提起公诉的案件需要补充侦查可以建议延期审理。当然，第 186 条规定的"第二审全面审查原则"较为正面地涉及这个问题。《规定》第 41 条指出，法院可以向检察院调取需要调查核实的证据材料，可以根据辩护人、被告人的申请向检察院调取在侦查、审查起诉中收集的有关被告人无罪或者罪轻的证据材料。《解释》的某些规定[1]，间接或直接地规范了这个问题，例如，合议庭在案件审理过程中，发现被告人可能有自首、立功等法定量刑情节，而起诉和移送的证据材料中没有这方面的证据材料的，应当建议检察院补充侦查；法庭辩论过程中，如果合议庭发现新的事实，认为有必要进行调查时，审判长可以宣布暂停辩论，恢复法庭调查，待该事实查清后继续法庭辩论；被告人在最后陈述中提出了新的事实、证据，合议庭认为可能影响正确裁判的，应当恢复法庭调查；凡经查证确实属于采用刑讯逼供或者威胁、引诱、欺骗等非法的方法取得的证人证言、被害人陈述、被告人供述，不能作为定案的根据。另外，值得注意的是，新近颁行的关于刑事案件排除非法证据相关问题的司法解释，进一步涉及了将对有关非法证据的审查纳入法庭调查范围的问题：被告人及其辩护人在开庭审理前或者庭审中，提出被告人审判前供述是非法取得的，法庭在公诉人宣读起诉书之后，应当先行当庭调查；法庭辩论结束前，被告人及其辩护人提出被告人审判前供述是非法取得的，法庭也应当进行调查。[2]

---

[1]　参见《解释》第 52、55、61、131、133、155、159、166、168、175、194、247～249、255 条等。

[2]　参见《关于办理刑事案件排除非法证据若干问题的规定》（最高人民法院、最高人民检察院、公安部、国家安全部、司法部于 2010 年 6 月 13 日联合颁布，2010 年 7 月 1 日起开始施行）第 5 条。

4. 关于禁止重复追诉问题。《刑诉法》设定了刑事案件的两审终审制，并规定了审判监督程序，在这些制度空间之内，重新审判均不视为重复追诉而受到禁止。例如，根据《刑诉法》第 189 条和第 192 条，第二审法院对不服第一审判决的上诉、抗诉案件，经过审理后，如果原判事实不清楚或者证据不足的，可以在查清事实后改判，也可以裁定撤销原判，发回原审法院重新审判，发回重新审判的案件，原审法院应另行组成合议庭依照第一审程序进行审判，对于重新审判后的判决，可以上诉、抗诉。总的来说，现行法典尚未确立"禁止双重危险"或"一事不再理"的原则，禁止重复追诉的制度呈现空缺，审判对象被不当重复提起的问题没有得到规范。这个问题在司法解释中略有体现，即《解释》第 117 条规定，在宣告判决前，检察院要求撤回起诉，经法院审查而裁定准许撤回起诉的案件，没有新的事实、证据，检察院重新起诉的，法院不予受理。不过，严格意义上这还不属于禁止重复追诉的制度设置。事实上，存在的大量规定恰恰是关于如何引起重新追诉与重新审判的条文。[1]

---

〔1〕 例如《规则》第 243、287、305、306、348、349 条等。

# 第十章　中国的审判对象制度：实践的表达

## 一、审判对象被提示的实践

### （一）起诉书记载的内容和方法

起诉书记载的内容在经过起诉而进入审判程序之后，就向各方诉讼主体提示了特定的审判对象，设定控辩审诉讼活动的范围，通常起诉书指控什么，法官就审判什么，控辩之争也将围绕于此来展开。同时，起诉书记载的方法，也会影响审判对象的提示，譬如，起诉书记载特定犯罪构成要件事实，和泛泛记载整个犯罪事件，二者对于审判对象提示的意义和效果截然不同。因此，通过起诉书记载的内容和方法，可以考察审判对象被提示的实践。

在中国诉讼实践中，起诉书的记载基本均参照最高人民检察院印发的《人民检察院法律文书格式（样本）》之起诉书格式及样本来进行。[1] 起诉书结构上由首部、被告人（被告单位）的基本情况、案由和案件的审查过程、案件事实、证据、起诉要求和根据、尾部七部分组成。其中，除了首部和尾

---

〔1〕　在1979年刑事诉讼法颁行以后的诉讼实践中，最高人民检察院十分重视检察法律文书的规范化与制度化，积极制订有关格式样本，为各级检察院的文书制作提供依据和范本，1983年3月印发的《刑事检察文书格式（样本）》，其中确立的起诉书格式便一直指导着实践中的起诉书制作。直至1996年12月根据修改后的刑事诉讼法进行全面修订并正式印发执行《人民检察院刑事诉讼法律文书格式（样本）》，其中包括了新的起诉书格式及样本，同时在1998年12月通过的《人民检察院刑事诉讼规则》也对起诉书制作提出了一些具体要求，各级检察院在实践中的起诉书记载基本均参照这两个文件。2001年9月再次组织对检察法律文书格式进行全面修订并发布了《人民检察院法律文书格式（样本）》（2002年1月出版），其中涉及起诉书格式的改革，根据案件类型和适用程序的不同情况将起诉书区分为适用于普通刑事案件、单位犯罪案件、简易程序案件和附带民事诉讼案件的四种样式（样式九十至样式九十二）。

部〔1〕，其他部分的记载构成起诉书的主要内容。起诉书记载的内容和方法大致可描述如下：

首先，起诉书记载被告人的基本情况，顺次写明姓名、性别、出生年月日、身份证号码、民族、文化程度、职业或者工作单位及职务、住址、曾受到行政处罚及刑事处罚的情况、因本案采取强制措施的情况等事项。如果是单位犯罪，则写明被告单位名称、住所地、法定代表人姓名及职务等，并写明诉讼代表人的姓名、性别、年龄、工作单位、职务，同时，如果还有应当追究刑事责任的直接负责的主管人员及其他直接责任人员，则将其列为被告人，写明相应被告人的基本情况内容。

其次，起诉书记载案由和案件的审查过程，写明被告人（被告单位）涉嫌罪名、案件侦查终结、移送审查起诉、退回补充侦查、延长审查起诉期限、改变管辖检察院等情况，并写明告知被告人、被害人诉讼权利及听取其本人、辩护人、诉讼代理人意见的情况。通常记载为："本案由××侦查机关侦查终结，以被告人（被告单位）××涉嫌××罪，于×年×月×日向本院移送审查起诉（或：于×年×月×日向××人民检察院移送审查起诉，××人民检察院专至本院审查起诉）。本院受理后（或者：被告人××或被告单位××涉嫌××罪一案，由本院侦查终结），于×年×月×日已告知被告人（被告单位）有权委托辩护人，×年×月×日已告知被害人及其法定代理人或者近亲属（被害单位及其诉讼代表人）、附带民事诉讼的当事人及其法定代理人有权委托诉讼代理人，依法讯问了被告人，听取了被害人的诉讼代理人××和被告人××的辩护人××的意见，审查了全部案件材料。……"

再次，起诉书记载案件事实及证据，写明经检察机关审查认定的犯罪事实，并针对犯罪事实列明相关证据。这通常要求根据具体案件情况，围绕刑

---

〔1〕 起诉书的"首部"包括检察院的名称和文号两部分，"文号"由制作起诉书的检察院的简称、案件性质、起诉年度、案件顺序号组成；起诉书的"尾部"应当表明提起公诉的检察院和受理起诉的法院，署明具体承办案件公诉人的法律职务和姓名，并写明起诉书的年月日，通常即为签发起诉书的日期。此外，起诉书通常还记载"附注"，具体包括：被告人现在处所，即在押被告人的羁押场所和监视居住、取保候审的处所；证据目录、证人名单和主要证据复印件，并注明数量（如果是简易程序案件，则应是全案卷宗和证据材料）；有关涉案款物情况；被害人（单位）附带民事诉讼的情况；其他需要附注的事项。

法〔1〕规定的该罪构成要件叙写，记载犯罪时间、地点、经过、手段、目的、动机、危害后果等与定罪有关的事实要素，对于证据的记载，指明相关主要证据的名称、种类即可，而无须对证据与事实、证据与证据之间的关系进行具体的分析、论证。实践中，对于只有一个犯罪嫌疑人的案件，犯罪嫌疑人实施多次犯罪的犯罪事实通常要逐一列举，同时触犯数个罪名的犯罪嫌疑人的犯罪事实则按照主次顺序分类列举；对于共同犯罪的案件，在写明犯罪嫌疑人的共同犯罪事实及各自在共同犯罪中的地位和作用之后，按照犯罪嫌疑人的主次顺序，分别叙明各个犯罪嫌疑人的单独犯罪事实。

最后，起诉书记载起诉要求和根据，概括性地写明被告人（被告单位）行为的性质、危害程度、情节轻重，引用罪状、法定刑条款，并表达针对指控罪行启动审判的起诉请求。此处，对于简易程序案件，通常应概括写明具体的法定量刑情节，并可根据案件具体情况写明酌定量刑情节；对于普通程序案件，则可将涉及量刑情节的事实在写明案件事实之后作客观表述。通常记载为："本院认为，被告人（被告单位）行为……，其行为触犯了《中华人民共和国刑法》第×条，犯罪事实清楚，证据确实充分，应当以××罪追究其刑事责任。（并且：被告人或被告单位行为情节……，依照刑法第×条，应当或者可以……。〔2〕）根据《中华人民共和国刑事诉讼法》第 141 条的规定，提起公诉，请依法判处。"

由此看来，现行实践中，起诉书不但记载被告人情况、指控犯罪事实、指控罪名等要素，而且记载案由、证据、量刑情节等信息，记载方法上明显不同于英美法的诉因记载，趋同于大陆法的公诉事实记载，不过，对犯罪事实的记载似乎比该二者都要显得详尽和宽泛，基本上将整个案件侦查结果中显示有证据证明的犯罪事实都纳入到起诉范围，笼统记录于起诉书里面，其实质是记载了整个已有侦查证据所支撑的"案件事实"。这使得侦查与审判二者间由于起诉环节在提示审判对象问题上的这一特点而被不合理地链接起来，

---

〔1〕《中华人民共和国刑法》（全国人民代表大会 1979 年 7 月 1 日通过，1980 年 1 月 1 日起施行，后经 1997 年 3 月 14 日修订，1997 年 10 月 1 日起施行，后全国人民代表大会常务委员会 1999 年 12 月 25 日通过《刑法修正案》、2001 年 8 月 31 日通过《刑法修正案（二）》、2001 年 12 月 29 日通过《刑法修正案（三）》、2002 年 12 月 28 日通过《刑法修正案（四）》、2005 年 2 月 28 日通过《刑法修正案（五）》、2006 年 6 月 29 日通过《刑法修正案（六）》、2009 年 2 月 28 日通过《刑法修正案（七）》、2011 年 2 月 25 日通过《刑法修正案（八）》）。

〔2〕 在简易程序案件中，通常还在此处写明具体的法定或者酌定量刑情节，提出根据刑法应当或可以减轻、从轻、免除或者从重处罚的概括性量刑意见。

很容易导致围绕审判对象而推进的整个刑事程序过程演化为一道治理犯罪的"流水线"。目前司法实践中存在的起诉意见书、起诉书和判决书三者对案件事实的表述往往具有高度的一致性，这一现象或者说倾向，或许就是很好的说明和佐证。[1]

（1）S省R县公安局［R公预起（97）006号］起诉意见书：

经我局侦查终结，证实犯罪嫌疑人林锡其、邓玉安有下列犯罪事实：

犯罪嫌疑人林锡其先后伙同犯罪嫌疑人邓玉安及何良德（外流），于1995年2月至1996年11月期间，在R县双石镇等地，采用翻围墙、撬锁等手段，盗得R县玉章中学抽水电机1台、长山盐矿加压站电缆线、电线260余米，公民李世金、古朝金的鸡、兔21只，价值2200余元，犯罪嫌疑人邓玉安参与作案2起，盗窃物质价值1800余元。在预审中，犯罪嫌疑人林锡其、邓玉安供述了自己的行为。

综上所述，犯罪嫌疑人林锡其、邓玉安的行为触犯了《中华人民共和国刑法》第151条，涉嫌盗窃罪，根据《中华人民共和国刑事诉讼法》第129条之规定，特将本案移送审查，依法起诉。

此致R县人民检察院。

（2）S省R县人民检察院［R检诉字（1997）第13号］起诉书：

被告人林锡其、邓玉安盗窃一案，由R县公安局侦查终结，于1997年3月21日移送起诉，经审查查明：

被告人林锡其先后伙同何良德（外流）及被告人邓玉安，于1995年2月至1996年11月期间，在R县双石镇等地，采用翻围墙、撬锁等手段，盗得R县玉章中学抽水机1台、长山盐矿金台加压站电缆线、铝芯线260余米，公民李世金、古朝金的鸡、兔共21只，价值2200余元。其中被告人邓玉安参与盗窃两次，盗窃物质价值1800余元。破案后追回被盗的电动机、电缆线、铝芯线，退还失主，其余被销赃挥霍。侦审中，被告人林锡其、邓玉安对自己的行为供认不讳。

上述事实，有书证、证人证言，被告人供述等证据，事实清楚，证据确实、充分，足以认定。

---

〔1〕 以下是笔者于2006年在实践调查中随机收集到的同一起普通刑事案件的起诉意见书［R公预起（97）006号］、起诉书［R检诉字（1997）第13号］和刑事判决书［（1997）R刑初字第40号］的主体内容。从这三份司法文书，我们可以感受到公检法三机关在刑事案件处理过程"分工负责，互相配合，互相制约，保证准确有效地执行法律"的共同使命和行动姿态，我们同样不难感受到起诉书记载"案件事实"的特点以及这种审判对象提示对刑事程序过程带来的影响。

综上所述，被告人林锡其、邓玉安盗窃集体、公民财物数额较大，其行为均触犯了《中华人民共和国刑法》第 151 条，构成盗窃罪。本院为保护集体和公民财物不受侵犯，惩罚犯罪，根据《中华人民共和国刑事诉讼法》第 141 条之规定，特向你院提起公诉，请依法予以判处。

此致 R 县人民法院。

(3) S 省 R 县人民法院〔(1997) R 刑初字第 40 号〕刑事判决书：

R 县人民检察院以被告人林锡其、邓玉安盗窃罪，向本院提起公诉。经审理查明，案件符合开庭审理条件，本院依法组成合议庭，公开开庭进行了审理。R 县人民检察院检察员余小平，代理检察员谢玉虹出庭支持公诉，被告人林锡其、邓玉安到庭参加诉讼。本案经合议庭评议，审判委员会进行了讨论并作出决定。现已审理终结。R 县人民检察院起诉指控被告人林锡其、邓玉安犯盗窃罪。庭审中，二被告均对指控无异议。经审理查明：

被告人林锡其先后伙同被告人邓玉安、何良德（外逃）在 1995 年 2 月至 1996 年 11 月期间，采用翻围墙、扭锁等手段盗走 R 县玉章中学抽水机 1 台、长山盐矿金台加油站电缆线、铝芯线 260 余米，以及公民李世金、古朝金的鸡、兔共计 20 余只，价值 2200 余元。其中被告人邓玉安参与盗窃两次，盗窃数额 1800 余元。破案后追回被盗的电动机、电缆线、铝芯线，退还失主。侦审中，被告人林锡其、邓玉安认罪态度较好。

上述事实，有被告人交待，失主证实，价格证明，证人证言等证据证实，本案事实清楚，证据确实、充分，所列证据，经法庭审理质证，被告人林锡其、邓玉安无异议，予以确认。

本院认为：被告人林锡其、邓玉安以非法占有为目的，采用秘密手段，盗走集体、公民财物数额较大，其行为已构成盗窃罪，R 县人民检察院起诉指控正确。为严肃国法，惩罚犯罪，保护集体和公民的合法财产权益不受侵犯，依照《中华人民共和国刑法》第 151 条、第 67 条的规定，判决如下：

一、被告人林锡其犯盗窃罪，判处有期徒刑 3 年。

二、被告人邓玉安犯盗窃罪，判处有期徒刑 2 年，宣告缓刑 3 年。

如不服本判决，应在收到判决书的第 2 天起 10 日内，通过本院或直接向 S 省 Z 市中级人民法院提出上诉。

在中国，起诉书基本是在记载"案件事实"，而不是记载指控犯罪的构成要件事实，起诉的功能与其说是提示审判对象，不如说是将案件提交法院审判。根据最高人民检察院关于指示各级检察院的起诉书制作说明，"案件事实部分，是起诉书的重点""叙写案件事实时，可以根据案件事实的不同情况，采取相应的表达方式", "必须详细写明具体犯罪事实的时间、地点,实施行为的经过、手段、目的、动机、危害后果和被告人案发后的表现及认罪态度等内容","既要避免发生遗漏,也要避免将没有证据证明或者证据不足,以及与定罪量刑无关的事项写入起诉书","对共同犯罪案件中有同案犯在逃的,应在其后写明'另案处理'字样"。[1] 从这里便可看出,起诉书基本上均较为详尽地叙写整个"案件事实",并以"案件"为单位来确定起诉范围,不管是"一人一罪、多人一罪",或者是"一人多罪、多人多罪",只要属于同一刑事案件或者说同一犯罪事件,就可以在一份起诉书中记载并提示为审判对象。而且,起诉书对指控的犯罪事实的记载,呈现两项显著的特征或者说倾向,一是结合证据信息予以记载,二是脱离指控罪名予以记载。这样,控诉方通过起诉书记载的主要功能是陈述案件事实并将案件提交法院审判,而很难说是明确提示具有特定性和单一性的审判对象,这是现行实践中审判对象提示的显著特点。笔者在实证调查中随机抽取分别是同一检察院在《刑事诉讼法》修改前后的诉讼实践中制作的两份刑事起诉书,发现当前这种审判对象提示的特点甚为直观地体现在这样两份极为平常和普通的起诉书记载当中,并且这一特点并没有因为该次刑事诉讼法修改而发生改变[2]:

(1) S省R县人民检察院〔1995〕检诉字第161号起诉书:

1995年5月10日凌晨一时许,村民朱世雄因怀疑自家的狗被被告人罗华福偷走,到罗华福家找狗时,与罗华福发生争吵,并形成抓扯后,被告人罗华福持菜刀将朱世雄砍伤,并导致失血性休克,经法医鉴定,属于重伤。

上述事实,有证人证言、被告人供述及法医鉴定,事实清楚,证据确实、充分。

综上所述,被告人罗华福的行为已触犯《中华人民共和国刑法》第134条第2款,构成故意伤害罪,本院为保护公民的人身权利,惩罚犯罪,依照《中华人民共和国刑事诉讼法》第100条之规定,特向你院提起公诉,请依法予以判处。[3]

(2) S省R县人民检察院〔2001〕检诉字第80号起诉书:

〔1〕 最高人民检察院法律政策研究室编:《人民检察院法律文书格式(样本)》,中国法制出版社2002年版,第217~218页。

〔2〕 其中的一项重要原因就是1996年完成的这次《刑事诉讼法》修改并没有触及审判对象赖以运行的制度基础和改变其根本环境,未能建构中国合理的审判对象制度。

〔3〕 这是笔者于2006年在实证调研中随机抽取到的中国S省R县人民检察院"〔1995〕检诉字第161号"起诉书的主体内容。

　　2001 年 3 月 15 日下午，被告人谢德华拦住放学回家的幼女王××（生于 1993 年 12 月 5 日），采用语言恐吓，令王××脱下裤子，对其实施了奸淫。2000 年 9 月的一天，被告人谢德华采用同样手段对观斗山村幼女罗××（生于 1993 年 2 月 27 日）实施了奸淫。

　　上述事实，有书证、证人证言、被害人陈述及法医鉴定、现勘笔录等在案为据，本案事实清楚，证据确实、充分。

　　综上所述，被告人谢德华的行为已触犯《中华人民共和国刑法》第 236 条第 2 款，构成奸淫幼女罪。本院为保护幼女的人身权利不受侵犯，惩罚犯罪，根据《中华人民共和国刑事诉讼法》第 141 条之规定，特向你院提起公诉，请依法予以判处。[1]

　　（二）审判对象提示的特定程度

　　起诉书的记载会影响所提示审判对象的特定性，如果起诉书指控含糊不明，让法官和被告人难以准确把握指控的内容和性质，就会给审判过程带来影响，甚至产生审判对象泛化的危险。考察起诉书记载的特定性程度，是洞悉审判对象运行的一个视角。立足于中国诉讼实践，起诉书记载的特定性程度可从如下方面予以剖析：

　　1. 记载特定被告人（被告单位）信息的问题。检察机关在起诉书中普遍通过记载被告人的姓名、性别、出生日期、身份证号码、民族、文化程度、职业、工作单位、住址或者被告单位的名称、住所地、法定代表人等具体要素，来向法院提示所要指控的特定的被告人或被告单位。在实际操作中，如果被告人有与案情有关的别名、化名或者绰号的，一般都在其姓名后面用括号注明；如果被告人的户籍所在地与经常居住地不一致的，一般都将经常居住地记载为住址并在后面用括号注明户籍所在地。当被告人真实姓名、住址无法查清的情况下，根据《规则》第 281 条第 3 款的规定，通常是按被告人的绰号或者自报的姓名、自报的年龄制作起诉书，并在起诉书中注明，如果被告人自报的姓名可能造成损害他人名誉、败坏道德风俗等不良影响的，则可以对被告人编号并按编号制作起诉书，并在起诉书中附具被告人的照片。因此，中国起诉书在提示受到指控的被告人方面，特定化程度较高，审判实践中极少会出现被告人不特定的情形。

　　不过，注意到中国起诉书普遍要记载被告人受过的行政处罚、刑事处罚

---

　　[1]　这是笔者于 2006 年在实证调研中随机抽取到的中国 S 省 R 县人民检察院"［2001］检诉字第 80 号"起诉书的主体内容。

的信息，且通常是先写明被告人受到行政处罚的情况，包括行政处罚时间、种类和处罚单位，再写明受到刑事处罚的情况，包括刑事处罚的时间、原因、种类、决定机关和释放时间。这一点，似乎并不能给起诉书记载的特定性带来多少效果，反而可能由于该项记载将被告人的"劣迹"或者"前科"带入到法官的视野，尽管最高检察机关在关于起诉书格式的制作说明中阐释到"对被告人曾受到过行政处罚、刑事处罚的，应当在起诉书中写明，其中，行政处罚限于与定罪有关的情况"[1]，但这仍然存在着导致诉讼实践中法官对被告人产生偏见的危险。

2. 记载特定指控犯罪事实的问题。应当说，中国刑事诉讼中起诉书对犯罪事实的记载显示了一定程度的特定性，检察机关通常根据具体案情，通过详细描述犯罪的时间、地点、经过、手段、目的、动机、危害后果等与定罪有关的事实要素，往往还具体描述被告人的自首、立功、认罪态度等与量刑有关的事实情节，来向法院提示具体、明确的指控犯罪事实。同时，检察机关在起诉书中还通过记载证据信息，一般采取"一事一证"的方式，在每一起指控事实之后写明据以认定的主要证据的名称和种类，有时则采取"一罪一证"的方式，在概述整个案件事实之后概要地写明主要证据信息，这样在不同程度上增进了起诉书记载犯罪事实的特定性。

诉讼实践中，检察机关往往以《刑诉法》第150条关于"起诉书中有明确的指控犯罪事实"的规定作为根据，并立足于尽可能地将犯罪事实向法院提交审判的诉讼立场，较为详尽记载指控犯罪事实，"指控犯罪事实的必备要素应当明晰、准确"是检察机关记载起诉书的一项基本要求。在绝大多数案件中，检察机关都将与定罪量刑有关的事实要素列为起诉书记载的重点内容，详细描述了具体的犯罪事实。当然，起诉书记载的详略，与控诉罪行的特定性之间并不具有必然联系，详尽记载可能有利法官明确审判对象以及被告人明确防御范围，但是，过分详尽的记载也可能反而削弱提示审判对象的特定程度，形成一种将整个犯罪事件笼统提示为审判对象之嫌。实践中，诸多起诉书并未能紧密结合指控罪名来记载指控事实，不是记载特定的犯罪构成要件事实，而是将整个犯罪事件"像讲故事一样"进行叙写，指控事实与指控罪名脱离开来，尽管在叙述犯罪事实之后列出了指控罪名，但二者显然发生分离，未能结合起来向法院提示特定的审判对象，这种记载的实质与其说是

---

[1] 最高人民检察院法律政策研究室编：《人民检察院法律文书格式（样本）》，中国法制出版社2002年版，第217页。

提示审判对象，不如说是把犯罪事件附载在刑事案件上面移交给法院审判。这一点，是对中国起诉书记载之特定性最为严重的威胁。

3. 记载特定指控罪名的问题。诉讼实践中，起诉书均列明了指控的罪名，控诉机关普遍援引法定刑条款来提示指控罪名。虽然最高人民检察院要求各级检察院制作起诉书时，要结合犯罪的各构成要件对行为性质、危害程度、情节轻重进行概括性地表述，精炼、准确地突出本罪的特征，对法律条文的引用要准确、完整、具体，写明条、款、项。[1] 不过，实际上起诉书不是把罪名与犯罪事实紧密结合起来记载，而是在叙述犯罪事实与相关证据信息之后，流于形式地援引相关刑法法条来提出指控的罪名。因此，如果仅仅从起诉书记载指控罪名的角度观察，特定化程度似乎很高，但如果考虑指控罪名对法官审判的实际约束效力，就可看到起诉书提示特定审判对象的效果并不高，法官可以直接变更罪名认定犯罪事实，这虽然涉及整个诉审关系问题，但这种效果与起诉书指控事实与指控罪名分离记载有关。

（三）审判对象提示的单一程度

起诉书记载的单一性问题，主要在于防止指控罪行的复合记载带来的弊端，如果在一项指控中同时记载了多个罪行，便会很难将不同罪行的特定构成要件事实明确表示出来，不但可能造成审判对象的不够确切，而且可能使被告人难以有效地区分被指控的每一个罪行，并有针对性地进行防御。根据最高人民检察院的要求，"对起诉书所指控的所有犯罪事实，无论是一人一罪、多人一罪，还是一人多罪、多人多罪，都必须逐一列举"，"叙写证据时，一般应当采取'一事一证'的方式，即在每一起案件事实后，写明据以认定的主要证据"，[2] 这显示了中国起诉书记载的单一性趋向。不过，实践中，对于一般的刑事案件，对其中作案多起但犯罪手段、危害后果等方面相同的案件事实，往往先对相同的情节进行概括叙述，然后再逐一列举出每起事实的具体时间、结果等情况，证据的叙写同样概括地写明主要证据的种类，而不指出认定每一起案件事实的证据。然而，概括叙写整个案件事实而非逐一记载每项指控罪行，将会迫使被告人不得不针对受到控诉的整个犯罪事实进行辩护，不容易做到针对每一项指控罪行及相应证据展开防御，法官也只能

---

〔1〕　最高人民检察院法律政策研究室编：《人民检察院法律文书格式（样本）》，中国法制出版社 2002 年版，第 218 页。

〔2〕　最高人民检察院法律政策研究室编：《人民检察院法律文书格式（样本）》，中国法制出版社 2002 年版，第 217～218 页。

将整个控诉案件事实作为审判对象，而不是在有效区分每一项指控罪行的基础之上来把握特定的审判对象，控诉机关则可能凭借着同一项证据同时对不同的多项罪行予以认定，或者是综合所有证据分别对每一项罪行予以认定，这就对被告人防御造成诸多影响，实践中这种情况并不鲜见。

**二、审判对象发生变更的情况**

（一）审判对象变更中的检察官行为

在中国，检察机关可以在审判过程中变更起诉，导致初始提示的审判对象发生变化。根据最高人民检察院颁行的《规则》第351条，在法院宣告判决之前，检察院发现被告人的真实身份或者犯罪事实与起诉书中叙述的身份或者指控犯罪事实不符的，可以要求变更起诉；发现遗漏的同案犯罪嫌疑人或者罪行可以一并起诉和审理的，可以要求追加起诉；发现不存在犯罪事实、犯罪事实并非被告人所为或者不应当追究被告人刑事责任的，可以要求撤回起诉。就是说，在提起公诉以后，检察官有权通过撤回、变更甚至追加起诉，来变更其提起诉讼时通过起诉书初始提示的审判对象。

当然，在具体诉讼实践中，笔者在调研中发现，审判对象变更中的检察官行为往往呈现如下特征：

1. 检察官要求变更起诉主要表现为追加起诉或撤回起诉，变更被告人身份和犯罪事实的情况相对少见，发现起诉书控诉罪名有误而主动变更控诉罪名的情形则几乎没有。

2. 追加起诉通常是因为在提起公诉之后发现遗漏罪行或者遗漏同案犯罪嫌疑人，主要发生在共同犯罪案件中在逃同案犯罪嫌疑人在检察院对案件提起公诉后被侦获的情形。

3. 撤回起诉往往被检察院用来规避无罪判决或者作为一种替代性程序操作。具体地说，撤回起诉往往表现为如下典型情形：其一，发现指控证据不足，如果不撤回起诉将极可能被作出证据不足、指控犯罪不能成立的无罪宣判，因而以主动撤回起诉的方式来规避无罪判决；其二，发现不存在犯罪事实、不存在犯罪构成、被告人与犯罪事实没有关联等可能导致无罪判决的所谓"错诉"的情形，因而以撤回起诉后移交侦查机关直接撤销案件的方式来避免接受无罪裁判；其三，发现遗漏罪行或遗漏同案犯罪嫌疑人，因而以撤回起诉后重新起诉的方式来代替追加起诉或者另案起诉；其四，发现提起公诉的案件需要补充侦查而向法庭建议延期审理，但在补充侦查的期限内无法提请法院恢复法庭审理，因而任其由法院按撤诉处理。

4. 诉讼实践中检察院变更起诉的情形似乎并没有想象中那样经常发生。

例如在中国一基层检察机关，5 年内提起大约 1000 件公诉案件中，竟没有一起在提起公诉后追加起诉或者变更起诉内容的案例，仅有为数甚少的不超过 10 件撤回起诉的案例。[1] 再如某中级人民法院 2005 年审结的 300 余件刑事案件中，检察院起诉变更的仅有两例，一例是撤回起诉，一例是追加起诉，都发生在共同犯罪案件的诉讼程序中，都由于检察院在起诉后法院开庭前抓获同案被告人，不过，前者检察院采取撤回起诉，将全案卷宗予以撤回，而后重新制作起诉书并向该法院重新提起公诉，后者检察院则采取追加起诉，向该法院提交了补充起诉书，综合案件进展情况扩展了原初起诉书的指控内容。[2] 这种现象，可能与检察院在提起诉讼提示审判对象的环节上已经实现了较大的自由裁量有关，譬如在审查进而决定起诉的范围与对象的时候，事实上已通过改变侦查机关认定的事实与罪名等途径严格把握了所提交审判的对象和范围。[3]

5. 注意到实践中存在相当一部分检察官起诉变更的情形，并不是基于检察院主动提出来，而是由于法官在法庭审理过程向检察官提出补充或者变更起诉的建议，检察院经过审查后作出起诉变更决定。

在具体操作上，检察官在提起公诉后发现必要的变更、追加或撤回起诉的情形时，通常是报经检察长或者检察委员会决定，以书面方式在法院宣告判决前向法院提出变更起诉的要求。不过，起诉变更适用什么性质的法律文书，具体做法并不一致，有的采用起诉变更通知书，有的采用补充起诉书，有的重新制作起诉书并将原起诉书予以撤回，当然，实践中有的并没有以专门的书面请求变更起诉，而是由检察官直接在庭审中口头表达了变更起诉的意见，或者在公诉词中直接对起诉书作个别修改，甚至通过电话沟通的方式来进行起诉变更。在实践中，检察院起诉变更诸多发生在法院开庭审判前，直接向法院提交变更起诉的请求并通过法院向被告人送达起诉变更通知书，而且，开庭前的起诉变更多数表现为追加起诉。如果在庭审过程，检察官认为需要变更起诉的，通常都要请求休庭并建议延期审理，法院一般都会准予并给予检察院补充侦查的时间，当然，法庭宣布延期审理后，检察院需要在补充侦查的期限内提请法院恢复法庭审理或者撤回起诉，否则，法院将按照

---

〔1〕　这是 2006 年笔者对中国 S 省 R 县基层人民检察院进行实证调研所获取的数据。

〔2〕　这是 2006 年笔者对中国 S 省 C 市中级人民法院进行实证调研所获取的资料。

〔3〕　有关这一点，可参见左卫民等：《中国刑事诉讼运行机制实证研究》，法律出版社 2007 年版，第 232～248 页。

撤诉处理。

（二）审判对象变更中的法官行为

在中国诉讼实践中，法官的行为可能导致审判对象发生变更，主要表现为如下典型情况：

1. 法官扩大法庭审理的犯罪事实范围。根据《解释》第166、168条，在法庭辩论过程中，如果合议庭发现新的事实，认为有必要进行调查时，审判长可以宣布恢复法庭调查，将该事实查清后继续法庭辩论，同样，如果被告人在最后陈述中提出新的事实、证据，合议庭认为可能影响正确裁判的，应当恢复法庭调查。实践中，法庭调查超越起诉书记载的指控犯罪事实范围的情形时有发生，这表明法官在审理过程实质上已经扩展了起诉书提示的审判对象。

此种现象，在诉讼实践中并不鲜见。尽管笔者访谈的大部分法官均表示，在其所经历的审判实践中，法庭调查基本是严格控制在检察院起诉的犯罪事实范围内来进行的，有法官告诉笔者："自从控辩式审判方式改革以后，法官超越检察院控诉范围积极调查犯罪事实的现象已大量减少，现在基本均把审判对象限制在指控犯罪事实范围内，这种变化的典型标志就是，以前法官在法庭调查终结时经常要针对被告人这样审问：'被告人，除了起诉书指控的犯罪事实之外，你是否还有其他犯罪事实尚未交待？'然而控辩式改革以后就不再如此审问了。"[1] 但是，不得不承认，诸多时候，法官在刑事审判中并没有严格将审判对象限制在控诉范围之内，法庭调查中所谓的"同一事实"，仅仅是以起诉书指控的犯罪事实为基础，但范围上往往并不局限于起诉书记载的指控犯罪事实本身。笔者在调研中就看到这样一个案例，检察院指控被告人非法拘禁，法庭围绕检察院指控的犯罪事实展开调查，但是法庭调查中发现被告人有采用暴力方式伤害被害人的事实，因此法院以故意伤害罪作出有罪判决。[2] 此种情况，虽然最高人民法院《解释》第178条指出"人民法院在审理中发现新的事实，可能影响定罪的，应当建议人民检察院补充或者变更起诉，人民检察院不同意的，人民法院应当就起诉指控的犯罪事实，依法作出裁判"，但是，实践中这一条并没有得到很好的实施，其中一个重要原因，就是《刑诉法》第162条规定法院应当"根据已经查明的事实、证据和有关的法律规定"作出判决，"案件事实清楚，证据确实、充分，依据法律认

---

〔1〕 这是2006年笔者对中国 G 省 G 市中级人民法院法官进行的实证调研。

〔2〕 这是2006年笔者对中国 G 省 S 市 C 区基层人民法院进行实证调研所获取的案例。

定被告人有罪的，应当作出有罪判决"，即是说，法院的审判对象被宽泛界定为"案件事实"。

2. 法官变更起诉书指控的罪名。中国诉讼实践中，法官直接变更起诉指控罪名是一件司空见惯的事情。根据《刑诉法》的精神，案件事实清楚，证据确实、充分，依据法律认定被告人有罪的，法院应当作出有罪判决，依据法律认定被告人无罪的，应当作出无罪判决。对此，《解释》第 176 条作出阐释：起诉指控的事实清楚，证据确实、充分，依据法律认定被告人的罪名成立的，应当作出有罪判决；起诉指控的事实清楚，证据确实、充分，指控的罪名与法院审理认定的罪名不一致的，应当作出有罪判决；案件事实清楚，证据确实、充分，依据法律认定被告人无罪的，应当判决宣告被告人无罪。这意味着，只要"案件事实清楚，证据确实、充分，依据法律认定被告人有罪的"，法院就应当作出有罪判决，而不在于检察院起诉指控罪名与法院审理认定罪名之间是否一致，也就是说，当法院根据案件事实审理认定被告人并不构成起诉指控罪名，但构成另一项罪名时，不是作出指控罪名不成立的无罪判决，而是根据犯罪事实直接变更指控罪名并作出有罪判决。实际上，在中国，在控诉罪名不成立但控诉事实查清的情况下，法官是不具备直接作出无罪判决的勇气的，要作出无罪判决，只有当案件事实清楚，证据确实、充分，并依据法律认定被告人确实无罪时才可能。在我们的诉讼实践中，常常可以在法官的判决书中看到这么一句话："公诉机关对被告人的指控有错漏"，法官在实质上承担着一定程度的追诉犯罪的职责。

表象看来，法官在诉讼实践中似乎对变更指控罪名并非总是抱持一种积极主动的姿态。有法官表态，"能够就控诉罪名进行认定的，一般都不会考虑变更罪名"，据反映，"当控诉罪名认定上难以把握的时候，检察院往往会在提起公诉以前就与法院进行过沟通，因此，实践中法院变更检察院控诉罪名的情形显得并不是特别普遍。"[1] 笔者了解一个中级人民法院在 2005 年审结的 300 余件案件中，法院变更控诉罪名的案例有 5 件，其中有 2 件是由控诉的故意伤害罪变更认定为故意杀人罪，有 2 件是由控诉的故意杀人罪变更认定为故意伤害罪，另外 1 件则是共同犯罪案件中，法院将其中部分被告人共同故意杀人的控诉罪名变更认定为单独构成寻衅滋事罪。[2] 实践中法院直接变更控诉罪名，通常发生在那些刑法规定的犯罪构成要件特征容易混淆或者存

---

〔1〕　这是 2006 年笔者对中国 G 省 S 市中级人民法院法官进行的访谈调研。

〔2〕　这是 2006 年笔者对中国 S 省 C 市中级人民法院刑事审判庭进行实证调研所获取的资料。

在牵连关系、竞合关系的罪名之间，诸如故意杀人罪与故意伤害罪、抢劫罪与抢夺罪、非法拘禁罪与绑架罪、职务侵占罪与挪用公款罪、贪污罪与职务侵占罪等。但值得注意，法院变更检察院控诉罪名，实质上并非总是单纯的罪名之间的变更，而是已经改变了指控的性质，或者可能已经变更了指控的犯罪事实范围。例如这样一起案例：检察院控诉称，某派出所干警王某在办案过程中，在没有出具任何法律手续的情况下对被害人冯某进行拘禁，时间长达25个小时，并且拘禁期间有殴打、猥亵冯某的情节，被告人的行为已构成非法拘禁罪，并有殴打、猥亵被害人的加重情节；然而，法院经过审理调查发现，被告人王某在对被害人非法羁押期间，利用职务便利，强制猥亵妇女，被告人是以非法羁押的强制手段来达到其猥亵被害人的目的，因此，法院指出，公诉机关指控的犯罪事实清楚，证据充分，但指控的罪名不当，因此判决被告人犯强制猥亵妇女罪。[1] 在该案例中，尽管法院认定被告人强制猥亵妇女罪和检察院控诉被告人非法拘禁罪都是基于同一案件事实，但是，二者据以作出判断的主要事实却有很大差别，检察院是以被告人非法拘禁的事实展开控诉的，法院却是围绕被告人猥亵妇女的事实来进行判决。可以想象，被告人在庭审中显然是围绕其涉嫌非法拘禁罪的公诉事实展开防御辩论的，然而，最终却被出乎意料地判决为构成猥亵妇女罪。显然，法院变更控诉罪名，实际上已经改变了指控的性质，实质已经改变指控的犯罪事实，审判对象限制法官审判范围和保障被告人防御利益的功能受到了极大限制。法院变更控诉罪名，在实践中的表现形式具有多样化，可能是在指控事实基础上单纯地变更法律评价，更可能实质已经追加或者改变了指控事实依据。

3. 法院将对被告人的控诉作撤诉处理。实践中部分案例是由于存在某种法定情况，法院将公诉机关对被告人的控诉作撤诉处理，从而撤销初始提示的审判对象。例如，根据《规则》第348、353条，在法庭审理过程中，如果发现事实不清、证据不足，或者遗漏罪行、遗漏同案犯罪嫌疑人，需要补充侦查或补充提供证据的，或者需要追加或变更起诉的，公诉人应当建议法庭延期审理。对此，最高人民法院《解释》第157条规定，法庭宣布延期审理后，检察院在补充侦查的期限内没有提请法院恢复法庭审理的，法院应当决定按检察院撤诉处理。另外，根据《解释》第243条，法院审理检察院提出抗诉的案件，应当通知同级检察院派员出庭，对接到开庭通知后检察院不派

---

〔1〕 参见斐广川主编：《刑事案例诉辩审评——绑架罪、非法拘禁罪》，中国检察出版社2005年版，第161~172页。

员出庭的抗诉案件，法院应当裁定按检察院撤回抗诉处理。此种情况，撤回控诉进而撤销审判对象的权力实际上是由法院在行使。

（三）审判对象变更的程序保障状况

严格地说，在中国现行诉讼实践中并不存在合理规范审判对象变更的正当程序，特别是没有针对法官变更罪名设置合理的程序保障机制，而检察官起诉变更的实践虽然主要遵照最高人民检察院以及最高人民法院的相关司法解释，但也呈现诸多有悖诉讼法理的特征，整体上审判对象变更的程序保障不甚有力。具体情况表现如下：

1. 起诉变更的时间被规定为法院宣告判决前。检察院在提起公诉后法院宣告判决之前，均可以要求撤回、变更或追加起诉。当然，起诉变更的具体时间不同，程序操作上可能有所区别。例如，在实践中，检察院认为需要变更起诉，如果是在开庭审理前，通常是直接向法院提交起诉变更请求，而如果是在开庭审理中，往往是要求休庭和延期审理，以提起追加或者变更起诉的请求。

2. 起诉变更的程式被规定为书面形式。不过，起诉变更适用什么性质的法律文书，具体做法并不一致，有的采用起诉变更通知书，有的采用补充起诉书，有的重新制作起诉书并将原起诉书予以撤回，当然，实践中有的甚至直接以电话的形式口头进行通知。按北京市检察院的做法，"人民检察院决定变更起诉、追加起诉的案件，应当书面通知人民法院，并制作变更起诉书或追加起诉书。变更起诉的，原起诉书同时作废；追加起诉的，原起诉书继续有效。"[1]

3. 起诉变更的事由较为宽泛。根据《规则》，检察院发现被告人的真实身份或者犯罪事实与起诉书中叙述的身份或者指控犯罪事实不符的，可以要求变更起诉；发现遗漏的同案犯罪嫌疑人或者罪行可以一并起诉和审理的，可以要求追加起诉；发现不存在犯罪事实、犯罪事实并非被告人所为或者不应当追究被告人刑事责任的，可以要求撤回起诉。另外，依照《解释》，法院在审理中发现新的事实，可能影响定罪的，应当建议检察院补充或者变更起诉。

4. 基本没有一套专门为保障被告人防御利益而设定的"告知—防御"机

---

制。当审判对象发生变更时，应当如何保障被告人的防御利益，这个问题在当前的立法与司法解释中并没有予以合理规范。针对法院直接变更罪名的行为，并没有一套专门为保障被告人防御利益而设定的"告知—防御"机制；针对检察院变更起诉的行为，虽然最高人民检察院《规则》表象上通过第353条第3款表态"变更、追加起诉需要给予被告人、辩护人必要时间进行辩护准备的，公诉人可以建议合议庭延期审理"，然而，这实质是将起诉变更时被告人是否享有准备防御权利的决定权交给了控诉机关，这种做法具有很大的随意性，显然有悖于控辩平等的逻辑并背离正当程序的原则。在实践中，法院通常都会在检察院起诉变更时通知被告人，至于是否延期审理以保障被告人享有充分的时间来准备辩护，却是存在较大的不确定性。

值得注意的是，审判对象变更往往表现为审判机关与控诉机关的一种"沟通"，或者说，审判对象变更机制中交错着检察官权力与法官权力两种因素。这一点，特别表现在：其一，法院建议检察院变更起诉。根据《解释》第178条，最高人民法院的态度是："人民法院在审理中发现新的事实，可能影响定罪的，应当建议人民检察院补充或者变更起诉；人民检察院不同意的，人民法院应当就起诉指控的犯罪事实，依照本解释第176条的有关规定依法作出裁判。"对此，最高人民检察院表达了同一立场，《规则》第352条规定："在法庭审理过程中，人民法院建议人民检察院补充侦查、补充或者变更起诉的，人民检察院应当审查有关理由，并作出是否退回补充侦查、补充或者变更起诉的决定。人民检察院不同意的，可以要求人民法院就起诉指控的犯罪事实依法作出裁判。"不过，实践中这种态度的一致性，除了表明法院审判的中立性外，更多地表现了检法关系相互配合的特质。其二，检察院撤回起诉应当接受法院的审查批准。根据《解释》第177条，在宣告判决前，检察院要求撤回起诉的，法院应当审查检察院撤回起诉的理由，并作出是否准许的裁定。不过，实践中检察院提出变更起诉的要求，法院通常都会予以准许，在实际操作上，法官和检察官往往会本着一种彼此尊重和共同商讨的态度。其三，在实际操作中，审判对象变更常常表现为检察院与法院"沟通"的结果。由于立法与司法解释并未建立完善的变更机制，实践中的具体做法并不一致，诸多法院与检察院对变更程序有自己的规定，例如有的检察院就规定，起诉变更必须与法院取得沟通一致。按照北京市检察院的做法，"对于人民法院以不应追究被告人刑事责任为由建议人民检察院撤回起诉的案件或即将作出无罪判决的案件，人民检察院可以与人民法院交换意见，其中，认为人民法院意见正确的，可以撤回起诉；确有重大争议难以达成一致意见的，由人民法院判决。"[1] 笔者在调研中了解到，诉讼实践中检察院和法院往往会在是否变更以及如何变更的问题上进行沟通，最为常见的，就是通过"通气"，检察院把法院将要作出无罪裁判的案件予以撤诉，法院发现新的犯罪事实而主动要求检察院追加起诉。有法官表态说，"实践中法院变更罪名的情形显得没有想象的如此普遍，有一个重要原因，就是检察院在起诉前对控诉罪名存在疑惑时往往事先就已与法院进行了沟通"，同样，也有检察官表示，"审判过程出现需要变更审判对象时，检察官和法官往往会互相通气，尽量考虑彼此利益采取一种比较符合双方立场的做法"[2]。

另外，需要指出，审判对象变更可能给既有审判程序带来影响。比较典型的表现就是引起延期审理和合并审理，当检察院发现控诉有遗漏，认为需要提出追加起诉时，公诉人便会要求法庭延期审理，法院通常都会准许并将追加的起诉与既有起诉指控予以合并审理。当然，实践中检察院追加起诉并非总是导致合并审理，也有作为新的起诉来处理的情形。例如，有检察机关规定："人民检察院决定追加起诉的案件，如果人民法院在法定的审限内不能将追加部分与原案件一并审结的，可以按照新的起诉处理，原案件诉讼程序继续进行"；"在案件提起公诉后，作出判决前，发现被告人存在新的犯罪事实需要追究刑事责任的，在法定延期审理的期限内，如果人民检察院能够提出追加指控并提供足够证据的，原则上应当合并审理。否则，应当按照新的起诉处理，原案件程序继续进行"[3]。当然，在简易程序中，起诉变更还将导致向普通程序的转化。根据《规则》第354条，在法院作出判决前，检察院发现已经决定适用简易程序审理的案件中被告人有新的犯罪事实需要追加起诉一并审理的，应当要求法院按照普通第一审程序审理，对此，法院将会转化为普通程序进行审理，这是起诉变更影响既有审判程序的另一典型表现。

### 三、审判对象被重复提起的问题

（一）不可忽视的"重新审判"现象

考察中国刑事诉讼的实践，便可发现相当普遍地存在着一类可称之为

---

〔1〕　这是2002年2月6日北京市人民检察院第一次检察委员会讨论通过并开始施行的北京市人民检察院《关于公诉案件撤回起诉若干问题的意见（试行）》的规定。苗生明主编：《检察机关公诉人办案规范手册》，中国检察出版社2004年版，第189页。

〔2〕　这是2006年笔者对中国S省C市人民检察院和中级人民法院进行的访谈调研资料。

〔3〕　这是2002年2月6日北京市人民检察院第一次检察委员会讨论通过并开始施行的北京市人民检察院《关于公诉案件撤回起诉若干问题的意见（试行）》的规定。苗生明主编：《检察机关公诉人办案规范手册》，中国检察出版社2004年版，第189页。

"重新审判"的诉讼现象。该现象表征为：针对同一被告人同一行为，不止一次地启动和运行审判程序，使得同一审判对象被重复地提起，造成针对同一案件不断地重新审判。下文将对此类诉讼现象进行一种实证的考察，寻求阐释其背后蕴含的审判对象被不当重复提起的问题。

**案例一：王有恩被控故意杀人案的"重新审判"**

1994 年 10 月，王有恩及其妻子米巧玲被以涉嫌故意杀人为由刑事拘留，随后牡丹江市人民检察院分别以故意杀人罪和包庇罪提起公诉，1996 年 7 月，牡丹江市中级人民法院经过审理作出判决：王有恩犯杀人罪判处死刑并剥夺政治权利终身，米巧玲犯包庇罪判处有期徒刑 3 年。被告人提起上诉，黑龙江省高级人民法院审理了此案，并于同年 10 月裁定撤销原判发回重审。牡丹江市中级人民法院重新审理了此案，并于 12 月作出判决：王有恩犯故意杀人罪判处死刑并剥夺政治权利终身，米巧玲犯包庇罪判处有期徒刑 5 年。被告人再次上诉，黑龙江省高级人民法院再次审理了此案，并于次年 9 月再次以事实不清、证据不足为由撤销原判发回重审。牡丹江市中级人民法院又一次审理了此案，并于 2000 年 2 月作出判决：王有恩犯故意杀人罪判处死刑缓期二年执行并剥夺政治权利终身，米巧玲犯包庇罪判处有期徒刑 5 年。被告人又一次提起上诉，黑龙江省高级人民法院又一次审理了此案，经过审理认为案件事实不清、既有证据难以形成完整的证据链条，于 2000 年 10 月直接改判并作出证据不足、指控的犯罪不能成立的无罪判决。[1]

**案例二：郭新才被控故意杀人案的"重新审判"**

1996 年 6 月，郭新才被以涉嫌故意杀人为由刑事拘留，半年后聊城市人民检察院提起公诉指控郭新才故意杀人罪：1996 年 6 月 12 日零时左右，郭新才趁夜深人静之机窜至被害人李玉梅家中，扼掐李玉梅颈部致其窒息死亡，为逃避罪责放火焚尸灭迹后逃离现场。聊城市中级人民法院审理了此案，并于 1997 年 1 月作出一审判决：郭新才犯故意杀人罪判处死刑并剥夺政治权利终身。被告人提起上诉，山东省高级人民法院审理了此案，经审判委员会讨论后于同年 7 月以原审判决认定事实不清为由裁定撤销原判发回重审。随后，聊城市人民检察院撤回公诉，经补充证据后于 1998 年 10 月以同样的指控事实和罪名再次提起公诉，聊城市中级人民法院再次审理后认为郭新才杀人纵火事实清楚，证据确实，足以认定犯罪，但起诉书仅指控被告人犯故意杀人罪不当，于同年 11 月作出判决：郭新才犯故意杀人罪、放火罪判处死刑缓期

---

〔1〕 案例信息来源于李韦君："'死囚'蒙冤获赔 8 万"，载《燕赵都市报》2002 年 5 月 5 日。

二年执行并附带赔偿民事经济损失。郭新才再次提起上诉，山东省高级人民法院审理了此案，于 1999 年 12 月以原审判决事实不清证据不足为由，裁定撤销原判发回重审。随后，聊城市中级人民法院将此案移交聊城市人民检察院补充侦查，聊城市人民检察院直接将此案移交莘县人民检察院，2001 年 7 月莘县人民检察院再次以同样的指控事实和罪名提起公诉，莘县人民法院审理了此案并于同年 8 月作出判决：郭新才犯故意杀人罪判处有期徒刑 15 年。郭新才又一次提起上诉，聊城市中级人民法院又一次审理此案，经审理后认为原审判决认定郭新才杀人焚尸的证据矛盾点较多，必要的间接证据不能形成完整的锁链，对该案事实不具有排他性，因此本案事实不清，证据不足，不能认定被告人郭新才有罪，故于同年 11 月作出证据不足、指控的犯罪不能成立的无罪判决。[1]

**案例三：马云被控强奸案的"重新审判"**

1999 年 3 月，高碑店市人民检察院提起公诉指控被告人马云构成强奸罪：马云于 1998 年 6 月 16 日 1 时许，趁本村村民李某在麦场看小麦之机窜至李某家中采用暴力手段将李妻赵某奸淫。1999 年 5 月，此案经高碑店市人民法院审理后作出判决：马云犯强奸罪判处有期徒刑 8 年。被告人提起上诉，保定市中级人民法院对此案进行审理，并以事实不清为由撤销原判发回重审。高碑店市人民法院重新审理了此案，并以同样的证据再次判决马云犯强奸罪判处有期徒刑 8 年。马云再次提起上诉，保定市中级人民法院再次审理此案，并再次以事实不清为由将案件发回重审。高碑店市人民法院又审理了此案，又以同样的证据判决马云犯强奸罪判处有期徒刑 8 年。被告人马云又提起上诉，保定市中级人民法院第三次审理该案，由于合议庭意见发生分歧，案件被提交审判委员会讨论，审委会没有达成一致意见，最后以少数服从多数原则认定马云的行为构成强奸罪，原审法院判决定性和适用法律正确，量刑适当，程序合法，并于 2000 年 6 月作出驳回上诉、维持原判的终审裁定。[2]

在这些案件处理过程中，我们不但看到法院对指控罪名的变更乃至直接增加罪名，也看到法院与检察院的某种"沟通"，更看到针对同一罪行公检法三机关对被告人发动了一次又一次的侦查、追诉与审判，审判对象运行的种种特征直观地表现于该案件的处理程序过程中。综合考察三个案例，可以发现一个尤为典型的共同的特征：同一项指控经历六次审判，即都发生了"重

---

〔1〕 案例信息来源于杨猛："冤案，还是疑案"，载《羊城晚报》2001 年 12 月 24 日。

〔2〕 案例信息来源于张国："疑罪何以难从无"，载《法制日报》2001 年 11 月 4 日。

新审判"的诉讼现象，同一审判对象被不断重复提起。当然，这一点在三个案例中的表现形式与诉讼后果各不相同。案例一，审判对象是经由被告人上诉的方式被重复提起的，并经由上诉审法院撤销原判发回重审的方式再次成为原审法院的审判对象，然而，针对同一审判对象，原审法院作出了三次不同的判决，上诉审法院经两次案件发回重审后，最终一次直接判决无罪。案例三，审判对象也是经由被告人上诉的方式被重复提起，并经由上诉审法院撤销原判发回重审的方式再次成为原审法院的审判对象的，不过，针对同一审判对象，原审法院作出了三次相同的判决，而上诉审法院经两次发回重审后，最终一次却直接判决有罪。案例二，审判对象不但经由被告人上诉的方式被重复提起，而且经由检察院撤诉后再次起诉的方式被重复提起，同一项控诉先后三次成为同一个法院的审判对象，然而，每次审判对象被提起的方式却各不相同，分别是经过检察院提起公诉、上诉法院发回重审以及被告人提起上诉的方式，并且，针对同一审判对象，同一个法院作出了三次不同的判决，三次判决之间不仅在量刑上彼此不同，而且在定罪上也彼此不同。但不管如何，这些案例共同存在的"重新审判"现象极为显著。

值得引以注意的是，像这里列举的不断将审判对象反复提起予以重复审判的案例，在中国当下司法实践中绝对不是特例，而具有一定的普遍性。更多的实例，如发生在广东的"许霆案"[1]及最近的"黄立怡案"[2]，还有更

---

〔1〕 2006年4月21日晚21时许，被告人许霆到广州市某银行自动柜员机取款，持自己不具备透支功能的银行卡准备取款100元，却在自动柜员机上无意中输入取款1000元的指令，柜员机随即出钞1000元，经查询余额发现银行自动柜员机出现异常，能够超出账户余额取款且不能如实扣账，于是在21:57至22:19、23:13至23:19、次日0:26至1:06三个时间段内，持银行卡在该自动柜员机指令取款170次，共计取款174 000元。2007年10月15日，广州市人民检察院以被告人许霆犯盗窃罪的指控向广州市中级人民法院提起了公诉。纵观"许霆案"整个流程，该案先后经广州市中级人民法院第一审判处无期徒刑〔2007年11月20日作出的"（2007）穗中法刑二初字第196号"刑事判决书〕、广东省高级人民法院撤销原判发回重审〔2008年1月9日作出的"（2008）粤高法刑一终字第5号"刑事裁定书〕，再经广州市中级人民法院重新审理后在法定刑以下判处5年有期徒刑〔2008年3月31日作出的"（2008）穗中法刑二重字第2号"刑事判决书〕，又经广东省高级人民法院再次第二审后驳回上诉维持原判〔2008年5月23日作出的"（2008）粤高法刑一终字第170号"刑事裁定书〕，最后经最高人民法院核准在法定刑以下判刑〔2008年8月20日作出的"（2008）刑核字第18号"刑事裁定书〕，方终审生效。

〔2〕 据报道，被告人黄立怡因被控票据诈骗罪于2000年11月15日被广东省广州市中级人民法院判处无期徒刑，接着经历约十年的漫长的上诉、申诉、再申诉和再审的历程，终于在2010年7月19日被原审法院再审改判无罪，紧接着又因检察院提起抗诉又将再次面临着重新审判。案例信息来源于谭希莹、刘可："广州版'赵作海'同一法院11年后无期改判无罪"，载《南方都市报》2010年8月10日。

早一些发生在湖南的"姜自然案"、河北的"陈国清案"、湖北的"佘祥林案"、河南的"胥敬祥案"、河北的"李志平案"、安徽的"赵新建案"、广西的"文崇军案"、内蒙古的"姜永盛案"等。作为中国司法实践中的一类近乎成为常态的诉讼现象，"重新审判"无疑已经成为不得不予以重视的现象和问题。

（二）审判对象被重复提起的空间与形式

按理说，在两审终审制视野下，案件可经历审判的次数表象上是毫无疑义的，然而实际上，一个案件经过两审终审，还可基于当事人申诉或者审判监督的方式而进入再审程序。更重要的是，无论在上诉审中，还是在再审中，甚至在复核程序中，均有可能将案件发回原审法院重新审判，并且，对于发回重审的案件，仍然可能继续地上诉、抗诉乃至提起再审。如此一来，就确实难于断定一个案件可经历审判的量了，故而存在着将同一案件进行重复审判的诸多可能，而原来的审判对象就可能被反复地提起。究其原因，中国现行制度为案件的"重新审判"提供了极大空间，而禁止重复追诉与控制审判对象被不当重复提起的原则并未建立。笔者曾就审判对象被重复提起的问题询问了有关司法人员的态度和看法，诸多认为，这是一种合法现象。绝大多数时候，对于检察官们来说，首先关注的是如何将应当追究刑事责任或者应当纠正司法错误的案件提起重新审判的问题，而绝不是禁止重复追诉的问题，同样，多数法官表示，他们很少去考虑审判对象是否被重复提起。就是说，中国刑事诉讼中，审判对象被重复提起，是一种较平常并且合法性与制度化程度较高的诉讼活动，在此种制度环境下自然很难发生所谓"审判对象被不当重复提起"的事情。

具体地讲，在中国刑事诉讼的制度空间里面，审判对象被重复提起存在诸多表现，归纳起来大致有如下八种典型情况：

1. 被告人上诉或者检察院抗诉提起第二审程序。根据《刑诉法》第180~182条，被告人或者辩护人或近亲属经被告人同意，不服地方各级法院第一审判决的，有权向上一级法院上诉；检察院认为本级法院第一审判决确有错误的，或者接受被害人及其法定代理人不服法院第一审判决的抗诉请求的，应当向上一级法院提出抗诉。第二审程序经由上诉或抗诉而启动，第二审法院应当开庭审理并就第一审判决认定的事实和适用法律进行全面审查，不受上诉与抗诉范围的限制，例如，共同犯罪的案件只有部分被告人上诉的，第二审法院仍然应当对全案进行审查和一并处理。《刑诉法》第186条确立了第二审全面审查原则，第二审法院的审判并不受上诉或抗诉范围所限制，原审中的审判对象往往就直接成为第二审的审判对象，相当于重新审判，当然，第二审在审查范围上还将扩展至原审的程序违法等问题。

2. 第二审法院经过审理后将案件发回原审法院重新审判。依照《刑诉法》第189条第3项，第二审法院经过审理认为原判决事实不清或者证据不足的，可以裁定撤销原判，发回原审法院重新审判。另外，根据《刑诉法》第191条，第二审法院发现第一审法院的审理有违反法定诉讼程序的情形，应当裁定撤销原判，发回原审法院重新审判。对于发回重审的案件，原审法院应当另行组成合议庭依照第一审程序进行审判。这样，经由第二审法院审理后发回重审，审判对象就在原审法院重新进行的审判程序中被再次提起了。

3. 原审法院按第一审程序重新审判后，有关主体再次提起上诉或者抗诉。根据《刑诉法》第192条，原审法院对发回重审案件应当另行组成合议庭，依照第一审程序进行审判，对重新审判后的判决，可以上诉、抗诉。因此，一旦原审法院重新审判后被告人不服而提起上诉或检察院认为判决有误而提出抗诉，审判对象便在进而的"第二审"中被再次提起。

4. 死刑复核程序中高级人民法院提审或者发回重审。依照《刑诉法》第200、202条，最高人民法院复核死刑案件，应当组成合议庭进行，对于中级人民法院判处死刑的第一审案件，被告人不上诉的，应当由高级人民法院复核后提请最高人民法院核准，高级人民法院不同意判处死刑的，可以提审或者发回重新审判。因此，暂且不论审判对象是否在死刑复核程序被重复提起的问题，仅凭高级人民法院提审或者发回重审这一点，就已经有着充分的可能将审判对象重复提起了。事实上，根据《解释》第276、285条，最高人民法院对死刑案件经过复核，如果原审判决认定事实错误或者证据不足的，或者原审法院违反法定程序可能影响正确裁判的，应当裁定撤销原判并将案件发回重新审判。因此，死刑复核程序同样可导致对案件进行重新审判，即便重新审判后仍然可能基于上诉、抗诉、提审、发回重审而继续地面临着"重新审判"。

5. 当事人提出申诉或有关主体进行审判监督而提起再审。根据《刑诉法》第203～205条，当事人对生效判决可以向法院或检察院提出申诉，符合法定情形时法院应当重新审判；各级法院院长对本院生效裁判如果发现认定事实或适用法律确有错误，必须提交审判委员会处理；最高人民法院对各级法院以及上级法院对下级法院生效裁判如果发现确有错误，有权提审或者指令再审；最高人民检察院对各级法院以及上级检察院对下级法院生效裁判如果发现确有错误，有权按照审判监督程序向同级法院提出抗诉，接受抗诉的法院应当重新审理，对于原判事实不清或证据不足的，可以指令下级法院再审。因此，不论是当事人提出申诉，还是法院主动提审或者指令再审，或者是检察院提起抗诉，均可启动再审而引起重新审判，法院将针对原审的审判对象进行审判，并将原审中程序违法、枉法裁判等问题纳入审判范围。

6. 按照第一审程序再审后，有关主体再次提起上诉或者抗诉。根据《刑诉法》第 206 条，法院按照审判监督程序重新审判案件应当另行组成合议庭进行，如果原来是第一审案件，应当依照第一审程序进行，所作的判决可以上诉、抗诉。因此，一旦被告人对再审法院的判决不服而提起上诉，或者检察院认为再审法院的判决确实有误而提出抗诉，或者被害人不服再审法院判决而提请检察院提起抗诉，再审案件又将面临进一步的重新审判。事实上，即便经过再次的上诉、抗诉而"重新审判"，针对"重新审判"的"再审"还将可能发生，如此周而复始，审判对象将被不断地重复提起。

7. 上级法院关于特殊情况在法定刑以下判处刑罚的核准程序中将案件发回重审。根据《解释》第 268、270 条，法院根据案件的特殊情况对不具有刑法规定的减轻处罚情节的被告人在法定刑以下判处刑罚的，应当逐级报请最高法院核准，如果上一级法院不同意原判的，应当裁定发回重新审判或者改变管辖按照第一审程序重新审理；最高法院复核在法定刑以下判处刑罚的案件，不予核准的，应当撤销原判决，发回原审法院重新审判或者指定其他下级法院重新审判。因此，在这种核准程序中，同样可能引起对案件的重新审判，审判对象将在重新审判中被再次提出来。

8. 法院作出证据不足、指控犯罪不能成立的无罪判决或者准许检察院撤诉的案件，检察院依据新的证据重新起诉。根据《解释》第 117 条，对于法院经过审理认为证据不足、不能认定被告人有罪而作出证据不足、指控的犯罪不能成立的无罪判决，宣告被告人无罪的，检察院依据新的证据材料重新起诉的，法院应当依法受理；对于检察院在法院宣告判决前要求撤回起诉的，法院经过审查并裁定准许检察院撤诉的案件，有新的证据，检察院重新起诉的，法院可予受理。故而，对于证据不足而作出无罪判决或者撤诉的案件，检察院在获取新证据后仍然可能针对同一案件甚至基于同一罪行重新启动审判程序。

综上，关于审判对象被重复提起的情形，仅仅是立足于制度内的考察，即这些方式所引起的"重新审判"在中国当前均具有合法性。归纳而言，"重新审判"根据其动因与方式可归结为五种基本类型：上诉抗诉型、发回重审型、提审型、再审型、重新起诉型。其中，再审型包括了法院提审或指令再审和因申诉或抗诉而启动再审四种方式。在这里面，上诉抗诉型、重新起诉型、因申诉或抗诉而启动再审等方式属于"当事人启动型"的"重新审判"，而发回重审型、提审型、因提审或指令而启动再审等方式属于"法院启动型"的"重新审判"。当然，实践中还可能发生超越制度的某种做法，例如，针对法院已经作出生效无罪判决的案件，检察院在没有新的事实或者新的证据的情况下再次将该案件予以追诉，基于同一事实但通过变换控诉角度的方式，如换另一个罪名予以指控，从而将同一罪行再次提起追诉。所有这些"重新审判"，有的具有合理性，如上诉抗诉型的重新审判，有的则明显违背诉讼法理，即实质上构成了"审判对象被不当重复提起"。

（三）审判对象被重复提起的负面效应

考察了"重新审判"的现象，我们看到所谓实体真实的背后，不断进行重新审判最终带来的更多地是一种负面效应，"重新审判"的实质是审判对象被重复提起了，这种做法往往是不当的。在这里，我们可初步归纳这种将审判对象重复提起的"重新审判"现象所带来的若干消极效果：其一，破坏司法裁判的权威性和统一性。法院针对一项审判对象作出裁判之后，却很难产生终局性的权威效力，无论通过制度内还是制度外的方式，诸如上诉、抗诉、申诉、审判监督、发回重审或者撤诉后再起诉甚至其他超越制度的操作，均可能使原来的审判对象再次成为法院的审判对象，再次作出针对同一项指控的或者是一致或者是不一致的裁判，刑事司法裁判的权威性与统一性难免遭到破坏。其二，破坏诉讼程序的安定性。同一项控诉罪行被反复提示为法院的审判对象，围绕于此的起诉、上诉、抗诉、撤诉、再起诉、再上诉、再抗诉以及审理判决、撤销原判发回重审、重新的审理判决、再次的发回重审、再次的重新审判乃至最后的直接改判等等一系列诉讼程序的展开以及产生的各种诉讼法上的后果，必然导致诉讼程序的不安定性。其三，导致司法资源的耗费和诉讼主体的讼累。审判对象被重复提起，必然引发围绕于此的各种诉讼活动，姑且不论司法公正的问题，对国家而言，必定耗费了巨大的司法资源，对于诉讼主体尤其是被告人而言，则是一场漫长的"煎熬"。其四，尤为重要的是，审判对象被不断乃至不当地重复提起，有悖于诉讼规律，违背审判对象运行原理，无益于司法公正以及人权保障。[1]

如果以一种"生活中的法律"的视角，超越"文本中的法律"来考察，审判对象被重复提起的消极效果可见一斑。我们并不否认基于不断追求实体正义而将审判对象反复提起的良好动机，也不能否认由此可能为被告人权利保障带来的支持，但是，只要我们将视野放置到审判对象被重复提起的过程，也许能够引导我们在此之外的一些思考。3 个案例均向我们展示了一个漫长而曲折的刑事诉讼过程：案例一，经过 6 次审判，一审法院两次判死刑一次判死缓，二审法院两次裁定撤销原判发回重审，历时 6 年，被告人 3 次提起上诉，最终才以证据不足、指控的罪名不能成立的无罪判决宣告终结；案例二，经过 6 次审判，上级法院两次发回重审，检察院两次撤诉补充侦查后再行起诉，被告人 3 次提起上诉，历时 5 年，同一个法院在两次以事实清楚证据充分为由作有罪判决之后以事实不清证据不足为由作出无罪判决；案例三，不到一年半之内历经 6 次审判，二审法院经过两次以事实不清证据不足为由将案件发回重审之后却以事实清楚证据充分为由作出有罪判决。这个过程给被告人在诉讼程序内与诉讼程序外以及给刑事诉讼程序本身造成的影响，我们还可继续考察。

（1）以案例一为例，审判对象被不断重复提起，不仅在诉讼程序内对被告人产生重要影响，而且在诉讼程序外，也对被告人带来了重大影响。据报道，在该案中，自从被告人被侦查机关列为犯罪嫌疑人开始，围绕被告人涉嫌该控诉罪行的刑事追诉与审判过程就反反复复，极为漫长，途中显示诸多现象，极不利于保障被告人利益：

当法院第一次开庭审理该案的时候，充满矛盾的证据就像一团团迷雾，法官认为：尽管本案证据之间有矛盾，但两被告供述可以相互认证，不能排除王有恩杀人的可能，事实还有待在法庭上查明，……从此王有恩、米巧玲夫妇陷入了 6 年的牢狱之灾。他们惊恐、惶惑、茫然、绝望，精神和肉体饱受摧残，三次死刑判决使王有恩及其亲属一次次陷入绝境。在高级人民法院认为原审事实不清、证据不足第二次裁定撤销原判发回重审之后，中级人民法院竟然两年多没有开庭，第三次开庭的时候，法官竟在法庭上说出一句

---

〔1〕 综观"王有恩案"、"郭新才案"、"马云案"等诸多案件发生的"审判对象被不当重复提起"的司法实践，我们不得不反思中国是否真正贯彻两审终审制，不得不担忧这些案件处理过程所表现出来的同一案件同一法院裁判结果却变幻无常的现象，不得不反思那些司法程序操作上表现出来的明显背离诉讼规律与司法资源无谓耗费的现象。

"我也觉得证据欠缺"的话，局面尴尬。法庭调查开始，法官询问王有恩：你有什么证据说明你没杀人？王有恩无言以对。律师同时举手请求发言：让被告人证明自己没杀人，于法无据。[1]

围绕针对被告人的同一项指控，基于同样的公诉事实、证据与控诉罪名，在诉讼程序内，被告人遭受的是置身其中的讼累与难以煎熬的羁押。在诉讼程序外，被告人付出了珍贵的光阴、人身自由，难以挽回的心情，还有对家庭与生活的牺牲：

身陷囹圄 6 年，王有恩、米巧玲夫妇始终有一个信念——为了女儿，为了年迈的双亲一定要坚持活下去。王有恩年迈的父亲，自从王有恩入狱后，没有一天停止过上访、申诉。有时去政府、法院，没有坐公共汽车的钱，就步行几十里，用脚量。可是老人没有等到王有恩回来就撒手人寰。夫妇俩先后出狱后，摆在面前的第一件事是：要工作，要生存……[2]

(2) 以案例二为例，审判对象被不当重复提起，对于诉讼程序本身，亦是一种极大的损害。针对同一审判对象，检察院三次提起公诉，被告人三次提起上诉，第二审法院两次发回重审，而同一个法院却针对同一项控诉先后作出截然不同的有罪判决和无罪判决，这样一个过程，对诉讼程序本身的合理性带来极大的挑战。在这个过程中，不乏违背诉讼法理的操作：

当高级人民法院第一次裁定撤销聊城市中级人民法院有罪判决并将案件发回重审，市人民检察院便撤回公诉，经补充证据后基于同样的控诉事实与罪名再次提起公诉，聊城市中级人民法院经过再次审理后认为"认定郭新才杀人纵火事实的证据确实，足以认定，犯罪事实成立，但起诉书仅指控被告人犯故意杀人罪不当"，于是判决郭新才犯故意杀人罪和放火罪。在连续两次判决均被省高级人民法院撤销之后，"聊城市中级人民法院没有再接这个'烫手山芋'，而是将此案发到莘县重审"，经被告人上诉，聊城市中级人民法院就同一控诉进行了第三次审理，然而这一次却认定"原审（莘县判决）认定郭新才杀人焚尸的证据矛盾点较多，必要的间接证据亦不能形成完整的锁链，对该案事实不具有排他性，故本案事实不清，证据不足，不能认定被告人郭新才有罪"，并做出第二审终审的无罪判决。[3]

在这个过程中，诸多诉讼程序问题值得质疑，例如，检察院撤诉后再行

---

[1] 参见李韦君："'死囚'蒙冤获赔 8 万"，载《燕赵都市报》2002 年 5 月 5 日。
[2] 参见李韦君："'死囚'蒙冤获赔 8 万"，载《燕赵都市报》2002 年 5 月 5 日。
[3] 参见杨猛："冤案，还是疑案"，载《羊城晚报》2001 年 12 月 24 日。

起诉，法院擅自追加指控罪名，法院前后矛盾作出裁判，同一法院就同一案件先后作出第一审和第二审的判决，等等。不仅如此，就报道的情况看，针对该案引发的"重新审判"似乎并没有终结的时候，审判对象被重复提起的现象还将存在无限可能：

"在看守所度过 5 年零 5 月又两天之后，成为自由人。从死罪到无罪，郭新才的'无罪释放'在当地公检法仍然存在较大争议。因为时至今日，郭新才仍被有关办案机关视作重大嫌疑。"即便在诉讼程序结束之后，有关侦查机关和检察机关的人员依然表态："郭新才仍是此案最大的嫌疑人，只不过当时公安人员对证据的搜集、固定'晚了一步'，……将就本案提起抗诉。"[1]

由此可见，中国刑事诉讼中发生的"重新审判"尽管有现行法依据，但诸多有悖于诉讼规律与法理，造成了极大的负面效应，其实质构成"审判对象被不当重复提起"。这种负面效应的产生，原因是这些制度设计违背审判对象原理与诉讼法理，主要表现如下：

（1）审判对象被不断重复提起，违背了审级制度的原理。在诉讼实践中，进行重新审判，意味着对司法正确性和正当性的保障与追求，然而如果这种追求走向了极端，则反而损害了司法的终局性与权威性。审级制度的设置与运行，为重新审判提供了可能和正当化空间，但同时也将重新审判控制在适当程度与特定的框架内，限制了审判对象被不断重复提起的现象。因此，实践中普遍存在的审级制度构造，既赋予了司法的正确性与正当性，也捍卫了司法的终局性与权威性。对于"×审终审制"的普遍定义为"案件经过×审之后即告终结"，当经过"×审"之后仍不能终结的案件达到一定量时，以"×审终审制"命名的审级制度就发生质变，"终审不终"意味着整个审级制度失去意义，"审级制度是一把双刃剑，以重复审判的方式追求司法的正确性和正当性必须以维护司法终局性和权威性为前提，如果这种追求以破坏终局性为代价，那么案件的审判次数越多，则司法的正当性和权威性越少。"[2]例如，根据现行审级制度，针对被告人同一罪行的控诉经过两审终审，裁判就该发生权威法律效力，然而，依照现行法该项审判对象还可基于发回重审、启动再审等途径而被重新提起，如此一来，原初设计的审级制度实质上就已荡然无存了。显然，不断进行重新审判，将同一审判对象不断重复提起，其

---

〔1〕　参见杨猛："冤案，还是疑案"，载《羊城晚报》2001 年 12 月 24 日。
〔2〕　傅郁林："审级制度的建构原理——从民事程序视角的比较分析"，载《中国社会科学》2004 年第 2 期，第 92～93 页。

实并没有给司法的正当性带来多少支持，反而违背了审级制度及其所蕴含的诉讼原理。

（2）审判对象被不当重复提起，背离了禁止重复追诉的精神。审判的程序始于起诉终于判决，法院针对审判对象形成的最终裁判具有一种确定力，它对诉讼主体的行为产生了一种约束效果，控诉方不得再将该项审判对象向法院提请启动审判程序，同样，法院亦不得再将该项审判对象进行重新审判。审判对象的此种"既决效应"，起源于"诉权消耗"和"既判效力"的诉讼法理，体现了禁止重复追诉与重复审判的精神，在英美法中被表达为"禁止双重危险"，在大陆法中被表达为"一事不再理"。要对"一事"设定"不再理"的障碍，要将"双重危险"界定在"禁止"的范围，这里面其实就蕴含了既有的审判对象不得再成为审判对象的法理。强调对审判对象被不当重复提起的防范，主要价值指向在于将国家追诉权力和国家审判权威控制于适度与合理的空间，保障公民免受重复追诉与重复审判的正当权利。这是因为，拥有一切资源和力量的国家，不应当就一项受指控的罪行对个人进行反复定罪，使其历经困窘、苦难、耗资巨大且备受煎熬，使其生活在永无休止的焦虑和缺乏安全感的状态之中，或增加无辜者被错判有罪的可能性[1]。然而，如果任凭毫无限制地发回重审、指令再审甚至重新起诉等做法，造成审判对象被不当重复提起，则必定有悖于此种控制国家权力、保障个人权利的司法精神。

（3）"法院启动型"的"重新审判"，违背了不告不理的法理。趋于理性的刑事诉讼结构原理，要求诉审发生分化并形成制衡，程序运行上实行不告不理，未经控诉不得审判，审判对象由控诉方通过起诉予以提示，而不是由法官擅自确立，审判与起诉保持范围上的同一性，法官不得审判未经控诉的罪行。如果审判程序可由法官自主决定启动，甚至由法官擅自确立审判对象，而不实行一种体现分权制衡的控诉制，那么，如此一种程序运作可能已经走向了纠问制，整个程序构造的实质演化为法官与被告人的两面关系，而不是"控、辩、审"的三角结构，而且，这将意味着公然违背"只要没有依法提出诉讼的案件，司法权便没有用武之地"这样一项"一切人所共知的特征"[2]。然而，中国现行制度下，法院可将案件发回原审法院重新审判、可指令下级法院对案件进行再审、可自主提审经由下级法院审判的案件，诸如此类"法

---

〔1〕 ［美］伟恩·R. 拉费弗、杰罗德·H. 伊斯雷尔、南西·J. 金：《刑事诉讼法》（下册），卞建林、沙丽金等译，中国政法大学出版社 2003 年版，第 1275 页。

〔2〕 ［法］托克维尔：《论美国的民主》（上卷），董果良译，商务印书馆 1988 年版，第 110 页。

院启动型"的"重新审判"，实质上将审判对象提示的权力交给了法院，明显违背了不告不理的法理，破坏了相对合理的三角结构诉讼构造原理。[1]

（4）不断进行"重新审判"，有悖于诉讼的科学性与经济性。在中国现行制度下，不断进行重新审判的现象，主要出自于对实体真实与正确裁判的追求，第二审法院认为一审判决"确有错误"，可撤销原判将案件发回原审法院重审，上级法院发现下级法院生效判决"确有错误"，可提审或者指令下级法院再审，针对经由重新审判的案件，有关主体可基于上诉、抗诉、提审、发回重审、启动再审而继续地"重新审判"。然而事实上，就如波斯纳法官所言，我们没有任何理由认为最新的判决会比以前与之相矛盾的判决更为正确，为了减少错误而一再审理在总体收益上为零。[2] 为此，司法在追求所谓神圣的实体真实的正义过程中，决不能不顾成本、不择手段、不顾时限地追求所谓的绝对真理，司法的本质在于它是一个基本既定的程序规则和实体规则对审判对象进行公正而最终的裁判过程，裁判的最终性是裁判权威的前提，是司法存在的命脉，如果法官"说了不算"，如果允许法官对同一案件颠三倒四"一说再说"，则司法将不成为司法、法院不成为法院、判决不成为判决，诉讼也就不成为诉讼了，而成为一场"有始无终的疲劳站"。[3] 显然，对案件的审判要遵循科学的诉讼规律，一味不断地进行重新审判，未见得有助于实体真实与裁判正确，却明显有悖于诉讼的科学性与经济性。

**四、审判对象问题意识的状况**

在刑事诉讼中，审判对象就像一只"看不见的手"，规范并影响着控、辩、审的诉讼行为，诉讼过程紧紧围绕着审判对象而展开。审判对象在诉讼

---

〔1〕　在实践中，由于法院决定启动再审的做法往往表现为法院对已决案件的主动纠错，因而具有了某种存在的"合理性"。例如新近披露的赵作海冤案，一经发现原审判决确有错误以后，河南省高级人民法院即于 2010 年 5 月 5 日决定启动再审程序，并经 5 月 8 日召开审判委员会会议，作出如下决定：撤销省法院（2003）豫法刑一复字第 13 号刑事裁定和商丘市中级人民法院（2002）商刑初字第 84 号刑事判决，宣告赵作海无罪；省法院连夜制作法律文书，派员立即送达判决书，并和监狱管理机关联系放人；安排好赵作海出狱后的生活，并启动国家赔偿程序。有关赵作海案详情，可参见袁祺、钱忠军："'被杀人'十载，蒙冤终洗白，赵作海再审被判无罪释放"，载《文汇报》2010 年 5 月 10 日，第 3 版。这种迅速纠错的态度和行动固然值得称赞，但在法院主动启动审判程序的背后，我们却不得不担心这种有悖不告不理原则可能蕴含的危险——法院成为犯罪调查者、成为积极主动的治罪机构。

〔2〕　［美］理查德·A. 波斯纳：《法律的经济分析》（下），蒋兆康译，中国大百科全书出版社1997 年版，第 750～751 页。

〔3〕　何兵、潘剑锋："司法之根本：最后的审判抑或最好的审判？——对我国再审制度的再审视"，载《比较法研究》2000 年第 4 期，第 426 页。

中的作用是显见的，然而其发挥作用的方式却往往并不易被觉察。审判对象对诉讼过程的影响，通常是通过诉讼主体的诉讼行为来表现的，其效果与诉讼主体表现出来的审判对象问题意识紧密相关。故此，可以通过诸如检察官在确定起诉范围、记载起诉书、支持公诉、变更起诉以及法官在把握审判范围、组织庭审调查、变更罪名等方面的诉讼行为来考察有关主体的审判对象问题意识。

（一）检察官的审判对象问题意识

笔者曾以"如何对待审判对象"询问过诸多检察官，希望探知检察官在提起公诉的前前后后及审判过程中对待这一问题的态度，然而，多数不知确切的审判对象为何物，经过一番解释，大致理解了审判对象就是检察官通过提起公诉并在起诉书中记载特定的控诉，以期围绕于此启动审判程序并在审判过程中成为控辩对抗与法官审判的标的。诸多检察官潜意识里面尽管没有"审判对象"这样的概念，但都能明白不告不理的道理："我们不提起公诉，法官也无能为力"，"我们起诉什么，法官就审判什么"。换言之，在绝大多数检察官那里，都有着一种最为基本的审判对象问题意识，这种意识落实到具体的诉讼行为上面，表现为：决定提起公诉时，他们会针对犯罪事实并结合犯罪构成要件来确定控诉内容；制作起诉书时，基本会结合刑法规定的法定罪名来记载犯罪事实，并明确提出控诉罪名；提起公诉以后，除非出现特殊情况，他们一般不会要求改变或者撤回已经提起的控诉；法庭审理过程中，他们通常都以起诉书记载的指控内容为根据宣读公诉主张，围绕起诉书提出的指控进行举证和讯问被告人并与辩护方展开辩论；等等。

检察官的审判对象问题意识在1996年《刑事诉讼法》修改以后，尤其近若干年来的发展中呈现一种增强的趋势。据有的检察官反映，在控辩式审判方式改革之前，检察官起诉的任务就是把案件提交法院审判，起诉书详尽地记载整个犯罪事实，然而，改革强化了控辩对抗，调整了诉审关系，加强了检察官举证的责任，弱化了法官调查的功能，渐渐地检察官起诉不再仅仅简单地把案件移交法院审判，而是需要更多地考虑起诉策略并出庭支持公诉，也就是说，检察官提起公诉时就应该考虑一个"起诉什么"的问题，起诉书在功能上也渐渐发生了一种变化。最高人民检察院在1996年12月根据《刑事诉讼法》的修改，相应改革了起诉书格式，对起诉书记载的内容做了相关规定，2001年9月再次改革起诉书格式，这次改革充分考虑了起诉书的功能问题，有的检察官就指出，"起诉书实际上只是将被告人提交法院审判的一种法律凭证，不能将其作用无限制地扩大，把与审判有关的所有事项都写入起诉书没有必要，也不现实。起诉书应主要定位于定罪的申请书，突出其客观性，只要将指控的内容说清楚即可，尽量少下结论。这样也可以最大限度地避免法官对案件的处理产生预断，有利于实现司法公正。"[1] 某种程度上，这表明起诉书功能渐渐地发生了变化，逐渐朝着提示审判对象的功能趋向发展。

当然，还注意到检察官的审判对象问题意识在很多时候都呈现一种较为朦胧、含糊的特征，有时候显得淡薄，特别表现为如下：

1. 他们在确定起诉范围的时候，主要考虑的是案件事实是否经过侦查结果显示有充分证据可以证明成立犯罪，基本上，围绕侦查机关立案侦查的整个案件，只要有证据足以证明的犯罪事实都将成为起诉的对象。在如何确定起诉范围的问题上，他们普遍秉持的是一种极为含糊的"案件事实"的概念，以案件为单位，以有证据证明的犯罪事实为内容来提出控诉，至于为何如此确定起诉范围，他们并没有更多的考虑。比如说，在共同犯罪案件中，如果所有的犯罪嫌疑人均已被捉拿归案，检察官便会将全部犯罪嫌疑人作为共同被告人一并起诉，如果有同案犯罪嫌疑人在逃，他们便会起诉已被抓拿归案的被告人的犯罪事实，并在起诉书中说明"其他共同被告人另案处理"。实质上，诸多检察官并不具有合理确定起诉范围方面的主观意识，只是根据案件侦查的客观情况来决定起诉的范围，这从一个角度反映他们审判对象问题意识的模糊，他们在确定起诉范围的时候，并没有太多地考虑到这一范围将直接成为法官的审判范围。

2. 制作起诉书的诸多时候，在他们看来，起诉书记载的是"案件事实"，他们只需要将被告人的整个犯罪事实尽量详尽明确地记载清楚，而不是根据将要指控的特定犯罪构成要件事实范围来严格予以记载。正如有的检察官所表达的想法，"很多时候，我们只是按照法律规定通过起诉书的书面方式提起公诉，将案件提交法院审判。"这就表明，在他们看来，起诉书只是一种满足法定起诉形式要件的书面文件，通过该书面材料将案件提起公诉，从而淡化了起诉书的实质内容与意义，并没有理解到起诉对于审判的规范意义，更没有理解到起诉书记载足以提示特定审判对象这一点。实践中存在一些起诉书，严格来讲，应当说那是记载着"案件"，而不是记载"审判对象"，其表达更多的是"将案件移交法院审判"，而主要还不是"要求法院就特定控诉进行审判"的愿望。

---

[1]　史卫忠："关于起诉书格式（样本）修改内容的说明"，载姜伟主编：《刑事司法指南》(2002 年第 1 辑)，法律出版社 2002 年版，第 222 页。

3. 在提起公诉以后，决定是否进行起诉变更，主要基于案件客观情况上是否有此需要，如果案件的处理或者说刑事追诉有此种需要，他们仍然会撤回或者变更起诉。比如，在共同犯罪案件中，这种情况较为常见，提起公诉后法院宣判前抓获同案被告人或者发现被告人其他犯罪事实的，通常都会有一种变更起诉的愿望，这个时候，他们很少考虑到应当受其起诉时提示的审判对象的约束，他们潜意识秉持一种审判对象随起诉变更而发生变化的观念。

4. 在法庭审判中，检察官宣读起诉书，往往只是一种程式化的做法，其意旨未必是在向法庭明示审判对象。他们在举证和辩论中更多是出于指控和证明被告人有罪的动机，讯问被告人时，诸多并没有受起诉书记载的指控内容的限制，就被告人是否有罪泛泛进行，且常常会在庭审中以提起公诉的案件需要补充侦查为由要求延期审理。整个支持公诉的过程，他们往往只关心被告人是否被定罪，至于以何种罪名，其实并不重要，只要法院作出有罪判决而不是无罪判决，哪怕法官变更了起诉指控罪名。如此种种，显示了审判对象问题意识的模糊和淡薄。

（二）法官的审判对象问题意识

诉讼实践中，审判对象的问题对于绝大多数法官来说，显然要比检察官的认识充分一些，他们普遍意识到审判有一个范围与界限的问题，并且这个范围是根据检察官的控诉来确定的。笔者访谈了部分法官，有接近半数的法官表示，会有意识地控制审判范围，把法庭调查的范围限定为起诉书指控的犯罪事实；还有接近半数的法官则表示，在审判中没有刻意去考虑这个问题，只是根据案件具体情况与长久以来审判实践经验习惯来对待每一个具体案件的审理，不过，基本上都是以检察官指控的犯罪事实为基础来组织审判的；另有少数一部分的法官表示，并不太注意这个问题，承认在审判过程中有时还是抱有一种发现犯罪追究犯罪的心态，没有刻意去控制审判范围，随着法庭调查和控辩双方辩论的具体情况以及案件审理的具体需要而定，认为有时审判范围稍微扩张是可以理解的。几乎所有法官都认为确实存在着审判对象的问题，不过，对于审判对象是否重要却有不同的看法，大部分法官认为，审判对象相当重要，审判对象不明确便无法进行审判；有不少法官认为，审判对象虽然必定存在，但审判过程中未必处处顾及审判对象是什么的问题，诸多时候，不去考虑审判对象是什么，审判照样进行；极个别法官认为，审判对象是什么，对审判基本没有影响，因为任何审判的任务都是以事实为根据以法律为准绳对被告人进行定罪量刑。

关于审判对象是什么的问题，有的认为审判对象就是被告人及其犯罪事实，有的认为审判对象是控诉机关的诉讼请求，有的认为审判对象就是刑事案件；不过，他们都认为，在不同的案件中，要根据检察院控诉的具体内容来决定具体的审判对象。关于如何确定审判对象的范围，多数法官认为应当依照检察院的诉讼请求和诉讼主张来确定，部分法官认为应当根据案件的具体情况来确定，部分法官认为审判对象的范围就是被告人的犯罪事实。不过，对于更具体的观点，存在的分歧较多，例如，有的法官认为审判对象是起诉书指控的犯罪事实，有的认为是指控犯罪事实与罪名，有的认为是指控罪名，有的认为是整个案件事实。在指控的犯罪事实与罪名之间可否分离的问题上，绝大部分法官认为，控诉罪名并不能约束法官的审判，法官有权并有职责对控诉事实自主进行法律评价和适用法律；也有少部分法官认为，控诉罪名才是真正的审判对象，法官不应当绕开控诉罪名而另外设定罪名进行审判。在法官应该拥有多大权力来决定审判对象的问题上，访谈中诸多法官认为，审判对象就是法官在审判中根据案件与程序的具体情况来确立的，法官当然有权决定审判对象并控制案件的审理；有个别法官认为，法官不应该拥有决定审判对象的权力，这个权力应当完全交给控辩双方来决定。在审判行为多大程度受控诉所约束的问题上，多数法官表态，审判不可能脱离检察院控诉事实基础，不过，具体审判实践中并不是刻板地按照起诉书记载的内容来进行审判的，当然，在查明案件事实的基础上，法官必须正确适用法律予以定罪，不受控诉罪名的约束；也有法官表态，在有的时候，虽然庭审前阅读了起诉书并带着一定的印象进入庭审，但是，庭审中可能已经抛开了起诉书的具体指控内容，因为往往被告人的犯罪事实只要有充分确实的证据足以证明，检察官都会全部提出控诉，法庭也可以根据证据情况予以认定。

　　在这里，似乎还很难就法官的审判对象问题意识下一个确切结论，不过，可以断定绝大多数的法官都有着一定的审判对象问题意识，至于程度如何，受限于调查访谈对象样本范围的局限性，尚不好草率下定论。

　　当然，近年来随着控辩式审判方式改革，法官的审判对象问题意识明显有了增强。一个重要表现就是法官在法庭调查中的姿态发生了变化。在以前，法官积极主动进行调查，甚至在实际上履行了很大部分的举证责任，有法官告诉笔者，以前在其主持的庭审中往往都会较为积极地去拓展法庭调查的范围，希望尽量地查明案件事实，并且都要在法庭调查终结时审问被告人是否还有其他犯罪尚未交待。然而控辩式改革以后就不再如此审问了，也极少积极扩大法庭调查范围。有法官谈到，现在在其主持的庭审中，都会尽量保持消极中立的姿态，一般都不会积极主动去调查犯罪，如果在庭审中发现新的犯罪事实，基本也不会直接将其添加到审判范围中来。这一点，显示控辩式审判方式改革以来的一种变化。控辩式改革带来的一个效果，就是使法官的审判对象问题意识有所强化和逐渐端正，"控辩式审判方式，从抑制法官超职权主义行为、突出诉讼主体地位出发，实行法官'听述'、'听证'、'听辩'"，"改革过去由法官替代控、辩双方行使诉权、包揽诉讼的活动方式"，"防止'法官意志'或替代某一方诉讼现象的出现"，"塑造民主、平等、公正的庭审活动新格局"[1]。当前的审判实践来看，法院受理公诉案件以后，便会审查起诉书指控的犯罪事实是否明确；法官在庭审前往往会根据起诉书指控的犯罪事实及法律评价初步形成庭审调查辩论的焦点，会在开庭时查明被告人是否在法定期间内收到起诉书副本并在法庭调查开始时首先安排公诉人宣读起诉书；在法庭调查中，如果控诉犯罪事实为多起的，法官通常都会就每一起犯罪事实分别进行调查，组织公诉人、被告人就起诉书指控的犯罪事实进行陈述和辩论，公诉人对被告人的讯问通常会被控制在起诉书指控犯罪事实有关的问题；经过审理，对于指控的事实清楚、证据确实充分的，法官会依照起诉书认定被告人的罪名成立并作出判决，这些都显示了法官的一种审判对象问题意识。

同时，当前诉讼实践中法官审判对象问题意识薄弱的一面，体现在诸多地方：其一，在审判过程检察官提出变更起诉请求时，法官通常都会予以准许，并且，从实践的做法来看，法官在审理中发现新的事实，可能影响定罪的，通常都会主动建议检察院补充或者变更起诉。其二，法庭调查的范围并不总是局限于起诉书记载的犯罪事实范围，有的时候法官会较为能动地拓展审判范围，实践中并不排除有的时候，法官综观整个案件事实，超越控诉范围组织调查。其三，法官可能进行庭外的证据调查。在调查证据的过程中，可以进行勘验、检查、扣押、鉴定和查询、冻结，这个过程极可能会发现新的事实或者新的证据，对此，实践中就出现法官根据庭外调查的事实或者证据认定新的事实的情况，使得实际的审判范围已经超越了起诉书提示的审判对象。其四，在庭审过程，检察官建议延期审理并经过补充侦查，往往发生变更或者追加起诉的情形，对此，法官通常都会接受。其五，法官作出判决时，往往根据的是整个已经查明的案件事实，而并不局限在起诉书记载的事实范围以内，通常只要案件事实清楚、证据确实充分，便会作出有罪判决，而不管认定罪名是否与起诉书指控罪名相一致，即便经过审理认定起诉指控

---

[1] 孙文志主编：《控辩式刑事审判运作程序》，人民法院出版社1999年版，第48~49页。

罪名不能成立，但是犯罪事实清楚、证据确实充分的，法官仍然主动地以审理认定的罪名作出有罪判决。其六，在第二审中，法官们会就第一审认定的事实和适用法律进行全面审查，不受上诉或抗诉的范围所限制，对于共同犯罪案件，只有部分被告人上诉的或者检察院只就第一审法院对部分被告人的判决提出抗诉的，仍然会对全案进行审查一并作出审理，并且，如果提出上诉的被告人死亡，其他被告人没有提出上诉，仍然会对全案进行审查，审查后认为构成犯罪的，会对其他同案被告人作出裁判。就是说，第二审程序中法官通常并没有严谨的审判对象问题意识，在他们眼里，审判范围涉及整个案件的事实认定、法律适用乃至程序违法等问题。这一点，同样体现在再审程序中。然而，里面存有一种法官擅自确立审判对象之嫌。

（三）被告人和辩护律师的问题意识

被告人的审判对象问题意识，可以从其在审判过程中接受讯问和进行辩护时所表现出来的姿态进行考察。根据观察，绝大多数情况，被告人并不具有明显的审判对象问题意识，在他们的认知视野中，通常都无所谓审判对象的概念，他们尤为关心的是是否会被定罪判刑的问题。尽管被告人普遍特别关注受到什么指控的问题，但是，在庭审中，他们极少认识到法官的审判和检察官的指控应当有个范围的问题，接受讯问或自我辩护时，他们往往基于一种追求无罪或罪轻的整体愿望，但并不注意检察官讯问、法官发问的问题是否超过了起诉书指控的范围，多数情况下，其辩护与陈述并没有显示出在起诉范围内紧紧围绕指控展开的显著迹象。当然，问题意识的淡薄很大程度是与被告人普遍相关刑事诉讼知识欠缺有关。

与此不同，辩护律师通常普遍表现出一种强烈的审判对象问题意识。在诉讼过程中，他们会紧紧围绕检察官的控诉来收集证据和进行辩护，对于法庭审判过程检察官提出来的超越起诉范围的指控主张或者法官超越审判对象范围进行裁判，辩护律师的反应通常都较为强烈。例如，有辩护律师强调应当"正确对待起诉书"："它关系到公诉权和审判权是否正确行使，也关系到辩护权如何正确行使的大问题。辩护律师对于起诉书必须尤为认真的对待。……如果法庭调查中，未经宣读起诉书，那么法庭调查就直接违背了必经法定程序，法庭调查，乃至整个审判程序便失去根据和基础，公诉人的控诉不明，被告人辩护律师也失去前提和方向。……辩护工作应紧紧围绕起诉书对被告人的指控进行。辩护律师应当认真研究起诉书，全面、正确地理解起诉书的控诉内容，并准确把握起诉书指控的实质与要害，以便有针对性地做好法庭调查、法庭辩论中的辩护工作。"[1] 而且，相比于法官普遍围绕控诉事实进行审判不同，辩护律师普遍倾向于围绕控诉罪名来进行辩护。例如，著名刑事辩护律师田文昌提到，他在一个刑事诉讼中为被告人作辩护，检察官指控贪污和挪用，案件事实清楚，被告人也认罪，但是他却做了无罪辩护，理由是他经过调查发现被告人所动用的并不是公款而是一个私营性质的关系单位的款。所以，在他看来，贪污和挪用这两个罪名都不能成立，因此在法庭辩论时作了无罪辩护，对此，公诉人和法官都感到意外。因为在辩护律师看来，其职责就是针对指控的罪名进行辩护。[2] 可见辩护律师十分关心审判对象的问题，以便准确确立辩护的指向与范围，并且非常希望法院、检察院具备严格的审判对象问题意识。

（四）侦查人员、被害人的问题意识

考察特定诉讼参与人的审判对象问题意识，主要通过其在诉讼程序中所表现的将自身诉讼行为限定在某一规定范围以内的姿态来进行。特别是，侦查人员、被害人参与到刑事诉讼中，他们究竟抱着一种什么样的姿态来对待审判对象？审判对象对于绝大多数侦查人员来说，是一个陌生的概念，他们在侦查中极少考虑这个问题，实践中，审判对象将是什么，也不会给他们的侦查带来什么影响，即便在审判过程检察院将案件退回补充侦查的，审判对象似乎亦不会对侦查行为带来直接的影响。同样，笔者观察的大多数情况下，被害人除了基于报应的心理可能会关注检察官以什么样的罪名指控被告人以及指控了哪些犯罪事实，但根本上来说，他们并不会有一种审判对象是什么的问题意识，他们往往只关心检察官是否提起公诉而不关心如何指控的问题。当然，自诉案件中另当别论，被害人作为自诉人，他们就必须去考虑基于什么样的事实提出什么样的控诉，不过，诸多被害人作为自诉人提起自诉的时候，他们主要考虑的是将被告人提交法院审判以追究刑事责任或者寻求物质赔偿的问题，而较少有一种严格规范起诉范围的意识。

**五、审判对象功能发挥的效果**

（一）限制审判权力的效果

审判对象的一项基本功能就是限定法官的审判权力，为此，要求审判对象应当由控诉方通过起诉予以提示，法官不得擅自确定审判对象，以避免法官同时充当控诉者与裁判者的双重角色，还要求审判范围与起诉范围保持同

---

〔1〕 李贵方主编：《刑事辩护指南》，吉林人民出版社 2003 年版，第 91～92 页。
〔2〕 参见张军、姜伟、田文昌：《刑事诉讼：控辩审三人谈》，法律出版社 2001 年版，第 329 页。

一性，审判不得及于未经控诉的犯罪，来防范审判权力的漫无边际和审判功能演化为治罪功能的危险。着眼于中国诉讼实践，从法庭调查、罪名变更等方面考察法官行使审判权力的姿态，得以剖析审判对象限制审判权的效果。

1. 就法庭调查而言，法官行使诉讼指挥权，主持控辩双方及其他诉讼参与人就案件事实和证据进行审查核实，法庭调查范围基本控制在控诉范围之内。当前实践中，法官一方面不再享有主导性的证据调查权力，在法庭调查过程的基本职责是组织控辩双方质证和辩论；另一方面仍然拥有一定程度的证据调查权，例如，法官在法庭上有权讯问被告人，询问证人和鉴定人，在庭外有权进行证据调查并采取勘验、检查、扣押、鉴定、查询、冻结等调查手段。

法官在法庭调查中的姿态在控辩式审判方式改革前后有较大变化。在以前的"审问式"审判程序中，法官在庭前就根据案卷材料和所有证据对检察院起诉是否犯罪事实清楚、证据充分进行实体性审查，并以此决定是否开庭审判，对于主要事实不清、证据不足的可以退回检察院补充侦查，对于认为不需要判刑的还可以直接要求检察院撤回起诉；在庭审中主导法庭调查，负责审问被告人、询问证人、出示物证、宣读证据的主要职责，全面调查核实证据，根据案卷材料和证据材料自行确定法庭调查的范围和方法，担当积极主动的调查者角色，而且，法官认为案件证据不充分或者发现新的犯罪事实等情形而影响审判的，可以延期审理并自行进行调查。在改革后的"控辩式"审判程序中，法官在庭前实行程序性审查，对于起诉书有明确的指控犯罪事实并且附有证据目录、证人名单和主要证据复印件或者照片的，就应当决定开庭审判，这体现了法官审判范围由起诉书指控犯罪事实所限制的要求；在庭审中法官主要是主持控辩双方进行举证、质证，仅仅行使补充性的证据调查权，开庭后在公诉人宣读起诉书和被告人针对指控犯罪进行陈述之后，法官可以向被告人发问，通常在公诉人和辩护人询问证人、鉴定人之后法官也可以进行询问，并接受和听取公诉人、辩护人向法庭出示物证和宣读证据，当然，法官对证据有疑问的，可以宣布休庭并对证据进行调查核实。因此，"控辩式"庭审方式改革，增强了审判对象限定法官审判权力的功能，笔者访谈的诸多法官也表示亲历了这方面发生的确确实实的变化。

当然，审判对象对审判权的限制功能，除了表现为法庭调查范围根据起诉书指控犯罪事实来界定，还表现在法庭调查方式上。庭审方式改革以后，法官被要求采取"一事一证一质一辩"的程序，即控诉犯罪事实为多起的，法庭调查一般应就每一起犯罪事实分别进行，按照一位法官的说法，往往是被告人同种类犯罪有数起多次，才出现一组证据质证的情形，如果一个人被指控了十个不同的罪，不存在一组出示多个证据的问题，只能是一个罪一个罪地进行法庭调查，一个罪的动机、行为、后果、时间、地点分别出示证据分别去质证。[1] 在法庭调查中，法官不能笼统将整个案件事实作为审判对象，而应确切把握检察官通过起诉书提出来的指控内容，根据控诉范围来组织法庭调查。

不过，在具体诉讼实践中，法官在法庭调查的问题上并非全然表现为消极中立的姿态，相当程度上法官依然拥有着影响法庭调查范围的实际权力。这不仅表现在法庭上法官主持庭审并有权询问被告人、证人、鉴定人，有权在证据有疑问时决定休庭并主动展开庭外的证据调查，而且表现在：在法庭辩论过程，如果合议庭发现新的事实，认为有必要进行调查时，审判长可以宣布恢复法庭调查，待该事实查清后继续法庭辩论；在被告人最后陈述中，如果被告人提出了新的事实、证据，合议庭认为可能影响正确裁判的，应当恢复法庭调查。事实上，超越控诉范围进行法庭调查的情形尽管并非常见，但也难以杜绝，实践中有的法官往往并没有考虑到审判范围受起诉范围所约束，根据具体需要来决定法庭调查范围；而且，法官积极的庭外调查极为容易导致审判范围超越起诉范围的情况发生，这是因为，法官在庭外调查中难免发现新的事实或者新的证据，在这个时候，就自然而然地影响到法官对案件事实的心证，相当一部分法官在调查中发现新的事实或新的证据时，不是采取通知检察官追加起诉的做法，就是直接将证据调取到法庭中来进行质证并予以认定。中国刑事诉讼中，还有一个极为典型的问题，就是法官在第二审程序中的全面审查，即法庭调查不受被告人上诉或者检察官抗诉范围的限制，必须就第一审判决认定的事实和适用法律进行全面审查，法庭调查当然也不局限于上诉范围或者抗诉范围，而实际上是法官基于整个案件事实根据审理的具体需要自主决定法庭调查的范围。这些方面看来，审判对象限定审判权的功能发挥的效果还有待增强。

2. 就罪名变更而言，法官拥有着几乎不受任何限制的变更指控罪名权。在中国刑事诉讼中，虽然法官审判的犯罪事实基础及范围基本受制于起诉书的指控事实，但是，指控罪名却对法官审判近乎没有约束作用。实践中，法官根据检察官起诉的犯罪事实组织庭审，经过法庭调查与辩论程序，合议庭便会基于已经查明的案件事实、查证属实的证据和有关法律规定进行评议，

---

[1] 参见张军、姜伟、田文昌：《刑事诉讼：控辩审三人谈》，法律出版社 2001 年版，第 183 ~ 184 页。

确定被告人是否有罪、应否追究刑事责任、应判处何种刑罚、有无法定量刑情节等问题，根据案件具体情形作出判决，如果起诉指控的犯罪事实清楚，证据确实充分，依据法律认定被告人有罪的，便会作出有罪判决，即便控诉罪名与法院审理认定的罪名不一致，也应当以审理认定的罪名作出有罪判决，而不是作出指控犯罪不成立的无罪判决。换言之，控诉罪名对法官并不具有约束力，或者意味着，中国刑事诉讼中的审判对象仅仅是起诉书指控的犯罪事实，而指控罪名并不被纳入审判对象的范畴，起诉指控的事实与罪名在审判程序中被分离开来了。但是，这其实给刑事诉讼程序及诉讼主体带来了极大的影响。首先，对检察官来说，它严格上意味着控诉的"失败"，当然，或许仍可以理解为是国家追究犯罪的"胜利"，因此在实践中检察官一般不会有太大的不满。不过，最大的受害者还是被告人，因为，那样意味着被告人遭受了"未经控诉、未经审理、未经辩护的定罪"，突袭性的审判使被告人在控辩对抗中遭到不公平对待，防御权益受到极大损害，常常感到防不胜防、茫然失措、束手无策；对此，更多的抱怨是来自于辩护律师：围绕起诉书初始提示的审判对象进行的一切防御准备与辩护上的努力，极可能就因为这种突袭性的指控与审判，而宣告前功尽弃、丝毫没有效果。[1] 然而，从实践的情况来看，法官直接变更指控罪名可以说已经是中国刑事诉讼中的一种常规性操作，对于绝大多数法官来说，起诉书中指控罪名只是一个"定罪的参考"，至于经过审理后以何种罪名作出判决，那是法官自主评价的权力。严格说来，审判对象限定审判权之功能发挥的效果就较为有限了。[2]

---

〔1〕 这是笔者于2006年在我国S省C市对多名辩护律师进行访谈调研获取的实证资料。值得注意的是，笔者于2010年在我国G省G市就此问题再次访谈了一些辩护律师，发现调查和访谈过的几乎所有辩护律师，无不对这一点表现出极大的不满和愤慨，并期望能够从制度上改变法官对罪名变更的随意性。

〔2〕 非常有意思的现象是，笔者在对司法实践的调研中发现，对法官变更罪名的问题，尽管经过了世纪之交的那场大讨论，但有关的论争至今仍然极难形成共识，在法官和辩护律师之间几乎都对此各执一见、难以妥协，绝大部分法官将直接变更罪名看做是独立行使审判权的一种必然结果，几乎所有的辩护律师则坚信法官直接变更罪名无论如何是对辩护的极大损害，这样的对立深深植根在彼此的职业意识里面，这或许是源于一种职业主位或者说权力（利）本位的意识。当然，笔者在访谈中也发现，这种对立也不是毫无妥协的余地，有不少律师表态，如果法官在变更罪名时能够在程序上保障其准备辩护的机会和时间，将罪名变更视为法官行使审判权的必然构成的观点主张还是能够接受的，也有不少法官意识到目前这种没有提供程序保障直接变更罪名的做法有不合理之处。另外，相比起法官和辩护律师的激烈争执，检察官在这个问题上则表现得相对温和，他们虽然也会介意法官没有按照起诉指控的罪名判定，但是一般只要法官作出的是有罪判定，罪名的变更对于检察官来说要好接受一些，因为那仍然意味着控诉的"胜利"。

值得强调的是，以审判对象限定审判权力，这种观念在我们的刑事诉讼中以及相当数量的法官那里还没有真正确立起来，他们并没有将审判权自我限制在起诉范围的自觉意识，这不仅在于法官审判对象问题意识的淡薄，而且在于审判对象限制法官权力功能发挥的局限，也与中国刑事诉讼在制度上对法官审判对象问题意识的培育和激励尚极为不够有关。

（二）规约控诉权力的效果

审判对象的另一基本功能就是规约检察官控诉行为，因为，根据控审分离、控辩平等、审判中立的诉讼结构与运行原理，审判对象经控诉方起诉时予以提示，进入审判程序以后便成为控辩对抗的标的，设定了审判与防御的范围，故而将检察官的控诉行为约束在范围之内，在此范围以外控诉权力的行使便是超越界限，审判对象反过来规约着检察官的控诉权力。中国诉讼实践中，审判对象规约控诉权的效果可以从检察官记载起诉书、支持公诉、公诉变更、重复追诉等问题上来考察。

1. 从表象来看，审判对象是在检察官提起诉讼进入审判程序之后才存在的，但由于实行不告不理，审判对象是通过起诉来提示的，因此，检察官在决定起诉时就有了关于起诉范围的考量，审判对象的概念其实已开始影响着检察官的控诉行为，尤其在起诉书记载方面，如何通过起诉书来向法官以及被告人提示具体明确的审判对象，就是检察官应予重点考量的问题。反过来说，审判对象是如何潜在地规约着检察官的起诉权力行为的，尽管此种影响可能极为细微、不易觉察，但不得不承认会有这么一种效果。例如，在《刑诉法》第150条中，就隐含了这样一种基本的要求：检察官起诉书应当记载明确的指控犯罪事实，如果没有在起诉书中明确记载将要提请审判的指控犯罪事实，就构成起诉书记载上的瑕疵，检察官没有明示审判对象将会导致审判程序无法运转。根据《解释》第170条，对于检察官起诉书指控的被告人的身份、实施犯罪的时间、地点、手段、犯罪事实、危害后果和罪名以及其他可能影响定罪量刑的情节等不明确，需要补送材料的，法院应当通知检察院在3日内补送。对此，最高人民检察院在《规则》第281条也规定了，检察院起诉书应当包括被告人的基本情况、案由和案件来源、案件事实、起诉的根据和理由等主要内容。这在一定程度上显示了审判对象对检察官记载起诉书行为的规约。当然，也显示了这种规约的程度的有限，例如，这种规约主要强调的是起诉书记载指控犯罪事实方面，但并没有对指控罪名方面做更多严格规范，事实上，在中国刑事诉讼中，检察官起诉书的指控罪名基本不会发生限定法官审判权力甚至规约检察官起诉权力等方面的功能。另一方面，注意到实践中有相当一部分检察官在记载起诉书时，也并没有严格根据意图指控的犯罪的构成要件事实来记载，而是笼统地将整个侦查终结的案件事实予以叙述。这在实质上，并不是向法院提示审判对象，而是仅仅将案件提交法院审判，向法院陈述了一个有待通过审判予以惩治的犯罪事件，在他们那里，即便已经决定起诉之时，也很难看到"审判对象"对其行为有多少影响。

2. 审判对象一经检察官起诉提示以后，进入审判程序中便成为法官判定和控辩对抗的共同标的，反过来规约着检察官的诉讼权力，这种功能的发挥可能集中体现在检察官出庭支持公诉的行为之中。在中国刑事诉讼中，检察院提起公诉的案件通常都应当派员以国家公诉人身份出席支持公诉，在法庭上通过宣读起诉书，代表国家指控犯罪，就起诉书中指控的犯罪事实讯问被告人，对指控的每一起案件事实提请法庭传唤证人、鉴定人和勘验检查笔录制作人出庭作证，或者宣读证人证言、鉴定结论、勘验检查笔录，出示物证、书证、视听资料等证据，阐述公诉意见，并就指控内容与辩护一方进行法庭辩论。这在一定程度上表明，检察官支持公诉的行为受到审判对象的规约。不过，问题的另外一面似乎更值得注意，检察官在庭审中的行为，也表现了不受制于审判对象的某种迹象。例如，根据《刑诉法》第175条以及《规则》第311条，适用简易程序审理公诉案件，检察院可以不派员出庭支持公诉，但应向法院移送全部案卷和证据材料，这样，尽管被告人可以仅仅针对起诉书指控的犯罪进行陈述和辩护，但却无法针对指控与检察官形成对抗和辩论，宣读起诉书和出示证据的诉讼行为往往是交由法官来行使，而检察官实际上逃避了根据审判对象支持公诉的职责。又如，按照最高人民检察院颁行的《规则》第331条，公诉人在法庭上宣读起诉书，其意图是"代表国家指控犯罪，提请人民法院对被告人依法审判"，某种程度上反映检察官宣读起诉书重点不在于向法庭及各方诉讼主体宣布在庭审中作为诉讼标的之审判对象，以便包括检察院支持公诉在内的整个庭审活动都围绕着这个标的来展开，而在于将实施了犯罪行为的被告人提交审判。再如，根据《刑诉法》第165条，检察官在法庭审理过程如果"发现提起公诉的案件需要补充侦查"，可以建议并要求延期审理，最高人民检察院在《规则》第348条中甚至强调，检察官在法庭审理过程中"发现遗漏罪行或者遗漏同案犯罪嫌疑人，虽不需要补充侦查和补充提供证据，但需要提出追加或者变更起诉的"，应当要求法庭延期审理，也就是说，在庭审中，检察官支持公诉的行为并不严格受到其起诉书提示的审判对象所规约。有这样一个案例：云南省红河哈尼族彝族自治州弥勒县法院开庭审理童金祥爆炸案的过程中，由于被告人童金祥当庭翻供，被检察院传唤为证人的被告人未婚妻何桂芬也当庭否认其之前在侦查人员面前的陈述。为此，检察官认为出现被告人和证人翻供的情况，应该是有人在背后策划和指使，于是向法院要求延期审理，通过补充侦查并将被告人辩护律师王一冰以伪证罪向弥勒县法院提起了公诉。[1] 实践中，检察官在庭审中申请延期审理，对案件进行补充侦查，往往不仅补充收集经过起诉书指控的犯罪事实的证据，而且追加了起诉书记载以外的其他犯罪事实及证据，这显示了检察官控诉权力在审判程序中受审判对象规约的有限。事实上，诸多检察官在庭审过程中仍然是基于一种追诉犯罪的全局性的思维方式来支持公诉的，而不是秉持一种严格根据起诉范围来支持公诉的姿态。

3. 审判对象规约控诉权效果的局限尤为显著地表现在检察官在审判中变更起诉及审判后重复追诉的问题上。诉讼实践中，检察官在提起公诉后法院宣告判决以前，如果发现被告人的真实身份或者犯罪事实与起诉书中记载的身份或者指控犯罪事实不符的，可以要求变更起诉；发现遗漏的同案犯罪嫌疑人或罪行可以一并起诉和审理的，可以要求追加起诉；发现不存在犯罪事实、犯罪事实并非被告人所为或者不应当追究被告人刑事责任的，可以要求撤回起诉；发现提起公诉的案件需要补充侦查的，可以要求延期审理并对案件进行补充侦查，经过补充侦查，可能追加或者变更了起诉，也可能撤回起诉或者对其置之不理而被法院按撤诉处理，然而，在撤诉之后，仍然可能依据新的事实或者新的证据针对被告人再行提起控诉；另外，在适用简易程序审理的案件中，检察官在法院判决前如果发现被告人有新的犯罪事实需要追加起诉一并审理的，可以追加起诉并要求法院对案件按照普通程序进行审理。当然，在庭审过程中，检察官还可以根据法院关于补充或者变更起诉的建议而决定扩张或者改变起诉书提示的审判对象。可见审判对象在规约检察官控诉权力方面功能发挥的效果是有限的。访谈的一些检察官，从他们的话语中，很难觉察到他们在审判过程是以一种强烈的或者说自觉地将控诉权力严格限制在起诉书指控范围之内的意识，有的检察官认为，"审判对象是法官的事，与检察官没有什么关系，检察官的职责就是以事实为根据以法律为准绳追诉犯罪"；有的检察官则表态，他们在很多时候，"都会立足于整个案件事实来考虑如何追究被告人的刑事责任的问题，起诉书仅仅是向法院提出了启动审

---

〔1〕 案例资料来源于浦绍猛："携妻出家的律师"，载《法律与生活》2001 年第 6 期，第 12～14 页。

判程序的一个书面申请"。[1] 因此，中国诉讼实践中审判对象在规约控诉权方面发挥的功能，还存在有待加强的很大空间。

（三）保障防御权利的效果

审判对象尤为重要的另一项功能便是保障被告人防御权利，因为，在追求控辩平等的三角形诉讼结构中，审判对象由检察官提起诉讼时提出来，进入到审判程序便化约为保障被告人防御利益的一个基本范畴，为控与审的权力划定范围界限，保护被告人免受突袭性指控与审判及重复追诉的危险。在中国刑事诉讼实践中，审判对象保障被告人防御权利的效果可以从检察官在提起公诉或者变更公诉之时以及法官在法庭调查或者变更罪名之时对被告人防御利益的考量，以及刑事诉讼中被告人基于审判对象实施防御的效果等角度来考察。

1. 检察院经过审查认为犯罪事实已经查清、证据确实充分、依照法律应当追究刑事责任的，应当制作起诉书向法院提起公诉，法院对提起公诉的案件进行审查后，对于起诉书中有明确的指控犯罪事实并附有证据目录、证人名单和主要证据复印件或照片的，应当决定开庭审判，并将检察院的起诉书副本至迟在开庭 10 日以前送达被告人，对于被告人未委托辩护人的，告知被告人可以委托辩护人，或者在必要的时候指定承担法律援助义务的律师为其提供辩护。也就是说，检察院提起公诉法院受理后决定开庭审判之日起，应当赋予被告人至少在开庭前有 10 天的时间来针对起诉书的指控准备辩护，并且有权通过委托辩护人或者接受指定辩护的方式来获得辩护上的法律帮助。就此而言，被告人在检察院提起公诉和法院决定开庭审判之后，在一定程度上享有获悉必要信息和寻求法律帮助的权利，得以围绕审判对象进行防御上的准备。当然，这种防御准备究竟是否可能达到充分的程度，则是需要在实践中予以考证的问题，诸多辩护律师反映说，检察院提起公诉后法院开庭审判前这段时间用以准备辩护通常是不够充足的，为被告人提供辩护的律师往往不能够充分地进行查阅指控犯罪事实材料、会见被告人、调查取证和准备辩护意见，实践中辩护权的行使常遇到阻碍，难以达到充分准备辩护的效果[2]。

2. 法院就检察院起诉书提示的审判对象开庭进行审理，在法庭上审判长应当查明被告人收到检察院起诉书副本的日期，宣布起诉的案由，并告知被

---

[1]　这是笔者在 2006 年在对一些检察官的访谈中获得的材料。

[2]　有关刑事辩护的困惑及其分析，另可参见谢进杰："困境与进路：刑事辩护的困惑——以律师会见制度为基点"，载《贵州民族学院学报（哲学社会科学版）》2003 年第 1 期。

告人享有包括针对指控进行自我辩护和在法庭辩论终结后作最后陈述的各种诉讼权利；在法庭调查开始后，被告人可以就起诉书指控的犯罪事实进行陈述，并就起诉书指控的犯罪事实接受公诉人的讯问和法官的补充性发问，当被告人受到与本案无关的讯问时，审判长应当予以制止，被告人可以针对检察院的指控提请法院传唤辩方证人或者鉴定人出庭作证，向法庭出示物证、书证、视听资料等证据，对于法庭调查过程公诉人要求出示开庭前送交法院的证据目录以外的证据而审判长准许出示的，辩护方可以提出对新的证据需要做必要准备，对此，法官可以宣布休庭并根据具体情况确定辩护方作必要准备的时间；在法庭审理过程中，辩护人有权申请通知新的证人到庭、调取新的证据、申请重新鉴定或者勘验，可以向法院申请向检察院调取在侦查、审查起诉中收集的有关被告人无罪和罪轻的证据材料；在法庭辩论中，围绕检察院起诉指控的犯罪事实和有关证据、适用法律问题，被告人有权进行自行辩护，辩护人有权为被告人辩护，并与公诉人展开辩论；法庭辩论终结后被告人有最后陈述的权利，如果被告人在最后陈述中提出了新的事实、证据，合议庭认为可能影响正确裁判的，应当恢复法庭调查，如果被告人提出新的辩解理由，合议庭认为确有必要的，可以恢复法庭辩论。这是法庭审理中被告人可能享有的辩护方面的权利状况，这些权利为被告人围绕审判对象对抗检察院的控诉提供了某种保护。总的来说，当前刑事诉讼制度为被告人在审判过程提供权利保障的状况基本可以肯定，当然，在具体实践中，被告人针对检察官起诉书提示的审判对象进行防御的实际效果如何则是另外一回事，实际上被告人防御的效果似乎还不太理想，诸如，辩护律师出庭率低下、庭审辩护流于形式、被告人受到超出指控范围的讯问、被告人自我辩护效果欠佳等现象常有发生。诉讼实践中，被告人对抗检察院追诉以及防范审判权力侵犯的效果尚有待加强，尤其是，由于检察官和法官的权力受审判对象规制的功能发挥尚不够充分。例如，在第二审程序中，由于法官审判范围不受被告人上诉和检察官抗诉的范围所限制，通过提起诉讼提示的"审判对象"几乎成为一个虚置的概念，不发生任何功能。此外，检察官变更起诉和法官变更罪名也大大抵减了审判对象保障被告人防御权利的功能效果。

就检察官变更起诉的问题，由于检察官在审判过程中可以变更指控犯罪事实、可以追加遗漏的罪行，甚至可以通过要求延期审理对提起公诉的案件进行补充侦查，即便在审判中撤回起诉，也可能基于新的事实或者新的证据对被告人再次提起控诉，这就给被告人的防御与辩护带来十分不利的影响，不但会使被告人及其辩护律师面对突如其来的指控感到茫然失措，而且可能使得辩护一方在检察官变更或追加起诉之前围绕起诉书初始提示的审判对象所作的一切防御与辩护上的努力前功尽弃。尽管最高人民检察院在《规则》第 353 条第 3 款中表态，变更、追加起诉需要给予被告人、辩护人必要时间进行辩护准备的，公诉人可以建议合议庭延期审理。但是，这种基于检察官权力的自我规约，在实践中实施的效果是十分有限的。当前实践中针对检察官追加或者变更起诉的情况，被告人获得防御上的权利保障欠缺是一个十分突出的问题，此种情况下，被告人受到突袭性的指控，在控辩对抗中受到不公平对待。

　　就法官变更罪名的问题，由于法官在审判中可以根据审理查明的起诉书指控的事实但改变起诉书指控的罪名对被告人作出有罪判决，而且，这种罪名的改变不需要经过任何变更的程序，直接在判决时予以变更，这样就对被告人的防御利益带来极大的损害，使得被告人及其辩护律师在整个法庭审理过程中围绕检察官指控的罪名所做的一切辩护都丧失效果，遭受突袭性审判。由于《刑诉法》第 162 条中规定"案件事实清楚，证据确实、充分，依据法律认定被告人有罪的，应当作出有罪判决"，其实已隐含了法官自主地根据案件事实和法律规定作出有罪判决的意思。而最高人民法院在《解释》第 176 条中明确规定，"起诉指控的事实清楚，证据确实、充分，指控的罪名与人民法院审理认定的罪名不一致的，应当作出有罪判决"，这已经成为指导中国法院审判实践的一个制度性规定。在实践中，法官变更指控罪名作出有罪判决的现象似乎已是情理之中的事，然而，这种做法并没有充分考虑被告人防御利益保障的问题，从而大大抵消了审判对象保障防御权的应有功能效果。

# 第十一章　存在的问题及其发生原理

## 一、存在的问题：一个综述

中国刑事诉讼的制度上与实践中，"审判对象"是一个难以引起人们关注的概念，甚至是一个让人怀疑它的存在及意义的概念。在刑事审判充当"治罪工具"的年代，"审判对象就是犯罪分子"这一观点"千真万确"，当刑事审判作为"诉讼"的形象逐渐确立，却由于诉讼结构隐含着内在矛盾，诉讼形态徒有外表却难有实质，正当程序让位于实体真实和某种公共治理的"政策任务"，国家追诉权力几乎没有界限，刑事审判对象潜藏着一种范围界定上的困难和被无限扩大的危险，实质上还是包含着整个犯罪事件在内的"刑事案件"，起诉书记载的指控犯罪事实随时可能被扩展，指控罪名对于法官审判丝毫没有约束，被告人很难凭借审判对象这个范畴获得一种防御利益的保护，"审判对象"的实质意义尚待突显。究其实质，乃在于制度上与实践中一种审判对象概念以及问题意识的缺失。综观当前的制度与实践，除了秉持一种并不彻底的不告不理、控审分离的原则以外，围绕审判对象问题的制度建设可谓一片空白，诉讼制度中存在诸多有悖审判对象生成原理与运行规律的缺陷，诉讼实践中围绕审判对象问题的具体运作面临诸多困惑、效果令人堪忧。

在制度层面，现行刑事诉讼法典关于诉审关系的规范并不健全，审判对象赖以运行的不告不理、诉审同一的原则并没有得以彻底贯彻。在当下制度视野，提起公诉由检察院负责，审判由法院负责，实行不告不理，但在审判监督程序中存在例外，各级法院对本院或下级法院生效裁判如果发现认定事实或适用法律确有错误的，可自行决定再审、提审或者指令再审。另一方面，现行法典的字里行间显露出将控诉犯罪作为法官的审判对象的基本精神，但也隐含着超越起诉书指控的犯罪事实或者罪名予以审理判决的合法空间，很多时候诉审同一仅仅是维持在最低限度的"同一性"，即法院针对检察院起诉指控的案件事实来进行审判，至于是否以及如何受起诉书记载的犯罪事实与罪名的限制则另当别论，尤其在第二审程序中，法院应当进行全面审查，不受上诉与抗诉的范围所限制。在宏观层面，"分工负责，互相配合，互相制约，以保证准确有效地执行法律"是调整诉审关系的基本原则，但是，在"互相配合"及"保证准确有效地执行法律"的总体目标下面，诉审之间的分化制约尤为有限，诉审关系的基调是在于"配合"，"制约"或者更应该说是"分工"主要是服务于一种政策性的整体需要，而且，某种意义上，制约也主要体现在检察院对法院的审判监督，而不在于强调检察院起诉范围对于法院审判范围的限定作用。在微观层面，现行制度对于起诉的效力以及审判的范围没有作任何规定，这不能不造成诉讼实践中围绕审判对象问题的程序运作上的诸多缺憾。

严格地说，现行刑事诉讼法典并没有确立审判对象制度，至少在如下重要方面没有有效规范：其一，缺乏关于审判对象有效提示的规范。起诉书应当如何记载指控罪行、如何提示审判对象、提示审判对象的效力如何，仍是有待制度层面的建构。起诉书提示与界定审判对象的功能没能得到真正体现，也导致了在审判过程审判对象的展示上存在诸多不尽如人意的地方。其二，缺乏关于审判对象合理变更的规范。在审判过程中，检察院或者法院是否可以以及应当如何变更控诉的事实与罪名，现行法典并没有予以规定，尽管在实践中根据有关司法解释审判对象可以发生诉讼中的变更，检察院可以撤回、变更或者追加起诉，法院可以建议检察院追加指控犯罪事实或者直接变更指控罪名，但如何在审判对象发生变更时有效地保障被告人的防御利益以及刑事诉讼程序的正当性，仍然有待于制度上的建构与完善。诉讼实践中，在诸如检察院按照什么样的正当程序来变更起诉、法院变更指控罪名应当顾及哪些程序性问题、被告人面对审判对象变更应当如何寻求程序性的权利保障这样的问题上，显得缺乏规范、无章可寻。其三，缺乏关于防范审判对象被不当重复提起的规范。在诉讼实践中，审判对象可以通过上诉、抗诉、申诉、提审、再审、发回重审等方式被重复提起，由此产生诸多有悖于审判对象运行原理以及有损人权保障与程序正义的重复追诉问题，这就需要通过加强审判对象制度建设来治理。除此之外，现行法典中，还存在着诸多违背审判对象生成原理及运行规律的规定，尤其体现在关于法院直接变更指控罪名、第二审全面审查、自行决定启动再审、庭外调查证据以及检察院庭审过程补充侦查等问题上。

在实践层面，由于制度建构的缺失，围绕审判对象问题的实际运作呈现诸多困惑及问题。例如，检察院未能提示特定的审判对象，不受限制地变更审判对象，甚至针对同一项审判对象多次提起公诉；法院审判范围不受起诉指控范围所约束，法官不但可以在认为必要时将新的事实纳入法庭调查范围，而且可以直接在判决书中认定未经起诉书指控的罪名，甚至可能自行确定审判范围，将整个犯罪事件纳入刑事审判的视野。从实际运行的情况来看，一方面，审判对象在限定审判权、规约控诉权和保障被告人防御权益方面功能发挥效果不甚理想，另一方面，诉讼主体的审判对象问题意识较为淡薄。

概括来说，在中国法视野，刑事审判对象呈现如下三个基本特征：

1. 指控事实与法律评价发生分离。严格来说，控诉机关起诉书提示的审判对象应当包含着控诉事实与罪名两项不可分割的基本要素，指控事实表明控诉的范围，指控罪名表明控诉的性质，二者共同构成一体化的审判对象，法官的审判必须受到起诉书记载的指控事实及法律评价所约束，不得超越控诉事实亦不得任意脱离控诉罪名予以审判。法院只有当起诉书对被告人的行为所认定的事实要素和法律评价均得到证明时，对被告人作出起诉书指控犯罪成立的有罪判决，而不是抛开控诉罪名甚至脱离控诉事实笼统地就被告人是否有罪做出判决，否则，刑事审判在实质上可能就成为一场"治罪"，而难以是"诉讼"。中国刑事诉讼中，尽管起诉书记载指控事实同时也记载指控罪名，但控诉事实与法律评价基本上是可以分离的，检察官起诉书记载的主要任务就是将"犯罪事实"提请法院审判，尽管也结合刑法上特定犯罪构成要件，从主体、客体、主观方面、客观方面各个角度做出法律评价，确定被告人行为所触犯的刑法条文，但这种法律评价基本上沦为一种格式化的"套用"，使得控诉事实游离于特定犯罪构成要件之外，不能与法律评价形成对应，二者发生分离导致控诉罪名很难约束法官根据控诉事实进行法律评价。事实上，对于检察官而言，只要控诉事实被认定为犯罪，实现犯罪治理的目的，至于是否认定为起诉书控诉的罪名，其实并不重要；而对于法官来说，只要在控诉事实的基础之上进行审理，就是坚持了不告不理的原则，至于如何对控诉事实进行法律评价，那是法官独立裁判的权力范围。正如学者陈瑞华所言，实践中经常发生的情况是，法院认定的"犯罪事实"与检察机关指控的事实几乎没有任何实质性的区别，但在法律评价部分，法院却推翻了起诉书的结论，自行认定了新的罪名。[1] 指控事实与法律评价发生分离，最直接的后果就是使得起诉书提示审判对象界定法院审判范围的诉讼功能演变为仅仅提请法院审判指控事实的功能。这就助长了法院的审判权力，纳入到法

---

〔1〕 陈瑞华：《问题与主义之间——刑事诉讼基本问题研究》，中国人民大学出版社 2003 年版，第 263 页。

院审判视野的不是一个诉讼主张，而是一个"犯罪事件"，法院的判定模式就是"被告人是否有罪"，而不是"起诉书指控犯罪是否成立"，这对于被告人的防御利益带来极大的损害。同时，指控事实与法律评价在实质上的分离，在某种意义上，意味着公诉机关脱离了刑法规定的具体犯罪构成要件以国家的名义指控一个人"有罪"，这其实有悖于罪刑法定的法治原则。而审判机关抛开控诉罪名审理指控事实并以另一罪名直接作出判定，实际上意味着以一项未经审理、未经辩护的罪名宣告被告人有罪，或者说审理了一项未经起诉的"犯罪事实"，这对于不告不理的诉讼原则是一种破坏，也背离了审判中立的本性及其通过程序保障人权的使命。

2. 起诉书指控事实是现实的审判对象，整个案件事实是潜在的审判对象。严格说来，审判对象应当限定为起诉书指控的内容，未经起诉不得审判，法院审判的范围不得超越起诉书指控而伸展至指控事实之外的犯罪事实，除非经过正当程序变更了起诉，审判对象必须严格限定在控诉的范围之内。然而，在中国刑事诉讼中，起诉书指控事实是现实的审判对象，整个案件事实是潜在审判对象，换言之，包括起诉书记载的控诉事实在内的整个案件事实均可能被纳入法院审判的范围。现行法典并没有就法院的审判范围予以明确规范，只是将"起诉书中有明确的指控犯罪事实"作为决定对公诉案件开庭审判的一个条件，这一规定并不必然意味着将法院审判限定在起诉书指控犯罪事实的范围之内。法典关于"公诉人在法庭上宣读起诉书后，被告人、被害人可以就起诉书指控的犯罪事实进行陈述"以及《解释》关于"在审判长主持下，公诉人可以就起诉书中指控的犯罪事实讯问被告人"的规定，似乎显示了一种将审判范围限定在起诉书指控事实范围之内的姿态。然而，法典关于"案件事实清楚，证据确实、充分，依据法律认定被告人有罪的，应当作出有罪判决；依据法律认定被告人无罪的，应当作出无罪判决"的规定，则又将法院审判对象的范围界定为整个案件事实，摆出一种彻底地根据事实真相来判定被告人是否有罪的姿态。对此，《解释》有较明确的表态："合议庭认为本案事实已经调查清楚，应当由审判长宣布法庭调查结束，开始就全案事实、证据、适用法律等问题进行法庭辩论"；"在法庭辩论过程中，如果合议庭发现新的事实，认为有必要进行调查时，审判长可以宣布暂停辩论，恢复法庭调查，待该事实查清后继续法庭辩论"。故而，整个案件事实，不管是否在起诉书指控的范围之内，均可能被纳入审判的范围，在这个时候，起诉书指控事实之外的案件事实，就作为一种潜在的审判对象。当然，从潜在的审判对象过渡到现实的审判对象，还可能因为检察院对起诉的追加与变更：实践中，法院在审理中发现新的事实，可能影响定罪的，应当建议检察院补充或者变更起诉；同时，检察院在法院宣告判决前，发现遗漏罪行时可以要求追加起诉，发现犯罪事实与指控犯罪事实不符时可以要求变更起诉，并且，在审理过程中，发现事实不清、证据不足或者遗漏罪行或同案犯罪嫌疑人的，可以要求延期审理以对"提起公诉的案件"进行补充侦查或补充提供证据，或者进行追加或变更起诉。这样，隐含在案件中的整个犯罪事实就成为潜在的审判对象，随时可能转化为现实的审判对象。因此说，法官审判的就远不止于起诉书指控犯罪事实，而是国家刑事追究的整个案件事实，换一种表达，就是审判的不仅仅是被告人被起诉书指控的罪行是否成立，而是起诉书指控的被告人是否有罪的问题，这甚至蕴含了将被告人直接当做客体化的审判对象的危险。

3. 审判对象可以基于多种途径被重复提起。严格说来，审判对象一经控诉机关提出并经过审判程序形成终局性的判定以后，便不得再次被提起，否则，就构成对被告人的重复追诉，而国家也会因此不必要地浪费司法资源。然而中国刑事诉讼中，审判对象除了在被告人上诉、检察院抗诉、被害人申诉和检察机关审判监督引起的再审程序中被再次提起以外，甚至可能基于法院擅自决定启动再审、提审、发回重审等方式而在重新审判的程序中被反复提起，造成国家围绕着同一罪行反复发动追诉反复启动审判的局面，而被告人则由于同一罪行一而再再而三地被置于刑事程序的煎熬和被定罪的危险境地。此种现象背后，其实质还是一个刑事审判对象被无限制泛化的问题，刑事追诉或者说刑事审判缺乏一种严格的范围界定并能够将此范围与范围之外予以严格区分的机制。这不仅与传统上一味追求犯罪控制及发现真实的理念有关，也与国家刑事追究权力缺乏一个适当限度有关，还与刑事程序中人权保障与程序正义原则被实践的有限性相关。

严格地讲，中国刑事诉讼的制度上与实践中并没有一种审判对象的概念以及问题意识在发挥作用，至少没有发挥显著作用。究其实质，不仅仅在于制度建设的缺失以及诉讼实践中各种消极因素的影响，还存在诸多导源于刑事诉讼的结构、程序和理念层面的深层缘由。在中国当下，为何围绕审判对象问题的制度建设几乎呈现空白？为何诉讼实践中的审判对象问题意识如此缺乏？为何审判对象的概念未能得到充分关注？为何审判对象的功能难以发挥显著效果？更微观层面的问题，起诉书何以难以有效发挥提示审判对象的功能？记载于起诉书的控诉事实与罪名何以未能有效约束法官的审判行为？检察机关何以可以在审判过程以案件需要退回补充侦查或补充起诉为理由要求延期审理？法官何以可以在认为必要时对发现的新的事实展开法庭调查？法官何以可以根据查清的案件事实直接判定未经起诉书指控的罪名？被告人何以难以确切把握应当防御的范围？辩护律师何以会抱怨捉摸不定的刑事控诉与突袭性的审判给辩护带来的困惑？检察院何以撤回起诉之后还可以针对同一罪行提起公诉？被告人何以接受无罪判决之后仍然可能因同一罪行再次受到追诉？等等这些问题的发生，绝不是偶然，而是有其深刻根源。除了因为制度建设落后和实践消极因素的影响，更由于导源自现行诉讼的理念、结构和程序上的深层病理。为此，笔者尝试从追究权力的适度问题、诉讼结构的合理问题、诉讼程序的正当问题三个层面来剖析问题发生的原理。

**二、犯罪控制与追究权力的扩张**

在中国，围绕审判对象问题的制度建设的种种病理及缺失和实践中问题意识的淡薄及功能发挥的局限，绝不是简单的制度设置或实践操作疏忽的问题，在其背后，有一种犯罪控制的主导观念在发生作用，国家刑事追究权力在当中发挥着支配作用。

中国历来高度强调犯罪控制，"查明犯罪事实"、"惩罚犯罪分子"、"积极同犯罪行为作斗争"被规定为刑事诉讼法的主要任务。[1] 契合于犯罪控制的主导观念，国家追究权力具有相当大的合法性空间。国家在认为有犯罪事实发生时便可立案并展开侦查，讯问嫌疑人、收集有罪证据并逮捕有证据证明有犯罪事实的嫌疑人，侦查终结认为犯罪事实已经查清、证据确实充分、依法应当追究刑事责任时便可提起公诉，经过审判，当案件事实清楚、证据确实充分、依据法律认定被告人有罪时便可作出有罪判决，实现国家对犯罪的刑罚权，追究权力渗透于整个诉讼过程。表象上，刑事诉讼过程的国家权力似乎并没有表现出任何不合理的地方，但是，只要将视角探入这一过程的细微层面，便会发现问题：代表国家公诉的检察院可以通过起诉书将脱离特定法律评价的犯罪事实提交审判，发现案件需要补充侦查时有权要求延期审理并进行补充侦查，发现犯罪事实与起诉书指控不符时有权变更起诉，发现遗漏罪行或嫌疑人时有权追加起诉，认为指控犯罪事实不存在或经补充侦查认为指控证据不足时有权撤回起诉，撤诉后仍然有权基于新的事实或证据再行起诉，即便对于法院作出证据不足指控犯罪不能成立的无罪判决，同样有权根据新的事实和证据材料重新起诉，而对于法院明确作出的无罪判决，不但有权提起抗诉启动第二审，而且有权继续通过审判监督启动再审，不止一

---

〔1〕 无论 1979 年通过的还是经 1996 年修订的《刑诉法》都明确规定了该"任务"。

次地针对被告人发动刑事追究。

问题是，在中国现行法视野，哪里才是刑事追究权力的边界？就以起诉书送达被告人这一细节为事例。由于起诉书记载了检察院指控被告人的犯罪事实及罪名，提示了将要展示在审判中的审判对象，实质上也明确了被告人的防御范围。在开庭审判前，起诉书及时送达被告人就可以让被告人获悉审判对象和把握防御范围，并可以有针对性地准备充分的辩护，因此，就审判对象问题来说，起诉书送达具有十分重要的意义。然而，在犯罪控制的强烈需求下，被告人凭借审判对象获得防御利益保障与救济的权利就可能被牺牲。一个典型的例子，曾经以"严打"为名，颁行了《关于迅速审判严重危害社会治安的犯罪分子的程序的决定》，如此规定：对杀人、强奸、抢劫、爆炸和其他严重危害公共安全应当判处死刑的犯罪分子，主要犯罪事实清楚，正确确凿，民愤极大的，可不受刑事诉讼法规定的关于起诉书副本必须至迟在开庭7日前送达被告人的期限限制。[1] 这实质上是国家为了有效控制犯罪，刻意牺牲了被告人的防御利益。就如左卫民先生评论的："长期以来，我国的主流观念认为刑事司法是控制犯罪的主要工具；进而认为，应当尽量为国家权力在刑事司法中的运作提供方便，使其起到发现犯罪和威慑犯罪的最大功用。"[2]

诚然，法治秩序并不否定犯罪控制，国家控制犯罪本身并没有错，但如果为了控制犯罪国家刑事追究权力可以无限扩张，甚至将刑事诉讼直接作为控制犯罪的工具，那就值得质疑了。"积极同犯罪行为作斗争"固然没错，但是，无论如何都不应把刑事诉讼作为积极同犯罪行为作斗争的场域。当代法治背景下刑事诉讼尤其审判程序的存在，本身就是为了对国家刑事追究权力的行使划定正当性的空间界限，以便将国家控制犯罪及其刑事追究权力纳入到法治的程序轨道中来。在刑事诉讼中，审判对象制度的运作，恰恰集中显示着这种将国家刑事追究权力限制在特定范围的法治理念。国家刑事追究权力的适度限制，是法治国家刑事诉讼的基本要求，诸如审判对象必须明示且不得被任意变更、不得被不当重复提起等原理，其实就是为了对国家追究权力行使设定边界范围，站在人权保障而不是方便犯罪控制的立场上来运行刑

---

〔1〕 参见武延平、刘根菊主编：《刑事诉讼法学参考资料汇编》（下册），北京大学出版社2005年版，第1685页。

〔2〕 左卫民：《在权利话语与权力技术之间——中国司法的新思考》，法律出版社2002年版，第95页。

事诉讼的程序。国家刑事追究权力天然地有一种自我扩张的本性，如果不加以限制，犯罪控制的意图就会占据所有可能的空间，刑事追究权力就会创造和利用一切可能实现犯罪控制的目标，被告人权利极易沦为牺牲品。基于强烈的犯罪控制意图，控诉机关自然期望把整个案件事实都纳为审判对象，而不愿将自身的追诉范围束缚于特定框架内，在一个国家追诉权力可以尽可能扩张的制度环境下，控诉机关自然愿意并且期望将追诉范围尽可能地扩展，譬如当发现犯罪事实有错漏时，自然迫切期望变更与追加起诉，当经过审判未能达到追诉目的时，自然强烈要求将审判对象重复提起。审判对象在范围上的不当扩展，其实质就是国家追诉权力的扩张。占据主导的犯罪控制观念和国家追究权力的扩张，甚至还可能表现为审判机关中立性、超然性、被动性的缺失。一旦法院丧失超然中立的本质，带上犯罪控制的面具，沦为国家刑事追究的工具，乃至将刑事审判定位为犯罪控制的场域，一系列本不可能发生的情况也就发生了，譬如脱离起诉书指控罪名乃至扩展指控犯罪事实范围进行审判，不受上诉或抗诉的范围所限制对案件进行全面审查，甚至自主决定启动对案件的再审等等。就如有学者评论说："假如将犯罪控制作为整个刑事诉讼的目标的话，那么，作为司法裁判机构的法院岂不就应放弃所有追求'司法公正'的努力，而甘愿成为国家刑事追诉机制中的第三道环节了？这一点尽管已经被中国目前的刑事司法制度所实践，但却是任何一个理性的观察者和研究者所绝对不可接受的。假如我们还持有一丝最起码的现代诉讼观念的话，刑事诉讼作为将国家刑事追诉活动纳入诉讼轨道的一种国家活动，当然应当容忍法院成为司法裁判者，而不能是刑事追诉者，否则，在警察、检察官与法官全部刑事追诉化的情况下，我们的刑事追诉与纠问式制度又有什么本质区别呢？"[1] 难以想象在一个国家刑事追究权力可以尽可能扩张的制度环境下，控诉机关甚至审判机关会自觉地形成一种审判对象问题意识，毕竟，对他们来说，这种问题意识只能够对权力行为带来约束，而不是方便和助长权力的行使——现行的"案件事实制度"，无疑正是在这种犯罪控制与追究权力扩张的视野下存在并运行着的。

### 三、控审配合与诉讼结构的失衡

中国刑事诉讼终究没有摆脱结构性的缺陷，特别体现为诉审关系调整过分强调"控审配合"，甚至可以说，中国刑事诉讼中历来只有"检法关系"，

---

[1]　陈瑞华：《问题与主义之间——刑事诉讼基本问题研究》，中国人民大学出版社 2003 年版，第 363 页。

而没有严格诉讼意义上的"诉审关系"。"检法关系"被界定为"分工负责，互相配合，互相制约，保证准确有效地执行法律"[1]，尽管控诉和审判分别由检察院和法院负责，基本实行不告不理、诉审同一，但并不是严格的"控审分离"，更多地呈现职能混淆和强调配合的特质，审判对象在这种诉审关系模糊的诉讼结构中，其运作原理几乎没有发挥的空间。中国法视野审判对象问题面临的诸多困惑，与特定刑事诉讼结构息息相关。

这种结构性缺陷，早在1979年刑事诉讼法典中就已埋下伏笔。尽管控诉和审判分别由检察院和法院负责，基本实行不告不理的诉讼启动方式，但是，这是一种"配合"多于"制约"或者说"分工"是为了更好的"配合"的"控审关系"。一方面，控诉机关可以决定免予起诉实际上对被告人直接予以定罪，甚至可以在其参与其中的法庭审理过程通过法律监督来影响法院的审判；另一方面，审判机关在一定程度上分担了控诉职能，法官有变更控诉的实际权力，而且实质上承担着证明犯罪意义上的证明责任，通常在审前已审阅案卷和审查证据并对案件形成预断，在庭审中负责审问被告人和举证，依职权对证据进行调查。整体上相互配合基本使法院倾向于控诉，不可避免带着追诉的成份，难以保障审判范围不超越起诉范围。审判对象的概念及原理在这种控审关系模糊并以"控审配合"为基调的诉讼结构中，几乎不能占据一席之地，难以发生实质意义，审判过程中法院一旦发现新的事实便可决定延期审理并退回检察院补充侦查或者自行侦查，检察院起诉指控范围所能够发挥限制审判范围的功能极其有限，法院直接根据审判中查明的事实、证据和有关法律作出被告人有罪或者无罪的判决。

虽然1996年的刑事诉讼法修改对原有诉讼结构进行了改革，强化被追诉者的权利保障，弱化追诉权力，强调审判机关的中立性以及审判的中心地位，确立起诉书移送的复印件主义，确立未经法院依法判决不得定罪的原则，将法院庭前的实质审查改为程序审查，将法官主导的法庭调查模式改为控辩式庭审模式，限制了法院自行调查的权力，弱化了合议庭的追诉职能，确立疑罪从无的原则。但是，修正过后的诉审关系依然存在诸多不足：首先，调整诉审关系的基本原则仍然是"分工负责，互相配合，互相制约"，在"保证准确有效地执行法律"的总体目标指导下，往往首先得到彰显的不是"互相制

---

〔1〕 这一点从1979年刑事诉讼法立法到1996年修正改革至今丝毫没有任何改变，始终强调共同配合有效执行法律。并且可以预见的是，当下正在酝酿的新一轮的刑事诉讼法再修改，也将难以让人看到有任何改变的迹象。

约"而是"互相配合"。诉讼实践中，"控审配合"仍然是诉审关系的基调，法官与检察官在审判对象问题上常常表现为一种"沟通"。例如，法官在审判过程发现新的证据或者新的事实，便会建议检察官变更或者追加起诉，而检察官在庭审过程可以以提起公诉的案件需要补充侦查甚至需要补充起诉为由要求延期审理，实际上甚至检察官就起诉什么这一问题在启动审判程序之前已经与法官进行了沟通，审判对象在实践中可能是控审双方在庭前共谋的结果，这种"共谋"甚至延伸至审判过程中审判对象的变更。其次，诉审关系中的追诉权力特征显著，检察机关就特定犯罪事实提起公诉之后，在审判过程中发现新的犯罪事实甚至发现起诉书指控事实与犯罪事实不符时，仍然可以予以追加或者变更，经过审判程序，检察机关还可以对已经撤回起诉或者无罪判决的案件根据新的事实或新的证据再次提起公诉，甚至可以通过审判监督的方式，再次启动对被告人进行刑事追诉的程序。再次，法院仍然在很大程度上担负着控制犯罪的职责，而不是单纯的中立审判的诉讼职能，鉴于"保证准确、及时地查明犯罪事实，正确应用法律，惩罚犯罪分子"的"任务"，法院讯问被告人、庭外调查证据、建议变更起诉、将新事实纳入调查范围、直接变更罪名、二审全面审查、自主启动再审等做法，都是允许并可得到"合理"解释的。

　　因而，中国刑事诉讼结构中的诉审关系，实质始终是以"控审配合"为基调，"分工负责"乃至"互相制约"的终极目标在于"保证准确有效执行法律"。这一点，从 1979 年立法到 1996 年改革至今没有丝毫改变，按照有关的说法："人民法院、人民检察院和公安机关是刑事诉讼的主体。它们依照法律赋予的职权主持进行的刑事诉讼活动，是国家活动的重要组成部分。在刑事诉讼中，如何正确协调好三机关的关系，是关系到能否准确有效地执行法律，共同完成刑事诉讼法任务的重要问题。'分工负责、互相配合、互相制约'是宪法原则，也是刑事诉讼法的基本原则。对于刑事诉讼程序和某些诉讼制度的修改，要注意结合各个机关的职能，做到依法各司其职，分工明确，在诉讼环节的运作上，要力求相互衔接、协调，使之具体化、科学化，避免权力交叉、混淆，以防止相互扯皮、推诿现象的发生。"[1] 这就表明，我们始终怀着共同有效执行法律的指导思想来对待诉审关系。在这样的诉讼结构中，十分强调一种政策实施的目标，衡量控审间的制约与配合，其实是以某种整体政策作为指导，这种政策可理解为"犯罪控制"，可理解为"实体真

---

　　〔1〕　周道鸾、张泗汉主编：《刑事诉讼法的修改与适用》，人民法院出版社 1996 年版，第 6 页。

实"，也可理解为"执行法律"，但不管如何，为了实施这种全局性的政策，控与审的关系总是倾向于配合，甚至"互相制约"也是为了更准确有效地"执行法律"。我们注意到，在中国，刑事诉讼实践中，"公检法三机关"已经成为一个约定俗成的概念，"流水作业"几乎成为刑事诉讼过程的特质，"配合"的结构特征十分显著。如果考察诉讼卷宗，就可以发现，控诉机关的法律文书与审判机关的法律文书在格式和内容上十分相似，非常明显地显示了一种彼此分工配合推进有效执行法律的特点。[1] 本来，在刑事诉讼的程序中，正是基于一种分权制衡的机制，控诉机关不可能为所欲为地变更起诉，审判机关也不可能积极主动地变更罪名，审判对象不但成为检察官用来限制法官的"武器"，也成为法官反过来借以规约检察官的"武器"。尤为重要的，分权制衡机制还得以为被告人寻求权利保障和权利救济提供空间，只有公诉人与法官之间不是合作起来审问被告人，而是站在各自的诉讼立场上接受诉讼程序的规制，被告人才可能作为一种诉讼主体充分地参与到诉讼中来并有效地展开防御和自我辩护，基于此，检察官变更指控事实和法官变更指控罪名就不可能不充分考虑到保障被告人的防御权利，被告人亦可以凭借审判对象这一"武器"来抵御控审权力的不法攻击。但是，一旦追诉与审判的关系被定位为以"配合"为基调，就背离了刑事诉讼控审分离分权制衡的本质，围绕审判对象问题诸多有悖于诉讼规律的做法就自然发生了，审判对象不但无法成为检察官借以限制审判权力的"武器"，也无法成为法官借以规约控诉权力的"武器"，更不可能成为被告防御控审权力侵犯的"武器"——现行的"案件事实制度"，显然就是这种控审配合基调下失衡的诉讼结构的产物。

值得补充强调的是，首先，被告人因素尽管被排斥在诉审关系的调整范畴以外，但实质上，被告人权利在诉审关系视野受到十分重大的影响。历史经验表明，当诉审之间距离拉近的时候，最容易受到伤害的必然是被告人，如果控审过分集中，配合走向了极端，甚至会导向纠问制，被告人便成为纠问对象。因此，诉审关系的调节如果忽略对被告人防御权利保障的考量，就必定不是一种合理的结构安排。中国现行诉讼结构尽管对被告人权利保障给

---

〔1〕 例如，稍微考察刑事程序实践中具体案例从侦查、起诉到审判全过程的诉讼文书，如公安机关侦查终结的起诉意见书、检察院经审查起诉的起诉书和法院经审判的刑事判决书，可以从中很显著地感受和窥探中国"公检法三机关""分工负责、互相配合、互相制约，保证准确有效地执行法律"的某些内在特征。另外，有关中国刑事诉讼中案卷制度所反映的这种特点及其独特性，可参阅左卫民：《刑事诉讼的中国图景》，生活·读书·新知三联书店 2010 年版，第五章。

予了较以前更重要的考虑，但仍远远不够，例如，检察官追加或者变更起诉、法官直接变更指控罪名、检察官基于补充新的事实或新的证据而要求延期审理、法官基于查清案件事实的目的进行庭外调查等等这些行为，其实都可能影响被告人的防御利益，然而，现行刑事诉讼制度建构并没有在这些方面对被告人因素作足够的考虑。诉审关系非理性化，诉讼结构合理性的缺失，其结果必然是不告不理原则的失灵、诉审同一性的迷失。控诉机关与审判机关相互配合过于紧密而缺乏实质的制约，审判范围不受起诉范围所约束，被告人的防御利益自然无从保障。其次，刑事诉讼结构的合理安排，还应当体现一种审判中心主义，控审之间分权制衡集中展示在审判程序中，通过"起诉"与"审判"的结构上和功能上的分化，将启动审判程序和确立审判范围的权力交由检察官来行使，却将判定的权威赋予了审判程序中的法官。审判程序不仅是展示控审之间分权制衡关系的空间，而且是用来保障被告人利益的空间，在这一空间里，审判对象作为控辩对抗和法官判定的共同标的，成为规范着控辩审关系的一个核心范畴，各方程序主体的诉讼行为围绕着审判对象而展开：对于控诉机关而言，已经通过起诉书提示审判对象之后，便不会任意地予以变更，在庭审中支持公诉的行为不得超越审判对象的范围；对于法官而言，没有任何权力自我确定审判对象，审判权力被界定在审判对象的范围之内，但也没有任何义务审理未经起诉纳入审判对象范围的犯罪事实，只需要根据审判对象作出判定；对于被告人而言，可以紧紧围绕审判对象进行充分的防御准备，不用堤防未经纳入审判对象范围的罪行受到指控，能够准确把握防御范围并展开有效辩护。然而，一旦审判中心地位不能得到张扬，控审关系偏离合理性的轨道，审判对象就很难发挥实质意义，例如，当检察官与法官在审前已经就审判对象的确定达成了"共谋"，当检察官与法官在审判过程就审判对象变更达成了"默契"，当追诉机关与审判机关的诉讼活动成为惩罚犯罪与有效执行法律的"流水线作业"中相互配合相互衔接的环节，那么，在如此的诉讼结构中，审判对象不具有实质意义就在所难免了。

**四、实体真实与诉讼程序的失当**

中国刑事诉讼法典为"公检法三机关"确立了"保证准确、及时地查明犯罪事实，正确应用法律，惩罚犯罪分子，保障无辜的人不受刑事追究"的"任务"，为此，"必须以事实为根据，以法律为准绳"，并且，"应当分工负责，互相配合，互相制约，以保证准确有效地执行法律"。在整个刑事诉讼的指导思想和运行过程中，弥漫着一种浓厚乃至极度的追求实体真实的意味，

"以事实为根据，以法律为准绳"[1] 被当做是一条金科玉律般的方法论被强调、被试图在实践中加以践行："这是我国长期以来刑事诉讼的一条重要经验，是正确惩罚犯罪，防止错案，保障无罪的人不受刑事追究的重要原则。是否犯罪，罪重，罪轻，要以事实为根据。"[2] 强调尊重事实的出发点显然是毋庸置疑的，但问题是，这条"经验"无论是在立法上还是在实践中，都被过分强调了，使其演化成为一种可以忽略甚至脱离正当程序的有点显得彻底的实体真实认识论。"发现事实"被当做刑事诉讼的基本目标，"公检法三机关"的诉讼行为很大程度上都是为了发现犯罪事实，甚至保障被告人诉讼权利可能也只是出于更好地查明事实这一立场："为什么要强调保障被告人的诉讼权利，因为被告人处于被控的地位，保障他们的诉讼权利，可以更好地查明事实，正确执行法律，防止错案。"[3]

脱离正当程序理念关照的实体真实的认识论思想带来极大影响，甚至可能容忍牺牲程序正当性来达到查明犯罪事实的目的。为查明犯罪事实，检察官可以提示宽泛的审判对象，可以变更指控的犯罪事实，可以追加遗漏的犯罪事实，可以补充侦查有罪证据，可以根据新的事实再行起诉，甚至可以与法官进行密切的"沟通"。为了查明事实，法官可以认为必要时不受审判对象的约束，把发现的新的事实纳入调查范围，可以建议甚至带有以无罪判决结果为威胁的意味要求检察官变更或追加犯罪事实，可以直接变更罪名判定被告有罪，可以不受上诉范围限制全面审查，可以在认为生效裁判有误时自主启动再审，可以通过提审或者发回重审将审判对象重复提起，甚至可能自主确立审判对象或者直接将整个犯罪事件纳入审判范围。然而，对于被告人而言，在这种以"准确、及时地查明犯罪事实"的全局性的政策考虑下，自然便"可以"放弃审判中设定特定防御范围的需求，"可以"容忍审判中存在随发现实体真实的需要而变化不定的审判对象，甚至"可以"牺牲审判中部分的乃至全部的防御利益和程序权利。换言之，一旦将绝对的实体真实作为刑事诉讼的直接的乃至终极的目标，为了查明犯罪事实，一切超越甚至严重违背正当程序的操作，就有可能发生。然而，这样，围绕审判对象问题的整个程序运转就必然偏离正当程序的轨道，表现出异常的特征，削弱其原本可能发挥的功能，丧失它存在的实质意义。

---

〔1〕 参见《刑诉法》第 6 条。
〔2〕 顾昂然：《新中国的诉讼、仲裁和国家赔偿制度》，法律出版社 1996 年版，第 7 页。
〔3〕 顾昂然：《新中国的诉讼、仲裁和国家赔偿制度》，法律出版社 1996 年版，第 7 页。

诚然，"以事实为根据，以法律为准绳"一点也没有错，但是，长期以来，我们对待所谓"事实"的姿态有问题，我们所谓发现"事实"的方法论有问题。在刑事诉讼中，试图以一种百分之百完全符合客观事实真相的态度去苛求诉讼主体，难以宽容任何一点因优先以正当程序的名义而可能导致对所谓实体真实的疏忽，为了最大化地发现事实真相，甚至反过来可以容忍诸多有违正当程序的行径，势必导致控诉机关乃至审判机关怀着同样的"查明事实"的要求和使命来进行自身的诉讼活动，整个刑事程序被导向一种围绕"查明犯罪事实"的犯罪发现与证明的过程，围绕审判对象问题的一切程序操作沦为为"事实"服务的附属物。为此，难怪检察官将整个犯罪事件提示为审判对象并且当发现新的事实便及时追加和变更起诉，即使在审判过后也毫不犹豫地提起重新审判，亦难怪法官超越起诉书指控事实范围组织法庭调查，积极进行庭外的证据调查，以及在指控事实清楚、证据充分确实但指控罪名不能成立时仍然可以另外的罪名来判定被告人有罪。这一切，只要在"查明犯罪事实"的名义之下，都是具有"合法性"的。就以"疑罪从无"为例，尽管法院已经作出了"指控犯罪不能成立"的无罪判决，但是，控诉机关仍然可以在发现了新的证据的时候将原来的犯罪再次提示为审判对象，按照有关立法人士的解释，"实践中存在的问题是，法院审理后，有些案件因证据不足……，如果检察机关提出要补充侦查，那么等补充侦查后，再根据情况进行判决。在法院作出证据不足、指控犯罪不能成立的无罪判决后，如果侦查机关后来又取得了犯罪的证据，怎么办？可以另行起诉。"[1]

　　然而，作为一种诉讼形态，刑事诉讼中能否容许为了"查明犯罪事实"而使审判对象沦为虚设？以"以事实为根据"的名义，是否就可以不必限制审判机关的审判范围，容许其以一个未经起诉、未经审理、未经辩护的罪名对被告人宣告有罪判决，容许控诉机关可以任意变更指控、追加起诉和重复追诉？按照现行法实践的逻辑，为了"以事实为根据"，控诉机关可以以起诉书记载的指控犯罪事实与犯罪事实真相不相符为由变更公诉，可以将审判过程发现的新的事实追加纳入审判对象，可以以证据不足为由将已经起诉到法院甚至已经法庭审理完毕的案件加以撤回，然后再以同样或者变更后的罪名对同一犯罪事实重新提起公诉；法院可以在控诉罪名不成立的情况下自行判处被告人其他未经起诉的新的罪名，可以对被告人未上诉和检察院未抗诉的第一审部分判决内容进行主动审查，可以以原判确有错误为由对已经生效判

---

〔1〕　参见顾昂然：《新中国的诉讼、仲裁和国家赔偿制度》，法律出版社1996年版，第19页。

决终结的案件主动地发起再审，……这些诉讼现象，显示了过分追求实体真实的认识论思想指导下刑事追诉的恣意化、诉讼形态的虚置与程序正义的牺牲。所谓的"客观真实"，终究不过是一种表象和神话罢了，以一种哲学完美主义的名义，掩盖了国家刑事追诉权的恣意行使，导致法院司法权威的丧失和程序正义的牺牲。例如，法院与检察机关一道，承担起发现"客观真实"、纠正事实和法律错误的使命，于是，本来应当成为司法裁判者的法院，却以"变更罪名"、"全面审查"、"纠正错误"为名，从事起刑事追诉的活动，以至于成为事实上的公诉机构，或许，法院在一些个案中通过重复追诉，避免了一些真正有罪的人逃脱法网，但却在相当程度上丧失了中立性、超然性，并使得程度的正义受到牺牲。[1] 事实上，中国过去的刑事诉讼实践已经表明，极端追求实体真实，或者说，以一种不科学的姿态来追求实体真实，势必致使刑事诉讼程序正当性的牺牲，丧失更具根本意义的正义。

毕竟，只要将视角落实到刑事程序中发现与证明"事实"的具体运作，就会发现，我们长期以来孜孜以求的"客观事实"，终究只能是相对意义的，或者可以说，根本不存在终极性质的"实体真实"。就如有学者所言："整个司法调查过程都可以化约为证据判断过程，在此过程中，司法人员获得一种刑事诉讼法上所谓的案件的'实体真实'。不过，这里有必要指出：要获取我们潜意识里所希望的'实体真实'似乎并不可能。"[2] 对此，有学者揭示了司法过程的"证明度问题"，以历史事实为认识对象的证据学不同于实验科学，它对事实的认识具有一定的主观性以及不确定性，因此只能实现一种认识上的盖然性，它对客观事实的回复是有限度的，采用证据学方法获得的"心证"，可以说并非科学意义上的"证实"，而只是一种具有主观性的"确证"，为此我们必须"破除一种不切实际的盲目自信，使我们能够对证据认识过程保持警惕"。[3] 围绕该命题，有学者阐释道："作为历史的案件事实不再是'硬邦邦的'，而是可缪的；而所谓的'认识符合事实'与'事实胜于雄辩'，在判断关于历史的认识正确与否时，不过是两句废话。由此，我们进一步揭示了'客观真实说'与'法律真实说'这两种理论所存在的问题，主要是针对一个不可解的问题，采用了不科学的研究方法，得到一些并无意义的

---

[1] 参见陈瑞华：《问题与主义之间——刑事诉讼基本问题研究》，中国人民大学出版社 2003 年版，第 349 页。

[2] 周光权：《刑法诸问题的新表述》，中国法制出版社 1999 年版，第 339 页。

[3] 参见龙宗智：《证据法的理念、制度与方法》，法律出版社 2008 年版，第 13～17 页。

结论。因此，我们有必要动用奥康姆剃刀来对付诸如'客观真实'与'法律真实'之类的概念、术语，为使我们关于证明及证明标准的理论研究真正具有科学性，不仅应转移所要研究的问题，而且应改变研究的方法。"[1] 或许可以这样说，在人类的刑事诉讼实践中，"客观真实"或者说"实体正义"从来就只具有"特例"或者说"个案"的性质，程序主体们在不懈地致力于实现每一个特定合乎"事实"的案件，但是"程序正义"却具有普遍的意义和永恒的生命力，只有建构在正当程序之上的"事实"，才是经得起历史的考验。因为，如果丝毫不顾"程序正义"盲目地追求"客观真实"，极容易导致的后果是赤裸裸的滥权和对人权的普遍的践踏，但结果未见得真的合乎"实体正义"；但是，如果适当地容忍对"实体正义"的疏忽但注重确保"程序正义"，导致的后果最多只是放纵已经发生过去的犯罪，却是在追求着一种更高层面的制度性的价值和意义。毫无疑问，围绕审判对象问题展开的刑事程序，如果可以放弃程序正义不惜一切代价、不择一切手段试图去实现所谓的"发现犯罪事实"，诸多有悖审判对象原理与诉讼法理的操作都是可能发生的，有关的制度上与实践中出现的种种困惑也都是极其自然的。难怪乎有学者如此描述道：中国刑事诉讼未采"诉因"制度，也无"公诉事实"的相关概念，起诉书中所记载的犯罪事实，只是给予法院一个审判的线索，法院由此出发但不受其约束，可以探究真正的犯罪事实如何，从侦查、审查起诉到审判，侦查机关、检察机关、审判机关均在履行追究真相的责任，在审判阶段，被告方难以进行充分防御，因为它难以知晓法官心证之所止，有时会出现他就自认为重要的争议点进行防御，法官却就其未作充分防御的部分作出不利裁决的情形。[2]

**五、围绕审判对象问题的制度缺陷**

立法与实践中审判对象问题意识淡薄、功能发挥有限，还与中国现行刑事诉讼制度存在种种瑕疵和缺漏有关，特别是在支撑审判对象运行的那些基本程序环节上，从而直接或间接地影响了围绕审判对象问题的程序运作。

1. 在审判对象的提示环节上，主要是起诉书记载制度的瑕疵以及起诉书移送制度的弊端。首先，由于现行法典并没有专门规范起诉书记载的问题，而诉讼实践中用以指导控诉机关起诉书的《人民检察院刑事诉讼规则》第

---

[1] 王敏远："一个谬误、两句废话、三种学说——对案件事实及证据的哲学、历史学分析"，载王敏远编：《公法》（第4卷），法律出版社2003年版，第269页。

[2] 熊秋红：《转变中的刑事诉讼法学》，北京大学出版社2004年版，第309页。

281 条以及《人民检察院法律文书格式》样式九十存在着诸多缺陷，造成制度上与实践中的起诉书未能合理而有效地记载控诉事实与罪名，未能有效地提示审判对象，起诉书的应有功能难以发挥。例如，现行起诉书普遍未能真正地按照特定犯罪构成要件来记载指控犯罪事实，本质上不是以诉因为单位而是以案件事实为单位来进行记载，导致指控事实与罪名发生分离，也导致提示的审判对象不甚明确，从而给法官审判范围产生泛化倾向提供了可能，并得以脱离指控罪名认定犯罪事实。其次，由于现行法典第 150 条间接确立的"复印件移送主义"，以及用以指导诉讼实践的《解释》第 116 条和《规则》第 282、283 条确立的起诉书移送制度，并不能像"起诉书一本主义"的移送方式或者通过中间程序那样来有效排除审判法官在审前的预断，往往较易导致法官在界定和变更审判对象问题上发挥一种积极主动的姿态，导致实践中诉审双方"联系"频繁。

2. 在审判对象的展示环节上，主要是法庭调查制度的弊端。由于现行法典第 155～159 条确立的法庭调查制度，以及《解释》第 130～160 条指导的法庭调查实践，没有明确地规范法庭调查范围，未能规范法官在证据调查问题上的合理姿态，法官可以在认为必要时积极地将其发现的新的事实纳入法庭调查范围，也可以主动地开展庭外调查，这就难以排除法官积极调查犯罪事实的可能，也使得法官常常在发现新的事实与证据时面临着一种尴尬境地，直接或间接地影响法官的审判权力姿态，对此很难抱持消极中立的态度，往往会建议检察官追加或变更起诉，甚至可能直接对新的犯罪事实或者新的证据予以认定。

3. 在审判对象的变更环节上，主要是起诉变更制度的缺陷以及变更罪名制度的弊病。首先，由于现行法典并没有规范公诉变更问题，而用以指导实践的《解释》第 177、178 条以及《规则》第 348～354 条所确立的公诉变更制度，存在诸多缺陷，控诉机关在审判过程的公诉变更几乎既没有实体限制也没有真正的程序上规制，显示了公诉变更与刑事追诉的恣意化，公诉变更既不受来自审判权力方面的制约，也没有充分考虑被告人防御利益的保障，导致实践中刑事追诉范围的无限扩张和刑事审判对象泛化处理的危险。其次，由于现行法典并没有明确规范法院变更指控罪名的问题，实质上蕴含了对法官变更指控罪名作出有罪判决的支持但却未能有效规范与此相关的程序性问题，用以指导实践的《解释》第 176 条明确规定了法官变更罪名的制度，但是，并没有就法官变更指控罪名所引起的对检察机关控诉权力及被告人防御权利的影响予以充分考虑，没有就相关的程序性问题进行规范，实践中法官直接变更指控罪名并没有先行告知和给予被告人辩护的机会，也没有就认定罪名组织控辩双方进行法庭辩论，严重违背了诉讼法理，违背了审判对象的运行规律。

4. 在审判对象的重复提起环节上，主要是二审全面审查制度的瑕疵，发回重审制度的弊端以及决定再审、提审与指令再审制度的不足。首先，由于现行法典第 186 条确立的全面审查制度，以及用以指导审判实践的《解释》第 231～267 条对这一原则的贯彻，使得在第二审程序中，被告人通过上诉或者检察院通过抗诉提出来的诉讼主张并不能严格约束法官的审判权力，法官不但可以自主地确定审判范围，而且可以追加未经提出上诉的被告人参与法庭调查，可以将第一审的案件全面地纳入审判范围，导致审判对象在第二审中难以发挥实质意义，难以发挥诸如限定法官审判权力等功能。其次，由于现行法典第 189、191、192、200 条所确立的发回重新审判的制度，以及《解释》第 259、268、270、275、276、278、285、286、312 条等规定对该制度的贯彻和发展，导致发回重审成为中国刑事诉讼中一种极为普遍的诉讼现象，致使审判对象极容易被不当地重复提起，损害被告人利益、法院裁判权威以及诉讼程序的安定性，并导致国家司法资源的浪费和滋生不良的刑事理念。再次，由于现行法典第 200、205 条确立的决定再审、提审与指令再审的制度，以及用以指导诉讼实践的《解释》第 275、283、287、302、304、305、306、307、308、309 条等规定对该制度的贯彻与发展，存在诸多弊端，例如，法院自行决定再审，实质上就是同时充当了控诉者与裁判者的角色，法院不但自行确定审判对象而且根据全面审查原则界定了相当宽泛的审判范围；上级法院提审或者指令下级法院再审，不但导致审判对象被反复提起，而且由于改变审判对象的系属法院从而可能影响被告人的程序性利益。

另外，现行刑事诉讼制度中至少还存在两个层面的缺陷，尽管与规范审判对象问题可能并不具有十分直接的关系，但在一定程度上影响着审判对象的运行。首先是宏观层面的制度规范问题，例如，调整诉审关系规范的缺陷，不告不理与诉审同一的原则没有彻底贯彻，控审配合的原则存在缺陷，缺乏关于起诉效力与审判范围的规定，缺乏有效规约控诉权力和确保司法被动性的规范；又如，确立的人权保障原则并不充分，尤其忽略了对审判过程被告人防御利益的有效保障，缺乏有效保障被告人免受重复追诉的诉讼原则，当前对控辩之间平等性的制度保障不力；再如，检察机关审判监督制度存在缺陷，难以消除检察机关担当控诉机关和审判监督机关之间的悖论；再如，司法审查制度以及程序性制裁制度缺失，无法为将侦查权力违反正当程序侵害人权的问题纳入审判对象范畴的制度安排提供支持，对于审判过程违反程序的公诉变更或者变更罪名行为，缺乏一种诸如诉讼行为无效制度等有效的规制机制，对于法官超越审判对象范围的审判行为，往往也缺乏一种有效的救济机制。其次是微观层面的其他具体程序规范问题，例如，确立的延期审理制度、补充侦查制度及诉讼实践中检法之间审前或庭外沟通的做法，在不同程度上也会影响审判对象的运行，这些问题亟待予以完善解决。

# 第十二章　围绕审判对象问题的制度变革

## 一、审判对象制度建设的可行性

### （一）赖以支撑审判对象制度的基础和环境

中国进行审判对象制度建设的必要性已不言而喻，无需赘述。进一步的问题是，进行审判对象制度建设是否可行？对此，还须从审判对象所赖以生成与运行的制度基础和环境谈起。审判对象能否作为一个具有实质意义的概念及范畴存在于刑事诉讼的制度与实践并发挥应有功效，与刑事诉讼的基本构造及制度完善程度紧密相关。

首先，必须存在一个以控审分离为基调的三角形诉讼构造。只有控与审在结构上和功能上发生分化并形成分权制衡的基本关系，并相应地体现审判中立、控辩平等和坚持审判中心主义的构造原理，审判对象范畴的存在才可能具有实质意义。可以想象，在一个控诉职能与审判职能合而为一、偏离了审判中心主义和控辩平等、审判中立性的诉讼构造中，要么是法官与检察官站在一起来对被告人进行"治罪"，要么是既充当控诉者又充当裁判者的法官在审判"犯人"，如此情况下，审判对象就是由法官擅自确立的，即便在形式上由检察官来提示，也是针对了被告人所有可能存在的犯罪，此时与其说审判对象是纳入审判视野的犯罪事实，不如直接说审判对象就是被告人。很显然，既然是控审合一的"治罪式的审判"，就不需要有一个确定的、可见的范围，而是随着犯罪治理的具体需要而定，就如猎手对猎物，发现猎物随时射击，猎物只有遭遇防不胜防的劫难。因此，审判对象已经不可能发挥诸如限定法官审判权力、规约检察官控诉权力和保障被告人防御权利此类的功能，在实质上已经失去了存在的意义。

其次，必须存在一种遵循被告人主体性的诉讼理念。只有真正承认被告人在刑事诉讼中的程序主体地位，才可能基于有效保障被告人防御利益以及维护控辩之间平等性的考虑，来设定一个能够明确控诉机关指控范围并确定被告人防御范围的范畴，以使其发挥将控审权力限制在特定范围之内以保障被告人权利的功能。显而易见，在一套刑事诉讼的制度与实践中，如果被告人主体性理念缺失，就不可能有控辩平等的追求，也不可能有人权保障的诉讼理想，被告人作为诉讼客体，只能沦为被审讯和治罪的对象，一切针对被告人的犯罪追究方式均有可能发生，在那种刑讯逼供合法化、被告人无权辩护的制度环境里，何谈"被告人防御范围"，更难以想象可能存在着"审判对象"的概念及相应作用原理的发生。

最后，必须存在一套蕴含着审判对象问题意识的诉讼程序装置。只有当诉讼程序的设置有意识为审判对象的有效运行提供平台，致力于解决审判对象问题的时候，审判对象才可能在刑事诉讼的程序运转过程中发挥它的应有功能。否则，如果诉讼程序设置未能为审判对象运行提供支持，譬如，在关于起诉书记载、起诉书移送、法庭调查、起诉变更、变更罪名、被告人防御权保障、重复追诉等问题的制度设计上，没有一种真正的审判对象问题意识，放任起诉书宽泛地记载犯罪事实和无法特定的指控罪名，放任检察官在庭前移送全案卷宗及证据材料影响审判法官的预断，放任法官超越指控范围进行法庭调查，放任检察官在审判过程随意变更起诉，放任法官直接认定未经审理的罪名，放任检察官和法官变更与超越审判对象范围的行为侵犯被告人防御权利，放任检察官在终审程序之后仍然反复地提起审判对象，那么，审判对象无论如何也不可能有效发挥功能，实现其存在的意义。

（二）审判对象制度建设的可能性及方向

如前所述，审判对象范畴的存在和发生作用，与诸多因素有关，它赖以有效运行并实现实质意义的最为关键的基本条件是：一个以控审分离为基调的三角形诉讼构造，一种遵循被告人主体性的诉讼理念，一套蕴含着审判对象问题意识的诉讼程序装置。那么，要评介中国建设审判对象制度的可行性，就应当考察在中国刑事诉讼的制度上与实践中是否存在或者将可能存在满足这三个基本条件的资源。

1. 关于诉讼构造的问题。综观中国现行刑事诉讼构造，基本上显示了一种趋于控辩分离、审判中立、控辩平等的三角结构，或者说，至少显示了一种致力于追求三角形诉讼构造的发展趋势。在控审关系上，控诉职能与审判职能分别由检察院和法院独立行使，在一定程度上，坚持不告不理的原则，法院的审判程序必须经由检察院提起诉讼来启动，法官的审判范围与检察官指控的公诉事实范围保持基本的同一性，同时，检察院刑事追诉权力受到法院的制约，未经法院依法判决，对任何人都不得确定有罪和施以刑罚。就审判的中立性而言，法官实施审判职能，必须作为中立的裁判者，回避有关利益关系，以事实为根据，以法律为准绳，遵守诉讼程序和证据规则，在正确认定事实和适用法律的基础上作出判决，不得有徇私枉法的行为。在控辩关系上，被告人享有辩护的权利，公检法三机关必须保障被告人依法享有的诉讼权利，被告人有权获得辩护人为其提供的法律帮助，有权委托辩护人代为申请取保候审、提出控告和申诉，有权在庭审中就检察院指控的犯罪进行陈述和发表意见，辩护律师享有阅卷、调查取证、会见被告人等辩护权利，并针对控诉机关的指控进行辩护。由此可见，当前中国刑事诉讼构造基本上是一种趋向于控审分离、审判中立、控辩平等的三角结构。当然，既有的结构存在诸多弊病，例如，尽管追求控审分离，但是，在"公检法三机关""应当分工负责，互相配合，互相制约，以保证准确有效地执行法律"的关系模式以及"检察院依法对刑事诉讼实行法律监督"的司法体制之中，"控审配合"显得尤为突出，审判独立与中立的程度则受到削弱；尽管追求审判中立，但是，在"保证准确、及时地查明犯罪事实，正确应用法律，惩罚犯罪分子，保障无罪的人不受刑事追究"的刑事诉讼法任务指导下，法院可以不受被告人上诉和检察院抗诉范围的限制对案件进行全面审查，可以在发现生效裁判确有错误时决定启动再审；尽管追求控辩平等，但是，在"保证刑法的正确实施，惩罚犯罪，保护人民，保障国家安全和社会公共安全，维护社会主义社会秩序"的刑事诉讼目的指导下，检察院可以基于特定理由限制嫌疑人聘请律师为其提供法律帮助，可以在审判过程中发现提起公诉的案件需要补充侦查时建议延期审理，可以在撤回起诉或者法院作出无罪判决之后根据新的事实或新的证据对被告人再次提起公诉。这些都表现了当前中国刑事诉讼构造存在的缺陷，对此，如果不予以改革完善，便会严重影响审判对象在刑事诉讼中的正常运行和有效发挥作用。不过，总的来说，既有刑事诉讼构造还是一种循着三角结构发展并业已显示了三角结构基本特征的诉讼结构，在这一发展中的诉讼结构中，进行审判对象制度建设是完全可能的。

2. 关于诉讼理念的问题。在中国刑事诉讼的制度上与实践中，被告人主体性理念得到一定程度的强调，现行法赋予被告人在诉讼中的主体地位，保障被告人各项诉讼权利。一方面，确立未经法院依法判决不得对被告人定罪的原则，也就是说，在法院作出有罪判决之前，被告人作为诉讼主体，不能被认为是有罪的人，被告人只有经过依法审判定罪之后才可能被施以刑罚，因此，获得公正审判也是被告人作为诉讼主体享有的一项基本权利，即便经过审理，如果证据不足，不能认定被告人有罪，被告人有权获得指控犯罪不能成立的无罪判决。另一方面，被告人享有获得法律帮助、辩护和寻求权利救济的权利，例如，被告人在被侦查机关第一次讯问后或者采取强制措施之日起便有权聘请律师为其提供法律咨询、代理申诉、控告、申请取保候审等法律帮助，有权在案件移送审查起诉之日起委托辩护律师通过行使阅卷、会见、调查取证权等来准备辩护，有权在审判过程中基于特定理由获得指定辩护律师的法律帮助、就起诉书指控的犯罪进行陈述、申请调取相关证据、在法庭辩论终结后进行最后陈述并获得公正的判决，有权在不服第一审裁判时向上一级法院提出上诉并受到上诉不加刑原则的保护。此外，禁止刑讯逼供、禁止以连续传唤的形式变相拘禁、禁止非法剥夺诉讼权利之类的原则也体现于当下中国的刑事诉讼制度。关于被告人主体性的理念，在刑事诉讼的立法界、学术界与实务界日益受重视，尤其在"国家尊重和保障人权"被写进宪法以后[1]，加强人权保障、增进被告人主体性的呼声及实践中的努力显得更为突出。从总的趋势来看，中国刑事诉讼正在经历着一场逐渐增进被告人主体性的"革命"，例如1996年的刑事诉讼制度改革就显示了在这个方向上的努力，而最近十余年来如火如荼的司法改革中人权保障可以说是一个最为关键的主题词，伴随于此，当下酝酿中的中国刑事诉讼法再修改也同样呈现出走向彰显被告人主体性的制度变革趋势。当然，现行的制度上与实践中也显示了被告人主体性微弱的诸多特征，例如，无罪推定原则尚未真正彻底地确立，沉默权制度未能建构起来，非法证据排除规则尚未被充分实践，禁止重复追诉的原则未能得到确立，程序性制裁机制缺失；又如，现行法典确立的"如实陈述义务"，实践中检察官在公诉变更和法官在变更罪名的问题上对被告人防御权利保障的不力，不能不说是一种被告人主体性观念淡薄的体现，这些都有待于进一步的完善。不过，立足于中国刑事诉讼制度与实践所显示的在保障和增进被告人主体性方向上的努力及业已取得的成就，在"国家尊重和保障人权"的宪法理念的关照下，在即将批准的《公民权利和政治权利国际公约》所确立的国际社会刑事诉讼人权保障最低限度标准的激励下，进行审判对象制度建设是可行的。

3. 关于诉讼程序的问题。不得不承认，现行中国刑事诉讼程序并没有为审判对象的运行与有效发挥作用带来足够支持，无论从起诉书记载与移送的程序，还是从检察官变更起诉与法官变更罪名的程序，或者从法院启动再审

---

〔1〕 参见《中华人民共和国宪法》（全国人民代表大会1982年12月4日通过，经1988年4月12日第一次修正、1993年3月29日第二次修正、1999年3月15日第三次修正、2004年3月14日第四次修正）第33条第3款。

和检察院重复追诉的程序进行考察，都很难体现出一种充分的审判对象问题意识，也很难从中看到审判对象的概念及原理发挥实质作用的迹象。这就不得不留下了极为广阔的进行审判对象制度建设的空间，并提出了加强审判对象制度建设的迫切要求。当然，值得庆幸的是，在现行的致力于追求三角结构和彰显被告人主体性的刑事诉讼中，一定程度上还是可以找到审判对象问题意识的某些体现，尽管并不显著，例如，法院的审判程序由检察院启动，法院审判的事实范围通常与起诉书指控的犯罪事实基本一致，庭审中被告人针对起诉书指控的犯罪进行陈述，公诉人就起诉书中指控的犯罪事实讯问被告人，等等。再如，指导实践的《解释》第178条和《规则》第352条关于法院建议补充或者变更起诉问题的规范，在一定程度上就体现了一种审判对象问题意识：法院在审理中发现新的事实，可能影响定罪的，应当建议检察院补充或者变更起诉；对此，检察院应当审查有关理由，并作出是否补充或者变更起诉的决定；检察院不同意的，可以要求法院就起诉书指控的犯罪事实依法作出裁判；检察院不同意的，法院应当就起诉书指控的犯罪事实，依照有关规定依法作出裁判。应当说，当前的刑事诉讼程序中体现了一定的审判对象问题意识，只是，留待加强拓展的空间还非常之大。值得肯定的是，最近一些年来刑事诉讼理论界与实务界已经渐渐开始反思相关问题，如法官直接变更罪名的问题及法官自行决定启动再审的问题，显示了在有关方面进行改革的积极姿态。伴随着整体性的司法改革以及刑事诉讼法再修改的步伐，有理由相信，通过渐进的改革逐步建构起一套蕴含着审判对象问题意识的刑事诉讼程序，仍不失为一种可以努力实践的方向。

因此，在中国进行刑事审判对象制度建设，不但是必要的，而且具有一定程度的可行性，关键问题就在于，针对现行的制度基础与制度环境，如何建设刑事审判对象制度。对此，本书尝试在宏观层面提出一个基本构思，并就微观层面着重探索若干重要方面的方案。

**二、构筑审判对象制度的整体思路**

（一）整体的构造、理念及程序装置的建设

在中国建设刑事审判对象制度，就不得不立足于既有制度的基础和环境，面对既有制度的特质与框架及其病理与缺陷，进行相应的改革和建构。为此，首要任务是致力于进行赖以支撑审判对象制度的三个基本方面的基础与资源的建设：建构一个以控审分离为基调的三角形刑事诉讼构造；建立一种遵循被告人主体性的刑事诉讼理念；建设一套蕴含着审判对象问题意识的刑事程序装置。

首先，应当改革现行过度强调配合的控审关系，贯彻审判中心主义和审判中立性原则，严格实施不告不理、诉审同一的原则，增进刑事诉讼结构的合理性。在这方面，现行法典关于调整检察机关与法院之间关系的基本原则应当予以改革，取消"互相配合"的规定，规范检察机关的刑事审判监督权力，取消法院自行决定启动再审的权力，明确规范起诉与审判之间的关系，确立一种以分权制衡为内核精神的控审关系模式。

其次，应当加强被告人权利保障方面的制度建设，尤其是确立被告人防御利益保障的原则。对此，现行法典关于被告人接收起诉书副本的权利、被告人在审前准备辩护的各种权利、被告人在庭审中针对指控犯罪进行陈述和辩护的权利、被告人针对公诉变更获得防御的权利、被告人针对法官变更指控罪名获得辩护的权利、被告人针对重复起诉寻求救济的权利等方面规定存在的缺陷或者缺失，均应当予以改革完善。在这里，笔者有个设想，即应当建构中国刑事诉讼中的被告人防御权利体系，这种防御权利体系应当包括被告人获得辩护律师法律帮助的权利以及被告人及其辩护律师针对指控准备防御和进行辩护的各种权利，譬如接收起诉书副本、调查取证、阅卷、信息交流、庭审中充分陈述、针对控诉方起诉变更进行防御准备、针对法官变更罪名进行辩护、针对重复起诉寻求救济等，这一系列权利应当足以在审判对象运行过程中为被告人防御提供充分保障。

最后，应当改革既有刑事诉讼中违背审判对象生成原理与运行规律的程序设置，加强相关的程序建设。在这方面，现行的起诉书记载、起诉书移送、法庭调查程序、公诉变更、变更罪名、二审全面审查、发回重审、提审与指令再审等围绕审判对象问题展开的相关程序环节，均应当成为改革的重点方面。

整体来说，现行中国刑事审判对象制度的完善，不得不立足在其特定的制度基础和制度环境，针对中国的"案件事实制度"的病理与瑕疵，进行有关的改革和建构。除了致力于宏观层面上的建构寻求基础资源的支持，诸如改革以配合为基调的检法关系为以分权制衡为内核精神的诉审关系、改革现行违背审判对象运作原理的程序设置、建构完善的被告人防御权利保障体系以外，还应当结合现行"案件事实制度"的特质及其制度环境，秉持一种合理的整体改革构想。

（二）如何面对当下的"案件事实制度"

面对当下中国刑事诉讼围绕审判对象问题的"案件事实制度"，应当说，当前中国进行刑事审判对象制度建设面临的尤为根本的问题，就是如何改革与完善诉审关系。对此，首要地，必须改革固有诉讼构造，尤其必须理清当前过度强调控审配合却忽略控审制衡的诉审关系，检讨检察机关同时担负公诉机关与审判监督机关双重角色的悖论，真正确立检察院作为纯粹的刑事诉讼控诉职能主体与审判机关之间形成分权制衡的基本关系模式，在刑事审判中真正贯彻一种不告不理、诉审同一的原则。基于对诉审关系的合理调整，关涉审判对象一个突出的重要问题便是，是否在中国建立诉因制度。

综观刑事诉讼的理论与实践，围绕审判对象问题，英美法采行了诉因制度，大陆法采行的是公诉事实制度。权衡二者，各有长短，但通常认为，英美法中是检察官通过起诉书记载诉因的方式来明示审判对象，大陆法中，检察官在起诉书中明确记载指控的犯罪事实，提示作为审判对象的公诉事实，二者有一个基本差别，就是起诉书提示审判对象的指控事实与法律评价二者要素是否可以发生分离，或者进一步说，检察官起诉指控的犯罪事实与罪名是否均对法官审判发生约束效力。比较而言，大陆法中检察官对于指控事实的法律评价即指控罪名通常是不对法官产生约束力的，而在英美法中，诉因则是由罪行细节和罪行陈述紧密结合，检察官通过起诉书记载的诉因，不但在指控的犯罪事实上严格约束法官的审判范围，而且指控罪名也对法官的审判范围具有约束力。另外，在审判对象的变更上，大陆法允许公诉变更，英美法则基本禁止诉因变更。因此，诉因制度一般给人一种这样的认识：它较之大陆法以公诉事实为审判对象的制度设置更为有利于发挥规制控审权力和保障被告人防御利益的功能。最近半个世纪以来，国际社会刑事诉讼发展一定程度地显示了大陆法借鉴诉因制度的迹象与趋势。例如，日本于 20 世纪 50 年代初在其大陆法刑事诉讼传统上引进英美法的诉因制度，起诉书记载诉因以提示审判对象，同时保留大陆法中"公诉事实"的概念，允许诉因在公诉事实同一性基础上发生变更。再如，中国台湾地区刑事诉讼理论与实务界在 20 世纪 90 年代中期就"刑事诉讼可否采行诉因制度"展开了颇具影响的研究和讨论。

当然，在大陆法传统制度之上移植英美法的诉因制度，是否可行，究竟能够达到什么样的程度，效果如何，这都是一个需要理性对待和用实践经验来说明的问题，容不得草率定论。不过，应当说，在大陆法刑事诉讼传统之上引进诉因制度，已经有了日本作为先例，至少表明了这种跨诉讼文化进行制度移植的尝试之可能性。就当前日本法的实践看来，日本对诉因制度的移植基本上是成功的，在实践中也能够体现出诉因制度的某些优越性。当然，这需要一个探索与磨合的过程，日本在建立诉因制度初期，由于传统上"公诉事实"的概念及大陆法诉讼观念的影响，"诉因"的概念及其制度原理并不能立即融入日本刑事诉讼理念之中，诉讼实践在相当一段时期对此显示出一定的不适应，诸多司法人员对于起诉书如何记载诉因、诉因如何成为审判对象、诉因如何规范法官审判范围等问题感到疑惑，理论界则对审判对象究竟是诉因抑或公诉事实展开了激烈论争，只是，经过了观念上的逐渐革新和实践中的不断探索，而今，"诉因"在日本法中已不再是一个格格不入、令人陌生的概念，关于刑事审判对象究竟如何界定的论战也以基本的共识宣告一段落。[1] 日本法的经验表明，在大陆法诉讼传统之上移植诉因制度是可能的。当然，日本法的发展也显示了在采行诉因制度的问题上大陆法因素与英美法因素之间相互融合的特征，这一点充分体现在日本法对待诉因变更的态度上面。因此，也许可以据以断言，在大陆法传统制度中完全抛弃固有"公诉事实"的概念而移植英美法的诉因制度，这似乎是不大可能的，至少在目前为止的实践中尚无成功先例可资借鉴，即便在近二十年来持续对英美对抗制抱持浓厚兴趣的大陆法国家意大利，也并没有在移植诉因制度的问题上予以尝试，至今仍然践行着公诉事实制度。这一点，中国台湾地区十余年前的那一场探索就是一个明证，经过一番充分而深入的研讨，基本达成这样一种共识："惟因采诉因制度，而必须先采起诉状一本主义，及强化证据法则，其工程浩大，非短期内可以实行"；"凡是制度的好坏，必须看它实施的环境，以及主观、客观的因素，……不宜以'诉因'制度在日本或其他国家行之有效，全部一字不改地移植到我国。否则有弊无利，尤其一种法律、政治上的制度，不像一件机器，改良保养或取舍那么容易。……至于如何折衷至当，取人之长补己之短，不妨再三斟酌，以免利未见而弊已起，慎之，慎之。"[2]

---

〔1〕 这里得益于日本九州大学何霞博士提供的资料以及与九州大学石田伦识博士的交流，特表谢意！

〔2〕 "最高法院"学术研究会编：《刑事诉讼可否采行诉因制度研究讨论会》，普林特印刷有限公司1994年版，第54~84页。在该场讨论中，一部分专家对中国台湾地区刑事诉讼采行诉因制度抱持肯定态度，认为引进诉因制度的优点在于：弥补职权主义的缺点，能够发现真实，伸张正义；保障当事人权益，避免侦查与审判工作连成一气，陷被告于不利地位；当事人两造于法庭上辩论，攻防有充分发挥的空间；适合民主时代的潮流，走上革新进步的道路，促进司法的改革；审判对象明确化，确保被告防御上利益，排除法官预断、先入为主之弊端。一部分专家抱持否定态度，认为引进诉因制度的缺点在于：使国家刑罚权的执行受到阻碍，司法之目的未必能贯彻；有违诉讼经济原则及国家法制之安定性；浪费太多的人力与时间，尤其目前人手不足，案件太多，采行诉因制度，贯彻不易；人们守法习惯不良，奉法崇法之精神又未养成，即使采行诉因制度，当事人进行主义仍难实施；律师风纪、律师伦理未臻理想，最近期内难以配合诉因制度之采行；突然改用新制，法庭活动恐怕一时难以适应，直接审理主义以及公判为中心之精神能否实现，尚有疑议。当然，占据主导性的态度，是对中国台湾地区刑事诉讼采行诉因制度持较为谨慎的保留态度，普遍意识到了，在固有大陆法传统上采行诉因制度，将面临着诸多需要解决的问题，应当从长计议。

　　诚然，在大陆法刑事诉讼制度中，采行主要以对抗制为依托的诉因制度，必定面临着诸多需要予以理性对待、充分考证的问题，这甚至可能涉及是否重新建构一种以对抗制为根基的刑事诉讼模式的问题。因此，对于大陆法国家是否建立诉因制度的问题，需要予以认真对待，在很大意义上，这只能是一个在实践中一步一步摸索、用经验来说明的问题。不过，大陆法诉讼借鉴诉因制度的优点，规范审判对象问题，充分保障被告人防御利益，这一点则是不应该有疑议的，而且，与此同时，也不应忽略了大陆法刑事诉讼本身在规范审判对象问题上的成功经验。关键就在于，如何立足于本国的刑事诉讼制度与实践，合理地借鉴某方面具体可行的制度因素，改革和完善既有制度存在的缺陷。

　　就中国刑事诉讼而言，审判对象制度建设已经势在必行，或者说这是刑事诉讼制度变革的方向，相信这一点不会有多少争议，但是，如何设计围绕审判对象问题的改革方案，却是一个令思考者踌躇疑虑的话题。究竟中国是否要抛弃既有"千疮百孔"甚至近乎不甚成型谓为"审判对象制度"的"案件事实制度"，建立一种以诉因制度为基点的审判对象制度，抑或在现有制度基础上进行有所扬弃的修正？这似乎不应该成为问题，"答案"显然是后者。但是，不管采取什么样的姿态去改革、去建构，都必须对现行制度有足够充分的认识和把握。正如前面的研究所揭示的，中国现行审判对象制度是一种迥异于英美法诉因制度但趋近于大陆法公诉事实制度的"案件事实制度"，它植根于一种以强职权主义为基调的刑事程序构造中。但是，比起大陆法，它更加强调控审配合，强调犯罪治理过程的职权特质，并相对忽略审判对象运作的程序正当性，忽略对被告人防御权益的保障，它在审判对象的提示、展示、变更、型塑与重复提起诸基本环节上表现出一种以案件事实为单位的特征。[1] 基本上，现行的"案件事实制度"设定审判对象的功能特点并不明

　　　　[1] 譬如，起诉书并不是严格记载指控的特定犯罪构成要件事实，而是脱离法律评价叙述案件事实；审判范围并没有被严格限定在起诉范围内，而是存在诸多可能将整个案件事实纳为审判对象；法官有权直接变更罪名，检察官有权变更甚至追加起诉，审判对象可基于一种起诉变更主义和法官职权主义而根据案件事实发生变更，而被告人的防御利益常常得不到保障；审判对象可基于诸多可能而被重复提起，基于犯罪控制的案件事实查明机制备受强调，而保护被告人的禁止重复追诉原则则尚未被建构起来。基于此种案件事实制度，起诉的意义主要是将案件提交法院审判并提示审判的案件事实基础，起诉书记载的指控罪名不约束法院的审判，法官有权并且有义务根据查明的案件事实进行定罪，检察官发现起诉书记载与案件事实不符时有权进行起诉变更，法官审判的实际范围主要被控制在案件事实同一性的范围内，审判的基本职责不是严谨判定起诉书指控罪行是否成立，而是全面判定起诉书指控的被告人是否有罪。

显，审判对象运行过程所能够发挥的限制审判权力、规约控诉权力和保障防御权利的空间较为局限。为了强化审判对象应有功能的发挥，就必须通过改革从制度上寻求支持。但中国究竟能够在多大程度借鉴大陆法的公诉事实制度和吸取英美法诉因制度的精华，来修正固有制度呢？

现行中国移植诉因制度是否可行、效果如何，需要理性对待、充分论证，甚至只能在实践中一步一步去摸索、用经验来说明，不容草率定论。由于诉因制度以对抗制为依托，如果中国当前要移植诉因制度，必定面临诸多需要解决的问题，甚至可能需要重构一种以对抗制为根基的诉讼模式，而倘若将其直接植根于现行诉讼模式下，则势必导致其与原有强职权主义诉讼文化、理念和制度的诸多不相协调、不相适应，效果未必良好。不过，从制度改革的长远目标来看，逐渐借鉴诉因制度的有益因素，诸如其起诉书记载方法等，来完善中国现行存在弊病的"案件事实制度"，则是不容置疑的。而且，中国现行审判对象制度的完善，不应该忽略大陆法公诉事实制度的有益因素，譬如其合理的审判对象变更机制，毕竟，其职权主义诉讼背景与中国现行案件事实制度相对更为接近，更具有制度移植的可行性。

基于对新中国刑事诉讼制度变革的观察和理解，笔者以为，在刑事程序领域，自新中国成立以来经历了从无视程序的程序虚无主义、到为实体服务的程序形式主义、再到彰显内在品格的程序自治主义的演进，逐步显示对程序法定、正当程序和程序合理化的需求，乃至通过程序性制裁最大限度地实现程序价值的期望，国人日益表达着实现通过程序的治理的宏伟理想。尽管程序理想的萌生和演进及其在制度与实践中的培植和实现，不是一个简单、平静的过程，其艰难的一跃、曲折的转变和漫长的道路激荡着我们无限深刻的思考，但我还是愿意去发现和揭示一种逐渐地发自于中国本土的程序理想的发生。将视角聚焦于刑事程序领域，可以发现，自新中国成立以来的刑事程序制度建设呈现"三步走"，可将其概括为第一步"从'革命'中走来：1979 年及以前的刑事程序立法"，第二步"从'革命'到'建设'的刑事程序：1996 年的修改"和第三步"走向开放、反思的刑事程序：酝酿多年的再修改"[1]。基于这样的一种宏观认识，笔者认为，新中国的刑事诉讼制度从过去至今正在经历着一种从"革命的刑事诉讼制度"走向"建设的刑事诉讼

---

〔1〕 不过，需要指出的是，笔者所指酝酿多年"走向开放、反思的刑事程序"，不仅仅指的是 1996 年"修改"以来通过各种实践试点和各项局部改革为主要形式推动并已被列入立法议程、当下正在推进并可望很快将通过的"再修改"，还包括未来将继续酝酿的"再修改"。

制度"的演进和发展，当前的刑事诉讼理论与实践正在经历着一场走向开放、反思的建设，尽管碍于传统和体制性的一些束缚，建设的步履显得极为艰难、推进极其缓慢，但是方向和趋势却是可观的。特别是，从近十年来中国刑事诉讼发展看来，加强控审分离、审判中立、控辩平等的刑事诉讼结构的建设是一个总的趋势，加强保障人权也是一个基本的趋向，正在酝酿中的新一场刑事诉讼改革必将带来现行制度完善的新的契机。可以认为，当代中国对于刑事诉讼制度的变革已经有了一定的准备和接受能力，尽管并不一定要全盘建立对抗制的诉讼模式，但是，积极地从英美法对抗制以及大陆法职权主义的诉讼制度那里寻求借鉴，吸取有益因素以完善中国制度，这种趋向已经在诉讼改革的实践中表现出来。现行审判对象制度的改革，同样未必全盘借鉴对抗制构筑诉因制度或者全盘移植公诉事实制度，但却可以并且很有必要充分吸收其能够对现行案件事实制度完善有益的因素，借以完善审判对象赖以运行的各程序环节。因此，基于审判对象的生成原理与运行规律以及最大限度发挥其功能效果的要求，考虑中国的制度环境和实际情况，中国刑事审判对象制度建设的一个基本思路，就是从修正刑事诉讼结构着眼，逐步改革固有的诉审关系，借鉴大陆法公诉事实制度及英美法诉因制度改革"案件事实制度"，并从改造微观层面的程序装置入手，逐渐改造起诉书记载、起诉书移送、法庭调查、公诉变更、变更罪名、重复审判等围绕审判对象问题展开的这些细节方面，逐步构筑起中国完善成型的刑事审判对象制度。而通过实践与改革探索最终成型的殖根于中国本土的刑事审判对象制度，将可能是既遵循审判对象价值构造、生成原理与运行规律，又带有中国法文化与诉讼模式特征的，既不同于诉因制度或公诉事实制度又可能有别于日本"中间性"制度的一种制度模型和样态。一定意义上，鉴于审判对象问题及其所蕴含的诉讼法原理及对诉讼制度未来发展的意义，围绕审判对象问题的制度建设也许可以成为中国寻求刑事诉讼制度变革的突破口，给中国刑事诉讼制度的发展带来裨益。基于上述宏观思路，接下来的论述将着重探讨相关围绕审判对象问题的程序改造方案。

### 三、围绕审判对象问题的程序改造

（一）改革起诉书制度

起诉书如何记载以及以何种方式移送到法官那里，体现了控诉方提示审判对象的基本问题，构成审判对象制度的重要部分。鉴于当前起诉书制度存在的缺陷，改革的思路是建设合理提示审判对象的起诉书记载制度，借鉴"诉状主义"的基本精神，改革"复印件主义"的起诉书移送制度，以有效提示审判对象，并降低法官形成不良预断的可能性。

首先，起诉书应当记载特定控诉罪名及犯罪构成要件事实，明示审判对象。

当前中国起诉书记载的一个基本特点就是指控犯罪事实与法律评价发生分离，未能紧密结合指控犯罪的特定构成要件记载犯罪事实，而是在泛泛地记载案件事实之后援引刑法分则关于某一犯罪构成要件的条文规定提出指控罪名，容易导致审判对象的提示欠缺特定性，未能充分起到限定审判范围的作用。为有效发挥提示审判对象的功能，起诉书必须依次明确记载如下信息：被告人的基本信息、案由、控诉罪名、公诉事实、处罚条文。具体方案如下：

"被告人的基本信息"应当载明姓名、性别、年龄、职业、籍贯、住址等足以特定为被告人的事项。当然，如果是指控单位犯罪的，应当相应写明被告单位的名称、地址、法定代表人以及"直接负责的主管人员或其他直接责任人员"的各项基本情况。在这里，要明确禁止起诉书记载被告人的前科，因为那样容易导致法官形成偏见。当前的做法普遍将"是否受过刑事处罚或者行政处分"作为起诉书记载被告人基本情况的要素，其实并没有为被告人的特定化带来多少支持，反而容易导致法官对被告人潜意识地形成一种有罪或者不良的评价，不符合刑事诉讼的程序公正理念，也不符合起诉书记载特定指控罪行的基本精神。另外，应当改革当前起诉书将侦查机关对被告人采取强制措施的情况记载在"被告人的基本信息"中的做法，笔者的构想是将该方面信息记载到"案由"中。

"案由"应当载明围绕被告人涉嫌指控犯罪的刑事案件办理过程的程序性事实，包括对被告人采取强制措施、延长侦查期限、侦查终结、移送审查起诉、退回补充侦查、延长审查起诉期限、改变管辖检察院等情况以及被告人、被害人诉讼权利受保障的情况。在此，笔者有一未必成熟的构想，就是改变起诉书记载案由的意旨和功能。传统上，起诉书记载案由旨在表明被告人因涉嫌某某犯罪而受到刑事侦查与追诉，这在很大程度上体现了"公检法三机关"互相配合办理刑事案件的"流水作业式"的实质，为此，起诉书记载制度改革必须将案由记载的意旨重新界定为通过记载案件处理过程的程序性事实，从而方便法院对刑事侦查与追诉权力运作中的程序性违法问题实施司法审查，实践笔者前述将刑事侦查与追诉权力程序性违法以及侵犯人权的问题纳入审判对象的构想。

"控诉罪名"旨在表明控诉主张，明确指控犯罪的性质，应当援引特定刑法条款表明指控罪行的违法性。将指控罪名先于公诉事实予以记载，首先向法院提出明确的控诉主张，然后通过记载具体的犯罪构成要件事实作为控诉主张的支持并表明指控犯罪事实的范围。在这里，改革中国起诉书的传统做法，有助于发挥起诉书提示特定审判对象的功能，也有助于修正当前起诉书控诉事实与法律评价发生分离的弊端。

"公诉事实"应当结合具体的犯罪构成要件，载明犯罪的时间、地点、方法、经过、目的、结果等要素，以特定指控的犯罪事实。被告人被指控有多项犯罪事实的，或者多个被告人受到指控的，均应当逐一地记载。在这里，改革中国起诉书记载证据的做法，明确规定起诉书不得记载可能使法官产生预断的任何证据信息。传统观点认为，起诉书是否记载证据是对抗制与职权主义在此问题上有本质差别的一个标志，并由此认为排除法官预断只是对抗制而非职权主义诉讼的要求。然而，排除法官预断应当是对抗制和职权主义诉讼的共同需求，是当代任何刑事诉讼制度都必须努力的一个方面，禁止起诉书记载证据信息的做法，也并非只能为对抗制诉讼所实践。中国当前起诉书记载犯罪事实并列举相关证据信息，容易导致法官庭前产生预断而使庭审流于形式的危险。当然，这样的改革需要以相应的证据开示制度作为支持。

"处罚条文"应当示知刑法分则关于特定指控犯罪的规定，并可以载明法定从轻、减轻或者从重处罚的情况。不过，即使处罚条文记载错误，只要不存在对被告人的防御产生实质性不利的危险，就不影响起诉的效力。而且，起诉书关于处罚条文的记载，并不影响法官根据指控罪名及公诉事实在审理之后正确适用法律进行量刑的权力。

其次，走向"诉状主义"，建立有效排除法官预断的起诉书移送制度。

中国起诉书移送制度的改革显示了一种从"卷宗主义"走向"诉状主义"的趋势。在1979年刑诉法典确立的诉讼制度中，检察院提起公诉时向法院移送公诉书和全部卷宗材料，法院在庭前对案件进行实质性审查，以"犯罪事实清楚、证据充分"作为决定开庭审判的条件，由于公诉审查程序与法庭审判程序之间存在一种内在的联系，法官在事实上几乎不可避免地要在庭前形成一定的预断，法官倾向于追诉就成为一个不争的事实："法官在审查公诉过程中所得出的有关案件可进入法庭审判的结论事实上就等于法庭的有罪裁判结论，法庭审判事实上成为对审查公诉结论的简单确认。"[1] 这样，起诉并不能有效割断审判与侦查的联系，检察院向法院提交的与全案证据、卷宗材料结合成一体的起诉书，基本不是发挥提出诉讼主张和提示特定审判对

---

〔1〕　陈瑞华：《刑事审判原理论》，北京大学出版社1997年版，第256页。

象的功能，而仅仅是将案件提交法院审判以追究犯罪。对此，1996 年刑诉改革借鉴诉状主义的精神，建立了一种介于全案卷宗移送主义与起诉书一本主义之间的"复印件主义"，检察院向法院提交有明确指控犯罪事实的起诉书并附送证据目录、证人名单和主要证据复印件或者照片，法院对此实行庭前程序性审查，显示了一种调整诉审关系、排除法官预断的努力。不过，在"既能防止法官审前预断，又能使法官有的放矢地驾驭庭审过程"的赞誉背后，实践中却显示出"复印件主义"的内在缺陷：复印件移送仍然为案件的全面实体审查创造了可能，致使庭审走过场，而且，采用主要证据复印件移送制，检察官有法律根据对全面证据进行挑选，一般说来，只是选用那些对支持指控有利的证据，因为就检察官方面而言，将这些证据作为"主要证据"无可厚非，这样，相对于全面的接触证据变为较为片面的接触，所谓"预断的扭曲"即可能产生。[1] 因此，"复印件主义"并不能达到有效排除法官预断的目的，反而滋生有关弊病，实践中检察机关掌握着关于"主要证据"的裁量权，"检察院为了确保控诉犯罪的成功率，在移送主要证据复印件时就可以蓄意将具有杀伤力的控诉证据或是证明被告人无罪和罪轻的证据予以隐匿"[2]，这样，不但变相剥夺了辩护律师的阅卷权以及被告人的信息获悉权，而且为庭审中的"伏击审判"埋下祸根，悖离起诉书移送的诉讼意义。因此，中国

---

〔1〕 参见龙宗智主编：《徘徊于传统与现代之间——中国刑事诉讼法再修改研究》，法律出版社 2005 年版，第 280～281 页。

〔2〕 陈卫东主编：《刑事诉讼法实施问题调研报告》，中国方正出版社 2001 年版，第 132 页。"主要证据"是 1996 年中国刑事诉讼改革中修正后的《刑诉法》第 150 条确立的概念。《规则》第 283 条解释道："人民检察院针对具体案件移送起诉时，'主要证据'的范围由办案人员根据本条规定的范围和各个证据在具体案件中的实际证明作用加以确定。主要证据是对认定犯罪构成要件的事实起主要作用，对案件定罪量刑有重要影响的证据。主要证据包括：起诉书中涉及的各种证据种类中的主要证据；多个同种类证据中被确定为'主要证据'的；作为法定量刑情节的自首、立功、累犯、中止、未遂、正当防卫的证据。对于主要证据为书证、证人证言笔录、被害人陈述笔录、被告人供述与辩解笔录或者勘验、检查笔录的，可以只复印其中与证明被告人构成犯罪有关的部分，鉴定书可以只复印鉴定结论部分。"《解释》第 116 条解释道："人民法院对人民检察院提起的公诉案件，应当在收到起诉书（一式 8 份，每增加 1 名被告人，增加起诉书 5 份）后，审查……是否附有能够证明指控犯罪行为性质、情节等内容的主要证据复印件或者照片。……主要证据包括：起诉书中涉及的刑事诉讼法第 42 条规定的证据种类中的主要证据；同种类多个证据中被确定为主要证据的；如果某一种类证据中只有一个证据，该证据即为主要证据；作为法定量刑情节的自首、立功、累犯、中止、未遂、防卫过当等证据。"《规定》第 36 条规定："人民检察院提起公诉的案件，应当向人民法院移送所有犯罪事实的主要证据的复印件或者照片。'主要证据'包括：起诉书中涉及的各种证据种类中的主要证据；多个同种类证据中被确定为'主要证据'的；作为法定量刑情节的自首、立功、累犯、中止、未遂、正当防卫的证据。人民检察院针对具体案件移送起诉时，'主要证据'由人民检察院根据以上规定确定。"

起诉书移送制度改革要走向深入和取得显著效果，就必须进一步走向"诉状主义"。[1]

立足于1996年以来"控辩式"审判方式改革的基础，伴随中国刑事诉讼结构与制度深化改革的步伐，借鉴"起诉书一本主义"的制度精神继续完善起诉书移送制度，有助于合理切断侦查与审判的不合理联系，明晰起诉与审判之间的界线，将控诉机关的主张和举证截然分为两个步骤，增进控辩间的平等对抗，防止法官仅仅根据控诉机关移送的卷宗材料与证据信息形成预断或偏见，促使法官在庭前就从推定被告人无罪的基点出发而不是带着一种被告人有罪的预断来主持审判，并促使法官注重庭审过程的居中听审，贯彻直接言词审理的精神，实践审判中心主义。诉状主义对于防范法官在把握审判对象问题上的偏见有益处，用日本学者的话说，"保障法官特别不能抱有向有罪方向的预断，以白纸状态进行公判"，[2] 美国学者同样强调追求一种"理想的白板状态"，指出法官"应当拥有一片心智的处女地，等待着举证和论辩这一双向过程的开发"。[3] 毕竟，实行卷宗主义至少在理论上存在着这样一种可能：法官在庭审前就通过控诉机关所移交的证据材料发现了未记载于起诉书予以指控的犯罪事实进而在审判中积极地将其纳入审判范围，除非在实行卷宗移送主义的同时，建立相关制度来排除法官的预断，例如实行审前审查起诉的法官和审判法官分离的做法。

应当指出，实行诉状主义的起诉书移送制度，反过来势必推动起诉书记载制度的变革与完善，因为，它对起诉书的记载提出了更高的要求，对起诉书的功能也提出了更高的期望，控诉方必须加强起诉书记载控诉罪名与公诉

---

〔1〕　当然，"卷宗主义"的起诉书移送制度并非没有其自身存在的合理性，换言之，卷宗移送未必总是导致法官的预断，问题的关键在于，如何设计一套与卷宗的形成、卷宗的移送、卷宗的审查相配套并能够有效保证与卷宗相关诉讼行为的合法性和排除审判法官庭前预断的制度。例如，在德国刑事诉讼中，虽然起诉书记载证据并连同案卷一并提交法院，但是，由于《德国刑事诉讼法典》设置了"裁判是否开始审判程序"的"中间程序"，它在一定程度上割断了刑事审判与刑事侦查之间的联系，有助于排除审判法官基于卷宗材料而产生庭前预断。再如，在法国刑事诉讼中，诉讼行为无效可以导致卷宗中相关文件和证据丧失效力，检察院起诉移送的卷宗应当送交法院书记官室，确保审判的法官或者陪审官不得在庭前接触卷宗材料，允许律师在卷宗保管处查阅卷宗中的任何文件，并且在庭审中严格贯彻直接、言词、公开审理的原则，使卷宗材料的证明力受到一定限制。

〔2〕　〔日〕西园春夫主编：《日本刑事法的形成与特色》，李海东等译，法律出版社、成文堂1997年版，第54页。

〔3〕　〔美〕米尔伊安·R.达玛什卡：《司法和国家权力的多种面孔——比较视野中的法律程序》，郑戈译，中国政法大学出版社2004年版，第206页。

事实的规范性，强化起诉书提示审判对象的功能。这一点契合了关于起诉书不得记载可能使法官产生预断的任何证据信息的改革思路。鉴于此，检察院在对具体案件进行审查之后，认为符合提起公诉的条件而决定提起公诉的，应当向有管辖权的法院提交起诉书及其副本，但不得添附任何可能使法官对案件产生预断的证据和卷宗材料。[1] 当然，诉状主义的起诉书移送制度，意味着必须相应地实行庭前证据开示制度，强化对辩护方防御能力的保障，满足控辩平等的需求，防止"伏击审判"。[2]

显然，在起诉书记载方面的改革以及实行"诉状主义"的移送方式，势必对现行诉讼制度带来很大的影响，可能会大大地强化诉讼结构中的控审分离程度以及诉讼模式中的对抗制特征，甚至可能在改革的短期内引起诸多不协调的表现，但是，作为一种较为长远的改革目标，也并非毫无合理性与可行性。起诉书制度的改革，对于彰显起诉书在刑事诉讼中的意义，发挥起诉书提示审判对象的功能，并以此作为切入口来理顺诉审关系，规范法官审判权力，保障被告人防御利益，增进审判中心主义和完善刑事诉讼结构，都会是有所裨益的。

## （二）改革法庭审理制度

法庭审判集中展示着审判对象的运行状况，特别是，法庭调查的范围和法官在法庭调查中的姿态，直接反映检察院起诉书提示的审判对象对于法官审判发挥作用的情况，因此，以审判对象原理为指导，完善庭审调查制度，也是审判对象制度建设的组成部分。鉴于当前庭审调查制度存在的诸多有悖于审判对象原理的缺陷，改革的思路应当是强化审判对象对于庭审调查的规范作用，修正法官超越起诉书指控范围主动扩展审判范围的做法，修正法官

---

[1] 当然，考虑到适用简易程序审理的公诉案件通常都是满足了"事实清楚、证据充分；被告人及辩护人对所指控的基本犯罪事实没有异议；依法可能判处3年以下有期徒刑、拘役、管制或者单处罚金"这样的条件，检察院将全案卷宗、证据材料连同起诉书一并移送对于法官庭前预断和审判公正方面并不会造成太大的实质性影响，又考虑到简易程序对诉讼经济的追求以及检察院可能不派员出庭支持公诉，在起诉书移送方面可以允许不采取"起诉书一本主义"。

[2] "起诉书一本主义"的确立，在排除法官庭前预断的同时，却限制了辩护方的防御能力，因为辩护方在起诉书中获取的信息是极其有限的，无法充分获悉控诉方以指控的理由和证据，也就难以做好防御准备。因此，在法庭审理以前，控辩双方各自掌握的证据向对方展示，以达到控辩双方在掌握和运用证据上的平等性，庭前证据展示对于保障被告人的诉讼权利尤为必要。代表着国家的控诉机关，在诉讼资源的获取方面处于优势地位，掌握着大量指控被告人犯罪的证据材料。但是，被告人在刑事追诉中处于被动的弱势地位，依靠自己以及辩护律师所能收集到的有利证据往往是微乎其微的。因此，庭前证据展示对于在实行"起诉书一本主义"之后保障控辩平等十分重要。

积极进行庭外调查犯罪事实的做法，修正第二审法院全面审查的原则，确立法官审查侦查行为程序合法性问题的机制。

首先，刑事诉讼法典应当规范起诉效力与审判范围的问题。

在遵循控审分离、审判中立和控辩平等的诉讼构造中，审判范围的界定是通过规范起诉效力来完成的，它体现了一种合理的诉审关系模式及审判对象原理。现行刑事诉讼立法及司法解释并没有就起诉效力与审判范围问题作明确规范，造成实践中诉审关系模糊，检察院提起公诉的效力更多地表现为将侦查结果显示犯罪事实清楚、证据确实充分的被告人提交法院审判，而不是真正发挥一种提示审判对象和界定审判范围的诉讼法意义，审判对象在实际上存在着诸多不确定的因素。有关规范，在某些法治发达国家或地区的刑事诉讼法典中有所体现，例如，日本的法典规定"公诉效力所及于人的范围"："公诉，对检察官指定的被告人以外的人，不发生效力。"德国的法典规定"调查范围"："法院的调查与裁判，只能延伸到起诉书中写明的行为和以诉讼指控的人员。在此界限范围内，法院有权和有义务自主行动；尤其是在刑法的适用上，法院不受提出的申请之约束。"中国台湾地区的"法典"规定"起诉对人的效力"与"起诉对事的效力"以及"不告不理原则"："起诉之效力，不及于检察官所指被告以外的人"；"检察官就犯罪事实一部起诉者，其效力及于全部"；"法院不得就未经起诉之犯罪审判"。[1] 当然，这里并不是说这些规定就必定是合理和应当为中国所借鉴的。在笔者看来，中国台湾地区"刑事诉讼法典"确立的公诉不可分原则就是存在问题的，它实际上容许法院对未经起诉书明确记载但包含于检察官只就一部分事实提出指控之犯罪的全部事实进行审判，这一点，与德国法关于诉讼标的不可分割的原理类似，为此，法官的审判范围就存在着诸多超越起诉书记载的指控犯罪事实与

---

[1] 参见《日本刑事诉讼法典》第249条；《德国刑事诉讼法典》第155条；中国台湾地区"刑事诉讼法典"第266～268条。

法律评价的可能性，起诉不可分原则值得反思。[1] 但是，它们积极规范起诉效力与审判范围的立法态度及其成功的立法经验、合理的制度因素是值得借鉴的。

应当明确，审判范围通过规范起诉效力来界定。根据不告不理原理及其延伸出来的诉审同一性的内在规定，未经起诉不得审判，审判范围与起诉范围保持同一性，因此，控诉机关提起公诉，便对法官审判产生约束力，它主要包含三个基本方面的内容：其一，起诉的效力只及于起诉书指控的被告人，法院审判不得及于未经指控的人。控诉机关提起公诉，对于起诉书没有指控的被告人不发生效力，法院只能就起诉书指控的被告人进行定罪量刑，而不能主动地追加或者变更被告人，否则，法官就成为积极的追诉者。其二，起诉的效力只及于起诉书指控的罪行，法院审判不得及于未经指控的犯罪事实。控诉机关提起公诉，通过起诉书记载的犯罪构成要件事实就是法院进行审理和裁判的范围，法院只能就被指控的犯罪事实进行审理，即使法官在审理中发现被告人的其他罪行，在没有检察官履行正当程序的指控的情况下，也不得主动予以追诉，更不得积极地就未经指控的犯罪事实作出裁判。这里必须强调，起诉书指控罪名也约束着法院的审判范围，因为，指控罪名体现了控诉机关基于起诉书记载的特定犯罪事实所提出的法律评价，换言之，罪名与犯罪事实是结合起来作为一个整体在起诉书中被提出来，以表明控诉机关请求法院审判的指控主张的，因此，法院不得对未经起诉书指控的罪名与事实予以审判。其三，在起诉效力的范围内，法院有自由裁量的权力，法院不受

---

〔1〕 德国刑事诉讼理论认为，刑事诉讼的标的就广义而言，即在处理究竟被告是否曾经应负罪责地犯一可罚性之行为以及对其应处以何种法律效果的问题，狭义上的诉讼标的在概念上专指被提起告诉之人的"被提起告诉之行为"，亦即法院诉讼程序之标的，其规定体现了告发原则之结果："即如果法院之调查有赖于告诉之提起时，则该调查之主题亦应受该告诉之拘束。在此诉讼标的之范围内，法院有义务对犯罪行为就其法律或事实层面为广泛性之调查。"然而，"诉讼标的原则上是不可分割的"，此原则指出，诉讼程序中可对该犯罪行为做各方面的调查。"判决之客体乃以起诉书内所指之犯罪行为，其并经审判结果所得者为限"，亦即，就事实观点而言，此所指之犯罪行为包含全部的准备行为、附属行为及事后行为；就法律观点而言，诉讼程序需对犯罪行为就每一法律观点均加以调查。参见〔德〕克劳思·罗科信：《刑事诉讼法》，吴丽琪译，法律出版社2003年版，第178～185页。普遍体现在大陆法刑事诉讼制度与理念之中的"起诉不可分原则"，削弱了检察官起诉书记载指控犯罪事实与罪名对于法官审判范围的限定功能，容易导致审判范围发生扩大化的趋势并由此给被告人防御带来不利影响。当然，这一原则的优点在于，在某种意义上限制了检察官针对被告人的同一犯罪行为多次展开追诉的权力，得以保障被告人免受重复追诉和重复审判，也节约了国家刑事司法资源。而且，这种起诉不可分的原则，实质上是以相应的诉讼客体（标）理论作为支撑的，这就在宏观上限制了起诉不可分的范围，使其不会超越诉讼客体同一性的基础。

控诉机关量刑建议的约束，也不受控诉机关认定事实和适用法律问题上的观点所约束。因此，中国进行刑事审判对象制度建设，应当确立起诉效力与审判范围的规范，明确规定起诉的效力不及于起诉书指控的被告人以外的人，法院不得就未经起诉指控的罪行进行审判，法院审判范围应当与控诉范围保持同一性。

其次，改革当前法庭审理程序中违背审判对象原理的做法。当前，在中国的法庭审理制度上与实践中，存在诸多有悖于审判对象原理与诉讼法理的规定与做法，以下若干方面的改革尤为必要：

1. 改革庭审调查初始阶段的程序设置，并建立检察官开头陈述程序。当前的庭审调查以公诉人宣读起诉书开始，被告人、被害人可以就起诉书指控的犯罪进行陈述，公诉人、审判人员可以讯问被告人，被害人、辩护人经审判长许可也可以向被告人发问。鉴于其中的某些不合理做法，在庭审调查的开始阶段，应当首先由检察官宣读起诉书，明确控诉主张，以向被告人以及法庭提示审判对象，继而由被告人针对起诉书指控的犯罪事实进行陈述。但是，应当取消检察官、法官讯问被告人和被害人、辩护人对被告人发问的规定，改为检察官指控和被告人陈述的模式，这种程序设计有利于弱化庭审法官的主导地位，增强控辩双方的平等对抗。同时，在开始调查证据时，检察官应当进行开头陈述，检察官必须说明根据证据能够证明的事实，但不得根据不能作为证据的材料或者无意作为证据请求调查的材料，陈述有可能使法庭对案件产生偏见或者预断的事项。检察官开头陈述，并不是对宣读起诉书的重复劳作，其目的在于，向法庭阐述用来证明犯罪事实的证据范围，一方面方便法庭对庭审调查实施诉讼指挥权，提高诉讼效率，另一方面方便被告人进行有针对性的防御准备，增强控辩对抗的实质效果。

2. 规范法庭调查范围，确立恢复法庭调查的制度。当前庭审实践容易发生一种脱离起诉书指控范围进行法庭调查的现象，为此，应当明确规定，法庭调查必须围绕起诉书的控诉来展开。此外，实践中可能出现在法庭调查结束后的法庭辩论或者被告人最后陈述过程，控辩双方提出了可能影响正确裁判的新的事实或者证据信息，因而有必要重新对此展开法庭调查的情况，在这个时候，法官可以根据请求或者依照职权决定恢复法庭调查。当然，恢复法庭调查制度的确立，并不是允许法官恣意地扩张审判对象的范围，也不是允许未经公诉变更便直接追加新的犯罪事实，而仅仅是通过法庭调查程序的恢复，对包含在起诉书指控范围以内但为先前法庭调查所忽略的"新的事实或者证据信息"展开调查。如果法官在庭审过程中发现了起诉书指控范围以外的新的犯罪事实，那么，除非通过控诉机关变更公诉的正当程序，否则，法官不得主动地将其纳入法庭调查范围。不过，如果被告人提出侦查机关或者审查起诉机关在诉讼过程中违反正当程序侵害被告人权利的事实，则应当纳入法庭调查的范围。

需要说明的是，何谓法官不能擅自纳入法庭调查范围的"控诉以外的事实"，应当是指的"犯罪事实"，或者更具体地说，是符合刑法规定的影响对被告人定罪的特定犯罪构成要件事实。显然，那些已经属于控诉方提起的特定控诉罪行范畴内的事实情节，尽管起诉书可能并没有具体提及，但在庭审抗辩中被提出来，法庭对这些事实情节展开的调查，自然并不违背审判对象原理。另外，还需要提及的一个概念是"量刑事实"。随着中国近几年来在刑事司法改革实践中的推进，量刑环节在刑事审判中的相对独立形态逐渐强化，新近颁行的《关于规范量刑程序若干问题的意见（试行）》对法庭调查范围有所涉及，这些规定在一定程度上是对现行法庭调查程序的改造和完善。[1]显然，这里法庭调查所及的"量刑事实"是被界定在控诉的"犯罪事实"的基础上和前提下的，并不属于违背审判对象原理的"控诉以外的事实"，明确将"量刑事实"纳入法庭调查范围。不过，在实践中，需要常常保持警惕的是，无论是正常的法庭调查阶段，还是恢复法庭调查的阶段，纳入法庭调查范围的事实对象是否可能已经超越了审判对象的范畴。

3. 改革庭外证据调查程序，规范庭审过程延期审理退回补充侦查的制度。依照当前庭审制度，合议庭对证据有疑问的，可以宣布休庭，对证据进行调查核实，法院可以进行勘验、检查、扣押、鉴定和查询、冻结。实践上由于法官主动实施庭外调查行为，难免导致偏离裁判者立场积极调查犯罪乃至扩

---

〔1〕 参见《关于规范量刑程序若干问题的意见（试行）》（最高人民法院、最高人民检察院、公安部、国家安全部、司法部于 2010 年 9 月 13 日联合颁布，2010 年 10 月 1 日起试行）。例如，第 7 条规定："适用简易程序审理的案件，在确定被告人对起诉书指控的犯罪事实和罪名没有异议，自愿认罪且知悉认罪的法律后果后，法庭审理可以直接围绕量刑问题进行。"第 8 条规定："对于适用普通程序审理的被告人认罪案件，在确认被告人了解起诉书指控的犯罪事实和罪名，自愿认罪且知悉认罪的法律后果后，法庭审理主要围绕量刑和其他有争议的问题进行。"第 9 条规定："对于被告人不认罪或者辩护人做无罪辩护的案件，在法庭调查阶段，应当查明有关的量刑事实。在法庭辩论阶段，审判人员引导控辩双方先辩论定罪问题。在定罪辩论结束后，审判人员告知控辩双方可以围绕量刑问题进行辩论，发表量刑建议或意见，并说明理由和依据。"第 10 条规定："在法庭调查过程中，人民法院应当查明对被告人适用特定法定刑幅度以及其他从重、从轻、减轻或免除处罚的法定或者酌定量刑情节"。第 15 条规定："在法庭辩论过程中，出现新的量刑事实，需要进一步调查的，应当恢复法庭调查，待事实查清后继续法庭辩论。"

张审判对象范围的现象，对此，评论者们有的主张取消法官的庭外调查权，有的主张确立庭外开庭的变通方法。笔者以为，首要的是应当重新定位庭外调查的功能及其运作原理。如果说，庭外调查仅仅是法官依照职权单方面地在法庭外对案件事实展开调查，那么，显然摆脱不了法官追查犯罪之嫌，难以排除法官积极扩大审判范围的危险，即便法官紧紧围绕起诉书指控事实范围对有疑问的证据独自进行庭外调查与核实，在必要时采取勘验、检查、扣押、鉴定、查询、冻结等收集、固定证据的措施，也无法为审判的中立性、消极性提供合理的解释。但是，如果把庭外调查设计为一种控辩双方在法官主持下在庭外进行举证和质证的独特的诉讼活动，则是可以得到合理解释的，庭外核实证据既不是法官单方面的职权行为，也不会超越起诉书指控犯罪事实范围，这样，改革以后的庭外证据调查核实程序就成为一项发挥着独特功能的审判活动，它对于某些不适合在法庭上展示的证据的举证和质证，不愧是一种现实可行的程序设置，而庭外证据调查核实的范围仍然被严格控制在指控犯罪事实范围以内。当然，必须严格把握三个条件：一是只有在庭外调查核实证据十分必要的情况；二是必须在控辩双方同时到场参与的时候；三是证据调查范围不得超越起诉书指控的犯罪事实范围，一旦发现新的事实，只有在检察官通过正当的公诉变更程序并充分保障被告人防御权利之后，才可以纳入审判范围。[1]

　　另一方面，当前的庭审中，"检察人员发现提起公诉的案件需要补充侦查的，提出建议的"通常都导致延期审理，依照最高人民检察院《规则》的解释，"发现事实不清、证据不足，或者遗漏罪行、遗漏同案犯罪嫌疑人，需要补充侦查或者补充提供证据的"或者"发现遗漏罪行或者遗漏同案犯罪嫌疑人，虽不需要补充侦查和补充提供证据，但需要提出追加或者变更起诉的"，"公诉人应当要求法庭延期审理"。显然，在延期审理后的法庭审判中，检察官势必提出新的事实或者新的证据，这样，容易导致审判范围超越了起诉书指控的犯罪事实范围，难免损害了被告人的防御利益。因此，必须重新审视、合理界定庭审过程的"补充侦查"以及"延期审理"的功能。从保障人权与控辩平等的立场出发，庭审中的"补充侦查"应当严格控制在一类情况下：

--------

〔1〕　一定程度上，这种经改造的合理控制的庭外调查核实证据活动，其必要性也来自于司法证明活动中寻求排除证据矛盾以便更有效地进行事实认定的客观需要，特别是当案件存在不能合理解释、无法排除与解决的根本性矛盾时。有关分析，参见龙宗智：《证据法的理念、制度与方法》，法律出版社 2008 年版，第 358~381 页。

就是当发现被告人可能有自首、立功等法定量刑情节而控诉机关并未提供相关证据材料，或者有明显的迹象表明控诉机关故意隐瞒并拒绝移送被告人无罪或罪轻的证据材料，或者被告人提出侦查人员有刑讯逼供等侵害人权的情况时，法官根据辩护一方申请或者依照职权可以建议检察院补充侦查并提供相关证据。"延期审理"则应当主要出于平衡控辩诉讼利益以及促进审判公正的需要，例如，当检察官提出变更公诉的要求时，为了给予被告人充分的时间进行防御准备，可以决定延期审理；又如，由于被告人严重疾病或精神失常无法到庭参加诉讼，或者被告人在庭审中提出申请回避或者要求另行委托辩护人而影响审判继续进行的，基于诉讼程序正常进展的客观需要，可以决定延期审理。然而，如果仅仅是为了满足控诉机关对提起的事实不清、证据不足的公诉案件进行补充侦查并提供证据的要求，则有悖于诉讼中的平等性、公正性，依照刑事诉讼法的精神，在案件事实不清、证据不足的情形，理应作出指控的犯罪不能成立的无罪判决。

4. 改革第二审法院不受上诉或抗诉范围所限制进行全面审查的制度。中国当前，第二审法院应当就第一审判决认定的事实和适用法律进行全面审查，不受上诉或抗诉范围的限制，例如，对于共同犯罪的案件只有部分被告人上诉的，仍然应当对全案进行审查，一并处理。这样，就直接将第二审庭审调查范围界定为第一审判决认定的事实和适用法律问题，而被告人提出的上诉请求或者检察院提出的抗诉请求实际上仅仅发挥了启动第二审程序的功能，但没有发生界定法院审判范围这一更具实质性的诉讼效果。这其实是将第二审定位为对第一审审理与判决全面地进行纠错矫正的程序，扭曲了上诉制度的内在原理，混淆了上诉审程序与再审程序的功能差别，在"实事求是、有错必纠"的指导思想下，全面审查尽管可能有助于发现错误并予以纠正，但却偏离了诉讼规律和司法权运作的原理，违背控审分离、诉审同一性的原则，导致法官径自确定审判对象的危险，损害了当事人的诉讼利益，也损害了诉讼程序的安定性。为此，改革之道应当是改变二审全面审查制度，建立第二审法院根据被告人上诉请求或者检察院抗诉请求来确定庭审调查范围的原则，只有当被告人没有说明上诉理由以及检察院没有提出抗诉理由而仅仅对第一审判决表示不服以提请启动第二审程序的时候，第二审法院才可以对第一审判决认定的事实和适用法律问题进行全面审查，但是，第二审法院仍然不得对未提起上诉或被提出抗诉的被告人的犯罪事实予以审理并作出裁判。

最后，将追诉机关违反正当程序与侵犯人权的情况纳入庭审调查范围。

诉讼实践中侦查机关和审查起诉机关严重违反正当程序以及侵犯被告人

权利的现象并不鲜见，但是，相应的救济制度却几乎一片空白，这就造成了程序性违法问题的突出，被告人合法的人身权利与诉讼权利受到侵犯却难以获得有效的司法救济。立足于捍卫刑事诉讼过程的程序正义及人权保障的理念，一个基本的设想就是，将程序性违法及侵犯人权的问题自动纳入审判对象的范围，强化对侦查与追诉权力滥用问题的司法审查与救济。这一设想，对于中国的刑事诉讼并不是丝毫没有一点可尝试的空间，实际上，它在当前的制度上与实践中已经有了一定程度的支持。

　　例如，现行法典确立了"保障诉讼权利"的原则，诉讼参与人对于侦查人员、检察人员侵犯公民诉讼权利和人身侮辱的行为有权提出控告，犯罪嫌疑人在被侦查机关第一次讯问后或采取强制措施之日起可以聘请律师为其代理申诉、控告；法院、检察院和公安机关如果发现对被告人采取强制措施不当的，应当及时撤销或者变更；不得以连续传唤、拘传的形式变相拘禁犯罪嫌疑人，严禁刑讯逼供和以威胁、引诱、欺骗以及其他非法的方法收集证据，不得扣押和冻结与案件无关的物品、文件、邮件、电报、存款、汇款，检察院如果发现公安机关的侦查活动有违法情况，应当通知公安机关予以纠正，检察院审查案件的时候必须查明侦查活动是否合法；第二审法院发现第一审法院的审理有违反法律规定的诉讼程序的情形的，应当裁定撤销原判，发回原审法院重新审判；当事人以审判人员在审理该案件的时候有贪污受贿、徇私舞弊、枉法裁判行为的理由申诉的，法院应当重新审判；等等。[1] 这些规定表明，当前制度中不但存在着制约侦查机关、审查起诉机关权力行为以保障诉讼权利和遵守诉讼程序的因素，也存在着在违反诉讼程序和侵犯诉讼权利的情况下提供司法救济的因素。事实上，将违反程序侵犯人权的问题纳入庭审调查范围的做法，在当前的诉讼实践中已经有一定程度的体现，例如用以指导审判实践的《解释》第61条规定，"凡经查证确实属于采用刑讯逼供或者威胁、引诱、欺骗等非法的方法取得的证人证言、被害人陈述、被告人供述，不能作为定案的根据。"这就表明，将侦查机关刑讯逼供以及以引诱、欺骗等非法的手段对被告人进行讯问的行为纳入法庭调查范围，是完全可能的。《解释》第168条中规定"被告人在最后陈述中提出了新的事实、证据，合议庭认为可能影响正确裁判的，应当恢复法庭调查"，在实践中，被告人在最后陈述中提出来的"新的事实、证据"往往都可能涉及在审前诉讼程序中人身权利、诉讼权利受到非法侵犯的情况，这些问题就有可能被纳入法庭调

---

〔1〕　参见《刑诉法》第14、43、44、73、76、92、96、114、118、137、191、204条等。

查范围。《解释》第251条中"对于上诉、抗诉案件应当审查……在侦查、起诉、第一审程序中，有无违反法律规定的诉讼程序的情形"的规定同样显示了违反诉讼程序的问题被纳入庭审调查范围的情形。此外，尤为值得关注的是，新近颁行的《关于办理刑事案件排除非法证据若干问题的规定》明确规定，被告人及其辩护人在开庭审理前或者庭审中，提出被告人审判前供述是非法取得的，法庭在公诉人宣读起诉书之后，应当先行当庭调查，法庭辩论结束前，被告人及其辩护人提出被告人审判前供述是非法取得的，法庭也应当进行调查，控辩双方可以就被告人审判前供述取得的合法性问题进行质证、辩论。[1]

当然，从当前的实践情况来看，违反诉讼程序和侵犯诉讼权利的问题被纳入庭审调查范围的做法，带有很大的局限性，它更多地表现为法院在第二审程序、死刑复核程序、再审程序中对原审法院是否发生违反诉讼程序的情况的审查，而不是对侦查机关和审查起诉机关在审前诉讼程序中违反正当程序和侵犯人权的情况的审查，事实上，它并没有成为中国刑事审判中的一项制度化的安排，审判实践中这方面的情况被纳入庭审调查范围的情形并不常见，恰恰相反，被告人在庭审中提出曾受过刑讯逼供但法庭对其置之不理的现象时有发生[2]。中国的刑事审判对于侦查机关和审查起诉机关在审前程序中严重违反正当程序和侵犯人权的问题可以说尚未建立起一套常规性的、制

---

〔1〕 参见最高人民法院、最高人民检察院、公安部、国家安全部和司法部在2010年5月30日联合发布并于2010年7月1日起开始施行的《关于办理刑事案件排除非法证据若干问题的规定》，特别是第5~12条。

〔2〕 例如，在颇具影响的"陈国清等涉嫌抢劫杀人案"的审判过程中，4名被告人称，他们是在刑讯逼供的情况下被迫向公安机关承认抢劫杀人的，全部当庭翻供并且展示身上的伤痕，但是法院没有理会，径直下达一审判决称"四被告曾供认在卷。事实清楚，证据充分，足以认定"。该案经历了由河北省高级人民法院三次以事实不清为由发回重审以及承德市中级人民法院四次以有罪判决判处被告人死刑这样一个漫长的刑事诉讼过程。据辩护律师反映，每次开庭时，被告人无一例外地提出刑讯逼供问题并要求验伤，但法官们对此置之不理。直到2003年7月河北省高级人民法院二审公开开庭审理此案的庭审中，法官才调查了刑讯逼供的问题，按照有关媒体的描述，"当被告人要求当庭验伤时，主审法官当即准许，并对被告人大声说：'走上来！'只见被告人走上法官席，脱下衣服，5名法官近前仔细查看伤痕，记录在案，然后再分别让辩护人和检察官查看。那一刻，真是一种十足的司法的威严！他们等了9年，二审法院5名身着黑色法袍的法官，在中国刑事诉讼史上演绎了一场令人感动的'公正与善良的艺术'。"参见郭国松："四次死刑四次刀下留人？"，载《南方周末》2003年7月31日，第6版。就围绕该案的整个刑事审判过程考察，法官在对待刑讯逼供这种侦查权力侵犯被告人人权的问题上，更多的是显示出违背司法理性的做法，至少表现在两个方面：一是在前面多次审判中对被告人提出受到刑讯逼供的问题置之不理；二是即便在最后一次审判中对刑讯逼供问题予以调查，但其方式似乎有失司法理性之嫌。

度化的反应机制，如何将这方面的问题纳入审判对象的范畴，尽管刚刚颁行的《关于办理刑事案件排除非法证据若干问题的规定》对此开始有所回应，但实施效果如何、规定是否合理，仍然有待实践验证和说明，不容过早下定论。笔者在先前的论述中提出并论证了将侦查权力行为违反正当程序侵犯被告人人权的问题自然地纳入为审判对象的原理，这或许在表象和形式上与不告不理有所冲突，在实践中也可能带来诉讼效率方面的影响，但是，它符合当代刑事诉讼的性质及其使命，符合人权保障、程序正义与权力制衡的司法精神。当然，考虑实际情况，也可以将这种请求权赋予被告人及其辩护律师，如果被告人在审判过程中提出来，那么，法院就必须将这方面问题纳入到庭审调查范围中来，在这个问题上，就应当建立侦查人员出庭作证、控诉机关承担证明责任等相应机制。令人欣慰的是，这些制度构筑的设想在《关于办理刑事案件排除非法证据若干问题的规定》中被部分地考虑进去并得到一定程度的实现。[1] 不得不承认，作为一项在目前看来似乎略微激进的改革目标，将侦查行为合法性问题自然地纳入为审判对象，这一原理的制度化建设的确需要一个过程，它意味着挑战传统的刑事诉讼理念甚至结构模式，并对固有的司法体制和审判方式带来冲击，而与此相关的配套制度的完善也并不是可以一蹴而就的，但是，其符合当代刑事诉讼的性质、使命和发展方向，这一点却是毫无疑义的。

---

〔1〕《关于办理刑事案件排除非法证据若干问题的规定》规定，人民检察院在审查批准逮捕、审查起诉中，对于非法言词证据应当依法予以排除，不能作为批准逮捕、提起公诉的根据；起诉书副本送达后开庭审理前，被告人提出其审判前供述是非法取得的，人民法院应当将被告人的书面意见或者告诉笔录复印件在开庭前交人民检察院；被告人及其辩护人在开庭审理前或者庭审中，提出被告人审判前供述是非法取得的，法庭在公诉人宣读起诉书之后，应当先行当庭调查，法庭辩论结束前，被告人及其辩护人提出被告人审判前供述是非法取得的，法庭也应当进行调查；被告人及其辩护人提出被告人审判前供述是非法取得的，法庭应当要求其提供涉嫌非法取证的人员、时间、地点、方式、内容等相关线索或者证据，经审查，法庭对被告人审判前供述取得的合法性有疑问的，公诉人应当向法庭提供讯问笔录、原始的讯问过程录音录像或者其他证据，提请法庭通知讯问时其他在场人员或者其他证人出庭作证，仍不能排除刑讯逼供嫌疑的，提请法庭通知讯问人员出庭作证，对该供述取得的合法性予以证明；对于被告人及其辩护人提出的被告人审判前供述是非法取得的意见，第一审人民法院没有审查，并以被告人审判前供述作为定案根据的，第二审人民法院应当对被告人审判前供述取得的合法性进行审查，检察人员不提供证据加以证明，或者已提供的证据不够确实、充分的，被告人该供述不能作为定案的根据。当然，在这里可以看到，该规定要着重解决的是排除非法言词证据——特别是口供的问题，而对于非法实物证据，当前官方立场和态度是对此有所保留，其规定是："物证、书证的取得明显违反法律规定，可能影响公正审判的，应当予以补正或者作出合理解释，否则，该物证、书证不能作为定案的根据。"

(三) 改革起诉变更机制

不告不理被视为刑事诉讼的一条金科玉律,为此,审判对象由控诉方起诉来提示,法官的审判范围不得超越控诉范围,这一范围原则上记载于旨在启动审判程序的起诉书,但也不排除控诉方在审判过程变更起诉的情况,起诉变更自然导致审判范围发生变化,它同样构成审判对象制度的组成部分。当然,起诉变更应当合乎程序正义,充分保障被告人的防御利益以及审判程序的安定性,没有规程、不受约束的"起诉变更"就会导向恣意的刑事追诉和突袭性审判。中国现行刑诉法典并没有确立起诉变更的制度,起诉变更的实践由最高人民检察院《规则》与最高人民法院《解释》予以指导,但这些规范存在诸多不足,常常导致实践的混乱,为此,改革和建立一套完善的起诉变更制度,是中国审判对象制度建设的必然要求。改革的基本思路,就是完善起诉变更的程序,强化起诉变更中被告人防御权利的保障,防范起诉变更的恣意化。

1. 建构起诉变更机制,合理配置起诉变更权力。

严格地说,现行法典尚未确立起诉变更制度,但实践中却大量存在着起诉变更的诉讼现象,急需建立一套合乎诉讼规律并能够有效指导实践的起诉变更机制。其中,尤为关键的问题,就是要合理配置起诉变更权力。当前起诉变更权力配置主要存在司法控制型与控诉主导型两种模式,对于中国来说,究竟采取哪一种配置模式,应当充分考虑这一制度的运行背景和支撑条件。契合于控辩式庭审方式以及控审分工负责的原则,检察院主导起诉变更更恰实际,如果允许法院越俎代庖径自改变指控,势必陷入审判对象由法官自行确定的危险,中国并不存在介于起诉与审判中间的预审程序,不可能采取德国、法国那种司法控制型的起诉变更权力配置模式,庭审法官如果能够直接改变指控,就意味着其在一定程度上实施预先判决,显然有悖于诉讼法理。再说,在实行控辩式庭审方式后,控诉与审判的职能进一步分离,如果法官强行改变指控,检察官在不赞成这种改变的情况下,消极举证和支持公诉,法官的意图也不能实现。[1] 当然,实行控诉主导型的制度设置并不意味着截然排除法官权力在起诉变更中的影响。一方面,法院可以建议检察院变更公诉,但这种"建议权"在诉讼法上不产生约束检察院的效力,如果检察院不接受法院的建议,法院仍然只能就起诉书指控的犯罪事实进行审判,实践中法院的建议可能会产生一种潜在影响,如果检察院不接受法院的意见完全可

---

〔1〕 参见龙宗智:《刑事庭审制度研究》,中国政法大学出版社2001年版,第334~335页。

能会承受对其不利的诉讼结果，对此要予以规制。另一方面，法院应当对检察院变更公诉实施一定的审查，即在检察院撤回、变更或者追加公诉是否采取了适当程序与方式、是否涉及审判管辖权改变的问题、是否保证被告人有充足时间准备防御等问题上，法院拥有制约检察院起诉变更权力的一定空间。在起诉变更的问题上，只有建立起法院与检察院一定程度的制衡关系，才可能更好地确保起诉变更的正当性以及对被告人防御利益的充分保障。总的来说，应当建立一种控诉机关主导起诉变更，法官就其中的程序正当性和被告人防御利益保障发挥作用的起诉变更制度。

2. 规范起诉变更的形式与内容，合理设定起诉变更的限度。

在一套系统的起诉变更制度中，起诉变更包括有起诉的撤回、改变和追加三种形式，起诉变更的内容主要表现为：一是指控犯罪事实的变更，如对起诉书记载的犯罪事实、情节以及对定罪量刑有意义的其他案件事实的改变或者补充；二是法律评价的变更，如对起诉书指控罪名或者适用法律的改变；三是被告人的变更，如对遗漏的同案共同被告人的追加或者对不应追究刑事责任的部分被告人的指控的撤回。就起诉变更的形式与内容而言，在采制起诉变更的不同国家之间并没有太大差别，关键在于，如何合理设定起诉变更的限度，例如，英美法原则上不允许起诉变更，尤其禁止追加指控另外的或不同的罪行；日本法以"公诉事实同一性"为起诉变更的限度；在某些大陆法国家，则赋予了控诉机关较为广泛的起诉变更的空间。在中国，根据当前指导诉讼实践的《规则》中的规定，当检察院发现被告人的真实身份或者犯罪事实与起诉书中叙述的身份或者指控犯罪事实不符的，可以要求变更起诉，发现被告人有新的犯罪事实或者遗漏同案犯罪嫌疑人的，可以要求追加起诉，发现不存在犯罪事实、犯罪事实并非被告人所为或者不应当追究被告人刑事责任的，可以要求撤回起诉。可见，检察院在实践中行使着尤为宽泛的起诉变更权力，基本上，除了全面地变更指控的被告人及其犯罪事实，即相当于以起诉变更的形式就另外一个案件提起公诉之外，可以说起诉变更并没有任何形式与实体内容方面的限制。起诉变更缺乏合理限度，必然导致刑事追诉的恣意和对被告人的防御带来诸多不便。那么，应当设定什么样的限度呢？由于中国刑事诉讼难以完全借鉴英美法实行严格的诉因制度，彻底禁止起诉变更是不现实的，但也不可能放任无限制的起诉变更，在这方面，可以借鉴日本公诉变更制度的做法，即在不损害公诉事实同一性的限度内允许进行起诉变更。设定这个限度，意义在于划定控诉机关在审判过程中变更公诉的底限，确保被告人及其辩护律师不会因为大幅度的起诉变更而迷失了防御的方向，并保证刑事审判程序得以在公诉事实基础不发生根本性变化的前提下继续进行。

3. 规范起诉变更的程序，充分保障被告人的防御权利。

当前的起诉变更实践主要依照最高人民检察院《规则》设定的程序来进行，即检察官变更、追加或者撤回公诉，应当报经检察长或者检察委员会决定，并以书面方式在法院宣告判决前向法院提出，在法庭审理过程中，公诉人认为需要变更公诉的，应当要求休庭，同时，公诉人认为起诉变更需要给予被告人、辩护人必要时间进行辩护准备的，可以建议合议庭延期审理。显然，这一规定是立足于检察院内部的一种操作规程，并带有明显的利益倾向，尽管最高人民检察院规定公诉人可以根据需要建议合议庭延期审理以给予被告人准备辩护的时间。但在实践中，控诉机关这种从保障被告人防御利益角度的考虑甚为鲜见，再说，这一规定也并没有确立起一套完整的起诉变更程序。对此，改革的思路应当是站立在刑事审判程序的立场之上，从确保起诉变更的程序正当性以及被告人防御权利的角度出发，通过规范起诉变更的时间、事由、程式等诸多方面，来完善既有的起诉变更程序。

关于起诉变更的时间。当前被界定为法院宣告判决之前，这一规定并不合理，应当界定为庭审结束之前。理由是，如果检察院在庭审结束后宣告判决前提出起诉变更的要求，就意味着法院必须再次开庭审理，这样容易导致诉讼资源的浪费，甚至由于起诉变更而导致前面的庭审完全丧失意义，检察院甚至可能在法院做出判决之后宣告判决之前提出起诉变更的要求，因为诉讼实践表明，法院做出判决和宣告判决往往是两个并不同步的行为，之间有一个时间间隔，那样就会导致法院业已做出但尚未宣告的判决由于起诉变更而归于无效，显然不合乎诉讼法理。因此，从符合诉讼规律和节约诉讼资源的角度考虑，起诉变更的时间应当界定在庭审结束之前。

关于起诉变更的事由。在《规则》确定的起诉变更事由的基础上，有三个问题值得探讨：是否把"犯罪事实不清、证据不足"确定为撤回公诉的事由；应否把"检察院在审判过程发现犯罪事实与起诉书叙述的指控犯罪事实不符"确定为变更公诉的事由；是否把"与本案具有牵连关系的犯罪"确定为追加公诉的事由。笔者以为，起诉变更事由的确定应当在诉讼效率与诉讼公正之间寻找较佳的结合点，起诉变更可以节约国家整体的司法资源，但不当的起诉变更则可能反而减低了诉讼效率，同时，起诉变更本质上为了促进司法公正，防止法官以及控诉机关对被告人进行突袭性的指控与审判，但是，超过一定限度的起诉变更则反而会给被告人带来防御上的诸多影响，因此，在这个问题上，往往会出现一种两难境地。就"犯罪事实不清、证据不足"而言，这种情况应当属于控诉机关自由裁量决定是否起诉的范围，因此，控诉机关也应当有权决定在审判过程撤回公诉，如果不撤回公诉，法院也应当对其作出指控犯罪不能成立的无罪判决，当然，检察机关在撤回公诉或者无罪判决之后再行起诉均应当予以严格控制。就"与本案具有牵连关系的犯罪"而言，当前实践中的做法主要是追加遗漏的同案犯罪嫌疑人或罪行[1]，但以诸多立法例来看，可以发生牵连管辖或者合并审判的牵连关系之犯罪的范围较大，普遍将具有牵连关系的罪行作为追加公诉的基本事由，这种做法充分考虑了国家司法资源合理配置的问题，[2] 可以借鉴，但必须严格遵循公诉追加的正当程序。至于检察院在审判过程发现犯罪事实与起诉书叙述的指控犯罪事实不符从而变更公诉的问题，这种做法在很大程度上考虑了国家追究犯罪的利益，但忽略了被告人的防御利益，对此，更必须严格保障起诉变更程序的正当性，给予被告人充分的时间准备防御，否则就有失诉讼公正。

---

　　[1]　诉讼实践中有追加"连环共同犯罪"的情形。所谓"连环共同犯罪"，是指甲和乙共同犯罪，乙和丙共同犯罪，丙和丁共同犯罪……某一被告人在几个案件中出现，但其他被告人之间又没有什么联系的案件情形。参见陈国庆等编著：《修改后刑事诉讼法实施疑难问题解答》，中国检察出版社1997年版，第30页。

　　[2]　例如，根据意大利法，"在下列情况下诉讼相互牵连：①如果所追诉的犯罪是由数人共同实施的或者在相互合作中实施的，或者数人采用相互独立的行为造成犯罪结果；②如果某个被指控采用一个作为或不作为实施了数项犯罪或者在同一时间和地点采用数个作为或不作为实施了数项犯罪；③如果某人被指控犯有数罪，其中一些罪行是为执行或掩盖另一些罪行而实施的。"根据德国法，"某人被指控犯有数个犯罪行为，或者在一犯罪行为中数人被指控是主犯、共犯或者犯有庇护、藏匿犯人或者赃物罪时，即为互为关联。"根据日本法，"数个案件有下列情形之一时，是牵连案件：①一人犯数罪时；②数人共犯同一罪或者不同的罪时；③数人同谋而分别实施犯罪时。藏匿犯人罪，湮灭证据罪，伪证罪，虚假鉴定、翻译罪及赃物罪，与各该本罪视为共犯的罪。"根据韩国法，"关联案件如下：①一人所犯之数罪；②数人共同所犯之罪；③数人同时同一场所所犯之罪；④隐匿人犯、毁灭证据罪、伪证罪、虚伪鉴定口译罪或有关赃物的罪及其正犯的罪。"根据中国台湾地区的"法律"，"有下列情形之一者，为相牵连之案件：①一人犯数罪；②数人共犯一罪或数罪者；③数人同时在同一处所个别犯罪者；④犯与本罪有关系之藏匿人犯、湮灭证据、伪证、赃物各罪者。"在中国，《刑法》第25条规定"共同犯罪是指二人以上共同故意犯罪"，然而，《刑诉法》并没有就相互关联的犯罪之间在程序上如何处理的问题予以规范，在实践中，公诉追加主要是从"共同犯罪"的概念出发，而不是从"关联犯罪"的概念出发的。

关于起诉变更的程式。当前规定必须采取书面形式[1]，然而，具体应当采取什么文书却没有统一的规定，实践中有采用"补充起诉书"、"追加起诉书"、"重新起诉书"等，有的则直接将原来的起诉书撤回并重新提交一份起诉书，有的甚至采取"关于起诉变更的通知"。笔者认为，检察院变更公诉的，应当向法院提交"变更起诉书"，法院在收到检察院的"变更起诉书"之后应当及时将其副本送达被告人及其辩护律师。

在起诉变更程序中，尤为关键的，便是应当如何保障被告人防御利益的问题。对此，当前的做法是由检察院在认为需要时建议合议庭延期审理，而实践中绝大多数时候并不能保障被告人拥有充分的防御准备的时间甚至机会。在这个问题上的改革，可以借鉴大陆法国家合理的制度设计，即检察院通过"变更起诉书"向法院提出起诉变更要求的时候，法院应当及时地将起诉变更的信息告知被告人及其辩护律师，并对其送达检察院变更公诉的文书。对此，被告人及其辩护律师有权提出延期审理以进行防御准备的请求，而法院认为起诉变更可能对被告人的防御产生实质性不利时，也应当依职权决定延期审理，经过被告人进行充分的防御准备所必要的期间之后再继续开庭审理。请求与决定防御利益保障的权利应当把握在被告人以及法官那里，而不是在控诉机关那里。

4. 完善撤诉制度，明确法院在起诉变更程序中的职责。

当前关于撤诉问题的规范并不完善，实践中撤回公诉往往被控诉机关滥用为规避无罪判决的手段，其原因主要在于，检察院撤回公诉权不受有效约束，而且关于撤回公诉的诉讼效果的规范不当。现行法典尚未确立完善的撤诉制度，仅仅在关于"不追究刑事责任情形"的规定中显示了一种及时终止刑事追究的精神，在关于"可以作出不起诉决定"的规定中体现了检察院在

---

[1] 在诸多大陆法国家，起诉变更可以采取口头的方式，例如《德国刑事诉讼法典》第266条规定："追加起诉可以用口头起诉，内容遵照法典关于起诉书内容的规定，对追加起诉要载入法庭笔录。"在日本，根据《日本刑事诉讼规则》第209条规定，"诉因或者罚条的追加、撤回或者变更，应当以书面提出。……在被告人到庭的公审庭上，许可以口头追加、撤回或者变更诉因或者罚条。"笔者以为，公诉变更实质上也是一种控诉行为，应当参照控诉机关通过起诉书提起公诉的原理，书面的变更公诉文书，不仅符合诉讼程序的基本原则，而且方便被告人防御和审判程序的开展，当然，考虑到在庭审过程中变更公诉的情况，在被告人及其辩护律师均在庭的时候检察院当庭向法院提出公诉变更的请求，并可以当庭决定延期审理的问题，也可以允许口头变更公诉的方式适当地运用，不过，检察院当庭口头变更公诉之后，应当将公诉变更的具体内容记入法庭笔录并且通过事后向被告人补充送达公诉变更文书等方法保证被告人能够准确掌握公诉变更的内容。

控诉问题上的自由裁量的原则，实践中撤诉的做法主要参照司法解释[1]。诉讼实践中撤回公诉主要有两种做法：一是，直接撤诉，在法院宣告判决前，检察院发现不存在犯罪事实、犯罪事实并非被告人所为或者不应当追究被告人刑事责任的，可以要求撤回起诉；二是，补充侦查后撤诉，在检察院发现提起公诉的案件需要补充侦查并要求法庭延期审理的情况下，检察院应当在补充侦查的期限内提请法院恢复法庭审理或者撤回起诉，如果未提请法院恢复法庭审理的，法院同样按检察院撤诉处理。就撤诉的程序及其诉讼效果而言，在宣告判决前，检察院要求撤回起诉的，法院应当审查检察院撤回起诉的理由并作出是否准许的裁定，检察院撤回起诉后，没有新的事实或者新的证据不得再行起诉。

撤回公诉制度照应了分权制衡为基调的诉审关系原理，体现起诉便宜主义和起诉裁量主义的特征，也充分考虑了诉讼效益和被告人权利保障的问题，有其存在的合理性，关键在于，如何规范撤回公诉的程序以及如何定位撤回公诉的诉讼效果。中国当前撤回公诉的制度及其实践需要改革的问题，主要在于：其一，检察院撤回公诉的时间不应当确立在法院宣告判决前，而应当确立在法庭调查结束之前。理由是，撤回公诉意味着检察院在审判程序过程发现了本来不应当起诉的情形，尤其是不应当或者不必要追究被告人刑事责任的情形，从而及时地将业已提起的控诉予以撤回，达到节约国家司法资源和有效保障被追诉者权益的目的，法庭调查活动尚未结束，法官的心证尚未最终形成，不具备做出判决的条件，检察官在此前撤回公诉，便可以实现这样的价值追求。但是，到了法庭调查完毕之后被告人最后陈述乃至合议庭评议的阶段，应当说法官已经能够就控诉的成立与否做出准确判断了，这个时候，就不应该由检察院以撤诉的方式终止诉讼。而应该由法官以判决的方式来终止诉讼。尤其是，当检察院在被告人最后陈述阶段以不应当追究刑事责任为由撤回公诉时，实际上就意味着抢先剥夺了被告人接受公正的无罪判决的权利，并可能影响到被告人在禁止重复追诉问题上享有的权利。其二，应当强化法院以及被告人对检察院撤回公诉权力的制约。当前司法解释规定法院应当审查检察院撤回起诉的理由并作出是否准许的裁定，但实践中这种审查往往流于形式，法院通常都考虑到与检察院的"关系"，考虑到审判工作的"省事"，因此对撤诉要求总是倾向于准许。更为重要的是，针对检察院撤诉，被告人及其辩护律师没有表达异议的权利，很可能给被告人接受公正审判和

---

[1]　参见《规则》第349、351、353条；《解释》第117、157、177条。

免受重复追诉的诉讼权利带来不利影响。因此，检察院要求撤回公诉的，法院在审查撤诉理由的同时应当听取被告人及其辩护律师的意见，如果被告人本人要求继续审理并就指控做出判决的，法院应当作出不准许撤诉的裁定并继续进行审判。其三，应当设定检察院撤回公诉发生相当于不起诉的诉讼效力，严格规范撤诉后再行起诉的问题。实践中，检察院在撤回公诉后再行起诉的问题上往往表现出一定的恣意，原因就在于没有合理定位撤回公诉的诉讼效力，当前法典以及司法解释对此并没有予以明确规定。由于撤回公诉的事由与不起诉的事由基本一致[1]，撤回公诉也应当发生相当于不起诉的效力。检察院一旦撤回公诉，诉讼程序即告终结，被告人处于无罪的地位，应当立即释放在押的被告人，解除对被告人的强制措施，解除被扣押、冻结的被告人的财物，并且，检察机关不得基于同一罪行再次对被告人提起公诉。必需指出，现行法典对于不起诉后的再行起诉并没有予以合理而严格的限制，比如，可以基于公安机关的复议或复核、被害人的申诉或直接起诉，乃至检察院基于新的事实或新的证据甚至新的法律评价而再次提起公诉，这显然无益于保障人权和维护诉讼程序的安定性。因此，对于检察院在启动审判程序之后撤回公诉的，其再行起诉的权力应当受到严格的限制，除非根据新的犯罪事实，否则不能再行提起公诉。现行的制度与实践在再行起诉的条件上设置过于宽泛，容易放任随意撤诉和以撤诉规避无罪判决，值得检讨。应当说，撤回公诉对于规制再行起诉的效力要较之不起诉更高，这是因为，检察院针对被告人罪行的指控已经进入审判程序，在审判过程发现不存在犯罪事实或者不应当追究刑事责任的情形，并在法官的司法性质的审查之后将指控予以撤回的，其实应当发生类似于无罪判决的效力。因此，检察院在撤回公诉后，不能因为对原来指控犯罪事实、证据、法律评价上的认识不同而再行起诉。

当然，法院在起诉变更程序中的作用，绝不仅仅限于对检察院撤回公诉的审查，应当明确法官在起诉变更程序中的职责：其一，法官应当对检察院追加、变更或者撤回公诉的程序合法性问题进行审查，拒绝那种严重违背人

---

[1] 根据《刑诉法》第141、142条，"绝对不起诉"的事由是：情节显著轻微、危害不大，不认为是犯罪的；犯罪已过追诉时效期限的；经特赦令免除刑罚的；依照刑法告诉才处理的犯罪，没有告诉或者撤回告诉的；犯罪嫌疑人、被告人死亡的；其他法律规定免予追究刑事责任的。"相对不起诉"的事由是：犯罪情节轻微，依照刑法规定不需要判处刑罚或者免除刑罚的。"证据不足不起诉"的事由是：对于补充侦查的案件，检察院仍然认为证据不足，不符合起诉条件的。根据《规则》第351条，检察院撤回公诉的事由是：发现不存在犯罪事实、犯罪事实并非被告人所为或者不应当追究被告人刑事责任的。

权保障或诉讼经济的起诉变更请求；其二，法官应当担负起在起诉变更中为被告人提供充分的机会和时间进行防御准备的职责，对于认为可能对被告人防御造成实质不利的起诉变更，必须决定延期审理并确定适当期间以便被告人及其辩护律师准备辩护；其三，法官在审判中可以行使起诉变更建议权[1]，但不得径自超越指控范围进行审判。总之，在审判程序中，法官应当担负起保障起诉变更程序正当性和保障被告人防御权利的职责。

（四）改革罪名变更机制

罪名变更机制旨在解决法官在审判中变更指控罪名的问题，或者说是要解决在没有完全采取严格的诉因制度的情况下法官法律评价与控诉方指控罪名不一致的难题。按照严格的不告不理和司法的"应答性"，法官的职责就是根据控诉来确定审判范围，经过审理后做出指控罪行是否成立的判决，而不得审判未经指控的犯罪，因此，原则上法官不得径自变更指控罪名做出判决；然而，审判的独立性又赋予了法官在经过控诉机关启动审判程序以后自由心证、自主判断的权力，这就意味着法官尽管基于指控事实进行审理但却可能形成截然有别于控诉机关的法律评价，问题就在这里发生：法官是否应该以及可以在多大程度上认定未经指控的罪名？从严格的程序正义的角度考虑，控诉机关指控什么，法官就审判什么，法官只能作出指控是否成立的判决，但是，"法院的审判旨在从实体上解决被告人的刑事责任问题，而不是仅仅作出支持一方、反对另一方的决定"[2]；再者，"刑事诉讼必须考虑诉讼的效率以及社会对法院判决的期望，必须注意实体上的公正性。如果让一个证据确凿、事实清楚的有罪被告人，仅仅因为罪名问题上的技术性原因就被判决无罪，似乎走得过远，不利于打击犯罪保护社会，社会公众也难以接受。"[3]应当说，刑事诉讼中，法官未必总是刻板地紧紧围绕控诉机关指控罪名是否成立的问题，而是应当在对控诉事实的审理过程中独立自主地做出评价，不可能绝然排除法官形成不同于指控罪名的判断，因此，法官认定指控犯罪事

---

〔1〕 需要注意，《解释》第178条关于"人民法院在审理中发现新的事实，可能影响定罪的，应当建议人民检察院补充或者变更起诉"的规定将公诉变更建议设定为法院审判的职责和义务，这显然不大恰当。

〔2〕 这一点，被学者界定为审判的"非合意性"，即"法庭在确定被告人刑事责任方面拥有独立自主的权利，而不受控辩双方意见、主张的限制和约束"。"在现代审判制度中，无论控辩双方对审判程序拥有多大的控制力，也无论双方的参与对法庭裁决具有多大的影响力，法院审判的这种非合意性都是存在的。"参见陈瑞华：《刑事审判原理论》，北京大学出版社1997年版，第16页。

〔3〕 龙宗智：《理论反对实践》，法律出版社2003年版，第109页。

实构成不同于指控的罪名，是可以存在的，尤其在中国起诉书指控的事实与罪名基本上发生分离的情况下，它就显得更为必要。关键是，如何从程序上或者实体层面来保障它的正当性、合理性，这就需要建构我们的罪名变更制度。这一制度，涉及法官在多大程度上受控诉机关指控罪名所限制以及如何保障法官变更指控罪名的正当性的问题，构成审判对象制度建设的重要内容。

在中国，法官变更指控罪名的问题，是一个理论上和实践中的焦点，相关探讨沸沸扬扬、观点针锋相对，有一点渐渐形成共识的是：法官直接变更指控罪名有悖于诉讼法理。然而事实上，与此有关的罪名变更制度却尚未确立。当前的法官变更指控罪名权力由最高人民法院通过司法解释予以设定，但在刑事诉讼法典中早已有预设：合议庭应当根据已经查明的事实、证据和有关的法律规定作出判决，如果案件事实清楚，证据确实充分，依据法律认定被告人有罪的，应当作出有罪判决。亦即，只要案件事实清楚，证据确实充分，构成法律上规定的犯罪的，就应当根据法律作出有罪判决，而不去考虑是否构成控诉机关指控的罪名的问题。为此，司法解释阐述称："起诉指控的事实清楚，证据确实、充分，指控的罪名与人民法院审理认定的罪名不一致的，应当作出有罪判决"。就是说，中国当前所谓的"罪名变更制度"的内容，便是法院在"起诉指控事实清楚，证据确实、充分"的情况下可以直接变更指控罪名作出有罪判决。仅此而已，再没有更多的规范，也没有专门的程序规制。显然，确立起一种合理的罪名变更制度，对于中国刑事诉讼的改革与完善，尤为必要。

为此，首要地应当合理定位罪名变更制度的功能及其诉讼意义。罪名变更制度在本质上，并不是为了方便和支持法官直接变更指控罪名的权力，而恰恰是为了规范和合理控制法官变更指控罪名权，其诉讼意义在于为法官变更指控罪名设定合乎正当性的程序空间，从而有效保障被告人的防御权益，确保审判程序的公正。显然，如果容忍法官在判决书中直接认定一个未经指控、未经审理、未经辩护的罪名，实质上就意味着承认审判过程流于形式的合法性，它对控辩双方都是一种侵犯，变相剥夺了当事人利用程序法所提供的攻击防御的机会，造成突袭性裁判，这其实是法官权力的滥用以及对审判程序理性的损害。为此，就必须将罪名变更纳入到制度化的框架中予以规范，通过设定合理的规则和程序来实现罪名变更的正当性，改革当前法官直接变更指控罪名的做法。未经正当的罪名变更程序，法官不得认定未经指控的罪名，而且，罪名变更必须充分考虑控诉机关的控诉权益和被告人的防御利益，这就是罪名变更制度的基本定位。

在此基础上，应当设置合理的罪名变更程序。一套合理的罪名变更程序的运行，可以有效地解决法官认定不同于控诉机关指控罪名的正当性问题，处理司法审判的"应答性"与"非合意性"之间的矛盾。罪名变更程序的设计应当着重解决如下问题：

1. 罪名变更程序的适用范围。罪名变更制度的原理，并不是要把一切的法官认定不同于指控的罪名的情况都纳入其中，为此启动罪名变更程序。换言之，罪名变更程序有一定的适用范围，而不是在法官变更指控罪名的任何时候都启用，实际上，当法官缩小认定包容性罪名，并不会对控辩双方的攻击防御带来实质性影响，比如说，控诉机关指控被告人犯故意杀人罪，经过审理后，法官直接以故意伤害罪或者以故意杀人罪未遂做出判决，这种罪名变更并不会损害被告人的防御权益，也没有违背审判的公正性，显然就没有必要运行罪名变更程序。因此，首先必须确定罪名变更程序的适用范围，可以考虑分别规定法院可直接变更罪名的情形和不得直接变更罪名的情形。例如，在下列情况下，法院有权直接认定不同于起诉书指控的罪名：将起诉的此罪认定为较轻的彼罪；将起诉的数罪认定为其中的一罪；将起诉的犯罪既遂认定为犯罪预备、犯罪未遂或犯罪中止；将起诉的共同犯罪主犯认定为共同犯罪从犯、胁从犯。然而，在下列情况下，法院不得直接认定不同于起诉书指控的罪名：起诉指控被告人犯此罪，法院认定为构成处罚更重或者相同的彼罪的；起诉指控被告人犯一罪，法院认定为数罪的；起诉指控被告人犯罪预备、中止或者未遂，法院认定为犯罪既遂的；起诉指控被告人为共同犯罪胁从犯、从犯，法院认定为共同犯罪主犯的；起诉指控单位犯罪，法院认定为自然人犯罪的，或者起诉指控自然人犯罪，法院认定为单位犯罪的；起诉遗漏了被告人的其他罪行，或者遗漏了被告人的从重处罚情节，法院追加认定罪名的。就是说，在此情况下，未经过罪名变更程序，法院不得直接认定不同于指控的罪名。显然，在这里并不存在法院改变指控罪名而侵犯起诉权的问题，也不是一味强调法院不能认定不同于指控的罪名，而是法院不能未经罪名变更的程序而直接变更指控罪名，尤其是未经事先告知被告人而突然变更罪名。

2. 罪名变更程序的启动与运作。罪名变更程序的启动，可以由法院向控诉机关提出建议并由控诉机关决定是否要求变更指控罪名，或者由控诉机关直接向法院提出变更指控罪名的请求。在罪名变更程序中，法院必须及时地向被告人通知罪名变更的内容和相关信息，并在认为必要时依照职权或者根据被告人及其辩护律师的申请决定延期审理，以保证被告人进行充分的防御准备的必要期间，当然，无论法院在什么情况下认定不同于指控的罪名，均必须在程序上保证其所认定的罪名经过了法庭审理并由控辩双方进行质证与辩论的过程，诚如龙宗智先生所指出的："法院无权未经事先通知，未提供对可能改变的罪名进行辩论（包括有关的举证）的机会就在判决中直接改变罪名。"[1] 不过，在这里面，有一个实际操作上的难题，就是当法院提出变更罪名的建议而检察院仍然拒绝变更指控罪名时，法院是否可以直接通过适当的通知和听取控辩双方意见之后变更指控罪名呢？如果从大陆法关于法官有权在控诉事实的范围内自主地作出法律评价的理念出发，罪名确定是一个法律问题，法官当然可以变更罪名，对此，大陆法国家的基本做法就是履行告知和提供防御准备机会的程序之后，法官可以直接认定不同于指控的罪名；然而，如果从英美法关于法官的审判范围必须严格受制于诉因的理念出发，指控罪名也是诉因所包含的基本要素，除非法官缩小认定包容性罪名，否则，法官是不可以变更罪名的，因此，英美法国家的基本做法就是从实体上限制法官只能缩小认定包容性罪名，除此之外，法官无论如何也不能变更罪名。就当前中国的制度与实践而言，法官不需要履行任何程序，也不用受制于任何实体条件，可以直接变更罪名。在这个问题上，如果考虑中国传统的刑事诉讼理念与模式，那么，在确立罪名变更程序的问题上借鉴大陆法，是相对合理而可行的，也就是说，把罪名变更程序的功能定位为法院通过履行告知和提供控辩对抗机会之后就可以变更罪名，以此修正当前的做法。但是，如果以一种严格的控审分离的诉讼理念来衡量这一问题，就必须要把罪名变更程序的功能定位为法院可能通过这一程序引起控诉机关变更指控罪名，如果控诉机关拒绝变更，法院就只能严格地作出指控罪名是否成立的判决。对后一种模式的选择，必须契合于起诉书严格记载犯罪构成要件事实的起诉书制度，才是可行的，而对于起诉书记载的指控事实与指控罪名发生分离的制度环境，则是不适合的。由此也可见，刑事审判对象的制度建设是一个系统的工程，在诸多具体问题上的改革，其实并不仅仅是一个个可以剥离开来予以单独考虑的问题。

（五）重复审判制度的改革

审判对象不得由法官主动确立，也不得被不当重复提起，这是不告不理和禁止重复追诉的诉讼原理的体现，然而，中国当前有关重复审判的诸多制度设计却存在着明显有悖于这一法理的做法，其改革同样构成审判对象制度

---

〔1〕 龙宗智：《理论反对实践》，法律出版社 2003 年版，第 110 页。

建设的重要方面。

1. 消除审判机关自主启动审判程序的制度因素。

在当前的刑事诉讼中，法院在诸多情况下可以自主决定启动审判程序：其一，各级法院对本院已经生效的裁判，如果发现在认定事实或者适用法律上确有错误的，必须提交审判委员会处理，经审判委员会讨论决定后另行组成合议庭进行再审；其二，当事人及其法定代理人、近亲属对已经生效的裁判，可以向法院提出申诉，法院受理申诉后，经过审查认为有因申诉而重新审判的法定情形的，应当由院长提请审判委员会决定启动再审；其三，最高法院对各级法院以及上级法院对下级法院的生效裁判，如果发现确有错误的，有权提审或者指令下级法院再审；其四，第二审法院对不服第一审判决的上诉、抗诉案件经过审理后，如果原判事实不清楚或者证据不足的，可以裁定撤销原判，发回原审法院重新审判，如果发现第一审法院的审理有违反法律规定的诉讼程序的情形的，应当撤销原判，发回原审法院重新审判；其五，中级法院判处死刑的第一审案件，被告人不上诉的，应当向高级法院复核后，报请最高法院核准，高级法院如果不同意判处死刑的，可以提审或者发回重新审判；其六，最高法院或者高级法院复核共同犯罪案件时，如果发现对其他被告人已经生效的裁判确有错误的，可以指令原审法院再审；其七，最高法院复核在法定刑以下判处刑罚的案件，不予核准的，应当撤销原裁判，发回原审法院重新审判或者指定其他下级法院重新审判；等等。由此可见，严格来说，至少有四种类型的法院自主启动审判程序的制度形式："决定再审"、"提审"、"发回重审"、"指令再审"或者"指令重审"。可以想象，在如此启动的审判程序中，法院或多或少带着一定的预断，至少会受到启动审判程序的理由所影响，来进行审理和做出裁判的。既然法院已经发现认定事实、适用法律、诉讼程序方面的错误，甚至已经自主确立了审判对象，因此，这与其说是一场诉讼，不如说是一个行政式解决问题的过程。对此，改革的思路就是，取缔当前法院自主启动审判程序的制度因素，恪守不告不理的诉讼原则，使法院恢复中立的应有形象，使刑事审判回归诉讼的形态。

总的来说，把握一个原则，任何法院无论如何都不能有决定启动审判程序的权力。在这个问题上，如果说，法院决定再审的制度已经受到普遍的质疑，学界对取消法院决定再审的权力已基本达成共识，但是，对于"发回重审"、"提审"、"指令审判"若干方面制度的质疑和否定，学界可能对此尚有争议，存在其他一些观点。在笔者看来，它们有一个共同之处，就是由高审级法院来启动新的审判程序，其中，"发回重审"是在一个已经启动的审判程序中决定启动新的审判程序，"提审"和"指令审判"则既可以在一个审判程序中也可以不依赖于任何审判程序，来决定启动一个新的审判程序，而新的审判程序通常由低审级法院来进行，也可能直接在该高审级法院进行。这种现象背后反映一个问题，中国法院体制及其审判程序行政化运作的模式与逻辑。[1] 诚如学者苏力评论的，"中国法院实际一直只有上级法院，而缺乏一种现代意义上的上诉法院的概念和实践"，"司法层级的设置都不是为了解决具有普遍意义的规则的问题，而是为了更准确细致地解决纠纷并监督集行政司法于一身的下级官员"，"在实践上，几乎所有层级的法院都是审判法院——都可以进行事实审，并且即使上诉也大量关注事实问题"。[2] 正因为法院体制内的行政等级特征以及审判程序的纠纷处理任务，决定了形式上处于高审级的法院可以"事实不清、证据不足"或者"确有错误"为由一而再

---

〔1〕 中国语境下支撑"提审制"的基础主要是司法系统的层级结构、上级法院的权威与正确性、整体把关的司法职责、实体真实的诉讼观、谨慎与效率的司法观。内在机理的缺陷以及实践运行中消极因素的干扰，提审制可能带来负面影响，提审违背司法权被动性的原理，实质上构成法院主动启动审判程序甚至自行确定审判对象，导致司法的非正常运作，剥夺当事人的程序权益，影响司法独立与裁判权威。现行提审制运行呈现一些倾向，合理性与弊病共存，实践效果并不理想。提审制的未来走向应当是被废除，但在整体制度环境与价值基础没有发生大幅变迁的现阶段，其被废除的可能性不大，但期待被完善的可能性较大。具体完善的方案包括：将提审的适用范围主要界定在死刑复核程序，严格控制审判监督程序中提审的适用；明确提审适用的具体情形和理由，各种提审适用的理由应当主要针对下级法院程序违法的情况；改造现行提审的启动方式，矫正上级法院单方面决定提审的制度设计，增强控辩双方当事人对于提审启动的参与性，譬如对提审的请求权和对提审的异议权，同时，要矫正现行上级法院启动提审与进行再审由同一机关甚至同一部门实施的弊端，并可适当考虑上级法院提审案件审判过程中下级法院提出意见的权利；规范提审的运行程序，诸如提审启动的方式、提审过程的开庭形式、审判范围、证据调查、法庭辩论、判决书制作、裁判效力等问题，均要予以明确细化规范。

同样，"指令再审"性质上是一种审判监督机制，支撑该制度的基础主要是司法系统的等级构造、实质正义的诉讼观、"自治"的审判监督观、"两难"的司法效率观、集体责任的司法机制。现行指令再审的制度设计暴露出深层次的病理，实践效果并不理想，而且诸多程序问题没有得到明确规范。制度改革的方向应当是废除其中有悖于诉讼法理的制度因素，但保留可能发生积极效果且设计合理的制度安排，从制度上控制和保证指令再审发生的合理性，并对其程序问题进行规范完善。具体地说，可以考虑废除现行作为法院系统内部进行审判监督自行发动再审的指令再审制度，但保留基于检察院抗诉而上级法院指令下级法院再审这一种指令再审；可以考虑废除现行死刑复核过程中不利于被告人的指令再审，但保留有利于被告人的指令再审。另外，需要对其中诸多程序问题进行规范与完善，诸如明确上级法院指令再审的理由、标准、发起方式、适用的司法文书；赋予控辩双方当事人针对上级法院指令再审表达意见的权利；明确下级法院进行再审的审级问题、开庭形式、审判范围、判决书制作与裁判效力；规范指令再审发生的程序流转过程中控辩双方当事人参与程序的细节问题和程序权益受侵害时的权利救济问题；等等。

〔2〕 苏力：《道路通向城市：转型中国的法治》，法律出版社 2004 年版，第 148～152 页。

再而三地对同一个案件进行提审或者指令下级法院进行审判。[1] 然而，这些做法严重背离诉讼规律，例如，"发回重审"实质上就是法院在普通审判程序过程规避二审终审原则，通过行使一种不合理的程序性权力启动了针对同一罪行的重复审判的程序，"提审"或者"指令再审"甚至不依赖于任何程序，法院便直接决定启动一场新的审判程序，这样的诉讼制度，不得不为中国刑事诉讼改革所重视。笔者认为，完全可以通过完善和贯彻相关诉讼制度来实现刑事审判在这方面的价值追求，"提审"、"指令再审"甚至"发回重审"对于刑事审判程序并非不可或缺，刑事审判的价值需求更应该从常规性的审判程序、上诉审制度、再审制度那里得到满足，未必依赖于这些有悖于诉讼规律的非常规方式，因此，倾向于取消法院通过各种方式自主决定启动审判程序的做法。

　　值得一提的是，在中国再审程序启动的问题上，可以借鉴"再审之诉"的制度原理，改变当前将再审程序定性为"审判监督程序"的理念，确立一种真正体现诉讼规律的再审理念，换言之，再审应当是一种"诉讼"，而不应被界定为"审判监督"。"在任何一个现代法治国家，有关再审的申请都应由检察机构和原审被告人向法院直接提出，而法院则在再审过程中充当权威的裁判者。在任何情况下，法院都不能在控辩双方未曾提出再审申请的情况下，自行就某一生效判决或裁定发动再审程序。否则，法院就会同时成为再审之诉的提出者和裁判者，违背控审分离的基本原则。"[2] 然而，中国的"再审程序"在性质上被界定为"审判监督程序"，再审的启动似乎主要是为法院的自我监督和检察机关开展审判监督工作而设立的，有权提起再审程序的只能

---

　　〔1〕　这体现中国刑事诉讼程序中"司法等级制"的实质以及对实体正义追求到底的态度，尤其是一种"下级服从上级"及"有错必纠"的逻辑。中国法院系统内基本上是一种"司法等级制"，上下级法院之间实质上是一种行政等级关系，而"审级"基本上丧失其原本的程序结构意义。学者傅郁林对此作出了精辟评析："中国现行的四级两审终审制是一种柱型结构的司法等级制。自塔基至塔顶，各级法院的价值目标、职能配置及运作方式几乎没有分别，每一级法院都可以受理一审案件，同时都可以作为终审法院（自中级法院开始）；每一级法院、每一级程序都追求同一个目标，即个案的实质公正；当事人在不同审级享有几乎完全相同的程序权利；每一级法院、每一级程序都有权全面审理事实问题和法律问题，有权直接传唤当事人和证据重新调查事实，有权根据自己查明的事实作出判决。这种司法等级制没有职能分层，已经失却程序结构意义上的'审级'的价值，多一级法院只是增加了一层行政级别而已。""审级制度保障司法正确性的一般原理是以权力分立为基础的上下级法院之间的双向制约，但'分权'的概念在中国一向讳莫如深，'制约'的概念则为'监督'所代替。"参见傅郁林："审级制度的建构原理——从民事程序视角的比较分析"，载《中国社会科学》2002年第4期，第93～94页。

　　〔2〕　陈瑞华：《刑事诉讼的前沿问题》，中国人民大学出版社2000年版，第495页。

是法院和检察机关，原审被告人则被限制了提请再审的权利，再审的运作也似乎是为了对"确有错误"的审判进行监督，而主要不是为原审被告人不服某一生效裁判提供一种寻求救济的途径。一定程度上可以说，当前的再审程序并不具有真正意义上的"诉"的本质。为此，无论从再审的启动，还是再审的运作，都应当建立于一种"再审之诉"的诉讼理念的基础之上，来重新建构中国的再审制度，从根本上消解当前法院自主启动再审程序这一现象背后隐含的悖论。

2. 以审判对象确立的客观范围，确立一事不再理原则，构筑禁止重复追诉制度。

中国签署的《公民权利和政治权利国际公约》规定"任何人已依一国的法律及刑事程序被最后定罪或宣告无罪者，不得就同一罪名再予审判或惩罚。"这是一事不再理的诉讼原理在国际社会达成普遍共识的体现，这里虽然没有宣称中国必须处处跟随世界潮流的意思，但是，客观评价中国当前的刑事诉讼，被告人被法院宣告无罪之后，检察院仍可依据新的事实或者新的证据重新予以追诉，即便在被告人被生效裁判定罪之后，不管是否有利于被告人，只要以"发现认定事实或者适用法律确有错误"为理由便可将被告人再次追诉到刑事审判的程序中来，使其因同一罪行遭受一次又一次被定罪的危险及其带来的精神折磨。严格来讲，旨在禁止重复追诉和防范审判对象被不当重复提起的一事不再理原则与重复追诉制度在中国至今尚未被确立。在"有错必纠，不枉不纵"的指导思想下面，永无休止和随时可能启动的再审具有了存在的合理性。但事实上，在司法中牺牲程序正义无限追求实体真实的做法，恰恰是有悖于诉讼规律的，当前的再审制度诸多是以容忍法的安定性的丧失、程序正义的牺牲、司法资源的浪费、人权保障的失却为代价的。[1]司法的本质在于它是一个基于既定的程序规则和实体规则对当事人间的争议进行公正、最终的裁判过程，它要求以一个建立在正当程序之上的终局性权威判断来对法律问题提供答案，在人们关于"法律问题有正确答案吗"以及

---

〔1〕 基于对实践的观察，笔者注意到当前中国司法实践中再审的发动具有非常微妙的不确定性，或者说，实践中所发生的那些再审的案例事实上几乎都是基于每一次特定的具体的"考虑"和"策划"。在大众为像"佘祥林案"、"赵作海案"这样作为典型的案件的再审拍手称快的背后，隐藏的却是一种制度的不确定性、难以预见性和常规制度的无能为力。这可能是更为值得我们深思的现象和问题。

"司法之根本：最后的审判抑或最好的审判"这样的设问背后[1]，揭示的正是确立一事不再理原则的意义。一事不再理原则就是要以终局审判程序的审判对象确立的客观范围为参照，防范针对同一罪行的重复追诉与重复审判。

建构禁止重复追诉的制度，就必须规范我们的再审制度，设定再审的合理的限度。关于再审制度的改革，其中与审判对象问题有关的两个重要方面，一个是启动再审主体的设定，另一个是再审理由的确定。就前者而言，当前除了取消法院作为再审程序启动主体之外，还应将检察机关在再审启动中的角色重新界定为刑事追诉机关，而不是法律监督机关，并赋予原审被告人作为再审之诉启动主体的地位，并且，建立一种能够确保检察机关和原审被告人在申请启动再审程序方面权利平等的再审之诉，换言之，应该将再审纳入诉讼的轨道，而不是停留在传统的带有浓厚行政色彩的审判监督的层面。诚如有学者指出的，现行审判监督程序属于带有较强行政色彩的救济程序，要改变这一点，就必须建立再审申请制度，使得任何再审的提起建立在"诉"的存在和提出的前提下。根据"无利益则无诉讼"的原则，法院显然不应成为诉讼的发动者，与案件有着直接利害关系的检察机构和原审被告人双方才是真正的当事者。在提出再审申请方面，检察机关与原审被告人应拥有大体上平等的权利和机会，要实现这一点，就需要淡化检察机关的法律监督地位，增强其刑事追诉者的意识，使得再审真正成为检察机关继续履行公诉职能的诉讼活动，而不是行使法律监督权的行政活动。[2] 就后者而言，再审的理由界定，应以保护被告人的利益为基本着眼点，即是说应当区分有利于被告人的再审和不利于被告人的再审。对于前一种情况，原则上只要有明确、具体、

---

　[1]　参见解兴权："法律问题有正确答案吗?"，载《外国法译评》1998 年第 3 期，第 48 ~ 53 页；何兵、潘剑锋："司法之根本：最后的审判抑或最好的审判? ——对我国再审制度的再审视"，载《比较法研究》2000 年第 4 期，第 417 ~ 426 页。

　[2]　陈瑞华：《刑事诉讼的前沿问题》，中国人民大学出版社 2000 年版，第 503 页。

合理的理由，就可以启动再审程序。[1] 对于后一种情况，再审理由则应加以具体界定，不利于被告人的再审只能以程序上的重大瑕疵为由而提起，例如，原审程序中审判人员存在贪污受贿、徇私舞弊、枉法裁判或者其他渎职犯罪行为，原审程序中作为裁判根据的证据被证明是伪造、变造或者存在严重妨害证人作证的情况，作为原审判决依据的其他判决已经被确定裁判变更的，如此等等属于程序性违法可能严重影响公正裁判的情形。此外，为了保障再审程序的合理性，应当做如下方面的规范：其一，接受再审申请的法院应当为做出生效裁判的原审法院的上级法院，法院在接受再审申请之后应当以诉讼方式对申请进行审查，可以为此设立由控辩双方参与的听证程序，在充分听取控辩双方意见的基础上作出是否受理再审申请的裁定，以避免再审程序启动上的任意性，对于再审请求权人撤回再审申请或者由于再审理由明显不能成立而被驳回的，不得以同一理由再行提出再审申请，对于经过审查与听证后认为再审申请有理由的，法院应当作出开始再审的决定，当然，原审法院的上级法院在审查后决定开始再审的，再审程序可以考虑由原审法院同级的另一法院来进行，这样更符合审判级别管辖的原则。其二，在再审申请提起的时间以及次数上予以控制，有利于被告人的再审可以在判决生效后任何时间提起，而不利于被告人的再审的提起则应当被限制在一定期间之内，否则，被告人将会处于一种缺乏法的安全感和对审判程序及其诉讼结果缺乏信任的状态中；而且，经再审程序之后，不得以同一理由或者相同请求事项重复发动再审程序，防止出现反复再审的局面，以有效防范审判对象被不当重复提起。

---

〔1〕 当前各国关于再审制度以及再审理由的设计，总体上遵循着两种不同的价值理念，即实体真实主义和程序合理主义。再审理由可大致分为两类，第一类是根据新发现的证据（针对案件事实的证据）足以证明原生效判决有误；第二类是参与形成判决的人员在案件审理过程中有违背其本质上的义务的行为，并且已经查证属实，包括故意违反义务的和过失违反义务而影响到判决结果的两种具体情形。大体而言，职权主义诉讼结构与当事人主义诉讼结构由于奉行的价值理念不同，导致了再审理由的不同，前者因奉行实体真实主义而重视案件的真实发现，故以实体上有重大瑕疵为再审理由，后者则因奉行程序合理主义而重视公正审判的价值，故以程序上有重大瑕疵为再审理由。中国再审理由的改革，应当明确区分有利于被告人的再审理由和不利于被告人的再审理由，对有利于被告人的再审理由从实体上和程序上两方面分别进行规定，其中，特别要注意的是实体上的再审理由，也就是新证据的内容，这需要用双重标准来衡量这类再审理由是否达到了崭新性和明显性的要求，而不利于被告人的再审只能以程序上的重大瑕疵为由而提起，以限制再审作不利于被告人的变更，从而达到救济的目的。在诉讼实践中，关于作为再审理由的"新证据"的界定，十分重要，有关详细讨论，可参见韩阳："刑事再审理由探析"，载《法学研究》2005 年第 3 期，第 88～98 页。

当然，防止审判对象被不当地重复提起，改革和完善当前的再审制度以外，还应当真正落实审级制度，避免以规避审级制度的方式达到变相地再审的做法。当前中国重复审判的泛滥，一个源自于制度内的原因，就是审级制度存在的内在缺陷。根据学者的剖析，中国现行的四级两审终审制是一种柱型结构的司法等级制，它并没有职能分层，已经失却程序结构意义上的'审级'的价值，多一级法院只是增加了一层行政级别而已，在两级审判的主体结构之外，设置了多种"边道"通往再审程序，以救济两级审判中发生的司法错误，这些"边道"与西方各国作为"紧急出口"或"消防通道"的救济机制差异在于，中国两审终审制主体结构建立在对再审程序的依赖的基础上，审判监督程序作为三审程序的替代物设立，并掩盖着对三审程序的需求。如果把这"边道"视为消防设施，那么其通道之多、出口之大、利用之频繁，已经改变司法制度的主体结构，构成"审级制度"不可分割的组成部分，准确地说，中国立法确定的审级制度是"以两审终审制为原则，以审判监督程序为补充"；而在司法现实中，这种救济途径早已突破"补充"或"例外"性质，整个审级制度的运作状态如同消防通道遍布司法大厦，审级结沟的上下内外都挤满了寻求"补救"的司法"难民"。[1] 显然，在诸多时候，再审程序从实际上在发挥一种类似于"第三审程序"的救济功能但却在运作原理上与通常的第三审程序截然有别，它全面地解决认定事实问题、适用法律问题以及原审程序的违法与错误问题。正是由于这种审级制度及其运行中的缺陷，不得不使得当前的再审程序运行在性质上不是"非常救济程序"，而更像是"普通救济程序"。当然，在这里面，还有一个审判监督程序的设置原理本身就偏离了"非常救济程序"之诉讼规律的问题。因此，可以说，刑事审判对象被不当地重复提起，还有相当一部分原因来自于审级制度设置及其运行上的缺陷。可以发现，当前诉讼中"发回重审"、"提审"、"指令再审"实际上都在规避审级制度，构成实实在在的"重复审判"。因此，要解决审判对象被不当地重复提起的问题，还需要真正反思当前的审级制度，检讨当前刑事诉讼中挫伤审级制度运行功效的现象，而后予以改革完善。

---

〔1〕 傅郁林："审级制度的建构原理——从民事程序视角的比较分析"，载《中国社会科学》2002 年第 4 期，第 93 ~ 94 页。

# 结语　问题意识的确立

### 一、没有审判对象的"刑事审判"？

没有审判对象的"刑事审判"？——这显然不是一个真命题。没有审判对象，缘何谈起刑事审判。但这一设问让我们关注刑事审判对象的存在，思考审判对象对于刑事审判的意义。审判对象的存在，是如此自然而然，乃至常常为我们所忽略。法官们每天从事着熟习的审判工作，在每一项审判程序中，他们已经不需要任何刻意地去思考这样的问题：审判对象是什么？社会大众往往关心的是某一次审判是否公正，对他们来说，审判对象是什么，那是法官们的事，他们甚至根本没注意过还有所谓审判对象的问题。事实上，在日常的刑事诉讼运作中，控诉方提起诉讼，法官组织审判程序，被告人及其辩护律师参与诉讼，法庭上控辩双方攻击防御，法官进行审理与做出判定，这一切的诉讼活动始终摆脱不了审判对象的影子。无法想象存在这样一幅"刑事审判"的图景：没有明确的指控主张、没有具体的诉讼请求，法官连审判对象是什么都不清楚，被告人不知道该如何进行防御……假如没有审判对象，"刑事审判"充其量只能是：控诉机关不需要任何根据和理由地指控"被告人有罪"，法官不受任何限制地就被告人是否有罪进行审判，被告人本身成了真正的"审判对象"。事实上，没有审判对象的刑事审判是不可想象的。没有审判对象，就不可能启动审判程序，换一种说法，一旦运行审判程序，就必定存在审判对象。虽然说，真正的审判对象是展示在审判程序中的概念与范畴，但是，在启动审判程序时如果没有预设特定的审判对象，审判程序根本就不可能有序地进行，甚至不可能被无缘无故地发动。某种意义上可以说，审判对象先于审判程序而存在，只是说，控诉方提示的审判对象只有到了审判程序的控辩对抗中才得到最为集中的展示，并从法官的判定那里最终被固定下来。法国学者说，"在刑事诉讼中，不是抽象地审判犯罪。"[1] 德国学者说，"只有当标的确定时，有秩序的程序才可想象。法院和当事人双方必须知道：在这个诉讼中对什么争执、应当裁判什么。"[2] 美国学者说，"一份诉状必须满足这样的条件，才可能被认为是合格的：它包括了被指控犯罪的构成要件并告知了被告人需要辩护的指控，并能够使被告人在保证不会在将来因为同样的罪名受到指控的情况下做有罪或者无罪的供述。"[3] 实际上，学者们所共同表达的，正是审判对象必不可少的意思。

**二、假如审判对象可有可无？**

假如审判对象可有可无？——这显然不是没有可能。只要存在着启动审判程序的理由，只要有特定的诉讼主题，至于这个主题如何设定，它在审判中具有什么意义，则是另外一回事，这样，审判就可以进行了。不过，这样的审判将是以另外一种面相呈现：控诉机关提示审判对象仅仅是用作对被告人启动审判程序的理由，起诉书记载的控诉事实与罪名仅仅是向法官告发犯罪，法官可以根据发现犯罪的情况和治理犯罪的需要自主决定审判的主题，控诉机关也可以在审判过程任意变更原先的指控。这样，尽管存在所谓的"审判对象"，但是，对法官和控诉机关而言，它是一个无关紧要的范畴。像这样的刑事诉讼，"审判"只是一个治罪的过场，"审判对象"亦只是一个治罪的借口，如果说，它在这个过程发挥了作用，也只是为犯罪追究提供了"合法性"。然而，对于被告人防御而言，却是丝毫没有帮助的，因为即便被告人根据起诉书记载的控诉事实与罪名来准备防御，也应付不了审判过程法官和控诉机关的恣意变更。诸如此种情形，实际上审判对象就像是可有可无的。然而，历史经验告诉我们，假如审判对象可有可无，治罪式的审判、不知道为何受到追究的被告人、充当双面角色的法官、刑讯逼供合法化……这些都是可能导致的后果，更甚者，如果审判对象可有可无，刑事审判可能已经丧失诉讼意义。至少，像过去的纠问制程序，审判对象的概念就是没有实质意义的。如今，纠问制遭到唾弃，普遍实行控诉制，"控审分离、审判中立、控辩平等"成为刑事诉讼构造的经典表述，"审判对象"便成为一个具有实质意义的范畴，被借以规范刑事诉讼中控、辩、审的相互作用关系，控诉

---

〔1〕　［法］卡斯东·斯特法尼、乔治·勒瓦索、贝尔纳·布洛克：《法国刑事诉讼法精义》，罗结珍译，中国政法大学出版社1999年版，第1～4页。

〔2〕　［德］奥特马·尧厄尼希：《民事诉讼法》，周翠译，法律出版社2003年版，第197页。

〔3〕　［美］伟恩·R. 拉费弗、杰罗德·H. 伊斯雷尔、南西·J. 金：《刑事诉讼法》（下册），卞建林、沙丽金等译，中国政法大学出版社2003年版，第960页。

方起诉时提出的控诉作为审判中控辩对抗与法官判定的标的。这样，未经控诉的犯罪，就不得审判，也不会成为审判对象，并且没有防御的必要，审判的范围以及辩护的方向在起诉时就已被明确设定，如此一来，控审分离、审判中立以及控辩平等就具有了实现的最基本保障，审判对象具有了限定审判范围、规范控诉范围和确立辩护范围的诉讼机能。因此，在近现代以来的刑事诉讼中，"审判对象"实质是一个通过限制审判权和规约控诉权来保障被告人防御利益的概念，而不是一个可有可无的概念。

### 三、面对理想与实践的鸿沟！

当然，理想上的追求，理论上的设定，未必意味诉讼实践中的完美。我们依然注意到，在今天的刑事诉讼中，审判对象也不总是以一种发挥实质意义的面相呈现在诉讼程序之中，尤为常见的情形是，起诉时提示的审判对象往往在审判中发生变化，致使被告人有一种防不胜防的被突袭感。这种变化可能来自于控诉机关的任意变更和追加指控的行为，也可能来自于法官擅自变更指控罪名和扩张审理事实范围的行为。例如，控诉机关向法官提示的不是特定的犯罪构成要件事实，而是脱离了具体法律评价的"犯罪事实"，法官则根据查清的案件事实作出被告人是否有罪的判决，而不是作出特定指控犯罪是否成立的判决。这样，由于控诉事实并不是严格上的犯罪构成要件事实，控诉罪名往往未能契合于控诉事实进而发挥严格的提示审判对象的功效，控诉机关其实是在向法官告发犯罪；在实体真实的过分追求中，法官超越起诉书记载的控诉事实而认定在庭审中查明的"案件事实"，甚至根据查清的案件事实直接变更控诉罪名作出有罪判决，这其实是使得审判对象丧失实质意义。可以想象，在刑事诉讼中，如果控诉机关认为指控什么并不重要，关键是要将被告人涉嫌犯罪的案件提交法院审判，如果法官对于控诉机关以什么罪名控诉感到无所谓，关键是要看庭审中查清了哪些犯罪事实，如果控诉机关可以在审判过程任意追加指控犯罪或者变更起诉书记载的控诉事实，如果法官可以不受控诉罪名的约束甚至可以以未经审理的罪名做出有罪判决，那么，我们就有理由怀疑："审判对象"是用来做什么的？刑法规定的犯罪构成要件是用来做什么的？刑事诉讼法分别设定的起诉与审判的程序又是用来做什么的？被告人的防御利益如何得到合理保障？我们所在这个时代的刑事诉讼理想又如何实现？我们常常面对着制度的理想与实践间的鸿沟！

### 四、确立一种审判对象问题意识

在刑事诉讼的制度上与实践中，确立一种审判对象问题意识，不但是必要的，而且尤为关键。确立审判对象问题意识，就是要求刑事诉讼中控、辩、审各方程序主体都有一种紧紧围绕审判对象进行诉讼行为的意识，这是一种自主自觉的诉讼意识。首先，控诉机关能够真正意识到设定具体而明确的指控内容与主张的重要性，意识到审判过程任意变更指控是违背程序正当性的，意识到不当重复提起审判对象的不合理；其次，法官能够真正意识到不得擅自确立审判对象的意义，意识到审判范围不得超越控诉范围的要求，意识到审判对象对于保障被告人防御权利和公正审判的重要性；再次，被告人及其辩护律师真正能够意识到审判对象对于确保防御利益的意义，意识到未经控诉的犯罪不需要防御。总之，在刑事诉讼中，控诉机关、法官以及被告人都应该有一种权力（利）自我控制的意识，并能够为自身的诉讼行为合理设定范围界限。在具体的刑事审判中，控诉范围、审判范围与防御范围的存在具有十分重要的意义，它们使得任何一方的诉讼行为都不会陷入漫无目的、漫无边际的境地，并使审判程序变得以规范有序，在特定的范围之内，控诉与审判的权力具有正当性，防御的权利则得到了保障，控辩双方的攻防对抗与法官的评议判定得以在一个合理框架之中进行。当然，要真正实现这样的效果，尤为重要的是，必须满足将控诉范围、审判范围与防御范围统一起来的要求，否则，如果仅仅强调各诉讼主体设定自己的行为框架但却不具有一致性，有秩序的审判程序是不可能的，这就有赖于"审判对象"的概念，换言之，唯有当控诉范围、审判范围与防御范围统一在审判对象的框架之中，这一切才是可能的。故此，就必须要求各方诉讼主体带着一种审判对象问题意识来进行各种诉讼行为。例如，就控诉机关而言，基于一个具体的控诉主张，在起诉书中记载特定控诉事实与罪名，进入审判程序之后，按照控诉范围来支持公诉，展开有关的举证和辩论活动，即便在审判过程发现遗漏的罪行，没有经过正当的起诉变更程序，便不得任意变更指控，经过审判程序形成终局裁判之后，便不得就同一罪行进行重复追诉。法官更是必须带着一种审判对象问题意识来组织审判：未经控诉机关提起诉讼便不会启动审判程序，在审判程序中，审判范围根据控诉范围来确定，即便在审判过程发现新的犯罪事实，也不得径自将其纳入审判范围并予以认定，不得进行突袭性审判，而且，在审判过程，当控诉机关违反正当程序变更指控时，法官应当通过诉讼指挥权积极制约，当控诉机关根据起诉变更程序变更指控时，法官应当积极行使诉讼指挥权确保被告人的防御权利。就被告人而言，由于普遍确立了这种审判对象问题意识，他就可以仅仅围绕指控来确定防御范围和进行辩护，在此范围以外，他就可以坚信不需要进行任何防御的准备，也不必要存在一种受到重复追诉的担心。总的来说，确立审判对象问题意识，就是要确立这么一个目标，控诉机关、法官、被告人及其辩护律师之间能够就对抗与判定的共同标的达成基本共识，据以自觉规范各自诉讼行为的边界，并在其他诉讼主体行为的范围有一个充分的可预见性的前提下，有效地进行平等的对抗以及中立的裁判。可以说，正是基于一种审判对象问题意识，刑事审判乃至整个刑事诉讼过程才可能建立起一定的秩序，各方诉讼主体才得以带着一种基于对程序安定性的信任的心态以及一定的目标来参与诉讼。

故此，我们便不难理解，为什么法官在受理案件之际总会潜意识地想知道控诉机关提出了什么指控，为什么辩护律师接受辩护委托之时总会迫不及待地想知道被告人受到了什么样的指控，又为什么在今天的刑事诉讼中，控诉机关在提起公诉之时，不得不确切地指控被告人犯某某罪，而不允许泛泛指控被告人有罪，同样，法官经过审理之后，必须确切地判定被告人是否构成指控的某某罪，而不是泛泛判定被告人是否有罪。反过来，设想一幅丧失审判对象问题意识的图景：控诉机关可以不需要提出任何具体的指控主张，也不需要在起诉书中记载特定的犯罪构成要事实，只需向法院提出诸如"请审判某某犯了罪的被告人"或者"请启动审判程序处理某某刑事案件"此类的诉讼请求，进入审判程序之后，法官可以自主地确定一个审判范围，或者直接确立"判定被告人是否有罪"这样一个泛泛的"审判任务"，在庭审中，被告人受到什么指控已经无关紧要了，关键是被告人实施了什么犯罪事实，因此，法官可以"超越"本来就无所谓存在的"审判范围"，控诉机关也可以"变更"已经无所谓变更的"控诉范围"……总之，"审判"成了控诉机关和法官追究犯罪的过程，而被告人面对捉摸不定、变动不居的"审判对象"，只有防不胜防的命运。这里，我们看到，每每当笔者试图放弃一种审判对象问题意识，试图设想一幅审判对象可有可无的图景之时，总会最终引向把被告人当成审判客体的治罪式审判图景，这也许不能排除笔者心中一种思维定势的作用，但也不得不承认审判对象问题意识的重要性。显而易见，当我们变换一种思维角度，憧憬一幅充满审判对象问题意识的诉讼图景，便会发现，它存在的实质意义：控诉机关基于特定犯罪事实提出一个具体的指控主张，法官根据业已设定的审判范围组织控辩之间围绕审判对象的举证与辩论的程序，被告人及其辩护律师得以展开有针对性的辩护，……整个诉讼进程围绕指控犯罪是否成立的问题呈现一种有序的状态。在这里，我们看到了一种审判对象问题意识在不知不觉中影响着控诉机关、法官、被告人及其辩护律师的诉讼行为，看到了确立和强化这么一种问题意识的意义。

确立一种审判对象问题意识，对于当下的中国而言，当务之急还是制度建设的问题，可以说，当前中国刑事诉讼制度在这方面的缺失，严重导致诉讼实践中审判对象问题意识的淡薄。这就对立法者提出了要求，立法者修改刑事诉讼法，应当怀以一种审判对象问题意识，充分理解审判对象问题背后的规律与原理，认识合理调整诉审关系的重要性及其基本方向，加强控审之间结构与功能的分化及合理制衡，规范起诉效力与审判范围的关系及相关具体问题，就起诉书记载、起诉书移送、法庭调查等问题进行有效的规范，认识有效保障被告人防御利益的必要性及其基本方向，加强在防御范围的确定这一问题上的有关程序规范，就起诉变更、罪名变更、重复审判等问题进行有效规范，例如，针对当前实践中备受批评的法官直接变更指控罪名的问题、检察院起诉书指控事实与指控罪名发生分离的问题、检察院在审判过程变更公诉的恣意化问题、法院进行庭外调查的问题、第二审法院不受上诉或抗诉范围进行全面审查的问题、法院自主决定启动再审的问题、法院发回重审规避审级制度的问题、被告人受到重复追诉的问题、司法审查与程序性制裁有限的问题、检察机关作为公诉人与审判监督机关双重角色的问题、被告人防御权益保障不力的问题……在这些问题上，如果能够带着一种审判对象问题意识来予以深刻的检审，采取有针对性的改革措施，进行这方面的制度建设，可以设想，中国当前刑事诉讼制度中面临的诸多困境，将会有较为可观的改善。

进而，司法者实践刑事诉讼法，同样应当带着一种审判对象问题意识，充分认识审判对象这一概念及范畴存在的意义，理解其发生与发挥作用的原理，以此来规范自身的诉讼行为。在当前的实践中，一个值得我们深思的问题，便是司法人员的审判对象问题意识十分淡薄。在这里面，一方面原因来自于固有诉讼体制对司法人员诉讼意识的束缚，很显然，在一个十分强调配合的控审关系模式中，检察官与法官在审前就审判对象的确定达成"共谋"，在审判中就审判对象的变更采取一种"互助"的态度，在审判后基于新的事实或者新的证据对被宣告无罪的被告人再次予以控诉与审判，这些都不得不与我们的诉讼体制发生联系，当然，具体诉讼制度的缺陷也导致了这些问题；另一方面原因来自于司法人员自身知识的缺乏、观念的陈旧以及态度上发生的问题，我们不能不承认，在实践中，有的司法人员根本就没有一种审判对象的概念，甚至关于法院审判范围根据检察院控诉来确定这一点都没有一个真正的认识，有相当一部分检察官或者法官，尽管知道"不告不理"但却不知道"诉审同一"，这就不得不造成公诉的功能仅仅是提起审判程序但却不规范审判范围，而起诉书记载控诉事实与控诉罪名发生分离也就在"情理之中"

了。为此，亟待真正确立一种合理的问题意识。

在这里，还有一个问题值得探讨，我们常常面对文本上的刑事诉讼制度上与实践中的刑事诉讼制度之间发生太大的鸿沟而感叹，就审判对象问题而言，这一"鸿沟"同样可能发生，例如，当前存在的审判对象功能发挥效果低下的部分原因就可能主要不在于制度规范上面而在于实践与理想间存在的隔阂。对此，笔者以为，主要在两方面存有问题：一是制度化程度；二是制度实践环境。在当前，由于审判对象问题的制度化程度相当不够，在很多具体问题上，刑事诉讼法典并没有提供规范指导，导致实践中出现各种各样的做法，例如，关于起诉书记载的问题、关于起诉变更的问题、关于变更罪名的问题，实践中的操作并不能从刑事诉讼法典那里找到规定，基本上都按照最高人民法院或者最高人民检察院各自颁行的司法解释来实施，在一些问题上，刑事诉讼法典的规定存在缺陷，例如，关于二审全面审查的问题、关于法院决定启动再审的问题，这样，就不得不导致实践中审判对象功能发挥的有效性。另一方面，制度实践环境也是一个十分重要的影响因素，例如，当前占据主流的"公检法三机关"之间"分工负责，互相配合，互相制约，以保证刑事诉讼法的有效实施"的指导思想、占据主导的"检法关系"结构模式、占据主导的"实事求是"、"有错必纠"、"不枉不纵"的诉讼观念、占据主导的"犯罪控制"的传统观念、司法人员整体素质不高的环境等等，这些制度实践环境因素的影响，也会导致审判对象功能发挥的局限。可见，制度化及其实践是两个尤为基本和重要的维度，在审判对象的问题上，高度的制度化与有效的实践同样均是不可或缺的。因此，我们说，当下中国的刑事诉讼，亟需确立一种制度上与实践中的审判对象问题意识。

# 主要参考文献

## 一、中文著述

1. 白建军：《公正底线——刑事司法公正性实证研究》，北京大学出版社 2008 年版。

2. 北京大学哲学系外国哲学史教研室编译：《古希腊罗马哲学》，商务印书馆 1961 年版。

3. 卞建林：《刑事诉讼的现代化》，中国法制出版社 2003 年版。

4. 蔡墩铭：《现代刑法思潮与刑事立法》，汉林出版社 1977 年版。

5. 蔡墩铭：《刑事诉讼法论》，五南图书出版公司 1993 年版。

6. 蔡枢衡：《刑事诉讼法教程》，河北第一监狱 1947 年版。

7. 曹炳增：《无罪辩护：十起辩护成功案例及诉讼程序的理性思考》，中国人民公安大学出版社 2004 年版。

8. 陈瑾昆：《刑事诉讼法通义》，北京朝阳大学 1930 年版。

9. 陈光中主编：《外国刑事诉讼程序比较研究》，法律出版社 1988 年版。

10. 陈光中主编：《刑事诉讼法学》，中国政法大学出版社 1990 年版。

11. 陈光中、丹尼尔·普瑞方廷主编：《联合国刑事司法准则与中国刑事法制》，法律出版社 1998 年版。

12. 陈光中主编：《刑事再审程序与人权保障》，北京大学出版社 2005 年版。

13. 陈光中主编：《中华人民共和国刑事诉讼法再修改专家建议稿与论证》，中国法制出版社 2006 年版。

14. 陈国庆等编著：《修改后刑事诉讼法实施疑难问题解答》，中国检察出版社 1997 年版。

15. 陈朴生：《刑事诉讼法论》，正中书局 1952 年版。

16. 陈朴生：《刑事证据法》，三民书局 1979 年版。

17. 陈朴生：《刑事诉讼法实务》，海宇文化事业有限公司 1999 年版。

18. 陈瑞华：《刑事审判原理论》，北京大学出版社 1997 年版。

19. 陈瑞华：《刑事诉讼的前沿问题》，中国人民大学出版社 2000 年版。

20. 陈瑞华：《问题与主义之间——刑事诉讼基本问题研究》，中国人民大学出版社 2003 年版。

21. 陈瑞华：《程序性制裁理论》，中国法制出版社 2005 年版。

22. 陈瑞华：《刑事诉讼的中国模式》，法律出版社 2008 年版。

23. 陈卫东主编：《刑事诉讼法实施问题调研报告》，中国方正出版社 2001 年版。

24. 陈卫东主编：《模范刑事诉讼法典》，中国人民大学出版社 2005 年版。

25. 陈兴良：《刑法哲学》，中国政法大学出版社 1997 年版。

26. 程味秋、杨诚、杨宇冠编：《联合国人权公约和刑事司法文献汇编》，中国法制出版社 2000 年版。

27. 刁荣华：《刑事诉讼法释论》，汉苑出版社 1977 年版。

28. 斐广川主编：《刑事案例诉辩审评——绑架罪、非法拘禁罪》，中国检察出版社 2005 年版。

29. 冯亚东：《平等、自由与中西文明》，法律出版社 2002 年版。

30. 顾昂然：《新中国的诉讼、仲裁和国家赔偿制度》，法律出版社 1996 年版。

31. 洪永宏、严昌编著：《世界经典文献》，北京燕山出版社 1997 年版。

32. 胡伟：《司法政治》，香港三联书店 1994 年版。

33. 黄枏森、沈宗灵主编：《西方人权学说》，四川人民出版社 1994 年版。

34. 黄东熊：《刑事诉讼法论》，三民书局 1995 年版。

35. 黄宗智：《经验与理论：中国社会、经济与法律的实践历史研究》，中国人民大学出版社 2007 年版。

36. 季卫东：《法治秩序的建构》，中国政法大学出版社 1999 年版。

37. 姜伟、钱舫、徐鹤喃：《公诉制度教程》，法律出版社 2002 年版。

38. 强世功：《法制与治理：国家转型中的法律》，中国政法大学出版社 2003 年版。

39. 强世功：《惩罚与法治：当代法治的兴起（1976～1981）》，法律出版社 2009 年版。

40. 柯耀程：《变动中的刑法思想》，中国政法大学出版社 2003 年版。

41. 李贵方主编：《刑事辩护指南》，吉林人民出版社 2003 年版。

42. 李心鉴：《刑事诉讼构造论》，中国政法大学出版社 1992 年版。

43. 李学军主编：《美国刑事诉讼规则》，中国检察出版社 2003 年版。

44. 梁玉霞：《论刑事诉讼方式的正当性》，中国法制出版社 2002 年版。

45. 梁玉霞：《刑事诉讼主张及其证明理论》，法律出版社 2007 年版。

46. 林山田：《刑事诉讼法》，汉荣书局有限公司 1981 年版。

47. 林钰雄：《刑事诉讼法》，中国人民大学出版社 2005 年版。

48. 廖俊常主编：《刑事诉讼法学》，四川人民出版社 1990 年版。

49. 刘秉均等：《罪与刑——林山田教授六十岁生日祝贺论文集》，五南图书出版公司 1998 年版。

50. 龙宗智：《相对合理主义》，中国政法大学出版社 1999 年版。

51. 龙宗智：《刑事庭审制度研究》，中国政法大学出版社 2001 年版。

52. 龙宗智：《理论反对实践》，法律出版社 2003 年版。

53. 龙宗智主编：《徘徊于传统与现代之间——中国刑事诉讼法再修改研究》，法律出版社 2005 年版。

54. 龙宗智：《证据法的理念、制度与方法》，法律出版社 2008 年版。

55. 麦高伟、杰弗里·威尔逊主编：《英国刑事司法程序》，姚永吉、陈霞等译，法律出版社 2003 年版。

56. 苗生明主编：《检察机关公诉人办案规范手册》，中国检察出版社 2004 年版。

57. 欧阳寿、周叶谦、肖闲富、陈中天：《英美刑法刑事诉讼法概论》，中国社会科学出版社 1984 年版。

58. 彭勃：《日本刑事诉讼法通论》，中国政法大学出版社 2002 年版。

59. 邱兴隆：《关于惩罚的治学——刑罚根据论》，法律出版社 2000 年版。

60. 宋英辉：《刑事诉讼原理导读》，法律出版社 2003 年版。

61. 宋英辉、李忠诚主编：《刑事程序法功能研究》，中国人民公安大学出版社 2004 年版。

62. 苏力：《道路通向城市：转型中国的法治》，法律出版社 2004 年版。

63. 孙长永主编：《刑事诉讼证据与程序》，中国检察出版社 2003 年版。

64. 孙长永等译：《英国 2003 年〈刑事审判法〉及其释义》，法律出版社 2005 年版。

65. 孙花璞：《刑事审判学》，中国检察出版社 1992 年版。

66. 孙文志主编：《控辩式刑事审判运作程序》，人民法院出版社 1999 年版。

67. 万毅：《变革社会的程序正义——语境中的中国刑事司法改革》，中国方正出版社 2004 年版。

68. 夏勤：《刑事诉讼法要论》，重庆商务印书馆 1944 年版。

69. 谢佑平：《刑事诉讼模式与精神》，成都科技大学出版社 1994 年版。

70. 谢佑平、万毅：《刑事诉讼法原则：程序正义的基石》，法律出版社 2002 年版。

71. 谢佑平：《刑事司法程序的一般理论》，复旦大学出版社 2003 年版。

72. 熊秋红：《刑事辩护论》，法律出版社 1998 年版。

73. 熊秋红：《转变中的刑事诉讼法学》，北京大学出版社 2004 年版。

74. 熊元翰编：《刑事诉讼法》，安徽法学社 1911 年版。

75. 徐静村主编：《刑事诉讼法学》，法律出版社 1997 年版。

76. 徐静村主编：《21 世纪中国刑事程序改革研究——〈中华人民共和国刑事诉讼法〉第二修正案（学者建议稿）》，法律出版社 2003 年版。

77. 徐友军：《比较刑事程序结构》，现代出版社 1992 年版。

78. 许玉秀主编：《刑事法之基础与界限》，台湾学林文化事业有限公司 2003 年版。

79. 汪建成、黄伟明：《欧盟成员国刑事诉讼概论》，中国人民大学出版社 2000 年版。

80. 汪海燕：《刑事诉讼模式的演进》，中国人民公安大学出版社 2004 年版。

81. 王国枢主编：《刑事诉讼法学》，北京大学出版社 1989 年版。

82. 王国维：《人间词话》，上海古籍出版社 2004 年版。

83. 王敏远：《刑事司法理论与实践检讨》，中国政法大学出版社 1999 年版。

84. 王敏远主编：《刑事诉讼法》，社会科学文献出版社 2005 年版。

85. 王少南主编：《审判学》，人民法院出版社 2003 年版。

86. 王亚新：《对抗与判定：日本民事诉讼的基本结构》，清华大学出版社 2002 年版。

87. 王义军：《从主体性原则到实践哲学》，中国社会科学出版社 2002 年版。

88. 王以真主编：《外国刑事诉讼法学参考资料》，北京大学出版社 1995 年版。

89. 王以真主编：《外国刑事诉讼法学》，北京大学出版社 2004 年版。

90. 王兆鹏：《美国刑事诉讼法》，北京大学出版社 2005 年版。

91. 武延平、刘根菊主编：《刑事诉讼法学参考资料汇编》，北京大学出版社 2005 年版。

92. 杨祖陶、邓晓芒编译：《康德三大批判精粹》，人民出版社 2001 年版。

93. 张建伟：《司法竞技主义：英美诉讼传统与中国庭审方式》，北京大学出版社 2005 年版。

94. 张军、姜伟、田文昌：《刑事诉讼：控辩审三人谈》，法律出版社 2001 年版。

95. 张丽卿：《刑事诉讼法：理论与应用》，五南图书出版公司 2001 年版。

96. 张明楷：《刑法的基本立场》，中国法制出版社 2002 年版。

97. 张毅：《刑事诉讼中的禁止双重危险规则论》，中国人民公安大学出版社 2004 年版。

98. 张子培：《刑事诉讼法》，人民法院出版社 1990 年版。

99. 赵秉志主编：《香港刑事诉讼程序法》，北京大学出版社 1996 年版。

100. 赵敦华编著：《西方哲学简史》，北京大学出版社 2001 年版。

101. 周道鸾、张泗汉主编：《刑事诉讼法的修改与适用》，人民法院出版社 1996 年版。

102. 周光权：《刑法诸问题的新表述》，中国法制出版社 1999 年版。

103. 周光权：《刑法学的向度》，中国政法大学出版社 2004 年版。

104. 周枏：《罗马法原论》，商务印书馆 1994 年版。

105. "最高法院"学术研究会编：《刑事诉讼可否采行诉因制度研究讨论会》，普林特印刷有限公司 1994 年版。

106. 最高人民检察院法律政策研究室编：《人民检察院法律文书格式：样本》，中国法制出版社 2002 年版。

107. 最高人民检察院法律政策研究室编译：《所有人的正义——英国司法改革报告》，中国检察出版社 2003 年版。

108. 左卫民：《刑事程序问题研究》，中国政法大学出版社 1999 年版。

109. 左卫民、周长军：《刑事诉讼的理念》，法律出版社 1999 年版。

110. 左卫民：《在权利话语与权力技术之间——中国司法的新思考》，法律出版社 2002 年版。

111. 左卫民：《价值与结构：刑事程序的双重分析》，法律出版社 2003 年版。

112. 左卫民等：《简易刑事程序研究》，法律出版社 2005 年版。

113. 左卫民等：《中国刑事诉讼运行机制实证研究》，法律出版社 2007 年版。

114. 左卫民：《刑事诉讼的中国图景》，生活·读书·新知三联书店 2010 年版。

二、中文译著

1. ［德］奥特马·尧厄尼希：《民事诉讼法》，周翠译，法律出版社 2003 年版。

2. 《马克思恩格斯全集》（第 1 卷），人民出版社 1956 年版。

3. 《马克思恩格斯全集》（第 3 卷），人民出版社 1960 年版。

4. 《马克思恩格斯全集》（第 8 卷），人民出版社 1961 年版。

5. 《马克思恩格斯全集》（第 23 卷），人民出版社 1972 年版。

6. 《马克思恩格斯选集》（第 1 卷），人民出版社 1972 年版。

7. ［德］马克斯·韦伯：《学术与政治》，冯克利译，生活·读书·新知三联书店 2005 年版。

8. ［德］费尔巴哈：《费尔巴哈哲学著作选集》，荣震华、李金山等译，商务印书馆 1984 年版。

9. ［德］弗兰茨·冯·李斯特：《德国刑法教科书》，徐久生译，法律出版社 2000 年版。

10. ［德］费希特：《论学者的使命　人的使命》，梁志学、沈真译，商务印书馆 1984 年版。

11. ［德］黑格尔：《法哲学原理》，范扬、张企泰译，商务印书馆 1982 年版。

12. ［德］黑格尔：《历史哲学》，王造时译，上海书店出版社 1999 年版。

13. ［德］黑格尔：《哲学史讲演录》（第 2 卷），贺麟、王太庆译，商务印书馆 1983 年版。

14. ［德］康德：《纯粹理性批判》，蓝公武译，商务印书馆 1960 年版。

15. ［德］康德：《实践理性批判》，邓晓芒译，人民出版社 2003 年版。

16. ［德］康德：《道德形而上学原理》，苗力田译，上海人民出版社 1986 年版。

17. ［德］康德：《法的形而上学原理——权利的科学》，沈叔平译，商务印书馆 1991 年版。

18. ［德］康德：《历史理性批判文集》，何兆武译，商务印书馆 1997 年版。

19. ［德］克劳思·罗科信：《刑事诉讼法》，吴丽琪译，法律出版社 2003 年版。

20. ［德］拉德布鲁赫：《法律智慧警句集》，舒国滢译，中国法制出版社 2001 年版。

21. ［德］拉德布鲁赫：《法学导论》，米健、朱林译，中国大百科全书出版社 1997 年版。

22. ［德］拉伦茨：《法学方法论》，陈爱娥译，商务印书馆 2003 年版。

23. ［德］叔本华：《作为意志和表象的世界》，石冲白译，商务印书馆 1982 年版。

24. ［德］托马斯·魏根特：《德国刑事诉讼程序》，岳礼玲、温小洁译，中国政法大学出版社 2004 年版。

25. ［法］笛卡尔：《哲学原理》，关琪桐译，商务印书馆 1958 年版。

26. ［法］卡斯东·斯特法尼、乔治·勒瓦索、贝尔纳·布洛克：《法国刑事诉讼法精义》，罗结珍译，中国政法大学出版社 1999 年版。

27. ［法］马里旦：《人和国家》，霍宗彦译，商务印书馆 1964 年版。

28. ［法］孟德斯鸠：《论法的精神》，张雁深译，商务印书馆 1961 年版。

29. ［法］米歇尔·福柯：《规训与惩罚：监狱的诞生》，刘北成、杨远缨译，生活·读书·新知三联书店 2007 年版。

30. ［法］卢梭：《社会契约论》，何兆武译，商务印书馆 1982 年版。

31. ［法］托克维尔:《论美国的民主》，董果良译，商务印书馆 1988 年版。

32. ［古罗马］奥古斯丁:《忏悔录》，周士良译，商务印书馆 1963 年版。

33. ［古希腊］亚里士多德:《政治学》，吴寿彭译，商务印书馆 1981 年版。

34. ［美］艾伦·德肖微茨:《最好的辩护》，唐东交译，法律出版社 1994 年版。

35. ［美］爱伦·豪切斯泰勒·斯黛丽、南希·弗兰克:《美国刑事法院诉讼程序》，陈卫东、徐美君译，中国人民大学出版社 2002 年版。

36. ［美］伯纳德·施瓦茨:《美国法律史》，王军、洪德、杨静辉译，中国政法大学出版社 1990 年版。

37. ［美］波斯纳:《法律的经济分析》，蒋兆康、林毅夫译，中国大百科全书出版社 1997 年版。

38. ［美］博西格诺等:《法律之门:法律过程导论》，邓子滨译，华夏出版社 2002 年版。

39. ［美］德沃金:《法律帝国》，李常青译，中国大百科全书出版社 1996 年版。

40. ［美］哈伯特·L. 帕克:《刑事制裁的界限》，梁根林等译，法律出版社 2008 年版。

41. ［美］汉密尔顿、杰伊、麦迪逊:《联邦党人文集》，程逢如、在汉、舒逊译，商务印书馆 1980 年版。

42. ［美］亨德里克·房龙:《宽容》，迮卫、靳翠微译，生活·读书·新知三联书店 1985 年版。

43. ［美］杰弗里·C. 哈泽德、米歇尔·塔鲁伊:《美国民事诉讼法导论》，张茂译，中国政法大学出版社 1999 年版。

44. ［美］罗斯科·庞德:《普通法的精神》，唐前宏、廖湘文、高雪原译，法律出版社 2001 年版。

45. ［美］孟罗·斯密:《欧陆法律发达史》，姚梅镇译，中国政法大学出版社 1999 年版。

46. ［美］米尔伊安·R. 达玛什卡:《司法和国家权力的多种面孔——比较视野中的法律程序》，郑戈译，中国政法大学出版社 2004 年版。

47. ［美］P. 诺内特、P. 塞尔兹尼克:《转变中的法律与社会:迈向回应型法》，张志铭译，中国政法大学出版社 2004 年版。

48. ［美］乔治·霍兰·萨拜因:《政治学说史》，盛葵阳、崔妙因译，商务印书馆 1986 年版。

49. ［美］亚历克斯·卡利尼克斯:《平等》，徐朝友译，江苏人民出版社 2003 年版。

50. ［美］伟恩·R. 拉费弗、杰罗德·H. 伊斯雷尔、南西·J. 金:《刑事诉讼法》，卞建林、沙丽金等译，中国政法大学出版社 2003 年版。

51. ［美］约翰·亨利·梅利曼:《大陆法系——西欧拉丁美洲法律制度介绍》，顾培东、禄正平译，知识出版社 1984 年版。

52. ［美］约翰·罗尔斯:《正义论》，何怀宏、何包钢、廖申白译，中国社会科学出版社 1988 年版。

53. ［美］约书亚·德雷斯勒、艾伦·C. 迈克尔斯:《美国刑事诉讼法精解》（第一卷·

刑事侦查），吴宏耀译，北京大学出版社 2009 年版。

54. ［美］约书亚·德雷斯勒、艾伦·C. 迈克尔斯：《美国刑事诉讼法精解》（第二卷·刑事审判），魏晓娜译，北京大学出版社 2009 年版。

55. ［美］詹姆斯·安修：《美国宪法解释与判例》，黎建飞译，中国政法大学出版社 1994 年版。

56. ［斯洛文尼亚］卡思天·M. 儒攀基奇：《刑法理念的批判》，丁后盾译，中国政法大学出版社 2000 年版。

57. ［意］贝卡里亚：《论犯罪与刑罚》，黄风译，中国大百科全书出版社 1993 年版。

58. ［意］彼德罗·彭梵得：《罗马法教科书》，黄风译，中国政法大学出版社 1992 年版。

59. ［意］戴维·奈尔肯编：《比较刑事司法论》，张明楷等译，清华大学出版社 2004 年版。

60. ［意］恩里科·菲利：《犯罪社会学》，郭建安译，中国人民公安大学出版社 1990 年版。

61. ［意］菲利：《实证派犯罪学》，郭建安译，中国政法大学出版社 1987 年版。

62. ［意］切萨雷·龙勃罗梭：《犯罪人论》，黄风译，中国法制出版社 2005 年版。

63. ［意］朱塞佩·格罗索：《罗马法史》，黄风译，中国政法大学出版社 1994 年版。

64. ［英］阿克顿：《自由与权力：阿克顿勋爵论说文集》，侯健、范亚峰译，商务印书馆 2001 年版。

65. ［英］彼得·斯坦、约翰·香德：《西方社会的法律价值》，王献平译，中国人民公安大学出版社 1990 年版。

66. ［英］弗兰西斯·培根：《培根人生论》，何新译，陕西师范大学出版社 2002 年版。

67. ［英］霍布斯：《利维坦》，黎思复、黎廷弼译，商务印书馆 1985 年版。

68. ［英］卡尔·波普尔：《无尽的探索》，邱仁宗译，江苏人民出版社 2000 年版。

69. ［英］卡尔·波普尔：《猜想与反驳》，傅季重、纪树立等译，上海译文出版社 1986 年版。

70. ［英］卡尔·波普尔：《通过知识获得解放》，范景中、李本正译，中国美术学院出版社 1996 年版。

71. ［英］罗杰·科特威尔：《法律社会学导论》，潘大松、刘丽君、林燕萍、刘海善译，华夏出版社 1989 年版。

72. ［英］梅因：《古代法》，沈景一译，商务印书馆 1996 年版。

73. ［英］雷蒙·威廉斯：《关键词：文化与社会的词汇》，刘建基译，生活·读书·新知三联书店 2005 年版。

74. ［日］谷口安平：《程序的正义与诉讼》，王亚新、刘荣军译，中国政法大学出版社 2002 年版。

75. ［日］河合弘之：《律师职业》，康树华译，法律出版社 1987 年版。

76. ［日］棚濑孝雄：《纠纷的解决与审判制度》，王亚新译，中国政法大学出版社 2004

年版。

77. ［日］松尾浩也：《日本刑事诉讼法》，丁相顺、张凌译，中国人民大学出版社 2005 年版。

78. ［日］田口守一：《刑事诉讼法》，刘迪、张凌、穆津译，法律出版社 2000 年版。

79. ［日］西园春夫主编：《日本刑事法的形成与特色》，李海东等译，法律出版社、成文堂 1997 年版。

80. ［日］小野清一郎：《犯罪构成要件理论》，王泰译，中国人民公安大学出版社 2004 年版。

81. ［日］中村英郎：《新民事诉讼法讲义》，陈刚、林剑锋、郭美松译，法律出版社 2001 年版。

## 三、外文著述

1. Andrew Sanders & Richard Young, *Criminal Justice*, Butterworths, 2000.

2. A. Esmein, *A History of Continental Criminal Procedure：With Special Reference To France*, John Simpson（Trans.），The Lawbook Exchange, Ltd.，2000（Originally published：Little, Brown, and Company, 1913）.

3. Craig M. Bradley（ed.），*Criminal Procedure：A Worldwide Study*, Carolina Academic Press, 1999.

4. David J. A. Cairns, *Advocacy and the Making of the Adversarial Criminal Trial, 1800 ~ 1865*, Clarendon Press；Oxford University Press, 1998.

5. Erika S. Fairchild, *Comparative Criminal Justice Systems*, Wadsworth, 1993.

6. Erika Fairchild & Harry R. Dammer, *Comparative Criminal Justice Systems*, Wadsworth/Thomson Learning, 2001.

7. Erwin Chemerinsky & Laurie L. Levenson, *Criminal Procedure*, Aspen Publishers, 2008.

8. Erwin J. Urch, *The Evolution of the Inquisitorial Procedure in Roman Law*, Ares, 1980.

9. George Ritzer, *Explorations in Social Theory：From Metatheorizing to Rationalization*, SAGE Publications Ltd.，2001.

10. Jerome Alan Cohen, *The Criminal Process in the People's Republic of China, 1949 ~ 1963：An Introduction*, Harvard University Press, 1968.

11. Jay A. Sigler, *Double Jeopardy：The Development of a Legal and Social Policy*, Cornell University Press, 1969.

12. John Hatchard, Barbara Huber & Richard Vogler（eds.），*Comparative Criminal Procedure*, B. I. I. C. L.，1996.

13. John H. Langbein, *The Origins of Adversary Criminal Trial*, Oxford University Press, 2003.

14. John H. Langbein, *Comparative Criminal Procedure：Germany*, West Pub. Co.，1977.

15. John Jackson, Máximo Langer & Peter Tillers（eds.），*Crime, Procedure and Evidence in a Comparative and International Context：Essays in Honour of Professor Mirjan Damaška*, Hart

Pub. , 2008.

16. John Sprack, *Emmins on Criminal Procedure*, Blackstone Press Limited, 2000.

17. Madeleine J. Wilken & Nicholas Triffin (eds.), *Drafting History of the Federal Rules of Criminal Procedure*, W. S. Hein, 1991.

18. Malcolm M. Feeley & Setsuo Miyazawa (eds.), *The Japanese Adversary System in Context: Controversies and Comparisons*, Palgrave Macmillan, 2002.

19. Michael Bohlander (ed.), *International Criminal Justice: a Critical Analysis of Institutions and Procedures*, Cameron May, 2007.

20. Mireille Delmas-Marty & J. R. Spencer (eds.), *European Criminal Procedures*, translation supervised by J. R. Spencer, Cambridge; Cambridge University Press, 2002.

21. Obi N. Ignatius Ebbe (ed.), *Comparative and International Criminal Justice Systems: Policing, Judiciary and Corrections*, Butterworth-Heinemann, 1996.

22. R. A. Duff, *Trial and Punishment*, Cambridge University Press, 1986.

23. Raneta Lawson Mack, *Comparative Criminal Procedure: History, Processes and Case Studies*, W. S. Hein, 2008.

24. Richard Vogler, *A World View of Criminal Justice*, Ashgate, 2005.

25. Ronald L. Carlson, *Criminal Justice Procedure*, Anderson Publishing Co. , 1991.

26. Ronald Jay Allen, William J. Stuntz & Joseph L. Hoffmann, Debra A. Livingston, *Comprehensive Criminal Procedure*, Aspen Law & Business, 2001.

27. Sarah J. Summers, *Fair Trials: The European Criminal Procedural Tradition and the European Court of Human Rights*, Hart Pub. , 2007.

28. Shao-chuan Leng & Hungdah Chiu, *Criminal Justice in Post-Mao China: Analysis and Documents*, State University of New York Press, 1985.

29. Stephan Landsman, *The Adversary System: A Description and Defense*, American Enterprise Institute for Public Policy Research, 1984.

30. Stephen C. Thaman, *Comparative Criminal Procedure: A Casebook Approach*, Carolina Academic Press, 2002.

31. Yale Kamisar, Wayne R. Lafave, Jerold H. Israel & Nancy King, *Modern Criminal Procedure: Cases, Comments, and Questions*, West Group, 1994.

32. *Black's Law Dictionary*, West Publishing Company, 1979.

33. Abraham Goldstein &Martin Marcus, "The Myth of Judicial Supervision in Three 'Inquisitorial' Systems: France, Italy, and Germany", 87 *Yale Law Journal* 240, 1977.

34. Arpad Erdei, "Introduction: Comparative Comments from the Hungrian Perspective", *Comparative Law Yearbook*. Vol. 9, Martinus Nijhoff Publishers, 1985.

35. Charles A. Willard, "The Seventeenth Century Indictment in the Light of Modern Conditions", 24 *Harvard Law Review* 290, 1910.

36. Oliver Wendell Holmes，"The Path of the Law"，10 *Harvard Law Review* 457，1897.

37. 渡辺咲子：《判例講義刑事訴訟法》，不磨書房 2009 年版。

38. 渡辺直行：《刑事訴訟法》，成文堂 2010 年版。

39. 鈴木茂嗣：《刑事訴訟の基本構造》，成文堂 1979 年版。

40. 鈴木茂嗣：《刑事訴訟法》，青林書院 1988 年版。

41. 平野龍一：《刑事訴訟法》，有斐閣 1958 年版。

42. 平野龍一：《訴因と証拠》，有斐閣 1981 年版。

43. 田宮裕：《一事不再理の原則》，有斐閣 1978 年版。

44. 田宮裕：《刑事訴訟法》，有斐閣 1996 年版。

45. 団藤重光：《新刑事訴訟法綱要》，創文社 1972 年版。

46. 渥美東洋：《刑事訴訟法》，有斐閣 2009 年版。

47. 中村義孝編訳：《ナポレオン刑事法典史料集成》，法律文化社 2006 年版。

48. 安富潔："訴因論"，載《月刊ア－ティクル》2001 年第 9 号。

49. 大久保太郎："「審判の対象」の現実的考察——公訴事実対象説の実情と訴因対象説への疑問"，載《法曹時報》1984 年第 3 号。

50. 横川敏雄："訴因と公訴事実との関係——早稲田大学における最終講義"，載《早稲田法学》1984 年第 1～3 号。

51. 平良木登規男："訴因と公訴事実"，載《警察学論集》2001 年第 3～4 号。

52. 上口裕："審判の対象と裁判の効力"，載《法学セミナ－》1999 年第 12 号。

53. 田口守一："争点と訴因"，載西原春夫〔ほか〕編：《刑事法の理論と実践》，第一法規 2002 年版。

54. 香城敏麿："訴因制度の構造"，載《判例時報》1987 年 8 月 11 日；1987 年 8 月 21 日；1987 年 9 月 11 日。

55. 小林充："訴因と公訴事実"，載《判例タイムズ》1987 年 11 月 1 日。

**四、公约、法典和判例**

1.《世界人权宣言》（Universal Declaration of Human Rights，联合国大会 1948 年 12 月 10 日通过）。

2.《公民权利和政治权利国际公约》（International Covenant on Civil and Political Rights，联合国大会 1966 年 12 月 16 日通过，1976 年 3 月 23 日生效）。

3.《保护所有遭受任何形式拘留或监禁的人的原则》（Principles for the Protection of All Persons under Any Form of Detention of Imprisonment，联合国大会 1988 年 12 月 9 日通过）。

4.《欧洲人权公约》（European Convention on Human Rights，全称 Convention for the Protection of Human Rights and Fundamental Freedoms，欧洲委员会 1950 年 11 月 4 日开放签署，1953 年 9 月 3 日生效）。

5.《美洲人权公约》（American Convention on Human Rights，美洲国家间人权特别会议 1969 年 11 月 22 日通过，1978 年 7 月 18 日生效）。

6. 《英国大宪章》（The Great Charter，英国 1215 年 6 月 15 日订立）。

7. 《美利坚合众国宪法》（Constitution of the United States，美国制宪会议 1787 年 9 月 17 日通过，1789 年 3 月 4 日生效）及其《权利法案》（United States Bill of Rights，即美国宪法第 1～10 条修正案，1791 年 12 月 15 日通过）。

8. 《德意志联邦共和国基本法》（Grundgesetz für die Bundesrepublik Deutschland，1949 年 5 月 23 日通过，1949 年 5 月 24 日生效）。

9. 《中华人民共和国宪法》（全国人民代表大会 1982 年 12 月 4 日通过，经 1988 年 4 月 21 日第一次修正、1993 年 3 月 29 日第二次修正、1999 年 3 月 15 日第三次修正、2004 年 3 月 14 日第四次修正）。

10. 《中华人民共和国刑法》（全国人民代表大会 1979 年 7 月 1 日通过，1980 年 1 月 1 日起施行，后经 1997 年 3 月 14 日修订，1997 年 10 月 1 日起施行，后全国人民代表大会常务委员会 1999 年 12 月 25 日通过《刑法修正案》、2001 年 8 月 31 日通过《刑法修正案（二）》、2001 年 12 月 29 日通过《刑法修正案（三）》、2002 年 12 月 28 日通过《刑法修正案（四）》、2005 年 2 月 28 日通过《刑法修正案（五）》、2006 年 6 月 29 日通过《刑法修正案（六）》、2009 年 2 月 28 日通过《刑法修正案（七）》、2011 年 2 月 25 日通过《刑法修正案（八)》）。

11. 《中华人民共和国刑事诉讼法》（全国人民代表大会 1979 年 7 月 1 日通过，1980 年 1 月 1 日起施行，后经 1996 年 3 月 17 日修正，1997 年 1 月 1 日起施行）。

12. 中国台湾地区"刑事诉讼法"（1928 年 7 月 28 日公布，后经数十次修订，最近一次经 2009 年 7 月 8 日修订，2009 年 9 月 1 日起施行）。

13. 中国澳门地区《刑事诉讼法典》（1929 年 2 月 15 日通过，1931 年 1 月 24 日生效，后经废止，重新颁布的法典于 1997 年 4 月 1 日生效）。

14. 《法国刑事诉讼法典》，罗结珍译，中国法制出版社 2006 年版。

15. 《德国刑事诉讼法典》，李昌珂译，中国政法大学出版社 1995 年版。

16. 《意大利刑事诉讼法典》，黄风译，中国政法大学出版社 1994 年版。

17. 《英国刑事诉讼法（选编）》，中国政法大学刑事法律研究中心组织编译，中国政法大学出版社 2001 年版。

18. 《美国联邦刑事诉讼规则和证据规则》，卞建林译，中国政法大学出版社 1996 年版。

19. 《加拿大刑事法典》，卞建林等译，中国政法大学出版社 1999 年版。

20. 《日本刑事诉讼法》，宋英辉译，中国政法大学出版社 2000 年版。

21. 《韩国刑事诉讼法》，马相哲译，中国政法大学出版社 2004 年版。

22. 《俄罗斯联邦刑事诉讼法典》，黄道秀译，中国人民公安大学出版社 2006 年版。

23. 日本最高裁判所判决昭和 25 年 12 月 18 日，《最高裁判所刑事判例集》第 5 卷第 13 号。

24. 日本最高裁判所判决昭和 40 年 4 月 28 日，《最高裁判所刑事判例集》第 19 卷第 3 号。

25. 日本最高裁判所判决昭和 42 年 8 月 31 日，《最高裁判所刑事判例集》第 21 卷第 7 号。

26. 日本最高裁判所决定昭和 26 年 6 月 15 日，《最高裁判所刑事判例集》第 7 卷第 11 号。

27. 日本最高裁判所决定昭和 28 年 12 月 17 日，《最高裁判所刑事判例集》第 7 卷第 9 号。

28. 日本最高裁判所决定昭和 30 年 10 月 19 日，《最高裁判所刑事判例集》第 9 卷第 11 号。

29. 日本最高裁判所决定昭和 60 年 11 月 9 日，《最高裁判所刑事判例集》第 39 卷第 7 号。

30. Ashe v. Swenson, 397 U. S. 436, 90 S. Ct. 1189, 25 L. Ed. 2d 469 (1970).

31. Benton v. Maryland, 395 U. S. 784, 89 S. Ct. 2056, 23 L. Ed. 2d 707 (1969).

32. Blockburger v. United States, 284 U. S. 299, 52 S. Ct. 180, 76 L. Ed. 306 (1932).

33. Crist v. Bretz, 437 U. S. 28, 98 S. Ct. 2156, 57 L. Ed. 2d 24 (1978).

34. Green v. United States, 355 U. S. 184, 78 S. Ct. 221, 2 L. Ed. 2d 199 (1957).

35. Illinois v. Vitale, 447 U. S. 410, 100 S. Ct. 2260, 65 L. Ed. 2d 228 (1980).

36. Lockhart v. Nelson, 488 U. S. 33, 109 S. Ct. 285, 102 L. Ed. 2d 265 (1988).

37. North Carolina v. Pearce, 395 U. S. 711, 89 S. Ct. 2072, 23 L. Ed. 2d 656 (1969).

38. Russell v. United States, 369 U. S. 749, 82 S. Ct. 1038, 8 L. Ed. 2d 240 (1962).

39. Sanabria v. United States, 437 U. S. 54, 98 S. Ct. 2170, 57 L. Ed. 2d 43 (1978).

40. United States v. Ball, 163 U. S. 662, 16 S. Ct. 1192, 41 L. Ed. 300 (1896).

41. United States v. DiFrancesco, 499 U. S. 117, 101 S. Ct. 426, 66 L. Ed. 2d 328 (1980).

42. United States v. Scott, 437 U. S. 82, 98 S. Ct. 2187, 57 L. Ed. 2d 65 (1978).

# 后 记

本书是在我博士学位论文的基础上修订而成。我对刑事审判对象问题的思考与探索始于2004年初博士学位论文的选题。开始是从思考"刑事审判中的人"这一命题切入的，试图揭示自古至今人在刑事审判中的角色、地位、命运、使命、行动和姿态诸层面的变化，从中觉察了审判对象在诉讼模式变迁过程发生的变化，发觉审判对象不仅是一个与被告人有关、也是与诉讼结构有关的命题，因而将思考的重心放在了审判对象的历史变迁，并初步觉察在繁杂的诉讼客体、诉讼标的、诉讼主张、证明对象、嫌疑人、被告人、罪犯、犯罪事实、指控罪行、指控罪名、诉因、公诉事实、刑事案件等词汇堆里提炼"审判对象"概念的可能性。随着阅读与思考的推进，逐渐觉察审判对象不仅与诉讼结构有关，也与诉讼程序的构造、模式和过程有关，与诉讼观念、诉讼行为和司法证明有关，因此开始广泛和深入地探索审判对象概念可能蕴含的命题，关注一切可能与审判对象发生关系的问题、现象和材料，并不断变换观察问题的视野和角度，很快便决定将"论刑事审判对象"确立为博士学位论文题目，并开始查阅资料、实证调研和探索思路。不过很快又面临思考的瓶颈，虽然潜意识里坚信选题的理论价值和学术空间，但碍于理论现状与研究资料的匮乏，更为重要的是一开始将思考聚焦在解决"审判对象是什么"的缘故，思路的推进极其艰难，于是被迫暂时地放下了拟提纲写初稿的计划，付诸大量的阅读、亲历实践调研和摸索新的突破口。经过数月的思索，才逐渐意识到审判对象研究不仅仅是要回答"何为审判对象"的问题，更重要的是要回答"审判对象为何、如何"的问题。因而，思考的重心开始转移到"审判对象为何被需要"及"审判对象如何生成、如何运行和发生作用"上来，并且，在观察刑事诉讼的制度与实践的过程中，开始意识到作为刑事诉讼中的行动者的法官、侦查人员、检察官、被害人、被告人、辩护律师等的一系列活动是围绕审判对象展开的，并意识到刑事诉讼中的一系列诉讼现象是与审判对象息息相关的，逐渐强烈感觉到审判对象问题的存在与意义。终于，从控、辩、审的惯常运作背后的刑事诉讼图景中我开始意识到了从刑事程序的根本层面提炼"审判对象问题"这一基本的概念和命题的真谛及其可能蕴含的深层原理。于是，更加坚定了本项研究，决定将博士学位论文题目调整为"刑事审判对象问题研究"，尝试提炼和阐释蕴含于刑事程序根本层面的"刑事审判对象问题"这一基本的概念与命题，用以解读有关刑事诉讼的制度与实践，解释有关的诉讼现象，诠释有关的诉讼法理，解决有关的中国问题。后来，我进一步发现了从审判对象问题切入系统深入地解答"控辩双方围绕什么展开对抗，法官针对什么进行审判"以及"控、辩、审的刑事程序是如何被组织起来的"这一深层命题的可能性，整整经历大半年的思考与探索，才基本形成了较为确定的问题意识和研究思路。

写作的过程是艰难且愉悦的，常常因为面临解释的障碍而搁笔沉思，却也因为每每有新的发现而疾笔耕耘，经过无数的夜以继日，博士学位论文《刑事审判对象问题研究》初稿形成于 2005 年 12 月，历经数月的修改，以及初步经过"从实践中来到实践中去"的理论检验或者说调研与验证，2006 年 4 月 5 日草草形成定稿，6 月 3 日通过答辩。虽然该论文被答辩委员会评为优秀，但我始终认为对审判对象问题的思索仍远远不够，记得我在博士学位论文"致谢"中写下：这是一个令笔者满意的论题，却不是一篇令笔者满意的论文，从第一次聆听先生授课时起，"读万卷书，行万里路"的教诲就铭刻心中，学问是一个过程，思索无止境，这一路走来，我深深感激引领着我成长的老师，尽管现在"学问"对学生来说还是一个极为奢侈的用语，但先生的教诲让学生深刻铭记，锲而不舍追求知识与真理，希望，在往后学术的道路上，能够写点像样的文字，来回报尊师的教育与关怀之恩，学生将谨记教诲，将思考延伸下去。直至今日，尽管经过大幅度的修订而形成本书，我仍然认为，本书只不过是我的第一本习作，对于学术与学问，尽管始终是我所孜孜以求、努力耕耘去实践的理想，我还只是一个初学者。我始终以为，读书学问是一辈子的理想，是一种生活方式，容不得半点浮躁与世俗，行文著作须精雕细琢，著书立说需经得起时光流年的沉淀。但在此，我依然要表达我对恩师永远铭刻在心的感恩！1997年我怀着对知识的渴求走进百年名校四川大学，在那里，接受其笃厚的文化底蕴和海纳百川、有容乃大的学术胸怀带给我的熏陶，2001年开始有幸就读于杰出法学家左卫民先生的研究生，恩师的思想、智慧、胸怀、视野、洞察力、学术追求、治学精神和师者风范让我终生受益，作为导师栽培的、也是四川大学法学院第一位提前攻读博士学位的学生，是恩师和母校一步一步引领着我走上学术的道路，恩师对我在学习与生活上无微不至的教诲和关怀，令我终生感激。希望，在许多年以后，我酝酿多时的第二本习作《程序理想的发生》能够有所长进，以报答一直激励着学生潜心钻研学术的浩瀚师恩。

本博士学位论文从开题、中期、初稿、修改到定稿至答辩的整个过程，得到了多位尊师的悉心指点，至今心怀感激，我依然要一一表达发自内心诚挚的敬意和谢意：西南财经大学冯亚东教授、原最高人民法院大法官黄松有教授、复旦大学谢佑平教授、中国人民公安大学崔敏教授、西南政法大学徐静村教授、中国社会科学院肖贤富研究员、四川大学陈永革教授、清华大学周光权教授、四川大学李浩教授、四川大学周伟教授、四川大学顾培东教授、西南政法大学徐昕教授、华东政法大学陈刚教授、厦门大学齐树洁教授、上海交通大学周伟教授。论文的研究过程得益于参与导师左卫民教授主持的中国刑事诉讼运行机制实证研究项目的早期实证调查，得到了诸多法院、检察院、公安局、律师事务所等法律实务部门及其法官、检察官、警官、律师和案件当事人的大力支持。论文的写作也得益于与多位博士学友的学术交流：如今在四川大学的马静华、万毅、成凯、王斌、郭松，郑州大学的张嘉军，河北大学的冯军，华东政法大学的曾大鹏，西南交通大学的朱奎彬，东北财经大学的辛国清，西南民族大学的康怀宇，昆明理工大学的何永军，江西财经大学的谢小剑，重庆邮电大学的汪振林，清华大学的周洪波，北京大学的陈虎，南京大学的秦宗文，南开大学的朱桐辉，中国社会科学院的韩旭，电子科技大学的吴卫军，安徽大学的刘少军，上海交通大学的林喜芬，浙江大学的兰荣杰，香港大学的洪祥星诸君。我们一起编织了美好校园生活的朋友们，虽然我没有列出您的名字，但我始终铭记在心。

　　当我完成学业，告别 9 年寒窗、给我留下难忘记忆的四川大学校园，来到如今愉悦奋战的中山大学校园，我将"刑事审判对象问题研究"申报为教育部人文社会科学研究项目青年课题，希望将研究继续推向深入，促使我形成本书的第二稿。课题进展过程得益于多位师长的支持和指点，借此深表致敬：广东商学院马进保教授、暨南大学梁玉霞教授以及中山大学的徐忠明教授、杨建广教授、蔡彦敏教授、程信和教授、刘恒教授、黄瑶教授、谢晓尧教授、任强教授、丁利副教授、郭天武副教授等。作为项目的阶段成果，本书的部分篇章和内容观点以《论被告人的处遇》、《论审判对象的生成——基于刑事诉讼合理构造的诠释》、《审判对象的运行规律》、《刑事审判对象制度的构架与模式》、《中国刑事审判对象的实践与制度》等为题于 2007 年至 2009 年间先期发表在《法学研究》、《法制与社会发展》、《环球法律评论》、《北大法律评论》、《中山大学学报（社会科学版）》、《中国刑事法杂志》以及陈兴良教授主编的《刑事法评论》、徐静村教授主编的《刑事诉讼前沿研究》等学术刊物，在此向所有刊物及编辑致以深深的谢意，是他们在不断地检验着本书的理论观点，促使本书不断走向成熟。同时，本书的前期成果博士学位论文《刑事审判对象问题研究》先后于 2007 年、2008 年和 2009 年分别被四川大学授予"优秀博士学位论文一等奖"，被四川省人民政府评为"四川省优秀博士学位论文"，被国务院学位委员会、教育部提名"全国优秀博士学位论文奖"；本书的阶段性学术论文《审判对象的运行规律》于 2009 年被中国法学会授予"全国中青年刑事诉讼优秀科研成果一等奖"；本书的第二稿《刑事审判对象理论》作为教育部人文社会科学研究项目结项成果被全部评审鉴定专家鉴定为"优秀成果"。谨此向对本书给予关注的学术前辈和同行们表达最诚挚的敬意！本书的形成受益于无数学术前辈和同行的学术努力及研究成果，正如本书大量的参考文献所表明的，因而本书如果姑且可称为"研究成果"的话，也不应只属于我个人的。然书中一切的不足、肤浅、谬误及文责，皆应由我承担，我愿意接受一切批评并不断改进。

　　2010 年我有幸到中国社会科学院跟随合作导师熊秋红教授和陈泽宪教授从事博士后研究，导师典雅的气质、渊博的学识、近乎完美的为人和对待学术的信念与精神境界深深感染了我，正是在导师熊秋红教授的激励下，我决定完成本书的第三稿并鼓起勇气将其付梓。同时，还要表达感谢的是美国哥伦比亚大学的本杰明·李本教授、纽约大学的杰荣·科恩教授等，他们对中国法律的观察、理解和研究深刻、独到，使我总能从讨论中获得启发，正是得益于有幸被遴选为哥伦比亚法学院的爱德华兹研究员，得以在这里完成我对本书修订的第三稿。本书有幸被纳入"以法学理论新著为发表范围，特别强调作品的思想性和学术性，以期最大限度地丰富中国法学的理论资源"为基本风格定位的"中青年法学文库"，中国政法大学出版社负责人、编辑和审稿专家所表现出来的学术品味、学术追求和辛勤负责，特别是编辑刘利虎先生践行"作书如做人，书品如人品"的工作格言，令我非常感激。

多年以来，在我心底最深处始终珍藏着一份炙热的感动，我的父母、我的家人给予我的关怀、理解与支持。在外求学多年，家人承受着巨大的压力，过着难以想象的俭朴、清贫和孤独的生活，但却始终辛勤地劳作，始终为我取得的点滴进步欢欣鼓舞，始终支持着我选择自己的道路。那些艰辛的岁月，我永远不会忘记。父亲和母亲常常告诫我"踏踏实实做人，认认真真做学问"，就在博士学位论文写作的过程，他们尽管从未读过书，但却凭借乡村劳动人民纯朴的善良，常常叮嘱我"要注重学术规范"。我的妻子默默支持着我走在学术的道路，生活上与我贴心关照。每时每刻，我只想报答，我正在也将一直给父母、给家人以最幸福的幸福！

谢进杰　谨识

**图书在版编目（CIP）数据**

刑事审判对象理论 / 谢进杰著.—北京：中国政法大学出版社，2011.6

ISBN 978-7-5620-3960-0

Ⅰ.刑… Ⅱ.谢… Ⅲ.刑事诉讼-审判-研究-中国　Ⅳ.D925.218.24

中国版本图书馆CIP数据核字(2011)第102582号

--------------------------------------------------------------------------------

| | | |
|---|---|---|
| 书　　名 | 刑事审判对象理论　XINGSHI SHENPAN DUIXIANG LILUN |
| 出版发行 | 中国政法大学出版社(北京市海淀区西土城路 25 号) |
| | 北京 100088 信箱 8034 分箱　　邮政编码 100088 |
| | 邮箱 academic.press@hotmail.com |
| | http://www.cup1press.com (网络实名：中国政法大学出版社) |
| | (010)58908437(编辑室) 58908285(总编室) 58908334(邮购部) |
| 承　　印 | 固安华明印刷厂 |
| 规　　格 | 787mm×960mm　　16 开本　　26 印张　　430 千字 |
| 版　　本 | 2011 年 9 月第 1 版　　2011 年 9 月第 1 次印刷 |
| 书　　号 | ISBN 978-7-5620-3960-0/D・3920 |
| 定　　价 | 49.00 元 |